W0229949

BARRY COOPER

Das Beethoven-Kompendium

Sein Leben – seine Musik

DROEMER KNAUR

Übersetzt aus dem Englischen von
Christian Berktold, Marlis Fest, Ingrid Lampe

Titel der englischen Originalausgabe:
»The Beethoven Compendium«

Die Deutsche Bibliothek – CIP-Einheitsaufnahme

Das **Beethoven-Kompendium:** sein Leben – seine Musik /
Barry Cooper. [Übers. aus dem Engl. von Christian Berktold...] –
München: Droemer Knaur, 1992
Einheitssacht.: The Beethoven compendium <dt.>
ISBN 3-426-26574-5
NE: Cooper, Barry; Berktold, Christian [Übers.]; EST

Für Hinweise auf Veränderungen und Ergänzungen ist die Redaktion dankbar
Zuschriften an Droemer Knaur Verlag, Postfach 80 04 80, 8000 München 80
Einbandgestaltung: Atelier ZERO, München
Texterfassung und Filmbelichtung: Appl, Wemding
Umbruch: Ventura Publisher im Verlag
Druck: Appl, Wemding
Aufbindung: Großbuchbinderei Sigloch, Künzelsau
Printed in Germany
ISBN 3-426-26574-5

2 4 5 3 1

INHALT

Einführung

Dieses Buch ist ein Kompendium über alle wichtigen Aspekte zu Beethovens Leben und Werk. Dabei wurde die ganze Bandbreite der Beethoven-Forschung abgedeckt: Ein chronologischer Überblick über sein Leben, seine Freunde und Bekannten, der musikgeschichtliche und historische Hintergrund, sein Charakter und seine Persönlichkeit, das Quellenmaterial zu seiner Person, eine vollständige Auflistung und Besprechung seiner Werke, sein Musikstil, Probleme der Aufführungspraxis und schließlich das große Feld der sogenannten Beethoven-Rezeption, wie auch allgemein seine Wirkung auf andere (angefangen von den frühen Kritiken, bis zum beinahe fabrikmäßigen auf Beethoven bezogenen Wissenschaftsbetrieb der heutigen Zeit) werden in den einzelnen Kapiteln behandelt. So enthält diese Veröffentlichung in einem einzigen Band die wesentlichsten Inhalte, die von der Forschung zum Leben und Werk Beethovens zusammengetragen wurden und sonst auf die spezielleren und umfangreichen, teils schon klassischen, Buchveröffentlichungen über den Komponisten verteilt sind. Vor allem zu nennen sind hier: Theodor Frimmels *Beethoven-Handbuch,* der thematische Katalog seiner Werke von Georg Kinsky und August Halm, *Thayer's Life of Beethoven,* die nach Kompositionsgattungen geordnete Besprechung seiner Werke in *The Beethoven Companion,* der Artikel über Beethoven in *The New Grove Dictionary of Music and Musicians* (sowie seiner gesondert veröffentlichten Überarbeitung) und die in neuerer Zeit erschienene Besprechung der Skizzenbücher Beethovens durch Douglas Johnson, Alan Tyson und Robert Winter (Frimmel, 1926; Kinsky, 1955; Thayer, 1967; Arnold, 1971; Kerman, 1983; Johnson, 1985. Die bibliographischen Angaben werden durchweg abgekürzt zitiert; die genauen Angaben finden Sie in der Auswahlbibliographie).

Anstelle langer und wortreicher Kommentare wurde durchgehend darauf Wert gelegt, allein das verfügbare und gesicherte Material an Daten und Fakten in knapper und verständlicher Form darzustellen. Das Buch sollte also weniger als literarisches Werk, denn als praktisches Instrument zum Nachschlagen von Informationen verstanden werden. Freilich enthält es auch Kommentare; sie wurden aber größtenteils so abgefaßt, daß sie für jeden Musiker leicht zu verstehen sind. Jedes Kapitel zielt darauf ab, eine klare, gut verständliche und aktuelle Darstellung der Ergebnisse der für den einzelnen Themenkreis als autoritativ geltenden Fachliteratur zu bieten. Wer kein Beethoven-Fachmann ist, wird in dem Buch praktisch jede von ihm gewünschte Information über den Komponisten und seine Musik finden. Beethoven-Spezialisten hingegen sollte es als zweckmäßiges Nachschlagewerk zur Überprüfung von Fakten, Personen, Daten und Orten dienen. Es wurde versucht, die bibliographischen Angaben so gering wie möglich zu halten, bei einhellig vertretenen Ansichten wurde völlig darauf verzichtet. Die Autoren hielten sie vor allem dort für angebracht, wo Meinungsverschiedenheiten auftraten oder neue, noch kaum bekannte Sachverhalte eingebracht wurden.

Jedes Kapitel des Buches wurde von einem oder auch mehreren der vier Autoren verfaßt (von denen jeder dann aber ein in sich abgeschlossenes Teilkapitel schrieb). Jeder Autor hatte dabei die Möglichkeit, sich zur Arbeit der anderen beteiligten Autoren zu äußern. Die Gesamtverantwortung für die gegenseitige Abstimmung der verschiedenen Beiträge sowie die inhaltliche Konzeption des Buches trug der Herausgeber. Es dürften sich deshalb keine sachlichen Widersprüche zwischen den einzelnen Kapiteln finden lassen. Freilich mag es Unterschiede im Stil der Darstellung, in der Gewichtung einzelner Aspekte oder der Bewertung durch die jeweiligen Autoren geben. Sie wurden jedoch bewußt beibehalten, um dem Leser in etwa vor Augen zu führen, in welcher Bandbreite eine wissenschaftliche Beschäftigung mit der Musik Beethovens sinnvoll und möglich ist. Der Name jedes Autors eines Kapitels oder Teilkapitels ist in der Inhaltsangabe aufgeführt.

Ich hoffe, das Inhaltsverzeichnis wird zu einem raschen Zugriff auf die gewünschte Information verhelfen. Querverweise wurden deshalb auf ein Minimum beschränkt. Eine Reihe von Kapiteln werden wohl das besondere Interesse der Leser wecken: Die wesentlichen Daten und Ereignisse aus Beethovens Leben konzentrieren sich in Kapitel I; ergänzende Einzelheiten zu Personen, die an anderer Stelle des Buches erwähnt werden, findet man gewöhnlich in den Kapiteln II und III; und für Leser, die sich für die Musik im einzelnen interessieren, bietet Kapitel X ein kommentiertes und nach Gattungen geordnetes Werkverzeichnis. Kennt man von einem Werk nur die Opus-Nummer, nicht aber seine musikalische Gattung, so kann diese über das numerische Werkverzeichnis zu Beginn des X. Kapitels ausfindig gemacht werden.

Viele Werke von Beethoven tragen einen populären Titel, der aber oft nicht vom Komponisten selbst stammt. Wo dies doch der Fall ist, der Titel also in gewissem Sinn zur Komposition als solcher gehört, wird dieser in kursiver Schrift wiedergeben, wie zum Beispiel bei der *Pastorale.* Im anderen Fall, wenn ein Werk erst im nachhinein einen – meist eher kuriosen – Titel erhielt, ist dieser in Anführungszeichen gesetzt. So etwa bei der sogenannten »Mondscheinsonate«. (Die Anfangswörter oder der Titel von Arien etc. in längeren Werken stehen ebenfalls in Anführungszeichen.) Bei Variationen, die auf einer Komposition eines anderen Komponisten beruhen, ist dessen Name ohne Kennzeichnung vorangestellt, wie beispielsweise bei den Diabelli-Variationen. Wird auf Beethovens Briefe verwiesen, so dient zur Quellenangabe die jeweilige Nummer, unter der sie in den Ausgaben von Anderson, Kalischer oder Kastner (vgl. »Auswahlbibliographie«, S. 394 ff.) zu finden sind. (Die zuverlässigsten Datierungsangaben zu sämtlichen Briefen Beethovens finden sich in der Ausgabe von Anderson.)

Allen meinen Kollegen möchte ich meinen herzlichen Dank aussprechen für ihre Bereitschaft zur Mitarbeit an diesem Buch und für ihre freundliche und hilfreiche Zusammenarbeit während der entsprechenden Vorarbeiten. Ebenso schulde ich Barry Millington (früher bei Thames & Hudson tätig) Dank, der mir die Leitung des Projekts übertrug und stets bereit war, mich durch wertvolle Ratschläge in der Redaktionsarbeit zu unterstützen.

BARRY COOPER
UNIVERSITY OF MANCHESTER 1990

Kapitel I

Zeittafel
Beethoven – Leben und Werk
Zeitgenössische Ereignisse

Beethoven – Leben und Werk – Zeitgenössische Ereignisse

Die folgende Zeittafel enthält die wichtigsten Ereignisse aus Beethovens Leben. Darüber hinaus wurden aber auch zahlreiche belanglosere Ereignisse sowie einige bedeutsamere Vorkommnisse außerhalb des direkten Umfelds des Komponisten aufgenommen, nicht jedoch viele der weniger bedeutenden Kompositionen (vgl. Kapitel X), seine häufigen Wohnungswechsel (vgl. Kapitel VI) und die Daten seiner Konversationshefte und Skizzenbücher. Die Datumsangaben sind so genau wie möglich gehalten. War der genaue Tag nicht zu ermitteln (auch nicht ungefähr), so ist allein der Monat angegeben. Entsprechendes gilt auch für Monats- und Jahresangaben. Ein ungefähres (das heißt in etwa zu ermittelndes) Datum wird durch ***ca.** (circa)* gekennzeichnet. Nähere Einzelheiten über die meisten der erwähnten Personen sind in Kapitel III beschrieben.

***ca.* 1740**
Beethovens Vater Johann wird in Bonn geboren.

1746
19. Dez.: Beethovens Mutter Maria Magdalena in Ehrenbreitstein geboren.

1752
Beethovens Vater tritt als Knabensopran in die Hofkapelle ein.

1761
6. Apr.: Maximilian Friedrich, Beethovens erster Dienstherr, wird zum Kurfürst von Köln ernannt.

1763
30. Jan.: Beethovens Mutter heiratet zum ersten Mal.

1764
24. Apr.: Beethovens Vater wird in Bonn als Hofmusiker angestellt.

1765
28. Nov.: Beethovens Mutter verwitwet.

1767
12. Nov.: Heirat der Eltern Beethovens.

1769
2. Apr.: Taufe von Beethovens älterem Bruder Ludwig Maria (er stirbt sechs Tage später).

1770
16. Dez.: Beethoven wird geboren (über das genaue Datum besteht jedoch keine völlige Gewißheit).
17. Dez.: Taufe Beethovens in St. Remigius.

1773
24. Dez.: Beethovens geliebter Großvater Ludwig stirbt.

1774
8. Apr.: Beethovens Bruder Caspar Anton Carl getauft.
***ca.* 1774:** Beethoven beginnt, sich mit Musik zu beschäftigen, anfangs unterrichtet von seinem Vater.

1775
30. Sept.: Beethovens Großmutter Maria Josepha stirbt.

1776
2. Okt.: Taufe von Beethovens Bruder Nikolaus Johann.

1778
26. März: Beethovens erstes – uns bekanntes – öffentliches Auftreten (in Köln), wo er »... wird ... mit verschiedenen Clavier-Concerten und Trios die Ehre haben aufzuwarten« (Thayer, Bd. 1, S. 130).

1779
23. Febr.: Beethovens Schwester Anna Maria Franziska wird getauft (sie stirbt vier Tage später).
Okt.: Neefe kommt nach Bonn. Kurze Zeit später beginnt er, Beethoven Musikunterricht zu erteilen.

1781
17. Jan.: Beethovens Bruder Franz Georg getauft.
16. März: Mozart übersiedelt nach Wien.
Sommer (?): Beethoven verläßt die Schule.
***ca.* Nov.:** Beethoven besucht mit seiner Mutter Rotterdam (sie fahren mit dem Schiff rheinabwärts).

Beethoven – Leben und Werk – Zeitgenössische Ereignisse

1782
Beethovens erstes veröffentlichtes Werk – die Dressler-Variationen (WoO 63, vgl. S. 252) – erscheint.

1783
2. März: Neefe schreibt einen anerkennenden, beinahe prophetischen Artikel über Beethoven in Cramers *Magazin der Musik.*
16. Aug.: Beethovens Bruder Franz Georg stirbt zweijährig.
14. Okt.: Veröffentlichung der drei »Kurfürstensonaten« (WoO 47).
1783: Veröffentlichung der *Schilderung eines Mädchens* (WoO 107) und des C-Dur-Rondos (WoO 48).
***ca.* 1783:** Komposition der Orgelfuge WoO 31.
Beethoven lernt Wegeler und Stephan von Breuning kennen, mit denen ihn eine lebenslange Freundschaft verband. Er vertritt Neefe als Cembalist im Hoforchester.

1784
Febr.: Bonn wird überschwemmt.
15. Apr.: Kurfürst Maximilian Friedrich stirbt. Sein Nachfolger wird Maximilian Franz.
Juni: Beethoven wird als Hoforganist angestellt (neben Neefe) und erhält ein Gehalt von 150 Florin (100 Thaler).
1784: Zwei weitere Kompositionen werden veröffentlicht (Rondo WoO 49 und *An einen Säugling,* WoO 108).
***ca.* 1784:** Komposition eines Klavierkonzerts in Es-Dur (WoO 4).

1785
Beethoven komponiert drei Klavierquartette (WoO 36).
Anton Reicha kommt nach Bonn und schließt mit Beethoven enge Bekanntschaft.

1786
5. Mai: Beethovens Schwester Maria Margaretha Josepha wird getauft.
20. Nov.: Einweihung der Bonner Universität.
1786: Komposition eines Trios für Klavier und Bläser (WoO 37).

1787
März–Mai: Um bei Mozart zu studieren, besucht Beethoven Wien und bleibt dort etwa zwei Wochen. Während seiner Reise macht er unter anderem in München (1. und 25. April) und Augsburg Zwischenstation.
17. Juli: Beethovens Mutter stirbt an der Schwindsucht.
25. Nov.: Beethovens Schwester Maria Margaretha stirbt im Alter von einem Jahr.
***ca.* 1787:** Komposition der frühesten Fassung des Zweiten Klavierkonzerts.

1788
***ca.* 30. Jan.:** Graf Waldstein kommt nach Bonn.

1789
3. Jan.: Eröffnung der Bonner Hofoper.
In den nächsten Monaten wirkt Beethoven als Bratschist bei verschiedenen Opern mit, unter anderem auch in Mozarts *Die Entführung aus dem Serail.*
13. Okt.–23. Febr. 1790: Zweite Opernspielzeit in Bonn, in der unter anderem Mozarts *Le Nozze di Figaro* und *Don Giovanni* gegeben werden.
20. Nov.: Beethovens Vater geht in den Ruhestand, und sein Gehalt von 200 Reichsthalern wird nun geteilt. Die zweiten 100 Thaler werden Beethoven für den Unterhalt seiner Brüder zugesprochen. (Um das öffentliche Ansehen der Familie zu wahren, wählt man die Modalitäten so, daß Beethovens Vater weiterhin diese 100 Thaler als Teil seines Gehalts erhält, sie dann aber Beethoven übergibt.)

1789 (?): Beethoven komponiert zwei Präludien (op. 39).

1790
20. Febr.: Kaiser Joseph II. stirbt.
24. Febr.: Die Nachricht vom Tode Josephs II. erreicht Bonn.
28. Febr.: Der Text einer Kantate (zum Tode Josephs II.) wird in Bonn zur Vertonung vorgelegt; die Aufführung ist für den 19. März geplant. Beethoven übernimmt den Auftrag zur Komposition.
17. März: Der Plan, die Vertonung der Kantate Beethovens (WoO 87) aufzuführen, wird aufgegeben.
30. Sept.: Leopold II. wird zum Kaiser gewählt.

Beethoven – Leben und Werk – Zeitgenössische Ereignisse

***ca.* Sept.–Okt.:** Komposition einer Kantate anläßlich der Wahl Leopolds II. (WoO 88).

9. Okt.: Krönung Leopolds II.

23. Okt.: Beginn der dritten Opernspielzeit in Bonn (Werke von Paisiello, Dalayrac, Umlauf und anderen werden aufgeführt).

25. Dez.: Haydn und Salomon treffen auf ihrer Reise von Wien nach London in Bonn ein.

26. Dez.: Haydn und Salomon speisen mit einigen Bonner Musikern, unter ihnen möglicherweise auch Beethoven.

1791

6. März: Beethovens *Ritterballett* (WoO 1), das er kurz zuvor komponiert hatte, wird zum ersten Mal aufgeführt.

***ca.* Juli–Aug.:** Veröffentlichung der Righini-Variation (WoO 65).

***ca.* 30. Aug.:** Bonner Hofmusiker, unter ihnen auch Beethoven, reisen nach Mergentheim, wo Kurfürst Maximilian Franz an einem Treffen des Deutschen Ritterordens teilnimmt (18. September–20. Oktober).

Sept.: In Aschaffenburg hört Beethoven den Klaviervirtuosen Sterkel. Er spielt ihm einige seiner Righini-Variationen vor und improvisiert dabei einige weitere Variationen im Stil Sterkels.

5. Dez.: Mozart stirbt in Wien.

28. Dez.: Beginn der vierten Opernspielzeit in Bonn (unter anderem werden Mozarts *Die Entführung aus dem Serail* und Werke von Dittersdorf, Paisiello, Dalayrac aufgeführt).

***ca.* 1791:** Beethoven komponiert zwei Baßarien (WoO 89–90), eine Sopranarie (WoO 92), die Schweizer-Variationen (WoO 64), ein Violinkonzert in C-Dur (WoO 5), ein Klaviertrio (WoO 38) und einige kleinere Werke.

1792

Juli: Auf seiner Rückreise nach Wien macht Haydn in Bonn Zwischenstation.

Anfang Okt.: Französische Truppen im Rheinland; sie besetzen Mainz und andere Städte. Kurfürst Maximilian Franz verläßt Bonn vorübergehend am 22. Okt.

24. Okt.: Erste Lebewohl-Eintragung in Beethovens *Stammbuch*, da er seine Abreise nach Wien vorbereitet, wo er bei Haydn studieren möchte (vgl. »Tagebücher und andere Dokumente«, S. 213).

***ca.* 2. Nov.:** Beethoven verläßt mit einem Begleiter Bonn, um nach Wien zu gehen. Die Reise verläuft über Remagen, Andernach, Koblenz, Montabaur, Limburg, Würges. Hier verläßt ihn sein Begleiter, und Beethoven reist über Nürnberg, Regensburg, Passau und Linz weiter.

***ca.* 10. Nov.:** Beethoven erreicht Wien und geht daran, sich für sein neues Leben auszustatten – »›Holz, Perrückenmacher, Kaffee, ... Überrock, Stiefel, Schuhe, Klavierpult‹« (Thayer, Bd. 1, S. 345). Kurz nach seiner Ankunft beginnt sein Unterricht bei Haydn.

18. Dez.: Beethovens Vater stirbt.

***ca.* 1792:** Beethoven komponiert ein Oboenkonzert (Hess 12, vgl. S. 252), verschiedene Variationssammlungen (op. 44; WoO 40, 66, 67), das Oktett (op. 103), mehrere Lieder (vgl. S. 319) sowie einige kleinere Werke.

1793

Juli: Veröffentlichung der »Se vuol ballare«-Variationen (WoO 40).

***ca.* 24. Okt.:** Beethoven ißt bei van Swieten zu Abend.

Okt.: Beethoven kauft für Haydn und sich Kaffee und Schokolade.

***ca.* Okt.:** Veröffentlichung der Dittersdorf-Variationen (WoO 66).

1793: Überarbeitung des Oktetts (op. 103) und des Zweiten Klavierkonzerts (letzteres wahrscheinlich mit dem Rondo WoO 6 als Finale).

1794

19. Jan.: Haydn reist nach England. Beethoven setzt nun seinen Unterricht bei Albrechtsberger fort (dreimal wöchentlich).

März: Die Gehaltszahlungen von Kurfürst Maximilian Franz an Beethoven werden eingestellt.

***ca.* Mai:** Beethovens Bruder Carl zieht nach Wien.

***ca.* Aug.:** Veröffentlichung der Waldstein-Variationen (WoO 67).

Okt.: Wegeler kommt nach Wien und erneuert dort seine Freundschaft mit Beethoven.

1794: Beethoven beginnt mit der Komposition der Klaviertrios op. 1, seiner ersten großen Veröffentlichung. Neben einigen anderen kleineren Werken und Entwürfen zu den Klaviersonaten op. 2 komponiert er zahlreiche Fugen für den Unterricht bei Albrechtsberger. Lorenz von Breuning zieht nach Wien.

Beethoven – Leben und Werk – Zeitgenössische Ereignisse

1794–Anfang 1795
Erneute Überarbeitung des Zweiten Klavierkonzerts, vermutlich mit einem neuen langsamen Satz und Finale.

1795
29. März: Beethovens erster öffentlicher Auftritt in Wien (im Burgtheater), wo er wahrscheinlich das Erste Klavierkonzert zum ersten Mal aufführte (einer anderen Vermutung zufolge spielte er dabei das Zweite Klavierkonzert, das Erste in einem Konzert am 18. Dez.). Wegeler berichtet, daß Beethoven das Rondo dieses Klavierkonzerts erst zwei Tage vor der Aufführung geschrieben habe und er sich zu dieser Zeit aufgrund einer Kolik sehr unwohl fühlte. Bei der Probe am nächsten Tag mußte er den Klavierpart in Cis-Dur spielen, da das Instrument einen Halbton zu tief gestimmt war.
30. März: Zweites Konzert Beethovens (im Burgtheater).
Mai: In der *Wiener Zeitung* erscheinen Einladungen zur Subskription zu Beethovens Trios op. 1.
***ca.* Juli:** Beethoven schließt seine Studien bei Albrechtsberger ab.
Juli–Aug.: Veröffentlichung der Trios op. 1.
20. Aug.: Haydn kehrt nach Wien zurück. Nachdem er Beethovens Trios op. 1 gehört hatte, riet er von der Veröffentlichung des dritten Trios (in c-Moll) ab. Wenn jedoch der Bericht von Ries richtig ist, so wurde der Ratschlag erst nach der Veröffentlichung erteilt.
***ca.* Sept.–Okt.:** Beethovens kürzlich vollendete Klaviersonaten op. 2 werden in Anwesenheit Haydns, dem sie gewidmet sind, bei einem der Konzerte Lichnowskys aufgeführt.
22. Nov.: Großer Ball der Gesellschaft der bildenden Künstler, für die Beethoven zwei Sammlungen von Tänzen komponierte (WoO 7–8).
18. Dez.: Bei einem Konzert, das Haydn veranstaltet, führt Beethoven sein Erstes oder Zweites Klavierkonzert auf.
26. Dez.: Beethovens Bruder Johann kommt in Wien an.
1795: Beginn der Komposition einer unvollendet gebliebenen C-Dur-Symphonie; Abschluß der Komposition der endgültigen Fassung des Trios op. 3; Komposition des Quintetts op. 4, der Variationen WoO 68–70 und der Menuette WoO 10.
***ca.* 1795:** Beethoven macht angeblich Magdalena Willmann, einer Sängerin aus Bonn, die sich zu dieser Zeit in Wien aufhält, einen Heiratsantrag, wird jedoch zurückgewiesen. Er komponiert das Sextett op. 81 b, das Trio op. 87, die Variationen WoO 28 und 72, die Arien WoO 91 sowie Lieder und kleinere Werke.

1796
8. Jan.: Bei einem Konzert im Redoutensaal spielt Beethoven ein Klavierkonzert.
19. Febr.: Aus Prag, wo er kurz zuvor mit Fürst Lichnowsky eintraf, um eine Konzertreise anzutreten, schreibt Beethoven an seinen Bruder Johann.
Febr.–Apr.: Während seines Aufenthalts in Prag komponiert Beethoven für die Gräfin Clary, eine Prager Musikliebhaberin, die Szene und Arie *Ah! per fido* (op. 65) und einige Stücke für Mandoline (WoO 43 bis 44). Komposition von sechs Deutschen Tänzen (WoO 42) für die Gräfinnen Thun sowie der Klaviersonate op. 49/Nr. 2 und des Bläsersextetts op. 71.
11. März: Beethoven gibt in Prag ein Konzert.
März: Veröffentlichung der Klaviersonaten op. 2.
23. Apr.: Ankunft Beethovens in Dresden.
29. Apr.: Beethoven spielt in Dresden vor dem Sächsischen Kurfürsten, bevor er kurz darauf nach Leipzig und Berlin weiterreist.
***ca.* Mai.:** Veröffentlichung des Trios op. 3 und des Quintetts op. 4.
***ca.* Mai–Juli:** Aufenthalt Beethovens in Berlin. Während dieser Zeit komponiert er die Cellosonaten op. 5 (für den Hofcellisten Jean-Louis Duport), die *Judas-Maccabaeus-Variationen* (WoO 45), einen Teil des Quintetts op. 16, Entwürfe zum Dritten Klavierkonzert und einen Teil der bald danach aufgegebenen C-Dur-Symphonie.
***ca.* Juli (?):** Beethoven kehrt nach Wien zurück.
Nov.: Beethoven besucht Preßburg (Bratislava; dort gibt er am 23. Nov. ein Konzert) und Pest (Budapest).
***ca.* Nov.:** Komposition der Variationen WoO 71.
***ca.* 1796:** Beethoven komponiert *Adelaide* (op. 46) und die Variationen op. 66; er beginnt mit der Sonate op. 10/Nr. 1.

1797
Jan.: Beethoven spielt in einem Konzert von Andreas und Bernhard Romberg aus Bonn, die sich vorübergehend in Wien aufhielten.

Beethoven – Leben und Werk – Zeitgenössische Ereignisse

Febr.: Die Cellosonaten op. 5 und *Adelaide* (op. 46) werden veröffentlicht.
ca. **Anfang 1797:** Beethoven schreibt die Sonaten op. 6 und 7 sowie die Serenade op. 8.
6. Apr.: Erste Aufführung des Quintetts op. 16.
Apr.: Veröffentlichung der Variationen WoO 71, gewidmet der Gräfin Browne. Im Gegenzug dafür schenkte der Graf Beethoven ein Pferd, das der Komponist aber nur ein paarmal ritt.
Sommer: Beethovens Tätigkeit während dieser Zeit ist nicht belegt. Möglicherweise zog er sich damals (oder auch im Sommer 1796) eine schwere Krankheit zu, die vielleicht auch den Ausbruch seiner Taubheit verursachte.
1. Okt.: Beethoven wünscht Lorenz von Breuning Lebewohl.
Okt.: Veröffentlichung von op. 6–8.
Nov.: Beethovens Tänze WoO 7–8, die er für den großen Ball vor zwei Jahren geschrieben hatte, werden von der Gesellschaft der bildenden Künstler erneut herausgegeben.
23. Dez.: Aufführung der »La ci darem«-Variationen (WoO 28).
ca. **1797:** Komposition der Klaviersonate op. 49/Nr. 1.

1798
ca. **Anfang 1798:** Beethoven beendet die Klaviersonaten op. 10, komponiert die Trios op. 9 (Veröffentlichungsvertrag datiert mit 16. März), das Trio op. 11 und die Violinsonaten op. 12.
5. Febr.: General Bernadotte kommt in Wien an.
29. März: Beethoven und Schuppanzigh führen eine Violinsonate auf (wahrscheinlich aus op. 12).
ca. **Apr.–Juli:** Komposition der Klaviersonate op. 14/Nr. 1.
21. Juli: Veröffentlichungsankündigung der Trios op. 9. (In der Regel erschienen Kompositionen einige Tage vor der Ankündigung ihrer Veröffentlichung, die der exakteste Hinweis auf das genaue Veröffentlichungsdatum ist.)
ca. **Juli–Aug.:** Beethoven geht dazu über, statt der bisherigen losen Skizzenblätter, Skizzenbücher zu benutzen.
ca. **Aug.:** Beginn der Komposition der Quartette op. 18.
22. Sept.: Veröffentlichungsankündigung der Cellovariationen op. 66.
26. Sept.: Veröffentlichungsankündigung der Klaviersonaten op. 10.
ca. **Sept.–Okt.:** Überarbeitung des Zweiten Klavierkonzerts und Niederschrift einer neuen Partitur.
3. Okt.: Veröffentlichungsankündigung des Trios op. 11. Erste Ausgabe der von Rochlitz herausgegebenen Leipziger *Allgemeine Musikalische Zeitung.*
ca. **Mitte Okt. (?):** Beethoven besucht Prag und führt dort das Erste und Zweite Klavierkonzert auf.
27. Okt.: Beethoven gibt in Wien ein Konzert.
Dez. (oder Jan. 1799): Veröffentlichung der Violinsonaten op. 12.
1798: Beethoven beginnt mit der Arbeit am Septett op. 20. Komposition der Klaviersonate op. 13 *(Pathétique)* und verschiedener kleinerer Werke.

1799
ca. **Anfang 1799:** Dragonetti besucht Wien und trifft vermutlich mit Beethoven zusammen. Wahrscheinlich zu dieser Zeit beginnt Beethovens Unterricht bei Salieri.
Febr.: Veröffentlichung der Salieri-Variationen (WoO 73).
25. Juni: Beethoven übergibt das Quartett op. 18/Nr. 1 (erste Fassung) seinem engen Freund Karl Amenda, der ein paar Wochen später Wien verläßt.
Sept.: J. B. Cramer besucht Wien, wo er bis zum folgenden Frühjahr bleibt und mit Beethoven gut bekannt wird.
ca. **Okt.:** Veröffentlichung der Klaviersonate op. 13 *(Pathétique).*
21. Dez.: Veröffentlichungsankündigung der Klaviersonaten op. 14.
1799: Intensive Arbeit an den Streichquartetten op. 18. Beethoven beginnt mit der Komposition der Ersten Symphonie.

1800
ca. **Anfang 1800:** Skizzen zum Dritten Klavierkonzert (?), das möglicherweise für Beethovens Benefizkonzert im April vorgesehen war.
2. Apr.: Erstes Benefizkonzert Beethovens in Wien. Auf dem Programm standen Werke von Haydn und Mozart, ein Klavierkonzert (das Erste?) von Beethoven sowie das Septett und die erste Symphonie, beide erst kurz vorher vollendet und hier zum ersten Mal

Beethoven – Leben und Werk – Zeitgenössische Ereignisse

aufgeführt (zum genauen Programm vgl. »Beethovens musikalische Umwelt«, S. 109)

18. Apr.: Erste Aufführung der Hornsonate (op. 17), die eigens für den gastierenden Virtuosen Johann Stich (alias Punto) geschrieben wurde, der kurz zuvor in Wien eintraf.

7. Mai: Erneutes gemeinsames Auftreten von Beethoven und Stich in einem Konzert in Budapest. Beethoven hielt sich dort wahrscheinlich noch bis Anfang Juli auf.

4. Aug.: Beethoven schickt eine Abschrift seiner Vertonung von Matthissons *Adelaide* an den Dichter und dankt ihm für die Freude, die er ihm mit seiner Dichtung gemacht hat.

***ca.* Dez.:** Der Komponist und Musikverleger Franz Anton Hoffmeister übersiedelt von Wien nach Leipzig, um dort ein Verlagshaus zu gründen (Hoffmeister & Kühnel). Auf Hoffmeisters Anfrage bietet Beethoven ihm am 15. Dezember vier Werke an (op. 19–22).

Ende 1800: Beethoven komponiert die Violinsonate op. 23. Er beginnt mit der Komposition der Zweiten Symphonie.

1801

30. Jan.: In einem Wohltätigkeitskonzert führen Beethoven und Stich die Hornsonate auf.

***ca.* Jan.:** Beethoven erhält den Auftrag, die Musik für Viganos Ballett *Die Geschöpfe des Prometheus* zu schreiben; andere Kompositionen legt er vorübergehend beiseite.

21. März: Veröffentlichungsankündigung des Ersten Klavierkonzerts, des Quintetts und der Hornsonate (op. 15–17).

28. März: Premiere des Balletts *Die Geschöpfe des Prometheus.* (Es wurde in diesem Jahr noch dreizehn-, im folgenden Jahr neunmal aufgeführt.)

Apr.: Erstmalige Niederschrift der Klavierstimme des Zweiten Klavierkonzerts und Übersendung an Hoffmeister zur Veröffentlichung.

***ca.* Apr.–Juni:** Komposition der Klaviersonate op. 26.

Mitte Juni: Stephan von Breuning zieht nach Wien.

29. Juni: Beethoven schreibt Wegeler einen langen Brief, in der er zum ersten Mal das Nachlassen seines Gehörs erwähnt.

***ca.* Juni:** Veröffentlichung der drei Quartette op. 18/Nr. 1–3.

1. Juli: Beethoven schreibt Amenda einen langen Brief, der ähnlich gehalten ist wie der an Wegeler zwei Tage vorher. Ferner bittet er Amenda, das Quartett op. 18/Nr. 1 nicht an irgend jemanden weiterzugeben, da er eigentlich »erst jetzt recht Quartetten zu schreiben weiß« (Thayer, Bd. 2, S. 270) und eine neue Fassung gemacht habe.

26. Juli: Kurfürst Maximilian Franz stirbt in Hetzendorf, Wien. Die zunächst beabsichtigte Widmung der Ersten Symphonie an ihn wird unmittelbar darauf zugunsten von van Swieten geändert.

28. Okt.: Veröffentlichungsankündigung für drei Quartette (op. 18/Nr. 4–6) und zwei Violinsonaten (op. 23 und 24).

Okt.: Ries kommt nach Wien, wo er von Beethoven, der ihm nun Klavierunterricht erteilt, herzlich empfangen wird.

16. Nov.: Beethoven schreibt an Wegeler, wobei er »ein liebes, zauberisches Mädchen« (Thayer, Bd. 2, S. 275) erwähnt, in das er verliebt ist – wahrscheinlich die Gräfin Guicciardi. Ab dieser Zeit etwa gibt er der Gräfin Klavierstunden.

Dez.: Veröffentlichung des Zweiten Klavierkonzerts (op. 19) und der Ersten Symphonie (op. 21).

1801: Beethoven komponiert die Klaviersonaten op. 27 und 28 sowie das Quintett op. 29.

***ca.* 1801:** Komposition der Serenade op. 25, der Violinromanze op. 40 und der Lieder nach Texten von Gellert (op. 48). Czerny nimmt Klavierunterricht bei Beethoven.

1802

***ca.* Anfang 1802:** Anton Reicha, Beethovens langjähriger Bonner Freund, kommt nach Wien, wo sie ihre Freundschaft erneuern.

***ca.* Febr.:** Abschluß der Komposition der Zweiten Symphonie.

3. März: Veröffentlichungsankündigung der Klaviersonaten op. 26 und 27.

23. März: Erste Aufführung von Cherubinis *Lodoïska* in Wien (produziert von Schikaneder), die großen Erfolg hatte.

März: Veröffentlichung der Klaviersonate op. 22.

***ca.* März:** Komposition von *Tremate, empi, tremate* (op. 116). Veröffentlichung der Serenade op. 25.

***ca.* März–Mai:** Komposition der Violinsonaten op. 30.

Anfang Apr.: Das von Beethoven erhoffte Benefiz-

Beethoven – Leben und Werk – Zeitgenössische Ereignisse

konzert wird vom Direktor des Hoftheaters, Baron Braun, nicht genehmigt.
Apr.: Beethoven reist nach Heiligenstadt, wo er Linderung für sein Ohrenleiden sucht.
***ca.* Mai:** Beginn der Komposition der Klaviervariationen op. 34–35.
***ca.* Juni–Sept.:** Beethoven komponiert die Klaviersonaten op. 31.
***ca.* Ende Juni:** Veröffentlichung des Septetts op. 20 (angekündigt wurde die Veröffentlichung am 24. Juli).
13. Aug.: Erste Aufführung von Cherubinis *Les Deux Journées (Der Wasserträger)* in Wien.
14. Aug.: Veröffentlichungsankündigung der Klaviersonate op. 28.
6. Okt.: Beethoven verfaßt das Heiligenstädter Testament (vgl. S. 214 ff.).
10. Okt.: Beethoven schreibt einen Nachtrag zum Heiligenstädter Testament. Kurz darauf kehrt er nach Wien zurück.
18. Okt.: Angebot der Klaviersonaten op. 34–35 an Breitkopf & Härtel in Leipzig.
9. Nov.: Mit seinem Quintett op. 29 lernt Beethoven die Probleme einer Veröffentlichung kennen. Er hatte eine Abschrift dem Grafen Fries für dessen persönlichen Gebrauch und das Werk auch an Breitkopf & Härtel zur Veröffentlichung verkauft. Dann mußte er jedoch entdecken, daß Graf Fries die in seinem Besitz befindliche Abschrift an Artaria – ebenfalls zur Veröffentlichung – weitergegeben hatte.
12. Nov.: Beethoven erhält von Artaria die Zusicherung, daß ihre Ausgabe von op. 29 frühestens drei Wochen nachdem der Druck von Breitkopf in Wien erhältlich sei, veröffentlichen wird.
13. Nov.: Nachdem Beethoven Korrekturabzüge der Artaria-Ausgabe von op. 29 erhalten und darin eine Anzahl von Korrekturen vorgenommen hatte (anscheinend mit Hilfe von Ries, der angewiesen war, darin hinreichend zu korrigieren, um die Ausgabe unbrauchbar zu machen), schildert er in einem Brief an Breitkopf das Problem, wobei er sich selbst entlastet und darauf aufmerksam macht, daß sein Bruder Carl, der ihm bei der Klärung der Angelegenheit geholfen habe, in der Aufregung seinen Lieblingshund verloren hat.
23. Nov.: Beethovens Bruder Carl bietet dem Verleger André (auf dessen Anfrage hin) die Zweite Symphonie und das Dritte Klavierkonzert an und schreibt, daß Beethoven »nur Oratorien, Opern etc. schreibt« (Thayer, Bd. 2, S. 358).
Dies ist der erste Hinweis auf Beethovens Vorhaben zur Komposition des Oratoriums *Christus am Ölberge.*
Dez.: Veröffentlichung des Quintetts op. 29 bei Breitkopf & Härtel. Die Ausgabe Artarias folgt nach der vereinbarten Zeit.
1802: Komposition der Bagatellen op. 33.

1803
22. Jan.: Beethoven veröffentlicht in der *Wiener Zeitung* eine Anzeige, in der er Artarias Ausgabe von op. 29 als »höchst fehlerhaft, unrichtig und für den Spieler ganz unbrauchbar« (Thayer, Bd. 2, S. 599) kritisiert.
***ca.* Jan.:** Beethoven wird als Komponist am Theater an der Wien angestellt. Kurze Zeit darauf zieht er zusammen mit seinem Bruder Carl dorthin um.
14. Febr.: Über eine gerichtliche Klage fordert Artaria von Beethoven, seine Aussage zu widerrufen. Und obwohl das Gericht Artaria in der Sache recht gibt, veröffentlicht Beethoven nie einen vollen Widerruf.
***ca.* Febr.–März:** Komposition des Oratoriums *Christus am Ölberge.* Fertigstellung des Dritten Klavierkonzerts.
5. Apr.: In einem Benefizkonzert Beethovens im Theater an der Wien werden erstmals die Zweite Symphonie, das Dritte Klavierkonzert und *Christus am Ölberge* aufgeführt. Außerdem steht die Erste Symphonie auf dem Programm. Beethoven erreicht Einnahmen von etwa 1800 Florin.
***ca.* Anfang Apr.:** Der Violinist George Bridgetower kommt nach Wien.
Apr.: Veröffentlichung der Sonaten op. 31/Nr. 1–2 sowie der Variationen op. 34.
24. Mai: Bridgetower gibt ein Konzert, in dem er die erst kurz zuvor von Beethoven geschriebene Violinsonate op. 47 (die später Kreutzer gewidmet wurde) zusammen mit dem Komponisten aufführt. Das Konzert war vom 22. Mai auf diesen Tag verschoben worden, vielleicht, weil die Sonate noch nicht fertig war.
28. Mai: Veröffentlichungsankündigung für die Violinsonaten op. 30 und die Bagatellen op. 33. Anscheinend verzögerte sich aber die Veröffentlichung von op. 30/Nr. 2–3 bis Juni.
***ca.* Juni:** Beethoven und Schikaneder planen eine neue Oper, *Vestas Feuer.*

Beethoven – Leben und Werk – Zeitgenössische Ereignisse

***ca.* Juni–Okt.:** Beethoven komponiert die Dritte Symphonie *(Eroica).*
20. Juli: Erster Brief des schottischen Verlegers George Thomson an Beethoven (der am 5. Okt. antwortete).
4. Aug.: *Christus am Ölberge* wird zum zweiten Mal aufgeführt.
6. Aug.: Der Pariser Klavierbauer Sebastien Erard schickt Beethoven ein neues Klavier, mit einem erweiterten Umfang bis zum c″ ″ als Geschenk. Das Instrument ist bis heute erhalten.
Aug.: Veröffentlichung der *Prometheus*-(oder »Eroica«-)Variationen op. 35 und der Gellert-Lieder op. 48.
***ca.* Aug.:** Beethoven komponiert drei Märsche für Klavier zu vier Händen, op. 45. In einem Brief (Brief Nr. 58, Kalischer) werden zwei dieser Märsche erwähnt, außerdem aber auch, daß sich Beethoven in Heiligenstadt aufhält. Dieser Hinweis wurde früher so ausgelegt, daß die Märsche bereits 1802 komponiert wurden. Die Skizzen beweisen jedoch, daß ihre Komposition erst für das Jahr 1803 anzusetzen ist. Die Erwähnung von Heiligenstadt bezieht sich dann wahrscheinlich auf Beethovens Unterkünfte 1803 in Oberdöbling, die von Heiligenstadt nur ein bis zwei Kilometer entfernt waren.
Sept.: Beethoven tritt für 50 Dukaten sechs Werke (op. 39–44) an den Verlag Hoffmeister & Kühnel ab. Sie werden sämtlich im Dezember und Januar veröffentlicht.
***ca.* Nov.–Dez.:** Komposition der »Waldsteinsonate« (mit WoO 57 als zweitem Satz).
***ca.* Dez.:** Beethoven gibt die Pläne zu *Vestas Feuer* auf und befaßt sich mit *Leonore.*

1804
4. Jan.: Da Beethoven an *Leonore* arbeitet, schickt er ein Libretto von Rochlitz an diesen zurück.
14. Febr.: Sonnleithner, der das Libretto zu *Leonore* (aus dem Französischen) für die deutsche Vertonung durch Beethoven einrichtet, wird als Sekretär des Hoftheaters angestellt.
***ca.* Febr.:** Erste Skizzen zur Fünften Symphonie und zum Vierten Klavierkonzert.
10. März: Veröffentlichungsankündigung für die Zweite Symphonie und die Märsche op. 45.
27. März: *Christus am Ölberge* wird in einer überarbeiteten Fassung aufgeführt.
***ca.* Apr.:** Beethovens Vertrag mit dem Theater an der Wien läuft aus; er zieht aus seinen dortigen Räumen aus. Der Plan, *Leonore* aufzuführen, wird aufgegeben. Auch Schikaneder wird entlassen.
***ca.* Apr.–Sept.:** Komposition des Tripelkonzerts und der Klaviersonate op. 54.
20. Mai: Napoleon wird zum Kaiser ausgerufen. Als die Nachricht ein paar Tage später Wien erreicht und Beethoven davon erfährt, zerreißt er die Titelseite der *Eroica,* welche die Widmung an Napoleon trägt (vgl. »Symphonien«, S. 258. Möglicherweise erfolgte diese Reaktion Beethovens auch erst im Anschluß an die tatsächliche Kaiserkrönung am 2. Dez.; vgl. Beahrs, 1989).
***ca.* Mai–Juni:** Veröffentlichung der Klaviersonate op. 31/Nr. 3.
Anfang Juli: Beethoven und von Breuning, die sich für einige Zeit die Unterkunft geteilt hatten, haben eine ernsthafte Auseinandersetzung, woraufhin Beethoven auszieht. Einige Monate später wird die Freundschaft wieder aufgenommen.
19. Juli: In einem der Donnerstagskonzerte im Augarten spielt Ries unter Beethovens Leitung dessen Drittes Klavierkonzert. (Ries hatte eine eigene Kadenz komponiert, die eine sehr schwierige Passage enthielt. Beethoven war dagegen, diese Passage im Konzert zu spielen. Ries tat dies jedoch so erfolgreich, daß Beethoven letztlich sehr erfreut war.)
***ca.* Ende Aug.:** Schikaneder und Beethoven werden erneut am Theater an der Wien eingestellt, das *Leonore* -Projekt wieder aufgenommen.
***ca.* Okt.:** Beethoven schließt enge Bekanntschaft mit den Brunsvik-Schwestern; Josephine erhält Klavierunterricht von ihm.
***ca.* Dez.:** Komposition des Liedes *An die Hoffnung* (op. 32).

1805
***ca.* Jan.–Febr.:** Beethoven schenkt Josephine Deym-Brunsvik das Lied *An die Hoffnung* (op. 32). Ihre Beziehung wird sehr innig. Schuppanzigh gibt eine Reihe von Kammermusikkonzerten; werden unter anderem auch Kompositionen von Beethoven gespielt, darunter Quartette und das Sextett op. 71 für Bläser.
13. Febr.: In der *Allgemeinen Musikalischen Zeitung* erscheint die erste Besprechung der *Eroica.* Die Sym-

Beethoven – Leben und Werk – Zeitgenössische Ereignisse

phonie wurde in einem von Bankier Würth organisierten Konzert aufgeführt.

7. Apr.: Erste öffentliche Aufführung der *Eroica* in Franz Clements Benefizkonzert (unter der Leitung von Beethoven). Vorher wurde sie bereits mehrere Male im Palais des Fürsten Lobkowitz gespielt.

Apr.: Veröffentlichung der Violinsonate op. 47 (»Kreutzer«).

15. Mai: Veröffentlichungsankündigung für die Violinromanze op. 50 und die »Waldsteinsonate« op. 53.

***ca.* Frühjahr:** Komposition der Klaviersonate »Appassionata«. Einer Anekdote von Ries zufolge scheint die Sonate im Sommer 1804 komponiert worden zu sein, die Skizzen weisen aber klar auf 1805 als den wesentlichen Zeitraum der Aufzeichnung hin.

26. Juni: Veröffentlichungsankündigung für die acht Lieder op. 52.

Juli: Beethovens erstes Zusammentreffen mit Cherubini.

***ca.* Juli:** Veröffentlichung der Arie *Ah! perfido* (op. 65).

18. Sept.: Veröffentlichungsankündigung für *An die Hoffnung* (op. 32).

30. Sept.: Die geplante Aufführung von *Leonore* wird von der Theaterzensur verboten.

***ca.* Sept.:** Abschluß der Komposition von *Leonore* (erste Fassung, mit der *Leonorenouvertüre* Nr. 2). Ries verläßt Wien. Veröffentlichung des *Andante favori* (WoO 57).

5. Okt.: Nach einer Petition von Sonnleithner wird das Aufführungsverbot von *Leonore* aufgehoben.

13. Nov.: Französische Truppen besetzen Wien. Kurz danach richtet Napoleon in Schloß Schönbrunn sein Hauptquartier ein.

20. Nov.: Erste Aufführung von *Leonore* (verlegt vom 15. Okt.).

21.–22. Nov.: *Leonore* wird erneut aufgeführt.

Ende 1805: Graf Rasumovsky gibt drei Steichquartette in Auftrag.

1806

Jan.–März: Überarbeitung von *Leonore;* dabei wird der Text durch Stephan von Breuning abgeändert.

***ca.* Anfang bis Mitte 1806:** Komposition des Vierten Klavierkonzerts.

29. März: *Leonore* – in der zweiten Fassung, mit der *Leonorenouvertüre* Nr. 3 – wird aufgeführt.

9. Apr.: Veröffentlichungsankündigung für die Klaviersonate op. 54.

10. Apr.: *Leonore* wird wiederholt (letzte öffentliche Aufführung dieser Fassung).

12. Apr.: Veröffentlichungsankündigung für das Trio op. 87.

4. Mai: Im Palais des Fürsten Lobkowitz war eine Aufführung von *Leonore* geplant (vgl. Brief Nr. 107, Kalischer). Ob ein solcher Plan je verwirklicht wurde, ist unbekannt.

25. Mai: Beethovens Bruder Caspar Carl heiratet. Etwa zur gleichen Zeit beendet er auch endgültig seine Tätigkeit als Beethovens Sekretär.

26. Mai: Beethoven beginnt mit der letzten Ausarbeitung des ersten »Rasumovskyquartetts« (op. 59/Nr. 1), das wahrscheinlich im folgenden Monat beendet wurde.

***ca.* Ende Aug.:** Beethoven reist mit Fürst Lichnowsky auf dessen Schloß bei Grätz (in der Nähe von Troppau, Schlesien).

***ca.* Sommer:** Komposition der Vierten Symphonie.

4. Sept.: Beethovens Neffe Karl wird geboren.

***ca.* Sept.:** Beethoven und Lichnowsky besuchen das Schloß des Grafen Oppersdorff, in der Nähe von Oberglogau (Oberschlesien). Während dieses Besuchs wird die Zweite Symphonie aufgeführt.

19. Okt.: Veröffentlichungsankündigung für die Dritte Symphonie *(Eroica).*

Ende Okt.: Beethoven hat eine Auseinandersetzung mit Lichnowsky und kehrt rasch nach Wien zurück. Bei einem Sturm während der Fahrt werden die Partitur der Klaviersonate »Appassionata« und offensichtlich auch Teile der Partitur und Skizzen der »Rasumovskyquartette« (Tyson, 1982) vom Regen beschädigt. Nach seiner Ankunft in Wien zerstörte Beethoven, so wird berichtet, seine Büste von Lichnovsky.

***ca.* Okt.:** Abschluß der Komposition der Vierten Symphonie. Die Partitur wird für 500 Florin an Graf Oppersdorff zum sechsmonatigen privaten Gebrauch verkauft (der Erhalt ist mit dem 3. Febr. 1807 datiert).

***ca.* Nov.:** Beethoven beendet die »Rasumovskyquartette« und komponiert die Klaviervariationen WoO 80.

23. Dez.: Erste Aufführung von Beethovens kurz zuvor komponiertem Violinkonzert, gespielt von Franz Clement in seinem Benefizkonzert.

Beethoven – Leben und Werk – Zeitgenössische Ereignisse

1807

Anfang 1807: Komposition der *Coriolanouvertüre.*

***ca.* Anfang 1807:** Fürst Nikolaus Esterházy gibt bei Beethoven eine Messe in Auftrag, die im September aufgeführt werden soll.

3. Febr.: Graf Oppersdorff zahlt 500 Florin für die Vierte Symphonie, die Beethoven für ihn geschrieben hat.

21. Febr.: Veröffentlichungsankündigung für die Klaviersonate op. 57 (»Appassionata«).

4.–5. März: Beethovens Einladung an Maria Bigot und ihr Kind, sie auf einer Fahrt in die Sommerfrische mitzunehmen, wird von ihrem Ehemann mißverstanden. In der Folge kommt es zu Spannungen in ihrer Beziehung, wenngleich die Freundschaft fortdauerte (Brief Nr. 150, Kalischer; Svensk tidskrift för musikvorskining 1923, S. 49–52; Brief Nr. 151, Kalischer).

8. März: Im *Morgenblatt* erscheint eine Kritik über ein Konzert von Fürst Lichnowsky, in dem Beethovens kürzlich komponierte *Coriolanouvertüre* zum ersten Mal aufgeführt wurde.

März: Beethoven gibt zwei Konzerte im Haus von »Fürst L.« (Thayer, Bd. 3, S. 9). »L« steht laut Thayer für Lobkowitz, nach Kinsky für Lichnowsky. Sollte Kinsky recht haben, so könnte eines der Konzerte dasjenige sein, auf das sich die Kritik vom 8. März bezieht. Alle Werke, die aufgeführt werden, stammen von Beethoven, unter ihnen die ersten vier Symphonien, das Vierte Klavierkonzert, die *Coriolanouvertüre* und einige Arien aus *Leonore.*

März–Apr.: Das von Beethoven angekündigte Benefizkonzert kann aufgrund verschiedener Hindernisse nicht stattfinden.

20. Apr.: Clementi, der auf seinem Weg nach Rom kurz vorher in Wien eingetroffen war und mit Beethoven Freundschaft geschlossen hatte, schließt mit ihm einen wichtigen Vertrag: Für 200 Pfund erhält Clementi das Recht, die drei »Rasumovskyquartette«, die Vierte Symphonie, die *Coriolanouvertüre,* das Vierte Klavierkonzert, das Violinkonzert und eine (noch zu erstellende) Umarbeitung des Violinkonzerts zu einem Klavierkonzert in England zu veröffentlichen. Außerdem erhält Beethoven den Auftrag, für 60 Pfund drei Klaviersonaten oder (wie es dann der Fall sein wird) zwei Sonaten und eine Fantasie zu schreiben. Diese Werke erschienen später als op. 77 bis 79.

***ca.* Mai:** Beethoven schließt mit dem Bureau des Arts et d'Industrie offensichtlich einen Vertrag über 1500 Florin für die kontinentalen Veröffentlichungsrechte der sechs Werke, die er kürzlich an Clementi verkauft hat, ab.

Juni: Anstelle seines Bruders Carl, der im vergangenen Jahr geheiratet hatte, fungieren nun Baron Gleichenstein und Beethovens Bruder Johann als seine Sekretäre. Graf Oppersdorff, der von Beethovens Vierter Symphonie sehr angetan ist, gibt für 500 Florin Bankozettel (= BZ) die Komposition der Fünften in Auftrag und macht eine erste Anzahlung von 200 Florin.

1. (oder 25.) Juli: Veröffentlichungsankündigung für das Tripelkonzert, op. 56.

10. Sept.: Beethoven reist zur Vorbereitung der ersten Aufführung der C-Dur-Messe nach Eisenstadt.

13. Sept.: Aufführung der C-Dur-Messe in der Schloßkapelle von Fürst Esterházy in Eisenstadt. Aufgrund ungenügender Proben wurde die Aufführung ein Mißerfolg. Beethoven verließ kurz darauf Eisenstadt und kehrte in sein Heiligenstädter Sommerquartier zurück.

Herbst: Einige Briefe an Josephine Deym-Brunsvik bekunden ihre kühle Haltung gegenüber Beethovens Ausdruck der Zuneigung. Erfolglos bittet Beethoven die neuen Theaterdirektoren um eine feste Anstellung als Opernkomponist. Inzwischen wird ein Winterzyklus von »Liebhaber-Concerten« (Thayer, Bd. 3, S. 53), zunächst unter der Leitung von Häring, später unter Clementi, eingerichtet. In den Konzerten werden vor einer halb privaten Zuhörerschaft große Orchesterwerke, darunter Beethovens Zweite, Dritte und Vierte Symphonie und die *Prometheus-* und *Coriolanouvertüren* aufgeführt. Beethoven komponiert die *Leonorenouvertüre* Nr. 1 und Teile der Fünften Symphonie.

1808

9. Jan.: Veröffentlichungsankündigung für die »Rasumovskyquartette« und die *Coriolanouvertüre.*

***ca.* Anfang 1808:** Beethoven vertont Goethes *Sehnsucht* in vier Fassungen (WoO 134). Abschluß der Komposition der Cellosonate op. 69.

13. März: Beethovens Bruder Johann kauft in Linz eine Apotheke und läßt sich dann dort nieder.

Mitte März: Durch eine gefährliche Infektion verliert Beethoven beinahe einen Finger.

Beethoven – Leben und Werk – Zeitgenössische Ereignisse

27. März: Beethoven besucht das letzte der »Liebhaber-Concerte« (vgl. Herbst 1807). Zu Ehren Haydns, der ebenfalls anwesend ist, wird *Die Schöpfung* (in italienischer Sprache) aufgeführt.

13. Apr.: In einem Wohltätigkeitskonzert dirigiert Beethoven die Vierte Symphonie, das Dritte Klavierkonzert (mit Friedrich Stein als Solisten) und die *Coriolanouvertüre.*

Mai: Erste bekannte öffentliche Aufführung des Tripelkonzerts im Augartensaal.

Frühjahr–Sommer: Komposition der Sechsten Symphonie *(Pastorale)* und des Trios op. 70/Nr. 1.

Juli: Beethoven plant die Komposition einer Oper, *Macbeth,* unter Verwendung eines Librettos von Collin, eingerichtet nach Shakespeare.

10. Aug.: Veröffentlichungsankündigung für das Vierte Klavierkonzert und das Violinkonzert.

27. Aug.: Ries kommt nach Wien zurück.

***ca.* Aug.:** Graf Rasumovsky gründet ein Streichquartett unter der Leitung von Schuppanzigh als erstem Geiger. Mayseder oder der Graf selbst spielen zweite Geige, Franz Weiss Bratsche und Joseph Linke (der erst kürzlich aus Breslau kam) Cello.

14. Sept.: Beethoven erhält von Breitkopf & Härtel 100 Dukaten für die Fünfte und Sechste Symphonie, die Cellosonate op. 69 und die zwei Trios op. 70.

***ca.* Okt.:** Man bietet Beethoven die Stelle des Hofkapellmeisters des Königs von Westfalen in Kassel an, mit einem Gehalt von 600 Dukaten.

1. Nov.: Beethoven schreibt an Graf Oppersdorff, um sich für die eingetretene Verzögerung bei der Aushändigung der Partitur der Fünften Symphonie zu entschuldigen. Möglicherweise wurde sie einige Wochen später im Austausch mit der letzten Ratenzahlung Oppersdorffs übergeben. Ein Beleg dafür ist jedoch nicht erhalten.

15. Nov.: Beethoven nimmt an einem Wohltätigkeitskonzert im Theater an der Wien teil. Er dirigiert die *Coriolanouvertüre* und andere Werke.

24. Nov.: Johann Friedrich Reichardt, Kapellmeister in Kassel, kommt nach Wien und ist überrascht, als er von Beethovens Einladung nach Kassel hört.

Herbst: Komposition des Trios op. 70/Nr. 2.

Anfang–Mitte Dez.: Komposition der Chorfantasie, für das bevorstehende Benefizkonzert.

22. Dez.: Beethoven gibt im Theater an der Wien sein lang erwartetes Benefizkonzert. Programm: 1. Teil: Sechste Symphonie, Arie *Ah! perfido* (op. 65), Gloria aus der C-Dur-Messe, Viertes Klavierkonzert. 2. Teil: Fünfte Symphonie, Sanctus aus der C-Dur-Messe, eine Klavierfantasie (von Beethoven improvisiert, aber wahrscheinlich unter Verwendung musikalischer Ideen, die er später in seine Fantasie op. 77 aufnahm), Chorfantasie. Das Konzert fand an einem sehr kalten Abend statt und dauerte von 18.30 bis 22.30 Uhr. Die Aufführung war ziemlich mangelhaft; in der Chorfantasie brach an einer Stelle sogar alles zusammen. Am selben Abend fand in Wien in einem Wohltätigkeitskonzert für den Witwen- und Waisenfond eine Aufführung von Haydns *Il Ritorno di Tobia* statt.

23. Dez.: Wiederholung von Haydns *Il Ritorno di Tobia,* dem ein Klavierkonzert Beethovens (das Dritte?) vorausging.

1808: Veröffentlichung der Vierten Symphonie (vielleicht bereits im März, wahrscheinlicher aber im September).

1809

7. Jan.: Beethoven nimmt das Angebot der Kapellmeisterstelle in Kassel an. Kurz darauf führt er trotzdem Verhandlungen mit einigen Wiener Aristokraten über einen Vertrag, der ihn in Wien halten würde.

***ca.* Jan.:** Beginn der Arbeit am Fünften Klavierkonzert.

26. Febr.: Beethoven vereinbart eine Jahresrente, die ihm jährlich 4000 Florin BZ zusichert und sich wie folgt zusammensetzt: 1500 Florin von Erzherzog Rudolph, 700 Florin von Fürst Lobkowitz und 1800 Florin von Fürst Kinsky. Das veranlaßt Beethoven, in Wien zu bleiben und seinen Plan, nach Kassel zu gehen, aufzugeben.

1. März: Ratifizierung des Rentenkontrakts.

5. März: Erste öffentliche Aufführung der Cellosonate op. 69, gespielt von Nikolaus Kraft und Freifrau von Ertmann.

***ca.* 14. März:** Beethoven, der sich nun auf ein geregeltes Einkommen stützen kann, denkt an die Gründung eines Hausstandes. So schreibt er an Gleichenstein, der sich vorübergehend in Freiburg aufhält, und bittet ihn, ihm bei der Suche nach einer geeigneten Ehefrau behilflich zu sein.

28. März: Beethoven schickt an Breitkopf & Härtel eine Liste von Änderungen zur Fünften und Sechsten Symphonie. Er behauptet, sie während der Aufführung im vergangenen Dezember gemacht zu haben.

Beethoven – Leben und Werk – Zeitgenössische Ereignisse

9. Apr.: Österreich erklärt Frankreich den Krieg.
Apr.: Veröffentlichung der Cellosonate op. 69, mit einer Widmung an Gleichenstein – vielleicht in Anerkennung seiner Dienste als Sekretär. Veröffentlichung der Fünften Symphonie, jedoch ohne Beethovens Änderungen; im Nachdruck, der bald darauf erscheint, sind sie allerdings enthalten.
***ca.* Apr.:** Beethoven beendet das Fünfte Klavierkonzert und komponiert die Einleitung der Chorfantasie (bei der Aufführung des Werks im Dezember 1808 wurde sie improvisiert).
4. Mai: Erzherzog Rudolph und andere Mitglieder der kaiserlichen Familie verlassen aufgrund der drohenden Kriegsgefahr Wien. Beethoven nimmt die Abreise Rudolphs als thematischen Ausgangspunkt des ersten Satzes *(Das Lebewohl)* seiner Klaviersonate op. 81a. Im Verlauf des Jahres komponiert er im Vorgriff auf die Rückkehr des Erzherzogs die beiden anderen Sätze.
10. Mai: Französische Truppen umzingeln Wien.
11.–12. Mai: Bombardierung und Eroberung Wiens durch die Franzosen. Während des Bombardements sucht Beethoven laut Ries im Keller seines Bruders Zuflucht und bedeckt wegen des Lärms seinen Kopf mit Kissen.
31. Mai: Tod von Haydn.
Mai: Veröffentlichung der Sechsten Symphonie *(Pastorale).*
***ca.* Mai–Sept.:** Beethoven komponiert das Quartett op. 74, die Klaviervariationen op. 76 und die Klaviersonate op. 79.
Juni: Veröffentlichung des Klaviertrios op. 70/Nr. 1 (»Geistertrio«).
***ca.* Juni–Juli:** Für den Unterricht von Erzherzog Rudolph stellt Beethoven theoretisches Material aus Traktaten zusammen.
Aug.: Veröffentlichung des Klaviertrios op. 70/Nr. 2
8. Sept.: Beethoven leitet in einem Wohltätigkeitskonzert die Aufführung der *Eroica.*
Okt.: Abschluß der Komposition der Klavierfantasie op. 77 und der Klaviersonate op. 78.
23. Nov.: Beethoven schreibt an Thomson nach Edinburgh, daß er einverstanden sei, 43 Volkslieder zu vertonen, und fügt hinzu, mit der Arbeit bereits begonnen zu haben.
Dez.: Beethoven ist fast den ganzen Monat über krank.
***ca.* Ende 1809:** Zwei neue Theaterproduktionen sind geplant: Schillers *Wilhelm Tell* und Goethes *Egmont.* Mit der Musik für die Aufführungen werden Gyrowetz beziehungsweise Beethoven beauftragt.
1809: Komposition von Liedern aus op. 75, op. 82 und WoO 136–139.
***ca.* 1809:** Beethoven beginnt mit der Unterweisung von Erzherzog Rudolph in Klavier und Komposition (der Klavierunterricht könnte bereits 1803–04 begonnen haben, der Unterricht in Theorie und Komposition jedoch wahrscheinlich erst kurz vor dem Exil des Erzherzogs, wenn nicht nach seiner Rückkehr). Außerdem komponiert Beethoven Kadenzen zu seinen ersten vier Klavierkonzerten, offensichtlich für Rudolphs Gebrauch.

1810

30. Jan.: Erzherzog Rudolph kehrt nach Wien zurück.
***ca.* Anfang 1810:** Beethoven erhält nun endlich das Geld für die sechs Werke, die er vor drei Jahren an Clementi verkauft hatte. Veröffentlichung des Sextetts op. 81b.
27. Apr.: Therese Malfatti erhält *Für Elise* als Geschenk (das Datum findet sich auf dem Autograph, wenngleich das genaue Jahr nicht angegeben ist und zur Diskussion steht).
Apr.: Veröffentlichung des Sextetts op. 71.
2. Mai: Beethoven schreibt an Wegeler in Koblenz und bittet ihn um eine Kopie seiner Taufurkunde. Dies geschah offenbar in Vorbereitung seiner möglichen Heirat mit Therese Malfatti, der er – wie berichtet wird – zu dieser Zeit einen erfolglosen Heiratsantrag machte.
Mai: Beethoven schließt Bekanntschaft mit Bettina, Franz und Antonie Brentano.
6. Juni: Goethe schreibt an Bettina Brentano, wobei er vorschlägt, daß er und Beethoven sich in Karlsbad, wo Goethe gewöhnlich den Sommer verbrachte, treffen könnten. (Beethoven stimmte der Idee zu und traf Goethe 1812 in Teplitz, in der Nähe von Karlsbad.)
15. (oder 18.) Juni: Erste Aufführung von Beethovens jüngst vollendeter Musik zu *Egmont.* Die Komposition war zur Aufführung des Stücks am 24. Mai nicht rechtzeitig fertig geworden.
4.–11. Juli: E. T. A. Hoffmanns berühmte Kritik der Fünften Symphonie von Beethoven wird in der *Allgemeinen Musikalischen Zeitung* veröffentlicht.
17. Juli: Beethoven schickt seine ersten Volksliedbearbeitungen an Thomson in Edinburgh.

Beethoven – Leben und Werk – Zeitgenössische Ereignisse

18. Aug.: Clementis Ausgabe der Klaviervariationen op. 76 wird in Stationers Hall registriert (die Eintragungen solcher Daten weisen in der Regel darauf hin, daß ein Werk eben veröffentlicht wurde oder gerade publiziert wird).

25. Aug.: Bei einem Turnier in Laxenburg, zu Ehren des Geburtstags der Kaiserin, werden zwei Märsche von Beethoven (WoO 18 und 19, letzterer neu komponiert) gespielt.

31. Aug.: Clementis Ausgaben der fünf Lieder op. 75/Nr. 1–5, der Klavierfantasie op. 77 und zweier Klaviersonaten (op. 78–79) werden in Stationers Hall registriert.

1. Sept.: Registrierung von Clementis Ausgabe des Quartetts op. 74 in Stationers Hall.

31. Okt.: Clementis Ausgaben des Liedes op. 75/Nr. 6 und der Chorfantasie op. 80 werden in Stationers Hall registriert.

Okt.: Abschluß der Komposition des Quartetts op. 95 (entsprechend dem Datum des Autographs; ein Hinweis, der freilich nicht zuverlässig ist). Veröffentlichung der Breitkopf-Ausgaben der Lieder op. 75 und der Klaviervariationen op. 76.

***ca.* Okt.–Dez.:** Beethoven komponiert drei Lieder nach Texten von Goethe, op. 83. Beginn der Komposition des »Erzherzogtrios«. Gleichenstein beendet nach und nach seine Tätigkeit als Sekretär bei Beethoven, die schon bald von Franz Oliva übernommen wird.

1. Nov.: Clementis Ausgabe des Fünften Klavierkonzerts wird in Stationers Hall registriert.

Nov.: Veröffentlichung der Breitkopf-&-Härtel-Ausgabe des Quartetts op. 74, der Klavierfantasie op. 77 und der Klaviersonaten op. 78–79.

Dez.: Veröffentlichung der *Egmontouvertüre.*

1811

28. Jan.: Registrierung von Clementis Ausgabe der Klaviersonate op. 81a (»Lex Adieux«) in Stationers Hall.

1. Febr.: Die Clementi-Ausgabe der Italienischen Lieder op. 82 wird in Stationers Hall registriert.

Febr.: Veröffentlichung des Fünften Klavierkonzerts in der Ausgabe von Breitkopf & Härtel.

3. März: Beginn der Niederschrift des »Erzherzogtrios«.

15. März: Durch ein *Finanz-Patent* wird die Währung um das Fünffache abgewertet. In diesem Zusammenhang wird eine Tabelle ausgegeben, auf deren Grundlage auch der neue Wert von Beethovens Jahresrente ermittelt werden kann (vgl. »Volkswirtschaft«, S. 82). Erzherzog Rudolph erhöht seinen Anteil am Rentenbetrag um das Fünffache, um einen Ausgleich für die Entwertung zu schaffen.

26. März: Die Komposition des »Erzherzogtrios« ist angeblich abgeschlossen (wahrscheinlich jedoch wurde es zu einem späteren Zeitpunkt überarbeitet; vgl. »Kammermusik für Klavier und Streicher«, S. 275 ff.).

12. Apr.: Beethoven schreibt zum ersten Mal an Goethe. Er erwähnt ihre gemeinsame Freundin Bettina Brentano und informiert den Dichter, daß ihm eine Abschrift der Musik zu *Egmont* (vermutlich der im Mai 1812 veröffentlichte Klavierauszug) direkt von Breitkopf & Härtel zugehen werde. Beethovens Brief wird von Franz Oliva, dem Sekretär des Komponisten, persönlich überbracht.

8. Juni: Tod des Dichters Heinrich Collin, der früher einmal die Zusammenarbeit mit Beethoven an einem Opernvorhaben erwogen hatte.

25. Juni: Goethe antwortet auf Beethovens Brief vom 12. April.

***ca.* Juni:** Nachdem es ihm eine Zeit gesundheitlich relativ schlechtging, entschließt sich Beethoven auf Anraten seines Arztes, in dem Badeort Teplitz Erholung zu suchen.

Juli: Veröffentlichung der Breitkopf-&-Härtel-Ausgaben der Chorfantasie (op. 80), der Klaviersonate »Les Adieux« (oder von Beethoven bevorzugt als *Das Lebewohl* bezeichnet) und der Italienischen Lieder op. 82.

***ca.* 1. Aug.:** Beethoven reist nach Teplitz ab. Kurz vor seiner Abreise erhält er den Kompositionsauftrag zur Musik für zwei dramatische Werke (*König Stephan* und *Die Ruinen von Athen*), die zur Feier der Eröffnung des neuen Theaters in Pest (Budapest) gedacht sind, die Anfang Oktober stattfinden soll.

Aug.–Sept.: Während seines Aufenthalts in Teplitz trifft Beethoven einige alte und neue Freunde, darunter Fürst Kinsky, Oliva, Varnhagen, Tiedge, Varena und Amalie Sebald.

13. Sept.: Beethoven erledigt rasch die Komposition der vollständigen Musik zu *König Stephan* und den *Ruinen von Athen;* anschließend stellt sich jedoch her-

Beethoven – Leben und Werk – Zeitgenössische Ereignisse

aus, daß die geplante Eröffnung des Theaters in Pest verschoben wird. Per Gerichtsbeschluß wird der jeweilige Betrag festgelegt, den Lobkowitz und Kinsky anteilig an Beethovens Jahresrente zu bezahlen haben. Etwa um diese Zeit jedoch zwingen finanzielle Probleme Lobkowitz, seine gesamten Zahlungen einzustellen (bis 1815 wurden sie nicht wiederaufgenommen).

18. Sept.: Beethoven verläßt Teplitz (zwei Tage nach Oliva und Varnhagen) Richtung Prag.

Ende Sept.: Beethoven besucht Fürst Lichnowsky auf seinem Anwesen in Grätz, nahe Troppau. Nach drei Tagen Probe wird dort die C-Dur-Messe erfolgreich aufgeführt. Anschließend kehrt Beethoven nach Wien zurück.

9. Okt.: Beethoven schreibt einen langen Brief an Breitkopf & Härtel, in dem er unter anderem erwähnt, daß sie einige Exemplare seiner Klaviersonate op. 81a mit dem französischen Titel »Les Adieux« anstelle des von ihm bevorzugten deutschen *Das Lebewohl* veröffentlicht haben, wobei er den französischen Titel als nicht genau gleichbedeutend mit dem deutschen ansieht.

Okt.: Veröffentlichung von drei Liedern nach Texten von Goethe (op. 83) und von *Christus am Ölberge.*

***ca.* Okt.:** Beginn der Komposition der Siebten Symphonie.

Anfang Dez.: Beethoven schickt Abschriften von *Christus am Ölberge,* der Chorfantasie und einer Ouvertüre an Varena, einen Grazer Musiker, den er im Sommer in Teplitz kennengelernt hatte, für die Benutzung bei einem Wohltätigkeitskonzert.

22. Dez.: Varena veranstaltet in Graz ein sehr erfolgreiches Wohltätigkeitskonzert, in dem er Beethovens Musik zur Aufführung bringt.

Dez.: Komposition des Liedes *An die Geliebte* (WoO 140).

1811: Während einer langen Krankheit wird Antonie Brentano regelmäßig von Beethoven besucht; er ermuntert sie durch Improvisationen auf dem Klavier.

1812

Jan.: Veröffentlichung der Bühnenmusik zu *Egmont.*

9., 10., 11. Febr.: Erste Aufführungen von *König Stephan* und *Die Ruinen von Athen,* im neuen Theater von Pest, wo sie gute Resonanz finden.

11. Febr.: Czerny gibt die erste Wiener Aufführung des Fünften Klavierkonzerts.

2. März: Auf ihre Bitte hin schenkt Beethoven Antonie Brentano das Autograph des Liedes *An die Geliebte.*

29. März (Ostern): Varena gibt ein weiteres Wohltätigkeitskonzert in Graz, nachdem er von Beethoven zu diesem Zweck unveröffentlichtes Notenmaterial (aus *König Stephan* und *Die Ruinen von Athen*) erhalten hat.

13. Apr.: Beginn der Partiturniederschrift der Siebten Symphonie (nicht wie bei Kinsky, 1955, am 13. Mai; vgl. Johnson, 1985, S. 212).

5. Mai: Schuppanzigh führt im Augarten die *Prometheusouvertüre* und die Fünfte Symphonie auf.

***ca.* Mai:** Beethoven beginnt mit der Komposition der Achten Symphonie.

8. Juni: Varnhagen – auf die Bitte Olivas im Auftrag Beethovens handelnd – erhält von Fürst Kinsky eine mündliche Zusicherung, daß der volle Wert von Kinskys Anteil der Jahreszahlung an Beethoven in der Folgezeit bezahlt werden wird.

26. Juni: Maximiliane Brentano, die Tochter von Antonie und Franz, erhält das Autograph des erst kürzlich komponierten Klaviertrios WoO 39 zum Geschenk.

28. oder 29. Juni: Beethoven verläßt Wien und reist nach Teplitz.

1. Juli: Auf dem Weg nach Teplitz erreicht Beethoven Prag.

2. Juli: Treffen mit Varnhagen in Prag.

***ca.* 2. Juli:** Beethoven sucht bezüglich der Aufwertung seiner Jahresrente Fürst Kinsky auf und erhält 60 Dukaten als vorläufige Zahlung.

3. Juli: Auf ihrer Reise nach Karlsbad kommt die Familie Brentano in Prag an. An diesem Abend versäumt Beethoven ein vorher verabredetes Treffen mit Varnhagen.

4. Juli: Beethoven verläßt Prag, um nach Teplitz zu reisen.

5. Juli: Am frühen Morgen kommt Beethoven in Teplitz an. Die Brentanos erreichen Karlsbad.

6. Juli: Beethoven schreibt einen leidenschaftlichen Brief an eine namentlich nicht genannte Frau in Karlsbad, bekannt als die »Unsterbliche Geliebte«. Die meisten Wissenschaftler sind heute der Ansicht, daß es sich dabei um Antonie Brentano gehandelt habe, wenngleich einige nach wie vor behaupten, damit sei Josephine Deym-Brunsvik gemeint.

7. Juli: Beethoven fügt dem Brief vom 6. Juli ein Postskriptum an, schickt ihn aber offensichtlich nicht ab.

Beethoven – Leben und Werk – Zeitgenössische Ereignisse

14. oder 15. Juli: Goethe kommt in Teplitz an.

19. Juli: Goethe und Beethoven treffen sich. Danach bleiben sie etwa eine Woche täglich in Kontakt.

***ca.* 25. Juli:** Beethoven verläßt Teplitz Richtung Karlsbad. Dort wohnt er im selben Gasthof wie die Brentanos.

26. Juli: Große Teile von Baden werden durch einen Brand zerstört.

6. Aug.: Beethoven und der Geiger und Komponist Giovanni Battista Polledro geben in Karlsbad ein Konzert zugunsten der Einwohner von Baden. Das Programm enthält eine Violinsonate und eine Improvisation von Beethoven.

7. oder 8. Aug.: Beethoven und die Brentanos reisen von Karlsbad nach Franzensbad.

7.–8. Sept.: Beethoven kehrt nach Karlsbad zurück, wo sich Goethe nun aufhält.

12. Sept.: Goethe verläßt Karlsbad.

***ca.* 15. Sept.:** Beethoven kehrt nach Teplitz zurück.

***ca.* Sept.:** Die Brentanos kehren nach Wien zurück.

5. Okt.: Beethoven kommt in Linz an (wahrscheinlich direkt von Teplitz über Prag), wo er seinen Bruder Johann besucht. Ein Hauptanliegen seines Besuches lag zweifellos darin, dem Verhältnis zwischen Johann und Therese Obermeyer, dessen Haushälterin, ein Ende zu setzen. Im Laufe der nächsten Wochen macht Beethoven seinem Bruder Vorwürfe, besucht in der Angelegenheit den Bischof und wendet sich an die bürgerliche Obrigkeit und erwirkt schließlich eine Order, Therese Obermeyer aus dem Haus seines Bruders zu entfernen.

Okt.: Veröffentlichung der C-Dur-Messe. Partiturniederschrift der Achten Symphonie.

***ca.* Okt.:** Beethoven schließt enge Bekanntschaft mit Franz Glöggl, dem Kapellmeister des Linzer Doms, und schreibt für ihn drei Equale für Posaunen.

2. oder 3. Nov.: Fürst Kinsky stirbt nach einem Reitunfall in der Nähe von Prag.

8. Nov.: Beethovens Bruder Johann und Therese Obermeyer reagieren mit ihrer Heirat auf die Einmischung des Komponisten in ihre Beziehung. Kurz darauf kehrt Beethoven nach Wien zurück.

***ca.* Nov.:** Die Brentanos verlassen endgültig Wien und ziehen nach Frankfurt zurück.

***ca.* Nov.–Dez.:** Beethoven beginnt mit Eintragungen in sein *Tagebuch.*

***ca.* 1. Dez.:** Spohr kommt nach Wien (etwa zwei Monate später wird er mit Beethoven bekannt).

Anfang Dez.: Der gefeierte Geiger Pierre Rode kommt auf einer Konzertreise nach Wien.

29. Dez.: In einem von Fürst Lobkowitz veranstalteten Konzert wird die letzte Violinsonate Beethovens (op. 96), die er erst kurz zuvor für Rode komponiert hatte, aufgeführt, gespielt von Erzherzog Rudolph und Rode selbst.

30. Dez.: Beethoven bittet die Fürstin Kinsky um Zahlung der Jahresrente, in der mit Fürst Kinsky vor seinem Tod vereinbarten neuen Höhe.

1812: Beethovens neuer Freund Friedrich Starke, der bei ihm zum Frühstück war, hört Beethoven improvisieren und spielt dann mit ihm die Hornsonate. Da das Klavier einen Halbton tiefer gestimmt ist als das Horn, bietet Starke an, seinen Part in E anstatt in F zu spielen; Beethoven jedoch zieht es vor, den Klavierpart nach Fis zu transponieren.

1813

12. Febr.: Erneut bittet Beethoven die Fürstin Kinsky um eine Begleichung seiner Jahresrente.

3. März: Die Trios op. 70 werden in der *Allgemeinen Musikalischen Zeitung* positiv besprochen. Aus dieser Zeit oder kurz danach stammen die frühesten Skizzen zu *Meeresstille und glückliche Fahrt* (op. 112).

26. März: Der Marsch, den Beethoven kurz zuvor für Kuffners Tragödie *Tarpeja* geschrieben hat, wird erstmals aufgeführt im Wiener Burgtheater.

11. Apr.: Varena führt in Graz erneut *Christus am Ölberge* auf.

12. Apr.: Beethovens Bruder Carl, ernsthaft an Schwindsucht erkrankt, erklärt im Falle seines Ablebens Beethoven zum Vormund seines Sohns Karl.

Anfang Apr.: Beethoven bemüht sich um die Möglichkeit eines Benefizkonzerts an der Universität, was jedoch abgelehnt wird. Spätere Versuche, an anderer Stelle ein Konzert zu vereinbaren, bleiben ebenfalls erfolglos.

1. Mai: Schuppanzigh führt im Augarten den Marsch aus *Tarpeja* und die Fünfte Symphonie auf.

27. Mai: Beethoven sendet weiteres Notenmaterial an Varena nach Graz.

21. Juni: Der Herzog von Wellington gewinnt die Schlacht bei Vittoria. Als die Nachricht in Wien eintrifft, überredet Mälzel Beethoven, zur Erinnerung an

Beethoven – Leben und Werk – Zeitgenössische Ereignisse

das Ereignis ein Stück für Mälzels mechanisches Instrument, das Panharmonicon, zu schreiben. Die Komposition (op. 91) entsteht im Laufe des Sommers und frühen Herbstes und wird für Orchester eingerichtet.

13. Okt.: Die *Wiener Vaterländischen Blätter* veröffentlichen einen Artikel, in dem Mälzels Erfindung, das Chronometer (der unmittelbare Vorläufer des Metronoms), angezeigt und mitgeteilt wird, daß es bei mehreren führenden Komponisten, darunter auch Beethoven, Anklang gefunden habe.

22. Okt.: Der Musikverleger Steiner leiht Beethoven zur Unterstützung seines kranken Bruders Carl und dessen Ehefrau Johanna 1500 Florin. Die Anleihe wurde offensichtlich nur indirekt zurückgezahlt, indem Steiner Veröffentlichungsrechte für einige Kompositionen Beethovens erhielt.

8. Dez.: Mälzel und Beethoven geben ein Wohltätigkeitskonzert, bei dem *Wellingtons Sieg* (op. 91) und die Siebte Symphonie erstmals öffentlich aufgeführt werden. Außerdem war Mälzels mechanischer Trompetenautomat zu hören.

12. Dez.: Wiederholung des außerordentlich erfolgreichen Konzerts vom 8. Dezember. Beide Konzerte erreichen zusammen einen Reinerlös von 4006 Florin zugunsten der Kriegsopfer.

1814

2. Jan.: *Wellingtons Sieg* und Teile von *Die Ruinen von Athen* werden in einem Beethoven gewährten Benefizkonzert aufgeführt. Die meisten Musiker hatten auch bereits bei den Konzerten vom 8. und 12. Dezember mitgewirkt, Mälzel nahm diesmal nicht daran teil.

24. Jan.: Mit einer Anzeige in der *Wiener Zeitung* dankt Beethoven allen an dem Konzert vom 2. Januar Beteiligten.

Jan.–Febr.: Der Erfolg der Konzerte Beethovens veranlaßt die Theaterdirektoren zur Wiederaufnahme von *Leonore/Fidelio.* Beethoven stimmt zu unter der Bedingung, daß er die Möglichkeit zur Überarbeitung erhält. Zur Mithilfe bei den nötigen Änderungen des Librettos wird Treitschke aufgefordert.

27. Febr.: In einem weiteren, für Beethoven erfolgreichen Benefizkonzert werden die Siebte Symphonie, erstmals das Terzett *Tremate, empi, tremate* op. 116 (Skizzen hierzu entstanden bereits vor vielen Jahren), die Achte Symphonie (ebenfalls zum ersten Mal) und *Wellingtons Sieg* aufgeführt.

16.–17. März: Mälzel, der Wien nach einer Meinungsverschiedenheit mit Beethoven über *Wellingtons Sieg* verlassen hatte, führt das Werk zweimal in München auf. Als Beethoven von diesen Aufführungen hört, leitet er, wegen Diebstahl des Werkes, gerichtliche Schritte gegen Mälzel ein. Der Rechtsstreit wird schließlich jedoch eingestellt.

25. März: In einem Wohltätigkeitskonzert dirigiert Beethoven die *Egmontouvertüre* und *Wellingtons Sieg.*

11. Apr.: Beethoven gibt zusammen mit Schuppanzigh (Geige) die erste öffentliche Aufführung des »Erzherzogtrios«. Sie war – laut Spohr – infolge Beethovens Taubheit unbefriedigend, da manche Töne zu laut, andere aber unhörbar waren. Schindler behauptet, kurz vor diesem Konzert Beethoven kennengelernt und ihn dort wiedergetroffen zu haben. Am selben Tag wird auch Treitschkes Singspiel *Die gute Nachricht* zum ersten Mal aufgeführt. Es war zur Feier des Sieges über Napoleon geschrieben worden und enthält Sätze mehrerer Komponisten, darunter auch von Beethoven (WoO 94) (bis Mitte Juni wird es noch sieben weitere Male gespielt).

15. Apr.: Beethovens langjähriger Förderer Fürst Karl Lichnowsky stirbt.

Mitte Apr.: Beginn der Proben zu *Fidelio.*

Apr.: Beethoven schickt eine Partitur von *Wellingtons Sieg* mit einer Widmung an den Prinzregenten nach London, offensichtlich in der Hoffnung, so einer Aufführung des Werkes durch Mälzel zuvorzukommen (der am Ende das Werk nicht nach London brachte).

***ca.* Apr.:** Thomson veröffentlicht den ersten Band von Beethovens Volksliedbearbeitungen.

23. Mai: Erste Aufführung des neu überarbeiteten *Fidelio* (jedoch mit einer anderen Ouvertüre, da die neue noch nicht fertig war), unter der Leitung von Beethoven und Umlauf.

26. Mai: Wiederholung des *Fidelio,* nun mit der neuen Ouvertüre. In den folgenden Wochen finden einige weitere Aufführungen statt.

***ca.* Mai:** In einem von Schuppanzighs Morgenkonzerten spielt Beethoven erneut das »Erzherzogtrio«. Dies war einer der letzten öffentlichen Auftritte Beethovens als Pianist.

24. Juni: Beethovens Kantate *Un lieto brindisi,* die er kurz vorher für den Namenstag von Giovanni Malfatti geschrieben hatte (Johannistag), wird zu dessen Ehren aufgeführt.

Beethoven – Leben und Werk – Zeitgenössische Ereignisse

***ca.* Juni:** Moscheles nimmt die Aufgabe an, einen Klavierauszug von *Fidelio* anzufertigen. Beethoven prüft seine Arbeit und verbessert sie an einigen Stellen. Beginn der Komposition der Klaviersonate op. 90.

18. Juli: In einer Benefizvorstellung Beethovens wird *Fidelio* erstmals in seiner endgültigen Form, mit einer erneut überarbeiteten Fassung der Arie von Rocco sowie Leonores Rezitativ und Arie (gesungen von Anna Milder-Hauptmann) aufgeführt.

***ca.* Juli:** *Elegischer Gesang* (op. 118), komponiert für eine Aufführung am 5. August.

16. Aug.: Niederschrift der Klaviersonate op. 90.

Aug.: Veröffentlichung des Klavierauszugs von *Fidelio* (angefertigt von Moscheles).

26. Sept.: Aufführung des *Fidelio* in Anwesenheit mehrerer, anläßlich des Wiener Kongresses versammelten, ausländischen Staatsoberhäupter.

1. Okt.: Beginn der Partiturniederschrift der Ouvertüre *Zur Namensfeier* (sie wird dann beiseite gelegt und erst im kommenden März vollendet).

Okt.–Nov.: Komposition der Kantate *Der glorreiche Augenblick.*

29. Nov.: Beethoven gibt ein Konzert, in dem die Siebte Symphonie, die Kantate *Der glorreiche Augenblick* (zum ersten Mal) und *Wellingtons Sieg* gespielt werden. Die Aufführung findet vor einer großen und begeisterten Hörerschaft statt, unter der sich auch mehrere Staatsoberhäupter befinden.

2. Dez.: Wiederholung des Konzerts vom 29. November.

25. Dez.: Erneute Wiederholung des Konzerts vom 29. November.

31. Dez.: Durch einen Brand wird das prächtige Palais von Graf Rasumovsky zerstört.

***ca.* Dez.:** Komposition der Polonaise op. 89, für die Zarin von Rußland, die sich anläßlich des Wiener Kongresses in der Stadt aufhält. Beethoven plant, zusammen mit Treitschke an einer neuen Oper zu arbeiten: *Romulus und Remus.*

1815

18. Jan.: Kinskys Erben stimmen endlich einer Regelung der Rentenzahlungen an Beethoven zu. Der erreichte Kompromiß sieht vor, daß Beethoven – beginnend mit dem Jahr 1812 – jährlich 1200 Florin Wiener Währung (= WW) erhält, also mehr als die 726 Florin, auf die er einen Rechtsanspruch hat, jedoch weniger als die von ihm geforderten 1800 Florin. Am 26. März werden schließlich die Rückstände beglichen. Danach erfolgen die Zahlungen regelmäßig.

25. Jan.: In einem großen Konzert, das zu Ehren des Geburtstags der Zarin von Rußland veranstaltet wird, begleitet Beethoven den Sänger Franz Wild beim Vortrag von *Adelaide.*

***ca.* Jan.:** Beginn der Komposition des Sechsten, unvollendet gebliebenen, Klavierkonzerts.

10. Febr.: Unter der Leitung von Sir George Smart wird *Wellingtons Sieg* in London aufgeführt (Wiederholung am 13. Februar).

27. Febr.: Veröffentlichungsankündigung für die Polonaise op. 89 (vgl. Johnson, 1985, S. 234).

***ca.* Febr.:** Erste Eintragungen in dem frühesten bekannten größeren Skizzenbuch (Mendelssohn 1).

***ca.* Anfang März:** Abschluß der Komposition der Ouvertüre *Zur Namensfeier.*

16.–19. März: Beethoven und Häring schreiben an Sir George Smart in London und bitten ihn, einen englischen Verleger für eine größere Zahl von Werken zu finden. Robert Birchall nimmt schließlich für 130 Dukaten oder 65 Pfund vier davon an (die Klavierbearbeitungen von *Wellingtons Sieg* und der Siebten Symphonie, die Violinsonate op. 96 und das »Erzherzogtrio«).

***ca.* März:** Komposition der Musik zu *Leonore Prohaska* (WoO 96).

***ca.* 1. Apr.:** Beethoven erhält von seinem Freund Amenda das Opernlibretto *Bacchus,* das von Rudolph von Berge stammt. Einige im weiteren Verlauf des Jahres entstandene Skizzen könnten mit diesem Vorhaben zusammenhängen.

19. Apr.: Fürst Lobkowitz stimmt der Zahlung seines Anteils an Beethovens Rente zu und erklärt sich auch zur Zahlung des angefallenen Rückstandes in der vollen, von Beethoven geforderten Höhe von 700 Florin WW bereit.

29. Apr.: Beethoven verkauft eine große Anzahl von Kompositionen an den Verleger Steiner (zum Teil anscheinend, um seine Anleihe vom Oktober 1813 zu begleichen). Zu diesen Werken gehören – neben anderen – *Wellingtons Sieg,* die Siebte und Achte Symphonie, das Quartett op. 95, die Violinsonate op. 96 und das »Erzherzogtrio«, die alle im Laufe von zwei Jahren veröffentlicht wurden. Das Gesangsterzett *Tre-*

Beethoven – Leben und Werk – Zeitgenössische Ereignisse

mate, empi, tremate und drei Ouvertüren (op. 113, 115 und 117) veröffentlichte Steiner in den 1820er Jahren. *Der glorreiche Augenblick* erschien erst bei Steiners Nachfolger Haslinger in den 1830er Jahren. Außerdem befanden sich eine vollständige Partitur des *Fidelio* (nicht von Steiner veröffentlicht) und »12 Englische Lieder mit Clavier-Begleitung und deutschem Text« (Thayer, Bd. 3, S. 499), die sich bisher nicht nachweisen ließen, bei denen es sich aber möglicherweise um einige irische und walisische Volksliedbearbeitungen handelt, unter diesen Werken.

***ca.* Mai:** Beethoven bricht die Komposition des unvollendet gebliebenen Sechsten Klavierkonzerts ab. Beginn der Komposition der Cellosonate op. 102.

***ca.* 1. Juni:** Häring stellt Beethoven Charles Neate vor, der mit dem Komponisten gute Bekanntschaft schließt. Neate überbringt einen Kompositionsauftrag der Philharmonischen Gesellschaft London – drei Ouvertüren zum Preis von 75 Guineen – und Beethoven übergibt ihm im Juli die Ouvertüren op. 113, 115 und 117.

9. Juni: Veröffentlichungsankündigung für die Klaviersonate op. 90. Dies ist das erste von zahlreichen weiteren Werken Beethovens, das bei Steiner erscheint.

15. Juli: Erstaufführung der von Beethoven für Treitschkes Singspiel *Die Ehrenpforten* kurz zuvor komponierten Musik (WoO 97). Wiederholungen des Werkes finden am 16. und 23. Juli statt.

Ende Juli: Abschluß der Komposition der Cellosonate op. 102/Nr. 1

Anfang Aug.: Beginn der Partiturniederschrift der Cellosonate op. 102/Nr. 2.

14. Nov.: Beethovens Bruder Carl, tödlich erkrankt, verfaßt seinen Letzten Willen, worin er seine Frau Johanna und Beethoven gemeinschaftlich zum Vormund seines Sohns Karl bestimmt. Beethoven strich daraufhin in der Festlegung der Vormundschaft den Namen Johannas aus dem Testament aus, »indem ich durchaus an ein solches schlechtes weib bej einer so wichtigen Sache wie die Erziehung des Kindes nicht gebunden sejn wollte« (Schmidt-Görg u. a., 1953, S. 13). In einem Kodizill, das angeblich unter dem Druck Johannas in Abwesenheit Beethovens dem Testament angefügt wurde, setzt Carl sie dann wiederum als Mitvormund ein und bestimmt, daß Karl weiterhin bei ihr leben soll.

15. Nov.: Beethovens Bruder Carl stirbt an der Schwindsucht.

22. Nov.: Johanna wird zum Vormund, Beethoven zum Mitvormund Karls bestimmt.

28. Nov.: Beethoven wendet sich, um Johanna von der Vormundschaft für Karl auszuschließen, an das Landrecht. Das angerufene Gericht trifft sich vor Jahresende mehrere Male, um die Beweislage festzustellen, ohne aber einen Beschluß herbeizuführen.

25. Dez.: Unter Beethovens Teilnahme werden in einem Wohltätigkeitskonzert im Redoutensaal die Ouvertüre *Zur Namensfeier* und *Meeresstille und glückliche Fahrt* (jeweils zum ersten Mal) sowie *Christus am Ölberge* aufgeführt.

Ende 1815: Die Gesellschaft der Musikfreunde bittet Beethoven um die Komposition eines Oratoriums. Er erklärt sich dazu bereit, sobald ein passender Text gefunden ist.

1816

9. Jan.: Das Landrecht beschließt, Beethoven die Vormundschaft für Karl zu übertragen.

19. Jan.: Beethoven wird rechtmäßig zum alleinigen Vormund Karls bestimmt.

24. Jan.: Beethoven schreibt zwei Kanons (WoO 168) zum Abschied von Neate, der nach London reist.

2. Febr.: Karl wird seiner Mutter weggenommen und in das von Giannatasio del Rio geleitete Institut gebracht.

11. Febr.: Schuppanzigh gibt vor seiner Abreise nach Rußland ein Abschiedskonzert in Anwesenheit Beethovens (das Programm enthält das dritte »Rasumovskyquartett«, das Quintett op. 16 und das Septett op. 20).

18. Febr.: Der Cellist Linke gibt ein Abschiedskonzert (darin werden folgende Werke von Beethoven zur Aufführung gebracht: die Cellosonate op. 69 und – »eine Klaviersonate« [Thayer, Bd. 3, S. 549] – gemeint ist wahrscheinlich op. 90 oder eine der Cellosonaten aus op. 102).

Febr.: Veröffentlichung von Partitur und Stimmen zu *Wellingtons Sieg* (das erste in dieser Form publizierte Orchesterwerk Beethovens). Birchall erhält die vier Werke, deren Veröffentlichung er zugesagt hatte.

22. Apr.: Veröffentlichungsankündigung für das Lied *An die Hoffnung* (op. 94).

***ca.* Apr.:** Beethoven komponiert den Liederzyklus *An*

Beethoven – Leben und Werk – Zeitgenössische Ereignisse

die ferne Geliebte. Beginn der Komposition der Klaviersonate op. 101.

2. Mai: Die ersten achtzehn von Beethovens Bearbeitungen kontinentaler Volkslieder werden abgeschlossen.

***ca.* Mai:** Skizzen zum unvollendet gebliebenen Klaviertrio in f-Moll.

29. Juli: Veröffentlichungsankündigung für die Violinsonate op. 96.

Juli: Beethoven hinterlegt mit 8% Zinsen bei Steiner 10 000 Florin WW, die er in letzter Zeit durch Konzerte und Veröffentlichungen verdient hatte.

18. Sept.: Karl unterzieht sich einer Bruchoperation. Während seiner Genesung besucht er zusammen mit den del Rios, die einer Einladung des Komponisten folgen, Beethoven in Baden.

Sept.: Veröffentlichung des Quartetts op. 95 und des »Erzherzogtrios« op. 97.

***ca.* Sept.:** Beethoven trifft Vorbereitungen, Karl in seinen Hausstand aufzunehmen. In diesem Zusammenhang zieht er Zmeskall und später Nanette Streicher über die Führung eines Haushalts zu Rate.

14. Okt.: Beethoven, wieder zurück in Wien, wird krank und kann bis Anfang November das Haus nicht verlassen.

Okt.: Veröffentlichung von *An die ferne Geliebte.*

Nov.: Veröffentlichung (von Partitur und Stimmen) der Siebten Symphonie. Abschluß der Komposition der Klaviersonate op. 101.

15. Dez.: Tod des Fürsten Lobkowitz. Die Zahlungen seines Anteils an Beethovens Jahresrente werden jedoch von seinen Nachfolgern fortgesetzt.

1816: Czerny beginnt Karl im Klavierspiel zu unterrichten. Zudem veranstaltet er jeden Sonntag musikalische Unterhaltungen, bei denen Beethoven gewöhnlich anwesend ist und manchmal auch improvisiert.

1817

2. Jan.: Die *Allgemeine Musik Zeitung,* herausgegeben von Steiner, erscheint zum ersten Mal (anfangs wird der Herausgeber nicht genannt; spätere Herausgeber sind Mosel 1819–20 und Kanne 1821–24).

23. Febr.: Beethoven schickt an Freifrau von Ertmann ein Exemplar seiner kurz vorher veröffentlichten Klaviersonate op. 101 mit Widmung. Einen Monat zuvor hatte er sich entschlossen, die Bezeichnung »Pianoforte« durch das deutsche Wort »Hammerklavier« zu ersetzen. Bei dieser Sonate benutzt er den Terminus zum ersten Mal.

Anfang 1817: Durch seinen anhaltend schlechten Gesundheitszustand, verbunden mit häuslichen Problemen, wird Beethovens Schaffenskraft während dieser Zeit erheblich beeinträchtigt.

März: Veröffentlichung der Cellosonaten op. 102.

***ca.* Apr.:** Veröffentlichung der Achten Symphonie.

3. Mai: Zum Andenken an seinen tags zuvor verstorbenen Freund Krumpholz komponiert Beethoven den *Gesang der Mönche* (WoO 104).

10. Mai: Beethovens Schwägerin Johanna unterzeichnet einen Vertrag, in dem sie ihr Einverständnis gibt, beträchtliche Zahlungen für den Unterhalt ihres Sohnes zu leisten.

9. Juni: Ries schreibt im Auftrag der Philharmonischen Gesellschaft London einen langen Brief an Beethoven, in dem er ihn für den nächsten Winter nach London einlädt und ihm die Komposition zweier neuer Symphonien – zum Preis von 300 Guineen – anbietet.

7. Juli: Beethoven bittet den Klavierbauer Streicher, ihm ein Klavier mit größtmöglicher Lautstärke zu fertigen; damit will er versuchen, seiner ständig zunehmenden Taubheit beizukommen.

9. Juli: Beethoven antwortet Ries. Er nimmt die Einladung nach England an, allerdings mit dem Vorschlag zusätzlicher Bedingungen.

15. Juli: Der Wert des Papiergeldes wird auf 2,5 Florin WW = 1 Florin Conventionsmünze (= CM) festgesetzt. Beethovens jährliche Rente von 3400 Florin wird somit auf 1360 Florin CM für die folgende Zeit bestimmt.

14. Aug.: Beethoven vollendet die Quintettbearbeitung (op. 104) seines Klaviertrios op. 1/Nr. 3. Die Bearbeitung basiert auf einem früheren, ziemlich mangelhaften Versuch eines Herrn Kaufmann (vgl. Tyson, 1974).

10. Sept.: Beethoven erhält Antwort von der Philharmonischen Gesellschaft. Sie weist seine zusätzlichen Bedingungen zurück und wiederholt ihr ursprüngliches Angebot, das Beethoven dann akzeptiert. Etwa zu dieser Zeit entstehen einige Skizzen zur Neunten Symphonie.

***ca.* Herbst:** Cipriani Potter und Heinrich Marschner besuchen Beethoven, der Potter empfiehlt, für Kompositionsunterricht zu Förster zu gehen. Mälzel kehrt nach Wien zurück und bereinigt seinen Streit mit

Beethoven – Leben und Werk – Zeitgenössische Ereignisse

Beethoven. Beginn der Komposition der »Hammerklaviersonate«.

28. Nov.: Abschluß der Komposition der D-Dur-Fuge für das Streichquintett op. 137.

17. Dez.: Die *Allgemeine Musikalische Zeitung* (Leipzig) veröffentlicht Beethovens Metronomangaben zu seinen ersten acht Symphonien.

25. Dez.: Beethoven dirigiert in einem Wohltätigkeitskonzert seine Achte Symphonie.

27. Dez.: Die Klavierfabrik Broadwood & Sons (London) schickt Beethoven ein neues, sechs Oktaven umfassendes Klavier. (Das Instrument befindet sich heute im National-Museum in Budapest.)

1818

24. Jan.: Karl verläßt das Institut von Giannatasio del Rio. Er lebt nun bei Beethoven, wo er von einem Privatlehrer unterrichtet wird.

Jan.: Die geplante Reise Beethovens nach London findet nicht statt. Später macht er seinen schlechten Gesundheitszustand dafür verantwortlich.

3. Febr.: Beethoven dankt Broadwood für das geschenkte Klavier, das zu diesem Zeitpunkt allerdings noch nicht eingetroffen war.

14. Febr.: In einer öffentlichen Stellungnahme in der Wiener Presse empfehlen Beethoven und Salieri den Gebrauch des Metronoms.

Febr.: Beethovens ständig zunehmende Taubheit zwingt ihn schließlich zum Gebrauch von Konversationsheften (vgl. S. 198 ff.).

***ca.* Febr.–März:** Skizzen zu einem Teil des ersten Satzes der Neunten Symphonie.

Anfang 1818: Beethoven komponiert *O Hoffnung* (WoO 200), ein viertaktiges Thema für Erzherzog Rudolph, der darüber Variationen schrieb (veröffentlicht 1819).

Anfang Apr.: Fertigstellung der ersten beiden Sätze der »Hammerklaviersonate« (in Vorbereitung für den Namenstag von Erzherzog Rudolph am 17. April).

19. Mai: Beethoven und Karl ziehen für die Sommermonate nach Mödling. Dort wird Karl einen Monat lang vom Dorfpfarrer unterrichtet.

Mai: Die Gesellschaft der Musikfreunde bittet Beethoven erneut um die Komposition eines Oratoriums, und er erklärt sich bereit.

22. Juni: Thomson beauftragt Beethoven mit der Komposition von zwölf Volksliedvariationsreihen.

Juni: Veröffentlichung von fünfundzwanzig Volksliedbearbeitungen (op. 108) in Edinburgh.

***ca.* Aug.:** Abschluß der Komposition der »Hammerklaviersonate«.

18. Sept.: Das Landrecht weist eine erneute Petition von Beethovens Schwägerin Johanna – sie wird in dieser Sache von Hotschevar unterstützt –, die Vormundschaft für Karl zu erhalten, zurück.

***ca.* Sept.:** Weitere Skizzen zum ersten Satz der Neunten Symphonie.

3. Okt.: Eine weitere Eingabe von Johanna wird ebenfalls zurückgewiesen.

18. Nov.: Abschluß der Komposition von zwölf Variationsreihen (aus op. 105 und 107) und Übersendung an Thomson. Vier weitere Variationsreihen werden einige Monate später komponiert.

***ca.* Nov.:** Erzherzog Rudolph stellt seine vierzig Variationen über ein Thema von Beethoven fertig. Beethoven schickt sein Quintett op. 104 und die »Hammerklaviersonate« zur Veröffentlichung an Ries nach London.

3. Dez.: Karl läuft von Beethoven weg zu seiner Mutter. Um ihn zurückzuholen, zieht Beethoven die Polizei zu Hilfe. Die nächsten Wochen verbringt Karl dann wieder im Institut von Giannatasio del Rio.

7. Dez.: Johanna nützt die Tatsache, daß Karl davongelaufen ist, als Rechtfertigung für einen erneuten Versuch, den Jungen der Obhut Beethovens zu entziehen, und reicht eine weitere Eingabe beim Landrecht ein.

11. Dez.: Die Anhörung beim Landrecht findet statt. Beethoven, sein Neffe und die Mutter des Jungen werden jeweils getrennt befragt (genaue Beschreibung bei Thayer, 1967). Beethoven, begleitet von Karl Bernard, gibt zu, keinen urkundlichen Beweis seiner adeligen Herkunft zu besitzen.

18. Dez.: Da der Komponist nicht adeliger Herkunft ist, übergibt das Landrecht Beethovens Fall an eine niedrigere Instanz, den Magistrat.

1818: Letzte Eintragungen in Beethovens Tagebuch.

1819

11. Jan.: Der Magistrat verhandelt den Fall von Beethovens Neffen. Die Anhörung führt dazu, daß Beethoven gezwungen wird, auf die Vormundschaft für Karl zu verzichten und einen anderen Vormund zu suchen. Karl kehrt zeitweise zu seiner Mutter zurück

Beethoven – Leben und Werk – Zeitgenössische Ereignisse

und wird in einem von Johann Kudlich geführten Erziehungsinstitut unterrichtet.

17. Jan.: In einem Wohltätigkeitskonzert dirigiert Beethoven seine *Prometheusouvertüre* und die Siebte Symphonie.

6. Febr.: Anna Giannatasio und Leopold Schmerling heiraten. Beethoven schreibt für diesen Anlaß sein *Hochzeitslied* (WoO 105). Eine Fassung dieser Komposition ist auf den 14. Januar 1819 datiert.

18. Febr.: Veröffentlichungsankündigung für das Quintett op. 104.

26. März: Tuscher wird zum Vormund von Karl ernannt.

***ca.* März:** Diabelli lädt alle führenden Komponisten Wiens ein, je eine Variation über ein von ihm stammendes Walzerthema zu schreiben. Fast unmittelbar darauf beginnt Beethoven mit der Komposition einer ganzen Variationsreihe. Die früheste datierte Variation eines anderen Komponisten ist die von Czerny vom 7. Mai 1819.

***ca.* Anfang Apr.:** Beginn der Komposition der *Missa solemnis.*

16. Apr.: Beethoven schickt an Ries einen am Anfang des langsamen Satzes der »Hammerklaviersonate« zu ergänzenden Takt.

Apr.: Beethoven und Tuscher beabsichtigen, Karl außer Landes, nach Landshut, zu schicken. Sie stoßen jedoch auf Widerstand, und die Ausstellung eines Passes wird schließlich verweigert (7. Mai).

12. und 27. Mai: Neun der von Beethoven komponierten Variationsreihen über Volkslieder (op. 105 und 107) werden an Thomson übersendet, in Stationers Hall registriert.

***ca.* Mai:** Beethoven legt die Diabelli-Variationen halbfertig beiseite und fertigt während der folgenden Monate intensiv Skizzen zur *Missa solemnis.*

4. Juni: Erzherzog Rudolph wird zum Erzbischof von Olmütz ernannt. Die feierliche Einsetzungszeremonie – mit der *Missa solemnis* – soll im folgenden Jahr stattfinden. Der Plan zu dieser Ernennung war aber wahrscheinlich schon einige Monate vor Juni bekannt.

15. Juni: Beethoven erhält von der Gesellschaft der Musikfreunde 400 Florin WW als Vorschuß für ein Oratorium, das er sich bereit erklärt hatte zu komponieren.

22. Juni: Karl tritt in das Institut Blöchlingers ein.

5. Juli: Tuscher ersucht darum, die Vormundschaft für Karl niederzulegen. Inoffiziell tritt Beethoven wieder an seine Stelle.

13. Juli: Beethoven holt das seit 1816 bei Steiner angelegte Geld, nun 4000 Florin CM, zurück und kauft acht Bankaktien. Sie sind als Vermächtnis für Karl gedacht.

2. Aug.: Beethovens Bruder Johann ersteht in Gneixendorf ein großes Anwesen.

Sommer: Bezüglich seines Neffen Karl schreibt Beethoven mehrere lange Briefe an Bernard und Blöchlinger.

6. Sept.: Veröffentlichungsankündigung für die Wiener Ausgabe der Volksliedvariationen op. 105.

15. Sept.: Veröffentlichungsankündigung für die Wiener Ausgabe der »Hammerklaviersonate«.

17. Sept.: Tuscher wird von der Vormundschaft für Karl entbunden. Diese geht nun auf Nussböck und Johanna über.

1. Okt.: Die englische Ausgabe der »Hammerklaviersonate«, veröffentlicht von der Regent's Harmonic Institution, wird in Stationers Hall registriert. Gebauer initiiert eine Reihe von Concerts Spirituels, in denen große Chor- und Orchesterwerke (prima vista) aufgeführt werden. In dieser und der folgenden Saison (1820–21) werden von Beethoven alle acht Symphonien, die C-Dur-Messe, *Christus am Ölberge* und – dato noch unveröffentlicht – *Meeresstille und glückliche Fahrt* aufgeführt.

13. Okt.: Beethoven versucht ein Haus zu kaufen, leider ohne Erfolg.

31. Okt.: Der Komponist legt beim Magistrat bezüglich der Vormundschaft Karls Protest ein, der jedoch am 4. November und erneut am 20. Dezember zurückgewiesen wird.

***ca.* Nov.:** Fertigstellung der wesentlichen Skizzen zum Gloria der *Missa solemnis.* Beethoven fährt mit der Ausarbeitung des Credos fort.

Dez.: Veröffentlichung von Erzherzog Rudolphs vierzig Variationen über ein Thema von Beethoven.

1820

7. Jan.: Hinsichtlich der Vormundschaft für Karl macht Beethoven eine Eingabe beim Appellationsgericht.

10. Febr.: Beethoven bietet Simrock in Bonn vier Werke an (die Variationen op. 107, die Volksliedbearbeitungen op. 108, die Diabelli-Variationen und die

Beethoven – Leben und Werk – Zeitgenössische Ereignisse

Missa solemnis), von denen dieser schließlich nur op. 107 annimmt.

18. Febr.: Beethoven entwirft ein ziemlich umfangreiches Memorandum (D. Weise, Hrsg., *Beethovens Entwurf einer Denkschrift an das Appellationsgericht in Wien vom 18. Februar 1820.* Veröffentlichung des Beethoven-Hauses in Bonn, hrsg. von Schmidt-Görg, 3. Reihe, I, Bonn 1953), gedacht zur Vorlage beim Appellationsgericht. Es enthält Auskünfte über Johanna, den Magistrat, Karl, dessen Schulzeugnisse, die Bemühungen Beethovens zugunsten seines Neffen und Karls Eigentum.

4. März: Fertigstellung des *Abendliedes*, eines der letzten Lieder von Beethoven.

9. März: Einsetzung von Erzherzog Rudolph als Kardinalerzbischof von Olmütz. Die *Missa solemnis*, für dieses Ereignis vorgesehen, war noch nicht fertig komponiert, da Beethoven zum Credo lediglich genaue Skizzen angefertigt hatte. Manche Quellen datieren die Einsetzungszeremonie auf den 20. März, was jedoch nicht richtig zu sein scheint (vgl. Köhler, 1968, Bd. 1, S. 482).

8. Apr.: Das Appellationsgericht entscheidet in Sachen Vormundschaft für Karl zu Beethovens Gunsten. Die Vormundschaft wird Beethoven und Karl Peters übertragen. Johanna wendet sich daraufhin erfolglos an den Kaiser.

***ca.* Anfang Apr.:** Komposition des ersten Satzes der Klaviersonate op. 109 (wahrscheinlich war er als einzelnes Stück für Friedrich Starkes Klavierschule vorgesehen). Anschließend wendet sich Beethoven wieder der *Missa solemnis* zu.

22. Apr.: Übersendung der Volksliedvariationen op. 107 an Simrock zur Veröffentlichung.

31. Mai: Beethoven ist damit einverstanden, für Schlesinger drei Klaviersonaten (op. 109–111) zum Preis von 90 Dukaten zu schreiben. Die Messe wird erneut beiseite gelegt, da er während des Sommers den Rest der ersten Sonate komponiert.

29. Aug.: Beethoven fühlt sich einige Tage lang unwohl.

Ende Sept.: Übersendung der Volksliedbearbeitungen op. 108 an Schlesinger in Berlin.

***ca.* Sept.:** Veröffentlichung der deutschen Ausgabe der Variationen op. 107 (bei Simrock).

Herbst: Beethoven fährt mit der Arbeit an der *Missa solemnis* fort. Mit welcher Eile er die Komposition betrieb, läßt sich nicht genau feststellen. Möglicherweise hatte er etwa im Oktober Skizzen zum gesamten Werk fertig; denkbar wäre aber auch, daß dies erst im folgenden Frühjahr/Sommer der Fall war. Abschluß der Komposition der Klaviersonate op. 109 und Übersendung an Schlesinger.

Dez.: Oliva, der mehrere Jahre lang als Sekretär für Beethoven tätig war, reist nach St. Petersburg ab.

1821

1. Jan.: Starke erhält für seine Klavierschule fünf erst kürzlich fertiggestellte Bagatellen (op. 119/Nr. 7–11). Er veröffentlicht sie im Laufe des Jahres.

Jan.: Nach kurzer Erholung erkrankt Beethoven wiederum für lange Zeit und ist sechs Wochen mit rheumatischem Fieber ans Bett gefesselt.

31. März: Tod von Josephine Deym-Brunsvik-Stakkelberg; sie kränkelte bereits seit längerer Zeit.

***ca.* Frühjahr/Sommer:** Beginn der Komposition der Klaviersonate op. 110.

***ca.* Anfang Juli:** Nachdem er sich bereits seit mehreren Monaten schlecht fühlt, kommt bei Beethoven eine bis Ende August anhaltende Gelbsucht zum Ausbruch.

10. Sept.: Beethoven schickt Haslinger einen Kanon (WoO 182), von dem er behauptet, er sei ihm tags zuvor im Traum eingefallen (und den er inzwischen verändert hat).

Anfang Nov.: Veröffentlichung der Klaviersonate op. 109.

12. Nov.: Beethoven benachrichtigt Franz Brentano, daß er endlich gesundheitlich wiederhergestellt sei, und deutet auch die Fertigstellung einer Partitur der *Missa solemnis* an.

6. Dez.: Beethoven schickt ein Widmungsexemplar der Klaviersonate op. 109 an Maximiliane Brentano.

12. Dez.: Beethoven bietet die *Missa solemnis* für 1000 Florin CM Adolf Schlesinger an.

25. Dez.: Abschluß der Komposition der Klaviersonate op. 110 (jedoch mit einer Früh-Fassung des Finale).

***ca.* Dez.:** Erste Skizzen zur Klaviersonate op. 111.

1822

13. Jan.: Beginn der Partiturniederschrift der Klaviersonate op. 111.

***ca.* Jan.:** Beethoven wird wieder krank. Er leidet bis

Beethoven – Leben und Werk – Zeitgenössische Ereignisse

Mai oder Juni an »gicht auf der Brust« (Thayer, Bd. 4, S. 243).

Febr.: Veröffentlichung der *Fidelioouvertüre* und von *Meeresstille und glückliche Fahrt.*

***ca.* Febr.:** Beethoven schickt zwei Sonaten (op. 110 und 111) an Schlesinger in Berlin.

9. Apr.: Beethoven stimmt dem Verkauf der *Missa solemnis* für 650 Reichsthaler (975 Florin CM) an Schlesinger zu, ungeachtet der Tatsache, daß er sie bereits Simrock versprochen hat.

***ca.* 10. Apr.:** Beethoven übersendet das überarbeitete Finale von op. 111 an Schlesinger.

Apr.: Veröffentlichung von Schuberts Variationen op. 10 für Klavier zu vier Händen (D 624), die Beethoven gewidmet sind. Es wird berichtet, Schubert habe persönlich ein Exemplar in Beethovens Wohnung gebracht.

***ca.* Apr.:** Rossini besucht Wien. Seine kurze Begegnung mit Beethoven wird durch sprachliche Barrieren und Beethovens Taubheit beeinträchtigt.

18. Mai: Der Verleger C. F. Peters aus Leipzig wendet sich mit der Bitte um Kompositionen an Beethoven.

19. Mai: Beethoven schreibt, er habe drei Tage zuvor eine Partitur der *Missa solemnis* von Erzherzog Rudolph zurückbekommen. Es ist unklar, wie lange die Partitur bereits existierte, sie mußte aber neu abgeschrieben und weiterer Überarbeitung unterzogen werden.

21. Mai: Goethe erhält von Beethoven ein Widmungsexemplar von *Meeresstille und glückliche Fahrt* (nach Gedichten von Goethe).

24. Mai: Rochlitz, der Herausgeber der *Allgemeinen Musikalischen Zeitung,* trifft in Wien ein.

5. Juni: Beethoven bietet Peters die *Missa solemnis,* die Diabelli-Variationen, verschiedene Lieder, Militärmärsche, ein Bläsertrio (WoO 28) und Klavierbagatellen an, die bereits alle »fertig« (Thayer, Bd. 4, S. 251) sind, sowie eine Klaviersonate und ein Streichquartett, welche »bald« (ebd.) zur Verfügung stehen könnten.

Juni–Sept.: Zwischen Beethoven und Peters kommt es zu einem Briefwechsel in rascher Folge, in dem Beethoven dem Verkauf der Messe (obgleich er sie schon anderweitig versprochen hatte), der Märsche, einiger Lieder und der Bagatellen an Peters zustimmt. Im Vorgriff auf den Erhalt der Noten schickt Peters 360 Florin CM als Vorschuß, während Beethoven damit beginnt, neue Fassungen der Märsche, Lieder und Bagatellen auszuarbeiten.

31. Juli: Beethoven, der bereits Steiner, Artaria, Brentano und seinem Bruder Johann gegenüber verschuldet ist, bittet letzteren um eine weitere Anleihe.

Juli: Beethovens Gesundheitszustand hat sich gebessert, wenngleich er weiterhin verschiedene Medikamente nimmt. Veröffentlichung der Klaviersonate op. 110 und der deutschen Ausgabe der Volksliedbearbeitungen op. 108.

2. Aug.: Rochlitz verläßt Wien. Später behauptet er, Beethoven während seines Aufenthalts mehrere Male getroffen zu haben, was aber sehr zu bezweifeln ist.

22. Aug.: Beethoven bietet die *Missa solemnis* noch einem weiteren Verleger, nämlich Artaria, an. Zu dieser Zeit hatte er sich entschlossen, sie nicht an Schlesinger zu verkaufen.

***ca.* 2. Sept.:** Karl Hensler unterrichtet Beethoven von seinem Plan, das Theater in der Josephstadt in Wien mit Carl Meisls Textbearbeitung von Beethovens *Die Ruinen von Athen* als *Die Weihe des Hauses* zu eröffnen. Das Ergebnis ist, daß Beethoven den Monat mit der Komposition eines Chorsatzes (»Wo sich die Pulse«) und darauf einer neuen Ouvertüre (op. 124) zu diesem Anlaß verbringt.

3. Okt.: *Die Weihe des Hauses* (einschließlich der neuen Ouvertüre und des Chorsatzes) wird aufgeführt, Beethoven dirigiert dabei vom Klavier aus.

4., 5., 6. Okt.: Wiederholungen von *Die Weihe des Hauses.*

Okt.: Beethoven fertigt Skizzen zur Neunten und Zehnten Symphonie und komponiert das *Gratulations-Menuett* (WoO 3). Veröffentlichung der Klavierfassung eines Chors (op. 114) aus *Die Weihe des Hauses.*

3. Nov.: Das *Gratulations-Menuett* wird in einer privaten Serenade, zu Ehren von Karl Hensler, aufgeführt. Am selben Tag wird im Kärntnertortheater *Fidelio* wiederaufgenommen. Beethoven und Umlauf sollten die Aufführung leiten. Nach den Proben wurde jedoch entschieden, daß Beethoven seines schlechten Gehörs wegen darauf verzichten solle.

4. Nov.: Hensler gibt für Beethoven und andere eine Gesellschaft (um 15 Uhr). Der Komponist sitzt neben einer Spieluhr, die das Thema seine *Fidelioouvertüre* spielt, und bemerkt dazu, die Uhr spiele es besser als das Theaterorchester! Während des Essens macht Schindler mehrere Eintragungen in Beethovens Konversationsheft – seine ersten bekannten authentischen.

Beethoven – Leben und Werk – Zeitgenössische Ereignisse

Am selben Abend wird in Anwesenheit Beethovens *Fidelio* wiederholt und im Laufe der Wintersaison fünf weitere Male aufgeführt.
9. Nov.: Fürst Galitzin schreibt an Beethoven und bittet ihn, ein, zwei oder drei Quartette zu einem von Beethoven zu bestimmenden Preis zu komponieren. Zur Zeit der Anfrage trug sich Beethoven bereits mit dem Gedanken, einige Werke dieser Art zu schreiben.
10. Nov.: Die Philharmonische Gesellschaft in London beschließt, Beethoven in Beantwortung seiner Anfrage 50 Pfund für eine neue Symphonie anzubieten. Ries teilt ihm dieses Angebot in einem Brief vom 15. November mit.
22. Nov.: Beethoven unterrichtet Peters über zwei Messen, von denen er schreibt: ». . . ich habe eine schon ganz vollendet, eine andere aber noch nicht« (Brief Nr. 854, Kalischer). Peters kann damit rechnen, eine von ihnen zu erhalten.
Ende Nov.: Abschluß der Kompositionen der Bagatellen op. 119/Nr. 1–6. Mit Ausnahme der letzten (die ganz neu ist) wurden alle bereits viele Jahre zuvor entworfen.
Nov.–Dez.: Beethoven arbeitet an den Stücken für Peters, überarbeitet einige Abschnitte der *Missa solemnis* und wendet sich den halbfertigen Diabelli-Variationen zu.
20. Dez.: Beethoven antwortet Ries, er nehme das Angebot der Philharmonischen Gesellschaft für eine neue Symphonie an.
23. Dez.: Erste Aufführung des kurz zuvor vollendeten *Opferliedes* in Preßburg (Bratislava).
Dez.: Abschluß der Komposition von *Der Kuß* (op. 128) und des *Bundesliedes* (op. 122).

1823
***ca.* 1. Jan.:** Beethoven bewirbt sich als Kaiserlicher und Königlicher Kammermusikkomponist in der Nachfolge von Anton Teyber (1754–1822). Die Stelle wird jedoch abgeschafft.
7. Jan.: In einem Brief an Griesinger erwähnt Beethoven zum ersten Mal sein Vorhaben, die *Missa solemnis* nicht zu veröffentlichen, sondern sie in Abschriften allen großen europäischen Höfen anzubieten.
23. Jan.: Die ersten Subskriptionseinladungen für Abschriften der Messe werden verschickt; kurz danach folgen weitere, und in einigen Fällen schreibt Beethoven selbst, um durch persönlichen Kontakt Unterstützung für sein Vorhaben zu erhalten. Es finden sich schließlich zehn Subskribenten (vgl. »Chormusik«, S. 309).
25. Jan.: Beethoven sagt zu, für Galitzin Quartette, zum Preis von 50 Dukaten pro Stück, zu schreiben, und verspricht, das erste bis Mitte März fertigzustellen.
8. Febr.: Beethoven schreibt bezüglich der *Missa solemnis* an Goethe. Außerdem schickt er Peters einige lang erwartete Partituren: drei Lieder (op. 121 b, 122 und 128), sechs Bagatellen (op. 119/Nr. 1–6) und einen der vier Märsche (WoO 18–20, 24).
15. Febr.: Übersendung der restlichen drei Märsche an Peters.
25. Febr.: Beethoven schickt Partituren der Ouvertüre *Die Weihe des Hauses* und der Bagatellen op. 119 an Ries, um sie in London zu verkaufen. Im Frühjahr 1824 will Beethoven selbst die Stadt besuchen.
28. Febr.: Veröffentlichungsankündigung für die Ouvertüre zu *Die Ruinen von Athen.*
Febr.: Beethovens Schulden sind derart gestiegen, daß er gezwungen ist, eine seiner acht Bankaktien zu verkaufen, um ein Verfahren von seiten Steiners zu vermeiden.
4. März: Peters schickt die ihm von Beethoven kürzlich übersandten Kompositionen zurück. Er behauptet, sie seien nicht charakteristisch für den Komponisten, und er wünsche etwas Besseres.
6. März: Beethoven setzt seinen Neffen zum alleinigen Erben seines gesamten Besitzes ein.
19. März: Beethoven übergibt Erzherzog Rudolph ein Widmungsexemplar der *Missa solemnis.*
März: Diabelli bietet Beethoven für die Messe 1000 Florin CM, wünscht aber, sie umgehend zu veröffentlichen, was jedoch Beethovens Vorhaben der Subskription der Abschriften zuwider laufen würde.
Winter–Frühjahr: Nach dem jüngsten Erfolg des *Fidelio* sieht sich Beethoven zur Komposition einer neuen Oper ermutigt und erwägt hierfür mehrere Sujets (vgl. »Unvollendete und geplante Werke«, S. 336).
10. Apr.: C. M. v. Weber erhält die Partitur des *Fidelio* für die Aufführung in Dresden (die Vorstellungen sind sehr erfolgreich).
12. Apr.: Beethoven komponiert anläßlich des Geburtstags von Fürst Ferdinand Lobkowitz eine Kantate (WoO 106).

Beethoven – Leben und Werk – Zeitgenössische Ereignisse

13. Apr.: Der elfjährige Franz Liszt gibt ein Konzert, bei dem Beethoven wahrscheinlich anwesend ist.
25. Apr.: Clementis Ausgabe der Klaviersonate op. 111, die Beethoven vormals an Ries geschickt hatte, wird in Stationers Hall registriert. Noch am selben Tag schreibt Beethoven an Ries und teilt ihm mit, er werde für die umgehende Veröffentlichung der Sonate Sorge tragen.
26. Apr.: Beethoven schickt an Schuppanzigh, der erst kürzlich aus Rußland zurückgekehrt ist, einen musikalischen Gruß (WoO 184).
Apr.: Abschluß der Komposition der Diabelli-Variationen (das für Ries bestimmte Exemplar ist mit dem 30. April datiert).
***ca.* Apr.:** Veröffentlichung der Klaviersonate op. 111 bei Schlesinger (das Datum ist fraglich – einigen Hinweisen zufolge könnte es auch bereits ein paar Monate früher gewesen sein).
***ca.* Mai:** Beethoven beginnt, intensiv an der Neunten Symphonie zu arbeiten, was ihn bis Anfang 1824 in Anspruch nimmt.
3. Juni: Clementis Ausgabe der Bagatellen op. 119 wird in Stationers Hall registriert (dies ist die früheste Ausgabe der ersten sechs Bagatellen).
14. Juni: Schuppanzigh nimmt die Konzerttätigkeit mit seinem Quartett wieder auf (zusammen mit Holz, Weiss und Linke).
16. Juni: Veröffentlichungsankündigung für die Diabelli-Variationen.
***ca.* Ende Juni:** Nachdruck der Sonate op. 111 durch Diabelli, mit zahlreichen, von Beethoven vorgenommenen Korrekturen.
Juni–Sept.: Beethoven leidet an einer nur langsam heilenden Augenerkrankung.
6. Aug.: Tod von Wenzel Schlemmer. Er war viele Jahre Beethovens wichtigster Kopist.
29. Aug.: Karl verläßt das Institut von Blöchlinger und verbringt den Rest des Sommers zusammen mit Beethoven in Baden.
28. Sept.: Besuch von Schultz bei Beethoven in Baden.
5. Okt.: Weber besucht zusammen mit Haslinger, Piringer und Sir Julius Benedict Beethoven in Baden.
Okt.: Beethoven kehrt nach Wien zurück. Karl tritt in die Universität ein, lebt aber weiterhin bei Beethoven.
Ende Okt.: Bernard liefert Beethoven den lang erwarteten Oratorientext *Der Sieg des Kreuzes,* mit dem Beethoven aber nicht zufrieden ist.
Herbst: Eine weitere Diskussion mit Grillparzer, über eine beabsichtigte Oper, führt zu keinem Ergebnis. Moritz Schlesinger veröffentlicht die Bagatellen op. 119 in einer Ausgabe, die von der Clementi-Ausgabe kopiert wurde. Somit ist Beethoven die Möglichkeit genommen, Nr. 1–6 an einen kontinentalen Verleger zu verkaufen.

1824

25. Febr.: Beethoven bietet Moritz Schlesinger die *Missa solemnis,* die Ouvertüre *Die Weihe des Hauses,* die Neunte Symphonie und einige bis dahin noch ungeschriebene Quartette an.
Febr.: Viele führende Musikliebhaber Wiens, darunter Graf Lichnowsky, Artaria, Streicher, Stadler, Diabelli, Fries, Kuffner, Dietrichstein, Czerny und Steiner, wenden sich an Beethoven mit der Bitte (veröffentlicht in zwei Lokalzeitungen), seine Messe und die Neunte Symphonie in Wien aufzuführen.
***ca.* Febr.:** Abschluß der Komposition der Neunten Symphonie. Schott's Söhne, Mainz, schreiben an Beethoven und bitten ihn, einen Artikel für ihre Zeitschrift *Caecilia* beizusteuern sowie Kompositionen zur Veröffentlichung zu schicken.
Febr.–März: Pläne für ein Konzert mit der Neunten Symphonie werden diskutiert, und verschiedene Leute bieten ihre Mithilfe an. Graf Palffy, der Direktor des Theaters an der Wien ist bereit, das Theater zur Verfügung zu stellen. Der Konzertmeister des Theaterorchesters allerdings ist Clement, Beethoven hingegen bevorzugt Schuppanzigh. Als Datum wird der 22., 23. oder 24. März vorgeschlagen.
10. März: Beethoven schreibt an Schott. Er lehnt es ab, einen Artikel für das Journal zu schreiben, bietet aber die Messe, die Neunte Symphonie und seine nächsten Quartette an.
7. Apr.: Galitzin, der durch seine Subskription eine Partitur der *Missa solemnis* erhalten hat, führt sie in St. Petersburg das erste Mal auf.
***ca.* 23. Apr.:** Als Ort für Beethovens Konzert wird das Kärntnertortheater (geleitet von Duport) bestimmt.
27. Apr.: Übersendung eines Exemplars der Neunten Symphonie an die Philharmonische Gesellschaft in London.
***ca.* Ende Apr.:** Das Datum für Beethovens Konzert wird auf den 7. Mai festgesetzt.
2. Mai: Der Probenplan wird festgelegt: Chorprobe am

Beethoven – Leben und Werk – Zeitgenössische Ereignisse

3. Mai; Gesamtproben am 4., 5. und 6. Mai (eine von ihnen wird später gestrichen).
7. Mai: Veröffentlichungsankündigung für die »Kakadu-Variationen« (op. 121a). Abends findet eine »Große musikalische Akademie von – Herrn L. v. Beethoven« (Thayer, Bd. 5, S. 90) im Kärntnertortheater statt. Ausführende: Sontag (Sopran), Unger (Alt), Haitzinger (Tenor), Seipelt (Baß – eine Umbesetzung für Preisinger, die in letzter Minute erfolgte); Schuppanzigh (Konzertmeister) und Umlauf (Dirigent); Beethoven unterstützt Umlauf beim Dirigieren, hauptsächlich durch Angabe der Tempi. Programm: Ouvertüre *Die Weihe des Hauses;* Kyrie, Credo, Agnus dei aus der *Missa solemnis;* Neunte Symphonie. Das Theater ist (mit Ausnahme der kaiserlichen Loge) voll besetzt, und die Zuhörer sind hellauf begeistert. Am Ende des Konzerts (oder nach dem Scherzo der Symphonie) wendet Caroline Unger den Komponisten, der wegen seiner Taubheit den Applaus nicht hören kann, in Richtung des Publikums, damit er die Begeisterung der Zuhörer sieht. Die Bruttoeinnahmen belaufen sich schließlich nur auf 2200 Florin WW, wovon 420 Florin Reingewinn übrigbleiben – weit unter Beethovens Erwartungen.
23. Mai: Beethovens Konzert wird im Redoutensaal wiederholt, allerdings ohne das Credo und Agnus dei, dafür aber mit dem Terzett *Tremate, empi, tremate* und einer Arie von Rossini. Der Saal ist jedoch halb leer, und das Konzert wird zu einem finanziellen Verlust, den aber Duport trägt. Nach dem Konzert kommt es für längere Zeit zu einer Trübung des guten Verhältnisses zwischen Schindler und Beethoven.
***ca.* Mai–Juni:** Komposition der Bagatellen op. 126.
***ca.* Juni:** Beginn der Komposition des Quartetts op. 127.
***ca.* 20. Juni:** Karl, der immer noch an der Universität Philologie studiert, unterrichtet Beethoven über seinen Wunsch, eine militärische Laufbahn einzuschlagen (was sich 1826 erfüllt).
3. Juli: Beethoven stimmt dem Verkauf der Messe und der Neunten Symphonie an Schott zum Preis von 1000 beziehungsweise 600 Florin CM zu.
9. Juli: Veröffentlichungsankündigung von Diabellis *Vaterländischem Künstlerverein,* einer Sammlung von Variationen über sein Walzerthema, ausgeführt von fünfzig verschiedenen Komponisten.
24. Aug.: Beethoven vereinbart, für Diabelli eine Klaviersonate zu vier Händen zum Preis von 80 Dukaten zu komponieren, setzt das Vorhaben jedoch nie in die Tat um.
Ende Sept.: Stumpff besucht Beethoven. Er hört von dessen Verehrung für Händel und beschließt heimlich, ihm Arnolds vierzigbändige Händelausgabe zu schicken.
Nov.: Beethoven bietet Schott die Ouvertüre *Die Weihe des Hauses,* die Bagatellen op. 126 und die drei von Peters abgelehnten Lieder für 130 Dukaten an. (Davor hatte er dieselben Werke bereits Probst für 100 Dukaten angeboten.) Das Honorar soll zur Bezahlung von Schulden an seinen Bruder Johann übergehen.
***ca.* 15. Dez.:** Beethovens letzte nachgewiesene Kompositionsstunde für Erzherzog Rudolph.
Mitte Dez.: Nachdem Schott sein letztes Angebot angenommen hat, beschließen Beethoven und Johann, die Werke lieber an Schott als an Probst zu schicken.
20. Dez.: Neate lädt im Auftrag der Philharmonischen Gesellschaft Beethoven erneut nach London ein.
***ca.* Dez.:** Beginn der Komposition des Quartetts op. 132.

1825
16. Jan.: Beethoven schickt schließlich die *Missa solemnis* und die Neunte Symphonie an Schott.
22. Jan.: Beethoven sendet zwei Kanons (WoO 180 und 187) für Schott's Zeitschrift *Caecilia* an den Verlag und fügt zum Scherz eine »Romantische Biographie« Tobias Haslingers bei » – als Beilage einer Romantischen Lebensbeschreibung des Tobias Haslinger allhier in 3 Theilen« (Thayer, Bd. 5, S. 170). Doch nachdem Schott später die »Biographie« veröffentlicht, erweist sich der Scherz als ein Schuß nach hinten.
***ca.* Jan.:** Abschluß der Komposition des Quartetts op. 127.
4. Febr.: Übersendung der Ouvertüre *Die Weihe des Hauses* an Schott. Die anderen Werke, einschließlich des neuen Quartetts, werden im März und April geschickt.
6. März: Das Quartett von Schuppanzigh spielt die erste Aufführung des Quartetts op. 127, bei der aber weder das Publikum noch die Spieler mit dem Ergebnis zufrieden sind.
19. März: Beethoven unterrichtet Neate über seinen Entschluß, vorerst nicht nach London zu kommen.

Beethoven – Leben und Werk – Zeitgenössische Ereignisse

***ca.* 20. März:** Joseph Böhm führt mit seinem Quartett op. 127 auf. Das Werk findet großen Anklang und wird am 23. März noch zweimal wiederholt.

21. März: Erste Londoner Aufführung der Neunten Symphonie, dirigiert von Sir George Smart (das Finale wurde offensichtlich auf Italienisch gesungen!).

***ca.* Mitte Apr.:** Beethoven erkrankt ernstlich an einem Bauchleiden. Er wird von Dr. Braunhofer behandelt, der eine strenge Diät anordnet.

Mitte–Ende Apr.: Veröffentlichung der Ouvertüre *Zur Namensfeier.*

Apr.: Karl verläßt die Universität und besucht zur Vorbereitung auf den Kaufmannsstand das Polytechnische Institut in Wien. Reisser, der Vizedirektor des Instituts, wird an Stelle von Carl Peters zum Vormund Karls ernannt. Karl wohnt bei Matthias Schlemmer.

***ca.* Apr.:** Die Bagatellen op. 126 und *Der Kuß* (op. 128) werden veröffentlicht.

7. Mai: Beethoven zieht nach Baden, während Karl in Wien zurückbleibt und seinen Onkel jeweils an den Sonntagen besucht.

13. Mai: Beethoven schickt Dr. Braunhofer einen lustigen Kanon (WoO 189), den er zwei Tage vorher komponiert hatte und in dem er ihm mitteilt, daß er sich noch immer sehr schwach fühle.

Mitte Mai: Beethoven beginnt mit der Komposition des dritten Satzes (»Molto adagio«) seines Quartetts op. 132. Wegen seiner schweren Erkrankung hatte er die Arbeit an dem Quartett unterbrechen müssen und gibt nun, anläßlich seiner Genesung, diesem Satz den Titel »Heiliger Dankgesang eines Genesenen an die Gottheit, in der lydischen Tonart«.

***ca.* Juni:** Beginn der Komposition des Quartetts op. 130.

Juli: Veröffentlichung der Lieder op. 121b und 122.

Ende Juli: Beethoven übersendet Fürst Galitzin die beiden Ouvertüren op. 115 und 124, letztere mit einer Widmung an den Fürsten.

***ca.* Juli:** Vollendung des Quartetts op. 132. Holz wird enger Mitarbeiter Beethovens.

***ca.* 23. Aug.:** Beginn der Komposition der Fuge op. 133 *(Große Fuge),* als Finale für op. 130 (zur Datierung vgl. Cooper, 1990, S. 209).

2. Sept.: Der dänische Komponist Friedrich Kuhlau besucht Beethoven. Mit Holz, Haslinger und anderen kommen sie zu einer fröhlichen Tischgesellschaft zusammen, bei der viel Champagner getrunken wird. Beethoven komponiert einen lustigen Kanon (WoO 191) über Kuhlaus Namen *(Kühl, nicht lau),* unter Verwendung des B-A-C-H-Motivs.

3. Sept.: Beethoven erstellt eine Abschrift des Kuhlau-Kanons und schickt sie ihm.

4. Sept.: Moritz Schlesinger besucht Beethoven und versucht, die Veröffentlichungsrechte für seine letzten Quartette und vielleicht andere Werke von ihm zu erhalten.

7. Sept.: Erste Probe des Quartetts op. 132. Eine Aufführung in privatem Rahmen findet zwei Tage später vor etwa vierzehn Zuhörern statt.

10. Sept.: Moritz Schlesinger kauft das Quartett op. 132 für 80 Dukaten.

11. Sept.: Private Aufführung des Quartetts op. 132, jedoch vor einer größeren Hörerschaft als am 9. September. Smart, der sich in Wien aufhält, um Beethoven zu besuchen, ist bei beiden Aufführungen (von op. 132) anwesend. Nach der zweiten ißt er mit Beethoven, dessen Neffen, den Mitgliedern des Quartetts (Schuppanzigh, Holz, Weiss und Linke), Czerny, Schlesinger und dem Flötisten Jean Sedlatzek zu Abend. Beethoven improvisiert im Anschluß daran etwa zwanzig Minuten lang.

16. Sept.: Smart besucht den Komponisten in Baden, wo Karl vergeblich versucht, ihn zur Reise nach London zu bewegen. Anläßlich der Abreise Smarts komponiert Beethoven für ihn einen Kanon (WoO 192).

15. Okt.: Beethoven zieht von Baden in seine letzte Wiener Wohnung, das Schwarzspanierhaus.

6. Nov.: Erste öffentliche Aufführung des Quartetts op. 132 (in einem Benefizkonzert von Linke, in dem außerdem das »Erzherzogtrio« gespielt wird).

25. Nov.: Beethoven bietet Peters brieflich die Rückzahlung des 1822 erhaltenen Honorars über 360 Florin an oder alternativ dazu die Übersendung eines Quartetts zu diesem Preis. (Peters entscheidet sich für die Rückerstattung.)

29. Nov.: Beethoven wird zum Ehrenmitglied der Gesellschaft der Musikfreunde gewählt.

***ca.* 15. Dez.:** Beginn der Komposition des Quartetts op. 131.

Dez.: Veröffentlichung der Ouvertüre *Die Weihe des Hauses.*

1826

9. Jan.: Das kurz zuvor vollendete Quartett op. 130

Beethoven – Leben und Werk – Zeitgenössische Ereignisse

(mit der *Großen Fuge* als Finale) wird Matthias Artaria zur Veröffentlichung übergeben.

Ende Jan.: Beethoven leidet an Augen- und Bauchbeschwerden.

Febr.: Übersendung des Quartetts op. 132 an Galitzin. Veröffentlichung des Terzetts *Tremate, empi, tremate* (op. 116).

21. März: Erste Aufführung des Quartetts op. 130/133 durch das Schuppanzigh-Quartett.

März: Veröffentlichung des Quartetts op. 127.

Ende März: Bitte an Anton Halm, die *Große Fuge* für Klavier zu vier Händen zu bearbeiten.

***ca.* März:** Übersendung des Quartetts op. 130/133 an Galitzin.

6. Apr.: Schott macht für das Quartett op. 131 ein Angebot von 80 Dukaten; Beethoven nimmt an.

25. Apr.: Halm übergibt Beethoven seine Bearbeitung der *Großen Fuge,* die aber nicht zur Zufriedenheit des Komponisten ausfiel. Beethoven beschließt daraufhin, eine eigene Bearbeitung anzufertigen.

Apr.: Zugunsten von Kuffners Vorschlag, einen Text über Saul zu wählen, wird Bernards Oratorientext *Der Sieg des Kreuzes* endgültig beiseite gelegt.

***ca.* 27. Juli:** Karl kauft sich eine Pistole, in der Absicht, Selbstmord zu begehen. Sein Vorhaben wird jedoch bekannt, und Matthias Schlemmer entdeckt die Waffe.

29. Juli: Karl versetzt seine Uhr, kauft sich wieder eine Pistole und fährt nach Baden, ohne zu seiner Wohnung zurückzukehren.

30. Juli: Karl versucht, sich durch einen Kopfschuß umzubringen. Doch die erste Kugel geht daneben, die zweite verletzt ihn nur. Er wird zu seiner Mutter gebracht und dort behandelt.

Juli: Beethoven beginnt mit der Komposition seines letzten Quartetts (op. 135). Die Ouvertüre *König Stephan* und *Elegischer Gesang* werden veröffentlicht.

7. Aug.: Karl wird zur weiteren Behandlung ins Krankenhaus gebracht.

12. Aug.: Übersendung des Quartetts op. 131 an Schott. Beethoven hatte es bereits am 20. Mai als »beendigt« (Thayer, Bd. 5, S. 314) bezeichnet.

Aug.: Vollendung der Klavierbearbeitung zu vier Händen der Quartettfuge op. 133 *(Große Fuge).* (Am 5. September zahlt Matthias Artaria Beethoven dafür 12 Dukaten.)

Ende Aug.: Veröffentlichung der Neunten Symphonie.

***ca.* Aug.:** Steiner setzt sich zur Ruhe; Haslinger, sein langjähriger Mitarbeiter, übernimmt die Leitung des Verlagshauses.

Ende Sept.: Übersendung eines handschriftlichen Exemplars der Neunten Symphonie mit einem Widmungsschreiben an den König von Preußen (das Werk sollte dem Russischen Zaren gewidmet werden, der jedoch am 1. Dezember 1825 verstarb).

25. Sept.: Karl verläßt das Krankenhaus.

28.–29. Sept.: Beethoven und Karl reisen zu Johann nach Gneixendorf.

***ca.* Sept.:** Beginn der Komposition eines neuen Finales für das Quartett op. 130.

13. Okt.: Beethoven unterrichtet Haslinger vom Abschluß der Komposition des Quartetts op. 135. An Schott schickt er Metronomangaben für die Neunte Symphonie.

30. Okt.: Übersendung des Quartetts op. 135 an Schlesinger. Da Beethoven in Gneixendorf kein Kopist zur Verfügung stand, schrieb er die Instrumentalstimmen selbst aus.

22. Nov.: Übersendung des neuen Finales für das Quartett op. 130 an Matthias Artaria.

***ca.* Nov.:** Beginn der Komposition des Streichquintetts WoO 62 – Beethovens letztes großes kompositorisches Vorhaben.

1.–2. Dez.: Beethoven und Karl reisen nach Wien zurück. Dabei verbringen sie die Nacht des 1. Dezember in einem kalten Dorfgasthaus, wo Beethoven krank wird.

4. oder 5. Dez.: Beethoven komponiert den Kanon *Wir irren allesamt* (WoO 198), sein letztes vollendetes Werk.

5. Dez.: Dr. Braunhofer und Dr. Staudenheim können nicht kommen. Holz läßt Dr. Wawruch rufen, der Beethoven schließlich behandelt.

9. Dez.: Beethoven fühlt sich entschieden besser und kann aufstehen, lesen und schreiben.

10. Dez.: Beethovens Zustand verschlechtert sich. Da sich nun eine Wassersucht und Gelbsucht einstellen, ist er zu weiterer Arbeit nicht mehr in der Lage.

14. Dez.: Beethoven erhält aus London Stumpffs Geschenk, die vierzigbändige Händelausgabe von Arnold (vgl. Sept. 1824).

20. Dez.: Beethoven unterzieht sich einer Punktion, damit die Schwellung seines Bauches zurückgeht.

Beethoven – Leben und Werk – Zeitgenössische Ereignisse

1827

2. Jan.: Karl reist zum Militärdienst nach Iglau ab.

8. Jan.: Beethoven unterzieht sich einer zweiten Punktion, bei der erneut eine große Menge Flüssigkeit abgeleitet wird.

2. Febr.: Dritte Punktion Beethovens.

8. Febr.: Beethoven bedankt sich brieflich bei Stumpff für sein »herrliches Geschenk« (Thayer, Bd. 5, S. 460) der Händel-Partituren. Er bringt seine große Freude darüber zum Ausdruck und unterrichtet Stumpff auch über seine Krankheit. Zu dieser Zeit ist Schindler als Sekretär für seine Korrespondenz tätig.

22. Febr.: Beethoven diktiert einen Brief an Schott, in dem er um die Zusendung von Rhein- und Moselwein bittet.

27. Febr.: Vierte Punktion Beethovens.

28. Febr.: Die Philharmonische Gesellschaft in London beschließt, Beethoven 100 Pfund zur Unterstützung während seiner Krankheit zu übersenden.

4. März: Karls letzter Brief an Beethoven, aus Iglau.

18. März: Beethoven dankt der Philharmonischen Gesellschaft für ihr Geschenk und bietet die Komposition einer neuen Symphonie (bereits skizziert), einer neuen Ouvertüre oder von etwas anderem an.

***ca.* 22. März:** Beethoven empfängt die Sterbesakramente.

24. März: Der Wein von Schott trifft ein. Die überlieferte Bemerkung Beethovens »Schade, schade, zu spät!« (Thayer, Bd. 5, S. 489), waren angeblich seine letzten Worte. Danach verliert er das Bewußtsein.

26. März: Am späten Nachmittag zieht ein Sturm auf. Nach dem Bericht von Hüttenbrenner gab es gegen siebzehn Uhr einen Blitzstrahl und einen heftigen Donnerschlag. »Nach diesem unerwarteten Naturereignisse, das mich gewaltig frappierte, öffnete Beethoven die Augen, erhob die rechte Hand, und blickte mit geballter Faust mehrere Secunden lang in die Höhe mit sehr ernster und drohender Miene ... Als er die erhobene Hand wieder aufs Bett niedersinken ließ, schlossen sich seine Augen zur Hälfte.... Kein Atemzug, kein Herzschlag mehr!« (Thayer, Bd. 5, S. 491) Einem anderen Bericht zufolge starb Beethoven etwa um 17.45 Uhr.

29. März: Beethoven wird begraben. Der Schauspieler Heinrich Anschütz hält die von Grillparzer verfaßte Grabrede (vollständiger Text in Thayer, Bd. 5, S. 496/97).

Anfang Apr.: Veröffentlichung der *Missa solemnis.*

7. Mai: Veröffentlichungsankündigung für das Quartett op. 130.

10. Mai: Veröffentlichungsankündigung für die *Große Fuge* (Fassungen für Streichquartett sowie Klavier zu vier Händen).

4. Juni: Stephan von Breuning stirbt.

Juni: Veröffentlichung des Quartetts op. 131.

16. Aug.: Abschluß der Inventarisierung von Beethovens musikalischem Nachlaß (in Vorbereitung einer Auktion).

Sept.: Veröffentlichung der Quartette op. 132 und 135.

4. Okt.: Fertigstellung des Nachlaßverzeichnisses von Beethoven.

5. Nov.: Versteigerung von Beethovens musikalischem Nachlaß.

BARRY COOPER

Kapitel II

Stammbaum der Familie Beethoven

Cornelius (1641–1716)
∞ Catharine van Leempoel (1642–1729)

Michael (Urgroßvater) (1684–1749)
∞ Marie Louise Stuyckers (1685–1749)

Cornelius (1708–64)
∞ (1) Helena de la Porte
∞ (2) Anna Barbara Marx († 1765)

Anna Theresia (*/† 1756)
Anna Maria (1759–1760)

Ludwig (Großvater) (1712–1773)
∞ Maria Josepha Poll (um 1714–1775)

Maria Bernardina (1734–1735)
Marcus (*/†? 1736)

Heinrich Keverich (1702–1759)
∞ Anna Clara Westorff (1707–1768)

Maria Magdalena Keverich (1746–1787)
∞ (1) Johann Leym (1733–1765)
∞ (2) Johann (Vater) (um 1740–1792)

Stammbaum der Familie Beethoven

Die Vorfahren Beethovens lebten im heutigen Belgien, im Gebiet von Mecheln. Der Name deutet auf einen bäuerlichen Ursprung hin und bezeichnet nicht etwa adelige Abstammung, sondern allein die Herkunft: »von den Rübenhöfen«. Der Stammbaum der Familie ließ sich etwa zweihundert Jahre zurückverfolgen (vgl. Schmidt-Görg, 1964). Die wichtigsten Mitglieder wurden in der nebenstehenden Übersicht aufgeführt. Erwähnenswert ist, daß Karl das einzige Familienmitglied in der auf Ludwig folgenden Generation war und seine Linie dann über seine älteste Tochter fortlebte.

Zusammengestellt von
BARRY COOPER

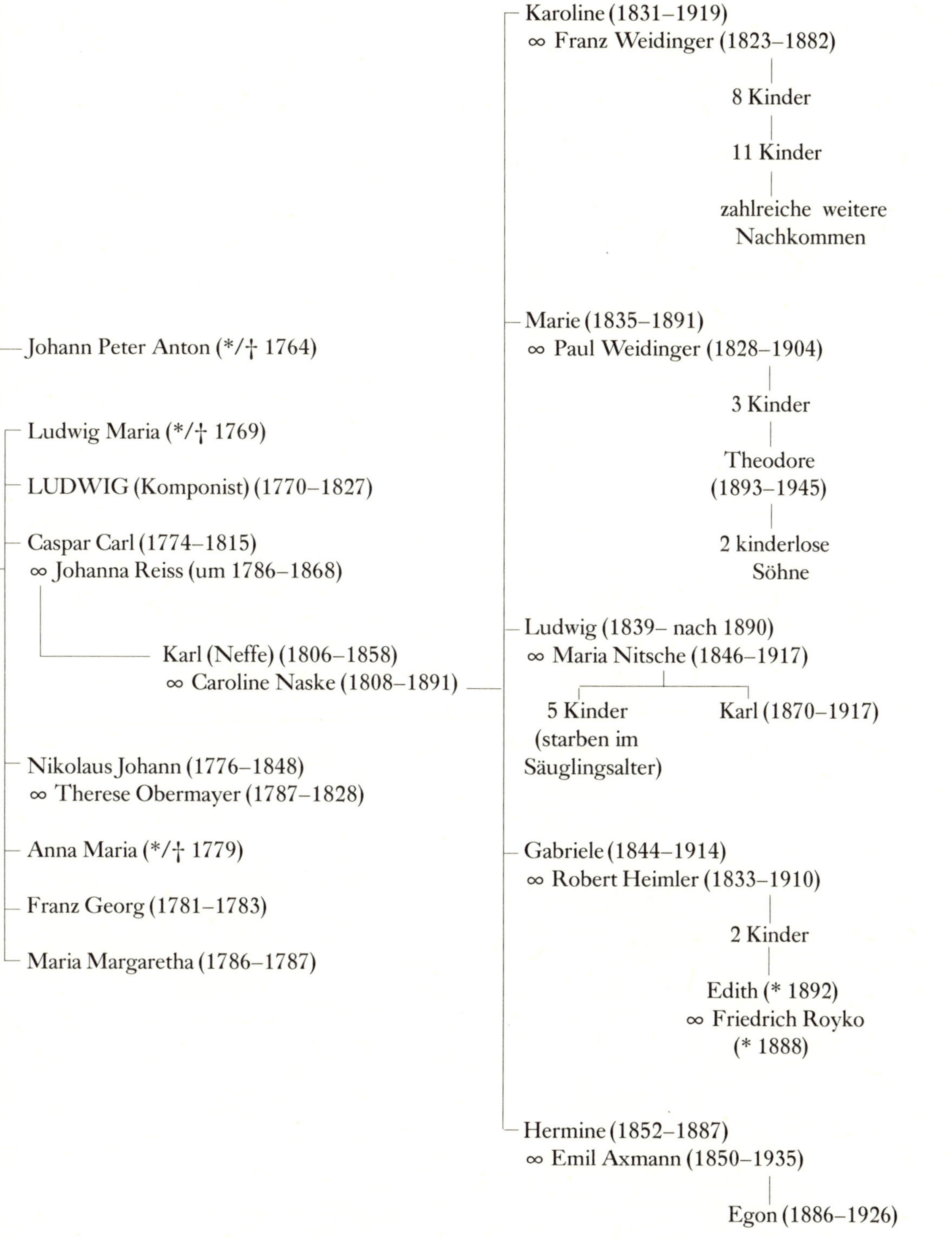
Johann Peter Anton (*/† 1764)
Ludwig Maria (*/† 1769)
LUDWIG (Komponist) (1770–1827)
Caspar Carl (1774–1815)
∞ Johanna Reiss (um 1786–1868)
Karl (Neffe) (1806–1858)
∞ Caroline Naske (1808–1891)
Nikolaus Johann (1776–1848)
∞ Therese Obermayer (1787–1828)
Anna Maria (*/† 1779)
Franz Georg (1781–1783)
Maria Margaretha (1786–1787)
Karoline (1831–1919)
∞ Franz Weidinger (1823–1882)
8 Kinder
11 Kinder
zahlreiche weitere Nachkommen
Marie (1835–1891)
∞ Paul Weidinger (1828–1904)
3 Kinder
Theodore (1893–1945)
2 kinderlose Söhne
Ludwig (1839– nach 1890)
∞ Maria Nitsche (1846–1917)
5 Kinder (starben im Säuglingsalter)
Karl (1870–1917)
Gabriele (1844–1914)
∞ Robert Heimler (1833–1910)
2 Kinder
Edith (* 1892)
∞ Friedrich Royko (* 1888)
Hermine (1852–1887)
∞ Emil Axmann (1850–1935)
Egon (1886–1926)

Kapitel III

Who's who
der Zeitgenossen Beethovens

Who's who der Zeitgenossen Beethovens

Die in diesem Kapitel angeführten Personen sind die wichtigsten unter den vielen hundert Zeitgenossen, von denen bekannt ist, daß sie mit Beethoven im Laufe seines Lebens zusammentrafen oder Kontakt hatten. Seine Verleger (vgl. »Erstdrucke und Verleger«, S. 231 ff.) werden dabei im allgemeinen nicht erwähnt, es sei denn, sie hätten näheren persönlichen Umgang mit ihm gepflegt (wie beispielsweise Steiner). Ebenfalls unerwähnt bleiben Komponisten, die keinen engeren Kontakt zu ihm hatten (wie etwa Paganini und Field) oder die Beethoven nur über ihre Musik ein Begriff waren (so wie Gluck). Für weitere Informationen über Verleger und Komponisten ist vor allem *The New Grove Dictionary* von Interesse. Der Inhalt dieses Kapitels basiert im wesentlichen auf Frimmel, 1926; Kinsky, 1955; Anderson, 1961; Thayer, 1967; Köhler, 1968; Solomon, 1977 sowie *The New Grove Dictionary*.

Adamberger, Antonie (1790–1867?). Schauspielerin, die in der ersten Aufführung von Beethovens *Egmont* im Jahr 1810 die Partie des Klärchen sang und spielte.

Albrechtsberger, Johann Georg (1736–1809). Theoretiker und Komponist. Er war bekannt als Kontrapunktiker und führender Vertreter des alten, kontrapunktischen Stils. Als Haydn im Januar 1794 Wien verließ, um nach London zu reisen, wandte sich Beethoven an Albrechtsberger, um bei ihm Kontrapunkt, Fuge und Kanon zu studieren. Der Unterricht erstreckte sich über einen Zeitraum von etwa eineinhalb Jahren (vgl. »Einflüsse auf Beethovens Stil«, S. 95 f.).

Alexander I., Zar und Kaiser von Rußland (1777 bis 1825; Regierungszeit: 1801–1825). Widmungsempfänger der Violinsonaten op. 30. Er traf 1814, anläßlich des Wiener Kongresses, mit Beethoven zusammen und befand sich später unter den zehn Subskribenten zur *Missa solemnis*. Seine Frau, Zarin Elisabeth Alexiewna, traf Beethoven ebenfalls im Jahre 1814. Er widmete ihr die Polonaise op. 89.

Amenda, Karl (1771–1836). Theologe und Violinist. Während der kurzen Zeit, die er in Wien verbrachte (1798/99), wurde er ein enger Freund Beethovens. Dieser übergab ihm die frühe Version seines Quartetts op. 18/Nr. 1, bat nach Überarbeitung der Komposition Amenda jedoch, diese Frühfassung niemandem zu zeigen. Amenda entsprach der Bitte.

Anschütz, Heinrich (1785–1865). Schauspieler (Tragöde), hielt Beethovens Grabrede. Anschütz war 1821 nach Wien gekommen und schloß während der folgenden Jahre mit Beethoven Bekanntschaft.

Arnim, Bettina von →Brentano, Bettina.

Averdonk, Severin Anton (1768–?). Textautor für zwei der Bonner Kantaten Beethovens (WoO 87 und 88) aus dem Jahr 1790. Die Schwester Averdonks, Johanna Helena, war Altistin und erhielt zeitweilig Unterricht von Beethovens Vater.

Bach, Johann Baptist (1779–1847). Bedeutender Jurist. Seit 1816 beriet er Beethoven in vielen Rechtsangelegenheiten. Besonders hilfreich erwies er sich in den Jahren 1819/20, im Zusammenhang mit Beethovens Bemühungen um die Vormundschaft für seinen Neffen Karl. Eintragungen in mehreren Konversationsheften stammen von seiner Hand, zudem wird er in vielen anderen erwähnt.

Beethoven, Caspar Anton Carl van (* 1774; † 15. Nov. 1815). Der ältere der beiden überlebenden Brüder des Komponisten und Vater von Karl. 1794 folgte er Beethoven nach Wien. Zeitweilig war er als Musiker tätig, wobei er neben seinen Unterrichtsstunden und seiner Tätigkeit bei Beethoven (als unbezahlter Sekretär) zuweilen auch selbst komponierte. Im Jahre 1800 schließlich wurde er Beamter im Finanzministerium, half jedoch Beethoven zumindest bis zum Jahr 1806 – dem Jahr seiner Hochzeit und der Geburt Karls – auch weiterhin bei dessen Verhandlungen mit Verlegern.

Beethoven, Johann van (* 1739 oder 1740; † 18. Dez.

1792). Vater des Komponisten. Er war viele Jahre Tenorist am Kurfürstlichen Hof in Bonn. Außerdem gab er Unterricht in Gesang und Klavier und beherrschte das Violinspiel. Von früher Kindheit an unterwies er Ludwig in der Musik, war im übrigen jedoch als Vater sehr hart und streng. In späteren Jahren verfiel Beethovens Vater dem Alkohol und wurde 1789 schließlich aus dem aktiven Dienst am Hof entlassen.

Beethoven, Johanna van, geb. Reiss (um 1786–1868). Ehefrau von Caspar Carl und Mutter Karls. Sie war die Tochter eines Polsterers, heiratete am 25. Mai 1806 Caspar Carl und brachte weniger als vier Monate später ihr einziges Kind Karl zur Welt. Im Jahr 1811 wurde sie des Diebstahls an ihrem Ehemann überführt. Auf dieses Delikt sowie auf ihre lockere Moral stützte sich Beethoven später beim Streit um die Vormundschaft für Karl. Einige Male soll er sie sogar als die Königin der Nacht (eine Rolle aus Mozarts *Zauberflöte*) bezeichnet haben. Seine Beschreibungen ihres schlechten Charakters sind jedoch weit übertrieben.

Beethoven, Karl van (* 4. Sept. 1806; † 13. Apr. 1858). Neffe des Komponisten. Beethoven übernahm nach dem Tod seines Bruders Caspar Carl (am 15. November 1815) die Vormundschaft über seinen Neffen Karl. Er wollte dessen Mutter Johanna von der Vormundschaft für ihr Kind ausschließen, und so entbrannte ein ausgedehnter Rechtsstreit. Zunächst war Beethoven darin erfolgreich und wurde im Januar 1816 zum rechtmäßigen Vormund ernannt, woraufhin Karl im Februar in ein privates Erziehungsinstitut (von Giannatasio del Rio) in Wien gebracht wurde. Als Beethoven Karl im Januar 1818 in seine eigene Wohnung aufnahm, führte das zu erneuten Versuchen Johannas, ihren Sohn zurückzugewinnen. Nachdem Beethoven im Dezember während der gerichtlichen Anhörung unbeabsichtigterweise zugab, nicht – wie angenommen – von adeliger Herkunft zu sein, wurde der Fall vom Landrecht an eine niedrigere Instanz, den Magistrat, verwiesen. Dieses Gericht erwies sich Beethoven gegenüber als wesentlich weniger wohlwollend und sprach den Jungen Anfang 1819 wiederum der Mutter zu, die gemeinsam mit Leopold Nussböck im September des Jahres zum Vormund ernannt wurde. Beethovens Einsprüche beim Magistrat blieben ohne Erfolg, und so wandte er sich an das Appellationsgericht, das am 8. April 1820 schließlich zu seinen Gunsten entschied. Die Vormundschaft wurde nun ihm und Karl Peters zugesprochen. Karl hatte in der Zwischenzeit eine Reihe von Schulen besucht (von denen er aber mehr als einmal zu seiner Mutter zurücklief), zuletzt das Institut von Joseph Blöchlinger, von Juni 1819 bis August 1823. Danach lebte er eine Zeitlang bei Beethoven und besuchte die Wiener Universität (Studium der Philologie), bevor er 1825 an das Polytechnikum überwechselte. Beethovens überwältigende Zuneigung übte einen zunehmend unerträglichen Druck auf Karl aus, der schließlich am 30. Juli 1826 zu dem Versuch führte, sich zu erschießen. Er überlebte seinen Selbstmordversuch jedoch und war gegen Ende des Jahres gesundheitlich wieder so weit hergestellt, daß er ins Militär eintreten konnte. 1832 verließ er den Militärdienst, heiratete und führte seitdem ein normales bürgerliches Leben, seit 1836 in Wien. (Vgl. auch »Persönliche Beziehungen«, S. 130 ff.).

Beethoven, Ludwig van (1712–1773). Großvater des Komponisten. Er wurde in Mecheln als Sohn eines Bäckermeisters geboren und zog im Jahr 1733 nach Bonn. Dort wurde er Hofmusiker und 1761 Kapellmeister. Obwohl der junge Ludwig gerade erst drei Jahre alt war, als sein Großvater starb, behielt der Komponist ihn in zärtlicher Erinnerung und betrachtete ihn als seinen eigentlichen geistigen Vorfahren.

Beethoven, Maria Magdalena van, geb. Keverich (* 19. Dez. 1746; † 17. Juli 1787). Mutter des Komponisten. Sie war die Tochter des Kücheninspektors am Schloß von Ehrenbreitstein und heiratete 1763 einen gewissen Johann Leym. Dieser starb jedoch bereits weniger als zwei Jahre nach der Hochzeit, und die junge Witwe heiratete am 12. November 1767 Johann van Beethoven. Während ihrer ersten Ehe brachte sie einen Sohn zur Welt (der früh starb), in ihrer zweiten Ehe gebar sie sieben Kinder, von denen vier bereits im Kindesalter starben: Ludwig Maria (*/† 1769), Anna Maria Franziska (*/† 1779), Franz Georg (1781 bis 1783) und Maria Margaretha Josepha (1786–1787). Sie war eine ruhige, ernste Frau. Beethoven hatte sie sehr gern und sprach in späteren Jahren oft mit großer Wertschätzung von ihr. »Sie war mir eine so gute liebenswürdige mutter, meine beste freundin« (Brief Nr. 2, Kalischer).

Beethoven, Nikolaus Johann van (1776–1848). Der jüngere der beiden überlebenden Brüder des Komponisten. Er folgte Ludwig im Dezember 1795 nach Wien und arbeitete dort bis 1808 als Apothekenhelfer. Dann zog er nach Linz, um seine eigene Apotheke zu betreiben. Im Laufe der Zeit brachte er es zu einigem Wohlstand und erwarb im Jahr 1819 ein großes Anwesen in Gneixendorf (nahe Krems), wo sich später auch Ludwig zeitweise aufhielt (29. September bis 1. Dezember 1826).

Beethoven, Therese van, geb. Obermayer (1787 bis 1828). Schwägerin des Komponisten. Sie war seit 1812 die Geliebte von Beethovens Bruder Johann in Linz. Als der Komponist den Versuch unternahm, die Beziehung zu beenden, reagierten sie am 8. November 1812 mit ihrer Heirat darauf. Letztlich stellte sich die Ehe jedoch als unglücklich heraus und blieb kinderlos.

Bernadotte, Jean Baptiste Jules (1764–1844). General in Napoleons Armee und 1798 kurzzeitig als französischer Botschafter in Wien tätig. Aus dieser Zeit datiert auch seine Bekanntschaft mit Beethoven. Als späterer König Karl XIV. von Schweden lehnte er jedoch die Subskriptionseinladung zur *Missa solemnis* im Jahre 1823 ab. Die Behauptung, von ihm stamme die Idee zur *Eroica*, entbehrt der Grundlage.

Bernard, Carl Joseph (Joseph Karl) (1780–1850). Schriftsteller und Librettist. Er kam 1800 nach Wien und wurde 1819 Herausgeber der *Wiener Zeitung*. Sein erster Kontakt zu Beethoven ergab sich wahrscheinlich als Textautor zum *Chor auf die verbündeten Fürsten* (WoO 95) aus dem Jahr 1814. Im Laufe der nächsten Jahre wurde er zu einem der engsten Freunde Beethovens. Zahlreiche Eintragungen in den Konversationsheften stammen von ihm. 1823 vollendete er den Text für das Oratorium *Der Sieg des Kreuzes*, das Beethoven für die Gesellschaft der Musikfreunde komponieren sollte. Das Projekt wurde aber nie verwirklicht.

Bertolini, Dr. Andreas. Freund und Ratgeber Beethovens in medizinischen Fragen von 1806 bis 1816. Im Jahr 1814 veranstaltete er einen Abend zu Ehren seines Freundes Johann Malfatti, wofür Beethoven die Kantate *Un lieto brindisi* (WoO 103) schrieb.

Bigot, Marie, geb. Kiene (1786–1820). Pianistin. Sie kam 1804 nach Wien, wo sie und ihr Mann (der Bibliothekar des Grafen Rasumovsky) Freundschaft mit Beethoven schlossen. 1806 spielte sie die damals noch unveröffentlichte Klaviersonate »Appassionata« aus Beethovens Autograph, das er ihr später zum Geschenk machte, vom Blatt. 1809 zog Marie Bigot nach Paris.

Birkenstock, Johann Melchior von (1738–1809). Kunst- und Musikliebhaber, Gelehrter und Staatsmann in Wien. Er war der Vater von Beethovens Freundin Antonie Brentano. Offenbar traf er Beethoven jedoch nie persönlich.

Blöchlinger von Bannholz, Joseph (1788–1855). Er stammte ursprünglich aus Grobelingen (Schweiz), kam 1804 nach Wien und eröffnete dort 1814 ein Erziehungsinstitut, das auch Beethovens Neffe Karl besuchte (1819 bis 1823). Der Korrespondenz und den Konversationsheften nach zu schließen, standen Beethoven und Blöchlinger während dieser Zeit häufig in engem Kontakt.

Böhm, Joseph Michael (1795–1876). Violinist. Seit 1819 Professor am Wiener Konservatorium und seit 1821 Mitglied des kaiserlichen Orchesters. Im März 1825 spielte er in der zweiten Aufführung – einer wesentlich besseren Wiedergabe als der Erstaufführung durch Schuppanzigh – von Beethovens Quartett op. 127 die erste Violine. Ein anderer Böhm, Joseph Daniel (1794–1864), war Medaillenmacher, der 1820 die Fertigung einer Beethovenmedaille beabsichtigte.

Boldrini, Carlo (um 1780–1850?). Mitarbeiter und späterer Teilhaber (1807–1824) des Wiener Musikverlags Artaria & Co. Seinen Namen (in der Schreibweise »Poldrini«) findet man auch auf der Vorderseite eines (heute verlorenen) Skizzenbuchs von Beethoven aus dem Jahr 1817.

Bonaparte, Jérôme (1784–1860). Jüngster Bruder Napoleons. In den Jahren 1807–1813 residierte er als »König von Westfalen« in Kassel, wo er 1808 Beethoven eine Kapellmeisterstelle anbot. Dies führte 1809 zu dem Gegenangebot einiger Wiener Adliger (der Fürsten Kinsky und Lobkowitz sowie Erzherzog Rudolphs), das Beethoven veranlaßte, in Wien zu bleiben.

Bonaparte, Napoleon (1769–1821). Französischer Diktator und Kaiser von Frankreich (1804–1814/15). Beethovens Bewunderung für ihn als den Befreier aus Unterdrückung war ein wichtiger Beweggrund, der zur Komposition seiner Dritten Symphonie – *Eroica* (ursprünglich *Bonaparte*) betitelt – führte. Obwohl Beethoven – nachdem sich Napoleon eigenmächtig zum Kaiser erklärt hatte – vom letztgenannten Titel Abstand nahm, behielt er ihm gegenüber in späteren Jahren eine ambivalente Haltung.

Brauchle, Joseph Xaver. Freund Beethovens und Amateurmusiker. Seit etwa 1803 war er Hauslehrer der Familie Erdödy, mit der er 1815 Wien verließ. Als im folgenden Jahr eines der Kinder starb, wurde Brauchle verdächtigt, den Tod des Kindes (durch Schläge) verursacht zu haben.

Braun, Baron Peter von (1758–1819). Geschäftsmann, Musikliebhaber und Theaterdirektor. In seiner letztgenannten Stellung verärgerte er Beethoven im Jahr 1802 dadurch, daß er die Erlaubnis für die Veranstaltung eines Benefizkonzertes im Theater verweigerte. Als Direktor des Theaters an der Wien in den Jahren 1804/1805, spielte er jedoch eine wesentliche Rolle bei der Organisation der ersten Aufführungen von *Leonore.* Seiner Frau Josephine (1765–1838) widmete Beethoven die Klaviersonaten op. 14 (im Jahr 1799) und die Hornsonate op. 17 (1801).

Braunhofer, Dr. Anton. Arzt und Professor an der Wiener Universität. Er behandelte Beethoven in den Jahren 1820–1826, vor allem während dessen Krankheit im Frühjahr 1825. In diesem Jahr schrieb Beethoven für ihn zwei Kanons (WoO 189 und 190).

Brentano, Antonie, geb. Birkenstock (* 28. Mai 1780; † 12. Mai 1869). Freundin des Komponisten und wahrscheinlich die beabsichtigte Empfängerin von Beethovens berühmtem Brief an die »Unsterbliche Geliebte« vom Juli 1812 (vgl. »Persönliche Beziehungen«, S. 129). Sie wurde in Wien geboren, heiratete am 23. Juli 1798 Franz Brentano (1765–1844), einen Kaufmann aus Frankfurt, und zog mit ihm dorthin. 1809 kehrte sie – da ihr Vater im Sterben lag – nach Wien zurück und blieb dort bis 1812. Während dieser Zeit lernte sie Beethoven näher kennen und entwikkelte ihm gegenüber ein hohes Maß an Bewunderung, wenn nicht (wahrscheinlich) gar Liebe. 1812 machten Antonie und Franz in Karlsbad Ferien, wo sie später auch Beethoven, der zunächst nach Teplitz gegangen war, trafen. Im Anschluß an eine kurze Rückkehr nach Wien gingen die Brentanos endgültig zurück nach Frankfurt, hielten aber einen gelegentlichen Briefverkehr mit Beethoven aufrecht und zählten – zumindest bis 1823 – zu seinen treuesten Freunden. Franz lieh dem Komponisten beachtliche Geldsummen, ohne jemals eine Rückzahlung zu verlangen, und Beethoven widmete 1823 Antonie Brentano die Diabelli-Variationen. Die Brentanos hatten sechs Kinder: Mathilda (1799–1800), Georg (1801–1852), Maximiliane (1802–1861), Josefa (1804–1875), Francisca (1806 bis 1837) und Karl (1813–1850). 1812 schrieb Beethoven für Maximiliane ein einfaches Klaviertrio (WoO 39), datiert nur zehn Tage vor seinem Brief an die »Unsterbliche Geliebte«. Angenommen, Antonie wäre diese gewesen, so ist es denkbar (wenngleich unwahrscheinlich), daß Beethoven der Vater ihres jüngsten Kindes war.

Brentano, Bettina (1785–1859). Halbschwester Franz Brentanos und Freundin von Goethe. Am 3. März 1811 heiratete sie den Dichter Achim von Arnim. Mit Beethoven, den sie ein Jahr zuvor in Wien kennengelernt hatte, verband sie kurzzeitig eine Freundschaft. Bettina verfügte über eine sehr eigenartige Vorstellungsgabe, die sich häufig auch auf den Wahrheitsgehalt ihrer Erinnerungen auswirkte. So entstammen wahrscheinlich zwei der drei Briefe – beide sehr romantisch und weitschweifig –, die Beethoven an sie geschrieben haben soll, ihrer eigenen Phantasie, und nur einer stammt tatsächlich von dem Komponisten.

Brentano, Clemens (1778–1842). Dichter und Halbbruder von Franz Brentano. Zu Beginn des Jahres 1811 ließ er Beethoven durch Antonie Brentano den Text einer Kantate übergeben, deren Sujet Beethoven jedoch als von zu geringer Bedeutung abwies. Beide Männer trafen sich möglicherweise 1811 in Teplitz.

Brentano, Franz Dominik Maria Joseph →Brentano, Antonie.

Breuning, Dr. Gerhard von (1813–1892). Aus der zweiten Ehe von Beethovens Freund Stephan von Breuning stammender Sohn. In den Jahren 1825–1827 war er als häufiger Besucher in den Wohnungen des Komponisten anzutreffen und veröffentlichte 1874 seine Erinnerungen an Beethoven in *Aus dem Schwarzspanierhause.*

Breuning, Stephan von (* 17. Aug. 1774; † 4. Jun. 1827). Er entstammte einer bekannten Bonner Familie, die in engem Kontakt zu den Beethovens stand. Seine Schwester Eleonore Brigitte (1771–1841) heiratete 1802 Gerhard Wegeler, sein älterer Bruder Christoph (1773–1841) wandte sich der Juristerei zu. Der jüngere Bruder Lorenz, oder Lenz (1777–1798), war während seiner Zeit in Wien (1794–1797) ein Schüler und enger Vertrauter Beethovens. Stephan selbst zog 1801 nach Wien und erneuerte unverzüglich seine seit Kindheit bestehende Freundschaft zu Beethoven, die – trotz mehrerer Zerwürfnisse (einschließlich des vollständigen Bruchs zwischen 1815 und 1825) – letztlich ein Leben lang dauerte. 1806 überarbeitete er Sonnleithners Originaltext zu *Leonore* für die zweite Fassung der Oper, und Beethoven widmete ihm (vielleicht als Geste des Dankes) im Jahr 1808 sein Violinkonzert op. 61. Die Klavierfassung dieses Werkes war der ersten Frau Stephans, Julie (geb. Vering), gewidmet, die bereits 1809 starb. Danach heiratete Stephan Constanze Ruschowitz (die Mutter Gerhard von Breunings).

Bridgetower, George Augustus Polgreen (1779 bis 1860). Mulattischer Violinist. Er stammte aus Polen und wanderte 1790 nach London aus. 1802 besuchte er auf einer Konzertreise den Kontinent und erreichte im folgenden Jahr Wien. Fürst Lichnowsky stellte ihn Beethoven vor, der in kurzer Zeit die A-Dur-Violinsonate op. 47, die »Kreutzersonate«, für ihn komponierte. Das Werk wurde am 24. Mai 1803 erstmals von Beethoven und Bridgetower aufgeführt.

Broadwood, Thomas. Angehöriger einer weithin bekannten Familie von Klavierfabrikanten. Er sandte Beethoven 1817/18 einen prachtvollen, sechs Oktaven umfassenden Flügel als Firmengeschenk (heute im National-Museum, Budapest).

Browne (Browne-Camus), Graf Johann Georg von (1767–1827). Offizier (irischer Herkunft) der Russischen Armee. Während Beethovens erster Jahre in Wien war Browne einer der wichtigsten Förderer des Komponisten. Neben der finanziellen Unterstützung schenkte er Beethoven auch einmal ein Pferd (das der Komponist offenbar nicht lange behielt). Die opera 9, 22, 48 und WoO 46 sind Browne gewidmet, der auch den Auftrag zur Komposition der drei Märsche op. 45 gab. Brownes Ehefrau, der Gräfin Anna Margarete († 1803) widmete Beethoven op. 10, WoO 71 und WoO 76. Ein Bekannter des Grafen schildert diesen so: »Ich lebe mit einem der sonderbarsten Menschen voll trefflicher Anlagen und schöner Eigenschaften des Geistes und des Herzens auf der einen, voll Schwächen und Verderbtheit auf der anderen Seite« (vgl. A. Sandberger [Hrsg.], *Neues Beethoven-Jahrbuch,* 6 [1935], S. 27).

Brunsvik (Brunswick). Ungarische Adelsfamilie. Graf Anatol Brunsvik (1745–1793) hatte mit seiner Frau Anna (1752–1830) fünf Kinder: (Maria) Therese (1775–1861), Franz (1777–1849), Josephine (1779 bis 1821), Charlotte (1782–1842) und Julietta. Die drei ältesten von ihnen waren sehr musikalisch und schlossen – nachdem die beiden Mädchen 1799 mit ihrer Mutter Wien besucht hatten – nach 1800 enge persönliche Freundschaft mit Beethoven. Franz war Cellist und stand bis mindestens 1814 von Budapest aus mit Beethoven in brieflichem Kontakt. Der Komponist widmete ihm op. 57 und 77. Therese, die ledig blieb, erhielt von Beethoven kurze Zeit Klavierunterricht und er widmete ihr die Sonate op. 78. Ihre Memoiren und Korrespondenz enthalten zahlreiche Informationen über Beethovens Beziehung zur Familie Brunsvik (vgl. La Mara, 1920). Für die beiden Töchter Therese und Josephine schrieb der Komponist das Lied *Ich denke dein* (WoO 74), mit Variationen für Klavier zu vier Händen. Im Jahr 1799 heiratete Josephine den Grafen Deym (→Deym, Josephine).

Castelli, Ignaz Franz (1781–1862). Dichter und Bühnenschriftsteller. 1811–1814 arbeitete er am Wiener Hoftheater, und zeitweise sah es so aus, als würde Beethoven eines seiner Libretti für die Komposition einer Oper verwenden. Seine Memoiren, die zahlreiche Erwähnungen Beethovens enthalten, wurden 1861/62 veröffentlicht.

Cherubini, Luigi (* Sept. 1760; † 15. März 1842). Italienischer Komponist, seit 1788 in Paris ansässig. Am bekanntesten ist er durch seine Opern und seine geistliche Musik, er komponierte jedoch auch in vielen anderen musikalischen Gattungen. Beethoven war ein großer Bewunderer von Cherubinis Musik (vgl. »Einflüsse auf Beethovens Stil«, S. 102 f.). Beide Komponisten trafen sich, als Cherubini 1805 Wien besuchte, wo er anscheinend auch bei der Premiere von *Leonore* anwesend war. 1823 schrieb Beethoven in Zusammenhang mit der *Missa solemnis* an Cherubini; der Brief scheint den Adressaten jedoch nie erreicht zu haben.

Clement, Franz (1780–1842). Wiener Violinist, gab bereits mit neun Jahren sein Debüt. Beethoven kannte ihn seit 1794. 1805 fand die erste öffentliche Aufführung der *Eroica* in einem Benefizkonzert von Clement statt. Im folgenden Jahr schrieb Beethoven für ihn das Violinkonzert op. 61. Obwohl Clement häufig auf Konzertreisen ging, war er doch von 1818–1824 als Orchesterdirektor des Theaters an der Wien dauerhaft an die Stadt gebunden. 1824 hätte ihm in dieser Position die Leitung der ersten Aufführung der Neunten Symphonie zugestanden, aber Beethoven bestand auf der Leitung durch Schuppanzigh, und so wurde das Ereignis vom Theater an der Wien in das Kärntnertortheater verlegt.

Clementi, Muzio (* 23.Jan. 1752; † 10.März 1832). Pianist, Komponist, Musikverleger und Klavierbauer. In Italien geboren, zog er bereits in jungen Jahren nach England, wo er – abgesehen von einigen ausgedehnten Konzertreisen – bis an sein Lebensende blieb. 1807 besuchte er auf einer dieser Konzertreisen Wien und traf dort auch Beethoven. Beethovens anfänglich argwöhnische Haltung gegenüber dem berühmten Pianisten, dessen Klavierwerke er sehr bewunderte (vgl. »Einflüsse auf Beethovens Stil«, S. 101 f.), legte sich nach kurzer Zeit, und beide wurden Freunde. Sie beschlossen auch eine sehr erfolgreiche geschäftliche Vereinbarung: Clementi willigte ein, einige Werke Beethovens zu veröffentlichen und gab außerdem neue Kompositionen in Auftrag, einschließlich op. 77–79 und einer Klavierfassung des Soloparts des Violinkonzerts (vgl. auch: »Erstdrucke und Verleger«, S. 233).

Collin, Heinrich Joseph (1772–1811). Wiener Dichter und Bühnenschriftsteller. Seine Tragödie *Coriolan* (erstmals aufgeführt 1802) regte Beethoven an, 1807 eine Ouvertüre dazuzukomponieren, die aber anscheinend nicht für eine bestimmte Aufführung vorgesehen war. Im folgenden Jahr beschlossen beide ihre Zusammenarbeit an einer neuen Oper. Unter den vorgeschlagenen Sujets befanden sich *Bradamante* und *Macbeth;* die Pläne kamen aber nie zur Verwirklichung.

Cramer, Johann Baptist (* 24. Febr. 1771; † 16. Apr. 1858). Pianist, Komponist und Musikverleger. Er wurde in Mannheim geboren und zog 1772 mit seiner Familie nach London. 1799 besuchte er Wien, wo er bis zum Frühjahr des folgenden Jahres blieb. Während dieser Zeit machte er die Bekanntschaft von Beethoven, der seine Etüden hochschätzte und teilweise auch stilistische Merkmale Cramers übernahm (vgl. »Einflüsse auf Beethovens Stil«, S. 102).

Czerny, Carl (* 21. Febr. 1791; † 15. Juli 1857). Wiener Pianist und Komponist. Beethoven gab ihm von 1801 bis 1803 Klavierstunden, und Czerny wiederum unterrichtete von 1816 bis 1818 Beethovens Neffen Karl. Er verfügte über eine hervorragende Kenntnis praktisch aller Klavierwerke Beethovens (die er auswendig beherrschte) und war außerdem auch mit dem Komponisten selbst eng bekannt. Czerny veröffentlichte zahlreiche Kompositionen, vor allem instruktiver Klaviermusik. Im vierten Band seiner *Vollständigen theoretisch-practischen Pianoforte-Schule op. 500,* finden sich detaillierte Anweisungen zum Vortrag für jedes der großen Klavierwerke Beethovens. Darüber hinaus teilt er in seinen Memoiren (1842) viele faszinierende Einzelheiten über den Komponisten mit.

Czerny, Joseph (1785–1842). Wiener Pianist und Komponist, mit Carl Czerny nur namensverwandt. 1820 unterrichtete er Beethovens Neffen Karl im Klavierspiel. Mehrere Eintragungen in Beethovens Konversationsheften stammen von ihm. Im Jahr 1824 wurde er Teilhaber des Musikverlagshauses Cappi & Co. (seit 1826 Cappi & Czerny).

Dembscher, Ignaz. Beamter am Kaiserlichen Hof in Wien (Hofkriegsagent) in den 1820er Jahren und wohlhabender Musikliebhaber. Nach einem Bericht von Karl Holz versäumte es Dembscher, sich für ein Konzert von Schuppanzigh im März 1826, in dem Beethovens Streichquartett op. 130 gegeben wurde, zu subskribieren, weshalb Beethoven darauf bestand, daß Dembscher die 50 Florin Subskriptionspreis an Schuppanzigh zu bezahlen habe. Auf die Bemerkung Dembschers »Wenn es sein muß –!« (Thayer, Bd. 5, S. 301), antwortete Beethoven mit dem Kanon *Es muß sein* (WoO 196), dessen Thema er später auch im Streichquartett op. 135 verwendete.

Deym, Gräfin Josephine, geb. Brunsvik (* 1779; † 31. März 1821). Sie gehörte zur Familie Brunsvik (→dort) und heiratete 1799 den Grafen Joseph Deym (um 1752–Jan. 1804). Nach dem Tode ihres Mannes stand sie in engem Kontakt zu Beethoven, der sich schon nach kurzer Zeit in sie verliebte. Es sind insgesamt vierzehn Briefe Beethovens aus den Jahren 1804 bis 1807 an sie erhalten, in denen er zum Teil seine Liebe sehr offen ausspricht und sie als seine ›einzige Geliebte‹ (Brief Nr. 151, Anderson) bezeichnet. Für sie schrieb er auch das Lied *An die Hoffnung* (op. 32). Es ist ungeklärt, wieweit seine Gefühle von Josephine erwidert wurden, zweifellos war sie ihm jedoch vorübergehend sehr zugetan. Seit 1807 hatte sich beider Beziehung abgekühlt, und für die Zeit danach gibt es keine sicheren Kenntnisse mehr über weitere Treffen zwischen ihnen. 1810 heiratete Josephine den Baron Christoph von Stackelberg. Ihre Ehe verlief jedoch unglücklich, und sie trennten sich 1813. Die Beziehung zwischen ihr und Beethoven (1804–1807) verleitete einige Leute, in ihr Beethovens »Unsterbliche

Geliebte« des Jahres 1812 zu sehen (Tellenbach, 1983) – und sogar zu der Vermutung, Beethoven sei der Vater von Minona (* 1813), der Tochter Josephines. Und obwohl die Hinweise auf eine solche Hypothese nur dürftig sind, wurde sie bis heute nicht widerlegt (vgl. »Persönliche Beziehungen«, S. 128).

Diabelli, Antonio (1781–1858). Komponist und Musikverleger. Er ließ sich 1803 in Wien als Klavier- und Gitarrenlehrer nieder. Später arbeitete er zunächst in Steiners Verlag, bevor er 1818 Teilhaber bei Pietro Cappi (Neffe des Verlegers Giovanni Cappi) wurde. 1819 lud er fünfzig Wiener Komponisten ein, je eine Variation über einen von ihm stammenden Walzer zu schreiben. Beethoven entsprach der Bitte, jedoch nicht mit einer Variation, sondern mit einem dreiunddreißig Variationen umfassenden Werk (op. 120), das Diabelli 1823 veröffentlichte. Die Variationensammlung der anderen Komponisten (einschließlich Czerny, Schubert und dem jungen Liszt) erschien im darauffolgenden Jahr.

Dietrichstein, Graf Moritz von (1774–1864). Komponist und zeitweise Hoftheaterintendant (1821–1826). Er gehörte zu den Freunden Beethovens. Seine sechzehn Lieder nach Goethe (1811) waren – mit Ausnahme der Lieder Beethovens – die ersten bedeutenden Wiener Vertonungen von Texten des Dichters. Beethovens Lied *Merkenstein* (op. 100) wurde (vom Dichter) nicht Moritz, sondern Joseph Karl, Graf von Dietrichstein (1763–1825), gewidmet.

Doležalek, Johann Nepomuk Emanuel (1780–1858). Pianist, Cellist und Komponist. Er traf erstmals 1800 mit Beethoven zusammen. Viele Jahre später übergab er Otto Jahn seine Erinnerungen an den Komponisten, deren Glaubwürdigkeit jedoch angezweifelt wurde (Webster, 1984).

Dragonetti, Domenico (1763–1846). Virtuoser Kontrabassist. Als reisender Instrumentalist besuchte er gelegentlich Wien, wo er 1799 zum ersten Mal mit Beethoven zusammentraf. Sie führten zusammen Beethovens Cellosonate op. 5/Nr. 2 auf, wobei Dragonetti angeblich ungeahnte Möglichkeiten aus seinem Instrument herausholte. Anläßlich eines späteren Besuchs im Jahr 1813 nahm er an der Erstaufführung von *Wellingtons Sieg* (op. 91) teil.

Duncker, Johann Friedrich Leopold († 1842). Kabinettsekretär des Preußischen Königs (Friedrich Wilhelm III.). Er begleitete den König 1814 zum Wiener Kongreß und schrieb das Stück *Leonore Prohaska*, wofür Beethoven die Begleitmusik (WoO 96) komponierte. 1823 bat ihn Beethoven schriftlich, den König zur Subskription zur *Missa solemnis* zu bewegen. Beethovens Bitte hatte Erfolg, und der König unterschrieb.

Duport, Jean-Louis (1749–1819) und Jean-Pierre (1741–1818). Brüder, beide hervorragende Cellisten. Sie waren in Berlin tätig, als Beethoven 1796 die Stadt besuchte. Offensichtlich wurden die Cellosonaten op. 5 für Jean-Louis komponiert (Johnson, 1980 b, S. 39).

Duport, Louis Antoine (1783–1853). Ballettänzer. Als Direktor des Kärntnertortheaters war er maßgebend am Zustandekommen der ersten Aufführung von Beethovens Neunter Symphonie beteiligt.

Eeden (Eden), Heinrich Gilles van den (der) (um 1710–1782). Organist in Bonn und wahrscheinlich einer der ersten Lehrer Beethovens.

Elisabeth Alexiewna, Zarin von Rußland (1779 bis 1826). →Alexander I.

Erdödy, Gräfin Anna Marie, geb. Niczky (1779 bis 1837). Ungarische Musikliebhaberin und seit etwa 1803 mit Beethoven befreundet. 1796 heiratete sie den Grafen Peter Erdödy, mit dem sie zwei Töchter – Marie (Mimi) und Friederike (Fritzi) – und einen Sohn – August (Gusti) – hatte. Im Jahr 1808 lebte Beethoven für kurze Zeit in ihrem Haus. Die Gräfin war eine hervorragende Pianistin und bewunderte die Kompositionen Beethovens, der ihr seine Trios op. 70 und die Wiener Ausgabe der Cellosonaten op. 102 widmete. Als die Familie 1815 Wien verließ, korrespondierte die Gräfin weiterhin mit Beethoven. Seine Zuneigung zu ihren Kindern wollte der Komponist in einem Klaviertrio (f-Moll) zum Ausdruck bringen. Anna Maries Sohn August starb jedoch 1816, und so ließ Beethoven das Trio unvollendet. 1819/20 lebte die Gräfin wieder in Wien, bevor sie sich 1824 in München niederließ.

Ertmann, Freifrau Dorothea von, geb. Graumann (1781–1849). Freundin Beethovens und eine herausragende Pianistin. 1798 heiratete sie Peter von Ertmann und war seit 1804 gut mit Beethoven bekannt. Zeitweilig erhielt sie von ihm Klavierunterricht und wurde eine der bedeutendsten Interpretinnen der Klavierwerke Beethovens, der ihr 1817 die A-Dur-Sonate op. 101 widmete.

Esterházy, Fürst Nikolaus (1765–1833). Neffe des gleichnamigen, im Jahr 1790 verstorbenen Gönners von Joseph Haydn. Er trat ebenfalls als Förderer Haydns auf und subskribierte auch für Beethovens Trios op. 1. Später gab er bei Beethoven die C-Dur-Messe op. 86 in Auftrag, gedacht zur Namenstagsfeier seiner Frau Maria Josepha im Jahr 1807. Die Messe wurde pünktlich am 13. September in Eisenstadt aufgeführt, gefiel dem Fürsten jedoch nicht.

Fischer, Gottfried (1780–1864). Neuntes und jüngstes Kind einer prominenten Bonner Familie und ein enger Bekannter des jungen Beethoven. Mit Hilfe seiner Schwester Cäcilia (1762–1845) begann Fischer 1838 mit der Niederschrift von Erinnerungen an den Komponisten, wobei er im Laufe vieler Jahre das Manuskript (heute im Beethoven-Archiv) schrittweise erweiterte (vgl. Schmidt-Görg, 1971).

Förster, Emanuel Aloys (1748–1823). Österreichischer Komponist und Theoretiker, vor allem bekannt für seine Quartette. Er lebte vor 1779 in Prag und ließ sich anschließend in Wien nieder, wo er während der 1790er Jahre bei Fürst Lichnowsky mit Beethoven zusammentraf. Förster studierte möglicherweise kurze Zeit bei Beethoven. 1802 gab dieser Försters kleinem Sohn Klavierstunden.

Forti, Anton (1790–1857). Bariton in Wien. Ab 1814 sang er in *Fidelio* wiederholt die Rolle des Pizarro (auch bei späteren Wiederaufnahmen), wurde aber bei der Neunten Symphonie übergangen.

Frank, Dr. Joseph (1771–1842). Wiener Arzt und Komponist aus Liebhaberei. In den 1790er Jahren veranstaltete er musikalische Soireen, bei denen sich auch die Sängerin Christine Gerhardi (Franks spätere Ehefrau, sie heirateten 1798) und Beethoven unter den Teilnehmern befanden.

Franz I., Kaiser von Österreich (1768–1835). Als römisch-deutscher Kaiser (1792–1806) (der letzte des »Heiligen Römischen Reiches Deutscher Nation«) Franz II. genannt. 1804 erklärte er sich als »Franz I.« selbst zum Kaiser von Österreich (vgl. »Die politischen Verhältnisse«, S. 70). Franz I. war ein großer Musikliebhaber, scheint Beethoven aber nie besonderes Interesse entgegengebracht zu haben.

Friedrich Wilhelm II., König von Preußen (1744 bis 1797. Regierungszeit: 1786–1797). Er war Schüler des Cellisten Pierre Duport (1741–1808) und besaß einige Fähigkeit auf seinem Instrument. Die beiden Sonaten für Cello und Klavier op. 5 sind ihm gewidmet. Eine Zeitlang war absurderweise das Gerücht in Umlauf, er sei der Vater Beethovens.

Friedrich Wilhelm III., König von Preußen (1770 bis 1840; Regierungszeit: 1797–1840) und Nachfolger Friedrich Wilhelms II. Während seines Aufenthalts in Wien, anläßlich des Kongresses, traf er 1814 wahrscheinlich auch mit Beethoven zusammen. Später subskribierte er zur *Missa solemnis*, und 1826 widmete ihm Beethoven die Neunte Symphonie.

Fries, Graf Moritz von (1777–1826). Wohlhabender Musikliebhaber, Kunstsammler großen Stils und Leiter des Wiener Bankhauses Fries & Co., das bei Beethovens geschäftlichen Beziehungen mit dem schottischen Verleger George Thomson einige Zeit als Vermittler fungierte. Fries gab den Auftrag zu Beethovens Quintett op. 29 und wahrscheinlich auch zu den Violinsonaten op. 23 und 24. Diese Werke und ebenso die Siebte Symphonie hat Beethoven ihm auch gewidmet.

Galitzin (Golitsïn, Golizyn), Fürst Nikolaus Borissovich (1794–1866). Russischer Fürst, ein begabter Cellist und großer Bewunderer von Beethovens Musik. 1822 begann sein Briefwechsel mit dem Komponisten, bei dem er die drei Quartette op. 127, 132 und 130 in Auftrag gab, die Beethoven ihm auch widmete. Außerdem erhielt der Fürst die Widmung der Ouvertüre *Die Weihe des Hauses*. Galitzin subskribierte auch zur *Missa solemnis*, deren erste Aufführung (in St. Petersburg) von ihm organisiert wurde.

Gallenberg, Graf Wenzel Robert von (1783–1839). Wiener Komponist. Er heiratete 1803 die Gräfin Giulietta Guicciardi, eine Freundin Beethovens. Beide ließen sich dann in Italien nieder, kehrten aber 1822 nach Wien zurück.

Gebauer, Franz Xaver (1784–1822). Österreichischer Musiklehrer und Chorleiter. 1819 begründete er die Reihe der Concerts Spirituels, bei denen viele von Beethovens größeren Werken aufgeführt wurden. Gebauer war mit dem Komponisten gut bekannt, von ihm stammen mehrere Eintragungen in Beethovens Konversationsheften.

Gelinek, Abbé Joseph (1758–1825). Tschechischer Priester und Komponist, seit etwa 1790 in Wien tätig. Kurz nach seiner Ankunft in Wien übertraf Beethoven den Abbé bei einem Improvisationswettbewerb. Anfangs noch mit Beethoven befreundet, verschlechterte sich seine Beziehung zu ihm, und Gelinek konnte vielen der späteren Werke Beethovens nichts mehr abgewinnen. 1804 veröffentlichte er jedoch eine Klavierbearbeitung der Ersten Symphonie und 1816 einige Variationen über den zweiten Satz der Siebten Symphonie.

George IV., König von England (1762–1830; Regierungszeit: 1820–1830). Beethovens Bewunderung für England veranlaßte ihn, George (damals Prinzregent) eine Partitur von *Wellingtons Sieg* (op. 91; das Werk war George auch gewidmet) zu schicken. Dieser gab zwar seine Erlaubnis zur Aufführung des Werkes in London, äußerte Beethoven gegenüber aber weder Dank noch Anerkennung. In Zukunft sprach Beethoven daher nur noch schlecht von ihm.

Giannatasio del Rio, Cajetan (1764–1828). Inhaber eines Erziehungsinstitutes in Wien, das Beethovens Neffe Karl von 1816–1818 besuchte. Cajetans ältere Tochter Fanny (1790– ca. 1876) führte ein Tagebuch, das über viele Einzelheiten der Beziehung Beethovens zu ihrer Familie in den Jahren 1816–1820 Aufschluß gibt. Anläßlich der Heirat von Fannys Schwester Anna (Nanni) (1792– ca. 1866) mit Leopold Schmerling (1819) schrieb Beethoven ein *Hochzeitslied* (WoO 105).

Gläser, Peter (1776–1849). Nach dem Tode von Wenzel Schlemmer im Jahr 1823 war Gläser einer der wichtigsten Kopisten Beethovens. Sein Sohn Franz Joseph (1798–1861) war Komponist und Dirigent und wirkte 1822 bei der Leitung der Aufführungen der *Weihe des Hauses* mit.

Gleichenstein, Baron Ignaz von (1778–1828). Begabter Cellist, dem Beethoven seine Cellosonate op. 69 widmete. Er kannte den Komponisten mindestens seit dem Jahr 1797 und zählte zu seinen treuesten Freunden. 1811 heiratete er Anna Malfatti, die jüngere Schwester von Beethovens Freundin Therese. Einige Jahre später verließ er Wien, kehrte aber 1824 und 1828 für kurze Zeit dorthin zurück.

Glöggl, Franz Xaver (1764–1839). Musikalischer Direktor am Dom zu Linz. Er wurde mit Beethoven bekannt, als dieser 1812 seinen Bruder Johann in Linz besuchte. Glöggl bat Beethoven, die Equale für vier Posaunen (WoO 30) zu komponieren.

Goethe, Johann Wolfgang von (1749–1832). Dichter und Bühnenautor von Weltruf. Beethoven kannte und liebte Goethes Dichtung seit seiner Jugend. Er vertonte einige Texte des Dichters (vgl. „Lieder“, S. 317 ff.), die bedeutendste dieser Kompositionen ist die Schauspielmusik zu *Egmont* (1810). Im Juli 1812 trafen sich die beiden Männer während ihres Ferienaufenthalts in Teplitz, wo sie zeitweilig täglichen Umgang miteinander pflegten. Kurz darauf begann Beethoven mit der Vertonung von Goethes *Meerresstille und glückliche Fahrt* (op. 112). Das Werk wurde 1815 vollendet und 1822 mit einer Widmung an den Dichter, der auch ein Exemplar der Partitur erhielt, veröffentlicht. Im folgenden Jahr gab Beethoven seiner anhaltenden Verehrung für Goethe in einem Brief an ihn Ausdruck: »– die Verehrung liebe u. Hochachtung welche ich für den eintzigen Unsterblichen Göthe von meinen Jünglingsjahren schon hatte, ist immer mir geblieben« (Brief Nr. 871, Kalischer). Ebenfalls in diesem Jahr bekannte Beethoven, sein größter musikalischer Ehrgeiz ginge dahin, Goethes *Faust* zu vertonen – ein Vorhaben, das jedoch nie realisiert wurde. Goethe nahm Beethoven gegenüber eine zurückhaltendere Haltung ein. Zwar bewunderte er seine Fähigkeiten und war von der Musik zu *Egmont* sehr beeindruckt, Kompositionen wie *Kennst du das Land* (op. 75/Nr. 1) hielt er jedoch in ihrer kunstvollen Setzweise für überzogen. Goethe war durchweg von der Angst beherrscht, bei einer Vertonung von Dichtung könne diese durch die hinzutretende Musik in den Hintergrund gedrängt werden. Die Persönlichkeit Beethovens schließlich war ihm – als Aristokraten – von ihrer Veranlagung her zu rauh und zu grob.

Golitsïn oder Golizyn. →Galitzin, Fürst Nikolaus.

Griesinger, Georg August von (1769–1845). Sekretär der Königlich-sächsischen Gesandtschaft am Hof in Wien. Spätestens seit 1802 war er mit Beethoven bekannt und vermittelte bei der Subskription zur *Missa solemnis* durch den König von Sachsen. 1810 veröffentlichte er eine Haydn-Biographie *(Biographische Notizen über Joseph Haydn)*.

Grillparzer, Franz (1791–1872). Bekannter Dichter und Dramatiker. Er besaß ausgeprägte musikalische Interessen und Bildung (Unterricht in Theorie bei

Sechter) und war Beethoven, den er etwa 1805 zum ersten Mal traf, immer freundschaftlich zugetan. 1823 planten beide die Zusammenarbeit an einer Oper, wobei sie zwei Sujets in Erwägung zogen: *Drahomira* und *Melusine*. Grillparzer gegenüber behauptete Beethoven zwar, mit der Arbeit begonnen zu haben, es lassen sich jedoch keine entsprechenden Skizzen nachweisen. 1827 schrieb Grillparzer die Grabrede für den Komponisten.

Guicciardi, Gräfin Giulietta (1784–1856). Sie war (etwa 1801) Klavierschülerin von Beethoven und eine Zeitlang wohl auch in ihn verliebt. Beethoven widmete ihr die cis-Moll-Sonate op. 27/Nr. 2 (die sogenannte »Mondscheinsonate«). Im Jahr 1803 heiratete Giulietta den Grafen Gallenberg (→Gallenberg, Wenzel Robert). Beethoven erinnerte sich 1823 in einem Gespräch mit Schindler an seine Beziehung zur Gräfin (Köhler, 1968, Bd. 2; S. 365–66).

Halm, Anton (1789–1872). Komponist, Pianist und Lehrer, seit 1815 in Wien ansässig. Er stand zu Beethoven in einem freundschaftlichen Verhältnis und widmete ihm 1816 eine Sonate. Beethoven war mit Halms Einrichtung der Quartettfuge op. 133 *(Große Fuge)* für Klavier zu vier Händen, die dieser im April 1826 erstellte, nicht zufrieden und schrieb später seine eigene (op. 134).

Häring, Johann Baptist von († 1818). Bankier in Wien, ein begabter Violinspieler. Er beherrschte fließend die englische Sprache und war Beethoven bei der Korrespondenz mit einigen englischsprachigen Bekannten wie zum Beispiel Neate, Smart und Thomson behilflich.

Haslinger, Tobias (1787–1842). Österreichischer Komponist und Musikverleger. Er ließ sich 1810 in Wien nieder und arbeitete dort viele Jahre in Anton Steiners Musikverlag, den er schließlich 1826 übernahm und unter seinem eigenen Namen weiterführte. Haslinger konnte Beethoven, mit dem ihn eine enge Freundschaft verband, anscheinend immer dazu bewegen, sich von seiner humorvollen Seite zu zeigen. Zusammen mit Steiner stellten sie eine fingierte Armee auf, in der Beethoven »Generalissimus« (vgl. Kalischer, Bd. 5, S. 333), Steiner »Generalleutnant« (vgl. Kalischer, Bd. 5, S. 333) und Haslinger »Adjutant« (vgl. Kalischer, Bd. 5, S. 330) war; als »Redlichste Leute der Leibwache« (vgl. Kalischer, Bd. 5, S. 341) galten Dukaten. Für eine imaginäre Biographie von Haslinger schrieb Beethoven ein humorvolles Szenarium (Brief Nr. 1053, Kalischer), außerdem vertonte er in einigen kleinen musikalischen Sätzen Haslingers Namen (WoO 205 g–k und WoO 182, letzteres ein vollständiger Kanon, der auf einen Traum zurückgeht).

Hauschka, Vincenz (1766–1840). Komponist, Cellist und Finanzbeamter. Er war gut befreundet mit Beethoven, der für ihn einen kurzen Kanon (WoO 173) sowie ein anderes, fragmentarisches Stück komponierte (WoO 201). Als Gründungsmitglied der Gesellschaft der Musikfreunde in Wien versuchte Hauschka für Beethoven die Komposition eines Oratoriums für die Gesellschaft zu vereinbaren; ein Plan, der jedoch nie realisiert wurde.

Haydn, Franz Joseph (1732–1809). Der entscheidende Grund, weshalb Beethoven 1792 von Bonn nach Wien zog, war, dort bei Haydn, der damals als der größte lebende Komponist galt, zu studieren. Die Unterweisung Beethovens im Kontrapunkt dauerte bis zum Beginn des Jahres 1794, als Haydn nach England ging. Nach seiner Rückkehr gestaltete sich die Beziehung zwischen den beiden Männern wechselhaft. So gab es eine Meinungsverschiedenheit über die Qualität von Beethovens Trio op. 1/Nr. 3, und Beethoven stellte einmal fest, er hätte »nie etwas von ihm gelernt« (Wegeler, 1972, S. 86). Auch schätzte Beethoven Haydns Musik offenbar geringer als die von Händel, Mozart oder Bach. Doch letztlich gab es zwischen ihnen keine völlige Entzweiung, und Beethoven räumte seinem früheren Lehrer immer respektvoll einen ehrenhaften Platz ein (vgl. Solomon, 1977, S. 88–99 und Webster, 1984). Er widmete ihm auch seine ersten drei Klaviersonaten (op. 2).

Hensler, Karl Friedrich (1761–1825). Theaterdichter und Impressario. Er studierte in Tübingen Theologie und ließ sich 1784 in Wien nieder. 1821 übernahm er die Leitung des von ihm wieder neu errichteten Theaters in der Josefstadt. Zur Eröffnung am 3. Oktober 1822 wurde eine neue Fassung von Beethovens *Die Ruinen von Athen* aufgeführt (unter dem Titel *Die Weihe des Hauses*), für die er eine neue Ouvertüre und einen Chorsatz komponierte (op. 124 und WoO 98). Anläßlich einer Ehrung für Hensler – einen Monat später – schrieb Beethoven sein *Gratulations-Menuett* (WoO 3).

Hoffmann, Ernst Theodor Amadeus (1776–1822). Berühmter deutscher Dichter, Schriftsteller, Komponist und Musikkritiker. Er schrieb Besprechungen zu einigen von Beethovens Werken, darunter 1810 die bekannteste über die Fünfte Symphonie (Forbes, 1971). 1820 komponierte Beethoven einen Kanon über Hoffmanns Namen und schickte ihm einen Brief.

Holz, Karl (1798–1868). Niederösterreichischer Kanzleibeamter und ein begabter Violinspieler. 1824 wurde er zweiter Geiger in Schuppanzighs Quartett, und im folgenden Sommer entwickelte sich eine enge Freundschaft zwischen ihm und Beethoven. Etwa ein Jahr lang war er wichtigster Mitarbeiter und unbezahlter Sekretär des Komponisten (wie zuvor Schindler), der ihn anscheinend sehr gern hatte und 1826 zwei Kanons für ihn schrieb (WoO 197 und 198). Während Beethovens letzter Krankheit wurden die Zusammenkünfte der beiden zwar seltener (Holz hatte zu dieser Zeit geheiratet), ihre gegenseitige Zuneigung jedoch war unvermindert. Die Erinnerungen von Holz an Beethoven sind im allgemeinen verläßlich.

Hotschevar, Jakob. Hofsekretär. Als Ehemann der Stiefschwester der Mutter von Beethovens Schwägerin Johanna war er schon 1818 in den Streit um die Vormundschaft des Neffen Karl verwickelt, wobei er gegen Beethoven auftrat und Johanna unterstützte. 1827 wurde Hotschevar selbst zum Vormund Karls ernannt.

Huber, Franz Xaver (1760–1810). Librettist. Er schrieb den Text zu Beethovens Oratorium *Christus am Ölberge* (1802/1803).

Hummel, Johann Nepomuk (1778–1837). Komponist und Pianist. Nachdem er in seiner Jugend in Europa umhergezogen war, ließ er sich 1795 in Wien nieder, wo er zeitweise mit Beethoven verkehrte. 1814 leitete Hummel in einer oder mehreren Aufführungen von *Wellingtons Sieg* (op. 91) das Schlagwerk, und als er 1816 Wien verließ, schrieb Beethoven für ihn einen Kanon (WoO 170). Während Beethovens letzter Krankheit kehrte Hummel nach Wien zurück, um ihn zu besuchen. Er war auch bei seinem Begräbnis anwesend.

Hüttenbrenner, Anselm (1794–1868). Komponist. Er gehörte zum Freundeskreis von Franz Schubert und traf Beethoven 1816 zum ersten Mal. Hüttenbrenner ist vor allem durch seinen detaillierten Bericht vom Tode Beethovens bekannt, bei dem er einer von den beiden einzig anwesenden Zeugen war.

Jeitteles, Alois (1794–1858). Arzt und Dichter aus Brünn. Als junger Medizinstudent schrieb er den Text von Beethovens Liederzyklus *An die ferne Geliebte* (Anfang 1816). Sein Vetter Ignaz verkehrte in den 1820er Jahren mit Beethoven.

Joseph II., Kaiser von Österreich (1741–1790; Regierungszeit: 1780–1790), vertrat eine relativ aufgeklärte Reformpolitik (vgl. »Die politischen Verhältnisse«, S. 69). Beethoven bewunderte ihn offensichtlich und komponierte im Alter von neunzehn Jahren eine bemerkenswerte Kantate anläßlich des Todes von Joseph (WoO 87).

Kanka, Johann Nepomuk (1772–1865). Jurist und Komponist. Er stammte aus Prag, wo er 1796 mit Beethoven zusammentraf. Nach dem Tod des Fürsten Kinsky im Jahr 1812 setzte sich Kanka für die Fortzahlung der Rente, die Kinsky Beethoven 1809 zuerkannt hatte, ein.

Kanne, August Friedrich (1778–1833). Komponist, Dichter und Schriftsteller. Er kam 1808 nach Wien und wurde später ein Freund Beethovens. Mehrere Eintragungen in den Konversationsheften stammen von ihm. Er war ein äußerst talentierter Mann und besaß eine umfassende Bildung.

Karl XIV., König von Schweden. →Bernadotte, Jean Baptiste.

Kinsky, Fürst Ferdinand Johann Nepomuk (1781 bis 1812). Einer der drei adeligen Gönner, die Beethoven 1809 eine Jahresrente in Höhe von 4000 Florin ausstellten (die beiden anderen waren Fürst Lobkowitz und Erzherzog Rudolph). Beethoven widmete ihm die C-Dur-Messe und seiner Ehefrau, der Fürstin Caroline Kinsky, einige Lieder (op. 75, 83 und 94). Als Fürst Kinsky im November 1812 nach einem Sturz vom Pferd starb, konnte Beethoven zeitweise keine weiteren Zahlungen aus seinem Nachlaß erhalten.

Kirchhoffer, Franz Christian. Buchhalter und ein Bekannter von Beethoven. Bei einigen von Beethovens Geschäften mit England war er vermittelnd tätig, so auch bei der Übersendung der Neunten Symphonie an die Philharmonische Gesellschaft in London.

Koch, Familie. Während seiner letzten Jahre in Bonn verkehrte Beethoven in einem Gasthaus, das von einer verwitweten Frau Koch geleitet wurde. Ihre Tochter

Barbara (Babette) hatte weithin Verehrer, zu denen auch Beethoven zählte. Nachdem er Bonn verlassen hatte, schrieb er ihr mindestens zweimal.

Kotzebue, August von (1761–1819). Deutscher Schriftsteller. Er war in Deutschland, Wien und Rußland in verschiedensten Diensten tätig, bevor er als russischer Spion verdächtigt und in Mannheim erdolcht wurde. Zeitweilig gab er die Zeitschrift *Der Freimütige* heraus, für die er auch Besprechungen einiger Kompositionen von Beethoven verfaßte. 1811 schrieb er für die Einweihung eines neuen Theaters in Pest zwei Bühnenwerke, für die Beethoven dann die Musik lieferte: *König Stephan* (als Vorspiel; op. 117) und *Die Ruinen von Athen* (als Nachspiel; op. 113). Beethoven gefielen Kotzebues Texte offensichtlich, denn er bat ihn 1812 um ein Opernlibretto, das er vertonen wollte. Eine Idee, die jedoch nicht verwirklicht wurde.

Kozeluch, Leopold (1747–1818). Komponist und Pianist, seit 1778 in Wien ansässig. 1792 wurde er als Nachfolger von Mozart Kaiserlicher Kammerkomponist. Von Zeit zu Zeit hatte er Kontakt mit Beethoven, beider Verhältnis war jedoch eher feindselig.

Kraft, Anton (1752–1820). Bekannter Cellist. Er spielte im Orchester des Fürsten Esterházy, später des Fürsten Lobkowitz sowie manchmal in Schuppanzighs Quartett. Sein Sohn Nikolaus (1778–1853) war ebenfalls Cellist und führte im März 1809 zum ersten Mal Beethovens Cellosonate op. 69 auf.

Kreutzer, Konradin (1780–1849). Komponist und Dirigent. Er hielt sich von 1804–1812 in Wien auf, wohin er dann 1822 erneut zurückkehrte. Mit Beethoven traf er nach seiner Rückkehr 1822 zusammen, wahrscheinlich aber bereits auch während seines ersten Aufenthalts. 1824 nahm er an der Erstaufführung der Neunten Symphonie teil.

Kreutzer, Rodolphe (1766–1831). Berühmter französischer Geiger. Er besuchte 1798 Wien und lernte dort Beethoven kennen, der später über ihn schrieb: »... ist ein guter lieber Mensch, der mir bej seinem hiesigen Aufenthalte sehr viel Vergnügen gemacht« (Brief Nr. 91, Kalischer). 1805 widmete der Komponist ihm die Violinsonate op. 47.

Krumpholz, Wenzel (1750–1817). Geiger und Mandolinenspieler. Er ließ sich etwa 1795 in Wien nieder, schloß rasch mit Beethoven Freundschaft und wurde ein großer Bewunderer des Komponisten (sowie ein enger Freund Carl Czernys). Anläßlich des unerwarteten Todes von Krumpholz im Jahr 1817 komponierte Beethoven den *Gesang der Mönche* (WoO 104).

Kuffner, Christoph (1780–1846). Wiener Schriftsteller, wahrscheinlich der Textautor zu Beethovens Chorfantasie (1808). Zu Kuffners Tragödie *Tarpeja* komponierte Beethoven 1813 einen Marsch und eine Zwischenaktmusik (WoO 2). Von dem Schriftsteller stammen auch zahlreiche Eintragungen in den Konversationsheften aus dem Jahr 1826, als Beethoven plante, dessen Oratorienlibretto *Saul* in Musik zu setzen.

Kuhlau, Friedrich (1786–1832). Komponist. Er besuchte Beethoven im September 1825, und dieser schrieb während einer sehr ausgelassenen Tischgesellschaft einen Kanon über Kuhlaus Namen (WoO 191) unter Verwendung des B-A-C-H-Motivs.

Lichnowsky, Fürst Karl (1756–1814). Älterer Bruder von Graf Moritz Lichnowsky und einer der wichtigsten Gönner des Komponisten (besonders während der ersten Jahre Beethovens in Wien). Zeitweise, etwa 1793–1795, wohnte Beethoven im Haus Lichnowskys, und mehrere seiner Kompositionen wurden in den regelmäßig am Freitag bei Lichnowsky stattfindenden Konzerten erstmals aufgeführt. Darunter auch die drei dem Fürsten gewidmeten Trios op. 1, deren Veröffentlichung von Lichnowsky subventioniert wurde. Beethoven widmete ihm außerdem die Klaviersonaten op. 13 und 26, die Zweite Symphonie und eine Variationenreihe (WoO 69). Die Beziehungen zwischen dem Fürsten und Beethoven wurden im Jahr 1806 für einige Zeit sehr angespannt.

Lichnowsky, Graf Moritz (1771–1837). Jüngerer Bruder von Fürst Karl Lichnowsky und ein Freund Beethovens. Der Komponist widmete ihm die *Prometheus-Variationen* (op. 35) und die Klaviersonate op. 90. 1823 schrieb er einen kurzen Kanon für ihn (WoO 183).

Linke, Joseph (1783–1837). Cellist und Komponist. Er ließ sich 1808 (möglicherweise auch früher) in Wien nieder und spielte bis 1815 in Quartetten für den Grafen Rasumovsky. 1823 wurde er Cellist im Quartett von Schuppanzigh. (→Schuppanzigh, Ignaz).

Liszt, Franz (1811–1886) Komponist und Pianist. Von

1821–1823 lebte er in Wien, wo er 1823 auch Beethoven traf, der offensichtlich von den Fähigkeiten des elfjährigen Jungen sehr beeindruckt war.

Lobkowitz, Fürst Franz Joseph Maximilian von (1772–1816). Einer der bedeutendsten Gönner Beethovens, ein großer Musikliebhaber und begeisterter Violinspieler. Seit 1796 unterhielt er in seinem Palais ein privates Orchester, das auch Beethoven für die nichtöffentlichen Aufführungen seiner Symphonien einsetzen durfte. Vor allem zu erwähnen ist hierbei die *Eroica,* die mehrere Male vor ihrer öffentlichen Erstaufführung probiert wurde. 1809 setzte Lobkowitz (zusammen mit Fürst Kinsky und Erzherzog Rudolph) Beethoven eine Jahresrente über 4000 Florin aus. Der Komponist widmete ihm die Quartette op. 18, das Tripelkonzert, die Dritte, Fünfte und Sechste Symphonie, das Quartett op. 74 und den Liederzyklus *An die ferne Geliebte.* Für Lobkowitz' Sohn Ferdinand (* 1797) schrieb Beethoven 1823 eine kurze Geburtstagskantate (WoO 196).

Mälzel, Johann Nepomuk (1772–1838). Erfinder. Er ließ sich 1792 in Wien nieder und stand während der zweiten Hälfte des Jahres 1813 in engem Kontakt zu Beethoven. Von den zahlreichen Erfindungen Mälzels waren drei auch für Beethoven von Belang: Das Panharmonicon, ein mechanisches Orchester, für das Beethoven 1813 ursprünglich *Wellingtons Sieg* schrieb; das Metronom, von dem Beethoven als erster bedeutender Komponist Gebrauch machte sowie einige Modelle von Hörrohren, zur Unterstützung seines Gehörs. Der Kanon WoO 162, von dem Schindler behauptet, er sei zu Ehren von Mälzel geschrieben, erwies sich als unecht.

Malfatti, Dr. Giovanni (Johann) (1775–1859). Italienischer Arzt, seit 1795 in Wien ansässig. Über ihren gemeinsamen Freund Gleichenstein befreundete sich Malfatti 1808 mit Beethoven und behandelte den Komponisten 1827 (nachdem sie ihre Beziehungen für längere Zeit abgebrochen hatten) während dessen letzter Krankheit. Gegenüber der älteren Tochter von Malfattis Bruder, Therese (1792–1851), die 1816 den Baron von Drosdick heiratete, hatte Beethoven im Jahr 1810 angeblich Heiratspläne. Für sie wurde möglicherweise das bekannte Klavierstück *Für Elise* geschrieben, dessen Autograph sich für einige Zeit in ihrem Besitz befand. Die jüngere Tochter von Malfattis Bruder, Anna (ebenfalls 1792 geboren), heiratete 1811 Gleichenstein. 1814 komponierte Beethoven für Malfatti eine kleinen Kantate, *Un lieto brindisi* (WoO 103).

Matthisson, Friedrich von (1761–1831). Dichter. Beethoven vertonte vier Texte von ihm: *Adelaide* (op. 46), *Opferlied* (op. 121b; WoO 126; vgl. auch WoO 202), *An Laura* (WoO 112) und *Andenken* (WoO 136), von denen ihm besonders die Komposition der beiden ersten Freude bereitete, wie er in bezug auf *Adelaide* in einem Brief an den Dichter (Brief Nr. 37, Kalischer) äußerte. Das *Opferlied* setzte er in vier Fassungen in Musik.

Maximilian Franz, Kurfürst von Köln (1756–1801; Regierungszeit: 1784–1794). Förderer des jungen Beethoven in Bonn. Er bezahlte dem Komponisten die Reisen nach Wien 1787 und 1792 und unterstützte ihn sowie auch andere Musiker ganz allgemein.

Mayer (Meyer, Meier), Friedrich Sebastian (1773 bis 1835). Schauspieler und Sänger (Bassist), mit Mozart verschwägert. 1793 kam er an das Theater an der Wien und gestaltete dort die Rolle des Pizarro in *Leonore* (1805). Zu dieser Zeit stand er in engem Kontakt zu Beethoven.

Mayseder, Joseph (1789–1863). Wiener Violinist und Komponist. Er war Schüler von Schuppanzigh und nahm manchmal an Beethovens Konzerten teil. Sein Name erscheint in mehreren Konversationsheften.

Meisl, Carl (1775–1853). Dramatiker. Anläßlich der Wiedereröffnung des Josephstädter Theaters verfaßte er 1822 *Die Weihe des Hauses,* aufgeführt bei der Einweihung mit der von Beethoven hierzu komponierten Musik.

Milder-Hauptmann, Anna Pauline (1785–1838). Herausragende Sopranistin und Darstellerin der Titelrolle in den ersten Aufführungen von *Leonore.* 1810 heiratete sie Peter Hauptmann, arbeitete aber weiterhin in ihrem Beruf als Sängerin. Beethoven bewunderte ihre Fähigkeit außerordentlich und hatte sie auch persönlich sehr gern. 1816 schickte er ihr einen Kanon mit dem Titel »Ich küsse Sie« (WoO 169).

Moscheles, Ignaz (1794–1870). Komponist und Pianist aus Prag. 1808 ließ er sich in Wien nieder (war allerdings häufig auf Konzertreisen) und stand seitdem bis zum Jahr 1820 auch mit Beethoven in Kontakt. 1814 richtete Moscheles eine Klavierfassung des

Fidelio ein und bearbeitete später auch noch einige andere Werke von Beethoven für Klavier. Er zog 1825 nach London, wohin ihm Beethoven während seiner letzten Krankheit drei Briefe schrieb. Im Jahr 1841 veröffentlichte Moscheles eine mit Anmerkungen versehene englische Übersetzung von Schindlers Beethoven-Biographie.

Mozart, Wolfgang Amadeus (1756–1791). Beethoven traf während seines Wien-Besuchs 1787 offensichtlich mit Mozart zusammen, jedoch existieren darüber, ob er ihn jemals spielen hörte, widersprüchliche Berichte. Mozarts Musik aber war freilich einer der wesentlichen musikalischen Einflüße auf Beethovens Stil (vgl. »Einflüsse auf Beethovens Stil«, S. 100 f.).

Napoleon, →Bonaparte, Napoleon.

Neate, Charles (1784–1877). Pianist, Komponist und Gründungsmitglied der Philharmonischen Gesellschaft. Er lebte 1815/1816 acht Monate lang in Wien und schloß Freundschaft mit Beethoven, der für ihn anläßlich seiner Abreise zwei Kanons komponierte (WoO 168). Beethoven übergab ihm außerdem mehrere Partituren, die er zur Veröffentlichung mit nach London nehmen sollte. Sie wurden jedoch von keinem Verleger angenommen, und Beethoven machte Neate daraufhin Vorwürfe. Die Verstimmung zwischen den beiden war aber rasch wieder beigelegt, und sie korrespondierten in späteren Jahren mehrmals miteinander.

Neefe, Christian Gottlob (1748–1798). Komponist und einer der ersten Musiklehrer Beethovens. Er kam 1779 nach Bonn, wo er Beethoven in Klavier, Generalbaß und Komposition unterrichtete. Rasch erkannte er die Begabung des jungen Ludwig und stellte 1783 in Cramers *Magazin der Musik* prophetisch fest: »Er würde gewiß ein zweiter Wolfgang Amadeus Mozart werden, wenn er so fortschritte, wie er angefangen« (Thayer, Bd. 1, S. 150). Daß sich Beethoven der Verpflichtung seinem Lehrer gegenüber bewußt war, zeigt die folgende Briefstelle: »Werde ich einst ein großer Mann, so haben auch Sie teil daran« (Brief Nr. 12, Kastner).

Niemetz (um 1806–?). Enger Freund von Beethovens Neffen Karl, der Niemetz etwa 1820 in Blöchingers Erziehungsinstitut traf. Obwohl Beethoven sein starkes Mißfallen über ihn äußerte, weigerte sich Karl, die Bekanntschaft aufzugeben.

Oliva, Franz (1786–1848). Kaufmännischer Angestellter in Wien und enger Freund von Beethoven. Etwa seit 1809 war Oliva häufig als unbezahlter Sekretär des Komponisten für dessen Geschäfte mit Verlegern usw. tätig (wie zuvor Beethovens Bruder Carl und später Schindler und Holz). Zahlreiche Eintragungen in den Konversationsheften bis zum Jahr 1820 stammen von ihm. Im Dezember dieses Jahres verließ er Wien und ging als Sprachlehrer nach St. Petersburg. 1810 erhielt er die Widmung der Klaviervariationen op. 76.

Oppersdorff, Graf Franz von (1778–1818). Musikliebhaber, unterhielt ein privates Orchester in Oberschlesien. 1806 besuchte Beethoven ihn (zusammen mit Fürst Lichnowsky), und Oppersdorff gab die Komposition von zwei Symphonien, der Vierten und der Fünften, in Auftrag, von denen ihm die Vierte gewidmet wurde.

Pachler, Marie Leopoldine, geb. Koschak (1794 bis 1855). Pianistin. Sie traf mit Beethoven in den Jahren 1817 und 1823 zusammen. Eine Briefstelle macht die hohe Meinung, die der Komponist von ihr hatte, deutlich: »Ich habe noch niemand gefunden der meine Compositionen so gut vorträgt als Sie« (Brief Nr. 691, Kalischer). 1823 schrieb Beethoven ein zweitaktiges Lebewohl (WoO 202) für sie.

Palffy von Erdöd, Graf Ferdinand (1774–1840). Theaterdirektor. 1806 wurde er Leiter des Hoftheaters und kaufte 1813 das Theater an der Wien. Obwohl er zeitweise mit Beethoven in Kontakt stand und auch auf der 1824 dem Komponisten überreichten Liste der Wiener Kunstfreunde zu finden ist, war er offensichtlich doch nie ein Förderer des Komponisten.

Pasqualati, Baron Johann Baptist von (1777–1830). Musikliebhaber und Kunstsammler. In den Jahren 1804–1815 wohnte Beethoven häufig in Pasqualatis Haus an der Mölkerbastei in Wien (heute eine Beethoven-Gedenkstätte). 1814 komponierte Beethoven zum dritten Todestag von Pasqualatis Ehefrau Eleonore eine Elegie (op. 118). Im folgenden Jahr schrieb er ihm als Neujahrsgeschenk den Kanon WoO 165. Pasqualati schickte dem Komponisten während dessen letzter Krankheit mehrmals Geschenke in Form von Lebensmitteln, die Beethoven hoch willkommen waren.

Peters, Karl. Hofrat und Erzieher der Kinder des

Fürsten Lobkowitz. Etwa um 1815 schloß er mit Beethoven Freundschaft und unterstützte ihn auch bei den Streitigkeiten um die Vormundschaft für Karl. 1820–1825 hatte er selbst – zusammen mit Beethoven – die Vormundschaft inne.

Peters, Carl Friedrich (1779–1827). Leipziger Musikverleger. 1822 fragte er bei Beethoven um die Veröffentlichung einiger Werke an.

Piringer, Ferdinand (1780–1820). Beamter in Wien und Violinist. Er war neben Gebauer zweiter Dirigent bei den Concerts Spirituels und rückte nach dessen Tod zum Leiter der Veranstaltungen auf. Etwa 1821 schloß er mit Beethoven Freundschaft; ab 1823 finden sich Eintragungen Piringers in den Konversationsheften. Der erste nachweisliche Kontakt zwischen ihm und dem Komponisten wird durch das Klavierstück WoO 61 belegt (datiert 18. Februar 1821, möglicherweise aber eine Fehldatierung – statt 1822), das für Piringers Stammbuch geschrieben wurde.

Pleyel, Ignaz Joseph (1757–1831). Komponist, Verleger und Klavierbauer. In Österreich geboren, ließ sich Pleyel nach ausgedehnten Reisen 1795 in Paris nieder. 1805 besuchte er zusammen mit seinem Sohn Camille (1788–1855) Wien, wo sie auch mit Beethoven zusammentrafen.

Punto, Giovanni. →Stich, Johann Wenzel.

Radziwill, Fürst Anton Heinrich (1775–1833). Komponist aus Liebhaberei. Er traf Beethoven im Jahr 1814, als er sich anläßlich des Wiener Kongresses in der Stadt aufhielt. Später subskribierte der Fürst zur *Missa solemnis*. Beethoven widmete ihm die Ouvertüre *Zur Namensfeier* (op. 115) und die Schottischen Lieder (op. 108).

Rasumovsky, Graf Andreas Kirillovich (1752–1836). Russischer Botschafter in Wien, Kunstsammler und Musikliebhaber. 1808–1816 unterhielt er ein eigenes Streichquartett (mit gleichbleibender Besetzung), das von Schuppanzigh als erstem Geiger geleitet wurde, und in dem der Graf selbst hin und wieder die zweite Violine spielte. Das Quartett widmete sich wesentlich der Aufführung kammermusikalischer Werke von Beethoven. Im Jahr 1806 gab Rasumovsky drei Quartette (op. 59) in Auftrag, die ihm Beethoven (nachdem er sich einige Zeit unschlüssig darüber war) auch widmete (»Rasumovskyquartette«). Die Fünfte und Sechste Symphonie sind dem Grafen und dem Fürsten Lobkowitz gemeinsam gewidmet. Am 31. Dezember 1814 brach in Rasumovskys Palais ein verheerender Brand aus, durch den der Fürst einen beträchtlichen Teil seines enormen Vermögens verlor. Er lebte jedoch zurückgezogen weiterhin in Wien.

Reicha, Anton (1770–1836). Tschechischer Komponist. Er wurde 1785 in Bonn ansässig und schloß mit Beethoven enge Freundschaft. 1802 zog Reicha – wie Beethoven, der bereits 1792 Bonn verlassen hatte – nach Wien, und beide erneuerten ihre Freundschaft. Im Jahr 1808 ließ sich Reicha in Paris nieder.

Reisser, Franz de Paula Michael (1769–1835). Vizedirektor des Polytechnikums in Wien. Als Beethovens Neffe Karl 1825 dort eintrat, übernahm Reisser an Stelle von Peters seine Mitvormundschaft.

Reissig, Christian Ludwig (um 1783–1847). Dichter. Er stand in österreichischen Militärdiensten, wurde 1809 im Kampf verwundet und daraufhin aus dem Dienst entlassen. Reissig überredete mehrere Komponisten, seine Gedichte zu vertonen, darunter auch Beethoven, der sieben von ihnen in Musik setzte.

Ries, Ferdinand (1784–1838). Komponist und Pianist. Von Ferdinands Vater, Franz Ries (1755–1846), erhielt Beethoven in Bonn Violinunterricht. Als Ferdinand im Oktober 1801 nach Wien kam, wurde er von Beethoven sogleich willkommen geheißen. Beethoven unterrichtete ihn vier Jahre lang im Klavierspiel und unterstützte ihn auf vielerlei Weise. Im Gegenzug half auch Ries dem Komponisten, beispielsweise bei der Klaviereinrichtung mehrerer Werke. 1805 verließ Ferdinand Wien, wohin er, abgesehen von einem kurzen Besuch 1808/1809, nicht wieder zurückkehrte. Im Jahr 1813 ließ er sich in London nieder, setzte aber auch hier seine Bemühungen für Beethovens dortige Anliegen fort und versuchte nachdrücklich, den Komponisten zu einer Reise nach England zu bewegen. Schließlich kehrte er 1824 ins Rheinland zurück, wo er 1825 die Neunte Symphonie zur Aufführung brachte (das bedeutet, noch vor ihrer Veröffentlichung). Kurz vor seinem Tod entstand in Zusammenarbeit mit Wegeler eine bedeutende und durchweg zuverlässige Sammlung von Erinnerungen an Beethoven (*Biographische Notizen über L. van Beethoven,* vgl. Wegeler, 1987).

Rio, →Giannatasio del Rio.

Rochlitz, Johann Friedrich (1769–1842). Von 1798 bis 1818 Herausgeber des maßgeblichen Leipziger Musikblatts *Allgemeine Musikalische Zeitung.* Rochlitz besuchte 1822 Wien, wo er, wie er nach dem Tod des Komponisten behauptete, mit Beethoven dreimal zusammengetroffen sei. Seine häufig zitierten Beschreibungen der Treffen sind jedoch wahrscheinlich größtenteils erfunden, ja, es ist sogar zweifelhaft, ob Rochlitz den Komponisten überhaupt jemals getroffen hat (vgl. Solomon, 1980b).

Röckel, Josef August (1783–1870). Tenor. Er kam 1805 aus Salzburg nach Wien und sang die Partie des Florestan in der *Leonore* von 1806. Während dieser Zeit stand er in engem Kontakt mit Beethoven.

Rode, Jacques Pierre Joseph (1774–1830). Berühmter französischer Violinist. Anläßlich einer Konzertreise besuchte Rode im Dezember 1812 Wien. Beethoven schrieb ihm zum dortigen Vortrag eine Violinsonate (seine letzte, op. 96), wobei er die Komposition bewußt der Spielweise Rodes anpaßte.

Rossini, Gioacchino (Giacomo) Antonio (1792 bis 1868). Komponist, insbesondere von Opern. In Beethovens späten Jahren erfreute sich Rossinis Musik in Wien einer enormen Popularität, wohingegen Beethoven sie nur begrenzt schätzte. 1822 besuchte Rossini Wien und traf auch kurz mit Beethoven zusammen, wobei allerdings Sprachschwierigkeiten und Beethovens Taubheit die Verständigung erschwerten.

Rudolph, Erzherzog von Österreich (1788–1831), jüngster Sohn Leopolds II. und Bruder von Kaiser Franz. Er war ein hervorragender Pianist, Gelegenheitskomponist und glühender Verehrer der Musik Beethovens. Über viele Jahre war er sowohl ein enger Freund als auch der wichtigste Förderer des Komponisten und zudem dessen einziger Kompositionsschüler. 1809 tat sich Rudolph mit den Fürsten Kinsky und Lobkowitz zusammen, um Beethoven eine jährliche Rente in Höhe von 4000 Florin zu dekretieren, die den Komponisten dazu bewegen sollte, in Wien zu bleiben. Unter den Kompositionen des Erzherzogs findet sich auch eine Reihe von vierzig Variationen über ein Thema von Beethoven (WoO 200). Beethoven spricht über sie von »meisterhaften Variationen« (Briefe Nr. 874 u. 875, Kastner). Er widmete Rudolph weitaus mehr Kompositionen als irgend jemand anderem. So sind das Vierte und Fünfte Klavierkonzert, die Klaviersonate »Les Adieux«, die »Hammerklaviersonate« und die Sonate op. 111, die Violinsonate op. 96, das »Erzherzogtrio« (die Bezeichnung stammt vom Widmungsträger), die *Missa solemnis,* die *Große Fuge* (sowie ihre Einrichtung für Klavier zu vier Händen) und kleinere Werke dem Erzherzog gewidmet. Einige Kompositionen stehen in besonders engem Zusammenhang mit dem Erzherzog: In »Les Adieux« wird dessen Abreise, Abwesenheit und Rückkehr nach Wien 1809/1810 thematisiert; die Violinsonate op. 96 wurde für ihn zur Aufführung zusammen mit Rode geschrieben, und die beiden ersten Sätze der »Hammerklaviersonate« komponierte Beethoven zum Namenstag Rudolphs. Die *Missa solemnis* schließlich wurde zur Einsetzung Rudolphs als Kardinalerzbischof von Olmütz im März 1820 geschrieben, wenngleich das Werk nicht rechtzeitig zur Zeremonie vollendet war.

Rupprecht, Johann Baptist (1776–1846). Schriftsteller, Dichter und Botaniker. Nachdem er den Dichter 1814 kennengelernt hatte, vertonte Beethoven zweimal dessen Gedicht *Merkenstein* (op. 100 und WoO 144). Rupprechts Name erscheint mehrere Male in den Konversationsheften.

Salieri, Antonio (1750–1825). Komponist und (seit 1788) Kapellmeister am Wiener Hof. Anfang 1799 veröffentlichte Beethoven eine Variationssammlung über ein Thema von Salieri (WoO 73), außerdem widmete er ihm die Violinsonaten op. 12. Etwa in der Zeit von 1800–1802 ließ sich Beethoven von Salieri im italienischen Vokal- und Opernstil unterweisen. Danach gab es kaum mehr Kontakt zwischen den beiden Komponisten, und Salieri war in späteren Jahren eher gegen Beethoven eingestellt.

Salomon, Johann Peter (1745–1815). Violinist, Konzertunternehmer und Komponist. Er wurde in Bonn geboren und ließ sich etwa um 1770 (Geburt Beethovens) in London nieder, wenngleich ein Teil der Familie in Bonn blieb. 1790 kehrte Salomon zu einem kurzen Besuch nach Bonn zurück, wo er auch Beethoven kennenlernte. In späteren Jahren korrespondierten beide gelegentlich miteinander. Bekannt ist Salomon vor allem deshalb, weil er Haydn veranlaßte, nach England zu gehen.

Schenk, Johann Baptist (1753–1836). Wiener Komponist (vor allem von Singspielen). In seiner Autobiographie behauptete er, Beethoven habe, um den unzulänglichen Unterricht bei Haydn zu vervollkommnen, bei ihm (ohne Wissen seines Lehrers Haydn) zeitweise Unterricht im Kontrapunkt genommen. In seinen Angaben finden sich jedoch Fehler, und sie können ebensowenig bestätigt werden (Webster, 1984, S. 10–14), wie die von ihm behauptete anhaltende Freundschaft mit Beethoven.

Schickh, Johann (1770–1835). Gründer und Herausgeber der bedeutenden *Wiener Zeitschrift für Kunst, Literatur, Theater und Mode* (auch bekannt als *Wiener Modezeitung*). Die Zeitschrift beinhaltete eine musikalische Beilage, die gelegentlich auch von Beethoven stammte. In den 1820er Jahren hatte Schickh engen Kontakt zu Beethoven. Mehrere Eintragungen in den Konversationsheften sind auf ihn zurückzuführen.

Schikaneder, Emanuel Johann Joseph (1751–1812). Theaterleiter, Bühnenautor und Librettist. Berühmt wurde er als Textautor von Mozarts Oper *Die Zauberflöte*. 1803 arbeitete Schikaneder mit Beethoven an einem Opernprojekt: *Vestas Feuer*. Tatsächlich vertonte Beethoven einige Nummern daraus, entschied dann aber, daß der Text zu schwach sei.

Schiller, Johann Christoph Friedrich von (1759 bis 1805). Weltberühmter Dichter und Bühnenautor. Von seiner *Ode an die Freude* übernahm Beethoven Teile für das Chorfinale der Neunten Symphonie. Beethoven bewunderte die Schriften Schillers, aus denen er auch häufig zitierte, außerordentlich (vgl. »Literatur«, S. 177 ff.), traf den Dichter jedoch nie persönlich.

Schindler, Anton Felix (1795–1864). Violinist und Beethovens erster Biograph (vgl. »Biographien und Biographen«, S. 370 ff.). Schindler stand zwar eine Zeitlang in sehr engem Kontakt mit Beethoven, so daß man geneigt ist, seinen Mitteilungen einigen Glauben zu schenken. In den letzten Jahren haben sich jedoch viele der mitgeteilten Fakten zunehmend als unkorrekt oder erfunden erwiesen. Und so kann man sich eigentlich auf keinen seiner Berichte verlassen, es sei denn, er wird durch andere Quellen bestätigt. Schindler behauptet, er sei von 1814 bis 1827 mit Beethoven eng befreundet gewesen; den Hinweisen nach zu schließen, hatte er aber lediglich von 1822 bis Mai 1824 und von Ende 1826 bis zum Tode Beethovens im März des folgenden Jahres engen Kontakt mit ihm (als sein unbezahlter Sekretär). Nach Beethovens Tod gelangte Schindler (durch Diebstahl?) in den Besitz vieler Manuskripte des Komponisten, einschließlich etwa 140 Konversationshefte, in denen er nachträglich zahlreiche (falsche) Eintragungen vornahm. Anscheinend sollte durch sie der Eindruck erweckt werden, daß sich Schindler sehr viel früher zum engeren Bekanntenkreis des Komponisten zählen konnte, als dies tatsächlich der Fall war (die erste echte Eintragung stammt vom November 1822). Beethoven schätzte die Unterstützung Schindlers in geschäftlicher Hinsicht sehr hoch ein, menschlich hielt er anscheinend aber nicht besonders viel von ihm.

Schlemmer, Matthias. Wiener Beamter. Von 1825 bis 1826 wohnte Beethovens Neffe Karl bei ihm. Während dieser Zeit korrespondierte Beethoven mit Schlemmer, von dem auch Eintragungen in den Konversationsheften stammen. Mit Beethovens Kopisten Wenzel Schlemmer war er wahrscheinlich nicht verwandt (vgl. »Überprüfte Abschriften und Kopisten«, S. 229).

Schlösser, Louis (1800–1886). Komponist. Er traf Beethoven 1822, und bevor Schlösser 1823 nach Paris abreiste, übergab der Komponist ihm einen Kanon (WoO 185) sowie Briefe, die er für Cherubini und Moritz Schlesinger mitnehmen sollte. Schlössers bekannte, 1885 verfaßte Beschreibung seiner Begegnung mit Beethoven ist wahrscheinlich größtenteils erfunden (vgl. Solomon, 1980 b).

Schmidt, Dr. Johann Adam (1759–1807). Arzt, Musikliebhaber und Professor der Anatomie. In den Jahren 1802 und 1807 ließ sich Beethoven von ihm behandeln. Der Komponist widmete Schmidt, für den er große Hochachtung empfand, die Klaviertriofassung (op. 38) seines Septetts.

Schubert, Franz Peter (1797–1828). Abgesehen davon, daß beide in derselben Stadt lebten, gibt es keinen gesicherten Beleg für ein Zusammentreffen von Schubert und Beethoven, wenngleich doch mehrere Umstände darauf hinweisen. Wahrscheinlich kannten sich beide zumindest vom Sehen her, und vermutlich begnügte sich der junge, schüchterne Schubert im wesentlichen damit, Beethoven aus der Distanz zu bewundern.

Schultz, J. R. (wahrscheinlich Johann Reinhold). Englischer Musiker. Er besuchte Beethoven am 28. September 1823 und veröffentlichte im folgenden Januar einen detaillierten Bericht über diese Begegnung.

Manchmal wird dieser fälschlicherweise Edward Schulz zugeschrieben.

Schuppanzigh, Ignaz (1776–1830). Berühmter Wiener Violinist. Mitte der 1790er Jahre wurde Schuppanzigh (als erster Geiger) Leiter eines Streichquartetts bei Fürst Lichnowsky (die anderen Mitglieder waren Sina, Weiss und Kraft). In dieser Zeit lernte er auch Beethoven kennen, der möglicherweise Violinunterricht bei ihm genommen hat. 1808 verpflichtete Graf Rasumovsky Schuppanzigh zum Leiter eines ständigen Quartetts in seinem Palais. Nach Auflösung des Quartetts im Jahr 1816 zog Schuppanzigh nach St. Petersburg, kehrte aber 1823 nach Wien zurück, wo er dann die Aufführungen der Neunten Symphonie und der späten Streichquartette Beethovens leitete (mit Ausnahme von op. 131). Beethoven amüsierte sich oft über Schuppanzighs Korpulenz, er nannte ihn »Mylord Falstaff« (vgl. Kalischer, Bd. 1, S. 137, Fußnote) und schrieb für ihn 1801 das scherzhafte Chorstück *Lob auf den Dicken* (WoO 100). Anläßlich der Rückkehr Schuppanzighs nach Wien 1823 begrüßte ihn Beethoven mit dem Kanon *Falstafferel, lass' dich sehen* (WoO 184).

Sebald, Amalie (1787–1846). Sängerin aus Berlin. Sie traf Beethoven 1811 und 1812 in Teplitz (Böhmen). Der Komponist war ihr – wie aus mehreren Briefen an sie hervorgeht – zu dieser Zeit sehr zugetan.

Seyfried, Ignaz Xaver, Ritter von (1776–1841). Komponist. Von 1797 bis 1825 war er Kapellmeister am Theater an der Wien und hatte häufig Kontakt zu Beethoven, woraus sich eine langjährige Freundschaft entwickelte. Bei der Erstaufführung des Dritten Klavierkonzerts blätterte Seyfried dem Komponisten die Noten um, worüber er später einen amüsanten Bericht verfaßte (Thayer, 1967, S. 329–30). Nach Beethovens Tod veröffentlichte Seyfried eine ziemlich verfälschende und ungenaue Darstellung von Beethovens Theoriestudien *(Ludwig van Beethovens Studien im Generalbasse,* 1832), die aber trotzdem manch interessante Erinnerung enthält.

Simrock, Nikolaus (1752–1833). Musikverleger. Er lernte Beethoven in Bonn kennen und veröffentlichte mehrere seiner Werke (vgl. »Erstdrucke und Verleger«, S. 233). Simrocks Sohn Peter Joseph (1792 bis 1868), der den Verlag später übernahm, besuchte 1816 Wien und stand eine Zeitlang in engem Kontakt mit Beethoven.

Smart, Sir George Thomas (1776–1867). Englischer Dirigent und Gründungsmitglied der Philharmonischen Gesellschaft. Er leitete die erste Aufführung der Neunten Symphonie in England, im März 1825. Im selben Jahr besuchte er dann Wien und traf dort mehrere Male mit Beethoven zusammen. Von diesen Treffen, bei dem Beethoven ihm auch einen Kanon (WoO 192) schenkte, gab Smart später eine detaillierte Beschreibung.

Smetana, Dr. Karl von (1774–1827). Bekannter Wiener Chirurg. 1816 führte er bei Beethovens Neffen Karl eine Bruchoperation durch. Später konsultierte ihn auch Beethoven selbst und bat ihn nach Karls Selbstmordversuch 1826 brieflich um Hilfe.

Sonnleithner, Joseph Ferdinand (1766–1835). Wiener Musiker und Jurist. Etwa 1801 war er Mitbegründer des Bureau des Arts et d'Industrie, das viele Werke Beethovens verlegte (vgl. »Erstdrucke und Verleger«, S. 232). 1804 bearbeitete er das Libretto von *Leonore* (aus dem Französischen). Etwa zur selben Zeit wurde er Sekretär des Wiener Hoftheaters. Sein Bruder Ignaz (1770–1831) sowie dessen Sohn Leopold (1797–1873) waren ebenfalls mit Beethoven bekannt.

Sontag, Henriette Gertrud Walpurgis (1806–1854). Sopranistin. Sie lebte 1823–1825 in Wien und sang in den ersten Aufführungen von Beethovens Neunter Symphonie 1824 den Solosopran.

Spohr, Louis (1784–1859). Berühmter Komponist und Violinist. Er lebte von 1812–1815 in Wien, war Kapellmeister am Theater an der Wien und wurde mit Beethoven gut bekannt. Seine Autobiographie (L. Spohr, *Selbstbiographie,* 2. Bde., Kassel u. Göttingen 1860/61 [Repr. hrsg. von E. Schmitz, Kassel 1954/55]) enthält eine ausführliche Schilderung seiner Begegnung mit Beethoven.

Stadler, Abbé Maximilian (1748–1833). Priester und Komponist. Er lebte von 1796 bis 1803 und dann wieder ab 1815 in Wien. Dort traf er gelegentlich auch mit Beethoven zusammen, der den Kanon *Signore Abbate* (WoO 178) wahrscheinlich für ihn geschrieben hat.

Starke, Friedrich (1774–1835). Komponist und Hornist. Er war ein Freund von Beethoven und erteilte dessen Neffen Karl vorübergehend Klavierunterricht.

1820 bat er den Komponisten um einen Beitrag zu einer Klavierschule (*Wiener Pianoforte Schule)*, die er herausgeben wollte. Beethoven lieferte ihm dafür fünf Bagatellen (op. 19/Nr. 7–11).

Stein, Familie. Johann Andreas Stein (1728–1792) war ein berühmter Augsburger Klavierbauer. Nach seinem Tod traten drei seiner Kinder in Wien hervor: Nanette (→Streicher, Johann Andreas); Matthäus Andreas (1776–1842), ebenfalls Klavierbauer, er war ein Freund Beethovens und machte mehrere Eintragungen in den Konversationsheften sowie Friedrich (1784–1809), der Pianist war und Klavierbearbeitungen von Beethovens Vierter Symphonie und der *Coriolanouvertüre* anfertigte. Karl Andreas (1797–1863), der Sohn von Matthäus, trat später in die Firma seines Vaters ein.

Stein, Anton Joseph (1759–1844). Von 1806–1825 Professor für Altphilologie an der Universität von Wien. Stein schrieb den Text zu Beethovens *Hochzeitslied* (WoO 105) und wird gelegentlich in den Konversationsheften erwähnt. Mit der Familie Stein ist er nur namensverwandt.

Steiner, Sigmund Anton (1773–1838). Verleger. Seit 1815 gab er viele Werke Beethovens in Erstausgabe heraus (vgl. »Erstdrucke und Verleger«, S. 231, 233). Steiners Geschäft, das sich in der Paternostergasse in Wien befand, wurde zum häufigen Treffpunkt für Beethoven und seine Freunde (vgl. Tyson, 1962). Bei den geschäftlichen Verhandlungen des Komponisten mit dem Verlag gebrauchte man scherzhaft militärische Ausdrücke: Beethoven war der »Generalissimus«, Steiner »Generalleutnant« und Haslinger, Mitarbeiter und Nachfolger von Steiner, »Adjutant« (→Haslinger, Tobias).

Stich, Johann Wenzel, alias **Punto,** Giovanni (1748 bis 1803). Berühmter böhmischer Hornist. Er besuchte Wien auf einer Konzertreise im Jahr 1800 und traf dort auch mit Beethoven zusammen. Dieser schrieb für ihn die Hornsonate op. 17.

Streicher, Johann Andreas (1761–1833) und Anna Maria (Nanette), geb. Stein (1769–1833). Klavierbauer und enge Freunde Beethovens. Andreas stammte aus Stuttgart und war mit Schiller seit dessen Zeit an der Hohen Karlsschule befreundet. 1794 heiratete er Nanette, Tochter des berühmten Augsburger Klavierbauers Stein (→Stein, Familie) und zog mit ihr nach Wien, wo sie eine eigene Klavierfertigung betrieben. Beethoven schätzte die Klaviere von Streicher sehr und zog sie eine Zeitlang sogar allen anderen vor. In den Jahren 1817/1818 – nachdem er die Vormundschaft für seinen Neffen Karl erhalten hatte –, wandte Beethoven sich sehr oft an Nanette, die er anscheinend fast als eine Art Mutterfigur betrachtete, um von ihr häusliche Ratschläge einzuholen. Über sechzig Briefe an sie sind bekannt. Eintragungen in den Konversationsheften finden sich sowohl von Johann Andreas als auch von Nanette Streicher.

Stumpff, Johann Andreas (1769–1846). Thüringischer Harfenfabrikant, etwa seit 1790 in London ansässig. Er besuchte im September 1824 Beethoven und beschloß, nachdem er von Beethovens Verehrung für Händel erfahren hatte, ihm eine Ausgabe der Werke Händels zu schenken. Nach seiner Rückkehr nach London schickte er dem Komponisten die vierzigbändige Ausgabe aller großen Werke Händels von Samuel Arnold. Das Geschenk erreichte Beethoven, der darüber außer sich vor Freude war, am 14. Dezember 1826.

Swieten, Baron Gottfried van (1733–1803). Freund Mozarts und ein großer Bewunderer der Werke von Bach und Händel. Van Swieten war einer der ersten Förderer Beethovens in Wien. Der Komponist widmete ihm 1800 seine Erste Symphonie.

Tiedge, Christoph August (1752–1841). Dichter. 1804/1805 vertonte Beethoven aus Tiedges Lehrgedicht *Urania* (1800) das Lied *An die Hoffnung* (op. 32), eine andere Fassung (op. 94) folgte 1813. Im Jahr 1811 traf Beethoven Tiedge in Teplitz, wo sich rasch eine herzliche Freundschaft zwischen ihnen entwickelte, wenngleich sich ihre Wege bald wieder trennten. Im darauffolgenden Jahr waren beide wiederum in Teplitz, wahrscheinlich aber zu verschiedenen Zeiten.

Tomášek, Václav Jan Křtitel (Thomaschek, Johann Wenzel) (1774–1850). Tschechischer Komponist. In seiner Autobiographie (1845–1850) berichtet er, Beethoven bei der Aufführung seiner ersten beiden Klavierkonzerte 1798 in Prag gehört zu haben und schildert außerdem seine Besuche bei Beethoven 1814 in Wien.

Treitschke, Georg Friedrich (1776–1842). Leipziger Bühnenschriftsteller und Dichter. Er ließ sich 1800 in Wien nieder, wo er als Dramatiker, Schauspieler und

Theaterleiter – vor allem am Kärntnertortheater – tätig war. Beethoven und Treitschke scheinen seit 1811 miteinander bekannt gewesen zu sein, und als *Fidelio* 1814 wieder aufgegriffen wurde, bat Beethoven ihn, das Libretto umzuschreiben. Treitschke meisterte diese Aufgabe mit sehr viel Geschick, was ihm den aufrichtigen Dank des Komponisten eintrug. Beethoven vertonte ein Gedicht von ihm (WoO 147) und schrieb zwei Chorsätze (WoO 94 und 97) für Singspiele von Treitschke.

Tuscher, Matthias von (1775–?). Wiener Ratsmitglied. Ein Freund von Beethoven und von März bis Juli 1819 Vormund von dessen Neffen Karl.

Umlauf, Michael (1781–1842). Wiener Dirigent, Sohn des berühmten Komponisten Ignaz Umlauf (1746–1796). Von 1810–1825 war er Dirigent der beiden Wiener Hoftheater und unterstützte Beethoven bei der Direktion seiner Werke. So leitete Umlauf die Erstaufführungen des *Fidelio* (Fassung von 1814) und der Neunten Symphonie (1824). Bei beiden Aufführungen dirigierte zwar auch Beethoven, er vermochte jedoch aufgrund seiner Taubheit kaum mehr als die Tempi und einige Ausdrucksanweisungen anzuzeigen. An Umlauf war es, das Ensemble zusammenzuhalten.

Unger, Caroline (um 1803–1877). Altistin. Sie war 1819–1825 am Kärntnertortheater engagiert und sang in den ersten beiden Aufführungen von Beethovens Neunter Symphonie den Soloalt. Mehrere Eintragungen in den Konversationsheften stammen von ihr.

Varena, Joseph von (1769–1843). Musiker in Graz. Er traf Beethoven 1811 in Teplitz und noch im selben Jahr schickte der Komponist ihm mehrere Partituren seiner Werke für Aufführungen bei Wohltätigkeitskonzerten in Graz.

Varnhagen von Ense, Karl August (1785–1858). Schriftsteller und Diplomat. Er traf 1811, 1812 und 1814 mit Beethoven zusammen und versuchte, ihm behilflich zu sein, als es nach der Geldentwertung darum ging, den Rentenbetrag des Fürsten Kinsky dem vollen Wert entsprechend zu erhalten. Varnhagen, der zu dieser Zeit in Prag lebte, zog später nach Paris und Berlin. Seine Erinnerungen enthalten interessante Erwähnungen Beethovens.

Vering, Dr. Gerhard von (1755–1823). Arzt. 1801 behandelte er Beethoven wegen seiner Gehörstörungen und eines Bauchleidens. Trotz des teilweisen Erfolges der Behandlung war Beethoven aber nicht zufrieden und wechselte zu Dr. Schmidt (→Schmidt, Dr. Johann Adam). Verings Tochter Julie war Pianistin, und Beethoven widmete ihr die Klavierfassung seines Violinkonzerts. Sie heiratete 1808 Stephan von Breuning, starb aber bereits im März 1809.

Vigano, Salvatore (1769–1821). Tänzer, Choreograph und Komponist. Er hielt sich von 1793–1795 sowie erneut ab 1799 in Wien auf, wo seine Ballette sehr großen Erfolg hatten. Eines dieser Ballette, *Die Geschöpfe des Prometheus* (1801), wurde von Beethoven vertont. Die Musik erwies sich als einer seiner ersten großen öffentlichen Erfolge. An der ersten Produktion des Balletts nahmen sowohl Vigano als auch seine Frau Maria Medina, eine ausgezeichnete Ballerina, teil.

Vogler, Abbé Georg Joseph (1749–1814). Komponist und Theoretiker. Von 1802 bis 1805 war Vogler in Wien, wo er sich auch einmal in einem Improvisationswettbewerb mit Beethoven maß. Ein Zuhörer beschrieb den Beitrag Beethovens als weniger eindrucksvoll als den des Abbé.

Waldstein, Graf Ferdinand Ernst von (1762–1823). Musikliebhaber und (bis 1792) einer der wichtigsten Förderer Beethovens in Bonn. Wegeler berichtet, Waldstein sei der erste gewesen, der das Genie Beethovens in seiner vollen Bedeutung erkannt habe. 1805 widmete ihm der Komponist die Klaviersonate op. 53 (»Waldsteinsonate«). Obwohl Waldstein in späteren Jahren in Wien ansässig war, verkehrte er weiter nicht mit Beethoven.

Wawruch, Dr. Andreas Johann († 1842). Arzt. Über sein Geburtsjahr existieren unterschiedliche Angaben: 1771, 1772 und 1782. Bis Dezember 1826 hatte er keinen Kontakt zu Beethoven, wurde dann aber während der letzten Krankheit des Komponisten (über die er einen detaillierten Bericht verfaßte) sein ihn vorwiegend behandelnder Arzt.

Weber, Carl Maria von (1786–1826). Komponist. Zunächst der Musik Beethovens gegenüber ablehnend eingestellt, wurde Weber später ein großer Bewunderer von dessen Kompositionen. Beethoven wiederum war anscheinend von Webers Oper *Der Freischütz* sehr beeindruckt. Weber dirigierte den *Fidelio* 1814 in Prag sowie 1823 in Dresden.

Wegeler, Dr. Franz Gerhard (1765–1848). Arzt aus Bonn. Bis zum Jahr 1792, als Beethoven Bonn verließ, war er ein enger Freund des Komponisten. Als sich Wegeler von Oktober 1794 bis 1796 in Wien aufhielt erneuerten beide ihre Freundschaft, nach dieser Zeit korrespondierten sie gelegentlich miteinander. 1802 heiratete Wegeler Eleonore von Breuning, die Schwester Stephan von Breunings (→Breuning, Stephan). Zusammen mit Ferdinand Ries veröffentlichte Wegeler 1838 eine bedeutende und durchweg verläßliche Zusammenstellung von Erinnerungen an Beethoven, der er 1845 noch einen Ergänzungsband anfügte (Wegeler, 1987).

Weigl, Joseph (1766–1846). Komponist und Dirigent, vor allem am Kärntnertortheater in Wien tätig. Beethoven verwendete ein Thema von Weigl im Finale des Klarinettentrios op. 11. Nachdem Beethoven die Vertonung von Schikaneders Libretto *Vestas Feuer* aufgegeben hatte, setzte Weigl es 1804/1805 in Musik. Sein Name erscheint zwar gelegentlich in den Konversationsheften, doch hatte er kaum persönlichen Kontakt zu Beethoven.

Weissenbach, Dr. Aloys (1766–1821). Dichter und Chirurg, lebte seit 1804 in Salzburg. 1814 schrieb er während seines Besuchs in Wien den Text zu Beethovens Kantate *Der glorreiche Augenblick* und wurde auch mit dem Komponisten selbst bekannt. Zwei Jahre später veröffentlichte Weissenbach eine Beschreibung seines Besuchs. Wie Beethoven litt auch er an einer Gehörschwäche.

Wölffl, Joseph (1772–1812). Pianist und Komponist. Um das Jahr 1799 lebte er vorübergehend in Wien und erwies sich dort als ernsthafte pianistische Konkurrenz zu Beethoven. Wölffls große Hände waren ein enormer Vorteil für ihn als Pianist.

Wolfmayer, Johann Nepomuk. Geschäftsmann und Musikliebhaber. Er war ein großer Bewunderer Beethovens, den er etwa 1818 vermutlich um die Komposition eines Requiems bat. Als Gegenleistung für von ihm erbrachte Hilfe war Wolfmayer zunächst als Widmungsempfänger des Quartetts op. 131 vorgesehen, doch Beethoven besann sich in letzter Minute anders.

Zelter, Carl Friedrich (1758–1832). Berliner Musiker und Freund Goethes. Zelter könnte Beethoven 1796 während dessen Besuch in Berlin kennengelernt haben, sicher aber trafen sie sich 1819 kurzzeitig in Wien. 1823 korrespondierten beide bezüglich der *Missa solemnis*. Beethoven und Zelter scheinen sich mit herzlicher Zuneigung begegnet zu sein.

Zizius, Dr. Johann Nepomuk (1772–1824). Jurist und Musikliebhaber. Er war ein prominentes Mitglied der Gesellschaft der Musikfreunde und hielt manchmal musikalische Soireen in seinem Haus ab.

Zmeskall von Domanovecz, Nikolaus (1759–1833). Beamter der ungarischen Hofkanzlei in Wien, ein alter Freund Beethovens und ein fähiger Cellist. Es existiert eine große Anzahl von Briefen und kurzen Notizen Beethovens an Zmeskall, von denen der erste etwa auf das Jahr 1795 zu datieren ist und der letzte nur einen Monat vor dem Tod des Komponisten geschrieben wurde. Zmeskall war Beethoven häufig in Angelegenheiten des täglichen Lebens behilflich, wenn es beispielsweise darum ging, für ihn einen geeigneten Gehilfen zu finden oder ihm kleinere Geldsummen zu leihen. In den 1820er Jahren wurde Zmeskall bettlägrig und konnte seinen Kontakt zu Beethoven nicht länger pflegen (sein Name ist selten in den Konversationsheften zu finden). Er war jedoch bei der ersten Aufführung der Neunten Symphonie anwesend.

BARRY COOPER

Kapitel IV

Historischer Hintergrund

Die politischen Verhältnisse
Geistige Strömungen: Philosophie und Ästhetik
Mäzenatentum und die Stellung des Künstlers in der Gesellschaft
Volkswirtschaft

Historischer Hintergrund

Die politischen Verhältnisse

Die allgemeine Situation in Mitteleuropa

Das Deutschland des 18.Jahrhunderts unterschied sich in seiner Struktur wesentlich von dem heutigen Staatsgebilde. Es bestand aus einer lockeren Verbindung souveräner Staaten, die von weltlichen oder geistlichen Herrschern regiert wurden. In ihrer Gesamtheit bildeten jene Staaten das »Heilige Römische Reich«, das seit über tausend Jahren – insbesondere seit der Kaiserkrönung Karls des Großen im Jahr 800 – eine politische Ordnung in Mitteleuropa darstellte und sich seit Mitte des 15.Jahrhunderts unter Führung der Herrscher des Hauses Habsburg befand.

Die in diesem Reich zusammengeschlossenen Staaten unterschieden sich erheblich in ihrer Größe und Gestaltung, je nach der Bedeutung und den politischen wie militärischen Bestrebungen der einzelnen Herrscher. Das hohe Maß an Eigenständigkeit, das die deutschen Staaten entfalteten, spiegelte sich in ihrem kulturellen Leben wieder. So entwikkelten sich zahlreiche Höfe zu Zentren künstlerischer Aktivitäten und boten Komponisten wie auch ausführenden Musikern eine anregende Atmosphäre.

Im Süden und Osten des Heiligen Römischen Reiches lagen das Erzherzogtum Österreich und das Königreich Ungarn. Sie bildeten seit dem 16.Jahrhundert den östlichen Arm des habsburgischen Herrschaftsgebietes, das sich einst von der Straße von Gibraltar bis zu den Karpaten erstreckte. Seit 1438 wurde der Machthaber des Hauses Habsburg, der Österreichische Kaiser, zum Herrscher des Heiligen Römischen Reiches gewählt. Seine Aufgabe war es, das Reich vor seinen Feinden zu schützen und zwischen den jeweiligen örtlichen Herrschern zu vermitteln, um so für die Aufrechterhaltung ausgeglichener Machtverhältnisse zu sorgen.

Als im Jahre 1740 Maria Theresia (1717–1780) den Thron der Habsburger bestieg, fiel dies zeitlich zusammen mit der Verbreitung einer neuen Geisteshaltung in Europa, der Aufklärung, die auch in Wien, dem Stammsitz des Hauses Habsburg, Einzug hielt. Und obwohl die

Kaiserin selbst kein aktives Interesse an den neuen philosophischen Ideen hatte, wählte sie sich doch fähige und weitsichtige Berater und ergriff viele praktische Maßnahmen, um die Länder ihres Einflußbereiches zu reformieren und zu stärken. Letztlich blieb jedoch die Wirksamkeit ihrer Bestrebungen in dieser Hinsicht begrenzt.

Maria Theresias Sohn, Joseph II. (1741–1790), seit 1765 gemeinsam mit ihr an der Regierung, und von 1780 bis 1790 Alleinherrscher, war jedoch ein erklärter und entschlossener Vertreter des aufgeklärten Absolutismus. Aufgrund der leidenschaftlichen Intensität und Eile, mit denen er viele Maßnahmen vorantrieb, gilt er in der Geschichte als radikaler Reformer. Er strebte eine Vereinheitlichung und Zentralisierung an, wodurch der noch unter Maria Theresia eher beiläufig betriebenen Politik der Germanisierung eine zentrale Rolle zufiel.

Joseph versuchte, seinen reformerischen Einfluß auch auf die nichthabsburgischen Gebiete des Heiligen Römischen Reiches sowie auf das habsburgische Italien auszudehnen – und zwar mit Hilfe seiner beiden Brüder in Mailand und Bonn. In der Tatsache, daß Mailand sich zu einem herausragenden Zentrum Italiens entwickelte, bewies sich der Erfolg Leopolds (des späteren Kaisers Leopold II.). Zur selben Zeit avancierte Bonn zu einer innerhalb des Reiches beispielhaften Stadt der Aufklärung. Dies geschah unter der Verantwortung von Maximilian Franz, dem Erzbischof und Kurfürsten von Köln – und wie der Kaiser ein begeisterter Förderer der Künste. Erst kurz vor seinem Tod wurde sich Joseph letztlich des Scheiterns all seiner Bestrebungen bewußt. Obwohl die meisten seiner Reformen aufgrund einer erbitterten Opposition fehlgeschlagen waren, hatte er dennoch den Charakter der von ihm beherrschten Länder verändert und zusammen mit Maria Theresia ein gewisses Maß an Einheitlichkeit unter ihnen erreicht.

Leopold II. (1747–1792; Regierungszeit: 1790–1792), ein erfahrener Diplomat, bemühte sich um Kompromißlösungen zu den Josephinischen Reformen, um wieder friedliche Zustände herbeizuführen. Es wäre ihm wohl auch gelungen, Nützliches und Wesentliches dazu beizutragen, doch mit seinem frühen Tod endete auch die Zeit der Reformen des Habsburger Reiches.

Joseph II. war über die Französische Revolution im Jahre 1789 nicht übermäßig beunruhigt. Er erkannte in ihr nicht den Beginn einer allgemeinen europäischen Erhebung, sondern sah sie als ein Ereignis, das Frankreich allein als innere Angelegenheit einige Zeit beschäftigen würde. Sein Bruder schätzte die Situation etwa gleich ein. Doch bereits wenige Wochen nach Leopolds Tod erklärte Frankreich »dem König von Ungarn und Böhmen« den Krieg (das heißt den Habsburgern, nicht dem Deutschen Reich oder dessen Bevölkerung). Dies markierte den Beginn der Französischen Revolutionskriege sowie der Napoleonischen Kriege. Inzwischen näherte sich das Heilige Römische Reich dem Ende seiner wechselhaften tausendjährigen Geschichte. Die endgültige Zerstörung erfolgte durch Napoleon Bonaparte, den Vorkämpfer der

Französischen Revolution. Franz II. (1768–1835), Enkel Maria Theresias, der Habsburger König von Ungarn und Böhmen, dem die Kriegserklärung galt, teilte nicht die aufgeklärten Ansichten seines Vaters oder Onkels, und ebensowenig konnte sich die Bevölkerung seines Landes für die Ideen der Französischen Revolution begeistern.

So war Österreich eines der zuverlässigsten und beständigsten Mitglieder der verschiedenen Koalitionen gegen Frankreich, die während der Zeit der französischen Aggression (in wechselnden Verbindungen) häufig zustande kamen, aber auch wieder zerfielen. Das Heilige Römische Reich war in Auflösung begriffen, und Franz II. sah voraus, daß er sich den anderen europäischen Herrschern gegenüber in einer geringeren Machtposition befinden würde. So erklärte er sich im Jahre 1804 als Franz I. zum (erblichen) Kaiser von Österreich. Die Landkarte Europas wurde bei jedem der nachfolgenden Friedenskongresse neu gezeichnet. Nach den beiden Besetzungen Wiens durch die Franzosen in den Jahren 1805 und 1809 hatte Österreich gebietsmäßig die stärksten Verluste zu verzeichnen. Die letzte Koalition gegen die französische Invasion Rußlands, in deren Rahmen Metternich als der österreichische Außenminister in den Vordergrund trat, endete 1814 schließlich mit der vernichtenden Niederlage Napoleons. Auf dem Wiener Kongreß 1814/1815 triumphierte Österreich politisch wie territorial, da es beim Sturz Napoleons eine wichtige Rolle gespielt hatte. Viele Gebiete, die bis 1792 zu Österreich gehörten, wurden zurückerstattet, jedoch kein Versuch unternommen, das Heilige Römische Reich wieder aufleben zu lassen. 1816 wurde der »Deutsche Bund« – unter Vorsitz Franz I. – gegründet und ein ähnlicher Plan für Italien ausgearbeitet. Auf französisches Betreiben hatte man die mehr als dreihundert deutschen Kleinstaaten bereits auf neununddreißig größere reduziert, um die Voraussetzung für eine weitaus lebensfähigere föderale Organisation zu schaffen. Die Aussicht auf ein geeintes Deutschland lag aber noch in weiter Ferne, da das neue System eine Konzentration nationaler Kräfte nicht zuließ.

Nach dem Wiener Kongreß war Franz I. bestrebt, Macht und Einfluß des Habsburgischen Reiches wiederherzustellen. Dieses Vorhaben fand taktische Unterstützung durch Metternich, der nun als Staatskanzler darauf hinarbeitete, international ausgewogene Machtverhältnisse zu erreichen, innenpolitisch jedoch kompromißlos demokratische Bestrebungen unterdrückte.

Bonn

Seit dem Jahre 1257 war Bonn, Beethovens Geburtsort, offizieller Sitz des Erzbischofs von Köln und Regierungssitz des Kurfürsten, woran sich bis zur französischen Invasion von 1794 nichts änderte. Nach dem Amtsantritt von Maximilian Friedrich als Erzbischof und Kurfürst im

Jahre 1761, wurden – um die unmäßigen Verschwendungen seines Vorgängers wieder auszugleichen – zeitweilig erhebliche Einsparungen angeordnet. Dessenungeachtet förderte der Hof auch weiterhin kulturelle Aktivitäten, insbesondere die Oper und das Theater, und die aufklärerische Literatur eines Rousseau, Klopstock, Herder, Schiller und Goethe fand in den folgenden Jahrzehnten weithin Verbreitung.
Bis zum Jahre 1784, dem Amtsantritt von Kurfürst Maximilian Franz, blieb der Einfluß Wiens gering. Die Versuche des Kurfürsten, ähnliche Vorhaben durchzusetzen wie sein Bruder, der Kaiser, wirkten sich auf viele Aspekte des Bonner Lebens aus – politisch, sozial, im geistigen und im künstlerischen Bereich –, und die neuen Ideen und Anschauungen wurden überall bereitwillig aufgenommen. 1785 erhielt die Bonner Akademie den Status einer Universität, mit äußerst engagierten Wissenschaftlern und Philosophen, von denen viele stark aufklärerische Ansichten vertraten. Die Hofbibliothek bot eine Sammlung aufklärerischer Literatur und politischer Zeitungen. Beethoven verbrachte also die Jahre seiner frühen Entwicklung in einer Umgebung, die wohl kaum ohne Einfluß auf seine spätere politische Einstellung und geistige Haltung blieb. Ihr indirekter Einfluß spiegelt sich in Werken wie *Fidelio, Egmont* und der Neunten Symphonie wieder.

Wien

Wien, die Stadt, in der Beethoven sich 1792 niederließ, hatte erst zwei Jahre zuvor Joseph II. zu Grabe getragen. Seine Theorien der Aufklärung standen bei den geistig führenden Köpfen noch weiterhin in hohem Ansehen, was für seine Nachfolger – Leopold und Franz – jedoch nicht zutraf. Die aus Frankreich kommenden revolutionären Ideen und Ideale erweckten in ihnen die Befürchtung, daß auch der Sturz eines Regimes wie des ihrigen, die mögliche Folge menschlicher Bestrebungen sein könne. Als Konsequenz wählten sie daher den Ausweg in die Unterdrückung und setzten alles daran, freiheitliche Bestrebungen durch eine mächtige Geheimpolizei bereits im Keim zu ersticken.
Von seiten der Wiener Bevölkerung gab es kaum Widerstand gegen eine solche Politik. Zum Teil war dies wohl auf die »laissez faire«-Mentalität der Wiener zurückzuführen, sicherlich aber auch auf die Tatsache, daß die Unternehmerschicht in gemeinsamer Sache mit den Herrschenden ebenfalls imperiale Interessen vertrat. Gab es innenpolitische Probleme, so war die Wiener Bevölkerung schon durch ein entsprechendes Maß an »Brot und Spiele« zu besänftigen: Das Volk hatte keine existentiellen Nöte, und der Adel konnte sich ein kostspieliges Leben und verschwenderische Feste leisten. Das Theater und die Oper sowie alle Arten von Musik erlebten eine wahre Blüte. Es herrschte allgemeine Großzügigkeit in Sachen Moral, es gab Tanzlokale und Bordelle im

Überfluß, und eine Diskussion über literarische und philosophische Fragen war nur in Ansätzen vorhanden. Das Bild vom Wien des 19.Jahrhunderts, geprägt von lockerer Lebensweise und oberflächlichem Glanz, hat hier seinen Ursprung.
Während der zwanzig Jahre, in denen Österreich in den Krieg verstrickt war, erlebte Wien ein wechselhaftes Schicksal. Den Tiefpunkt dieser Zeit bedeuteten die beiden Besetzungen der Jahre 1805 und 1809. Die Rückschläge durch die erste Besetzung waren anscheinend nur von kurzer Dauer, denn schon 1806 kehrte man – trotz Geldmangels – zu Vergnügen und Belustigung zurück und legte die übliche Gleichgültigkeit gegenüber bedenklichen politischen Ereignissen an den Tag. Bei der Besetzung des Jahres 1809 kam es jedoch zu einer Massenflucht aus der von Nahrungsmittelknappheit und einer zunehmend finanziell gespannten Lage gezeichneten Stadt.
Als Metternich nach dem Sieg über Napoleon die Einberufung des Friedenskongresses für den 14. August 1814 nach Wien erklärte, stand die Stadt erneut im europäischen Rampenlicht. Nahezu ein Jahr lang war Wien Gastgeber für über 10 000 Fremde, unter denen sich alle Würdenträger Europas, einschließlich ihres Gefolges, befanden. Rasch nahm Wien seine Rolle als Stadt überschwenglicher Lebensfreude und Unterhaltung wieder auf. Es herrschte ständige Karnevalsstimmung in der Stadt, da man immer wieder aufs neue bestrebt war, die Schar internationaler Gäste durch Bälle, Empfänge, Feuerwerke und Konzerte zu beeindrucken. Auch Beethoven – als einem der führenden Komponisten – kam eine besondere Stellung zu. Er wurde beauftragt, dem Anlaß entsprechende Werke zu komponieren. Das bekannteste unter ihnen: seine Kantate *Der glorreiche Augenblick,* eine Aufforderung an Wien, die Situation zu meistern und die versammelten Machthaber zu ehren. Seine Oper *Fidelio* war die erste, die während dieser Zeit zur Aufführung kam. In zwanzig ausverkauften Vorstellungen wurde sie mit enthusiastischer Begeisterung aufgenommen, die auch ihrem Schöpfer zu Ehren verhalf.
Als der Kongreß zu Ende ging, hatte Wien sein Antlitz verändert: Die Stadt war verarmt, ein Teil des Adels unwiderruflich bankrott. Das Palais des Grafen Rasumovsky war während der Festlichkeiten, am Tage vor Neujahr nach einem Bankett für siebenhundert Gäste mit allen dort angesammelten Kunstschätzen den Flammen zum Opfer gefallen, und der Graf sah sich nicht mehr in der Lage, einen Wiederaufbau zu finanzieren. Er mußte sein bisheriges gesellschaftliches Leben aufgeben und sah sich sogar gezwungen, sein Streichquartett zu entlassen. Geldverleiher und Bankiers gewannen nun an Bedeutung, Macht und Einfluß der Unternehmer waren allgemein im Zunehmen begriffen, und in der Zukunft kam es ihnen zu, die Förderung des künstlerischen und musikalischen Lebens zu übernehmen.
Obwohl die politische Bedeutung Österreichs nun im Schwinden begriffen und bereits auch eine Veränderung des gesellschaftlichen Klimas

eingetreten war, blieb der seit langer Zeit bestehende Ruf Wiens als herausragendes internationales Zentrum der Kultur weiter erhalten.

ANNE-LOUISE COLDICOTT

Geistige Strömungen: Philosophie und Ästhetik

Die Ansicht, das 19. Jahrhundert sei ausschließlich ein »Zeitalter der Romantik« gewesen, das dem 18. Jahrhundert, dem »Zeitalter der Vernunft« entgegenwirkte, beherrscht uns noch immer stark. In der Musikgeschichte unterscheidet man in dieser Hinsicht gewöhnlich zwischen »Klassik« und »Romantik«. Obwohl dies keineswegs ganz ohne Berechtigung geschieht, sollte man doch darauf bedacht sein, solchen verallgemeinernden Begriffen nicht zuviel Glauben zu schenken, insbesondere wenn es um die Ideengeschichte geht. Sicher, der Appell an die Rationalität im 18. Jahrhundert war sehr eindringlich; deutlich bringt dies zum Beispiel das Aufkommen der wissenschaftlichen Methode bei der Untersuchung weltlicher Anschauungen über ältere, abergläubische und religiöse Ansichten zum Ausdruck. Und die entsprechende verallgemeinernde Bezeichnung als »Zeitalter der Aufklärung« wäre ohne dies nicht denkbar. Im Europa des ausgehenden 18. Jahrhunderts wurde die Aufklärung als ein reales Phänomen betrachtet, als eine Bewegung, die soziale Veränderungen, eine Reform des Erziehungswesens, religiöse Toleranz und eine weitreichendere Verbreitung geistiger Schriften sowie vernunftgemäßen Gedankengutes mit sich brachte. Zwei der bekanntesten musikalischen Umsetzungen der Ideale der Aufklärung sind Mozarts *Zauberflöte* aus dem Jahr 1791 und Haydns *Schöpfung* von 1796, in der vor allem die Feier des Lichtes im Eröffnungschor Beachtung verdient. Jedoch auch die Ursprünge der Romantik liegen bereits im 18. Jahrhundert: In der Tat benutzte schon Edmund Burke in seiner 1757 veröffentlichten Untersuchung *A Philosophical Enquiry into the Origin of our Ideas of the Sublime and the Beautiful (Vom Erhabenen und Schönen)* im wesentlichen dieselben Ausdrücke, wenn er über das »Erhabene« schreibt, wie sie E. T. A. Hoffmann 1810 in seiner berühmten Besprechung von Beethovens Fünfter Symphonie gebrauchen sollte. Auch andere, im mittleren und späten 18. Jahrhundert auftretende Strömungen fanden ihre Bezeichnungen, so beispielsweise »Empfindsamkeit« oder »Sturm und Drang« (vgl. »Die Entwicklung des Klassischen Stils«, S. 86), deren Begriffsinhalte sich zum Teil überschneiden und die verständlicherweise eher der Romantik als der Klassik zuzurechnen sind. Solche Unterscheidungen werden immer noch ungenauer, wenn man feststellt, daß alle diese Bewegungen oder Strömungen nicht nur national und sogar örtlich verschiedene Ausprägungen fanden, sondern zudem nicht einmal allen Kunstgattungen mit der gleichen Zwanglosigkeit zugesprochen werden können. In bestimmten Fällen kann die Übertragung eines Begriffes aus dem literarischen Bereich – zum Beispiel »Sturm und Drang« – auf eine musikalische Richtung verwirrend sein.

Der Versuch, den allgemeinen geistigen Hintergrund zu skizzieren, vor dem Beethoven im letzten Viertel des 18. und ersten Viertel des 19. Jahrhunderts sein Werk schuf, ist demnach keine besonders ermutigende Tätigkeit. Einige größere Meilensteine der deutschen Literatur und Philosophie sollen aber zumindest dazu dienen, einen Eindruck von der Fülle der kulturellen und künstlerischen Betätigungsfelder zu vermitteln. 1771, ein Jahr nach Beethovens Geburt, veröffentlichte Johann Georg Sulzer seine *Allgemeine Theorie der schönen Künste.* Ein Werk, das in seinem Umfang und seiner Ausführlichkeit an die große französische *Encyclopédie* von d'Alembert und Diderot erinnert, die – obwohl bereits 1751 begonnen – erst 1772 vollendet wurde. Goethes einflußreicher Briefroman *Die Leiden des jungen Werthers* erschien 1774; Kants *Kritik der Urteilskraft,* eine ästhetische Abhandlung von grundlegender Bedeutung für spätere Autoren, wurde 1790 veröffentlicht; um die Jahrhundertwende legten Autoren wie Herder, Tieck, Wackenroder, Novalis und die Brüder Schlegel Grundsteine früher romantischer Literaturkritik. Und schließlich führt Schopenhauers Hauptwerk, *Die Welt als Wille und Vorstellung,* schon im Jahre 1819, noch bevor Beethoven seine letzten drei Klaviersonaten oder die späten Streichquartette geschrieben hatte, in die unmittelbare Nachbarschaft zur Romantik der Mitte des 19. Jahrhunderts – und insbesondere zur Musik Wagners, der stark von Schopenhauers Gedankengut beeinflußt wurde.

Wie schwierig es auch immer sein mag, in diesem Zeitraum eindeutige Trennlinien zwischen geistigen Strömungen zu ziehen, so gibt es doch im Bereich der Musikästhetik eine weitreichende Veränderung – und diese ist entscheidend für zeitgenössische als auch spätere Reaktionen auf Beethovens Musik –, die man deutlich erkennen, wenn nicht sogar detailliert nachweisen kann. Im 18. Jahrhundert orientierte sich die Kunst maßgeblich an der Lehre des Aristoteles als einer Nachahmung der Natur. Das galt vor allem für die ästhetischen Schriften französischer Autoren. Die Vorstellung, die Musik sei weniger für eine solche Nachahmung geeignet als beispielsweise die Malerei, führte zu der alternativen Idee, sie sei vor allem dazu bestimmt, Gefühle oder Emotionen auszudrücken und gleichermaßen ähnliche Emotionen im Hörer zu wecken. So schreibt zum Beispiel Sulzer: »Ihr [der Musik] Zwek ist Erwekung der Empfindung; ihr Mittel eine Folge dazu dienlicher Toene; und ihre Anwendung geschieht auf eine den Absichten der Natur bey den Leidenschaften gemaeße Weise« (J. G. Sulzer, *Allgemeine Theorie der schönen Künste,* 2. Theil, Biel 1777, S. 266). So trat, was die Musik anbetraf, größtenteils eine Ausdruckstheorie an die Stelle der Nachahmungslehre. Die Tatsache, daß in der reinen Instrumentalmusik sprachliche Inhalte nicht direkt zum Ausdruck gebracht werden können und diese Musik deswegen kaum geeignet erscheint, speziell moralische Inhalte und Begriffe wiederzugeben (die Künste wurden als einflußreiche Mittel zur Hebung der Moral angesehen), veranlaßte viele Autoren, der reinen Instrumentalmusik nur einen geringen Stellenwert beizumessen. Die Musik mußte die Verbindung mit dem Wort eingehen – wie

etwa in der Oper –, um in diesem Sinne Einfluß zu gewinnen. Einen besonders feindseligen Angriff startete Rousseau in dem Artikel »Sonate« seines *Dictionnaire de musique* aus dem Jahr 1767, indem er die Instrumentalmusik sehr unvorteilhaft mit der Vokalmusik verglich und Fontenelles berühmte Bemerkung »Sonate, que me veux-tu?« zitierte. Kant indessen nimmt 1790 eine ambivalente Haltung ein. Er weist der Musik innerhalb der Künste einen Platz nächst der Poesie zu, und obwohl die Musik in seinen Augen eine stärkere Wirkung auf den Menschen ausübt (»... so bewegt sie [die Tonkunst] doch das Gemüt mannigfaltiger, und ... inniglicher [als die Dichtkunst]« – I. Kant: *Kritik der Urteilskraft*, hrsg. von K. Vorländer, Hamburg 1974, § 53, S. 186/87 –), »... hat Musik sofern unter den schönen Künsten den untersten ... Platz, weil sie bloß mit Empfindungen spielt« (ebd. S. 185).
Die Anschauung der romantischen Lebenswelt war eine völlig andere. Die Ideale der Universalität, Rationalität und Klarheit machten in dieser Epoche einer Denkweise Platz, die der Individualität, Irrationalität und Undurchschaubarkeit den höchsten Stellenwert einräumte. An Stelle der Überzeugung, absolute Wahrheit und Wissen wären erreichbar, trat die umgekehrte Meinung, daß diese Vorstellungen nie voll erschlossen werden können. Der Künstler der Romantik strebte nach dem Unendlichen, das er niemals erreichen würde, und das Bemühen darum wurde allmählich wichtiger als das Ziel selbst. Die Ansicht, daß eine letzte Erkenntnis der Realität unerreichbar sei, daß deren Natur für alle Zeit verschleiert bleiben würde, beeinflußte sogar die Form, in der einige der frühen romantischen Kritiker, die Brüder Friedrich (1772–1829) und August Wilhelm (1767–1845) Schlegel oder Jean-Paul (1763–1825) beispielsweise, ihre Ideen ausdrückten: Das Fragment wurde zur wichtigen literarischen Form. Man ließ Texte absichtlich unvollständig oder unverständlich, um so den Leser zu zwingen, selbst aktiv zu werden und über sie nachzudenken und damit etwas zu ihrer Entstehung und Bedeutung beizutragen. So lautet das zwanzigste der *Kritischen Fragmente* Friedrich Schlegels: »Eine klassische Schrift muß nie ganz verstanden werden können. Aber die, welche gebildet sind und sich bilden, müssen immer mehr daraus lernen wollen« (F. Schlegel: *Schriften zur Literatur*, hrsg. von W. Rasch, München 1972, S. 8).
In diesem Umfeld war es unvermeidlich, daß die Instrumentalmusik nicht als die geringste, sondern die höchste der Künste angesehen wurde. Gerade wegen ihrer mangelnden eindeutigen Bezugnahme war sie in ihrer Bedeutung die reinste, prägnanteste und ausdrucksstärkste, so daß Schopenhauer schließlich feststellte: »Die Musik ist also keineswegs, gleich den anderen Künsten, das Abbild der Ideen; sondern *Abbild des Willens selbst*« (A. Schopenhauer, *Die Welt als Wille und Vorstellung*, Sämtliche Werke, Bd. 1, hrsg. von A. Hübscher, Wiesbaden 1972, § 52, S. 304), und sogar behauptete, die Musik sei »eine ganz allgemeine Sprache, deren Deutlichkeit sogar die der anschaulichen Welt selbst übertrifft« (ebd., § 52, S. 302).

Es ist fraglich, ob Beethoven sich dieser sich verändernden theoretischen Situation bewußt war. Bestimmte Eigenschaften seiner späteren Musik scheinen jedoch ziemlich genau einigen der von den Brüdern Schlegel und anderen zeitgenössischen Dichtern angeregten literarischen Idealen zu entsprechen. So ist beispielsweise der Beginn des Kopfsatzes seiner A-Dur-Klaviersonate op. 101 bewußt unklar gehalten. Man hat das Gefühl, der tatsächliche Anfang des Stückes sei ausgelassen, es beginne gleichsam mitten im Satz. Die Wiederkehr der Eröffnungstakte unmittelbar vor dem Finale erweckt dann einen fragmentarischen Eindruck. Auch das herkömmliche Werkkonzept der Aufeinanderfolge abgeschlossener, getrennter Sätze wird verändert. In zunehmendem Maße strebt man nun (im Gegensatz dazu) einen Zusammenhalt oder eine Verbindung der Einzelsätze an. In Beethovens Werk findet diese Tendenz ihre deutlichste Ausprägung in seinem siebensätzigen Streichquartett op. 131 in cis-Moll. Und in Kompositionen wie dem Finale der »Hammerklaviersonate« oder der *Großen Fuge* scheint das Gefühl der Anstrengung und Schwierigkeit, das den Künstler wie den Zuhörer gleichermaßen erfaßt, beinahe eine beabsichtigte Komponente der ästhetischen Wirkung zu sein. Die Musik scheint ihre eigene Unverständlichkeit teilweise geradezu herauszufordern.

Wie auch immer der Einfluß der romantischen Ästhetik auf Beethoven gewirkt haben mag, er wurde zweifelsohne rasch als der Inbegriff des romantischen Komponisten gesehen, und seine Musik galt als das herausragendste Beispiel der Verwirklichung spezifisch romantischer Eigenart instrumentaler Musik. Klassisch formulierte diese Ansicht E. T. A. Hoffmann in seiner Besprechung der Fünften Symphonie Beethovens. Nach ihm ist es »... nur die Instrumentalmusik ..., welche ... das eigentümliche, nur in ihr [der Musik] zu erkennende Wesen rein ausspricht. ... Sie ist die romantischste aller Künste – fast möchte man sagen, allein *rein* romantisch« (E. T. A. Hoffmann, *Schriften zur Musik,* Nachlese, hrsg. v. F. Schnapp, München 1963, S. 34). Hoffmann betont, daß die Instrumentalmusik Beethovens »das Reich des Ungeheueren und Unermeßlichen« eröffnet (ebd. S. 36; vgl. auch: »... das Reich des Ungeheuern, des Unermeßlichen«, aus: E. T. A. Hoffmann, *»Kreisleriana,* I.2. Ombra adorata«, in: E. T. A. Hoffmann, *Fantasie- und Nachtstükke,* hrsg. von W. Müller-Seidel, München 1960, S. 34), wobei er die von Burke (und anderen) stammende Unterscheidung zwischen dem Erhabenen und dem Schönen aufnimmt: »Erhabene Objekte haben gewaltige ungeheuerliche Dimensionen, schöne Objekte [sind] verhältnismäßig klein« (vgl. Burke, S. 153). »Beethovens Musik bewegt die Hebel des Schauers, der Furcht, des Entsetzens, des Schmerzes und erweckt jene unendliche Sehnsucht, die das Wesen der Romantik ist« (vgl. E. T. A. Hoffmann, *Schriften zur Musik,* S. 36). Diese Feststellung Hoffmanns trifft sich genau mit Burkes Bemerkung: »Die Leidenschaft, die von dem Großen und Erhabenen in der *Natur* verursacht wird, wenn diese Ursachen am stärksten wirken, heißt Erschauern. Erschauern aber ist derjenige Zustand der Seele, in dem alle ihre Bewegungen gehemmt sind und ein gewisser Grad von Schrecken besteht« (vgl. Burke, II.1., S. 91). Wiederholt betont Hoffmann typisch romantische Gefühle wie »unendliche Sehnsucht«, »Vorahnung des Unbekannten« und eine »ahnungsvolle, unnennbare Sehnsucht« (vgl. ebd., S. 50), die während der Symphonie aufkommen. Doch die Musik führt uns über »... selbst das im Leben Empfundene ... hinaus aus dem Leben in das Reich des Unendlichen« (vgl. ebd., S. 35).

Die Schwierigkeit, zwischen dem 18. Jahrhundert als einem »Zeitalter der Vernunft« und dem 19. Jahrhundert als »Zeitalter des Gefühls« zu unterscheiden, läßt sich zum Teil beseitigen, wenn man den weitreichenden Wandel in der Musikästhetik näher betrachtet. Denn gerade bei der Ästhetik des 18. Jahrhunderts handelt es sich um eine »Gefühlsästhetik«, die vor allem die Wirkung der Musik auf den Hörer in den Mittelpunkt stellt, während die von Hoffmann und Schopenhauer vertretenen Anschauungen eher als eine »Metaphysische Ästhetik« zu betrachten sind. Und es ist auch kein Zufall, daß diese letztgenannte Sichtweise zeitgleich mit dem Beginn des modernen analytischen Denkens über Musik auftritt, das sich in seiner Art gerade durch eine »rationalisierte« Annäherung an die Gegebenheiten der musikalischen Struktur auszeichnet. In der Tat findet man in der Besprechung von Hoffmann zugleich einen klassischen Ausdruck der metaphysischen Ästhetik, wie auch eines der frühesten Beispiele der Musikanalyse dieser Art (vgl. »Analysen«, S. 382).

Das wesentlichste Vermächtnis der metaphysischen Betrachtung der Instrumentalmusik im frühen 19. Jahrhundert war das Bewußtsein, daß das musikalische Werk eine völlig eigenständige und in sich selbst begründete Daseinsberechtigung besitzt. Damit ist gemeint, daß es für die Musik, insbesondere für die Instrumentalmusik, keinerlei Veranlassung gibt, irgendwelchen Zielsetzungen, die außerhalb des rein musikalischen Bereichs liegen, zu dienen. Man kann eine Symphonie oder ein Streichquartett anhören und sich damit befassen, ohne dabei auf weitere Gründe als allein deren Existenz rekurrieren zu müssen. Und der Beitrag von Beethovens Musik zur Etablierung dieser Bewußtseinshaltung darf in seiner Bedeutung nicht unterschätzt werden: »Daß in einem musikalischen Text – ähnlich wie in einem dichterischen oder einem philosophischen – eine Bedeutung aufbewahrt ist, die sich zwar durch eine tönende Darstellung sinnfällig machen läßt, in ihr jedoch nicht aufgeht, daß also ein musikalisches Gebilde ein ›Ideenkunstwerk‹ sein kann, das als Text jenseits der Auslegungen ideellen Bestand hat, war das eigentlich Neue, das durch Beethoven dem ästhetischen Bewußtsein des Zeitalters aufgezwungen worden ist« (Dahlhaus, 1980, S. 9).

NICHOLAS MARSTON

Mäzenatentum und die Stellung des Künstlers in der Gesellschaft

»... so haben Unterzeichnete den Entschluß gefaßt, Herrn Ludwig van Beethoven in den Stand zu setzen, daß die nothwendigsten Bedürfnisse ihn in keine Verlegenheit bringen, und sein kraftvolles Genie hemmen sollen« (Thayer, Bd. 3, S. 125).

Dieser Text stammt aus dem im Jahre 1809 zwischen Beethoven und seinen Förderern – dem Erzherzog Rudolph, Fürst Lobkowitz sowie Fürst Kinsky – geschlossenen Vertrag. Es handelte sich hierbei um eine ganz außergewöhnliche, vielleicht sogar einzigartige Übereinkunft: Sie bestand im wesentlichen darin, daß Beethoven eine lebenslange Rente zugesichert wurde, wofür er lediglich zu komponieren hatte, und zwar was er wollte, wann und wie er wollte. Und obwohl der Betrag seiner Rente aufgrund der wirtschaftlichen Verhältnisse Österreichs in der Folgezeit erheblich gekürzt werden mußte, enthob er Beethoven tatsächlich ernsthafter finanzieller Schwierigkeiten.

Das Besondere dieser Übereinkunft liegt vor allem darin, in welchem Maß Beethoven dabei als Künstler anerkannt wird, als Persönlichkeit, die aufgrund ihrer Begabung und Fähigkeiten eine bevorzugte Stellung in der Gesellschaft einnimmt und der somit eine besondere Wertschätzung und Beachtung (auch finanzieller Art) zukommt. Im vorangegangenen Jahrhundert wurden Musiker jeglicher Couleur größtenteils eher als Handwerker, denn als Künstler angesehen. Eine unabhängige, freiberufliche Tätigkeit und Existenz war ihnen – vielleicht mit Ausnahmen in England – beinahe völlig unbekannt: Komponisten wie Ausführende (obwohl diese moderne Unterscheidung der beiden Berufe auf die damalige Zeit kaum zutrifft) waren im allgemeinen angestellt: im Dienst der Kirche, beim Adel oder irgendeiner städtischen Institution. Sie waren nicht mehr als Bedienstete, denen die Aufgabe zukam, Musik zu machen. Uniform tragend und oft nur spärlich besoldet, hatten sie sich in ein Leben zu fügen, das sie in ihrer Freiheit stark beschränkte und in dem sie zudem ständig durch die Möglichkeit plötzlicher und willkürlicher Entlassung in ihrer Existenz bedroht waren. So verlangte man etwa von Joseph Haydn während seiner Anstellung als Kapellmeister in Eszterháza, 1761 bis 1790, sich der geforderten Art und Weise entsprechend zu kleiden und zu benehmen, die vom Fürsten verlangte Musik zu komponieren und sich verantwortlich um Musik und Musikinstrumente des fürstlichen Haushalts zu kümmern. Bezeichnend für die Bedingungen, unter denen er angestellt war (sowie für die der meisten Musiker in ähnlichen Stellungen), war das Verbot, für andere Leute ohne ausdrückliche Erlaubnis zu komponieren.

Solche Bedingungen und Begleitumstände einer Anstellung werden einem Musiker von heute wahrscheinlich als unerträgliche Unterdrükkung und Erniedrigung vorkommen. Doch auch für die Komponisten des 18. Jahrhunderts waren solche Konditionen keineswegs immer annehmbar: Mozarts Haß auf seine sklavische Stellung unter dem Salzburger Erzbischof Colloredo ist wohl bekannt; ebenso seine Verärgerung darüber, an der Tafel – seiner Stellung gemäß – unterhalb der Diener, jedoch über den Köchen sitzen zu müssen. Vieles hing wohl von der Persönlichkeit des Dienstherrn und Bediensteten sowie von den jeweiligen Arbeitsbedingungen ab. Im Gegensatz zu Mozart hatte Haydn sicher ein sehr gutes Verhältnis zu seinem Dienstherrn, Fürst Esterházy, und es gelang ihm, sich eine relativ unabhängige und einflußreiche Position zu schaffen (das Finale der »Abschieds-Symphonie« verdient in diesem Zusammenhang besonderes Interesse).

Wie schwer es auch immer gewesen sein mag, auf solche Art sein Auskommen zu finden, so bot es den Musikern dennoch mehr Sicherheit, als wenn sie versucht hätten, ihr Leben beruflich unabhängig zu gestalten (man denke an Mozarts zunehmend schwierige Situation, nachdem er den erzbischöflichen Dienst quittiert hatte und nach Wien gegangen war): So erhielten sie zumindest Kleidung und Nahrung, bekamen Unterkunft und Bezahlung. Mögliche Alternativen hierzu erwiesen sich gerade für Komponisten entmutigend. Denn zu einer Zeit, als es noch kein Urheberrecht gab, als man seine Interessen noch selbst vertreten und eigenständig seine Verhandlungen führen mußte, war das Komponieren eine unsichere Angelegenheit. Es konnte schwierig und kostspielig sein, Konzerte zu organisieren, und trotz der prinzipiellen Möglichkeit, sich durch Unterrichtstätigkeit ein einigermaßen konstantes Einkommen zu sichern, war dies doch – wie alles andere auch – recht zeitaufwendig und erforderte eine gute Gesundheit. Selbst Beethoven strebte ständig nach der Sicherheit einer dauerhaften Anstellung. Und in der Tat führte seine Drohung, das Angebot eines Postens als Kapellmeister in Kassel anzunehmen, zur Unterzeichnung des Rentenvertrags im Jahre 1809.

Im Laufe des 18. Jahrhunderts ergab sich aufgrund verschiedener Entwicklungen sozialer, wirtschaftlicher oder anderer Art allmählich eine Veränderung der Lebensumstände für Musiker. Die wesentlichste dieser Veränderungen bestand im Aufkommen einer sozialen Mittelschicht, die ein nahezu unstillbares Verlangen nach Musik zeigte. Zugleich nahm die Bedeutung von Hof und Kirche als Institutionen, die auch für die Förderung oder Anstellung von Musikern sorgten, spürbar ab. Die Zahl der öffentlichen Konzerte stieg beträchtlich an, und die moderne Form des reisenden Instrumentalvirtuosen fand zunehmend rasche Verbreitung. Auch Beethoven führte sich in Wien zunächst als brillanter Pianist ein und kam erst im Laufe der Zeit auch als Komponist zu Namen und Ansehen. Andererseits wurde die Musik jedoch auch im häuslichen Rahmen (als »Hausmusik« also) gepflegt, und so bestand eine enorme Nachfrage nach neuen Kompositionen. Musikverlage wie Instrumentenbau expandierten entsprechend und auch für Komponisten eröffnete sich ein völlig neuer Markt. Die bisherige institutionelle Förderung wurde abgelöst vom Mäzenatentum einzelner reicher oder Interessengemeinschaften mehrerer vermögender Persönlichkeiten. Als jedoch die Aristokratie durch die Nachwirkungen der Napoleonischen

Kriege zunehmend in Schwierigkeiten geriet, ging schließlich auch diese Art von Förderung verloren. Und so blieb für den Musiker (bis in unsere Tage) letztlich das zahlende Publikum die einzige wesentliche Grundlage seiner Existenz. Beethoven selbst hatte jedoch das Glück, daß ihm im Laufe seines Lebens jede der drei Arten von Förderung zukam: die institutionelle (in seiner Anstellung am Bonner Hof), das Mäzenatentum einzelner Persönlichkeiten und auch die Einkünfte durch ein zahlendes Publikum.

Die Etablierung des Musikers als eines eigenständigen Künstlers hing aber noch mit einigen subtileren Faktoren zusammen, von denen zwei in besonderem Maße auch auf Beethoven zutrafen. Zunächst war da die herausragende Stellung, welche die Instrumentalmusik mehr und mehr einnahm (vgl. »Geistige Strömungen«, S. 75 f.). Das Œuvre Beethovens ist ohne diese undenkbar, genausowenig wie die Vorstellung eines reisenden Instrumentalvirtuosen (dem der international anerkannte Opernsänger gegenübersteht). Im Zusammenhang mit dieser neuen Stellung der Instrumentalmusik steht dann auch das Aufkommen einer neuen Sichtweise, einer neuen Art der Kunstbetrachtung, die die Kunstwerke nicht von funktionalen Kriterien und Zusammenhängen beliebiger Art bestimmt sieht, sondern deren unabhängigen, autonomen Wert als rein ästhetische Objekte in den Mittelpunkt stellt. Die Entwicklung und Verbreitung dieser Betrachtungsweise trug auch zur Trennung der musikalischen Berufe im Sinne der heute üblichen Unterscheidung bei: In die Gruppe der Komponisten einerseits, deren eigentliche Aufgabe allein darin liegt, musikalische Kompositionen (vor allem »Werke« im emphatischen Sinn des Wortes) zu schaffen, ohne daß sie diese notwendigerweise auch selbst zur Aufführung bringen müssen; und andererseits in die Gruppe derjenigen, deren Beruf es ist, Kompositionen zur Aufführung zu bringen. Während in früheren Zeiten also die Vereinigung der beiden Bereiche den Normalfall des Musikers darstellte, ergibt sich nun mehr und mehr eine Trennung der Aufgaben. »Mit der Wandlung der Standesschicht zum Publikum ergab sich, daß die Musiker ihre Werke nun nicht mehr dieser Schicht als ihr dienende Glieder präsentierten, vielmehr als autonome und selbstverantwortliche Gestalter menschheitsgültiger Ideen einer amorphen Menge gegenübertraten, die sie zu sich hinaufheben, über sich selbst hinaus steigern sollten, einem Publikum, das sie als Halbgötter im Tempel der Kunst anbeten oder sie als Narren verwerfen würde« (Blume, 1958, Bd. 7, Sp. 1088). In bezug auf Beethoven kam dieser Trennung noch eine besondere Bedeutung zu. Denn er war – seiner Taubheit wegen – in späteren Jahren nicht mehr in der Lage, als Aufführender am professionellen Musik- und Konzertleben teilzunehmen. Und so wurde für ihn die Anerkennung als »Nur-Komponist« zur existentiellen Bedingung. Andererseits mag es dann aber auch Beethovens Vorbild gewesen sein, das für spätere Komponisten bahnbrechend wirkte.

Als zweiter, für Beethoven im besonderen relevanter Faktor ist der

Geniekult des späten 18. und frühen 19. Jahrhunderts anzusehen, der seinerseits von dem wachsenden Interesse an psychologischen Fragestellungen genährt wurde. Man brachte der wundersamen künstlerischen Begabung – egal, ob es sich um Aufführende (Paganini, Liszt) oder Komponisten handelte – eine um vieles höhere Wertschätzung entgegen, als dies vormals der Fall war. Die Zeit, in der Musiker – vor allem die bedeutenden unter ihnen – als weitgehend unbeachtete Bedienstete sich in Ansehen und gesellschaftlicher Stellung nicht vom gemeinen Mann auf der Straße unterschieden, war nun vorbei.
Und gerade Beethovens eminente Begabung, sein »Anderssein« war es, was ihm die persönliche Förderung des musikliebenden Wiener Adels zusicherte. In gewisser Weise bedurfte es der auffälligen Persönlichkeit, um auf die Bedeutung des kompositorischen Werkes hinzuweisen. Das Verhältnis zwischen Mäzen und Begünstigtem erscheint im Falle Beethovens sogar noch auf eine gegenseitige Abhängigkeit hin verstärkt: So, wie Beethoven auf die finanzielle Förderung wohlmeinender Adliger, beispielsweise der Lichnowskys, angewiesen war, brachte es andererseits der aristokratische Stolz mit sich, daß auf eine enge Bekanntschaft mit Beethoven Wert gelegt wurde. Wer aber versuchte, Beethoven im Zuge seiner Unterstützung und Protektion in den persönlichen Freiheiten zu beschränken, konnte ihn zu außerordentlich wütenden Reaktionen herausfordern. Denn in gleicher Weise, wie Beethoven soziale Absicherung suchte, war er – um seiner persönlichen Ungebundenheit willen – bestrebt, jede Art Abhängigkeit von sich zu weisen. Und während solches Aufbegehren, wie es uns bei Beethoven begegnet, unter dem Ancien régime undenkbar gewesen wäre, zeigt der Bruch zwischen Beethoven und Lichnowsky im Jahre 1806, wie sehr sich die Zeiten geändert hatten: Beethoven zerschmetterte die einstmals in Ehren gehaltene Büste Lichnowskys und entließ – als unabhängiger Künstler – gleichsam seinen Mäzen.

NICHOLAS MARSTON

Volkswirtschaft

Die wirtschaftliche Situation in Wien war zur Zeit Beethovens außerordentlich kompliziert, und seine eigene finanzielle Lage (vgl. »Finanzielle Verhältnisse«, S. 132 ff.) muß vor dem Hintergrund einer zunehmenden Inflation, des Wechsels von Währungskursen, einer verwirrenden Vielfalt von Währungseinheiten sowie einer tatsächlichen tendenziellen Preissteigerung gesehen werden.
Die beiden von Beethoven am häufigsten benutzten Währungseinheiten waren der Silberflorin (oder Gulden) und der Golddukaten. Ihr Wert änderte sich in den fünfunddreißig Jahren, die Beethoven in Wien zubrachte, offenbar nur unwesentlich, wenngleich der Silberflorin zeitweilig (1809–1818) nicht verfügbar war. Ein Dukaten enthielt 4 1/2 Florin, und der Florin teilte sich wiederum in 60 Kreuzer. Manchmal spezifierte Beethoven bei seinen Geschäftsunternehmungen die Flori-

nen (»im 20ger Fuß«): »Was die Dukaten anbetrifft, so können Sie auch selbe zu 4 fl. 3 Kr. im 20ger Fuß verrechnen, dies gilt mir gleich ...« (Brief Nr. 1014, Kastner). Der Grund hierfür lag in der besonderen Größe der Wiener Silberflorine – 20 von ihnen entsprachen der Silbermenge einer sogenannten Kölner Mark –, wohingegen einige Städte kleinere Florine oder Gulden, mit entsprechend niedrigerem Wert, hatten.
Neben diesen Münzen war auch Papiergeld im Umlauf. Die kaiserliche Regierung ließ Banknoten (Bankozettel) drucken, die den Silberflorinen, an deren Stelle sie traten, gleichwertig sein sollten – und einen Großteil des 18. Jahrhunderts über waren sie es auch. Mit dem Ende des 18. Jahrhunderts trat jedoch eine Inflation ein – im wesentlichen deshalb, weil zuviel Papiergeld gedruckt wurde (auch um den Krieg gegen Napoleon zu finanzieren). Die Florin-Banknote behielt zwar offiziell den gleichen Wert wie der Silberflorin, tatsächlich fiel sie aber – zunächst langsam, dann jedoch sehr rasch – auf ungefähr ein Drittel des Wertes des Silberflorins, bis schließlich im Jahr 1809 alle Silbermünzen aus dem Verkehr gezogen wurden.
Die Inflation hielt jedoch an, und bis zum März des Jahres 1811 fiel der Wert der Florin-Banknoten noch weiter ab, zuletzt auf das Verhältnis 1:5. Mittels eines »Finanz-Patents« ließ die Regierung nun die Florin-Banknoten durch sogenannte »Einlösungsscheine« im Verhältnis 5:1 ersetzen. So kam der neuen Währung theoretisch (und für kurze Zeit auch tatsächlich) der Wert eines vormaligen Silberflorins zu. Zur Anpassung an die neue Währung erging die Anordnung, alle Preise um 4/5 zu verringern. Außerdem wurde das Wertverhältnis der Banknoten-Florine zu den Silberflorinen (also die Inflationsrate) in einer Tabelle (»Scala über den Cours der Bancozettel nach welchem die Zahlungen zufolge des Paragraphs 13 und 14 des Patents vom 20. Hornung [= Februar], 1811, zu leisten sind«. Vgl. Thayer, 1967, S. 522/23), die dem Finanz-Patent beigefügt war, öffentlich gemacht. Es folgt ein Auszug hieraus. (Die nach den Monaten beziehungsweise unter den Jahreszahlen eingetragene Dezimalzahl gibt an, wieviel Banknoten-Florine im Wert je einem Silberflorin entsprachen.)

	1799	1800	1801	1802	1803	1804	1805	1806	1807	1808	1809	1810	1811
Jan.	1,03	1,13	1,16	1,19	1,30	1,34	1,33	1,47	1,90	2,04	2,21	4,69	5,00
Febr.	1,05	1,14	1,14	1,18	1,27	1,34	1,29	1,49	2,06	2,10	2,48	3,31	5,00

Einer Verordnung zufolge mußten sämtliche Verträge, die vor dem Jahre 1811 geschlossen wurden, wieder auf einen Stand gebracht werden, der wertgemäß dem ihrer ursprünglichen Vereinbarung entsprach. So wurde die an Beethoven ausgesetzte Rente von 4000 Florin (Banknoten), die im Februar des Jahres 1809 vereinbart und dann auf den ersten März desselben Jahres datiert worden war und die – wäre der Vertrag unmittelbar vor dem Währungswechsel geschlossen worden –

800 Florin »Einlösungsschein« betragen hätte, statt dessen auf 4000:2,48, das heißt 1612,9 Florin, bewertet. Beethoven war somit in der Zeit von 1809 bis 1811 für Verluste durch die Inflation entschädigt, nicht jedoch für eine inflationäre Entwicklung vor dieser Zeit oder danach, und er mußte mit seinen drei Gönnern verhandeln, um den seiner Meinung nach richtigen Wert der Rente wiederzuerlangen.

1813 wurde der »Einlösungsschein« vom sogenannten »Anticipationsschein« abgelöst. Das bedeutete jedoch lediglich einen Wechsel der Bezeichnung, aber keine Wertänderung. Beide Papiere wurden als Wiener Währung (WW) bekannt. Inzwischen war es noch immer nicht gelungen, die Inflation unter Kontrolle zu bringen, und so lag auch der Wert des neuen Florins WW zeitweise bei weniger als einem Drittel des vormaligen Silberflorins. 1818 konnte die Inflation endlich gestoppt und die Silberflorine – nun als »Conventionsmünze« (CM) bekannt – schrittweise wieder eingeführt werden. Ihr Wert wurde im Verhältnis 1:2 1/2 zur WW festgesetzt. Und obwohl die Preise für bestimmte Erfordernisse, insbesondere für die Unterkunft in der Stadt, beständig weiter anstiegen, behielten beide Währungen bis nach dem Tod Beethovens dieses Wertverhältnis bei.

Da die relativen Preise der verschiedenen Bedarfsgüter zur damaligen Zeit völlig anders als heutzutage lagen, ist es nicht möglich, die Kaufkraft der früheren Zahlungsmittel durch einen Betrag unserer heutigen Währung auszudrücken. Sinnvoller erscheint es deshalb, an einigen Beispielen aufzuzeigen, wie sich Preise und Einkommen damals zueinander verhielten. 1804 kalkulierte man, daß ein durchschnittlicher Junggeselle des Mittelstandes, der ohne jeglichen Luxus, Unterhaltung und dergleichen in Wien lebte, 967 Florin (Banknoten?) brauchen würde. Einschließlich dieser Extras würden sich die Ausgaben auf 1200 Florin belaufen. Als Beethoven neu in Wien ankam, zahlte er für eine ziemlich kleine Wohnung nahe dem Stadtzentrum 14 Florin monatlich. Im Jahr 1827 war es immer noch möglich, ein Zimmer im Stadtzentrum für weniger als 100 Florin CM jährlich zu mieten; eine größere, für die Unterbringung einer Familie geeignete Wohnung, konnte aber beinahe 500 Florin im Jahr kosten (Hanson, 1983, S. 175/176). 1793 kostete ein Hauptgericht zu Mittag (vermutlich in einem Lokal) Beethoven 33 bis 39 Kreuzer, wohingegen es ihm 1824 tatsächlich möglich war, eine vernünftige Mahlzeit für weniger als 1 Florin WW oder 24 Kreuzer CM zu erhalten (Köhler, 1968, Bd. 6, S. 310).

Einige seiner Geschäfte wickelte Beethoven mit ausländischen Verlegern ab, wobei der Umgang mit verschiedenen anderen Währungen gelegentlich unumgänglich war. Bei Geschäften mit britischen Verlegern wurden die Preise oft in Pfund Sterling oder Guineen angegeben. Ein Pfund enthielt dabei zwanzig, und eine Guinee einundzwanzig Shilling. Da ein Pfund ungefähr den Wert von 10 Florin CM hatte, entsprachen sich der Wiener Silberflorin und der Englische Florin

(=2-Shilling-Stück) in etwa. Dementsprechend wurde das von der Philharmonischen Gesellschaft im Jahre 1827 an Beethoven gerichtete Geldgeschenk über 100 Pfund in 1000 Florin CM umgerechnet. Der Reichsthaler, der Beethoven aus Bonn vertraut war, hatte einen Wert von 1 Florin 30 Kreuzer, der Kronenthaler betrug 2 Florin 45 Kreuzer. Eine andere Geldeinheit war der Louisdor, der in seinem Wert schwankte. 1820 hielt ihn Beethoven 2 Dukaten, das heißt 9 Florin CM wert. Weitere Einheiten, die Erwähnung fanden, sind beispielsweise der Groschen, der Friedrichsdor, die Zecchine oder der Carolin. Bei der Zecchine handelte es sich um eine italienische Münze im Wert von ungefähr 5 Florin; wenn Beethoven auf Italienisch schrieb, bezeichnete er einfach die Dukaten mit diesem Namen. Im Folgenden eine Zusammenfassung der verschiedenen Währungseinheiten, einschließlich ihrer Wertverhältnisse. Als Vergleichseinheit wurde der Silberflorin verwendet.

1795	1 Fl. BZ = 1 Fl. CM
Wertminderung **März 1811:**	5 Fl. BZ = 1 Fl. CM (theoretisch)
BZ wird durch WW 5:1 abgelöst:	1 Fl. WW = 1 Fl. CM (theoretisch)
Wertminderung **1818:**	$2^1/_2$ Fl. WW = 1 Fl. CM
1 Dukaten	= $4^1/_2$ Fl. CM
1 Pfund Sterling	= ca. 10 Fl. CM
1 Guinee Sterling	= ca. $10^1/_2$ Fl. CM
1 Louisdor	= ca. 9 oder 10 Fl. CM (variabel)
1 Reichsthaler	= $1^1/_2$ Fl. CM
1 Kronenthaler	= $2^3/_4$ Fl. CM
1 Carolin	= 9 Fl. CM
1 Zecchine	= ca. 5 Fl. CM (oder $4^1/_2$ Fl. CM)
60 Kreuzer CM, BZ oder WW	= 1 Fl. CM, BZ oder WW
1 Groschen	= 3 Kreuzer

CM: Conventionsmünze
BZ: Bankozettel (Banknote: bis März 1811)
WW: Wiener Währung (ab März 1811)
Fl.: Florin oder Gulden

BARRY COOPER

Kapitel V

Musikgeschichtlicher Hintergrund

Die Entwicklung des Klassischen Stils, 1750–1800
Einflüsse auf Beethovens Stil
Beethovens musikalische Umwelt
Kopieren und Verlegen von Kompositionen
Beethovens Mäzene und seine Auftragswerke

Musikgeschichtlicher Hintergrund

Die Entwicklung des Klassischen Stils, 1750–1800

Vorklassik

Um die Mitte des 18. Jahrhunderts vollzog sich der Übergang von der durch Polyphonie gekennzeichneten Technik der barocken Periode zu einem einfacher strukturierten Konzept, das auf durch harmonische Begleitung gestützter Melodieführung beruhte. Dieser Wandel erwies sich als grundlegend für die Entstehung des großen Wiener Klassischen Stils mit den Persönlichkeiten Haydn, Mozart und Beethoven. Die vorklassische Periode dauerte bis etwa 1775 und umfaßt als zeitgleiche Stilrichtungen das Rokoko, den »galanten« Stil, die Empfindsamkeit und den Sturm und Drang. Diese Begriffe lassen die Vielfalt, die in diesem Zeitraum bestimmend war, erahnen. Die beiden ersten Bezeichnungen trafen besonders auf die Wiener und auf die italienische Ausprägung zu, Empfindsamkeit paßte zum ausdrucksstarken norddeutschen Stil des Carl Philipp Emanuel Bach, Sturm und Drang hingegen, eine Geisteshaltung, die einer früheren Bewegung der deutschen Literatur entsprang, übte erst gegen Ende der Periode tiefer greifenden Einfluß aus.

Trotz des übermächtigen Genies eines Johann Sebastian Bach blieb Italien während der Barockzeit das musikalische Zentrum und das künstlerisch führende Land. Mitte des 18. Jahrhunderts wurde Wien die musikalische Hauptstadt Europas, obwohl der italienische Einfluß unvermindert stark anhielt. Symptomatisch für die erstarkende deutsche Kultur war das Erblühen Berlins unter Friedrich dem Großen und, wenn auch zu einem geringeren Grad, der Aufstieg von Mannheim, Leipzig und Dresden. In Frankreich und England, den internationalen kulturellen Zentren Europas, zeitigte die Bewegung ihre Wirkung in noch größeren Zügen.

Diese Periode verstand sich als eine bewußte Reaktion auf die Unmäßigkeit, die übermächtige Größe und die Komplexität des barocken Stils und als ein Schritt mit der Intension, in einfacher Weise direktere Wirkung beim Zuhörer zu erzielen. Es gab zwar unterschiedliche Ausprägungen in den verschiedenen Zentren, bestimmte Charakteristika waren aber allen gemeinsam. Mit der Ausnahme der Entwicklung der Oper nahm die Instrumentalmusik eine Vorrangstellung gegenüber der Vokalmusik ein: Sowohl die Gattung der Sonate als auch die des Konzerts erfuhren eine grundlegende Entwicklung, die Symphonie und das Streichquartett etablierten sich in der heute bekannten Form. Die neue Einfachheit zeigt sich deutlich in allen Punkten: in Form, Tonalität und Harmonik, in der melodischen und thematischen Entwicklung und auch in der Instrumentation.

Hinsichtlich formaler Gesichtspunkte wurde die Basis der klassischen Genres geschaffen. Die ihrem Wesen nach kontrapunktische Triosonate gab den Weg frei für die Sonate in der Kammermusik, Cembalo- oder Klaviersonaten traten an die Stelle polyphoner Kompositionen für Tasteninstrumente. Die mehrsätzige Orchestersuite wurde von der dreisätzigen Symphonie verdrängt, welche sich im Lauf der Zeit zunehmend die Sonatensatzform als ordnendes Konzept zu eigen machte. Die Gattung Konzert behielt Elemente der Ritornelltechnik bei, dennoch wurden auch hier charakteristische Züge der Sonatensatzform übernommen, was die allgemeine Tendenz der Abwendung von komplizierten Satzstrukturen und der verstärkten Orientierung in Richtung auf harmonische Prinzipien verdeutlichte. Melodischer Einfallsreichtum, eine Konzeption, in der harmonische Prinzipien dominierten, und eine neue musikalische Textur waren die augenfälligsten Merkmale des neuen Stils. Jedoch wurden, was die frühen Werke dieses Zeitraums anbetrifft, vor allem die ersten beiden Gesichtspunkte allzuoft vernachlässigt, und so genießen gerade diese Kompositionen nicht den anhaltenden Ruhm, der ihnen als Geburtshelfer dieser neuen Epoche zuteil werden sollte.

Die Melodiebildung trat als das grundlegendste Element in den Vordergrund und wirkte sich sowohl auf die Form als auch auf den Charakter der Musik aus. Die Erfindung des Melodiekonzepts kam nicht spontan und ohne äußeres Zutun. »Statt der langen Atemzüge der italienischen Opernmelodik werden Melodien intendiert, die getreu dem metrischen Bau der achttaktigen Periode folgen, dabei in kleinste Glieder zerfallen und den einheitlichen Schwung vermissen lassen. Nicht daß sie so gegliedert sind, sondern daß sie sich in der Kleingliedrigkeit erschöpfen, ist für sie bezeichnend« (Blume, 1974, S. 269). Die Weiterführung des Themas stellte eine besondere Schwierigkeit dar, wofür zum einen die spezifische Gestalt der Themen verantwortlich war, zum anderen aber auch die Unerfahrenheit der Komponisten mit der Durchführung eines Themas, ohne auf die Technik des Kontrapunkts zurückzugreifen.

Die Rolle des Orchesters änderte sich nachdrücklich seit der barocken Praxis. Damals wurden alle Stimmen aufgrund des kontrapunktischen Kontextes gleichberechtigt behandelt; Kompositionen für spezifische Instrumente zu schreiben entsprach durchaus nicht der Regel. In der Epoche der Vorklassik fiel den ersten Violinen mit der Melodieführung das Hauptgewicht zu, der harmonische und nichtthematische Baß wurde von den Violoncelli und den Kontrabässen übernommen, die mittleren Streicherstimmen hatten lediglich begleitende Funktion. Die Holzblasinstrumente verdoppelten zunächst nur die Streicherstimmen in Forte-Passagen, entwickelten sich dann immer mehr zu Instrumenten mit Haltetonfunktion. Die ganze Palette ihrer individuellen Farbnuancen wurde jedoch erst viel später genutzt, indem sie verstärkt als Soloinstrumente eingesetzt wurden.

Vor allem bemerkenswert ist der Wandel der Musik für Tasteninstrumente. Die Orgel wurde vom Cembalo und vom Hammerklavier verdrängt, wobei das Hauptinteresse der rechten Hand galt. Die linke hingegen war selten am thematischen und virtuosen Geschehen beteiligt, sondern übernahm die harmonische Begleitfunktion, entweder mit schlichten Akkorden oder mit sogenannten »Albertibässen«, die den Eindruck von Aktivität und Bewegung vermittelten, während das harmonische Klanggerüst unverändert blieb. Die tragende Melodie wurde durch eine Vielfalt von Verzierungen ausgeschmückt, und somit war eine endlose und allzuoft auch ungerichtete Bewegung ein hervorstechendes Charakteristikum.

Am deutlichsten zeigten sich die Grenzen der Komponisten der Vorklassik in ihrer fast gänzlichen Unfähigkeit, all die wesentlichen Elemente zur gleichen Zeit zum Einsatz zu bringen. Die Symphonie entwickelte sich zum Beispiel aus der italienischen Opernsinfonia, die durch italienische Komponisten wie Giovanni Battista Sammartini nach Wien gebracht und dort von Karl Ditters von Dittersdorf, Michael Haydn, Mathias Monn und Georg Christoph Wagenseil weiterentwickelt wurde, da öffentliche Konzerte an Zahl und Popularität gewannen. In dieser Phase ihrer Entwicklung bestand die Symphonie aus drei oder vier Sätzen mit einem schnellen, tanzartigen und leichthin zu spielenden Finale. Die Mannheimer Komponisten übernahmen diese Form und veränderten sie weiter. Johann Stamitz erkannte, daß es zur Komposition längerer Werke zweckmäßig wäre, mit stärkeren tonalen Kontrasten zu arbeiten. Er erreichte dieses Ziel, indem er längere, tonal in sich stabile Abschnitte aufeinander folgen ließ, die jedoch in harmonischem Kontrast zueinander standen. Um der Gefahr der Monotonie vorzubeugen, setzte er in verstärktem Maße rhythmische und dynamische Impulse ein, unternahm den Versuch, die Phrasen miteinander zu verbinden, um die Kontinuität des Satzes zu wahren und widmete dem Gebrauch der verschiedenartigen orchestralen Farben mehr Aufmerksamkeit. Die der Form anhaftenden Mängel, das Fehlen einer ausgewogenen Reprise und eine relativ schwache Schlußbildung, wurde nur von Joseph Haydn (1732–1809) in seinen Symphonien aus der Zeit von etwa 1766–74, die dem Geist des Sturm und Drang verhaftet sind, überzeugend überwunden. Die frühen Symphonien Wolfgang Amadeus Mozarts (1756 bis 1791) folgten dem Muster des italienisch beeinflußten »Londoner« Bach (Johann Christian, 1735–1782) und behielten die dreisätzige Glie-

derung bei. Obwohl die Finalsätze immer noch nicht sehr gewichtig und die zweiten Sätze sehr schlicht komponiert wurden, sind doch Fortschritte in dem Bemühen um eine orchestralere Satzweise erzielt worden, insbesondere, was die Blasinstrumente anbetrifft.
Die formale Konzeption des Konzerts war in der Zeit des Barocks sehr stark Ritornellprinzipien verhaftet. Mitte des 18. Jahrhunderts erlebte sie eine Veränderung, indem einige Elemente der Sonatensatzform Eingang fanden. Die Violine, bis dahin beliebtestes Soloinstrument, wurde durch die Tasteninstrumente, die für den neuen Stil besser geeignet waren, in ihrer Vorrangstellung abgelöst und die Ausgewogenheit im musikalischen Gefüge verschob sich, wobei die Orchesterpartien in den Hintergrund traten und die Solostellen an Wichtigkeit gewannen. Die vier bedeutendsten Mittelpunkte der Konzertkompositionen waren Berlin (C.P.E. Bach), Mannheim (die Musikerfamilie Stamitz und J. Vaňhal), London (J.C. Bach) und Wien (M. Monn, G. Ch. Wagenseil, M. Haydn und die Italiener G.B. Sammartini, L. Leo und L. Boccherini). In jedem dieser Zentren wurden andere Aspekte des sich herausbildenden Stils entwickelt: In Berlin stand das Experimentieren mit Harmonik, mit Ausdruck und (im Hinblick auf das Wiederaufgreifen von Material) mit der Form im Mittelpunkt, in Mannheim die Beschäftigung mit melodiöser Entwicklung und der Umgang mit einer größeren Vielfalt an Soloinstrumenten. In London strebte J.C. Bach nach größerer thematischer Differenzierung, und die Wiener Komponisten waren in erster Linie an formalen Problemen und an brillanter Literatur für den Solisten interessiert.

Der Klassische Stil von Haydn und Mozart

Trotz der Anmut und einfachen Grazie des »galanten« Stils, mit der es ihm gelang, die Bindungen an das Vorangegangene zu lösen, waren jedoch bald Grenzen erreicht und somit die Zeit reif für weitere Entwicklungen. Der Impetus der Sturm-und-Drang-Bewegung ließ eine breitere Skala an Emotionen zu. Das Gerüst der Sonatensatzform, das sich durch alle wichtigen Genres hindurchzog, war ausreichend etabliert, und so konnten sich auch Harmonik und der Umgang mit thematischem Material in komplexerer Form entfalten. Auf das Menuett, das in der frühen Phase den Schlußsatz der Symphonien bildete, folgte nun ein gewichtigerer vierter Satz in der Sonatenform.
Haydn begann in einer Zeit zu komponieren, in der noch mancherorts an barockem Gedankengut festgehalten wurde. Seine frühesten Werke lassen sich dem »galanten« Stil zuordnen, von 1780 an aber weisen alle seine reiferen Kompositionen, ebenso wie alle Werke Mozarts – mit Ausnahme der ganz frühen –, eine Synthese mit dem Vorausgegangenen auf und so entfaltete sich der Wiener Klassische Stil, den Beethoven erben sollte.

Haydns Symphonien der späten 1760er Jahre lassen ein Zaudern, einen Wunsch zu experimentieren erkennen, er setzte häufiger Molltonarten ein, und die Finalsätze gewannen an Länge, so, als hätte er bewußt einen Bruch mit dem Liebreiz des galanten Stils gesucht. Während der siebziger bis zur Mitte der achtziger Jahre des 18. Jahrhunderts vollzogen sich weitere Entwicklungen. Die ersten und vierten Sätze gestalteten sich dynamischer, indem weite melodische Bögen, Kontrapunkt und Synkopierungen eingesetzt wurden, um Spannung zu erzeugen. Die langsamen Sätze gewannen an Länge und Intensität und wiesen reichere Orchestrierung auf, und die dritten Sätze (das Menuett und das Trio) wurden ebenfalls länger, da die Sonatensatzform auf die ihnen zugrundeliegende zweiteilige Struktur Einfluß nahm. Allgemein gesehen hielten sich Anmut und Eleganz mit Kraft und Würde – oder auch Erhabenheit – die Waage. Die neue Gewichtung war das Resultat einer Synthese von Kontinuität und Artikulation in Abhängigkeit von der Geschwindigkeit der harmonischen Wechsel, der Kadenzen und der thematischen Entwicklung, die sich von der einheitlich beibehaltenen rhythmischen Bewegung der Barockmusik so sehr unterschieden. Haydns »Londoner Symphonien« Nr. 93–104 stellen in gestalterischer Hinsicht die Krönung der neuen Errungenschaften dar. Sie beweisen eine neue Vielseitigkeit, indem sie kühne Modulationen und harmonische Kontraste, gegensätzliche Stimmungen und einen umfassenden Gebrauch kontrapunktischer Satzweise zulassen. Die Instrumentation entfaltet sich zu neuem Glanz: Haydn setzte nun auch die im Londoner Orchester selbstverständlich vorhandenen Klarinetten ein und verzichtete auf die harmonischen Haltetöne bei den Hörnern und Holzbläsern und schrieb diesen Instrumenten Solorollen zu.

Mozart schrieb seine drei letzten Symphonien (Nr. 39–41) im Sommer 1788, also bevor Haydn seine »Londoner Symphonien« komponierte. Obwohl diese drei Werke innerhalb sehr kurzer Zeit konzipiert wurden, sind sie von sehr unterschiedlichem Charakter. Dem eröffnenden Allegro von Nr. 39 (KV 543) geht eine breit angelegte und imposante langsame Einleitung voraus, die eine sich unaufhaltsam steigernde Spannung erzeugt, welche nur duch das unmittelbare Einsetzen und damit fast übergroße Gewicht der Tonika zu Beginn des Allegros gelöst werden kann. Die Symphonie Nr. 40 in g-Moll (KV 550) ist ein leidenschaftliches Werk, das romantische Züge vorwegnimmt. Das Auswechseln der ursprünglich geplanten Oboen durch Klarinetten bedingt einen eher modernen Orchesterklang. Die Eröffnung im *piano* ist ungewöhnlich, Chromatik, Dissonanzen bestimmen den Charakter des ganzen Werkes. Diese Momente kennzeichnen vor allem die Durchführung des ersten Satzes und verleihen dem zweiten Satz die ihm eigene Intensität. Der dritte Satz ist ein ungewöhnliches Menuett von beispielloser Strenge, zu dessen weiteren Außergewöhnlichkeiten die Molltonalität, die dreitaktigen Phrasen und die wirkungsvolle, Stimmkreuzungen verursachende Kontrapunktik zwischen Oberstimme und Baß zählen. Der wohlausgearbeitete Finalsatz stellt mit Dissonanzen und weitschweifender Harmonik ein Gegengewicht zum Eröffnungssatz dar. Im letzten Satz der Symphonie Nr. 41, der *Jupitersymphonie*, wurde in die Sonatensatzform eine Fuge eingearbeitet, und so findet eine barocke Satztechnik ihren Platz innerhalb des neuen Stils.

In der zweiten Hälfte des 18. Jahrhunderts erfuhr die Kammermusik eine rasche Entwicklung, eine Vielfalt von unterschiedlichen Ensemblebesetzungen etablierte sich. Da das Cembalo mehr und mehr vom Hammerklavier zurückgedrängt und seine frühere Rolle als Continuoinstrument in der neuen Satztechnik überflüssig wurde, verzichtete man in der Ensemblemusik entweder völlig auf die Tasteninstrumente – und so formierten sich eigenständige Gruppen von Streich- oder Blasinstrumenten oder Kombinationen dieser beiden Instrumentengattungen –, oder die Tasteninstrumente kamen in Verbindung mit anderen Instrumenten zum Einsatz. Wenn das Hammerklavier eingesetzt wurde, stand es im Vordergrund, da zum Ausgleich seiner technischen Unzulänglichkeiten bis etwa 1790 eine Tendenz zur Unterstützung der Baßlinie durch das Violoncello und zur Verdoppelung der Melodielinie zu vermerken war. Auf dem Gebiet des Streichquartetts brillierte Joseph Haydn. Ebenso sind Mozarts Leistungen auf diesem Sektor außergewöhnlich und bemerkenswert, wenn auch seine Streichquintette, klanglich bereichert durch die Verwendung zweier Violen, seine Quartette vielleicht noch in den Schatten stellen. Sein Klarinettenquintett (KV 581) und andere Werke für gemischte Ensemblebesetzung, also auch das Klavierquartett in g-Moll (KV 478), erreichen ein ähnlich hohes Niveau. Beide Komponisten schrieben eine bedeutende Anzahl von Klaviertrios. Die frühesten waren eigentlich Klaviersonaten, bei denen Violine und Violoncello eine begleitende Rolle übernahmen. In späteren Beispielen jedoch, so in Haydns Klaviertrio in Es-Dur (Hob. 30) und dem Trio KV 542 von Mozart, erreichen die Streichinstrumente tatsächliche Eigenständigkeit. Diese Kompositionen bildeten die Basis für Beethovens Werke. Ihm erschien ein Satz von drei Klaviertrios (op. 1) als erste Komposition bedeutend genug, um sie, versehen mit einer Opuszahl, in Druck zu geben. Von der Weiterentwicklung auf dem Sektor des Klavierbaus und dem Fortschritt der Technik profitierend, hob er diese Gattung auf ein Niveau, das durchaus neben dem des »Erzherzogtrios« op. 97 aus dem Jahr 1811 bestehen kann.

Joseph Haydn war nicht der erste Komponist, der für vier Streicher komponierte und es ist immer noch nicht völlig geklärt, ob er nicht doch an das viergeteilte *Orchester* aus Streichern dachte, das Divertimenti zur Aufführung brachte, als er die ersten beiden Gruppen von Streichquartetten, op. 1 und op. 2, in den fünfziger Jahren des 18. Jahrhunderts schrieb. Sie lassen Elemente des Divertimentos erkennen, seinen Charakter (einfach, mit volksliedhaften Melodien), seine Form (fünf Sätze, die Rahmensätze sind schnell, der langsame Mittelsatz wird von zwei Menuetten begleitet) und seinen Stil (die erste Violine dominiert den

Satz). Die Quartette ab op. 9 sind ohne jeden Zweifel für vier *Soloinstrumente* konzipiert, und sowohl hier als auch in op. 17 und op. 20 sind die tieferen Stimmen wesentlich intensiver ausgearbeitet.

Zehn Jahre vergingen, ehe Haydn die Quartette op. 33 schrieb, von denen er sagte, sie wären »auf eine ganz neue besondere Art« (Hoboken, Bd. 1, S. 400) komponiert. (Wußte Beethoven das, als er 1801 die Äußerung machte »... Von nun an will ich einen neuen Weg betreten«?) (Kerst, Bd. 1, S. 56) Diese Werke sind als »Scherziquartette« bekannt, da das Menuett und das Trio die Bezeichnung Scherzo tragen, wie so viele dieser Sätze von Beethoven. Diese Quartette inspirierten Mozart zur Komposition seiner sechs frühesten reifen Quartette, die er Haydn widmete und die umgekehrt wiederum Einfluß auf ihn ausübten.

Haydn schrieb zwölf Streichquartette für den Geiger Johann Tost. Die sechs Werke op. 64 sind vermutlich die bekanntesten und Nr. 5, das »Lerchenquartett«, vielleicht das hervorragendste. Sein Beiname rührt von der sich auf wunderbare Weise emporschwingenden Melodie der ersten Violine im Eröffnungssatz her. Die Beredtheit des Themas des zweiten Satzes wird durch die Abwechslung von Dur- und Moll-Variationen in allen Nuancen ausgeleuchtet. Die Kompositionen op. 76 und 77 krönen Haydns Arbeit in dieser Gattung. Der Umgang mit der Individualität der Instrumente ist in höchstem Maße überzeugend und gewandt, die Werke zeichnen sich durch eine große formale Vielfalt aus und die harmonische Arbeit ist zukunftsweisend. Die Form des Variationssatzes bildet nicht nur das Gerüst für langsame Sätze, wie in op. 76/Nr. 3, dem »Kaiserquartett«, sondern auch für den ersten Satz von op. 76/Nr. 6. Der zweite Satz desselben Quartetts ist ebenso ungewöhnlich. Das Werk ist in Es-Dur geschrieben, der zweite Satz aber beginnt ohne die Vorschrift von Vorzeichen, steht jedoch eindeutig in B-Dur. Während Beethoven keine Bedenken gehabt hätte, dies auch durch Vorzeichen klar anzuzeigen, schien es für Haydn vonnöten, in eine ganze Reihe anderer Tonarten auszuweichen, bevor er endgültig nach B-Dur zurückkehren und diesem Schritt durch das Setzen der Vorzeichen mitten im Satz Nachdruck verleihen konnte. Der langsame Satz von op. 76/Nr. 5 in D-Dur steht in Fis-Dur. Trotz seines verhältnismäßig »lichtvollen« Charakters stellt diese Tonart hohe Ansprüche an die Streicher und verleiht diesem »largo cantabile e mesto« eine besondere Intensität. Das Finale von op. 77/Nr. 2 ist formal ein dichter und monothematischer Sonatensatz, dessen eindringlicher, tanzartiger Charakter den Schwung der Beethovenschen Kompositionsweise vorwegnimmt.

Für Haydn und Mozart nahmen die Kompositionen für das Solotasteninstrument – auch wenn sie eine große Anzahl von Werken für dieses Genre schrieben – keine derart zentrale Stellung ein, wie die Klaviersonate für Beethoven. Haydn schrieb einundfünfzig Sonaten, Mozart zwanzig, und beide schufen eine Reihe anderer Werke für Klavier, zum Beispiel Variationen, Rondos und Fantasien. Die Tatsache, daß nur wenige dieser Werke allgemein bekannt sind, kann in der unterschiedlichen Qualität begründet liegen. Es ist wichtig, stets im Auge zu behalten, daß die Komponisten bei ihren Werken für Solotasteninstrumente gleichzeitig mit zwei wesentlichen Neuerungen konfrontiert wurden. Zum einen entfalteten sich die Werke in formaler Hinsicht, zum anderen boten die sich stets verbessernden Instrumente eine potentielle Möglichkeit der Entwicklung. Es ist generell schwierig, den wirklichen Stellenwert von Kompositionen zu erwägen, die für Instrumente geschrieben wurden, die heute nicht mehr existieren.

Nach den Worten Arthur Hutchings (1948, S. 28) entwickelten die Komponisten der Vorklassik die Gattung des Konzerts vom Kindesalter zu seiner Jugend, in Überwindung all der Unpäßlichkeiten und trotz der anfänglichen Schwächen; unter Mozarts Hand aber entfaltete sich seine so ruhmreiche Reife. Auf das Vorausgegangene aufbauend, gestaltete er das Klavierkonzert komplexer und dramatischer. Die Form des ersten Satzes war die bereits am stärksten ausgearbeitete. In der Barockzeit erwiesen sich die Orchestertutti- oder Ritornellabschnitte als die tragenden Säulen des Satzes, die Solopartien standen im Kontrast dazu und waren für Modulationen verantwortlich. In den frühen Werken der Klassik konzentrierte sich das Interesse überproportional auf die Solostellen. Die Sonatensatzform beeinflußte die Struktur, insbesondere was die Tonartenkonstellation anbetrifft, und so entwirft H. C. Robbins Landon (1956, S. 238) folgendes Schema, dem sich die formale Gestalt in etwa unterordnet:

Exposition:	Tutti 1 (I) Solo 1 (I–V) mit Material aus Tutti 1 Tutti 2 (V) als verkürzte Version von Tutti 1
Durchführung:	Solo 2 (V, modulierend), wobei der Durchführungscharaker nicht sehr stark ist, sondern vielmehr das Kopfthema in entfernteren Tonarten wiederholt wird
Abgewandelte Reprise:	Tutti 3 (I) als verkürzte Reprise von Tutti 1 Solo 3 (I) mit der Kadenz Tutti 4 (I) mit teilweiser Wiederholung von Tutti 1 oder 2

Mozarts Ansatz läßt sich nicht stereotyp beschreiben, dennoch existieren verschiedene Kriterien, die charakteristisch sind für das Erreichen einer geschlosseneren Form. Solo- und Tuttipartien sind weniger deutlich voneinander abgesetzt. Das erste Solo beinhaltet gewöhnlich neues Material, das von Solisten vorgestellt wird, gefolgt von einer mit dem Solo in Verbindung stehenden Präsentation von Teilen oder der Gesamtheit des thematischen Materials. Auch in der Durchführung, in der die musikalischen Elemente tatsächlich »entwickelt« werden, teilen sich der Solist und das Orchester die Aufgaben, so daß die Reprise wie ein unverzichtbares Moment der Erlösung wirkt. Eine klare Zuordnung der einzelnen Bestandteile dieses Abschnitts ist schwer zu leisten, da unterschiedliche Gedanken aus der Exposition miteinander verwoben werden und zudem oft variiert erscheinen.

Dem größeren thematischen Gehalt des ersten Satzes steht als ausgleichendes Element eine formale Vielfalt und inhaltliche Fülle der beiden folgenden Sätze gegenüber. Der zweite Satz kann in Variationsform, in einfacher A-B-A-, in Rondo- oder in Sonatenrondoform angelegt sein, und es besteht eine ganze Reihe von Möglichkeiten, was die Wahl der Tonart im Verhältnis zum ersten Satz anbetrifft. Die Finalsätze werden länger und reicher in ihrer Substanz, gewöhnlich haben sie Sonatensatz- oder Sonatenrondoform, wobei der Solist allein das Hauptthema vorstellt, bevor es vom ganzen Orchester aufgegriffen wird.

Diese kurze Zusammenfassung kann nur andeuten, welche Vielfalt an Möglichkeiten in Mozarts Klavierkonzerten zu finden ist: Das Finale in Variationsform von Nr. 17 (KV 453) mit seinen Anspielungen auf die *Opera buffa,* der romantische und dramatische Stil des ersten Satzes von Nr. 20 (KV 466), der im Gegensatz steht zu dem zarten, langsamen Satz in Form eines Rondos, oder die Intensität der Struktur eines Sonatenrondos im Finale des letzten Konzerts in B-Dur (KV 595), in dem praktisch alle musikalischen Gedanken miteinander in Beziehung stehen.

ANNE-LOUISE COLDICOTT

Einflüsse auf Beethovens Stil

Beethovens Stil wurde durch eine Reihe von Faktoren geprägt. Zunächst existierte eine allgemein verständliche musikalische Sprache, die für alle Komponisten der Zeit verbindlich und in die Beethoven von frühester Jugend an eingebunden war. Diese Sprache basierte auf dem Dur-Moll-Tonsystem, Standardfloskeln und Figurationen, wie zum Beispiel den »Albertibässen«, auf bestimmten charakteristischen Formgedanken, Akkordfortschreitungen und Kadenzen und vergleichbaren Merkmalen. Als weiteres Moment ist Beethovens schulmäßige musikalische Erziehung und der Einfluß des Theorie- und Pädagogikunterrichts zu berücksichtigen. Als dritte Komponente übernahm Beethoven manche der Idiosynkrasien, der persönlichen Eigenarten einiger Komponisten und entwickelte diese weiter. Viele Charakterzüge der »allgemein verbindlichen musikalischen Sprache« wurden im vorhergehenden Abschnitt kurz skizziert. Im Mittelpunkt des folgenden Teils sollen nun Beethovens musikalische Unterweisung und die individuellen Einflüsse auf seinen Stil stehen.

Erster Unterricht

Beethoven erhielt seinen ersten Unterricht in jungen Jahren bei seinem Vater. Sein wichtigster Lehrer während der achtziger Jahre aber war Christian Gottlob Neefe. Obwohl das genaue Unterrichtsprogramm nicht bekannt ist, weiß man doch, daß Neefe Beethoven grundsätzliche Instruktionen in Kompositionslehre und Generalbaß erteilte und ihn ebenso mit dem *Wohltemperierten Klavier* von Johann Sebastian Bach vertraut machte, das wiederum auf Beethoven selbst einen großen Einfluß ausgeübt haben soll. Als Beethoven nach Wien übersiedelte, um dort bei Haydn Unterricht zu nehmen, hatte er bereits eine beträchtliche Anzahl von Werken komponiert, und so ist anzunehmen, daß Haydn das Hauptgewicht in den Kompositionsstunden eher auf den Umgang mit größeren Formen legte. Die uns erhaltenen Quellen aber enthalten keine konkreten Hinweise darauf. Vielmehr geben sie Aufschluß darüber, daß Beethoven einen Teil seiner Zeit darauf verwendete, nahezu dreihundert Elementarübungen in strengem zwei-, drei- und vierstimmigem Kontrapunkt auszuarbeiten – Übungen, bei denen sich Haydn auf Fuxens *Gradus ad Parnassum,* dessen erste Veröffentlichung schon 1725 erfolgt war, berief.

Trotz des vorausgegangenen Unterrichts und seines musikalischen Gespürs machte Beethoven eine ganze Reihe von Fehlern in diesen Kompositionsübungen, doch auch Haydns Korrekturen hinterließen nur wenig Eindruck bei Beethoven, was den Stil seiner freien Kompositionen anbetrifft. Tatsächlich wurde in einigen Fällen genau das, was im strengen Kontrapunkt als technischer Fehler angesehen worden wäre (zum Beispiel das gleichzeitige Erklingen von Vorhalt und Auflösung), später ein charakteristisches Kennzeichen seines Stils. So gesehen entsprach Beethovens Äußerung in späteren Jahren gegenüber Ferdinand Ries, er hätte »nie etwas von ihm [Haydn] gelernt« (Wegeler, 1972, S. 86), in dieser Hinsicht der Wahrheit: Aus diesen Kontrapunktunterweisungen lernte er tatsächlich nichts über die Komposition großangelegter Werke, und ein Unterricht in dieser Form hatte keinen nennenswerten Einfluß auf Beethovens Stil im allgemeinen. Sicherlich liegt darin einer der Gründe, warum er sich trotz Haydns Drängen weigerte, die Worte »Schüler von Haydn« auf die Titelblätter seiner in dieser Zeit veröffentlichten Werke zu setzen. Es ist möglich, daß er unter Haydns Aufsicht auch fortgeschrittenere Übungen schrieb, die heute verloren sind (die erhaltenen Quellen entstammen – wie man aus der Einheitlichkeit der Tinte schließen kann – einem alles in allem höchstens drei bis vier Monate umfassenden Zeitraum); doch scheint er durch Haydns Unterweisungen lediglich gelernt zu haben, wie man Kontrapunktunterricht erteilt. Seine eigenen Anweisungen an Erzherzog Rudolph, viele Jahre später, basieren ziemlich genau auf Haydns Methode. (Was Beethoven jedoch aus Haydns Kompositionen direkt lernte, steht auf einem ganz anderen Blatt.)

Als Haydn im Frühjahr 1794 nach London abreiste, setzte Beethoven seinen Unterricht bei Johann Georg Albrechtsberger fort. Der Verdacht, unter Haydns Fittichen mit dem Studium nicht vorangekommen zu sein, wird durch die Tatsache untermauert, daß Beethoven sich bei Albrechtsberger zunächst weiteren Kontrapunktunterweisungen unterzog, bevor er sich der Fuge, dem doppelten Kontrapunkt in der Oktave, der Dezime und der Duodezime, dem Kanon und der Doppelfuge zuwenden konnte (vgl. Nottebohm, 1873). Inwieweit sich dieses Studium des fortgeschrittenen Kontrapunkts unmittelbar auf seine Kompositionen auswirkte, ist ungewiß, dennoch wurde die Vermutung geäußert, daß Beethovens Werke aus der Zeit um 1795 ohne jene Unterweisungen vielleicht weniger interessante Polyphonie enthalten würden (Johnson, 1982). Beethovens Interesse an Fugen- und Kanontechnik entwickelte sich erst in den letzten zehn Jahren seines Lebens richtig. Der Unterricht in diesen Techniken stellte eine Art zusätzlichen Fundus an kompositorischen Möglichkeiten zur Disposition, und Beethoven griff sowohl auf die Technik der regelrechten Fuge als auch gelegentlich auf die kontrapunktischen Kniffe, die er bei Albrechtsberger gelernt hatte, zurück. Die Durchführung des ersten Satzes der Violinsonate op. 30/Nr. 1 weist zum Beispiel eine Passage auf, in der das zweite Thema imitatorisch in der Umkehrung auf der Dezime und auf der Quinte erklingt, was ganz offensichtlich den Einfluß des Unterrichts bei Albrechtsberger widerspiegelt.

Am Ende seiner Studienzeit bei Albrechtsberger war Beethoven schon über vierundzwanzig Jahre alt, aber immer noch der Meinung, daß seine musikalische Ausbildung lückenhaft sei. Vermutlich hat er bei Emanuel Förster Streichquartettkomposition studiert, brachte es jedoch erst 1800–01 zur Meisterschaft in diesem Genre. Auch was das Gebiet der Vokalmusik anbetraf – insbesondere bei Kompositionen im italienischen Stil –, hatte er ein Gefühl der Unzulänglichkeit. Da Beethoven viel daran lag, sich auch mit Opern einen Namen zu machen, so wie er eigentlich jede Gattung meisterlich beherrschen wollte, wandte er sich 1799 an den führenden Komponisten der italienischen Oper in Wien: Antonio Salieri (Kramer, 1974). Für Salieri schuf er innerhalb eines Zeitraums von ungefähr zwei Jahren eine Reihe von Vokalstücken ohne Begleitung bis zur Vierstimmigkeit, um mehr Erfahrung mit dem italienischen Vokalstil zu gewinnen und Probleme mit der Vertonung der italienischen Sprache zu bereinigen. Den ersten kurzen Übungen (mit weniger als je fünfundzwanzig Takten), die fast gänzlich homophon waren, ließ Beethoven noch einige größere Werke folgen. Zunächst schrieb er Rezitativ und Arie *No, non turbarti* (WoO 92 a) für Sopran und Streicher, dessen Autograph zahlreiche, offensichtlich von Salieri ausgeführte Korrekturen aufweist. Dies könnte das letzte Werk gewesen sein, das Salieri zur Prüfung unterbreitet wurde. Beethoven aber schrieb 1801/02 drei weitere größer angelegte Werke mit italienischem Text, die er ihm ebenfalls vorgelegt haben dürfte: Das Terzett *Tremate, empi, tremate* (op. 116), das unvollendete *Grazie al'inganni* und das Duett *Nei giorni tuoi felice* (WoO 93). Auf diese Stücke folgte unmittelbar ein Werk größeren Umfangs im Stil der italienischen Oper – *Christus am Ölberge*. Dieses Oratorium stellt eine natürliche Fortsetzung der Studien bei Salieri dar: Es enthält eine Sopranarie, die *No, non turbarti* ähnelt, ein

Duett für Sopran und Tenor, vergleichbar dem *Nei giorni tuoi felice* und ein Terzett für Sopran, Tenor und Baß, gleich dem *Tremate, empi, tremate.* Die beiden Terzette stehen sogar in derselben Tonart, die Eröffnung ist nahezu identisch, die Fortführung jedoch gänzlich verschieden.

Weitere theoretische Studien

Nachdem sein Unterricht bei Salieri abgeschlossen war, nahm Beethoven niemals wieder Kompositionsstunden. Dennoch betrieb er sein ganzes Leben hindurch Selbststudien, vor allem durch theoretische Schriften. Er bewahrte sich stets ein lebhaftes Interesse an der Musiktheorie um ihrer selbst willen, aber auch in ihrer Funktion als Kompositionshilfe – und dies zeitigte Wirkung in verschiedenen Ausprägungen. In Hinblick auf die Harmonielehre war Beethoven einer der ersten bedeutenden Komponisten, der unter dem Einfluß von Jean-Philippe Rameaus (1683–1764) Theorie der Umkehrbarkeit der Akkorde groß geworden war. Diese war im deutschsprachigen Raum vor allem durch Friedrich Wilhelm Marpurgs Übersetzung der *Eléments de musique* von J. B. d'Alembert, einem Schüler Rameaus, aus dem Jahre 1757 bekanntgeworden. Bis dahin beschrieb man Akkorde mit den Begriffen der Generalbaßlehre. Rameaus Ideen übten auch auf den Theoretiker Johann Kirnberger großen Einfluß aus, und sein Hauptwerk *Die Kunst des reinen Satzes* (1771) war Beethoven bekannt und wurde von ihm benutzt. In dem Kapitel über Akkordlehre beruft sich Kirnberger von Anfang an auf drei Möglichkeiten, um einen Akkord zu bilden – heute bekannt als Grundposition, erste und zweite Umkehrung –, und er diskutiert den Dominantseptakkord in ähnlicher Weise. Bei dieser Annäherung an das Problem wird der Quartsextakkord als eine Variante des Terzquintakkords angesehen, wohingegen die Theoretiker vor Rameau ihn als eine Dissonanz, die nach Auflösung verlangt, betrachteten. Beethoven setzte den Quartsextakkord in einer wesentlich freieren Weise ein als seine Vorgänger, indem er ihn manchmal praktisch seiner Grundposition ebenbürtig verwendete: Der zweite Satz der siebten Symphonie und der »Hammerklaviersonate« endet jeweils tatsächlich mit einem Quartsextakkord. Nichtsdestoweniger dachte Beethoven bei der Bezeichnung der Akkorde in den Termini der Generalbaßnotation und nicht im heute gebräuchlichen System mit römischen Ziffern, das zum ersten Mal in Gottfried Webers *Versuch einer geordneten Theorie der Tonsetzkunst* (1817–21) Erwähnung findet.

Zu Beethovens Zeit hatte sich die moderne Theorie der Tonarten fest etabliert. Und wenn sich auch der Einfluß der alten Modi als gering erwies, so war er doch noch nicht völlig verschwunden, vor allem nicht in Österreich. Der subdominantisch orientierte Schluß mancher seiner Kompositionen in Moll, wie zum Beispiel bei der Sonate op. 10/Nr. 1

und der Bagatelle op. 119/Nr. 1, sind deutliche Relikte des Phrygischen – der charakteristischsten und deshalb am längsten beibehaltenen Tonart, die als letzte der Kirchentonarten unterging. Beethoven lernte das System der Kirchentonarten während seines Unterrichts bei Haydn aus nächster Nähe kennen, da den Übungen, die auf Fuxens *Gradus* zurückgehen, diese alten Modi zugrunde liegen. In seinen späteren Jahren interessierte er sich zunehmend für die Kirchentonarten, und während der Jahre 1819/20 beschäftigte er sich mit Gioseffo Zarlinos Hauptwerk *Le Istitutioni harmoniche* (1558) mit der Intension, praktischen Nutzen daraus zu ziehen. Er schrieb das »Et incarnatus« der *Missa solemnis* im dorischen und den »Heiligen Dankgesang« des Quartetts op. 132 im lydischen Modus. Das ist vielleicht im Zusammenhang damit zu sehen, daß jeder Modus traditionell einem bestimmten Charakter verpflichtet ist, der ihn für die Darstellung spezieller Ideen und Stimmungen geeignet erscheinen läßt.

Beethoven glaubte offensichtlich, das gleiche müsse auch in bezug auf die modernen Tonarten Gültigkeit behalten, von denen jede einen individuellen Charakter besitzen sollte. Diese Ansicht wird explizit durch die Art und Weise, in der er wiederholt bestimmte Tonarten mit bestimmten Ideen verknüpfte – so zum Beispiel c-Moll mit großer Angst oder E-Dur mit strahlendem Himmel –, und es heißt, er habe diese Meinung in Gesprächen mit Friedrich August Kanne sehr nachdrücklich vertreten. Die Idee der Verknüpfung der Tonarten mit speziellen Inhalten geht in Deutschland eigentlich bis auf Johann Mattheson zurück; Beethovens präzise Tonartenassoziationen jedoch sind weder mit denen Matthesons in allen Einzelheiten gleichzusetzen, noch mit denjenigen irgendeines anderen Theoretikers.

Theorien über Kompositionsformen waren im 18. Jahrhundert nicht so weit entwickelt wie die Theorien über Klanglichkeit und Tonarten. Die erste grundlegende Diskussion formaler Fragen wie der Sonatensatzform tauchen in Heinrich Christoph Kochs *Versuch einer Anleitung zur Composition* (Band 3, 1793) auf. Hierin unterteilt Koch die Sätze in Sonatenform in zwei »Teile«, die sich aber eigentlich aus vier Abschnitten zusammensetzen (Koch bezeichnet es als drei »Perioden« mit einer Coda) und seine Skizzen versuchen dies aufzuzeigen. Generell rührten seine formalen Konzepte aber weit mehr aus der praktischen Erfahrung her, als aus feststehenden theoretischen Vorstellungen, wie immer diese auch aussehen mochten.

Eine besondere Form, bei der Beethoven jedoch die Hilfe der Theoretiker in Anspruch nahm, stellt die des »Heiligen Dankgesanges« im Streichquartett op. 132 dar. Hier ist nicht nur die formale Konzeption auf die sich in Beethovens Besitz befindlichen theoretischen Abhandlungen zur Improvisation über Choralmelodien zurückzuführen, vielmehr kann man auch den Einfluß der Theoretiker auf die melodische und harmonische Gestaltung feststellen. Um einige zu nennen, seien hier Schriften wie Georg Joseph Voglers *Choral-System* und Daniel

Gottlob Türks *Von den wichtigsten Pflichten eines Organisten* erwähnt (vgl. Brandenburg, 1982). Gelegentlich machte Beethoven auch Gebrauch einer ganzen Reihe anderer theoretischer Schriften zum Beispiel aus der Feder von C.P.E.Bach, F.W.Marpurg und J.A.Schulz. Eine weitere Abhandlung von Bedeutung war Johann Sulzers *Allgemeine Theorie der schönen Künste*, in der unter anderen Themen von möglicher Tragweite eine der Auffassung Beethovens sehr ähnliche Ansicht von musikalischer Bildhaftigkeit vertreten wird (vgl. Jander, 1987).

Andere Komponisten

Am nachhaltigsten beeinflußten jedoch weder seine Lehrer noch die Theoretiker Beethovens Stil, sondern vielmehr die Werke anderer Komponisten, die er aufmerksam studierte. Wie Bach erlernte er das Komponieren zum Teil dadurch, daß er tatsächlich aus den Werken seiner Kollegen abschrieb, und so kopierte er sein ganzes Leben lang Auszüge aus einer breiten Vielfalt von Werken verschiedenster Meister wie C.P.E.Bach, J.S.Bach, W.F.Bach, L.Cherubini, C.H.Graun, G.F.Händel, J.Haydn, W.A.Mozart, G.Muffat, G.P.Palestrina und A.Salieri. In manchen Fällen fertigte er diese Kopien für einen nahezu unmittelbaren Zweck: Auszüge aus Rezitativen von Graun wurden beispielsweise zur Vorbereitung für seine eigenen Rezitativkompositionen in *Christus am Ölberge* abgeschrieben; Passagen aus dem Finale des ersten Akts von Mozarts *Don Giovanni* wurden um 1803 kopiert – kurz bevor Beethoven die *Leonore* in Angriff nahm –, vermutlich, um sich größere Vertrautheit mit der Dialogfolge und der Interaktion zwischen den Rollen in einem Ensemblesatz zu erarbeiten, da es eben genau die Ensemblestücke und genau die Singstimmen sind, die abgeschrieben wurden. Etwa zur selben Zeit fertigte er auch Auszüge aus anderen Opern an. Viele der von Beethoven aus Werken anderer Komponisten kopierten Passagen waren der Fugentechnik verpflichtet, da ihm das Problem der Stimmführung im kontrapunktischen Satz sehr am Herzen lag. Und immer wieder erfolgten die Kopierarbeiten gerade dann, wenn er an einer speziell damit verwandten Komposition arbeitete.

Ohne Zweifel zeitigten weit mehr Werke als jene, die er tatsächlich für sich abschrieb, ihre Wirkung auf Beethovens Schaffen und eine Aufstellung all jener Komponisten, die ihn beeinflußt haben könnten, wäre sehr umfangreich. Tatsächlich schien er sich vorgenommen zu haben, jedweder gebräuchlichen Technik Herr zu werden, was bedeutet, daß er sich mit allen hervorragenden Kompositionen der Zeit vertraut gemacht haben muß, obwohl im vorgerückten Alter primär ältere Komponisten Einfluß auf ihn hatten und nicht so sehr seine jüngeren Kollegen wie etwa Gioacchino Rossini und Louis Spohr. Es ist eine schwierige Aufgabe, alle diese Einflüsse zu identifizieren: Da viele stilistischen Merkmale allgemein verbindlich für diese Zeit waren, ist es nur befriedigend, in Beethovens Œuvre Passagen von vager Ähnlichkeit zu Werken anderer Komponisten zu finden. Die eigentliche Frage lautet vielmehr: Würde er in manchen Punkten anders komponiert haben, wenn er die Musik, die angeblich einen solchen Einfluß auf ihn ausgeübt hat, nicht gekannt hätte? Offensichtlich kann diese Frage nicht immer mit letztlicher Sicherheit beantwortet werden, sogar dann nicht, wenn ein Thema oder eine Passage in Beethovens Schaffen große Ähnlichkeit zu Ideen anderer Komponisten aufweist.

Spricht man von den frühesten Einflüssen auf Beethovens Musik, so muß man seinen Lehrer Neefe erwähnen, dessen Einflußnahme wahrscheinlich vor allem auf dem Gebiet des Kunstlieds ins Gewicht fiel. Neefes Lieder weisen, auch wenn sie eigentlich eher dem volkstümlichen norddeutschen Stil nachempfunden sind, verschiedene italienische Charakterzüge auf – so zum Beispiel die kunstvoll ausgearbeitete Begleitung – und zeigen daher eine enge Verwandtschaft zum späteren deutschen Kunstlied. Auch Beethovens Lieder folgen zumeist diesem Schema.

Ein anderer Komponist, der Lieder ähnlicher Art schrieb, war C.P.E. Bach, dessen Einfluß offensichtlich zum Teil über Neefe weitergegeben wurde und in dessen Liedschaffen sich – was auch bei Beethoven der Fall ist – einige Werke finden, denen religiöse Texte von Gellert zugrunde liegen. Bach übte auch auf Beethovens Klaviermusik Einfluß aus, teils durch seinen *Versuch über die wahre Art das Clavier zu spielen,* eine Abhandlung, die von Beethoven häufig benutzt wurde, teils aber auch durch seine eigenen Sonaten, von denen Beethoven einige kannte und bewunderte (vgl. »Andere Komponisten«, S. 184 f.). Und obwohl Bachs Sonaten sich in vielen Punkten von denen Beethovens unterscheiden, lassen sie dennoch deren ungewöhnliche Kühnheit und ihre Irregularität, ihre bemerkenswerten harmonischen Abschweifungen, das Ausweichen in entfernte Tonarten, die rhapsodischen Passagen und andere experimentelle Einfälle erahnen.

Die beiden Komponisten, deren Schaffen vorrangigen Einfluß auf Beethovens Musik hatte, waren zwangsläufig Joseph Haydn und Wolfgang Amadeus Mozart. Das Ausmaß, in dem sich Beethoven selbst als Erbe der beiden begriff, läßt sich vielleicht am besten daran erkennen, daß er, als er 1800 sein erstes großes Konzert in Wien gab, nur Musik von Haydn und Mozart sowie eigene Kompositionen zur Aufführung brachte. Haydns Einfluß kommt in beinahe jeder Hinsicht zum Ausdruck – in der Wahl der Gattungen, in bezug auf formale, melodische und rhythmische Gesichtspunkte, in Hinblick auf die Akkordfortschreitungen, die Tonartenverbindungen (tonale Verwandtschaften), in dynamischer Hinsicht und bei der Instrumentierung. Ebenso ist die Tatsache, daß Beethoven so viele Symphonien und Streichquartette verfaßt hat, der großen Einflußnahme Haydns zuzuschreiben, da Haydn mehr als jeder andere zur Vorrangstellung dieser beiden Gattungen beigetragen hatte. Auch hätte Beethoven sein Oratorium *Chri-*

stus am Ölberge vermutlich nie geschrieben, wenn nicht Haydns späte Oratorien, *Die Schöpfung* und *Die Jahreszeiten,* mit ihrem Erfolg Pate gestanden hätten. Viele der von Beethoven angewandten regulären Formen sind in erster Linie aus Haydns Vorbildern abgeleitet (so zum Beispiel die Sonatenrondoform und sogar das Scherzo), und ebenso nehmen viele irreguläre Ideen des formalen Procedere in der Musik Beethovens – so wie die Wiederkehr der Musik aus der langsamen Einleitung in der Coda eines ersten Satzes (Haydns Symphonie Nr. 103 und Beethovens Klaviersonate *Pathétique*) – direkten Bezug auf Haydns Kompositionen.

Mozarts Einfluß auf Beethovens Stil war nicht minder bedeutend (vgl. »Traditionelle Elemente in Beethovens Stil«, S. 241). Als Beethoven 1792 im Begriff war, nach Wien aufzubrechen, schrieb Graf Waldstein prophetisch: »Durch ununterbrochenen Fleiß erhalten Sie: *Mozart's Geist aus Haydens Händen*« (Landon, 1974, S. 199). Der Einfluß machte sich schon in den achtziger Jahren des 18. Jahrhunderts bemerkbar, als Beethoven drei Klavierquartette (WoO 36) komponierte, die in ähnlicher Weise wie Werke Mozarts konzipiert sind. Die gelegentlichen thematischen Ähnlichkeiten, die sich in der Musik dieser beiden Komponisten finden, so bei den Eröffnungsthemen der *Eroica* und des Singspiels *Bastien und Bastienne* von Mozart, sind nicht als zufällige Anleihen anzusehen, sie zeigen vielmehr, wie tiefgehend Mozarts Geist Beethovens Gedanken durchdrungen hat. Die zwei Klavierkonzerte in c-Moll (Mozarts KV 491 und Beethovens Nr. 3) sind besonders eng verwandt, beide beginnen in vergleichbarer Weise mit einem Unisonothema, das zunächst piano, dann forte erklingt. In diesem Konzert bedenkt Beethoven auch zum ersten Mal das Klavier mit einer besonderen Rolle in der Coda des ersten Satzes – ebenfalls ein Charakteristikum, das aus Mozarts KV 491, dem einzigen Konzert, in dem ein ähnliches Vorgehen zu beobachten ist, übernommen wurde.

Ein anderer Komponist, der Beethoven von Jugend an beeinflußte, war Muzio Clementi. Nach Aussagen Schindlers bewunderte Beethoven Clementis Klaviersonaten in hohem Maße und besaß sie fast alle, wenngleich seine Sammlung von Musikalien ansonsten eher dürftig war. Obwohl Clementi seinen Hauptwohnsitz in London hatte, kam er mehrere Male nach Wien, und einige seiner Sonaten wurden auch tatsächlich dort publiziert. Während der achtziger Jahre des 18. Jahrhunderts war er der Pianist mit der größten internationalen Reputation (Plantinga, 1977, S. 310), und so ist es nur natürlich, daß Beethoven Ideen aus seiner Musik beziehen sollte. In der Tat stehen Beethovens Sonaten, betrachtet man sie in ihrer Gesamtheit, den Sonaten von Clementi wesentlich näher als den Kompositionen von Haydn oder Mozart. Für diese Feststellung werden Gesichtspunkte wie der immense Grad der dem Pianisten abverlangten Virtuosität, die typischen pianistischen Idiome und der musikalische Weg zu dramatischen Hö-

hepunkten herangezogen, die Beethoven von Clementi übernommen hat.
Clementis Erfolg als Pianist und Komponist brachte ihn an die Spitze der sogenannten »Londoner Piano-Forte Schule«, von deren Mitgliedern auch einige andere Beethovens Stil beeinflußt haben könnten. Führend unter ihnen sind Jan Ladislav Dussek, der sich in den neunziger Jahren in London aufhielt und Johann Baptist Cramer, der die meiste Zeit seines Lebens in London verbrachte, aber auch Beethoven in Wien einen Besuch abstattete. Dusseks Sonaten sind oft sehr fortschrittlich, und obwohl Ähnlichkeiten zwischen seinen und Beethovens Sonaten auch nur Zufall sein könnten, ist es wahrscheinlich, daß Beethoven viele davon kannte und zeitweise von ihnen beeinflußt wurde. Ein bemerkenswertes Beispiel ist Dusseks im Jahre 1800 veröffentlichte Sonate *The Farewell*, op. 44. Sie steht in derselben Tonart wie Beethovens Sonate »Les Adieux« (op. 81 a, geschrieben 1809), und zudem gibt es einige Ähnlichkeiten im Detail zwischen diesen beiden Werken (Ringer, 1970, S. 752/53). Aus der Vielfalt der an J. B. Cramers Technik erinnernden Passagen in Beethovens Musik wird zumeist der letzte Satz der Sonate in As-Dur op. 26 herausgegriffen und zitiert. Dieses Werk wurde, kurz nachdem Cramer seine drei Joseph Haydn gewidmeten Sonaten in Wien veröffentlicht hatte, komponiert. Mit den Worten Czernys ist dieses Finale »in jener gleichmäßig bewegt fortlaufenden Manier, wie in manchen Sonaten Cramers (dessen damalige Anwesenheit in Wien auch Beethoven zur Composition dieser Sonate anregte)« (Badura-Skoda, 1963, S. 49 f.).

Spätere Einflüsse

Für Beethovens frühe und mittlere Schaffensperiode lassen sich eine ganze Reihe weniger bedeutender Einflüsse konstatieren (so zum Beispiel Justin Heinrich Knechts Symphonie *Le Portrait musical de la nature*, die um 1784 veröffentlicht wurde und einen Großteil des programmatischen Inhalts der *Pastorale*, der Sechsten Symphonie von Beethoven, vorwegnahm). Der nächste wichtige Anstoß erfolgte aber im März 1802 mit dem Eintreffen der französischen Oper *Lodoïska* von Luigi Cherubini in Wien, die so erfolgreich war, daß Cherubini ihr im selben Jahr noch drei weitere französische Opern folgen ließ *(Les Deux Journées, Médée* und *Elisa)*. Wichtig könnte weiterhin der Besuch Cherubinis selbst im Jahre 1805 gewesen sein. Beethoven wurde zutiefst berührt durch die Begegnung mit Cherubinis Musik, und in seinem späteren Leben hielt er Cherubini für den größten Komponisten unter seinen Zeitgenossen.
Unter anderem beeindruckten Beethoven die Libretti dieser französischen Opern, vor allem diejenigen zu *Les Deux Journées* und zu Gasparo Spontinis *La Vestale*. Der Autor des erstgenannten Librettos hieß Jean

Nicolas Bouilly, und so war es nur natürlich, daß Beethoven sich Bouillys *Léonore* als Quelle für seine eigene Oper zuwenden sollte. Auch dominierten Elemente des Heroismus in der französischen Oper und fanden rasch Eingang in Beethovens Musik – nicht nur in sein Opernschaffen, sondern auch in Oratorien und in seine Instrumentalmusik, besonders in seine Ouvertüren, in denen sich die graduelle Übernahme des französischen Stils der heroischen Großartigkeit vielleicht am deutlichsten erkennen läßt. Es ist bezeichnend, daß Beethoven in den später als seine »theoretische Phase« titulierten Lebensabschnitt eintrat, kurz nachdem er zum ersten Mal mit Cherubinis Musik konfrontiert worden war. Der französische Stil beeinflußte Beethoven bei der Gestaltung der Rezitative (Beethovens Rezitative sind selten so leicht und flüchtig wie das italienische »Secco«-Rezitativ), aber auch bei seiner einfalls- und abwechslungsreichen Orchestrierung. Darüber hinaus existieren weitere Parallelen im Detail zwischen der Musik Cherubinis und Beethovens, wofür hier nur ein Beispiel genannt sein soll: Die Ouvertüre zur Oper *Médée*, von der Beethoven eine Abschrift besaß, steht in f-Moll, wie Beethovens *Egmontouvertüre;* und die beiden Sätze sind einander so verwandt, daß die Musik von Beethoven an einigen Stellen wie eine in den Dreiertakt versetzte Variation der Komposition Cherubinis klingt. Andere Komponisten, die in Frankreich lebten und anscheinend einen gewissen Einfluß auf Beethoven gehabt haben, sind Christoph Willibald Gluck, Gasparo Spontini und André Grétry (Beethoven schrieb eine Variationenreihe über ein Thema von Grétry, WoO 72) sowie die Pariser Violinistenschule. Der letzteren sind Giovanni Battista Viotti und Pierre Rode zuzurechnen, die sich Beethoven für die Komposition seines eigenen Violinkonzerts zum Vorbild nahm, da es in Wien sehr wenige gute Violinisten gab.

In seinem späteren Leben wandte sich Beethoven vermehrt älteren Komponisten zu, um von ihnen neue Ideen zu beziehen. Hier sind vor allem Johann Sebastian Bach und Georg Friedrich Händel zu nennen. Beethoven achtete Bachs Musik stets hoch (vgl. »Andere Komponisten«, S. 184), dennoch waren die ersten Versuche, seinem Vorbild zu folgen, nicht besonders erfolgreich: Bachs Präludien und Fugen in allen Tonarten imitierend, komponierte er zwei Präludien (op. 39), die beide alle zwölf Durtonarten durchschreiten. Solche naiven Versuche, Bachs Musik zu übertreffen, offenbaren kaum etwas anderes als Beethovens Bewunderung für den Komponisten. Doch in der Musik seiner letzten zwölf Lebensjahre, und hier vor allem in den Fugenkompositionen, wird Bachs Einfluß auf Beethoven ganz deutlich erkennbar. Obwohl diese späten Fugen eigentlich recht wenig nach Bach klingen, war die Bachsche Musik gedanklich für Beethoven vermutlich sehr präsent, während er diese Kompositionen ausarbeitete. Überdies weisen nicht nur die Fugen den Einfluß des großen Meisters auf. Ebenfalls der späten Phase von Beethovens Leben entstammen zahlreiche Vokalkanons, die gleichfalls sein Interesse an kontrapunktischer Technik verraten. Einer dieser

Kanons greift das B-A-C-H-Motiv auf (WoO 191). In vergleichbarer Weise orientiert sich auch die A-Dur-Sonate (op. 101) in verschiedener Hinsicht sehr stark an Bachs Vorbild, und im Grunde greift Beethoven ganz generell auf Bachsche Texturen, seiner Musik nachempfundene Figurierungen und auf die obligate kontrapunktische Technik zurück (Zenck, 1986). Beethoven begann sogar einmal mit der Komposition einer Ouvertüre über B-A-C-H, letztlich spürte er jedoch offensichtlich, daß er Bach mit seiner großen Fugenkomposition das würdigste Denkmal setzen könnte, und so schrieb er die *Große Fuge.*

Beethovens Bewunderung für Georg Friedrich Händel war vielleicht sogar noch größer (vgl. »Andere Komponisten«, S. 184). Tatsächlich ist jedoch überraschend wenig Händelscher Einfluß in seinem Gesamtwerk zu verzeichnen, dennoch aber existiert er in einigen Werken. Das, was Beethoven an Händels Technik besonders bewunderte, war dessen Fähigkeit, großartige Musik mit äußerst sparsamem tonalem Material zu schaffen. Ignaz Seyfried gegenüber äußerte Beethoven: »Händel ist der unerreichte Meister! Geht hin und lernt, mit wenigen Mitteln so große Wirkungen hervorzubringen!« (Kerst, Bd. 1, S. 83) Ein gutes Beispiel für diese Technik ist der »Trauermarsch« aus Händels Oratorium *Saul,* bei dem Händel praktisch den ganzen Satz aus einem dreitönigen Motiv konstruiert. (Beethoven selbst bewunderte diesen Marsch so sehr, daß er 1820 erwog, Orchestervariationen über sein Thema zu schreiben und 1826 den Plan faßte, einen eigenen *Saul* zu komponieren.) Diese Technik, einen ganz Satz aus einer kleinen rhythmischen Einheit aufzubauen, ist in vielen Werken Beethovens zu entdecken, wobei als ein in höchstem Grad bemerkenswertes Beispiel natürlich der erste Satz seiner Fünften Symphonie genannt werden muß. Das Werk jedoch, das am eindeutigsten Händel verpflichtet war, ist die Ouvertüre *Die Weihe des Hauses* aus dem Jahre 1822. Beethoven trug sich nach Schindler (Thayer, 1967, S. 807) schon eine ganze Weile mit dem Gedanken, eine Ouvertüre im strengen, ja im ausdrücklich Händelschen »Stil« zu schreiben. Händels *Alexanderfest,* ein Werk, das er natürlich kannte und bewunderte, scheint zu dieser Zeit vorherrschend in Beethovens Gedanken gewesen zu sein. Die Ouvertüre und der Schlußchor weisen einige Ähnlichkeiten mit Beethovens Ouvertüre auf, so zum Beispiel mit dem Gebrauch des daktylischen Rhythmus, der einer absteigenden Sequenz mit ihren Auflösungen gegenübergestellt wird. Beethovens Ouvertüre greift auch in den Takten 37–53, deren Hauptcharakteristikum laute Tonika- und Dominantakkorde ausmachen, auf das Händelsche Vorbild zurück, da diese dem Chor »Break his Bands« sehr ähnlich sind, und das reichlich absurd eingesetzte Fagott verläuft an dieser Stelle der Ouvertüre parallel zum Baß, was ebenfalls seinen Gegenpart in jener Chorkomposition findet.

Beethovens Interesse an Bach und Händel und sein zunehmendes Interesse an religiöser Musik waren vielleicht dafür ausschlaggebend, die noch weiter zurückliegende Musikgeschichte in Betracht zu ziehen, und so wandte sich Beethoven Giovanni Pierluigi Palestrina und sogar dem Gregorianischen Choral zu. »Um wahre Kirchenmusik zu schreiben [, muß man] alle Kirchenchoräle der Mönche etc. durchgehen«, schrieb er im Jahre 1818 (Solomon, 1990, Eintrag Nr. 168). Er bewunderte Palestrina als den besten Komponisten für Kirchenmusik, zum Teil, weil seine Musik »a cappella«, »den einzigen wahren Kirchenstil« (Brief Nr. 1092, Kastner) verkörperte, und zum Teil, weil in dieser Musik die Kirchentonarten angewendet wurden. Palestrinas Einfluß ist, wenngleich nicht unbedingt sehr augenfällig, doch zweifelsohne in der *Missa solemnis* spürbar, die – wie Beethoven einmal bemerkte – mit lediglich geringfügigen Veränderungen nur durch Vokalstimmen zur Aufführung gebracht werden könnte.

Die Einflüsse auf Beethovens Stil waren also sehr mannigfaltig und bezeugen seine umfassende Kenntnis der Musik und der Musikgeschichte. Ganz bewußt spürte er die besten Werke seiner Vorgänger und seiner älteren Zeitgenossen auf und betrachtete sie als Ausgangspunkt für seine eigenen Kompositionen. In gewissem Maße war die Einflußnahme an die einzelnen Gattungen gebunden, und so versuchte Beethoven, sich stets denjenigen zum Vorbild zu nehmen, der die Vorrangstellung für ein bestimmtes Genre innehatte: Auf dem Gebiet der Symphonie war es vornehmlich Haydn, für das Klavierkonzert Mozart, beim Violinkonzert Viotti und bei der Kammermusik Haydn und Mozart. Was die Klaviersonate anbetraf, hielt er sich an Clementi, bezüglich der Oper an Mozart und Cherubini, bei Liedern an C.P.E. Bach und andere Komponisten und bei Fugenkompositionen (für jedwede Besetzung) an J.S. Bach. Stets suchte Beethoven nach neuen Anregungen von anderen Komponisten, und einmal bemerkte er: »... und mein größtes Vergnügen ist es, Werke, die ich nie oder nur selten gesehen, bei einigen wahren Kunstfreunden zu spielen« (Brief Nr. 201, Kastner). Im selben Brief fragte er bei Breitkopf & Härtel um Partituren verschiedenster Werke an: »... zu diesem Zwecke und überhaupt würde mir's lieb sein, wenn Sie mir die meisten Partituren, die Sie haben [...] nach und nach schickten« und das »gewiß nicht allein zum hohen Genuß, sondern auch zum Studium« (Brief Nr. 201, Kastner). Sein Verlangen nach guter Musik wurde nie gestillt, und 1817 beklagte er sich, daß er sich noch nicht ausreichend dem Kompositionsstudium gewidmet habe. Die Musik fungierte als Stimulans seiner eigenen Kreativität und diente sowohl als Modell mit Vorbildcharakter als auch als Herausforderung, die es anzunehmen galt.

BARRY COOPER

Beethovens musikalische Umwelt

Beethovens Leben konzentrierte sich auf zwei Zentren. Die prägenden Jahre verbrachte er in seiner Geburtsstadt Bonn im Rheinland und die Jahre der Vollendung im weit entfernten Wien, der Hauptstadt des österreichischen Kaiserreiches und der musikalischen Hauptstadt Europas. In Bonn bot sich ihm wenig Gelegenheit zu Reisen. Von Wien aus aber, das er im Jahre 1792 zu seiner Heimat erwählte, unternahm er 1796 zwei Konzertreisen, die erste nach Prag, Dresden und Berlin und die zweite nach Preßburg (Bratislava). 1798 stattete er Prag einen weiteren Besuch ab. Danach verließ er Wien nur, um seinen Sommerurlaub auf dem Lande zu verbringen.

Der kurfürstliche Hof in Bonn pflegte eine lange musikalische Tradition, und Ludwig van Beethoven entstammte der dritten Generation, in der seine Familie Anstellung bei Hofe gefunden hatte. Seine verschiedenen Aufgaben als stellvertretender Hoforganist, als Cembalist und Violinist im Hof- und Theaterorchester gestatteten ihm einen Einblick in die Bandbreite musikalischer Möglichkeiten. In der letzten Zeit spielte er mit einigen ausgezeichneten Musikern zusammen, mit Franz Ries zum Beispiel, den Rombergs, Simrock und Reicha, mit denen er sich auch dauerhaft befreundete und die auf verschiedene Weise Einfluß auf seine Karriere nahmen.

Die Kurfürsten Maximilian Friedrich (1761–1784) und vor allem Maximilian Franz (1784–1801) waren äußerst bestrebt, die musikalische Tradition bei Hofe zu erhalten und zu fördern. Folglich wurde Beethoven mit nahezu allen musikalischen Gattungen in ihren verschiedensten Ausprägungen konfrontiert, also mit Opern von Gluck, Grétry, Salieri, Mozart und anderen; mit Orchesterkompositionen der vorklassischen Schule, beispielsweise von J. C. Bach, und entsprechenden Werken der beiden hervorragendsten Meister der Zeit, Haydn und Mozart; mit Kammermusik von C. P. E. Bach, J. Stamitz, I. J. Pleyel und wiederum von Haydn und Mozart. Von 1779 an genoß Beethoven den Vorzug des Unterrichts beim damaligen Hoforganisten Christian Gottlob Neefe, der ihm nicht nur einen systematischeren Zugang zum Spiel des Tasteninstruments vermittelte als den, dem er bisher gefolgt war, sondern ihm darüber hinaus auch Unterricht in Komposition erteilte, wobei er sich auf die Werke Johann Sebastian Bachs stützte. Ihm lag daran, bei seinem Schüler ein breites und allgemeines Interesse zu wecken, das sich nicht nur auf Musik, sondern ebenso auf Literatur und Philosophie beziehen sollte.

Kurfürst Maximilian Franz finanzierte sowohl Beethovens erste Reise nach Wien, die dieser unternahm, um Mozart zu treffen – wobei Beethoven aber bedauerlicherweise seinen Aufenthalt abbrechen mußte, da seine Mutter in dieser Zeit starb – als auch seine zweite und endgültige Reise mit diesem Ziel im Jahr 1792. Er machte ihn außerdem mit seinem engen Freund Graf Waldstein bekannt, der 1788 nach Bonn zog und Beethovens erster wichtiger Mäzen wurde.

Wo auch immer in Bonn seine Grenzen gesteckt waren, für Beethoven bedeutete der Dienst bei Hofe die Möglichkeit, ein breites Spektrum an musikalischen Erfahrungen zu sammeln. Und als angenehmen Nebeneffekt hatte er dort Zugang zu hochgebildeten Kreisen, zu Menschen, die seinen intellektuellen Horizont erweitern konnten.

Das Wien, in das Beethoven sich 1792 begeben hatte, war ohne jeden Zweifel die musikalisch führende Stadt Europas. Die verschiedensten musikalischen Gattungen erlebten ihre Hochblüte – und die Oper war die vielleicht populärste unter ihnen. Französische Opern, vor allem jene von Luigi Cherubini (seiner Herkunft nach zwar Italiener, hatte er sich aber Frankreich zur Wahlheimat erkoren) und Etienne-Nicolas Méhul wurden mit dem größten Enthusiasmus aufgenommen. Die von ihnen favorisierten populärrevolutionären Sujets reizten Beethoven und inspirierten ihn, selbst den Versuch einer Opernkomposition zu unternehmen, zuerst *Vestas Feuer*, ein Werk, das unvollendet blieb und schließlich *Fidelio*.

Die privaten Orchester und Ensembles, die vom kaiserlichen Hof und von Mitgliedern des Adels unterhalten wurden, zeichneten sich durch einen hohen Qualitätsstandard aus. Die vermögendsten Adligen, so die Fürsten Lobkowitz und Lichnowsky und Graf Rasumovsky, verfügten sogar über eigene Konzertsäle in ihren Palais. Erstklassige Aufführungen und Konzerte fanden in den Salons ihrer Palais und Privathäuser statt, und die wohlhabenden Besitzer übernahmen das Protektorat für den jeweiligen Künstler. Reisende Instrumentalvirtuosen waren sehr begehrt, und die eben erwähnten Möglichkeiten boten aufstrebenden jungen Künstlern eine ausgezeichnete Gelegenheit, sich im Konzertleben zu etablieren.

Einer der führenden Kräfte auf dem Gebiet der Kammermusik war der Violinist und Dirigent Ignaz Schuppanzigh. Er leitete über eine lange Zeit mehrere Streichquartette in Wien. Das erste, dessen Gründung auf das Jahr 1796 zurückgeht, konzertierte einmal in der Woche im Palais des Fürsten Lichnowsky und brachte dabei Werke von Emanuel Förster, Joseph Haydn und W. A. Mozart zur Aufführung. Schuppanzigh gewann rasch die Freundschaft Beethovens, und diese fruchtbare und dauerhafte Beziehung spielte eine wichtige Rolle bei der Vorstellung seiner eigenen Kammermusikwerke in Wien, an deren Beginn die Uraufführung der Streichquartette op. 18 stand. 1804 gründete Schuppanzigh ein anderes Quartettensemble, das die ersten *öffentlichen* Konzerte für Streichquartette gab. Graf Rasumovsky engagierte ihn 1808 mit dem Auftrag, ein fest angestelltes Quartettensemble zu gründen. Dieses Ensemble brachte die drei Streichquartette op. 59, die der Graf bei Beethoven in Auftrag gegeben hatte, zur Uraufführung. Erst 1816, als das Palais Rasumovskys zerstört wurde, löste sich das Ensemble auf, und Schuppanzigh verließ Wien. Frühere Reisen hatten ihn durch ganz Europa geführt, jetzt aber bereiste er Rußland, wo er der Musik von Haydn, Mozart, Beethoven und Schubert zu größerer Bekanntheit verhalf. Seine Rückkehr nach Wien 1823 könnte einen gewissen Einfluß auf die Komposition der späten Quartette Beethovens gehabt haben.

Instrumentalvirtuosen, die in Wien gastierten, waren nicht nur beim Publikum beliebt, sie inspirierten auch die ansässigen Musiker. Im Falle Beethovens zeigte diese Anregung zweifache Wirkung. Durch das Zusammentreffen mit den Pianisten Joseph Wölffl und Johann Baptist Cramer 1798/99 erfuhr zum einen Beethovens eigenes Klavierspiel Antrieb zu neuen Höhen; andere Instrumentalisten wiederum inspirierten ihn als Komponisten. So schrieb er zum Beispiel seine Sonate für Mandoline (WoO 43) für Wenzel Krumpholz, die Hornsonate op. 17 für Johann Wenzel Stich (der lieber unter dem Namen Punto bekannt wurde) und die Violinsonate op. 47 (die »Kreutzersonate«) für George Bridgetower. Der virtuose Kontrabassist Domenico Dragonetti machte Beethoven weniger im speziellen durch die Aufführung seiner Violoncellosonate op. 5/Nr. 2, als vielmehr durch sein Spiel im allgemeinen auf die Möglichkeiten des Instruments aufmerksam und beeinflußte Beethovens Einsatz des Kontrabasses im Orchester.

Öffentliche Orchesterkonzerte gehörten seit den siebziger Jahren des 18. Jahrhunderts zum Musikleben in Wien. Die Tonkünstlergesellschaft, 1722 von Gassmann gegründet, war die erste unabhängige Körperschaft zur Förderung des Konzertlebens. Jährlich wurden vier Aufführungen veranstaltet – in der Fastenzeit und an Weihnachten –, die der Unterstützung von Musikerwitwen und -waisen dienten. 1812 rief Joseph Sonnleithner die Gesellschaft der Musikfreunde ins Leben und 1819 gründete Franz Xaver Gebauer, ein früheres Mitglied der Gesellschaft der Musikfreunde, die Concerts Spirituels – nach dem Vorbild der gleichnamigen französischen Konzertreihe –, bei denen er auch als erster die Stelle des Dirigenten bekleidete. Daneben gab es einige wenige Subskriptionskonzerte (Konzerte, die im voraus vom Publikum finanziert werden), die sowohl von ansässigen Musikern als auch von Virtuosen auf Tournee bestritten wurden.

Bis 1831, als die Gesellschaft der Musikfreunde eigene Räumlichkeiten für Aufführungen erwarb, fehlten speziell für diesen Zweck errichtete Konzertsäle. Aus diesem Grund griff man auf die bestehenden Theater und auf Säle zurück, die sonst anderweitig genutzt wurden. Beethoven präsentierte seine Akademien (Konzerte) in den beiden Hoftheatern, dem Burgtheater und dem Theater am Kärntnertor. Das bedeutendste private Theater war das Theater an der Wien, der Schauplatz der ersten öffentlichen Aufführungen einer ganzen Reihe von Beethovens Hauptwerken. Von den zahlreichen anderen Privattheatern sei hier nur das Theater in der Josefstadt erwähnt, zu dessen Einweihung nach dem Wiederaufbau Beethoven seine Ouvertüre *Die Weihe des Hauses* (op. 124) geschrieben hat.

Die drei am häufigsten für Konzerte genutzten Säle waren der Jahnische Saal, der Augarten und der Saal Zur Mehlgrube. Alle drei waren in erster Linie Restaurants, wo dann auch die weniger formellen Aufführrungen stattfanden, gewöhnlich tagsüber. Andere mögliche Veranstaltungsorte für Konzerte waren innerhalb der Hofburg zu finden. Da gab es die beiden Redoutensäle, den Rittersaal und den Zeremoniensaal. Am meisten wurde der Große Redoutensaal genutzt, ein Ballsaal, der vor allem für große Konzerte geeignet war. Weiterhin wurde der Festsaal der Universität, den die Gesellschaft der Musikfreunde für Konzerte einsetzte, bevor sie ihren eigenen Saal hatte, für viele Aufführungen Beethovens herangezogen.

Das Burgtheater verfügte über ein eigenes festangestelltes Orchester, das für Konzerte außerhalb engagiert werden konnte. Es war jedoch eher üblich, die Orchester »ad hoc« aus guten Amateurmusikern zusammenzustellen, zu denen manchmal einige professionelle Instrumentalisten hinzugezogen wurden. Die Organisierung und Finanzierung der öffentlichen Konzerte erfolgte in der Regel durch individuelle Veranstalter, meist durch den Komponisten selbst, den Dirigenten oder den Instrumentalvirtuosen, denen dann auch die Kontrolle über das ganze Geschehen übertragen war: Der Entwurf der Programme, die Auswahl der Künstler, die Öffentlichkeitsarbeit und der Verkauf der Eintrittskarten. Der Text eines Programms, das von Beethoven im voraus vorbereitet wurde, soll hier abgedruckt werden:

heute Mittwoch den 2ten April 1800 wird
im kaiserl. königl. National=Hof=Theater nächst der Burg
Herr Ludwig van Beethoven
die Ehre haben
eine große musikalische Akademie zu seinem Vortheile zu geben

Die darinn vorkommenden Stücke sind folgende:

1) Eine grosse Symphonie von weiland Herrn Kapellmeister Mozart.
2) Eine Arie aus des fürstlich Esterházyschen Herrn Kapellmeister Haydens Schöpfung, gesungen von Mlle. Saal.
3) Ein grosses Konzert auf dem *Piano-Forte*, gespielt und komponiert von Herrn Ludwig van Beethoven.
4) Ein seiner Majestät der **Kaiserinn** allerunterthänigst zugeeignetes, und von Hrn. Ludwig van Beethoven komponiertes Septett, auf 4 Saiten= und 3 Blasinstrumenten, gespielt von denen Hern. Schuppanzigh, Schreiber, Schindlecker, Bär, Nickel, Matauschek, und Dietzel.
5) Ein Duett aus Haydens Schöpfung, gesungen von Herrn und Mlle. Saal.
6) Wird Herr Ludwig van Beethoven auf dem *Piano-Forte* fantasieren.
7) Eine neue grosse Symphonie mit vollständigem Orchester, komponiert von Ludwig van Beethoven.

Billets zu Logen und gesperrten Sitzen sind sowohl bei Herrn van Beethoven, in dessen Wohnung im tiefen Graben Nro. 241, im 3ten Stock, als auch beym Logenmeister zu haben.

Die Eintrittspreise sind wie gewöhnlich

Der Anfang ist um halb 7 Uhr

Die für heutige Verhältnisse ungewöhnliche Länge des Konzerts fiel in dieser Zeit nicht aus dem üblichen Rahmen, aber ein Programm, das sich nur aus Werken gerade dieser drei Komponisten zusammensetzte, war außergewöhnlich.

Nach dem Wiener Kongreß änderten sich die Strukturen des kulturellen Lebens. Musiker wurden nicht mehr in demselben Maße wie zuvor finanziell unterstützt, und da weniger Geld vorhanden war, gab es entsprechend weniger Aufträge. Auch der Geschmack änderte sich. Die italienische Oper mit ihrem eher anspruchslosen Charakter fand große Sympathien beim Wiener Publikum, das nach Spektakulärem und nach Effektvollem verlangte, was nicht ohne Einbußen von Qualität in dramatischer und musikalischer Hinsicht vonstatten ging. Zieht man in Betracht, daß dem ein jahrelanger Krieg vorausgegangen war, war dies eine vielleicht verständliche Reaktion, doch es brachte nur oberflächliche Befriedigung. Beethoven selbst empfand zu dieser Zeit, daß er nicht im Blickpunkt des Interesses eines größeren Publikums stand. Diese Gegebenheiten und die Querelen seiner gegenwärtigen häuslichen Angelegenheiten waren die Ursachen für eine Periode der Stagnation – soweit es seine Kompositionstätigkeit anbetrifft. Allmählich zeigte sich deutlich, daß die vom Geist der Aufklärung geprägten Menschen sich jedoch nicht mit der trivialen Natur der in dieser Zeit aktuellen Musik zufriedengaben. Die späteren Werke Mozarts schienen ihren eigentlichen Bedürfnissen zu entsprechen, und die zuvor vernachlässigten Kompositionen Haydns erfreuten sich einer bis dahin nicht gekannten Popularität. Ab etwa 1818 lebte Beethovens kompositorischer Ideenreichtum wieder auf, und seine Musik entfaltete sich in neuer Intensität. Er wurde jetzt als eine Art apostolischer Vorkämpfer seiner Zeit begriffen, da seine Musik die neuen Werte, die aus den Wirren des Krieges und der Zerstörung erwachsen waren, in sich aufnahm und verarbeitete.

ANNE-LOUISE COLDICOTT

Kopieren und Verlegen von Kompositionen

Zu Beethovens Zeit war die handschriftliche Verbreitung von Musik weit üblicher, als es heute der Fall ist. In Wien gab es – wie in den meisten großen Städten – etliche hauptberufliche Notenkopisten, und einige Verleger und Musikalienhandlungen verkauften sowohl gedruckte wie auch handschriftliche Noten. Nach Fertigstellung eines neuen Werks engagierte der Komponist oft einen professionellen Kopisten, entweder für eine Reinschrift in klarer und lesbarer Form als Vorbereitung für die Veröffentlichung oder um Notenmaterial für die Aufführung zu erstellen, wenn es sich um ein Werk mit verschiedenen Stimmen oder Instrumenten handelte. Beethoven nahm die Dienste einer ganzen Reihe von Kopisten zu unterschiedlichen Zeiten in Anspruch (vgl. »Überprüfte Abschriften und Kopisten«, S. 229 ff.), und für gewöhnlich war es eher die von Beethoven korrigierte Abschrift eines Kopisten, die dem Verleger überantwortet wurde, als das Autograph selbst.

Zu Lebzeiten Beethovens nahm jedoch die Anzahl von gedrucktem Notenmaterial sowohl in Wien als auch andernorts enorm zu. Die Druckkosten sanken, die Zahl der Verleger dagegen stieg an und die Summe der nur handschriftlich verbreiteten Noten wurde proportional wesentlich geringer. So erschienen, obwohl nicht alle Werke Beethovens unmittelbar nach ihrer Komposition veröffentlicht wurden, letztlich doch die meisten seiner wichtigen Werke noch zu seinen Lebzeiten im Druck – oder aber kurz nach seinem Tod. Bach hingegen hatte, obwohl er nur weniger als ein Jahrhundert früher starb, sehr wenig veröffentlicht. Wie rasch sich die Situation änderte, wird durch Beethovens Erfahrungen mit seinen beiden Messen deutlich. Bei der C-Dur-Messe (1807) gab es große Probleme mit der Veröffentlichung, da nach Aussage von Breitkopf & Härtel (den möglichen Verlegern) »keine Nachfrage nach Kirchenmusik« bestand, wohingegen mindestens vier Verleger bereit waren, bis zu 1000 Florin für den Druck der *Missa solemnis* (1818–23) zu bieten. Aber sogar zu dieser Zeit gelang es Beethoven nicht, bestimmte Werke, vor allem Bühnenwerke und Vokalkompositionen, zu veröffentlichen. Zu den in den zwanziger Jahren erfolglos bei Verlegern eingereichten Kompositionen gehören *Die Ruinen von Athen* op. 113 und *König Stephan* op. 117 (in beiden Fällen erlebte Beethoven nur mehr den Druck der Ouvertüren), weiterhin op. 136, WoO 2a, 3, 19–20, 24, 28, 89 und 90.

Damals – wie auch heute noch – waren die Verleger im allgemeinen nur bereit, das, was sich voraussichtlich gut und schnell verkaufen ließ, zu drucken. Es gab kein Tantiemensystem, und so boten sie dem Komponisten ein einmaliges Honorar, danach ging das Werk effektiv in ihren Besitz über: Sein Ankauf schloß das Exklusivrecht der ersten Drucklegung ein, und so konnte ein Komponist dasselbe Werk normalerweise nicht an zwei verschiedene Verleger verkaufen. Es existierte zwar eine Art von Copyrightgesetz innerhalb einer ganzen Reihe von Ländern, um Raubdrucken der Erstedition vorzubeugen, aber diese Gesetze hatten jenseits nationaler Grenzen keine Gültigkeit. Für Verleger aus anderen Ländern war es also ein leichtes, Raubkopien zu produzieren und sie womöglich sogar zu einem niedrigeren Preis in ihrem Ursprungsland – in Konkurrenz zur Erstedition – zu verkaufen.

Bei den britischen Verlegern lag der Fall jedoch etwas anders. Die in England hergestellten Raubdrucke wurden in der Regel nicht auf den Kontinent gebracht – und umgekehrt würden auch die Verleger auf dem Kontinent nicht nach England liefern. (Offensichtlich machten die Transportkosten eine derartige Praxis unrentabel.) Aus diesem Grund berührten sich die beiden Handelsmärkte kaum, und aus dieser Situation zog Beethoven – wie vor ihm schon Haydn – seinen Nutzen, indem er eine Reihe seiner Werke sowohl an einen britischen als auch an einen kontinentalen Verleger verkaufte. Jeder zahlte ihm ein Honorar und erwarb im Gegenzug das Besitzrecht an der Komposition sowie die Verkaufsrechte innerhalb seines Gebietes. Idealerweise hätte ein Zeitpunkt für das exakt gleichzeitige Erscheinen der britischen und der kontinentalen Ausgabe festgelegt werden müssen, um jedem rivalisierenden Verleger die Möglichkeit zur Verbreitung einer Kopie zu nehmen, bevor noch der legitime Druck erschienen war. Völlige Gleichzeitigkeit war jedoch nicht unbedingt erforderlich und wurde auch selten erreicht. Beethovens fünfundzwanzig Schottische Lieder (op. 108) zum Beispiel wurden um den August 1818 in Großbritannien gedruckt, doch die Ausgabe erlangte außerhalb Englands so wenig Publizität, daß Beethoven dieselben Lieder nahezu zwei Jahre später an Adolf Schlesinger für eine deutsche Edition verkaufen konnte, die dann erst im Juli 1822 erschien.

Alles in allem wurden über zwei Dutzend Werke sowohl an einen britischen als auch an einen kontinentalen Verleger verkauft (Tyson, 1963 a), gelegentlich aber funktionierte das System nicht, wie etwa im Falle der Bagatellen op. 119. Die letzten fünf dieser elf Stücke für Klavier wurden in Wien veröffentlicht, alle elf dann an Clementi zum Zweck einer Edition in England verkauft. Als aber die geplante Veröffentlichung der ersten sechs Stücke auf dem Kontinent nicht zustande kam, da der Leipziger Verleger Carl Friedrich Peters widerrief, konnte Beethoven nicht schnell genug einen anderen Verleger finden, und so kam die englische Edition als Raubdruck auf den Kontinent, zunächst durch Moritz Schlesinger in Paris und dann durch Sauer & Leidesdorf in Wien, wobei Beethoven um ein dringend benötigtes Honorar gebracht wurde (Tyson, 1963 b).

In England gab es eine Copyrightkontrolle vermittels eines Registers in Stationers Hall, London. Kam ein Werk zur Veröffentlichung, wurde es zusammen mit seinem Erscheinungsdatum in diese Kartei aufgenommen. Der Eingang zeigte normalerweise an, daß die Komposition entweder kürzlich gedruckt worden war oder gerade gedruckt wurde. Solche Einträge sind daher sehr nützlich, um festzustellen, wann genau ein Werk erschienen ist. In Wien existierte kein derartiges Register, und so muß man sich, was die Datierungen von Beethovens Wiener Veröffentlichungen anbetrifft, hauptsächlich auf die Veröffentlichungsankündigungen in den Lokalblättern verlassen. Meist erschienen die Kompositionen wenige Tage vor der öffentlichen Bekanntgabe.

Noten wurden im allgemeinen auf Metallplatten gestochen, obwohl auch andere Drucktechniken, beispielsweise die Lithographie und der Bleisatz, gelegentlich zum Einsatz kamen. Waren die Platten graviert und korrigiert, wurde eine limitierte Anzahl von Drucken hergestellt (meist etwa hundert Stück) und die Platten dann gelagert, um bei späterer Nachfrage weitere Kopien erstellen zu können (Tyson, 1971 b, S. 474/75). Sollten sich nach dem Erstdruck noch Fehler herausgestellt haben, bestand die Möglichkeit, die Platten vor dem Druck der zweiten Auflage zu verbessern. Es war sogar möglich, zu diesem Zeitpunkt noch Verbesserungen an der Musik vorzunehmen, wie es bei der Fünften Symphonie auch tatsächlich der Fall war, bei der das einzige erhaltene Exemplar der ersten Auflage sich deutlich von allen späteren Auflagen unterscheidet. So ist die erste Auflage eines Werkes, obwohl sie bei allen Sammlern heutzutage die begehrteste ist, nicht immer die Ausgabe mit dem zuverlässigsten Text (Tyson, 1962). Auf der anderen Seite nutzten sich die Metalldruckplatten nach wiederholten Druckvorgängen ab und wurden manchmal durch neue ersetzt, was wiederum eine neue Fehlerquelle sein konnte, so daß keine einzige der verschiedenen Auflagen notwendigerweise als völlig zuverlässig in Hinblick auf die Textedition anzusehen ist.

BARRY COOPER

Beethovens Mäzene und seine Auftragswerke

Die Mehrzahl von Beethovens Mäzenen waren wohlhabende Adlige, deren Mäzenatentum sich entweder in speziellen Auftragswerken gegen finanzielles Entgelt oder in einer eher umfassenderen Weise, zum Beispiel der Leistung einer freiwilligen finanziellen Unterstützung, äußerte. Diese zuletzt genannte, nicht an spezielle Kompositionen gebundene Art der Gönnerschaft vermittelt eine Idee des Respekts, den Beethovens Talent hervorrief und das es ihm ermöglichte, ja ihn zu der Erwartung berechtigte, vermögens seiner Fähigkeiten in gleicher Weise wie seine »Vorgesetzten« behandelt zu werden. Die Vergabe von Auftragswerken war nicht ausschließlich Privatpersonen vorbehalten, auch Verleger, musikalische Gesellschaften und Theater konnten das übernehmen. Herausragende Interpreten (wie zum Beispiel G.A. Bridgetower, J.P. Rode, J.W. Stich) inspirierten Beethoven manchmal, speziell für sie zu komponieren (vgl. »Beethovens musikalische Umwelt«, S. 108), sie traten aber insoweit nicht als Mäzene auf den Plan, als keine finanziellen Abmachungen getroffen wurden. Das gleiche gilt für die meisten Personen, denen Beethoven Kompositionen widmete, obwohl manche Werke eine Widmung an ihren Mäzen im eigentlichen Sinn tragen.

Bonn

Beethovens Jugendjahre in Bonn werfen das Problem der Grenzziehung zwischen Anstellung und Mäzenatentum auf. Er stand in dieser Zeit im Dienst des kurfürstlichen Hofes, doch Kurfürst Maximilian Franz überschritt sicher die Pflichten eines Dienstherrn, als er 1787 Beethovens Reise nach Wien finanzierte, die dieser unternahm, um dort bei Mozart zu studieren, und auch, als er 1792 Beethoven erneut nach Wien schickte, dieses Mal zum Unterricht bei Joseph Haydn.
Als Kind lernte Beethoven die Familie von Breuning kennen. Obwohl diese Beziehung sich zu einer der beständigsten Freundschaften in

seinem Leben entwickelte, hatte sie doch auch etwas von einem Mäzenatentum in seinem weitesten Sinn, nämlich in der Weise, daß diese einflußreiche Familie ihn gleichermaßen als Freund sowie als Klavierlehrer willkommen hieß. In späteren Jahren kam Graf Waldstein nach Bonn und schloß dort enge Freundschaft mit dem Kurfürsten. Als fähiger Musiker erkannte er sogleich Beethovens Talent und wurde ein bedeutender und einflußreicher Gönner des Komponisten.
Seine erste Auftragsarbeit erhielt Beethoven in Bonn. Anläßlich des Todes Kaiser Josephs II. plante die Lesegesellschaft 1790 eine Feier, und man ersuchte Beethoven, die *Kantate auf den Tod Joseph II.* zu vertonen (WoO 87). Eine zweite Kantate, *Auf die Erhebung Leopolds II. zur Kaiserwürde* (WoO 88), wurde möglicherweise vom Kurfürsten in Auftrag gegeben. Ein anderer Auftrag zeugt von Beethovens Freundschaft mit Graf Waldstein. 1790/91 schrieb er die Musik zu einem Ballett, dem *Ritterballett* (WoO 1), das der Graf inszenierte, und erklärte sich damit einverstanden, daß dieses Stück für ein Werk von Waldstein selbst ausgegeben wurde. Die Variationen für Klavier zu vier Händen über ein Thema von Graf Waldstein (WoO 67) lassen den Respekt, den Beethoven ihm zollte, erkennen, und obwohl die beiden sich im Laufe der Zeit fremder wurden, widmete ihm Beethoven noch 1805 seine Klaviersonate op. 53.

Wien

Als Beethoven 1792 nach Wien übersiedelte, wurden seine durch den Umzug verursachten finanziellen Probleme dadurch erleichtert, daß man ihm sein Gehalt aus Bonn bis zum März 1794 weiter bezahlte. Danach hatte er nie wieder eine festbezahlte Stellung, sondern verließ sich auf seine Mäzene, auf das Einkommen, daß er durch Veröffentlichung seiner Kompositionen oder bei Konzerten erhielt, und auf das Geld, daß er mit den wenigen Klavierstunden (es war sehr schwierig, ihn dazu zu bewegen, Unterricht zu erteilen) verdiente. Beethovens Charakter war von einer Reihe von Widersprüchen gekennzeichnet. Dies trifft ganz sicher auch – und vielleicht in ganz besonderem Maße – auf seine Haltung gegenüber Anstellung und Mäzenatentum zu. Paradoxerweise wollte Beethoven Herr über sein eigenes Schicksal sein, hegte aber zugleich den Wunsch, einen wichtigen Posten zu bekleiden. »Er lebte in einem ständigen, unversöhnlichen Konflikt zwischen dem Bedürfnis, sein eigener Herr zu sein, und dem Wunsch nach gesellschaftlichem Status und finanzieller Sicherheit« (Solomon, 1987, S. 86/87). Der gleiche Konflikt war in den Beziehungen zu den Personen, die ihn unterstützten, spürbar.
Beethovens Ankunft in Wien war in vielerlei Hinsicht glückversprechend. Die engen Beziehungen zwischen dem Bonner und dem Wiener Hof bedeuteten, daß er der Wiener Aristokratie nicht gänzlich unbe-

kannt war. Zudem hatte er Empfehlungsschreiben des Grafen Waldstein im Gepäck, der mit den meisten vornehmen Familien verwandt war oder dort verkehrte, und darüber hinaus war er ja auch Schüler des hochgeschätzten Joseph Haydn. Er erhielt Zugang zu allen wichtigen Salons, was ihm im Grunde genommen seinen Erfolg als meisterhafter Pianist und Improvisator sicherstellte. Samuel Johnsons etwas verbitterte Bemerkung in einem Brief an Lord Chesterfield (7. Februar 1755) – »Ist das etwa ein Patron, mein Herr, der einen im Wasser um sein Leben Kämpfenden mit Gleichgültigkeit betrachtet, ihn aber dann, wenn er auf den Grund gesunken ist, auch noch mit später Hilfe belastet?« – könnte, was Beethoven anbetrifft, nicht weiter von der Wahrheit entfernt sein. Von Anfang an erkannten aufgeklärte und musikliebende Angehörige des Wiener Adels sein Genie und waren bereit, ihm ihre Hilfe angedeihen zu lassen. Das ermöglichte Beethoven ein ungehindertes Arbeiten in einer Weise, wie es niemals möglich gewesen wäre, wenn er eine offizielle Stellung bekleidet hätte.

Die Liste der herausragenden Persönlichkeiten, die als Mäzene im allgemeinen Sinn bezeichnet werden können, ist lang. Art und Umfang ihrer Subventionen gestalteten sich unterschiedlich, grundsätzlich aber war die Bereitschaft zu erkennen, Beethoven zu Hilfe zu kommen, entweder in praktischer oder in finanzieller Weise, wenn er Unterstützung benötigte. Biographische Details zu den wichtigsten Mäzenen (unten aufgelistet) werden in dem Kapitel »Who's who der Zeitgenossen Beethovens«, S. 45–66, mitgeteilt.

Familie Brentano
Graf Browne
Graf und Gräfin Erdödy
Graf Fries
Fürst Galitzin
Baron Gleichenstein
Fürst Kinsky
Familie Lichnowsky
Fürst Lobkowitz
Graf Oppersdorff
Baron Pasqualati
Graf Rasumovsky
Erzherzog Rudolph
Baron van Swieten
Nikolaus Zmeskall

Fürst Karl Lichnowsky war ein äußerst einflußreicher und bedeutender Gönner Beethovens. Er hatte großes Verständnis für Beethoven, insbesondere für sein Streben nach Unabhängigkeit. So richtete er 1800 eine Jahresrente von 600 Florin für den Komponisten ein, die ihm bezahlt werden sollte, bis er eine geeignete Anstellung gefunden hätte. Diese Rente erhielt Beethoven bis 1806. Des weiteren stiftete Fürst Lichnowsky vier wertvolle italienische Streichinstrumente. Als Gegenleistung bestimmte ihn Beethoven zum Widmungsempfänger einer Reihe bedeutender Kompositionen. Auch andere Familienmitglieder wurden durch Widmungen geehrt, so seine Frau Fürstin Christiane (op. 43 und WoO 45), ihre Schwester Gräfin Henriette (op. 51/Nr. 2) und Christianes Mutter Gräfin Thun (op. 11). Graf Moritz, der jüngere Bruder des Fürsten, war selbst Mäzen und erhielt daher eigene Widmungen.

1807 richtet Jérôme Bonaparte, der jüngste Bruder Napoleons, seinen Hof in Kassel ein, ließ sich als »König von Westfalen« titulieren und bot Beethoven 1808 eine Anstellung als Kapellmeister an. Sein Jahresgehalt sollte 600 Dukaten betragen und seine Pflichten sich lediglich im Dirigieren der königlichen Konzerte (offensichtlich kurze und seltene Veranstaltungen) erschöpfen, mit unbegrenztem Zugriff auf das Orchester. Höchstwahrscheinlich hatte Beethoven niemals ernsthaft die Absicht und im Grunde auch nicht den Wunsch, Wien zu verlassen. Als sich jedoch die Nachricht seiner bevorstehenden Anstellung verbreitete, kam ihm der Wunsch seiner zahlreichen Wohltäter, Wien auf keinen Fall zu verlassen, sehr gelegen. Offensichtlich war es die Gräfin Erdödy, die als erste den Vorschlag machte, einen formellen Vertrag abzuschließen, der Beethoven ein finanziell gesichertes und künstlerisch unabhängiges Leben in Wien ermöglichen sollte. Der Vertrag wurde von Baron Gleichenstein aufgesetzt und besagte, daß Beethoven jährlich 1500 Florin von Erzherzog Rudolph, 700 Florin von Fürst Lobkowitz und 1800 Florin von Fürst Kinsky erhalten sollte, wobei ihm zur einzigen Bedingung gemacht wurde, in Wien zu bleiben. Bedauerlicherweise hatte im Februar 1811 die Summe von 4000 Florin nur noch einen Wert von etwa 1600 Florin. Im September des gleichen Jahres war Fürst Lobkowitz aufgrund einer persönlichen finanziellen Notlage gezwungen, seine Zahlungen für einen Zeitraum von vier Jahren einzustellen, und im Jahre 1812 starb Fürst Kinsky unerwartet. Mit der Unterstützung J. N. Kankas gelang es aber schließlich, die Erben Kinskys dazu zu bewegen, rückwirkend vom November 1812 an Zahlungen zu leisten (vgl. S. 28), und so erhielt Beethoven von 1815 an etwa 3400 Florin WW jährlich.

Neben diesen oben bereits aufgelisteten Persönlichkeiten sind einige weitere zu nennen, die, obwohl sie Beethoven nicht so nahestanden, sich ihm gegenüber großzügig erwiesen. 1803 machte der französische Klavierbauer Sébastien Erard ihm einen Hammerflügel mit englischer Mechanik zum Geschenk, und 1818 erhielt er einen sechsoktavigen Flügel von Thomas Broadwood aus London. Ende 1826 übersandte Johann Stumpff Beethoven die vierzigbändige Händel-Edition von Arnold. Dieses Geschenk erfreute Beethoven in besonderem Maße, was in einem Brief, den er im folgenden Februar schrieb, zum Ausdruck kommt (Brief Nr. 1452, Kastner), in dem er Stumpff auch ersucht, George Smart zu ermutigen, bei der Philharmonischen Gesellschaft von London ein Konzert zu seinen Gunsten zu veranstalten. Wahrscheinlich ist es auf Stumpffs Intervention zurückzuführen, daß die Gesellschaft in einer bemerkenswert großzügigen Geste fast umgehend 100 Pfund (1000 Florin) übersandte.

Auftragsarbeiten

Ein nicht geringer Anteil von Beethovens Einkommen resultierte aus Auftragskompositionen. Die im folgenden aufgeführten wichtigen Werke (mit Auftraggeber) sind bemerkenswerte Beispiele.

op. 23 Violinsonate
Graf Fries
op. 24 Violinsonate
Graf Fries
op. 29 Streichquartett
Graf Fries
op. 31 Drei Klaviersonaten
Hans Georg Nägeli (Verleger)
op. 4 *Die Geschöpfe des Prometheus*
Salvatore Vigano?
op. 45 Drei Märsche für Klavier zu vier Händen
Graf Browne
op. 59 Drei Streichquartette
Graf Rasumovsky
op. 60 Symphonie Nr. 4
Graf Oppersdorff
op. 61 Klavierbearbeitung des Violinkonzerts
Muzio Clementi (Verleger)
op. 67 Symphonie Nr. 5
Graf Oppersdorff
op. 72 *Fidelio*
Theater an der Wien
op. 77 Klavierfantasie
Muzio Clementi
op. 78 Klaviersonate
Muzio Clementi
op. 79 Klaviersonate
Muzio Clementi
op. 84 *Egmont:* Ouvertüre und Bühnenmusik
J. H. von Luchsenstein, Direktor des Hoftheaters
op. 86 Messe in C-Dur
Fürst Esterházy
op. 105 Thema mit sechs Variationen für Klavier und Flöte
George Thomson (Verleger)
op. 107 Thema mit zehn Variationen für Klavier und Flöte
George Thomson
op. 108 25 Schottische Lieder
George Thomson
op. 109–11 Drei Klaviersonaten
A. Schlesinger (Verleger)
op. 113 Die Ruinen von Athen
Ungarisches Theater in Pest
op. 114 Marsch aus op. 113, bearbeitet für *Die Weihe des Hauses*
Karl Friedrich Hensler (Theater in der Josefstadt)

op. 117 *König Stephan*
Ungarisches Theater in Pest
op. 124 Die Weihe des Hauses, Ouvertüre
vgl. op. 114
op. 125 Symphonie Nr. 9
Philharmonische Gesellschaft, London
op. 127 Streichquartett
Fürst Galitzin
op. 130 Streichquartett
Fürst Galitzin
op. 131 Streichquartett
Bernhard Schott (Verleger)
op. 132 Streichquartett
Fürst Galitzin
op. 134 Arrangement der *Großen Fuge* (op. 133)
M. Artaria (Verleger)
op. 135 Streichquartett
M. Schlesinger (Verleger)
WoO 1 *Ritterballett*
Graf Waldstein
WoO 30 Drei Equale
Franz Xaver Glöggl
WoO 87–88 Zwei Kantaten *(Kantate auf den Tod Josephs II.* und *Kantate auf die Erhebung Leopolds II. zur Kaiserwürde)*
(siehe oben)
WoO 91 Zwei Arien
Ignaz Umlauf, Autor des Singspiels *Die schöne Schusterin*
WoO 94 »Germania«
Georg Friedrich Treitschke, Autor des Singspiels *Die gute Nachricht*
WoO 96 *Leonore Prohaska*
Johann Friedrich Duncker
WoO 97 »Es ist vollbracht«
(vgl. WoO 94)
WoO 102 *Abschiedsgesang*
M. Tuscher, zum Abschied von Leopold Weiss
WoO 106 Lobkowitz-Kantate
K. Peters
WoO 152–158 Volkslieder
George Thomson

An dieser Stelle sollen auch Beethovens Beziehungen zur Philharmonischen Gesellschaft in London erwähnt werden, vor allem im Zusammenhang mit drei Ouvertüren: *Die Ruinen von Athen* (op. 113), *Zur Namensfeier* (op. 115) und *König Stephan* (op. 117). Die Gesellschaft erwarb diese Werke 1815 als noch unveröffentlichte Stücke für 75 Guineen, obwohl sie für andere Anlässe komponiert worden waren. Offensichtlich war die Gesellschaft über die Kompositionen enttäuscht, gab aber dennoch später zwei Symphonien in Auftrag, von denen sie eine auch erhielt – die Neunte. (Ebenso erhielten sie, das allerdings sehr

verspätet, eine Version eines Satzes der Zehnten, fertiggestellt durch Barry Cooper im Jahr 1988.)
Zu weiteren Werken, die zwar in Auftrag gegeben wurden, aber unvollendet blieben, zählen:

1795 Ein Streichquartett, das (nach Wegeler) von Graf Apponyi in Auftrag gegeben wurde.
1803 Der Librettist Emanuel Schikaneder bat Beethoven, die Oper *Vestas Feuer* (Hess 115) zu vertonen, das Werk blieb aber fragmentarisch.
1803 George Thomson bat Beethoven, sechs Sonaten über schottische Themen zu schreiben.
1809 Thomson bat um drei Streichquartette im schottischen Stil.
1811 Aus einem Brief an Thomson geht hervor, daß Beethoven den Auftrag für drei Sonaten und drei Quintette angenommen hatte. Darin ist auch die Rede von zwölf englischen Liedern, einer Kantate – *Die Schlacht im baltischen Meer* – und einem eventuell geplanten Oratorium. Keines dieser Werke wurde je realisiert.
1815 Die Gesellschaft der Musikfreunde trat an Beethoven mit der Bitte um ein größeres Werk heran. 1819 erhielt er eine Anzahlung für das Oratorium *Der Sieg des Kreuzes.* Den kompletten Text (von Karl Bernard) bekam Beethoven erst 1823 und konnte sich trotz vieler Versprechungen nie recht damit anfreunden.
1824 Antonio Diabelli gab eine »Große Sonate zu vier Händen« in Auftrag und erklärte sich mit Beethovens Forderung von 80 Dukaten einverstanden, dennoch wurde der Auftrag nicht ausgeführt.

In der Hoffnung einer nachträglichen Anerkennung erbat Beethoven manchmal die Erlaubnis, ein Werk nach dessen Fertigstellung einer einflußreichen Persönlichkeit zu widmen. In diese Kategorie fallen folgende Kompositionen:

op. 5 Zwei Sonaten für Violoncello, gewidmet Prinz Friedrich Wilhelm II., wofür Beethoven mit einem wertvollen Geschenk entlohnt wurde.
op. 20 Das Septett in Es-Dur für Streicher und Bläser ist der Kaiserin Maria Theresia gewidmet. Der zeitlich unmittelbar ausschließende Auftrag für *Die Geschöpfe des Prometheus* (op. 43) könnte dadurch ausgelöst worden sein.
op. 30 Drei Violinsonaten wurden Alexander I., Zar von Rußland, gewidmet. Soweit bekannt ist, trug diese Widmung nicht unmittelbar Früchte, obwohl eine unzuverlässige Quelle von der Schenkung eines Diamantringes berichtet.
op. 89 Eine Polonaise für Klavier, 1814 für die Zarin von Rußland geschrieben und ihr gewidmet und zwar auf Anraten Bertolinis, eines Freundes von Beethoven, welcher der Meinung war, dies könnte zu einer verspäteten Anerkennung von op. 30 führen. Tatsächlich bewahrheitete sich seine Vermutung, und die Zarin schenkte Beethoven 50 Dukaten für dieses Werk und weitere 100, als ihr zu Ohren kam, daß er keine Anerkennung für seine Violinsonaten erhalten hatte.
op. 91 *Wellingtons Sieg* (»Schlachtensymphonie«) wurde dem Prinzregenten und späteren König Georg IV. von England gewidmet. Obwohl der Prinz das

Werk weder in Auftrag gegeben noch die Erlaubnis für eine Widmung erteilt hatte, hegte Beethoven einen bleibenden Unmut darüber, daß die Widmung ohne Anerkennung blieb, und er nahm sogar 1823 noch einmal in einem Brief an den König (Brief Nr. 1142, Anderson) darauf Bezug.

ANNE-LOUISE COLDICOTT

Kapitel VI

Zur Person

Zur Person

Äußere Erscheinung und Auftreten

Seit etwa 1800 war Beethoven aufgrund seiner Berühmtheit ein beliebtes Objekt der Künstler. Zahlreiche Porträts, Zeichnungen, Stiche, Büsten und eine Gipsmaske des Lebenden hinterließen der Nachwelt – zusammen mit zeitgenössischen Beschreibungen – einen ziemlich genauen Eindruck seiner äußeren Erscheinung, seiner Physiognomie, seiner Art, sich zu kleiden, und seines Auftretens.

Beethoven war klein und gedrungen. Bis Anfang Dreißig war er schlank, was das Gemälde von J. W. Mähler aus dem Jahre 1804 oder 1805, das ihn in voller Statur zeigt, und auch der Stich von Johann Neidl (etwa 1801) belegen (vgl. Abb. 1 und 2). Diese Darstellungen weisen, wie auch die Miniatur Christian Hornemanns aus dem Jahre 1803 (Abb. 3), eine bemerkenswerte Ähnlichkeit in der Wiedergabe seiner Gesichtszüge auf, wobei besonders die braunen Augen mit stechendem Blick unter einer breiten Stirn und dichten Augenbrauen auffallen. Trotz seiner rötlichen Gesichtsfarbe sind die Narben einer Windpockenerkrankung in der Kindheit sichtbar, sein Mund ist wohlgeformt, und sein Kinn zeigt die mit fortschreitendem Alter sich immer weiter vertiefende typische Spaltung. Zu dieser Zeit kleidete Beethoven sich elegant und modisch, was auch das Porträt von Isidor Neugass, das etwa um 1806 entstand, bestätigt (Abb. 4).

Im Alter von Ende Dreißig wurde Beethoven stämmiger. Die Veränderung in seinem Aussehen und seiner Art, sich zu kleiden, wurde von Grillparzer festgehalten, der 1823 schrieb: »Das erste Mal sah ich Beethoven in meinen Knabenjahren – es mochte 1804 oder 1805 gewesen sein ... Er war damals noch mager, schwarz und zwar, gegen seine spätere Gewohnheit, höchst elegant gekleidet. ... Ein oder zwei Jahre darauf wohnte ich mit meinen Eltern während des Sommers in dem Dorfe Heiligenstadt bei Wien. Unsere Wohnung ging gegen den Garten, die Zimmer nach der Straße hatte Beethoven gemietet. [...] Meine Brüder und ich machten uns wenig aus dem wunderlichen Mann, er war unterdessen stärker geworden und ging höchst nachlässig, ja unreinlich gekleidet« (Kerst, Bd. 2, S. 42/43). J. A. Röckel, der 1806 die Partie des Florestan im *Fidelio* sang, bezeugte ebenso diesen Eindruck

von Kräftigkeit, als er über einen Besuch bei Beethoven schrieb: »Mittendrin [war] der mächtige Waschapparat, an welchem der Meister beschäftigt war, seine stark gebaute Brust mit der kalten Flut zu bespülen. ... ich hatte Gelegenheit, seine mächtige Muskulatur und seinen starken Gliederbau zu bewundern. Nach diesem durfte man dem Komponisten das Alter eines Methusalem versprechen, und es mußte ein gewaltiger feindseliger Einfluß sein, der diese starke Säule so frühzeitig zu brechen vermochte« (Kerst, Bd. 2, S. 117).
Offensichtlich machte Beethovens Verhalten stets den Eindruck einer gewissen Schwerfälligkeit. Mehrere Quellen geben darüber Auskunft, unter anderem auch ein Zeugnis von Ferdinand Ries: »Beethoven war in seinem Benehmen sehr linkisch und unbeholfen; seinen ungeschickten Bewegungen fehlte alle Anmuth. Er nahm selten etwas in die Hand, das nicht fiel oder zerbrach. ... Alles wurde umgeworfen, beschmutzt und zerstört. Wie er es so weit brachte, sich selbst rasieren zu können, bleibt schwer zu begreifen, wenn man auch die schweren Schnitte auf seinen Wangen dabei nicht in Betracht zog. – Nach dem Takte tanzen konnte er nie lernen« (Wegeler, 1972, S. 119/20).
Wichtige Zeugnisse sind die Maske des Lebenden und die Büste, die 1812 von Franz Klein (Abb. 5) angefertigt wurden. Die Proportionen der Gesichtszüge bestätigen die Genauigkeit der Darstellung der früheren Porträts von Hornemann und Mähler, nun aber verlieh die Lebensreife seinem Gesichtsausdruck etwas Kraftvolles. Dieselbe Charakterstrenge ist auf dem Stich von Blasius Höfel aus dem Jahre 1814 nach einer Zeichnung von Louis Létronne (Abb. 6) zu erkennen. Beethoven war nicht gutaussehend, seine Erscheinung aber zweifelsohne auffällig, und das war sicherlich nicht zuletzt auf die Ausdruckskraft seiner Augen zurückzuführen. Dieser charakteristische Zug fehlt in Mählers zweitem Porträt (1815), wohingegen Johann Christoph Heckels weniger präzise Darstellung etwas von Beethovens charakterlicher Neigung und seinem rebellischen Geist einfängt (Abb. 7 und 8). Immer wieder wird auf Beethovens Augen Bezug genommen. Sir John Russell schrieb, aus seinen Augen spräche wilde Energie (Russell, 1828, II., S. 273). Gioacchino Rossini berichtete: »Was aber kein Stift ausdrücken könnte, ist die undefinierbare Traurigkeit, die in seinen Zügen lag – während unter dicken Brauen wie aus dem Grunde von Höhlen Augen hervorblitzten, die, obwohl klein, einen zu durchbohren schienen« (Kerst, Bd. 1, S. 292), und Amendas Freund Dr. Carl von Bursy beschrieb in seinem Tagebuch Beethovens »feurige Augen, die zwar klein, aber tiefliegend und voll ungeheuren Lebens sind« (Landon, 1974, S. 334).
Um das Jahr 1819 entstanden zwei berühmte Porträts, eines von Ferdinand Schimon und ein zweites – etwas idealisierendes – von Joseph Karl Stieler (Abb. 9 und 10). Beide bringen Beethovens widersprüchliches, zugleich großherziges und verachtendes Wesen zum Ausdruck, das sich auf dem vom Schicksal gezeichneten Gesicht widerspiegelt. In

derselben Zeit entstanden eine Reihe von Zeichnungen von Joseph Daniel Böhm, Johann Nepomuk Hoechle, Joseph Weidner und Johann Peter Lyser, die Beethoven bei seinen Spaziergängen darstellen (Abb. 11–16). Diese Bilder haben den Charakter spontaner Momentaufnahmen, sie zeigen die untersetzte Gestalt, deren Gedrungenheit durch den hochgeschlagenen Mantelkragen noch betont wird und die entweder einen Spazierstock schwingend oder aber mit fest auf dem Rücken verschränkten Armen umherstolziert. Gerhard von Breuning schrieb, daß Beethoven, wenn er sich draußen aufhielt, die Blicke auf sich zog, denn, »meist in Gedanken vertieft und diese vor sich hin brummend, gestikulierte er, wenn er allein ging, nicht selten mit den Armen dazu« (Breuning, 1970, S. 96). Allgemein ist bekannt, daß er niemals ohne ein kleinformatiges Skizzenbuch ausging, und sobald ihm eine Idee kam, hielt er inne und schrieb diese nieder.
Eines der letzten Porträts wurde 1823 von einem der bedeutendsten Porträtisten der Biedermeierzeit, Ferdinand Waldmüller, angefertigt (Abb. 17). Es zeigt Beethoven mit verbittertem Gesicht, der Glanz aus seinen Augen ist gewichen, sein Haar völlig ergraut, Jahre der Krankheit forderten ihren sichtbaren Tribut. Die beiden Zeichnungen von Joseph Eduard Teltscher, die Beethoven auf dem Totenbett darstellen, lassen seinen angeschwollenen Leib erkennen, sein von Schmerzen gezeichnetes, eingefallenes Gesicht und wirken wie eine Verletzung seiner Intimsphäre (Abb. 18 und 19). Dagegen erscheint Joseph Danhausers Zeichnung des toten Komponisten etwas distanzierter und idealisierter (Abb. 20); Beethovens Totenmaske aber ist vielleicht eines der schmerzlichsten und am stärksten von Pathos erfüllten Andenken an den Künstler.

Charakter und Wesensart

Beethovens Charakter und seine Persönlichkeit sind durch eine Reihe von Widersprüchen gekennzeichnet. Eine gewisse Unreife ließ manchmal jedes Taktgefühl bei ihm vermissen, und allzuoft stand dies im Gegensatz zu der tief in seinem Charakter verankerten Herzensgüte. So wurden seine guten Absichten häufig von unkontrollierten Temperamentsausbrüchen durchkreuzt. Das ganze Leben lang schwankten seine Stimmungen zwischen Extremen. Er konnte äußerst liebenswürdig sein, im nächsten Moment aber plötzlich zurückweisend und unnahbar; mißmutig und dann sofort wieder temperamentvoll, wobei ihm seine Unreife eine Neigung zu einem etwas kindischen Sinn für Humor erhalten hatte. Er war streitsüchtig, dann aber auch wieder versöhnlich gestimmt. An aufeinander folgenden Tagen schrieb er in Briefen an Johann Nepomuk Hummel: ». . . komme er nicht mehr zu mir! er ist ein falscher Hund und falsche Hunde hole der Schinder« und gleich darauf: »Hertzens Natzerl! Du bist ein ehrlicher Kerl und hattest Recht, das sehe ich ein ... Dich küßt Dein Beethoven/auch Mehlschöberl genannt« (Thayer, Bd. 2, S. 128/29).

Als junger Mann konnte Beethoven eine verletzende Grobheit an den Tag legen. Eigensinnig und stolz, war er nie bereit, sich in seinem Verhalten anzupassen, wenn es ihm nicht angemessen schien. Ries beschrieb dies folgendermaßen: »Etiquette und was dazu gehört, hatte Beethoven nie gekannt und wollte sie auch nie kennen« (Wegeler, 1972, S. 111). Nach einem Streit mit dem Fürsten Lichnowsky soll Beethoven 1806 folgende Zeilen an ihn geschrieben haben: »Fürst! Was Sie sind, sind Sie durch Zufall und Geburt. Was ich bin, bin ich durch mich. Fürsten hat es und wird es immer noch Tausende geben. Beethoven gibt's nur einen!« (Kerst, Bd. 1, S. 126). Es ist nicht schwierig, diese Worte mit anderen Aussagen über Beethovens Stolz in Einklang zu bringen. Eine andere Seite seines Charakters ließ ihn eine hochmütige und moralisierende Haltung einnehmen. Diese kam vor allem im Umgang mit seiner Schwägerin Johanna und seinem Neffen Karl zum Ausdruck, war aber auch ein bestimmendes Moment in den wechselhaften und stürmischen Beziehungen zu seinen Gönnern.

Als Beethoven älter wurde und ihm die Schwerhörigkeit in zunehmendem Maße zu schaffen machte, traten die negativen Seiten seines Charakters deutlicher in den Vordergrund. Immer wieder war er Anfällen von Verzweiflung ausgeliefert; die Verständigungsprobleme führten dazu, daß er sich immer mehr zurückzog und immer mißtrauischer und argwöhnischer gegenüber seinen Mitmenschen wurde. Man kann die verheerende Auswirkung gar nicht überschätzen, die diese Behinderung auf Beethoven – nicht nur als Musiker, sondern auch als Menschen – ausgeübt haben muß, auf diesen Mann, dem die Gesellschaft mit anderen und die Möglichkeit des Gedankenaustauschs so viel bedeuteten. Es überrascht kaum, daß er sich nach und nach immer stärker auf seine Korrespondenz verlegte und zeitweise in Melancholie verfiel, wenn er einige Tage lang keine Briefe erhielt.

Daß Beethoven eine widersprüchliche Persönlichkeit war, wird durch die Zeugnisse jener Menschen, die ihn kennenlernen konnten, belegt. Varnhagen von Ense, der 1811 mit Beethoven in Teplitz zusammentraf, beschrieb ihn in einem Brief: »Die letzten Tage im Ausgang des Sommers lernte ich in Teplitz Beethoven kennen und fand in dem als wild und ungesellig verrufenen Manne den herrlichsten Künstler von goldenem Gemüt, großartigem Geist und gutmütiger Freundlichkeit« (Landon, 1974, S. 319). Ganz anders hingegen charakterisierte ihn Goethe als eine ganz ungebändigte Persönlichkeit. Ries aber, der Beethoven sehr lange und gut kannte, zeichnete ein ausgeglicheneres Bild seines Wesens. Er erwähnte seine Liebenswürdigkeit gegenüber denjenigen, die sie nicht missen konnten, sein Temperament und seine Reizbarkeit und auch die Heftigkeit und Ungeduld, die ihn selbst an der Solidarität seiner besten Freunde zweifeln ließ (Wegeler, 1972).

Beethovens Verhalten war, wie bei einer so komplexen Persönlichkeitsstruktur nicht anderes zu erwarten, sehr sprunghaft. Selten blieb er längere Zeit an ein und demselben Wohnort (vgl. »Wohnorte und

Reisen«, S. 137–54), häusliche Bequemlichkeit bedeutete ihm offensichtlich wenig, und er lebte in einem Durcheinander, das viele Beobachter vor den Kopf stieß. Er war nicht fähig, seine hauswirtschaftlichen Angelegenheiten unter Kontrolle zu halten und wurde im Laufe seines Lebens immer nachlässiger in seiner Art, sich zu kleiden. Die Unordnung traf aber nur auf Äußerlichkeiten zu, denn im Grunde zeichnete sich Beethovens Leben durch eine im wesentlichen disziplinierte Alltagsroutine aus, wie später näher erläutert werden wird.

Baron Trémonts Beschreibung seines Besuchs bei Beethoven im Jahr 1809 liest sich folgendermaßen: »Stellen Sie sich das Unsauberste und Unordentlichste vor: Wasserlachen bedeckten den Boden; ein ziemlich alter Flügel, auf dem der Staub mit Blättern voll geschriebener oder gedruckter Noten um den Platz stritt. Darunter – ich übertreibe nichts – ein noch nicht geleertes diskretes Gefäß. ... Die Stühle hatten alle Strohsitze und waren mit Kleidungsstücken und Tellern voller Reste vom Abendessen des vorhergehenden Tages bedeckt« (Kerst, Bd. 1, S. 135). Ignaz von Seyfried und Bettina von Arnim lieferten ganz ähnliche Schilderungen.

Beethoven wurde ständig durch häusliche Probleme, vor allem in bezug auf die Dienerschaft, belastet (vgl. »Persönliches Umfeld«, S. 181 f.). Er war nicht nur über Gebühr mißtrauisch, daß jeder darauf aus sei, ihn in irgendeiner Weise zu betrügen und hinters Licht zu führen, sondern in mancher Hinsicht auch außerordentlich kleinlich. Seyfried zum Beispiel berichtete, daß er in eigener Person die Eier auf ihre Frische hin testete, indem er sie aufbrach, und wenn eines darunter nicht mehr ganz frisch war, so zögerte er nicht, damit nach seiner Haushälterin zu werfen. Schindler vermittelte einen Einblick in diese Probleme durch die Veröffentlichung der Notizen, die Beethoven 1819 und 1820 über seine Haushaltsangelegenheiten gemacht hat. Dabei besticht die Regelmäßigkeit, mit der seine Hausangestellten entweder aus eigenem Antrieb den Dienst aufgaben oder aber gekündigt wurden.

Beethovens Nachlässigkeit hinsichtlich seiner Kleidung grenzte ans Exzentrische. Graf Keglevics, ein Neffe von Beethovens Schülerin Barbara von Keglevics, schrieb darüber: »Er hatte die Marotte – eine von vielen – daß er, da er vis-à-vis wohnte, im Schlafrock, Pantoffeln und Zipfelmütze zu ihr ging und ihr Lektionen gab« (Landon, 1974, S. 228). Zu einem späteren Zeitpunkt erinnerte sich der Komponist Louis Schlösser, dem Violinisten Joseph Mayseder gegenüber seine Verwunderung darüber zum Ausdruck gebracht zu haben, Beethoven einmal in ungewöhnlich eleganter Kleidung begegnet zu sein. Dann mußte er jedoch erfahren, daß es für Beethovens Freunde nichts Ungewöhnliches war, dessen alte Kleidungsstücke über Nacht gegen neue auszutauschen. Am nächsten Morgen zog Beethoven sich offensichtlich wie gewohnt an, ohne den Kleidertausch überhaupt zu bemerken.

Paradoxerweise legte er dem Waschen gegenüber eine geradezu obsessive Haltung an den Tag. Sein Reinigungsritual wurde durch ein Singen (oder Heulen) in einer sehr hohen Stimmlage begleitet, sehr zum Vergnügen seiner Dienerschaft oder auch von Passanten, die von der Straße aus in seine Wohnung sehen konnten. Ob dieses Verhalten nun in erster Linie seine besondere Sorge um die körperliche Hygiene belegt oder aber für seinen Denkprozeß wesentlich war, muß unbeantwortet bleiben. Sicher ist lediglich, daß Beethoven bei seinen Vermietern nicht beliebt war, da von der reichlichen Menge an Wasser, das er aus Kannen über sich zu schütten pflegte, häufig etwas durch die Fußböden drang. Mit fortschreitendem Alter entfernte sich Beethoven immer weiter von dem zu Streichen aufgelegten jungen Mann, der er in seiner Jugend gewesen war. Er wurde vielmehr als eine zunehmend exzentrische Person beschrieben, gezeichnet von jahrelanger Krankheit und mit den Problemen, die seinen Neffen betrafen, belastet. Er gab sich noch mißtrauischer und war geradezu besessen von der Annahme, daß er sich in einer miserablen finanziellen Lage befände. Seine äußere Erscheinung wirkte noch ungepflegter, da er sein Haar ungehindert wachsen ließ, und seine schlechte Laune nahm noch mehr überhand.

Persönliche Beziehungen

Die Widersprüchlichkeiten in Beethovens Charakter und Auftreten, die im vorhergehenden Abschnitt beschrieben wurden, wirkten sich auch auf seine persönlichen Beziehungen aus. Selten war er einer dauerhaften Freundschaft fähig, meist wurden seine Beziehungen durch belanglose Mißverständnisse beeinträchtigt oder aber durch erbitterte Streitereien zerstört.

Beethoven pflegte eine Reihe von Freundschaften mit Männern seines Alters, genoß aber auch die Gesellschaft jüngerer Männer; hier ist vor allem Ferdinand Ries zu erwähnen, der zu Beginn von Beethovens Laufbahn in sein Leben trat sowie Karl Holz, den er erst in den letzten Lebensjahren kennenlernte. Zu den etwa gleichaltrigen Freunden zählten Stephan von Breuning, Franz Wegeler, Karl Amenda und Baron Gleichenstein. Die freundschaftlichen Beziehungen zu Wegeler und Amenda blieben ungetrübt, vermutlich weil beide Wien frühzeitig verließen und der Kontakt durch Briefe aufrechterhalten wurde. Beethovens Reaktion auf eine heftige Auseinandersetzung mit Breuning im Jahre 1806 stand in keinem Verhältnis zum Anlaß des Streits, und der daraus resultierende Bruch der Beziehung konnte nur durch Breunings hochherziges Verhalten wieder bereinigt werden. Dies war nur einer von vielen Vorfällen, bei denen Beethovens Freunde über seine Unzulänglichkeiten hinwegsahen. Was auch immer er sich zuschulden kommen ließ, er konnte sich einer nahezu unverbrüchlichen Loyalität seiner Freunde sicher sein, die aus der Anerkennung seines Genies resultierte. Beethoven stand mit einer Anzahl von Leuten auf freundschaftlichem Fuß, betrachtete sie aber offensichtlich nicht als seine wahren Freunde (vgl. »Persönliches Umfeld«, S. 180 f.). Über Zmeskall und Schuppanzigh schrieb er 1801, er sehe sie »als bloße Instrumente, worauf ich, wenn's mir gefällt, spiele«, und bemerkte außerdem: »... ich taxiere sie nur nach dem, was sie mir leisten« (Brief Nr. 50, Kastner). Diesem Kreis, den er mit diesen zynischen Bemerkungen bedacht hat, sind zweifelsohne auch einige seiner Gönner sowie Schindler zuzurechnen. Eine tiefere Beziehung verband Beethoven jedoch mit zweien seiner Mäzene, nämlich mit Fürst Lichnowsky und Erzherzog Rudolph. Die Intensität des freundschaftlichen Verhältnisses zwischen Beethoven und Lichnowsky hatte allerdings keinen Bestand, sein Respekt Erzherzog Rudolph gegenüber schien jedoch sein ganzes Leben hindurch nie in Frage gestellt (Kagan, 1988).

Zumindest in seinen jungen Jahren fühlte sich Beethoven sehr stark zum weiblichen Geschlecht hingezogen, wobei er sowohl Freundschaft im eigentlichen Sinne suchte, als sich auch den Frauen als Objekt seiner Liebe nähern wollte. Wegeler berichtete darüber: »In Wien war Beethoven, wenigstens solange ich da lebte, immer in Liebesverhältnissen und hatte mitunter Eroberungen gemacht« (Wegeler, 1972, S. 43), und Ries offenbarte, daß »Beethoven ... Frauenzimmer sehr gerne [sah], besonders schöne, jugendliche Gesichter, und gewöhnlich, wenn wir an einem etwas reizenden Mädchen vorbeigingen drehte er sich um, sah es mit seinem Glase nochmals scharf an und lachte oder grinzte, wenn er sich von mir bemerkt fand. Er war sehr häufig verliebt, aber meistens nur auf kurze Dauer« (ebd., S. 117). Trotz allem entschloß sich Beethoven nie zu einer Heirat und schien auch nie eine intime Beziehung zu einer Frau unterhalten zu haben. Seine Haltung gegenüber Liebe und Ehe war vielmehr ambivalent, und es kann nicht nur dem Zufall zugeschrieben werden, daß seine Freundinnen gewöhnlich einen höheren gesellschaftlichen Rang innehatten und ausnahmslos an jemand anderen gebunden waren, so daß eine Heirat von vornherein nicht in Betracht kam. Indem er die Frauen so außerhalb seiner Reichweite hielt, konnte er den Wunsch nach Liebe und Ehe mit der Notwendigkeit, seine emotionale Energie der Musik zu widmen, in Einklang bringen.

1801 beschrieb Beethoven »ein liebes, zauberisches Mädchen ..., die mich liebt, und die ich liebe ... und es ist das erstemal, daß ich fühle, daß Heiraten glücklich machen könnte« (Brief Nr. 56, Kastner). Es ist vielleicht bedeutsam, daß er diese Aussage sofort einschränkte, indem er fortfuhr, »leider ist sie nicht von meinem Stande – und jetzt – könnte ich nun freilich nicht heiraten; – ich muß mich nun noch wacker herumtummeln« (ebd.). Gegen Ende des Jahres 1804 vertiefte sich seine Freundschaft zu Josephine Deym (geborene Brunsvik). Obwohl sich von seiner Seite echte Liebe daraus entwickelt hatte, erklärte er sich doch sehr rasch mit einer platonischen Beziehung einverstanden, als sich herausstellte, daß er ihre Gefühle für ihn falsch interpretiert hatte.

Abgesehen von einem sehr frühen Heiratsantrag an die Sängerin Magdalena Willmann, erwähnte Beethoven die Möglichkeit einer Ehe nur in Verbindung mit Giulietta Guicciardi und Therese Malfatti, die beide unerreichbar für ihn waren. Nach seinem Tode aber fand sich unter seinen Papieren ein Liebesbrief aus dem Jahr 1812, der an »meinen Engel« und an »meine unsterbliche Geliebte« (Brief Nr. 55, Kastner, vgl. Abb. 30) gerichtet war. Es ist ein leidenschaftlicher Erguß an eine Frau, die seine Liebe offensichtlich eindeutig zurückwies. Ihre Identität ist bis heute nicht geklärt, wahrscheinlich handelte es sich um Antonie Brentano (Solomon, 1987), obwohl es auch Josephine gewesen sein kann (Goldschmidt, 1977). Der Brief bestand aus drei Abschnitten, deren Niederschrift sich über zwei Tage hinzog und er schien die Reaktion auf den Wunsch nach einer festen Bindung von seiten der Frau zu sein. Im ersten Teil bringt Beethoven seine tief empfundene Liebe zum Ausdruck, ist aber unfähig, das Versprechen einer festen Beziehung zu leisten; im zweiten Abschnitt läßt Beethovens Widerstand gegen die Idee einer Verbindung nach. Der Schlußteil aber, der am folgenden Morgen geschrieben wurde, ist zurückhaltender. Er entsagt der Möglichkeit, sich zu binden – und das nicht nur in diesem konkreten Fall, sondern für sein ganzes Leben. Seine Zuneigung zu dieser Frau war nicht geringer geworden, und nach wie vor sehnte er sich nach ihrer Liebe, war aber gezwungen zu bekennen, daß er sie nicht heiraten konnte. Der Brief wurde wahrscheinlich niemals abgeschickt, vermutlich verhielt es sich vielmehr so, daß diese Zeilen gar nicht für die eigentliche Empfängerin bestimmt waren, sondern Beethoven damit gedanklich zu einer Lösung für sich selbst finden mußte. Es gibt Anhaltspunkte, daß die durch diese Beziehung geweckten starken Gefühle einige Zeit anhielten. Nach Aussage von Fanny Giannatasio erzählte Beethoven ihrem Vater 1816: »Vor fünf Jahren habe er eine Person kennen gelernt, mit welcher sich näher zu verbinden er für das höchste Glück seines Lebens gehalten hätte. Es sei nicht daran zu denken, fast Unmöglichkeit, eine Schimäre, dennoch ist es jetzt noch wie am ersten Tag« (Kerst, Bd. 1, S. 222/23).

Die einzige Frau, die in Beethovens Leben nach der Adoption seines Neffens Karl im Jahr 1815 in positiver Weise eine Rolle spielte, war Nanette Streicher. In ihr schien er eine Art Mutterfigur zu sehen und fragte sie auch wiederholt um Rat, was seine Haushaltsführung anbetraf. Seit dieser Zeit bot die Beziehung zu seinem Neffen die einzige Gelegenheit zum Ausleben seiner zwischenmenschlichen Emotionen – vielleicht sogar als Ersatz für eine Ehe – und seine feindseligen Gefühle gegenüber seiner Schwägerin Johanna beeinflußten seine Empfindungen gegenüber Frauen ganz allgemein.

Beethovens Mangel an Verständnis zeigte sich am deutlichsten in seinen Beziehungen zu den Familienmitgliedern. Und auch hier wiederum verursachten die Konflikte in seinem Inneren den anderen wie auch ihm selbst größten Kummer. Schon als seine Brüder Carl und Johann noch Kinder waren, übernahm Beethoven die Verantwortung für sie und entließ sie erst daraus, als sie in Wien Fuß gefaßt hatten. Allgemein wird angenommen, daß er nicht sehr gut mit ihnen zurechtkam und sie ihm nicht gerade wohlwollend gegenüberstanden; es sind sogar zwei Begebenheiten mit heftigen Auseinandersetzungen bekannt. Das Schema von erbitterten Querelen, auf die dann aber leidenschaftliche Versöhnungen folgen, ließe sich sehr gut in Einklang damit bringen, was aus anderen Beziehungen Beethovens bekannt ist (im Falle seiner Brüder könnte es durch familiäre Bande noch intensiviert worden sein), und so kann man alles in allem offensichtlich doch annehmen, daß er im Grunde seinen Brüdern Zuneigung entgegenbrachte, insbesondere Carl, den er mit Sicherheit in seine Privatangelegenheiten einbezog.

Beethoven opponierte erbittert gegen Carls Heirat mit Johanna Reiss im Jahr 1806. Mit der Tatsache, daß Carl kurz vor seinem Tod Beethoven und Johanna gemeinsam die Vormundschaft für seinen Sohn Karl übertrug, brachte er seinen Wunsch, die beiden sollten zu einem »harmonischen« Verhältnis finden, zum Ausdruck. Dieser erfüllte sich allerdings nicht. Beethoven beantragte sofort die alleinige Vormundschaft und löste einen viereinhalb Jahre dauernden Rechtsstreit aus, wobei er beweisen wollte, daß er das geeignetere »Elternteil« wäre. Johanna mußte die Trennung von ihrem Sohn, öffentliche Verunglimpfung ihrer Person und völlig unverhältnismäßige Strafen für ihre Verfehlungen hinnehmen. Die Tatsache, daß Beethoven sich, obwohl er soviel Leid verursachte, immer noch im Recht fühlte, kann weder durch die Mißachtung der Gefühle seiner Mitmenschen, noch durch seine eigene Überzeugung, immer dem Pflichtgefühl gemäß zu handeln, hinreichend erklärt werden. Der Grad an Besessenheit, den er dabei an den Tag legte, läßt vermuten, daß er von sehr starken und wahrscheinlich unbewußten Kräften dazu getrieben wurde. Möglicherweise glaubte er, all seine aufgestauten und in dem Brief an die »unsterbliche Geliebte« dargelegten Gefühle auf eine enge Beziehung zu Karl konzentrieren zu können. Vielleicht sah er in Karl den Sohn, den er nie hatte; und so konnte er, angenommen, er übernähme die Vaterrolle, Johannas Gegenwart schlicht nicht mehr ertragen. Seine Handlungsweise könnte ihre Ursache aber auch in uneingestandenen ambivalenten Gefühlen Johanna gegenüber haben.

Seinem Bruder Johann stand Beethoven nicht so nahe wie Carl. Die beiden verband wenig Gemeinsames, und Beethoven machte sich über die anmaßende Haltung seines Bruders lustig. Als Johann sich einmal als »Gutsbesitzer« bezeichnete, soll Beethoven sich – als Reaktion darauf – selbst mit »Hirnbesitzer« tituliert haben. 1812 erreichte ihn die Nachricht, Johann unterhalte eine Beziehung zu einer nicht standesgemäßen Frau, Therese Obermayer; daraufhin fuhr er selbst nach Linz, um dieser Verbindung ein Ende zu setzen. Er ging sogar so weit, sich an die Kirche, die Behörden und die Polizei zu wenden, doch Johann machte ihm einen Strich durch die Rechnung, indem er Therese heiratete. Dies geschah kurz nachdem Beethoven in dem Brief an die »unsterbliche Geliebte« dem Aufruhr seiner Gefühle Ausdruck verliehen hatte. Ist sein Verhalten angesichts dieser Enttäuschung vielleicht als unkontrollierte Eifersucht auf das Glück seines Bruders zu verstehen? Etwa 1822 fanden die

Brüder wieder zu ihrem Verhältnis zurück und Beethoven schrieb: »Friede, Friede sey mit uns, Gott gebe nicht daß das natürlichste Band zwischen Brüdern wieder unnatürlich zerrissen werde« (Thayer, Bd. 4, S. 270). Johann war ihm dann auch bald in geschäftlichen Angelegenheiten behilflich und lieh ihm Geld.

Seinen Neffen Karl behandelte Beethoven offensichtlich ziemlich inkonsequent, indem er sich ihm gegenüber entweder sehr nachsichtig verhielt oder aber Strenge bis hin zur Bestrafung walten ließ. Für die emotionalen Bedürfnisse des Jungen zeigte er keinerlei Verständnis. Beethoven war außer sich vor Freude, seinen Neffen »retten« zu können und »Vater« zu werden. In seinen Briefen erwähnte er seine »großen Anstrengungen um meinen mir lieben Neffen vor seiner verdorbenen Mutter zu retten« (Thayer, Bd. 3, S. 553), »denn ich bin wirklich leiblicher Vater von meines Bruders Kind.« (Brief Nr. 600, Kastner).

Daß Karl nun ihm »gehörte«, sicherte ihm jedoch nicht die Zuneigung seines Neffen. Der Junge liebte seine Mutter nach wie vor, und alle Kritik an ihr konnte ihn nicht davon abbringen. 1819 verlor Beethoven für kurze Zeit die Vormundschaft, das offenbarte seine widersprüchlichen Gefühle zu Karl: Enttäuschung und Ablehnung, aber auch eine tiefe Liebe, die jedoch wieder nur in ihrer Verleugnung zum Ausdruck gebracht wurde. Er nannte ihn »verstockt und undankbar« und erwog, einen Brief, den er von Karl erhalten hatte, wieder an diesen zurückzusenden, denn: »Es ist kein Herz drin, nicht einmal der Wunsch mich zu sehen oder zu sprechen.« Auch notierte er Bemerkungen wie »meine Liebe zu ihm ist fort, er brauchte sie, ich habe der seinigen nicht nötig« und »er soll mich aber auch, solange ich lebe, nicht mehr sehen, dieses Scheusal« (Briefe Nr. 901 u. 904, Kastner). Letztlich aber übertrug er die Schuld auf Karls Mutter. »Was es für eine Beschaffenheit mit der Mutter meines Neffen hat, ist daraus zu ersehen, daß sie von den Gerichten ganz unfähig erklärt worden ist, irgendeine Vormundschaft über ihren Sohn zu führen. Was sie alles angestiftet, um ihr armes Kind selbst zu verderben, kann nur ihrer Verdorbenheit beigemessen werden« (Thayer, Bd. 4, S. 142).

Nachdem der Rechtsstreit beendet war, stabilisierte sich das Verhältnis, bis Karl 1823 die Schule verließ. Zu diesem Zeitpunkt hatte er bereits die Aufgaben eines Sekretärs bei Beethoven übernommen, nun wurde er auch mit finanziellen Transaktionen betraut und ihm die Verantwortung für die Organisation des Haushalts übertragen. Das war zwar eine zeitraubende Tätigkeit, als weitaus belastender jedoch stellten sich die Ansprüche an seine Gefühle heraus. Beethovens Liebe wurde stets durch besitzergreifendes Verhalten und Eifersucht getrübt, und das machte ihn streng und mißtrauisch. Er trachtete danach, Karls Freiheit in jeder erdenklichen Weise einzuschränken, woraus, wie nicht anders zu erwarten, erbitterte Streitigkeiten erwuchsen.

1825, als Beethoven mehrere Monate in Baden verbrachte, blieb Karl zwar in Wien, Beethoven tat aber sein Bestes, auch von Baden aus seinen

Einfluß auf seinen Neffen geltend zu machen. Er schrieb ihm häufig, forderte seine Besuche und ersuchte sogar seine Freunde um Berichte über Karls Tun und Handeln. In den achtunddreißig Briefen aus dieser Zeit sind viele Bitten um Botengänge und eine Unzahl von Ratschlägen enthalten; Ratschläge, die sich auf Geldangelegenheiten, Kleidung, frühes Aufstehen und auf die Notwendigkeit harten Arbeitens beziehen. Eigentlich aber muß für Karl der stete Ansturm auf seine Gefühle noch schwerer zu ertragen gewesen sein: nicht enden wollende Kritik und Anklagen, Versuche, Schuldgefühle bei Karl hervorzurufen, und Äußerungen großer Zuneigung, die mit schroffer Ablehnung im Widerspruch standen. All diese Briefe sind an den »Sohn« gerichtet und mit »Vater« unterzeichnet, so als wäre es der verzweifelte Versuch, an diese Beziehung zu glauben.

Karl, der weiterhin in Untermiete wohnte, besuchte Beethoven nun im Verlauf des Jahres 1826 nicht mehr so häufig wie früher. Die Aufzeichnungen in den Konversationsheften lassen den Schluß zu, daß er den ständigen Auseinandersetzungen nicht länger gewachsen war. Die Beziehung zu seinem Neffen ist das deutlichste Beispiel für Beethovens Unfähigkeit, die Gefühle eines anderen Menschen zu verstehen. Er übte fortwährend einen derart starken Druck auf Karl aus, daß dieser schließlich in seinem Selbstmordversuch den einzig verbleibenden Ausweg sah. Der Versuch mißlang. Später gestand Karl »des Lebens überdrüssig« und »zermürbt von der Gefangenschaft bei Beethoven« gewesen zu sein, und daß Beethoven ihn zu sehr gequält hatte; nun aber habe er die Kraft gefunden, ihm entgegenzutreten. Beethoven selbst war am Boden zerstört, seine Illusion einer Vater-Sohn-Beziehung war zunichte gemacht. Obwohl sie weiterhin ganz gut miteinander auskamen, war dies für Beethoven ein Schlag, von dem er sich nie erholte.

Finanzielle Verhältnisse

Die komplizierte wirtschaftliche Situation in Wien, deren Kenntnis notwendig ist, um die finanzielle Lage Beethovens zu verstehen, wurde im Kapitel »Volkswirtschaft« (S. 81 ff.) bereits dargelegt. Nicht ohne Bedeutung ist dabei auch Beethovens eigene, oft irrige Einschätzung seiner finanziellen Situation: Mit zunehmendem Alter wähnte er sich immer schlechter gestellt, obwohl er eine großzügige Rente erhielt. Sein Mißtrauen, das ihn glauben ließ, jedermann wolle ihn betrügen, wurde er nie los. Beethovens Ausgaben waren immer hoch, ohne daß sich das in seinem Lebensstil widergespiegelt hätte, wie Ries bemerkte: »Beethoven brauchte viel Geld, obschon er wenig Gutes oder Ordentliches dafür genoß; denn er lebte sehr einfach« (Wegeler, 1972, S. 112).

Beethoven wuchs in bescheidenen Verhältnissen auf, und nach Wegelers Aussage fand »mithin … überall Beschränkung statt« (Wegeler, 1972, S. 9), nie aber fehlte es am Notwendigsten. 1789, als sein Vater nicht mehr für den Unterhalt der Familie sorgen konnte, übernahm Beethoven die Aufsicht über den Haushalt, wobei er zu seinem eigenen

Geld noch die Hälfte des Gehalts seines Vaters erhielt und ihm die Verantwortung für seine beiden Brüder übertragen wurde. Diese Vereinbarung blieb auch dann weiter bestehen, als Beethoven gegen Ende des Jahres 1792 nach Wien zog. Im März 1794, als die Zahlungen aus Bonn eingestellt wurden, hatte er ein angemessenes Einkommen, das sich aus den Einnahmen durch Unterrichtsstunden, Aufführungen und durch Veröffentlichungen rekurierte. Nach 1795 waren seine Brüder nicht mehr von ihm abhängig, und 1796 konnte er es sich leisten, einen Diener anzustellen.

Seit 1800 erhielt Beethoven ein jährliches Gehalt von 600 Florin vom Fürsten Lichnowsky (die Zahlungen wurden bis 1806 fortgeführt), außerdem verdiente er nicht unerheblich durch sein erstes Benefizkonzert. Im Jahr 1801 wurden mehrere wichtige Werk von ihm publiziert (vgl. »Zeittafel Beethoven – Leben und Werk – Zeitgenössische Ereignisse«, S. 17). Diese Veröffentlichungen konnten eine beträchtliche Einnahmequelle darstellen: Für eine Symphonie oder eine Sonate verlangte Beethoven 20 Dukaten (90 Florin) (Brief Nr. 43, Kastner). In einem Brief an Wegeler schrieb er: »Meine Kompositionen tragen mir viel ein, ... man akkordiert nicht mehr mit mir, ich fordere und man zahlt« (Brief Nr. 52, Kastner). Vergleicht man diese Zahlen mit dem Gehalt seines Bruders, der im öffentlichen Dienst stand und 250 Florin jährlich erhielt, so läßt sich daran der finanzielle Erfolg Beethovens ermessen.

Im Verlauf des Jahres 1803 verbesserte sich seine wirtschaftliche Lage weiter. Zu einer Zeit, in der das durchschnittliche Jahreseinkommen unter 1000 Florin lag, konnte Beethoven bei einem Benefizkonzert einen Gewinn von 1800 Florin für sich verzeichnen und für eine größere Komposition 30 Dukaten verlangen (Brief Nr. 89; Anderson), eine Summe, die das zunehmende Prestige des Komponisten widerspiegelte. Er genoß es, sich großzügig zeigen zu können, wie aus folgenden an Ries gerichteten Worten ersichtlich wird: »Keiner meiner Freunde darf darben, so lange ich etwas hab'« (Wegeler, 1972, S. 128).

1807 verkaufte Beethoven die Rechte von sechs Werken, op. 58–62, für 200 Pfund an Clementi zur Veröffentlichung in England. Ferner erhielt er 1600 Florin vom Bureau des Arts et d'Industrie für die Rechte der Wiener Ausgabe, und die Vierte Symphonie brachte ihm zusätzliche 500 Florin von Graf Oppersdorf ein, der das Werk in Auftrag gegeben hatte.

Im Jahr darauf wurde Beethoven die Stelle des Kapellmeisters am Hof in Kassel mit einem Gehalt von 600 Dukaten angeboten. Indirekt resultierte daraus die Jahresrente seiner drei Mäzene (Erzherzog Rudolph, Fürst Lobkowitz und Fürst Kinsky), die sich auf 4000 Florin belief (vgl. »Beethovens Mäzene und seine Auftragswerke«, S. 116). Außerdem erhielt er erhebliche Beträge von Breitkopf & Härtel, klagte aber trotzdem darüber, knapp bei Kasse zu sein, was wahrscheinlich der rasch steigenden Inflation zuzuschreiben ist.

Die Abwertung der Florin-Banknote auf ein Fünftel des nominellen Werts eines Silberflorins (dieser war 1809 eingezogen worden) und der Erlaß, daß alle über Silberflorine abgeschlossenen Verträge unverändert auch für die Zahlung in Banknoten weitergelten sollten, führten 1811 zu einer drastischen Verringerung des Werts von Beethovens Jahresrente. Obwohl in den Jahren 1809 und 1811 ein Ausgleich für die Inflation geschaffen wurde (vgl. »Volkswirtschaft«, S. 82 f.), war das neue Gehalt mit 1612,9 Florin (WW) doch erheblich niedriger, als ursprünglich von seinen drei Gönnern angesetzt. Erzherzog Rudolph erklärte sich sofort damit einverstanden, die Differenz auszugleichen, Fürst Lobkowitz aber konnte vier Jahre seinen Verpflichtungen nicht nachkommen. Fürst Kinsky hatte zwar die Absicht, seinen Anteil in voller Höhe zu leisten, starb jedoch 1812, und seine Erben stimmten erst 1815 der Fortsetzung der Zahlungen zu.

Im Verlauf des Jahres 1813 beklagte sich Beethoven wiederholt über seine finanzielle Situation. Obwohl er einen Teil seiner Jahresrente erhielt, dazu die seit langem ausstehenden 200 Pfund von Clementi, über 250 Dukaten von Thomson (1811–13) und eine Reihe von Zahlungen von Breitkopf & Härtel, war er trotz allem nicht in der Lage, auf verfügbare Geldmittel zurückzugreifen und setzte diese Situation mit tatsächlicher Armut gleich. Eine Anleihe bei Franz Brentano von anfänglich 1100 Florin, wuchs auf eine Summe von über 2000 Florin an, und um seinem Bruder Carl unter die Arme zu greifen, mußte er für eine Anleihe von 1500 Florin bei dem Verleger Steiner Sicherheit bieten.

Im Jahr 1814 verbesserten sich Beethovens finanzielle Verhältnisse erheblich. Ende 1813 wurde *Wellingtons Sieg* (op. 91) zweimal aufgeführt. Die große Beliebtheit dieser Komposition ermöglichte ihm eine erneute Aufführung am 2. Januar, diesmal zu seinen eigenen Gunsten, im Februar gab er ein weiteres Konzert. Während des Wiener Kongresses wurde Beethoven mit Lob und Beifall bedacht wie nie zuvor und erhielt auch entsprechende finanzielle Anerkennung, so zum Beispiel die 4000 Florin, die er 1816 dann bei Steiner hinterlegte und sich damit mit 8 Prozent am Gewinn des Verlags beteiligte. 1819 legte er diesen Gewinn in acht Aktien an, als Legat für seinen Neffen.

Beethovens positive wirtschaftliche Situation hielt auch 1815 weiter an, denn nun war die Angelegenheit hinsichtlich seiner Jahresrente endlich geklärt: Er bekam eine ansehnliche Rückzahlung (nahezu 5000 Florin), und die Höhe der künftigen Jahresbeträge wurde auf 3400 Florin WW festgesetzt. Dennoch klagte Beethoven schon kurz darauf wieder über Geldschwierigkeiten. In einem Brief an Ries schrieb er: »Ich habe 600 Florin an meinem Gehalte jährlich eingebüßt ... mit mehreren Jahren Verdruß und gänzlichem Verlust des Gehalts. ... Mein armer unglücklicher Bruder ist eben gestorben ... Ich kann sagen, er hatte einige Jahre die Lungensucht, und um ihm das Leben leichter zu machen, kann ich wohl das, was ich gegeben, auf 10 000 fl. W.W.

anschlagen.« Und im folgenden Jahr: »Mein Gehalt beträgt 3400 fl. in Papier, 1100 Hauszins bezahle ich, mein Bedienter mit seiner Frau bis beinahe 900 fl.. Rechnen Sie, was also noch bleibt. Dabei habe ich meinen kleinen Neffen ganz zu versorgen; bis jetzt ist er im Institute. Dies kostet bis 1100 fl.« (Briefe Nr. 542 u. 581, Kastner). Beethoven war von der Wahrheit dessen, was er sagte, überzeugt, dennoch aber wurden die jährlichen Zahlungen niemals ganz eingestellt. Der Betrag, den er seinem Bruder geliehen hatte, summierte sich aus den Anleihen über Jahre hinweg und zudem war er nicht gezwungen, ganz allein für Karls Lebensunterhalt aufzukommen.

Der Rechtsstreit um die Vormundschaft für Karl stellte während der nächsten Jahre eine erhebliche finanzielle Belastung für Beethoven dar. Bedingt durch seine mangelnde Produktivität ging sein Einkommen zurück, Schulden sammelten sich an. 1820 stand er mit 2320 Florin bei Steiner in der Kreide und einigte sich mit ihm, das Geld innerhalb von zwei Jahren in Raten zurückzuzahlen; bei Artaria beliefen sich seine Schulden auf 750 Florin. Die verzweifelte Sorge über seine finanzielle Lage trieb Beethoven so weit, sich auf eine ganze Reihe von Verhandlungen über den Verkauf der *Missa solemnis* einzulassen, wobei er ein äußerst fragwürdiges Verhalten bewies.

1820 stimmte er dem Verkauf der Messe an Simrock für 900 Florin CM zu. Bis zur Fertigstellung des Werkes sollte das Geld bei Brentano hinterlegt werden. Wiederholt versicherte Beethoven beiden, daß die Messe unmittelbar vor der Vollendung stünde und konnte unter dieser Voraussetzung Brentano überreden, ihm das Geld schon vorzeitig zur Verfügung zu stellen. Dennoch aber, sogar trotz seiner brieflichen Zusage »Die Messe wird endlich bis künftigen Monat, Ende Juni, ganz gewiß in Frankfurt bei Ihnen anlangen« (Brief Nr. 1018, Kastner), verhandelte er heimlich mit anderen Verlegern, zum Beispiel mit Peters und Artaria.

Bis 1822 hatte er sich schließlich durch seine eigene Wortbrüchigkeit in eine Lage gebracht, in der nun von allen Seiten Druck auf ihn ausgeübt wurde. Er schrieb an Simrock, er könnte die Komposition sofort haben, vorausgesetzt, er wäre bereit, weitere 100 Florin zu bezahlen; gleichzeitig aber versicherte er Brentano, daß seine Schulden bald bezahlt würden. Im November versuchte er, dieser mißlichen Lage beizukommen, indem er Peters gegenüber behauptete, er habe an zwei Messen gearbeitet, von denen nur eine abgeschlossen wäre, und er sich nicht entscheiden könnte, welche der beiden Peters erhalten sollte. Im folgenden Februar verwies er auf nicht weniger als drei Messen.

Inzwischen versuchte Beethoven, Simrock durch Angebote anderer Werke versöhnlich zu stimmen und versprach ihm sogar eine weitere Messe. Er hatte jedoch keine Eile, die Veröffentlichung voranzutreiben, weil er eifrig damit beschäftigt war, führende Leute in der Stadt zur Subskription handschriftlicher Kopien seiner Komposition zum Preis von je 50 Dukaten einzuladen. Dies erwies sich als zeitraubende Tätigkeit, brachte aber eine Summe von 1600 Florin CM ein. Er setzte seine Verhandlungen mit mehreren Verlegern fort, mit Simrock allerdings kam nie wieder ein Geschäft zustande. 1825 verkaufte er sowohl die Messe als auch die Neunte Symphonie an den Schott Verlag für 1000, respektive 600 Florin CM.

Zu Beginn des Jahres 1823 nahmen Beethovens finanzielle Probleme so ernste Ausmaße an, daß er gezwungen war, eine Aktie zu verkaufen. Von diesem Zeitpunkt an ist Geld das vorherrschende Thema in seiner Korrespondenz. In Briefen an Bernhard Schott in Mainz und an Karl Holz schrieb er: »Ich bin in größter Geldverlegenheit« ... »und dabei kann ich nicht leben von dem, was ich einzunehmen habe« (Brief Nr. 1253 u. 1400, Kastner). Eine gewisse Berechtigung seiner Klagen läßt sich nicht abstreiten. Obwohl er sich in einer Phase von geradezu schwindelerregender Kreativität befand, konnte er dennoch nicht unmittelbar Nutzen daraus ziehen. 1823 gab Fürst Galitzin drei Streichquartette für ein Honorar von je 50 Dukaten in Auftrag. Doch darf man hier nicht außer acht lassen, daß Werke von der Komplexität einer *Missa solemnis*, der Neunten Symphonie und der späten Streichquartette nicht so rasch komponiert werden konnten. Überdies erfuhr Beethoven eine herbe Enttäuschung durch ein Benefizkonzert, dessen Erlös sich nur auf eine Summe von 420 Florin belief.

Gegen Ende des Jahres 1826 erkrankte Beethoven schwer und war folglich nicht in der Lage, viel zu arbeiten. 1827 übersandte ihm die Philharmonische Gesellschaft in London ein Geldgeschenk von 100 Pfund (1000 Florin CM) als Antwort auf einen Brief an Sir George Smart, in dem er dargelegt hatte: »Mein Gehalt ist nur so unbedeutend, daß ich kaum den halbjährlichen Wohnungszins davon bestreiten kann« (Brief Nr. 1455, Kastner). Er starb in der Überzeugung, sein Leben in Armut und unter Bedingungen, die diese widerspiegeln, zugebracht zu haben. Nach der Liquidierung seiner Aktien, nach dem Verkauf seiner Effekten und der Einforderung der noch ausstehenden Subsidien stellte sich heraus, daß er 9885 Florin und 13 Kreutzer CM und 600 Florin WW hinterließ. Die flüssigen Vermögenswerte jedoch waren zum Zeitpunkt seines Todes äußerst gering.

Seyfried beschrieb Beethoven als einen Menschen, der wenig Sinn für Geld hatte, aber großzügig war. Er beobachtete, daß Beethoven nur während seiner letzten Lebensjahre Anzeichen einer ängstlichen Sparsamkeit an den Tag legte, wobei diese jedoch nie mit seinem angeborenen Hang, Gutes zu tun, im Widerspruch stand. Dies belegt die Tatsache, daß Beethoven 1823, in einem Jahr, in dem er es sich am wenigsten leisten konnte, seiner Schwägerin Johanna finanzielle Hilfe anbot.

Es war eine der Tragödien in Beethovens Leben, daß trotz seines nicht geringen Einkommens verschiedene Faktoren – zum Beispiel die allgemeine Finanzsituation der Zeit und die ihm eigene Sorglosigkeit – bedingten, daß er nur geringe Verdienste vorweisen konnte. Zudem veranlaßte ihn seine Unfähigkeit, die eigene Situation realistisch einzuschätzen, zu der Annahme, er befände sich in einer noch schlechteren Lage, als es tatsächlich der Fall war, worunter er dann auch entsprechend litt.

Wohnorte und Reisen

Bonn

Beethoven wurde in einer Mietwohnung in der Bonngasse Nr. 315 (heute Nr. 20, dem »Beethoven-Haus«) geboren. Vor 1774 zog die Familie in eine neue Wohnung Am Dreieck. Zwei Jahre später bewohnten die Beethovens Räume im Fischerhaus (benannt nach seinem Besitzer) in der Rheingasse. Alles in allem lebte die Familie dort über einen längeren Zeitraum, der zweimal kurzfristig unterbrochen wurde. Dies ist der Ort, an dem Beethoven eigentlich aufgewachsen ist und wo er sich am meisten zu Hause gefühlt hat. Er genoß den Blick über den Rhein zur einen und auf das Siebengebirge zur anderen Seite und wurde dort als dem Fischerschen Haushalt zugehörig betrachtet. In den Jahren 1776 und 1785 wohnte die Familie für jeweils kurze Zeit in der Neugasse und in der Wenzelgasse. 1787 zogen sie endgültig aus dem Fischerhaus aus und kehrten noch einmal in die Wenzelgasse zurück. Hier lebte Beethoven, bis er Bonn schließlich 1792 verließ, den größten Teil seiner Zeit aber verbrachte er im Haus der Familie von Breuning. Während er in Bonn lebte, unternahm Beethoven nur wenige Reisen. 1781 begleitete er seine Mutter nach Holland, und im Winter 1786/87 stattete er Wien seinen ersten Besuch ab, der bedauerlicherweise wegen des Todes seiner Mutter abgebrochen werden mußte. Als glückliche Episode in seinem Leben erinnerte sich Beethoven an einen Aufenthalt in Bad Mergentheim, wohin Kurfürst Maximilian Franz, in seiner Eigenschaft als Großmeister des Teutonischen Ordens, 1791 für wenige Monate seine Residenz verlegte. Der Kurfürst nahm sein Orchester mit und Beethoven genoß sowohl die Reise den Rhein und Main entlang als auch den kurzen Aufenthalt in Aschaffenburg, wo er den Pianisten Sterkel kennenlernte.

Wien

Erstellt man eine Übersicht von Beethovens Wiener Adressen (vgl. unten und Smolle, 1970), so beläuft sich deren Anzahl auf mindestens dreißig, nicht eingerechnet die zahlreichen Quartiere, die er während der Sommermonate entweder in den Dörfern der ländlichen Umgebung der Stadt oder aber in etwas weiterer Entfernung gemietet hatte. In dreiundvierzig Jahren zog er mehr als siebzigmal um. Seyfried bemerkte dazu: »Beethoven hatte die sonderbare Passion, recht oft das Logis zu wechseln, obschon das Übersiedeln mit Sack und Pack ihm höchst lästig fiel und jederzeit mit einem Verlust an Bagage verbunden war. Kaum im Besitz einer neuen Wohnung, mißfiel ihm schon wieder manches daran, und er lief sich abermals die Füße wund, um nur eine andere aufzufinden« (Kerst, Bd. 1, S. 85). Obwohl Beethoven in einem Zustand von Ruhelosigkeit und Unordnung lebte, war er doch überraschend wählerisch in bezug auf seine Wohnungen. Er bevorzugte nach Süden gelegene Zimmer mit einer guten Aussicht und konnte es nicht leiden, wenn sie hellhörig waren. Regelmäßig beschwerte er sich bei seinen Vermietern über Mängel irgendwelcher Art und ließ sich immer wieder – offensichtlich blind für seine eigenen Unzulänglichkeiten – in heftige Auseinandersetzungen mit benachbarten Mietern ein.

Beethovens erste Unterkunft im November 1792 in Wien war eine Mansardenwohnung im Bezirk Alsergrund. Nur ein paar Monate später bezog er eine Wohnung im Erdgeschoß desselben Hauses und eineinhalb Jahre später lebte er im ersten Stock als Gast des Fürsten Lichnowsky, der dort seine Stadtresidenz unterhielt. Innerhalb von sechs oder sieben Monaten war er wieder umgezogen, und so wurde schon in dieser Zeit sein nomadenähnlicher Lebensstil, der die Bequemlichkeiten des häuslichen Daseins verächtlich zurückwies, evident.

Die Wohnung, in der sich Beethoven am wohlsten gefühlt haben muß, lag im vierten Stock eines Hauses in der Mölkerbastei, nahe der Stadtmauer, das Baron Pasqualati gehörte. (Eigentlich hatte Ries diese Wohnung, die eine großartige Aussicht bot, für ihn gefunden.) Im Herbst 1804 zog er zum ersten Mal in diese Wohnung ein und bewohnte sie bis zum Frühjahr 1815, allerdings mit zwei Unterbrechungen: Vom Herbst 1808 bis zum Ende des Jahres 1810 und von Februar bis Juni 1814 kündigte er das Mietverhältnis kurzfristig auf. Aber auch während er diese Wohnung gemietet hatte, lebte er immer wieder woanders. Zum Beispiel unterhielt er in der Zeit von 1804–8 für ein Jahr eine Dienstwohnung im Theater an der Wien, hatte nicht weniger als sechs Unterkünfte bei Aufenthalten außerhalb der Stadt und verbrachte außerdem ein paar Monate als Gast der Gräfin Erdödy in deren Stadtwohnung.

Daß Beethoven zwei oder gar drei Wohnungen gleichzeitig unterhielt, ergab sich aus der Tatsache, daß er während seiner Abwesenheit im Sommer ständig sein Refugium in der Stadt beibehalten wollte. Und in mindestens zwei Fällen – nämlich in den Wintern 1816/17 und 1819/20 – bewohnte er vorübergehend auch andernorts noch Zimmer. Im ersten Fall handelte es sich um einen Gasthof (»Zum römischen Kaiser«), so daß man daraus wahrscheinlich schließen kann, diese Unterkunft diente der Bequemlichkeit und Annehmlichkeit. Beethoven wechselte seine Anschriften so häufig, daß er ab 1820 seinen Briefpartnern mitteilte, es würde genügen, seine Post an »Ludwig van Beethoven, Wien« zu addressieren. In einem Brief an Adolf Schlesinger in Berlin schrieb er: »Es braucht gar keine andere Adresse, als: an Ludwig Van Beethoven« (Schofield/Wilson, 1939, S. 238).

Beethovens zuletzt gemietete Zimmer in dem heute berühmten Schwarzspanierhaus, liegen paradoxerweise in dem Bezirk, in dem er in der ersten Zeit seiner Übersiedlung nach Wien gelebt hatte. Am 17. Oktober 1825 schrieb er in einem Brief an seinen Neffen Karl, daß er »vorgestern Abend wie ein Schiffbrüchiger« aus Baden dorthin zurückgekehrt sei. Rückblickend lag in dieser Bemerkung zweifellos etwas Prophetisches.

Sommeraufenthalte und Konzertreisen

Wie die meisten Wiener machte es sich Beethoven zur Gewohnheit, die Stadt während der Sommermonate zu verlassen. Die Dörfer Unterdöbling, Oberdöbling, Hetzendorf, Mödling, Heiligenstadt, Nußdorf und Penzing gehören heute längst zur inzwischen stark erweiterten Stadt, damals aber waren es bezaubernde ländliche Orte, wo Beethoven seiner Leidenschaft für lange Spaziergänge im Grünen frönen konnte. Diese Sommeraufenthalte waren für ihn nicht eigentlich Ferien im landläufigen Sinn, da er gerade in diesen Monaten, in denen er am ehesten inneren Frieden fand, als Komponist seine produktivsten Phasen erlebte.

Oft fuhr Beethoven auch in weiter entfernte Orte, gewöhnlich nach Baden, vor den Toren Wiens. Dort konnte er auch etwas für seine Gesundheit tun. Jeweils im Sommer 1811 und 1812 unternahm er ausgedehntere Reisen nach Teplitz und Karlsbad. 1793 begleitete er Haydn zur Sommerresidenz des Fürsten Esterházy nach Eisenstadt, wohin er 1807 noch einmal kam. Ziemlich häufig hielt er sich zu Gast im Palais des Fürsten Lichnowsky in Grätz bei Troppau auf, gelegentlich besuchte er auch die Familie Brunsvik in Ungarn. 1812 stattete er seinem Bruder Johann in Linz einen Besuch ab, und kurz vor seinem Tode verbrachte er zwei Monate in Gneixendorf, nahe bei Krems, auf dem Gut, das sein Bruder in Südösterreich erworben hatte.

Für bedeutende Musikerpersönlichkeiten des 18. und 19. Jahrhunderts war es nichts Ungewöhnliches, ausgedehnte Reisen zu unternehmen. Beethoven ging jedoch nur dreimal auf Konzertreisen, obwohl er noch bis kurz vor seinem Tod immer wieder von Reiseplänen sprach, vor allem nach England. Im Frühjahr 1796 fuhr er mit dem Fürsten Lichnowsky nach Prag und von dort aus über Dresden und Leipzig nach Berlin. Im Verlauf dieses Jahres besuchte er auch Preßburg (heute Bratislava) und Pest (heute Budapest). 1798 unternahm er eine zweite Reise nach Prag. Sehr wahrscheinlich hielten ihn die seit 1801 zunehmende Taubheit und der daraus resultierende Rückzug aus dem Konzertleben von weiteren Reisen ab.

Beethovens Adressen in und um Wien

Nov. 1792–Dez. 1792/Jan. 1793	Mansardenwohnung, Alsergasse 45, Alsergrund (heute Alserstraße 30)
Dez. 1792/Jan. 1793–Spätsommer 1794	Erdgeschoßwohnung desselben Hauses
Sommer 1794–Mai 1795	Erster Stock desselben Hauses
Mai 1795–Febr. 1796	Erster Stock im Ogylyischen Haus, Kreuzgasse 35 (heute Löwelstraße 6)
Febr.–Juli 1796	Abwesenheit von Wien
Juli 1796–Mai 1799	Adresse(n) unbekannt
Mai 1799–Dez. 1799/Jan. 1800	Dritter Stock, St.-Peter-Platz 650 (heute Petersplatz 11)
Sommer 1799	Mödling, unter unbekannter Adresse
Jan. 1800–Frühjahr 1801	Dritter Stock im Greinerschen Haus, Tiefer Graben 241 (heute Nr. 10)
Apr.–Juni 1800	Abwesenheit von Wien (Besuch in Pest)
Sommer 1800	Unterdöbling, unter unbekannter Adresse
Frühjahr 1801–Mai 1802	Hambergersches Haus, Wasserkunstbastei 1275 (an der Stelle der heutigen Seilerstätte 15)
Sommer 1801	Hetzendorf, unter unbekannter Adresse
Mai–Okt. 1802	Heiligenstadt, Herrengasse 13 (heute Probusgasse 6)
Okt. 1802–Apr. 1803	Wohnung im zweiten oder dritten Stock »Zum silbernen Vogel«, St.-Peter-Platz 649 (heute Petersplatz 11); ferner kurze Aufenthalte bei Gräfin Erdödy in der Augasse 58, Jedelsee (heute Jeneweingasse 17)
Apr. 1803–Anfang 1804	Theater an der Wien, An der Wien 26, Laimgrube (heute Linke Wienzeile 6)
Sommer 1803	Baden, unter unbekannter Adresse Oberdöbling, Hofzeile 4 (heute Döblinger Hauptstraße 92)

Mai–Juni 1804	Rotes Haus, Alservorstädter Glacis 173, Alsergrund (heute zwischen Garnisongasse, Frankgasse und Rotenhausgasse), zunächst in einem Einzelzimmer, später dann mit Stephan von Breuning
Juli 1804	Baden, unter unbekannter Adresse
Aug.–Sept. 1804	Oberdöbling, wahrscheinlich Hofzeile 4 (wie schon 1803).
Okt. 1804–Sommer 1808	Wohnung im vierten Stock des Pasqualatihauses, Mölkerbastei 1239 (heute Nr. 8)
Ende 1804–Herbst 1805	Theater an der Wien
Sommer 1805	Hetzendorf, unter unbekannter Adresse
Sommer 1806	Reise nach Ungarn
Sept.–Okt. 1806	Reise nach Grätz
Frühsommer 1807	Baden, Johanneshof (heute Johannesgasse)
Spätsommer 1807	Heiligenstadt, unter unbekannter Adresse
Sept. 1807	Reise nach Eisenstadt
Winter 1807–8	Vermutlich zu Gast bei Gräfin Erdödy, Krugerstraße 1074 (heute Nr. 10); die Wohnung im Pasqualatihaus behielt er bei
Sommer 1808	Heiligenstadt, Kirchengasse 8 (heute Grinzinger Straße 64)
Herbst 1808	Baden, »Alter Sauerhof« (heute Weilburgstraße)
Herbst 1808–Anfang 1809	Krugerstraße 1074 (Gräfin Erdödy)
Anfang 1809 (?)	Kurze Rückkehr ins Pasqualatihaus
Anfang 1809–Juli 1809	Zweiter Stock, Walfischgasse 1087 (wahrscheinlich an der Stelle der heutigen Häuser Walfischgasse 11 und Akademiestraße 22a)
Sommer 1809	Reise nach Ungarn Baden, »Alter Sauerhof«
Aug. 1809–Anfang 1810	Dritter Stock, Klepperstall 82 (an der Stelle des heutigen Hauses Schreyvogelgasse 1)

Anfang 1810–Febr./März 1814	Rückkehr ins Pasqualatihaus
Sommer 1810	Baden, Johanneshof (?)
Sommer 1811	Reise nach Teplitz und Grätz
Sommer 1812	Baden, »Alter Sauerhof«
Juli–Nov. 1812	Reise nach Teplitz, Karlsbad, Franzensbrunn und Linz
Mai–Sept. 1813	Baden, »Alter Sauerhof«
Febr.–Juni 1814	Erster Stock im Bartensteinschen Haus, Mölkerbastei 94 (heute Nr. 10)
Juni–Sept. 1814	Baden, Johanneshof (?)
Sept.–Okt. 1814	Adresse unbekannt
Nov. 1814–Frühjahr 1815	Letztmalige Rückkehr ins Pasqualatihaus
Frühjahr 1815–Apr. 1817	Dritter Stock im Gräfl. Lambertischen Haus, Auf der Seilerstadt 1055–56 (an der Stelle des heutigen Hauses Seilerstätte 21)
Sommer 1815	Baden, Johanneshof (?)
Herbst 1815	Unterdöbling, An der Steige 33–34 (heute Silbergasse 4 und Nußwaldgasse 2)
Juli–Okt. 1816	Baden, Ossolynskisches Schloß, Alandgasse 9 (heute Braitnerstraße 26)
Winter 1816–17	Zeitweise im Gasthof »Zum römischen Kaiser«, Renngasse 145 (heute Nr. 1)
Apr.–Okt. 1817	Zweiter Stock im Haus zum grünen Kranz, Landstraße 268 (heute Landstraße, Hauptstraße 26)
Frühsommer 1817	Heiligenstadt, Schlöglsches Haus, Am Platz 66 (heute Pfarrplatz 2)
Juli–Aug. 1817	Nußdorf, Greinersches Haus (heute Kahlenberger Straße 26)
Okt. 1817–Apr. 1818	Entweder im Haus zum grünen Kranz oder im Haus zum grünen Baum, Gärtnergasse 26, Landstraße (an der Stelle des heutigen Hauses Gärtnergasse 5)

Porträts

Bilder 1 - 21

1 Joseph Willibrord Mähler, das erste von vier Beethoven-Porträts, Ölgemälde, 1804 oder 1805

3 Christian Hornemann,
Miniatur auf Elfenbein, 1803

2 Johann Neidl,
Kupferstich nach einem
Gemälde von
Gandolph Stainhauser,
ca. 1801

4 Isidor Neugass,
Ölgemälde, um 1806

5 Franz Klein,
Bronzebüste nach der Gipsmaske von 1812

6 Blasius Höfel,
Kupferstich nach einer
Bleistiftzeichnung von
Louis Létronne, 1814

7 Joseph Willibrord Mähler,
Ölgemälde, 1815

8 Johann Christoph Heckel, Ölgemälde, 1815

9 Ferdinand Schimon, Ölgemälde, 1818 oder 1819

10 Joseph Karl Stieler, Ölgemälde, 1819–20

11

12

13

14

16

17

11, 12 Joseph Daniel Böhm, zwei Zeichnungen (Entwürfe für Silbergravuren), ca. 1819–20

13 Johann Nepomuk Hoechle, kolorierte Federzeichnung, um 1823

14 Joseph Weidner, kolorierte Bleistiftzeichnung, um 1820?

15 Johann Peter Theodor Lyser, Bleistiftzeichnung, um 1823

16 Johann Peter Theodor Lyser, Zeichnung, veröffentlicht in der Zeitschrift *Cäcilia,* Hamburg, 1833

17 Ferdinand Waldmüller, Ölgemälde, 1823

18, 19 Joseph Eduard Teltscher,
Beethoven im Koma,
zwei Zeichnungen, 1827

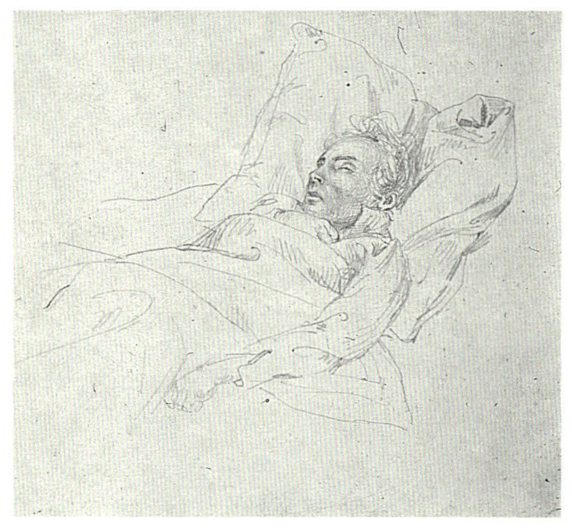

20 Joseph Danhauser, Beethoven
auf dem Sterbelager, Lithographie
nach einer eigenen Zeichnung, 1827

21 Beethoven-Denkmal,
Statue, Bonn, 1845

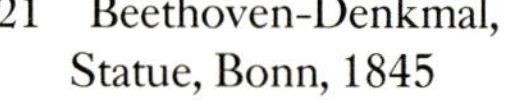

Apr. 1818–Mai 1819	Haus zum grünen Baum
Mai–Sept. 1818 *Mai–Okt. 1819*	Mödling, Hafner-Haus, Herrengasse 76 (heute Hauptstraße 79)
Okt. 1819–Mai 1820	Dritter Stock im Fingerlingschen Haus, Schwibbogengasse 6, Josefstadt Glacis (heute Auerspergstraße 3)
Winter 1819–20	Zeitweilig im Gasthof »Zum alten Blumenstock«, Ballgasse 986 (heute Nr. 6)
Sommer 1820	Mödling, »Christhof«, Aschenaugasse 116 (heute Nr. 6)
Vor dem 26. Okt. 1820	»Zu den zwei Wachsstöcken«, Kaiserstraße 8, Altlerchenfeld (heute Josefstädter Straße 57)
Winter 1820–21	Entweder Ungarngasse 391, Landstraße, oder aber im zweiten Stock im Großen Haus der Augustiner, Landstraße 244 (heute Hauptstraße 60)
(?) 1821–Aug. 1822	Großes Haus der Augustiner
Juni–Sept. 1821:	Unterdöbling, An der Winterzeil 11 (heute Silbergasse 9)
Sept.–Okt. 1821	Baden, Rathausgasse 94 (heute Nr. 10)
Mai–Juni 1822	Oberdöbling, Alleegasse 135 (heute Pyrkegasse 13)
Juli–Aug. 1822	(?) Großes Haus der Augustiner
Sept. 1822	Baden, »Zum goldenen Schwan«, Weinergasse 23 (heute Antongasse 4)
Okt. 1822	Baden, Magdalenenhof, Frauengasse 85 (heute Nr. 10)
Nov. 1822–Mai 1823	Erster Stock, Obere Pfarrgasse 60, Windmühle (heute Laimgrubengasse 22)
Mai–Aug. 1823	Hetzendorf, Villa Pronay, Hetzendorfer Hauptstraße 32 (heute Hetzendorfer Straße 75 a)
Aug.–Okt. 1823	Baden, Rathausgasse 94

Okt. 1823–Mai 1824	Dritter Stock im Haus »Zur schönen Sklavin«, Landstraße 323 (heute Ungarngasse 5)
Mai 1824	Penzing, »Hadik-Schlössel«, Parkstraße 43 (heute Hadikgasse 62)
Mai–Nov. 1824	Baden, Schloß Gutenbrunn, Eremitage (heute Sanatorium Gutenbrunn)
Nov. 1824–Apr. 1825	Vierter Stock, Johannesgasse 969 (heute Eckhaus Johannesgasse 1 und Kärntnerstraße)
Apr.–Mai 1825	Krugerstraße 1009 (heute Nr. 13)
Mai–Okt. 1825	Baden, Schloß Gutenbrunn
Okt. 1825–zu seinem Tod	Zweiter Stock im Alten Schwarzspanierhaus, Am Glacis Alsergrund 200 (heute Schwarzspanierstraße 15)
Okt.–Nov. 1826	Gneixendorf

Tagesablauf und Gewohnheiten beim Komponieren

Beethovens mangelnde Sorgfalt in seinen Lebensgewohnheiten, die sich in den Schwierigkeiten mit seinen Wohnungen und in den Problemen seiner Haushaltsführung äußerte, aber auch in den Sorgen, die ihm die Regelung seiner finanziellen Angelegenheiten bereitete und in seiner Nachlässigkeit, was das äußere Erscheinungsbild anbetraf, wirkte sich jedoch nicht auf seine Arbeitsweise aus. Obwohl er umgeben von einem wahren Chaos komponierte und eine Reihe von groben und offensichtlich unleserlichen Skizzen anfertigte, war er aber nur in äußeren Dingen schlampig und bewahrte sich stets eine disziplinierte Arbeitsmoral.

Sein Tagesablauf in Wien unterschied sich nur wenig von der Tageseinteilung während seiner langen Sommeraufenthalte außerhalb der Stadt. Schindler bemerkte darüber: »In jeder Jahreszeit stand Beethoven mit Tagesanbruch auf, um sogleich an den Schreibtisch zu gehen. So arbeitete er bis 2 oder 3 Uhr, die Stunde seines Mittagstisches. In der Zwischenzeit lief er meist ein- oder zweimal ins Freie, wo er ebenfalls ›spazieren arbeitete‹. ... Die Nachmittage waren zu regelmäßigen Spaziergängen bestimmt; zu späterer Stunde pflegte er ein bevorzugtes Bierhaus aufzusuchen, um die Tagesliteratur zur Hand zu nehmen ... Die Winterabende verbrachte Beethoven stets zu Hause, sie waren der ernsten Lektüre gewidmet. Nur selten sah man ihn abends mit Notenschrift beschäftigt, weil diese zu angreifend für seine Augen war. ... Längstens 10 Uhr begab er sich zur Ruhe« (Kerst, Bd. 2, S. 256).

Seyfried, der Beethovens Arbeitstag in ähnlicher Weise beschrieb, erinnerte sich, daß der Morgen »der mechanischen Arbeit, dem Niederschreiben nämlich, geweiht« war, was mit Sicherheit die Niederschrift der Autographe einschloß, der spätere Teil des Tages blieb dem »Denken und Ordnen der Ideen« vorbehalten. Den größten Teil des »Nachdenkens« leistete Beethoven auf seinen Spaziergängen, »d. h. er lief im Duplierschritt, wie gestachelt dazu, ein paarmal rund um die Stadt. – Und dies geschah, mochte das Wetter sein, wie es wollte – « (Kerst, Bd. 1, S. 79). Die ihn beobachteten, erinnerten sich, daß er dabei völlig in Gedanken versunken war und von Zeit zu Zeit stehenblieb und etwas in sein Notizbuch schrieb. Seyfried zufolge sah man Beethoven selten ohne ein kleines Notizbuch, in das er seine Gedanken, wie sie ihm gerade einfielen, skizzenartig niederschrieb. Wenn die Rede darauf kam, »so parodierte er Johanna d'Arcs Worte: ›Nicht ohne meine Fahne darf ich kommen!‹« (ebd., S. 78). Verbrachte Beethoven einen Abend außerhalb seiner Wohnung, so unterhielt er sich gerne mit Freunden und aß und trank mit ihnen. Obwohl er abends gewöhnlich nicht arbeitete, machte er Ausnahmen, wenn er sich besonders inspiriert fühlte oder wenn eine Komposition für eine bestimmte Gelegenheit fertiggestellt werden mußte.

Während der Sommermonate mietete sich Beethoven auf dem Land ein und verbrachte den größten Teil seiner Zeit in der freien Natur. Sofern die Annahme richtig ist, daß die Spaziergänge in der Stadt seine Kreativität anregten, so muß man daraus schließen, daß dies auf dem

Land noch in weit größerem Maße zutraf. Mit fortschreitendem Alter freute er sich zunehmend auf diese Phasen der Ruhe und Stille, in denen ihm seine Taubheit weniger zu schaffen machte und seine Kreativität ihren Höhepunkt erreichte. 1818 schrieb der Maler August von Klöber: »Bei meinen Spaziergängen in Mödling begegnete mir Beethoven mehrere Male, und es war höchst interessant, wie er, ein Notenblatt und einen Stummel von Bleistift in der Hand, öfters wie lauschend stehen blieb, auf und nieder sah und dann auf das Blatt Noten verzeichnete« (ebd., S. 236). 1823 begleitete J. R. Schultz Beethoven auf einem dieser Spaziergänge und berichtete später darüber, daß Beethoven auf dem Weg durch das Tal mehrmals für kurze Zeit innegehalten und ihn auf die schönsten Ausblicke aufmerksam gemacht oder aber auf Schäden an neuen Gebäuden hingewiesen habe. In anderen Augenblicken schien er ganz in sich selbst versunken und habe nur unverständlich vor sich hin gesummt. Ihm (Schultz) sei jedoch klargeworden, daß dies seine Art zu komponieren wäre.

Das unmittelbare Festhalten seiner Einfälle und deren spätere Ausarbeitung in Skizzenbüchern, aber auch auf losen Blättern, waren wichtige Bestandteile des Kompositionsprozesses bei Beethoven. Die Skizzen haben heute etwas Rätselhaftes an sich, zum einen, weil Beethoven selbst ihnen große Bedeutung beimaß, zum anderen, weil es sehr schwierig ist, sie zu entziffern. Gerhard von Breuning gegenüber erklärte Beethoven: »Ich trage solch ein Heft immer bei mir, und kommt mir ein Gedanke, so notiere ich ihn gleich. Ich stehe selbst des Nachts auf, wenn mir etwas einfällt, da ich den Gedanken sonst vergessen möchte« (Kerst, Bd. 2, S. 174). Tomášek besuchte Beethoven, während dieser an der Kantate *Der glorreiche Augenblick* arbeitete, und sah »auf einem soeben beschriebenen Notenblatte die verschiedenartigsten Ideen ohne allen Zusammenhang hingeworfen, die heterogensten Einzelheiten nebeneinandergestellt, wie sie ihm eben in den Sinn gekommen sein mochten« (Kerst, Bd. 1, S. 186). Sir John Russell ermöglichte mit seinen 1821 niedergeschriebenen Worten einen Einblick in die Natur der Skizzen: »Diese Notizen dürften an und für sich für einen anderen Virtuosen durchaus unverständlich sein, denn sie haben in dieser Form keinen besonderen Wert. Er allein nur hat in seinem eigenen Gedächtnis den Faden, durch den er aus diesem Labyrinth von Punkten und Kreisen die reichsten und erstaunlichsten Harmonien zustande bringt« (ebd., S. 268).

Von mancher Seite wurde die Meinung vertreten, in den Skizzen seien Anzeichen dafür zu sehen, daß das Komponieren Beethoven nicht leicht von der Hand ging. Diese Ansicht wird durch Aussagen von Zeitgenossen bestätigt, wobei die bekannteste Schindlers übertriebene Bezugnahme auf seinen »Kampf auf Leben und Tod mit der ganzen Schar der Kontrapunktisten, seinen immerwährenden Widersachern« (ebd., S. 258) darstellt. Tatsächlich sind sowohl das unmittelbare Aufzeichnen von Ideen als auch das detailliertere Entwerfen Reflexionen von Beethovens Einfallsreichtum. Dabei soll nicht geleugnet werden, daß sie in gleicher Weise die große Anstrengung bezeugen, die seine Kompositionen ihm abverlangten, die Anstrengung und Mühe nämlich, ohne die es kaum möglich gewesen wäre, Werke von solcher Komplexität und Intensität zu schaffen.

Wird ein weiterer Beweis der Kreativität Beethovens gefordert, gilt es lediglich, die Beschreibungen seiner Fähigkeiten auf dem Gebiet der Improvisation heranzuziehen (vgl. »Beethoven als Pianist, Dirigent und Lehrer«, S. 158 f.). Sie alle belegen seine Phantasie und die Vielfalt seiner Ideen zu den Themen. Einen weitgehend analytischen Beitrag hierzu liefert Czerny: »Beethovens Improvisieren (wodurch er in den ersten Jahren nach seiner Ankunft in Wien das meiste Aufsehen erregte und selbst Mozarts Bewunderung gewann) war von verschiedener Art, ob er nun auf selbstgewählte oder auf gegebene Themen fantasierte. 1. In der Form des ersten Satzes oder des Finalrondos einer Sonate, wobei er den ersten Teil regelmäßig abschloß und in demselben auch in der verwandten Tonart eine Mittelmelodie usw. anbrachte, sich aber dann im zweiten Teile ganz frei, jedoch stets mit allen möglichen Benutzungen des Motivs seiner Begeisterung überließ. – Im Allegrotempo wurde das Ganze durch Bravourpassagen belebt, die meist noch schwieriger waren als jene, die man in seinen Werken findet. 2. In der freien Variationsform, ungefähr wie seine Chorfantasie, op. 80, oder das Chorfinale der Neunten Symphonie, welche beide ein treues Bild seiner Improvisation dieser Art geben. 3. In der gemischten Gattung, wo potpourriartig ein Gedanke dem anderen folgt, wie in seiner Solofantasie op. 77« (ebd., S. 60). Das Improvisieren und die Skizzenbücher Beethovens offenbaren zwei Seiten des Komponisten: die des Erfinders und die des Handwerkers.

Der Einsatz des Klaviers beim Komponieren war für Beethoven wesentlich. Ries berichtete zum Beispiel über die Komposition des Finales der *Appassionata:* »Bei einem ähnlichen Spaziergange, auf dem wir uns so verirrten, daß wir erst um acht Uhr nach Döbling, wo Beethoven wohnte, zurückkamen, hatte er den ganzen Weg über für sich gebrummt oder theilweise geheult, immer herauf und herunter, ohne bestimmte Noten zu singen. Auf meine Frage, was es sei, sagte er, ›da ist mir ein Thema zum letzten Allegro der Sonate eingefallen‹ (in F moll Opus 57). Als wir in's Zimmer traten, lief er, ohne den Hut abzunehmen, an's Clavier. Ich setzte mich in eine Ecke, und er hatte mich bald vergessen. Nun tobte er wenigstens eine Stunde lang über das neue, so schön dastehende Finale in dieser Sonate. Endlich stand er auf, war erstaunt, mich noch zu sehen, und sagte: ›Heute kann ich ihnen keine Lektion geben, ich muß noch arbeiten‹« (Wegeler, 1972, S. 99). Schindler (1966, S. 270) schrieb, daß der Meister während der Komposition von Musik für Klavier sich oftmals an das Instrument begebe, um dort verschiedene Passagen auszuprobieren, insbesondere solche, die sich bei der Aufführung als schwierig erweisen könnten. Auch Tomášeks oben erwähnter Bericht bezieht sich darauf, daß Beethoven am Klavier arbeitete. In

Anbetracht seiner frühen Karriere als Klaviervirtuose und seiner herausragenden Improvisationsfähigkeit überrascht dies jedoch kaum.

Beethoven als Pianist, Dirigent und Lehrer

Beethoven als Pianist

Bleibenden Ruhm hat sich Beethoven als Komponist erworben, zu Beginn seiner Laufbahn jedoch war es der Klaviervirtuose Beethoven, der mit Beifall gefeiert wurde. In dieser Eigenschaft war er sogleich in den Salons des Wiener Adels willkommen, und als sein Ruhm sich verbreitete, trat er in öffentlichen Veranstaltungen auf, wo er Klavierkonzerte, Kammermusik und Improvisationen zur Aufführung brachte. Bezüglich seiner Fähigkeit, vom Blatt zu spielen, bemerkte Czerny: »Auch war er der größte Avistaspieler seiner Zeit (selbst im Partiturlesen)« (Kerst, Bd. 1, S. 61).
Noch während seiner Zeit in Bonn fand Beethoven Anerkennung als Pianist. Bereits 1782 vertrat er den Hoforganisten Christian Gottlob Neefe, und im folgenden Jahr, im Alter von nur zwölf Jahren, wurde er zum Cembalisten des Hoforchesters ernannt. 1791 lernte er den Pianisten Johann Sterkel kennen. Wegeler berichtete über das Zusammentreffen: »Beethoven, der bis dahin noch keinen großen, ausgezeichneten Klavierspieler gehört hatte, kannte nicht die feinen Nuancierungen in der Behandlung des Instruments; sein Spiel war rauh und hart« (Wegeler, 1972, S. 17). Nachdem Beethoven Sterkel gehört hatte, fühlte er sich ermutigt, »vollkommen und durchaus in der nämlichen Manier, die ihm an Sterkel aufgefallen war« (ebd.) zu spielen. Zu dieser Zeit hörte auch der Komponist und Schriftsteller Karl Ludwig Junker Beethoven improvisieren und bewunderte seinen Einfallsreichtum, seine Technik und seine Ausdruckskraft. Er schrieb darüber: »Sein Spiel unterscheidet sich auch so sehr von der gewöhnlichen Art, das Klavier zu behandeln, daß es scheint, als habe er sich einen ganz eigenen Weg bahnen wollen, um zu dem Ziel der Vollendung zu kommen, an welchem er jetzt steht« (Kerst, Bd. 1, S. 18).
Als Beethoven nach Wien kam, machte er sich dort rasch einen Namen. Der Virtuose Joseph Gelinek, der sich mit dem jungen Mann zu messen versuchte, sagte über ihn: »Ach, das ist kein Mensch, das ist ein Teufel, der spielt mich und uns alle todt. Und wie er phantasiert!« (Thayer, Bd. 1, S. 353) und weiter: »Oh! ... in dem jungen Menschen steckt der Satan. Nie hab' ich so spielen gehört! Er phantasierte auf ein von mir gegebenes Thema, wie ich selbst Mozart nie fantasieren gehört habe« (Kerst, Bd. 1, S. 40). Seine überragende Stellung wurde Beethoven etwa um 1800 von den Pianisten (und Komponisten) Wölffl und Cramer streitig gemacht. Die Unterschiede in ihrem Spiel bezogen sich eher auf den Stil oder den Geschmack, als auf ihr Können. Beethovens Spiel war berühmt wegen seiner kraftvollen Ausstrahlung, seiner Brillanz und seiner Ausdrucksfähigkeit, doch im Vergleich mit bestimmten anderen Pianisten fehlte

es ihm an Akkuratesse, an Klarheit in der Tongebung und an Eleganz. Tomášek, der ihn als »Riesen unter den Klavierspielern« bezeichnete, berichtete, nachdem er ihn 1798 in Prag gehört hatte: »Durch Beethovens großartiges Spiel und vorzüglich durch die kühne Durchführung seiner Phantasie wurde mein Gemüt auf eine ganz fremdartige Weise erschüttert; ja, ich fühlte mich in meinem Innersten so tief gebeugt, daß ich mehrere Tage mein Klavier nicht berührte« (ebd., S. 31). Czerny beschrieb später, wie es Beethoven gelang, »dem Fortepiano ganz neue kühne Passagen durch den Gebrauch des Pedals« zu entlocken und dadurch einen Vortrag zu erzeugen, der »sich besonders im strengen Legato der Akkorde auszeichnete und daher eine neue Art von Gesang bildete – viele bis dahin nicht geahnte Effekte« (ebd., S. 64).
Cherubini bezeichnete Beethovens Spiel 1805 als »rauh« (ebd., S. 65), und 1807 bemerkte Clementi: »Das Spiel war nur wenig ausgebildet, nicht selten ungestüm, wie er selber, immer jedoch voller Geist« (ebd., S. 66). In diesen Jahren war Beethoven auch schon ernsthaft durch seine Schwerhörigkeit beeinträchtigt und mußte bereits zu diesem Zeitpunkt einer Karriere als Klaviervirtuose entsagen. Auf dem Gebiet des Improvisierens kam ihm niemand gleich, und diese Fähigkeit konnte er sich noch einige Zeit unvermindert erhalten (vgl. »Tagesablauf und Gewohnheiten beim Komponieren«, S. 157). 1805 war er bei der Uraufführung eines Quartetts von Pleyel im Hause des Fürsten Lobkowitz anwesend. Man konnte Beethoven überreden, eine Improvisation vorzutragen, und auf dem Weg zum Klavier nahm er die Noten der zweiten Violine zur Hand und benutzte diese als Ausgangspunkt seiner Improvisation. »Noch nie hatte man ihn glänzender, origineller und großartiger improvisieren gehört, als an jenem Abend. Aber durch die ganze Improvisation gingen in den Mittelstimmen wie ein Faden oder Cantus Firmus die an sich ganz unbedeutenden Noten durch, welche auf der zufällig aufgeschlagenen Seite jenes Quartetts standen, während er die kühnsten Melodieen und Harmonieen im brillantesten Concertstyle darauf baute« (Thayer, Bd. 2, S. 462).
Bei der Uraufführung seines Vierten Klavierkonzerts gegen Ende des Jahres 1808 bot sich für Beethoven letztmalig die Gelegenheit, den Solistenpart in einem Werk dieser Gattung zu übernehmen, doch noch 1814 konnte er bei einer Aufführung des »Erzherzogtrios« als Pianist mitwirken. Sein letztes öffentliches Auftreten fand am 25. Januar 1815 statt, als er das Lied *Adelaide* begleitete.

Beethoven als Dirigent

Selbst unter Berücksichtigung seiner Schwerhörigkeit scheint Beethovens Art zu dirigieren etwas eigenwillig und nicht sehr klar gewesen zu sein. Über eine Aufführung der *Eroica* berichtet Ries folgende Begebenheit: »Hier geschah es, daß Beethoven, der selbst dirigierte, einmal im zweiten Theile des ersten Allegro's, wo es so lange durch halbirte Noten gegen den Tact geht, das ganze Orchester so herauswarf, daß wieder von vorn angefangen werden mußte« (Wegeler, 1972, S. 79). Seyfried behauptete, Beethovens Verstrickung in seine eigenen Kompositionen und sein Wunsch, ihre Bedeutung zum Ausdruck zu bringen, hätten ihn davon abgehalten, exakt zu dirigieren:

»Im Dirigieren durfte unser Meister keineswegs als Musterbild aufgestellt werden, und das Orchester mußte wohl achthaben, um sich nicht von seinem Mentor irreleiten zu lassen; denn er hatte nur Sinn für seine Tondichtungen und war unablässig bemüht, durch die mannigfaltigsten Gestikulationen den identifizierten Ausdruck zu bezeichnen. So schlug er oft bei einer starken Stelle nieder, sollte es auch im schlechten Taktteile sein. Das Diminuendo pflegte er dadurch zu markieren, daß er immer kleiner wurde und beim Pianissimo sozusagen unter das Taktierpult schlüpfte. Sowie die Tonmassen anschwellten, wuchs auch er wie aus einer Versenkung empor, und mit dem Eintritt der gesamten Instrumentalkraft wurde er, auf den Zehenspitzen sich erhebend, fast riesengroß und schien, mit beiden Armen wellenförmig rudernd, zu den Wolken hinaufschweben zu wollen« (Kerst, Bd. 1, S. 83/4). ... »Wenn er nun aber gewahrte, wie die Musiker in seine Ideen eingingen, mit wechselndem Feuer zusammenspielten, von dem magischen Zauber seiner Tonschöpfungen ergriffen, hingerissen, begeistert wurden, dann verklärte freudig sich sein Antlitz, aus allen Zügen strahlte Vergnügen und Zufriedenheit« (Thayer, Bd. 2, S. 567).

Seyfried vermittelt den Eindruck, es wäre einfach gewesen, unter Beethoven als Dirigent zu arbeiten, da er Überlegung und Geduld bewies, und es nicht unwahrscheinlich war, daß Beethoven in Gelächter ausbrach, wenn etwas Unerwartetes in seiner Musik einen Umschmiß im Orchester verursachte. Diese Ansicht stimmt nicht mit anderen Zeugnissen über Beethoven als Dirigent überein – und in der Tat auch nicht mit den meisten Beschreibungen seines Charakters. Ries erwähnt einen Vorfall, bei dem das Orchester sich weigerte, eine Probe unter seiner Leitung abzuhalten (Wegeler, 1972, S. 84) und einen anderen – vom 22. Dezember 1808 – bei der Uraufführung der Choralfantasie: Beethoven wurde ziemlich wütend, als die Klarinetten falsch einsetzten, obwohl eigentlich er dafür verantwortlich war, denn er hatte das Werk in letzter Minute fertiggestellt, so daß es kaum geprobt werden konnte (ebd., S. 83/4).

Mit der Aufführung der *Weihe des Hauses* am 3. Oktober 1822 trat Beethoven zum letztenmal als Dirigent an die Öffentlichkeit. Nach Aussage Schindlers (1966, S. 235/6), der das Orchester anführte, war sich Beethoven nicht bewußt, daß er das Tempo verschleppte und dadurch das Orchester und die Sänger nicht mehr harmonierten. Nur einen Monat später endete der Versuch, eine Kostümprobe des *Fidelio* zu dirigieren, mit einem Chaos. Beethoven betrat danach nie wieder das Dirigentenpult, obwohl er 1824, bei der Uraufführung seiner Neunten Symphonie, den Takt vorgab.

Beethoven als Lehrer

Es ergab sich zwangsläufig, daß Beethoven als Klavierlehrer sehr gefragt war. Seit 1785 erteilte er in Bonn Unterricht, allerdings nur widerwillig. Nach den Worten Frau von Breunings hatte Beethoven »von seiner ersten Jugend an ... eine außerordentliche Abneigung gegen jede Ertheilung von Unterricht«. Frau von Breuning »wollte ihn zuweilen zwingen, in das ihrem Hause gegenüberstehende des Oesterreichischen Gesandten, Grafen von Westphal, zu gehen, um dort seine Lektionen fortzusetzen. Dann ging er, *ut iniquae mentis asellus* (wie ein übellauniges Es'lein), da er sich beobachtet wußte, fort, kehrte aber oft am Hause selbst noch um, lief zurück und versprach dann: er wolle am folgenden Tage zwei Stunden Unterricht geben, heut aber sei es ihm unmöglich« (Wegeler, 1972, S.18/9).

In seinen ersten Wiener Jahren unterrichtete Beethoven eine Reihe von jungen Damen, die gewöhnlich aus wohlhabenden aristokratischen Familien stammten, die ihn großzügig entlohnten. Einige seiner Schülerinnen, darunter Fürstin Barbara Odescalchi (geborene Keglevics) und Gräfin Dorothea Ertmann, waren sehr begabte Pianistinnen. Man weiß nur sehr wenig darüber, wie die Stunden abgehalten wurden oder wie oft sie stattgefunden haben. Anscheinend unterrichtete er Therese und Josephine Brunsvik an sechzehn aufeinander folgenden Tagen, als er sich 1799 in Wien aufhielt. Dabei blieb er nicht nur für eine, sondern für vier oder fünf Stunden bei ihnen – sehr wahrscheinlich aber aus dem Grund, weil Beethoven sich in eines oder gar in beide Mädchen verliebt hatte. Immer wieder entbrannte er in Liebe zu seinen Schülerinnen – und gelegentlich wurden seine Gefühle erwidert. Zwischen ihm und Josephine Brunsvik entwickelte sich eine enge Freundschaft (vgl. »Persönliche Beziehungen«, S.128), woraus sein Unterrichtseifer und die Zurückweisung der Bezahlung resultierten. Von Gräfin Guicciardi akzeptierte er als Entgelt nur Leinenwäsche, und zwar unter der Bedingung, daß sie diese selbst genäht hatte.

Die einzigen offiziell anerkannten Schüler Beethovens waren Erzherzog Rudolph (er erhielt Klavier- und Kompositionsunterricht) und Ferdinand Ries. Ab 1805 hörte er auf, Klavierstunden zu geben. Rudolphs Unterricht in Kompositionslehre wurde aber noch bis mindestens 1824 fortgesetzt (Brief Nr.1322, Anderson). Über seine »Lektionen« bei Beethoven berichtete Ries:

»Wenn Beethoven mir Lection gab, war er, ich möchte sagen, gegen seine Natur, auffallend geduldig. Ich mußte bald dieses, so wie sein nur selten unterbrochenes freundschaftliches Benehmen gegen mich größtentheils seiner Anhänglichkeit und Liebe für meinen Vater zuschreiben. So ließ er mich manchmal eine Sache zehnmal, ja noch öfter, wiederholen. In den Variationen in **F** dur, der Fürstinn Odescalchi gewidmet (Opus 34), habe ich die letzten Adagio-Variationen siebenzehnmal fast ganz wiederholen müssen; er war mit dem Ausdrucke in der kleinen Cadenze immer noch nicht zufrieden, obschon ich glaubte, sie eben so gut zu spielen, wie er. Ich erhielt an diesem Tage beinahe zwei volle Stunden Unterricht. Wenn ich in einer Passage etwas verfehlte, oder Noten und Sprünge, die er öfter **recht herausgehoben** haben wollte, falsch anschlug, sagte er selten etwas; allein, wenn ich am Ausdrucke, an Crescendo's u. s. w. oder am Charakter des Stückes etwas mangeln ließ, wurde er aufgebracht, weil, wie er sagte, das Erstere Zufall, das Andere Mangel an Kenntniß, an Gefühl, oder an Achtsamkeit sei« (Wegeler, 1972, S. 94/5).

Nicht einmal Ries zuliebe ließ sich Beethoven überreden, Generalbaß und Komposition zu unterrichten, denn es »erfordere ein besonderes Talent, dieselbe [Unterricht in Generalbaß und der Kompositionslehre] mit Klarheit und Bestimmtheit vorzutragen, und überdies war Albrechtsberger der anerkannte Meister aller Komponisten« (Thayer, Bd. 2, S. 293).

Beethoven empfand offensichtlich nur wenig Sympathie für die meisten der gebräuchlichen Klavierunterrichtsmethoden. Schindler zufolge sagte ihm Hummels Art der Unterweisung nicht zu, und er riet Stephan von Breuning davon ab, nach Czernys Etüden zu üben. In einem Brief an Wegeler schrieb Gerhard von Breuning, daß Beethoven es nicht mochte, wenn er nach Pleyels Etüden übte und ihm statt dessen Clementis Übungen übersandt hatte. Beethoven erzählte ihm auch, er habe zwar die Absicht gehabt, aber nie die Zeit gefunden, seine eigenen Etüden niederzuschreiben, »ich hätte aber etwas ganz Abweichendes geschrieben« (Wegeler, 1972, Nachtrag Wegelers, S. 23). Beethoven selbst hielt sich an die Cramerschen Etüden, weil er der Überzeugung war, sie enthielten alle Grundlagen für ein gutes Klavierspiel. Nach Schindlers Aussagen versah er einige davon, die sein Neffe studieren sollte, mit Anmerkungen, aber die Authentizität dieser ihm zugeschriebenen Notizen ist keinesfalls gesichert (Newman, 1988). Ebenfalls befürwortete er, daß Karl die Sonaten Clementis zu Übungszwecken nutzte.

Czernys Kommentar, daß Beethoven »auch beim Unterrichten sehr auf schöne Fingerhaltung (nach der Emanuel Bachschen Schule, nach der er mich unterrichtete)« hielt (Kerst, Bd. 1, S. 60), ist nicht sehr aufschlußreich. Therese von Brunsvik berichtete, daß er »nicht müde [wurde], meine Finger, die ich emporzustrecken und flach zu halten gelehrt ward, nieder zu halten und zu biegen« (ebd., S. 35/6). Diese Zeilen stimmen mit der Beschreibung des Malers Joseph W. Mähler über Beethovens Klavierspiel aus dem Jahr 1803 überein: »Beethoven habe nämlich mit seinen Händen so ruhig gespielt, daß, so wundervoll auch sein Vortrag war, doch kein Werken derselben hierhin und dorthin, nach oben und unten sichtbar gewesen wäre; man habe dieselben nur nach rechts und links über die Tasten gleiten sehen, während die Finger allein die Arbeit taten« (Thayer, Bd. 2, S. 403).

Gräfin Guicciardi unterstützte die Aussagen von Ries durch ihre Darlegung, daß Beethoven auf einer korrekten Interpretation bestand, und das bis ins kleinste Detail. Das läßt den Schluß zu, daß Beethovens

Interesse wesentlich mehr der Interpretation galt, als technischen Gesichtspunkten, und zwar sowohl bezüglich seines Unterrichts als auch der Aufführungen.

Krankheiten, Taubheit und Tod

Den größten Teil seines Lebens wurde Beethoven von körperlichen Leiden geplagt und litt zudem unter Depressionsanfällen. Etwa ab seinem siebenundzwanzigsten Lebensjahr begann sein Gehör nachzulassen, und während seiner letzten zehn Lebensjahre war er fast völlig taub. Doch trotz seines schlechten Gesundheitszustands wirkte er robust, zumindest in den frühen Jahren, und seine Schaffenskraft wurde dadurch erstaunlich wenig beeinflußt.
Abgesehen von einer Windpockeninfektion in seiner Kindheit fiel Beethovens erste schwerwiegende Erkrankung in das Jahr 1787, als er Fieber bekam, das bleibendes Asthma und Schwermut verursachte. Als er 1792 Bonn verließ, litt er bereits an einer chronischen Magen-Darm-Störung, worüber ein Brief an Wegeler im Juni 1801 Aufschluß gibt:

»Nur hat der neidische Dämon, meine schlimme Gesundheit, mir einen schlechten Stein ins Brett geworfen, nämlich: mein Gehör ist seit drei Jahren immer schwächer geworden und zu diesem Gebrechen soll mein Unterleib, der schon damals, wie Du weißt, elend war, hier aber sich verschlimmert hat, indem ich beständig mit einem Durchfall behaftet war, und mit einer dadurch außerordentlichen Schwäche, die erste Veranlassung gegeben haben« (Brief Nr. 52, Kastner).

Dies war die erste Erwähnung seiner Schwerhörigkeit, die er so lange wie irgend möglich zu verheimlichen suchte.
1797 (in einigen Quellen wird hierfür das Jahr 1796 angegeben) zog er sich ein Leiden zu, das von Weißenbach als »furchtbarer Typhus« bezeichnet und im Fischhof-Manuskript als eine »gefährliche Krankheit, deren Stoß sich bei seiner Genesung an die Gehörswerkzeuge setzte, von welcher Zeit an seine Taubheit successiv zunahm« (Thayer, Bd. 2, S. 167) beschrieben wurde. Seit dieser Erkrankung litt er wiederholt an Erkältungen und Katarrhen, die sich gelegentlich zu einer Bronchitis oder Lungenentzündung auswuchsen, auf die auch seine wiederkehrenden rheumatischen Anfälle zurückzuführen waren.
All die Jahre hindurch konsultierte Beethoven eine ganze Reihe von Ärzten. Verständlicherweise war er verzweifelt bemüht, gesundheitliche Fortschritte zu machen und die drohende Taubheit abzuwenden, auf der anderen Seite aber war er ein schwieriger Patient, der nur widerwillig den ärztlichen Anweisungen Folge leistete und unduldsam wurde, wenn der Erfolg sich nicht sofort einstellte. Er erzählte Wegeler, daß Dr. Peter Frank ihm ein Stärkungsmittel zur Belebung seiner Körperkräfte verschrieben hatte und Mandelöl für seine Taubheit – jedoch vergeblich. Nachdem ein anderer »medizinischer Esel« kalte Bäder empfohlen hatte, konsultierte er Dr. Gerhard von Vering. Dieser wies ihn an,

lauwarme Bäder im Donauwasser zu nehmen, verordnete ihm Pillen, die seine Magen-Darm-Probleme linderten, legte Rinde auf seine Arme auf, die, obwohl sie sein Hörvermögen nicht verbesserte, dennoch die andauernden Ohrgeräusche milderte (Briefe Nr. 52 u. 56, Kastner). Nachdem er Dr. Johann Schmidt um weitere Hilfe ersucht hatte, erhielt er die Empfehlung, seinen Ohren Ruhe zu gönnen, und so verbrachte er den Sommer 1802 in Heiligenstadt. Hier erwog er einen Selbstmord (vgl. »Das Heiligenstädter Testament«, S. 214–17), fand aber durch die Musik wieder die Kraft zum Weiterleben.

1804 befiel Beethoven erneut eine ernste Krankheit, in deren Folge er von Kopfschmerzen geplagt und zunehmend anfällig für Infektionen wurde: Er erkrankte an einer Kiefer- und Fingervereiterung sowie einer hochgradigen Infektion des Fußes. Da seine Schwerhörigkeit weiter zugenommen hatte, konsultierte er Pater Weiß, der ihm täglich Infusionen verabreichte und strenge Diät und Ruhe verordnete. Beethoven konnte diese Behandlung aber nicht einhalten und brach sie ab. Bis 1810 erwähnte er in seiner Korrespondenz seine Krankheiten nur selten, seit dieser Zeit jedoch nahm er häufiger Bezug darauf, was vermuten läßt, daß er von da an häufiger krank war.

Seit dem Jahr 1815 verschlechterte sich Beethovens Gesundheitszustand laufend. Seine Erkältungen waren stets von Entzündungen und Fieber begleitet, das fesselte ihn gelegentlich für Wochen ans Bett. Im Verlauf des Sommers 1817 wurden ihm medizinische Pulver und Tinkturen verschrieben, und er mußte eine Heilsalbe auf seinen Körper auftragen. All das brachte ihm aber nur geringe Erleichterung seines Leidens. Während dieses Zeitraums entzweite er sich mit einem seiner Ärzte, Giovanni Malfatti, und entwickelte Mißtrauen gegen einen weiteren, Jakob Staudenheim. Sein Hörvermögen verschlechterte sich derart, daß er bereits 1818 den größten Teil einer Unterhaltung nicht mehr verstehen konnte und Besucher sich durch Eintragungen in seine Konversationshefte mit ihm verständigen mußten (vgl. S. 198–210). Ende 1820 wurde Beethoven von einer schlimmen fieberhaften Attacke heimgesucht, die ihn sechs Wochen ans Bett fesselte, und im folgenden Jahr prägte sich eine Gelbsucht aus, erstes Anzeichen seines unheilbaren Leberleidens. Er versuchte, in Baden Erleichterung zu finden, mußte wegen einer ernsthaften Diarrhöe jedoch vorzeitig wieder abreisen.

1822 sah Beethoven endlich ein, daß ihm in bezug auf seine Taubheit nicht geholfen werden konnte und erbat diesbezüglich nie wieder Hilfe. Im folgenden Jahr machte sich ein neues Übel bemerkbar: eine Entzündung des Auges. Von so vielen Unpäßlichkeiten gequält, schrieb er verzweifelt: »Und ich fürchte, dieser [Katarrh] zerschneidet bald den Lebensfaden, oder was noch ärger, durchnaget ihn nach und nach« (Brief Nr. 1157, Kastner).

Eine äußerst schwere Erkrankung trat 1825 auf und Dr. Anton Braunhofer, der Beethoven behandelte, nachdem dieser die Fürsorge Staudenheims zurückgewiesen hatte, befürchtete, daß sie sich ohne die richtigen Vorsichtsmaßnahmen zu einer Entzündung der Gedärme entwickeln und damit ein Zustand herbeigeführt werden könnte, der in dieser Zeit mit an Sicherheit grenzender Wahrscheinlichkeit einen tödlichen Ausgang nach sich gezogen hätte. Die Einhaltung einer strengen Diät und der Verzicht auf Alkohol führten aber zu einer Besserung der Lage, so daß Beethoven nach Baden reisen konnte. Von dort schrieb er in einem Brief an Braunhofer: »Wir stecken in keiner guten Haut, noch immer sehr schwach, aufstoßen usw.... Mein katarralischer Zustand äußert sich hier folgendermaßen: nämlich ich speie ziemlich viel Blut aus, wahrscheinlich nur aus der Luftröhre, aus der Nase strömt es aber öfter ... Daß aber der Magen schrecklich geschwächt ist, und überhaupt meine ganze Natur, dies leidet keine Zweifel« (Brief Nr. 1291, Kastner). Die Krise konnte jedoch abgewendet werden, und dieses Jahr sollte sich noch als sehr produktiv erweisen. Beethoven vollendete drei Streichquartette und zeigte sich dankbar für seine Genesung, indem er dem dritten Satz seines Streichquartetts in a-Moll op. 132 den Titel »Heiliger Dankgesang eines Genesenen an die Gottheit ...« gab.

Im September 1826 reiste er nach Gneixendorf zu seinem Bruder Johann. Beethoven war ein kranker Mann und Karls Suizidversuch war ein vernichtender Schlag für ihn gewesen. Während sein Appetit schwand, wurde sein Durst immer stärker, und sein Leib und seine Füße schwollen immer mehr an. Nach einem Streit mit seinem Bruder verließ er Gneixendorf zu Dezemberbeginn und reiste trotz frostigen Wetters in einem offenen Wagen nach Wien zurück. Über Nacht, die er in einer armseligen Unterkunft verbrachte, bekam er Fieber, das von einem starken Husten begleitet wurde. Bei seiner Ankunft in Wien war Beethoven ernsthaft krank, erhielt aber erst am dritten Tag medizinische Betreuung, als Dr. Andreas Wawruch eintraf. Dieser behandelte Beethoven auf eine Lungenentzündung hin und setzte Kräuter ein, die zum Schwitzen führen und damit das Fieber senken sollten. Diese Behandlung war zwar erfolgreich, doch das eigentliche Problem wurde nicht erkannt. Am dritten Tag verschlechterte sich Beethovens Zustand. Anfälle von Erbrechen und Durchfall plagten ihn, Leber und Darm bereiteten ihm große Schmerzen, er litt an schwerer Gelbsucht, und das Anschwellen seines Körpers, die Wassersucht, schritt in zunehmendem Tempo voran. Wawruch ordnete eine Operation an, um den Druck zu lindern, und Staudenheim, der nun ebenfalls anwesend war, stimmte zu. Am 20. Dezember wurden etwa zwölf Liter Flüssigkeit auf einmal abgeleitet, es sollten noch wesentlich mehr folgen. Die auf den Eingriff zurückzuführende Erleichterung war nur vorübergehender Natur, es mußten noch drei weitere Operationen zur Ableitung der Bauchraumflüssigkeit vorgenommen werden.

Beethoven – möglicherweise durch Schindler darin bestärkt – konnte Wawruch nicht leiden und bestand darauf, Malfatti zu rufen. Dieser verordnete, entweder weil er wußte, daß es in diesem Fall keine Rettung mehr gab – denn er kannte Beethovens Krankengeschichte –, oder aber weil er Verständnis für Beethovens Naturell hatte, etwas, was sofortige Linderung bringen würde: Punschgefrorenes. Zunächst schien diese Behandlung erfolgreich, aber die Erholung war nur von kurzer Dauer. Beethoven begann zu phantasieren, der Durchfall und die Leibschmerzen verschlimmerten sich, und er magerte sehr stark ab, da er keine Nahrung mehr zu sich nehmen konnte. Am 23. März unterzeichnete er sein Testament, und am 24. März, bevor er in Bewußtlosigkeit verfiel, empfing er das Sterbesakrament. Beethoven starb am 26. März 1827 nach viermonatiger Krankheit.

Dr. Johann Wagner nahm die Autopsie vor. Überraschenderweise stellte man fest, daß die Lungen sich in einem normalen Zustand befanden, die Bauchhöhle aber war angefüllt mit Flüssigkeit, die dort eingelagerten Organe wiesen Abnormitäten auf, und der Magen und die Gedärme waren aufgebläht. Die Leber war auf die Hälfte ihres Volumens zusammengeschrumpft und verhärtet, die Milz mehr als noch mal so groß und das Pankreas ebenfalls vergrößert und verhärtet. Was sein Gehör anlangt, gab es Anzeichen einer Entzündung, die Hörnerven waren verkümmert, und das entsprechende Markscheidengewebe fehlte, zudem waren die Blutgefäße erweitert. Nach den Erkenntnissen der modernen Medizin kann Beethovens Zustand folgendermaßen zusammengefaßt werden: Sein Magen-Darm-Leiden war zweifelsohne eine »Colitis ulcerosa«, eine geschwürige Dickdarmentzündung, die man heute sehr erfolgreich mit Steroiden behandeln kann. Dies, zusammen mit den wiederholten fiebrigen Anfällen, die besonders seine Brust angriffen, aber auch seine geringe Widerstandskraft gegenüber Infektionen, seine Augenentzündung, die degenerativen Gefäßveränderungen und die Leberzirrhose (die durch Hepatitis oder durch wiederholte Entzündungen hervorgerufen worden war), läßt vermuten, daß Beethoven an einer Erkrankung des Bindegewebes litt (Cooper, 1970, S. 439). Die zum Zeitpunkt seines Todes diagnostizierte Wassersucht war wahrscheinlich die unmittelbare Folge eines Leberversagens, obwohl diese auch durch eine Herzinsuffizienz, eine Herzschwäche, verursacht hätte sein können.

Beethovens Taubheit wurde gewöhnlich entweder auf eine Otosklerose (Verknöcherung des Mittelohrs) oder aber auf eine Schädigung der Gehörnerven zurückgeführt. Bei der Otosklerose handelt es sich um eine fortschreitende, oft ererbte Erkrankung, die durch eine allgemein anfällige Konstitution leichter zum Ausbruch kommen kann und die zu einer Verknöcherung der Innenohrmembran führt. Obwohl einige der Symptome, die bei Beethoven auftraten – das Fortschreiten der Krankheit, das von Phasen der Besserung unterbrochen wurde und die Schmerzen, die ihm laute Geräusche verursachten –, mit den Merkmalen dieser Krankheit übereinstimmten, fehlten andere typische Anzeichen, und auch bei der Autopsie gab es keinen Hinweis darauf. Nerval verursachte Taubheit manifestiert sich zunächst im Verlust der Fähigkeit, hohe Frequenzen zu hören, begleitet von Tinnitus (Ohrensausen). Normalerweise verläuft diese Erkrankung nicht progressiv, es sei denn, die für die Behinderung verantwortliche Ursache besteht weiter (Sorsby, 1930, S. 539/40). Wenn Beethoven aber an einer Bindegewebserkrankung gelitten hat, dann könnte diese die zuführenden Gefäße der Blutversorgung der Gehörnerven und des Markscheidengewebes in der Art geschädigt haben, für die es Hinweise in der Autopsie gab.

Heute ist bekannt, daß diese Krankheit auch Auswirkungen auf die Psyche des Patienten haben kann, und so könnte sie für Beethovens reizbare Natur und die schweren Depressionen, die ihn belastet haben, verantwortlich gewesen sein. Versuche, die Symptome seines Leidens der Syphilis oder dem Alkoholismus zuzuschreiben (London, 1964, S. 442–8), entbehren weitgehend jeder Grundlage und können deshalb übergangen werden. Nicht unerwähnt sollte hier aber Wegelers scharfsinniges Resümee bleiben: »Im kranken Unterleib meines Freundes lag schon 1796 der Grund seiner Uebel, seiner Harthörigkeit, und der ihm zuletzt tödtlichen Wassersucht. Das nur zu häufige Unterbrechen einer regelmäßigen Lebensart mußte allerdings diese Grundursache verschlimmern. Aber auch von andern, aus dieser Quelle wohl nicht abzuleitenden Uebeln blieb Beethoven nicht befreit« (Wegeler, 1972, Anhang Wegeler, S. 12/3).

Am 29. März wurde Beethoven zu Grabe getragen. Eine riesige Menschenmenge, darunter alle bedeutenden Musiker Wiens, fand sich zu seinem Leichenbegängnis ein. Nach der Trauerfeier im Stephansdom wurde der Sarg zur Beisetzung auf den Friedhof Währing überführt, wo der Schauspieler Heinrich Anschütz eine bewegende, von Franz Grillparzer verfaßte Grabrede hielt (Thayer, 1967, S. 1057/8), die mit den Worten schloß: »Und wenn euch je im Leben, wie der kommende Sturm, die Gewalt seiner Schöpfungen übermannt, wenn euer Entzükken dahinströmt in der Mitte eines jeden noch ungeborenen Geschlechts, so erinnert euch dieser Stunde und denkt: wir waren dabei, als sie ihn begruben, und als er starb, haben wir geweint.«

1888 wurden die sterblichen Überreste noch einmal auf dem Wiener Zentralfriedhof beigesetzt.

ANNE-LOUISE COLDICOTT

Kapitel VII

Beethovens Ansichten und Weltanschauung

Beethovens Ansichten und Weltanschauung

Die meisten Erkenntnisse zur Person Beethovens beruhen auf Beobachtungen von Zeitgenossen. Was aber jemand selbst zum Ausdruck bringt, ist oft ebenso aufschlußreich über seine Person, und Beethovens Äußerungen, sei es in seinen Briefen, in seinen Notizbüchern oder in zuverlässig überlieferten Gesprächen, stellen in dieser Hinsicht keine Ausnahme dar. Im folgenden Kapitel bringen wir eine Auswahl verschiedener Ansichten Beethovens zu unterschiedlichen Themen.

Beethovens ethische und ästhetische Vorstellungen

Beethoven war kein Philosoph, interessierte sich aber sehr für einige große Denker und las sowohl die Schriften antiker wie zeitgenössischer, europäischer wie orientalischer Philosophen. »Sokrates und Jesus waren mir Muster«, schrieb er 1818 (Köhler, Bd. 1, S. 211). Schon seit frühester Jugend zeigte er Interesse dafür: »Ohne den mindesten Anspruch auf eigentliche Gelehrsamkeit zu machen, habe ich mich doch bestrebt von Kindheit an, den Sinn der Besseren und Weisen jedes Zeitalters zu fassen« (Brief Nr. 209, Kastner). Er war sehr belesen und unterstrich häufig philosophische und sprichwörtliche Redewendungen, auf die er beim Lesen stieß, oder schrieb sie ab; einige davon vertonte er sogar in Form von Kanons. Eine Fülle von Zitaten aus verschiedenen Quellen findet sich in seinem *Tagebuch* von 1812–1818 (vgl. »Tagebücher und andere Dokumente«, S. 210).

Man kann die Philosophie als die Suche nach der Wahrheit bezeichnen, und so brachte Beethoven immer wieder seine Liebe zur Wahrheit zum Ausdruck. In einem Brief an Goethe schrieb er: »Denn letztere [Wahrheit] liebe ich über alles« (Brief Nr. 1136, Kastner); und sowohl in diesem als auch in einem anderen Brief widerspricht er aufs heftigste der Aussage des römischen Dichters Terenz: »Veritas odium parit« (»Die Wahrheit erzeugt Haß«). Er schrieb auch einmal ein Zitat aus Schillers *Don Carlos* nieder: »Die Wahrheit ist vorhanden für den Weisen/ Die Schönheit für ein fühlend Herz:/ Sie beide gehören für einander« (Brief Nr. 21, Kastner). Meist bestätigte sich diese Wahrheitsliebe im Umgang mit anderen Menschen. Dennoch lebte er nicht immer getreu seinen Idealen und unterlag von Zeit zu Zeit der Versuchung, andere irrezuführen, so zum Beispiel mit der Vorgehensweise bei den Verhandlungen zum Verkauf der *Missa solemnis,* die er mehr oder weniger zur gleichen Zeit verschiedenen miteinander in Konkurrenz stehenden Verlegern versprach.

Die moralische Verpflichtung, Gutes zu tun, Großmut zu zeigen und nach Tugend zu streben, lag Beethoven seit seiner Kindheit sehr am Herzen. Bei zahlreichen Gelegenheiten brachte er seinen Wunsch, den Bedürftigen zu helfen und für andere zu leben, zum Ausdruck. Besonders glücklich machte es ihn, wenn seine Kunst, die Musik, dazu beitragen konnte, zum Beispiel in Form von Wohltätigkeitskonzerten. »Ich schätze mich allzuglücklich, wenn zu dergleichen wohltätigen Zwecken meine Kunst in Anspruch genommen wird« (Brief Nr. 314, Kastner). Untrennbar mit seinen moralischen Vorstellungen war für Beethoven auch seine Liebe zur Natur verbunden, ob es sich nun um eine Betrachtung des Sternenhimmels, der Wälder und Felder, oder etwa die Lektüre Immanuel Kants *Allgemeiner Naturgeschichte und Theorie des Himmels* (1775) handelte. »›das Moralische Gesez in unß, u. der gestirnte Himmel über unß‹ – Kant!!!«, schrieb Beethoven 1820 in ein Konversationsheft (Köhler, Bd. 1, S. 235). (Im Vergleich beschäftigte er sich jedoch nicht mehr mit Philosophen als viele andere gebildete Zeitgenossen und lehnte sogar eine Einladung Wegelers für eine Vorlesungsreihe über Kant in den neunziger Jahren des 18. Jahrhunderts ab.)

Für sein großmütiges Verhalten empfand Beethoven es als unumgänglich, auf alles, was er tat, die größte Mühe zu verwenden. Der beharrliche Rechtsstreit mit seiner Schwägerin, in dem er erbittert darum kämpfte, seinen Neffen vor einer Mutter zu bewahren, die ihm als solche völlig unwürdig erschien, ist nur eins von mehreren Beispielen. Sein Verhalten in diesem Fall war natürlich stark von irrationalen Gefühlen bestimmt, er betrachtete es aber als einen Versuch, seinen Neffen zu retten. In einem anderen Brief (Brief Nr. 373, Anderson) berichtet er von dem Vergnügen, das es ihm bereitet hatte, die Schwierigkeiten einer gefährlichen nächtlichen Reise durch den Wald bewältigt zu haben. Die gleiche Haltung spricht auch aus seiner Musik, die, verglichen mit den Kompositionen nahezu aller seiner Zeitgenossen, gelehrt, schwierig, vielschichtig und erhaben ist. Die große Hingabe, mit der er sich jedem seiner Werke widmete, um es so hervorragend wie möglich zu gestalten, spiegelt sich wider in der außerordentlichen Gründlichkeit, mit der er seine Skizzen anfertigte. Wurde eine seiner Kompositionen als »schwer« bezeichnet, so sah es Beethoven unter dem Gesichtspunkt, »daß dieses das fetteste Lob ist, was man geben kann«, – denn »was schwer ist, ist auch schön, gut, groß usw.« (Brief Nr. 697, Kastner). Die Musik war für ihn eine edle und erhebende Kunst: »La musica merita d'esser studiata« (Die Musik ist es wert, studiert zu werden) (Brief Nr. 767, Anderson),

»denn nur die Kunst und die Wissenschaft erhöhen den Menschen bis zur Gottheit« (Brief Nr. 338, Kastner).
Wenn trotz aller Bemühungen die Schwierigkeiten und Widrigkeiten des Lebens nicht bewältigt werden konnten, betrachtete Beethoven eine stoische Akzeptanz seines Schicksals als den geeignetsten Weg. »Plutarch hat mich zu der Resignation geführt«, schrieb er 1801 im Hinblick auf seine Taubheit (Brief Nr. 52, Kastner). 1816 notierte er eine ähnliche Gefühlsregung in seinem Tagebuch: »Die große Auszeichnung eines vorzüglichen Mannes. Beharrlichkeit in widrigen harten Zufällen« (Solomon, 1990, Nr. 93 a).
Mit diesen Ideen des Sich-Unterscheidens und der Erhabenheit durch Kunst geht die Vorstellung einer geistigen Elite einher, der Beethoven – erhöht durch seine Musik – natürlich angehörte. Deshalb konnte er auch nur mit solchen Menschen Freundschaften schließen, da aus seiner Sicht »wahre Freundschaft... nur beruhn [kann] auf der Verbindung ähnlicher Naturen« (Solomon, 1990, Nr. 127). Auch die Herrscher der Welt sollten dieser edlen und weisen Elite angehören (vgl. »Politik«, unten).

Politik

Als führender Komponist der Zeit nach der Französischen Revolution wurde Beethoven häufig als Urheber einer vergleichbaren Revolution in der Musik betrachtet. Aus dieser Sicht fällt es leicht, sich vorzustellen, daß seine Sympathien mit den Idealen der Französischen Revolution – Freiheit, Gleichheit und Brüderlichkeit – im wesentlichen in Einklang standen. Eigentlich waren seine politischen Ansichten noch komplexer und nicht völlig miteinander vereinbar, und obwohl er großes Interesse an Politik bewies, äußerte er sich selten ausführlicher zu diesem Thema (außer vielleicht in privaten Gesprächen).
Seinen berühmtesten politischen Kommentar gab Beethoven 1804 aus Wut darüber, daß sich Napoleon selbst zum Kaiser ernannt hatte: »Ist der auch nicht anders wie ein gewöhnlicher Mensch! Nun wird er auch alle Menschenrechte mit Füßen treten, nur seinem Ehrgeize frönen; er wird sich nun höher wie alle anderen stellen, ein Tyrann werden!« Dies sind seine Worte, wie sie von Ries festgehalten wurden (Wegeler, 1972, S. 78). Schon lange zuvor hatte Beethoven sich gegen die Tyrannei gewandt (eine Tatsache, die in Werken wie *Fidelio* und *Egmont* ihren Widerhall fand), und sein idealisiertes Bild von Napoleon als dem heldenhaften Kämpfer für die Armen wurde nicht nur durch dessen Selbsternennung zum Kaiser zunichte gemacht, sondern auch durch die folgenden Kriege, in deren Verlauf die Franzosen zweimal in Wien einfielen. In diesen, aber auch in den späteren Jahren brachte Beethoven oft seine Abscheu vor den Franzosen zum Ausdruck. Seine Empfindungen gegenüber Napoleon jedoch waren sowohl vor als auch nach 1804 etwas zwiespältiger Natur. 1802 hatte er den Auftrag, eine Sonate für die Revolution zu komponieren, abgelehnt, wohingegen auch nach 1804 seine alte Verehrung für Napoleon sich nie völlig verlor. Noch

1824 äußerte er sich in bezug auf Napoleon (nach Czernys Aussage): »Ich habe ihn früher nicht leiden können. Jetzt denke ich ganz anders« (Kerst, Bd. 1, S. 49).

England gegenüber hatte Beethoven eine völlig andere Einstellung. Sein Leben lang bewunderte er das englische Volk sowie das System der parlamentarischen Demokratie, und diese Bewunderung galt auch jedem Engländer, den er kennenlernte, abgesehen von lediglich ein oder zwei erwähnenswerten Ausnahmen. Einer der Hauptgründe, weshalb er so viele Begleitungen zu schottischen Liedern schrieb (nicht unbedingt die dankbarste aller musikalischen Aufgaben), war »eine bestimmte und sehr besondere Liebe, die er der englischen Nation und den schottischen Melodien entgegen brachte« (Brief Nr. 496, Kastner, Original auf Italienisch).

Seiner eigenen Wahlheimat, dem Österreich der Habsburger gegenüber, empfand er genügend Patriotismus, in den neunziger Jahren des 18. Jahrhunderts einige nationalistische Texte in Liedern zu vertonen (WoO 121 und 122). Nach der Niederlage Napoleons 1813/14 entstanden zwei bedeutendere Werke: *Wellingtons Sieg* op. 91, und die umfangreiche Kantate *Der glorreiche Augenblick* op. 136. Beethoven hielt die Österreicher aber eher für ein lebenslustiges als für ein kriegslüsternes oder rebellisches Volk. 1794, auf dem Höhepunkt der Französischen Revolution, als die Gefahr bestand, sie könnte auch auf Österreich übergreifen, und verschiedene repressive Maßnahmen getroffen wurden, dies zu verhindern (vgl. »Die politischen Verhältnisse«, S. 71 f.), beobachtete Beethoven scharfsichtig: »Aber ich glaube, solange der Österreicher noch braun's Bier und Würstel hat, revoltiert er nicht« (Brief Nr. 11, Kastner).

Manchmal äußerte sich Beethoven ganz offen gegen die restriktiven Gesetze, die – vor allem nach 1815 – häufig in Wien in Kraft traten. Mit dieser feindseligen Haltung riskierte er zwar eine Inhaftierung, da er jedoch eine bekannte Persönlichkeit war und bei der Geheimpolizei nicht als subversive Bedrohung galt, ließ man ihn unbehelligt. Einmal zitierte er eine Zeile aus Schillers Ode *An die Freude* falsch, indem er schrieb »Prinzen sind Bettler«, was bei einigen den Eindruck erweckte, er wäre generell gegen die herrschende Klasse; das aber scheint nicht der Fall gewesen zu sein. Vielmehr glaubte er an eine Art Leistungsgesellschaft, in der diejenigen, die eine edle Gesinnung besaßen (und da schloß er sich mit ein, vgl. S. 187 f.), einer Elite angehörten. Wer Macht hatte, sollte damit auch vernünftig umzugehen wissen. Die Personifizierung des weisen Regenten findet sich in mehreren Werken Beethovens – nicht nur in der Idealisierung Napoleons in der *Eroica*, sondern auch in der Figur des (Ministers) Don Fernando im *Fidelio* und bereits zu einem früheren Zeitpunkt in der Person Josephs II. in der Kantate auf seinen Tod 1790 (WoO 87). Obwohl Beethoven es niemals explizit in dieser Weise ausdrückte, glaubte er doch offensichtlich, die irdischen Regenten müßten ein Abbild des göttlichen Herrschers sein.

Aus diesem Grunde kann man seine politische Orientierung nicht einfach als links- oder rechtsgerichtet, als progressiv oder konservativ im heutigen Sinne bezeichnen. Einige seiner Ansichten waren erstaunlich progressiv, wie zum Beispiel sein Wunsch, die ganze Welt zu umfassen und durch die Kunst ein völkerverbindendes Band zu knüpfen (Brief Nr. 1080, Kastner); und er vertrat auch die Meinung, daß die Kunst sich immer nach vorne orientieren müsse. Andererseits brachte er seine Geringschätzung der Arbeiterklasse immer wieder deutlich zum Ausdruck, beispielsweise mit einer Äußerung aus dem Jahr 1820: »abgeschlossen soll der Bürger voon höhern Menschen seyn« (Köhler, Bd. 1, S. 219) – eine Einstellung, die heute seltsam anmutet, damals aber der Norm entsprach. So kann man unter Bezugnahme auf die Ideale der Französischen Revolution behaupten, Beethoven habe den Gedanken der Freiheit von ganzem Herzen, den der Gleichheit schon nicht mehr ohne Einschränkungen und den der Brüderlichkeit nur noch in begrenztem Ausmaß unterstützt.

Religion

Beethovens Glauben an einen allmächtigen göttlichen Herrscher war unkonventioneller und höchst eigenwilliger Natur, jedoch unzweifelhaft aufrichtig. Seine Gottesvorstellung basierte nicht ausschließlich auf der traditionellen christlichen Lehre, sondern war durch eine Vielfalt von Einflüssen – zum Beispiel der klassischen Antike oder orientalischer Religionen – geprägt. Obwohl er nominell dem römisch-katholischen Glauben angehörte, war seine Einstellung der Kirche gegenüber eher distanziert: Es gibt keine Quellen, denen man entnehmen könnte, daß er regelmäßig zur Messe ging – und dem Empfang der Sterbesakramente kurz vor seinem Tod stimmte er nur widerstrebend zu.

Sein Gottesbild läßt sich vielleicht am besten durch Schillers Worte in der Ode *An die Freude* ausdrücken, die einen starken Einfluß auf Beethovens Denken ausübte: »Brüder! Überm Sternenzelt muß ein lieber Vater wohnen.« Auf diesen »lieben Vater« kann man zugehen, man kann ihn direkt ansprechen, ohne auf eine Vermittlung durch die Kirche oder durch Christus selbst angewiesen zu sein. Beethoven erwähnte Christus selten, außer wenn er auf den leidenden Jesus als Mensch Bezug nahm: In einem Brief macht er die Anspielung, daß sein »gnädigster Herr« (Erzherzog Rudolph?) nicht anders könne, »als dem Beispiele Christi folgen, d. h. zu leiden« (Brief Nr. 1245, Kastner). Und so ist es auch nicht so sehr das göttliche Wesen, sondern vielmehr das irdische Leiden Jesu Christi, das in dem Oratorium *Christus am Ölberge* im Vordergrund steht.

An anderer Stelle wird Christus auf eine Ebene mit Sokrates gestellt (vgl. »Beethovens ethische und ästhetische Vorstellungen«, S. 170). Den kirchlichen Oberhäuptern brachte Beethoven keinen besonderen Respekt entgegen. Seine ziemlich despektierliche Bemerkung über Napoleons Konkordat mit dem Papst im Jahr 1802 ist nicht untypisch:

»Aber jetzt da sich alles wieder ins alte Geleis zu schieben sucht, Bonaparte mit dem Papste das Konkordat geschlossen – so eine Sonate? – Wär's noch eine *Missa pro sancta Maria à tre voci* oder eine Vesper usw. – nun da wollt ich gleich den Pinsel in die Hand nehmen und mit großen Pfundnoten ein *Credo in unum* hinschreiben, – aber du lieber Gott eine solche Sonate zu diesen neu angehenden christlichen Zeiten – hoho! – da laßt mich aus, da wird nichts daraus« (Brief Nr. 59, Kastner).
Der himmlische Vater jedoch nahm bei Beethoven immer eine sehr ehrfurchtgebietende Stelle ein, und Beethovens Gottesvorstellung in seinen späteren Jahren war stark von orientalischen Schriften beeinflußt, an denen er zunehmend Interesse fand. 1816 schrieb er in sein Tagebuch, daß Gott »ewig, allmächtig, allwissend, allgegenwärtig« sei (Solomon, 1990, Nr. 93 b) und zitierte dabei aus Georg Forsters Übersetzung von William Robertsons *An Historical Disquisition Concerning the Knowledge which the Ancients had of India.* Ein anderes einschlägiges Zitat stammt aus Schillers *Die Sendung Moses,* einer Darstellung des alten Ägyptens, in welcher der Autor auf drei bekannte Sentenzen der altägyptischen Religion Bezug nimmt: »Ich bin, was da ist.« »Ich bin alles, was ist, was war, was sein wird; kein sterblicher Mensch hat meinen Schleier aufgehoben.« »Er ist einzig und von ihm selbst, und diesem Einzigen sind alle Dinge ihr Dasein schuldig« (Thayer, Bd. 3, S. 195). Beethoven schrieb diese Sentenzen ab und bewahrte sie in einem Glasrahmen auf seinem Tisch auf.
An anderer Stelle in seinem *Tagebuch* zitierte Beethoven lange Auszüge aus verschiedenen orientalischen Schriften und hielt sich dabei an die Übersetzungen von Johann Friedrich Kleuker und Georg Forster. Gegenstand dieser Passagen ist das Wesen der Gottheit (Solomon, 1990, Nr. 61–5), worauf auch das folgende Zitat Bezug nimmt, das einem Kommentar der *Rig-Veda* entnommen ist: »Was frey ist von aller Lust und Begier[,] das ist der Mächtige[.] Er allein. Kein Größerer.« Beethoven scheint sogar selbst einige Sätze im gleichen Stil verfaßt zu haben: »Aus Gott floß alles rein und lauter aus. Werd' ich nochmals durch Leidenschaft zum Bösen verdunkelt[,] kehrte ich nach vielfacher Büßung und Reinigung zur ersteren erhabenen[,] reinen Quelle, zur Gottheit zurück, –.« In diesen Passagen wird Gott als immerwährend und unveränderlich erkannt, und das in den ägyptischen Aussprüchen wiederholte »Ich bin« ruft die Erinnerung daran wach, daß sich Gott auf die Frage Moses (Exodus 3: 13–14) hin selbst als »Ich bin der Ich – bin!« bezeichnet, womit Gott sich jeglicher Definition, außer der, die er selbst setzt, entzieht. (Solomon, 1983, S. 115)
Stark angezogen fühlte sich Beethoven auch von den *Betrachtungen über die Werke Gottes im Reiche der Natur* des lutheranischen Geistlichen Christian Sturm (1740–86). Diese Sammlung von Aufsätzen beschreibt die Wunder der Natur und die Verherrlichung Gottes, ihres Schöpfers, durch sie. Dabei werden einige für Beethoven elementare Ideen wie schöpferische Kraft, Liebe zur Natur und der allmächtige Gottvater

zum Ausdruck gebracht, und so verwundert es nicht, daß Beethoven in seiner Kopie des Buches zahlreiche Passagen unterstrich.

Dennoch war Beethoven nicht einfach ein Deist, vielmehr glaubte er an Gott als Person, die man um Hilfe und Trost anrufen konnte, und es besteht kaum Zweifel darüber, daß er regelmäßig betete. (Als sein Neffe Karl 1818 vor Gericht gefragt wurde, ob Beethoven ihn das Beten gelehrt habe, antwortete jener, daß sie jeden Morgen und Abend zusammen beteten.) Einige von Beethovens Gebeten wurden niedergeschrieben. Eins davon findet sich in der Mitte des Heiligenstädter Testaments (vgl. S. 215), verschiedene andere in seinem *Tagebuch,* so zum Beispiel folgendes: »o Gott! gib mir Kraft, mich zu besiegen, mich darf ja nichts an das Leben fesseln.« »o Gott, Gott[,] sieh' auf den unglücklichen B. herab[,] laß es nicht länger so dauern.« »o höre stets Unaussprechlicher[,] höre mich – Deinen unglücklichen unglücklichsten aller Sterblichen« (Solomon, 1990, Nr. 1, 3, 160).

Beethoven war auch davon überzeugt, daß manche Menschen fähig seien, durch ihre eigene Beziehung zu Gott anderen Menschen religiöse Empfindungen nahezubringen. So zum Beispiel Erzherzog Rudolph in seiner Eigenschaft als Erzbischof, was Beethoven mit folgenden Worten zum Ausdruck brachte: »Der Himmel segne mich durch I.[hro] K.[aiserliche] H.[oheit] und der Herr selbst sei immer über uns und mit I. K. H. Höheres gibt es nichts, als der Gottheit sich mehr als andere Menschen zu nähern und von hier aus die Strahlen der Gottheit unter das Menschengeschlecht verbreiten« (Brief Nr. 1162, Kastner). Auch einige andere Geistliche waren dazu befähigt. Haslinger wurde angewiesen: »Geht alle Sonntage zum Pater Werner [Zacharias Werner, 1768–1823, ein bekannter Prediger], welcher Euch das Büchlein anzeigt, wodurch Ihr von Stund' an in Himmel kommt« (Brief Nr. 1000, Kastner), eine Bemerkung, die offensichtlich nicht ganz ernst gemeint war. Für sich selbst nahm Beethoven in Anspruch, durch seine Musik in seinen Mitmenschen religiöse Empfindungen wachrufen zu können, wie aus einem Kommentar zur *Missa solemnis* hervorgeht: »Und es [war] bei der Bearbeitung dieser großen Messe meine Hauptabsicht ..., sowohl bei den Singenden als bei den Zuhörenden religiöse Gefühle zu erwecken und dauernd zu machen« (Brief Nr. 1238, Kastner).

In manchen Abschnitten seines Lebens traten seine religiösen Impulse stark in den Hintergrund, und es war nicht nur ein Anflug von Agnostizismus, der ihn 1813/14 in dem Lied *An die Hoffnung* (op. 94) die Worte »Ob ein Gott sei?« vertonen ließ – eine Passage, die in der Fassung von 1805 ausgespart blieb. Ab etwa 1815 jedoch trat – Hand in Hand mit seinen Forschungen in östlicher und ägyptischer Literatur – sein Interesse an religiösen Dingen erheblich in den Vordergrund. Eintragungen in seinem *Tagebuch* beziehen sich nun auf seine Pläne zur Komposition religiöser Werke: »– eine kleine Kapelle – von mir in ihr den Gesang geschrieben angeführt, zur Ehre des Allmächtigen – des Ewigen Unendlichen« (Solomon, 1990, Nr. 41; 1815), und »um wahre

Kirchenmusik zu schreiben [muß man] alle Kirchenchoräle der Mönche etc. durchgehen« (ebd., Nr. 168; 1818). Bald darauf komponierte er die *Missa solemnis* und faßte den Entschluß für zwei weitere Messen (vgl. Briefe Nr. 1145 u. 1153, Anderson), von denen eine (in cis-Moll) in Kurzfassung skizziert wurde. Außerdem waren noch drei Sätze (darunter das Graduale und das Offertorium) für die *Missa solemnis* geplant, ein neues Oratorium und ein Requiem. Obwohl diese Vorhaben nicht zur Verwirklichung kamen, wiesen nun auch andere Werke zunehmend religiöse Bezüge auf. (Ein Paradebeispiel in dieser Hinsicht ist die Neunte Symphonie; 1818 fertigte Beethoven noch eine Skizze für eine Symphonie an: »Frommer Gesang in einer Symphonie in den alten Tonarten – Herr Gott dich loben wir – alleluja« (Nottebohm, 1887, S. 163). Zu weiteren Werken mit religiöser Gedankenverbindung zählen das *Abendlied* (WoO 150) von 1820 und der choralartige *Heilige Dankgesang* im Quartett op. 132 aus dem Jahr 1825.
Der Grund für diese Hinwendung zum Religiösen mag zum Teil ganz allgemein im Wiederaufleben der Religion in Wien nach den napoleonischen Kriegen zu sehen sein, dennoch aber waren auch andere Faktoren daran beteiligt. Von der praktischen Seite aus betrachtet, fühlte sich Beethoven zweifelsohne durch die Adoption seines Neffen dazu verpflichtet, seinen Glauben aufs neue zu überprüfen, da er bestrebt war, dem Kind vernünftige moralische und religiöse Prinzipien zu vermitteln, wie sie ihm selbst von seiner Mutter beigebracht wurden. In seinem Bestreben, den höchstmöglichen musikalischen Ausdruck zu erreichen, wurde er sich wahrscheinlich auch bewußt, daß das letzte Ziel eine Musik sei, die auf irgendeine Weise »über das Sternenzelt«, zur Gottheit emporreichte. Als er auf den Tod zuging, brachte er auch in der letzten Strophe des *Abendlieds* »Ernte bald an Gottes Thron meines Leidens schönen Lohn« seine Vorstellung vom Jenseits deutlicher zum Ausdruck.

Literatur

Obwohl J. R. Schultz nur einen Tag im September 1823 mit Beethoven verbrachte, also nur kurz Gelegenheit hatte, ihn aus nächster Nähe kennenzulernen, beschrieb er Beethoven in *The Harmonicon* im Januar 1824 als großen Bewunderer der Schriftsteller der Antike. Allen voran begeisterte er sich für Homer – im besonderen für dessen *Odyssee* – und Plutarch. Was die Dichter seines eigenen Landes anginge, würde er dem Studium der Werke Schillers und Goethes den Vorzug geben; letzterer zählte im übrigen zu seinen Freunden. Diese präzise Beurteilung von Beethovens literarischem Geschmack kann auch durch zahlreiche andere Zeugnisse belegt werden.
In einem Brief an Breitkopf & Härtel vom 8. August 1809 (Brief Nr. 206, Kastner) zeichnete Beethoven selbst ein ganz ähnliches Bild: »Vielleicht könnten Sie daher mir eine Ausgabe von Goethes und Schillers vollständigen Werken zukommen lassen; – . . . Die zwei Dichter sind meine

Lieblingsdichter, sowie Ossian, Homer, welchen letzteren ich leider nur in Übersetzungen lesen kann.« Er wiederholte seine Bitte um die Werke Goethes und Schillers im nächsten Monat und fügte außerdem den Namen von Christoph Martin Wieland hinzu. Bezüglich Ossian hörte man fortan nicht mehr viel – vielleicht, weil Beethoven später erfuhr, daß die jenem irischen Sänger des dritten Jahrhunderts zugeschriebenen Werke offensichtlich der Feder des Schotten James MacPherson entstammten, der im 18. Jahrhundert gelebt hatte. Auch was Wieland anbelangt, sind keine weiteren Informationen erhalten, und Beethoven hat auch nie einen seiner Texte vertont. Goethe, Schiller und Homer hingegen wurden bei vielen anderen Gelegenheiten von ihm zitiert oder erwähnt.

Goethe hatte er von Jugend an verehrt und Beethoven vertonte weit mehr Texte von ihm als von irgendeinem anderen Dichter (vgl. »Who's who der Zeitgenossen Beethovens« und »Lieder«, S. 54 und 317). Seine Bewunderung für Goethe wurde von mehreren Beobachtern erwähnt, er selbst brachte sie aber ebenfalls wiederholt zum Ausdruck; *Wilhelm Meister* war anscheinend seine Lieblingslektüre. Schiller wurde seltener erwähnt, Beethoven hat auch nur wenige seiner Werke vertont, zitierte jedoch gerne aus seinen Stücken, so zum Beispiel aus *Don Carlos*, aus *Die Jungfrau von Orleans*, *Die Braut von Messina* und *Wilhelm Tell*. In Beethovens schriftlichen Zeugnissen existiert eine ganze Reihe von Bezügen auf Schillers Arbeiten und schließlich erwarb er 1824 eine einundzwanzigbändige Ausgabe von Schillers Werken für seinen Neffen Karl, einen glühenden Verehrer des Dichters.

Beethovens Interesse an Homer wird durch gelegentliche Erwähnung in seinen Briefen, mehr aber noch in seinen Konversationsheften belegt. Zudem übertrug er zwei Passagen aus der *Ilias* und drei aus der *Odyssee* (in der Übersetzung von Johann Heinrich Voss) in sein *Tagebuch*. Bei einer bestimmten Gelegenheit schrieb er einmal: »Was aber mich angeht, so will ich lieber selbst Homer, Klopstock, Schiller in Musik setzen« (Brief Nr. 1184, Kastner), doch die einzigen uns bekannten Vertonungen von Texten Homers beschränken sich auf kurze Skizzen, wie jene in den Skizzenbüchern von Scheide und Egerton. Wie aus einigen seiner Briefe hervorgeht, kannte Beethoven auch die Werke von Plutarch, wenngleich seine Bezugnahme darauf manchmal eher versteckt zum Ausdruck kam.

Die Erwähnung Friedrich Klopstocks deutet darauf hin, daß er diesen Dichter sehr verehrt hat, und zu einer anderen Gelegenheit bat Beethoven Steiner, ihm die Werke von Klopstock (und Johann Gleim) zu leihen. Er vertonte jedoch niemals einen Text aus Klopstocks Feder und zitierte ihn auch nie in seinem *Tagebuch*. Eine häufig erwähnte Bemerkung über Klopstock wurde lange Zeit Beethoven zugeschrieben: »Ich habe mich jahrelang mit ihm getragen; wenn ich spazieren ging, und sonst. Ei nun: verstanden hab ich ihn freilich nicht überall. Er springt so herum; er fängt auch immer gar zu weit von oben herunter an; immer

Maestoso! Des dur!« (Thayer, Bd. 4, S. 286). Der Kommentar stammte aber zweifellos nicht aus Beethovens Mund, sondern ist eine Erfindung von Rochlitz (Solomon, 1980 b).
Beethoven hatte sich auch mit mehreren Stücken von Shakespeare in der Übersetzung August von Schlegels vertraut gemacht (Französisch konnte er ziemlich gut lesen, ebenso etwas Latein und Italienisch; Englisch beherrschte er aber niemals besonders gut). 1810 empfahl er Therese Malfatti, Shakespeare zu lesen, und bot ihr leihweise eine Abschrift an (Brief Nr. 258, Anderson). Einmal begann er sogar mit der Skizzierung einer Oper nach dem Stoff von *Macbeth* (in der Bearbeitung des Shakespeare-Textes durch Collin), und nach Aussagen Amendas sollte der zweite Satz des Quartetts op. 18, Nr. 1 die Grabesszene aus *Romeo und Julia* musikalisch nachempfinden – eine Behauptung, deren Richtigkeit durch Anmerkungen in Beethovens Skizzen unterstrichen wird. Schindlers Hypothese hingegen, Beethovens d-Moll Sonate (op. 31, Nr. 2) sei die Umsetzung von Shakespeares Drama *Der Sturm* in Musik, entbehrt ziemlich sicher jeder Grundlage.
Die Abschnitte, die Beethoven in seinem *Tagebuch* zitierte, oder die Werke, auf die er sich darin bezog, ergeben einen repräsentativen Querschnitt seiner literarischen Interessen im allgemeinen: Abgesehen von einer auffallend geringen Zahl an Zitaten aus Goethes Schriften liefern sie ein recht zutreffendes Bild von Beethovens literarischem Geschmack. (Weitere Hinweise hierzu finden sich in seinen Konversationsheften, in die er gelegentlich Buchtitel notiert hat.) Zusätzlich zu den verschiedenen philosophischen und religiösen Schriften (vgl. »Beethovens ethische und ästhetische Vorstellungen«, S. 170 f. und »Religion«, S. 174 ff.) zitierte und erwähnte Beethoven in seinem *Tagebuch* auch Schriftsteller wie zum Beispiel den Grafen Vittorio Alfieri, Pedro Calderón, Homer, Amandus Müllner, Ovid, Plinius, Plutarch, Schiller, Shakespeare und Friedrich Werner. Obwohl eine solche Auswahl heute eher sonderbar anmuten mag, entsprach sie ziemlich genau den damaligen Lesegewohnheiten und dem vornehmlichen zeitgenössischen Literaturgeschmack.
Höchst bemerkenswert bei den Passagen, die Beethoven zitierte oder für sich abschrieb, ist jedoch deren häufige Bezugnahme auf das Schicksal, auf das Dauernde und die Erlangung unsterblichen Ruhms durch große Taten. Solche Exzerpte sagen sehr viel über Beethovens Einstellung zum Leben und lassen den Schluß zu, daß er sich selbst als neuzeitlichen Nachfolger der Helden aus alter Zeit begriff, denn diese Schriften waren ganz offensichtlich ihres Inhalts und nicht ihres literarischen Gehalts willen kopiert worden. Im folgenden einige Beispiele der von Beethoven zitierten Passagen (wenn nicht anders vermerkt, sämtlich aus Solomon, 1990):

»›Bedaure mein Geschick!‹ rufe ich mit der Johanna aus.« (Schiller, *Die Jungfrau von Orleans* V/2, Brief Nr. 262, Kastner)

»Was kann ich ihm mehr als dein Schicksal seyn, denn Hassen, Lieben und das hohe Gut der Selbstvollendung im Erschaffen suchen.« (Werner, *Die Söhne des Thals,* Teil I, IV/2; Nr. 60 d)

»Nun aber erhascht mich das Schicksal/ daß nicht arbeitslos in den Staub ich sinke[,]/ noch ruhmlos[,]/ Nein erst großes vollendet wovon auch/ Künftige hören.« (Homer, *Ilias,* XXII/303–5; Nr. 49)

»Denn ausduldenden Muth verlieh den Menschen das Schicksal.« (ebd., XXIV/49; Nr. 26)

»Es sind ja den Menschen nur wenige Tage beschieden[.] Wer nun grausam denkt und grausame Handlungen ausübt ... Aber wer edel denkt und edle Handlungen ausübt[,] Dessen würdigen Ruhm verbreiten die Fremdlinge weithinaus unter die Menschen auf Erden[,] und jeder segnet den Guten[.]« (Homer, *Odyssee,* XIX/332–4; Nr. 170)

»Sertorius achtete auf den Schein des Schimpfes[,] der dabey war[,] nicht, und behauptete[,] er kaufe nur die Zeit, die das kostbarste für einen Mann sey, der wichtige Dinge ausführen wolle.« (Plutarch, *Sertorius;* Nr. 150)

»Wiewohl was kann man einem Menschen größeres geben, als Ruhm und Lob und Unsterblichkeit?« (Plinius, *Epistulae,* III/21, Zeile 6; Nr. 114)

Persönliches Umfeld

Beethovens Beziehungen zu anderen Menschen und sein Auftreten, wie es von seinen Bekannten geschildert wurde, sind bereits an anderer Stelle diskutiert worden (vgl. »Charakter und Wesensart«, S. 124 ff. und »Persönliche Beziehungen«, S. 127 ff.). Hier jedoch soll Beethovens persönliches Umfeld von seiner eigenen Warte aus dargestellt, also aufgezeigt werden, wie er seine Freunde und Bekannten und seine Umgebung im allgemeinen sah. Obwohl er die Gesellschaft anderer Menschen schätzte, hatte er nur wenige echte Freunde. »Wahre Freundschaft kann nur beruhn auf der Verbindung ähnlicher Naturen – « schrieb er 1817 (Solomon, 1990, Nr. 127) und nach diesen Worten verwundert es kaum, daß ein so brillanter, gebildeter und exzentrischer Komponist nur wenige Menschen »ähnlicher Natur« finden konnte. 1801 schrieb er, daß Karl Amenda einer von lediglich drei Menschen war, »die meine ganze Liebe besaßen« (Kalischer, Bd. 1, S. 43). Die beiden anderen waren, so nimmt man an, Stephan von Breuning und entweder Stephans Bruder Lorenz oder vielleicht Beethovens eigene Mutter. Über Stephan von Breuning schrieb er an anderer Stelle: »Er ist wirklich ein guter, herrlicher Junge geworden ..., [der] das Herz, wie wir alle mehr oder weniger, auf dem rechten Fleck hat« (Brief Nr. 52, Kastner). Bevor Beethoven sich mit seinem Gönner Fürst Lichnowsky im Jahre 1806 entzweite, bezeichnete er ihn als »wirklich ... einen meiner treuesten Freunde« (Brief Nr. 107, Kastner), und in späteren Jahren betrachtete er offensichtlich auch Erzherzog Rudolph als solchen, obwohl dieser manchmal zu nachdrücklich auf ausgedehntem Kompositionsunterricht bestand: »Denn bei solchen Lektionen ist man anderen Tages kaum imstande zu denken, viel weniger zu schreiben« (Brief Nr. 1097, Kastner).

Andere Leute, mit denen Beethoven freundschaftlich verkehrte, wurden oft nicht annähernd so hoch eingeschätzt. Zmeskall und Schuppanzigh bezeichnete er als »so elende ... egoistische ... Menschen«, die nie »Zeugen meiner innern und äußern Thätigkeit, ebensowenig als wahre Teilnehmer von mir werden [können]« (Brief Nr. 56, Kastner). Einige seiner übelsten Beschimpfungen sparte Beethoven sich aber für seine Schwägerin Johanna und für Schindler auf. Erstere betrachtete er als faul und schlampig, verdorben und ohne jeden moralischen Wert. Schindler hingegen hielt er für hassens- und verachtenswert. Beethoven gab sich jedoch nicht offen feindselig ihm gegenüber, einfach aus dem Grund, weil, wie er darlegte, Schindler »gestraft genug, daß er so ist« wäre (Brief Nr. 1161, Kastner). Und seinen Bruder Johann empfand Beethoven so wenig als Gleichgesinnten, daß er ihn manchmal als »Pseudo-Bruder« bezeichnete.

Durch sein hitziges Temperament und seine rauhen Manieren, aber auch durch die latente Eifersucht auf andere Musiker verschaffte sich Beethoven schnell Feinde, obwohl die meisten dieser Feinde wahrscheinlich eher in seiner Einbildung als in Wirklichkeit existierten. Schon 1794 erachtete er einige mit ihm konkurrierende Pianisten, die angeblich etliche seiner besten Ideen für ihre eigenen Improvisationen und Kompositionen gestohlen hatten, als seine Todfeinde. 1804 erzählte er Rochlitz, er habe eine ganze Reihe von Feinden (Brief Nr. 87 a, Anderson). Und wirklich erhielt Rochlitz in der Folge mehrere negative Rezensionen über Kompositionen von Beethoven, die er in seinem Blatt, der *Allgemeinen Musikalischen Zeitung*, veröffentlichen sollte. Es ist schwierig, festzustellen, wer diese Feinde waren, doch Beethoven erwähnte im selben Jahr, daß der Theaterdirektor Baron Braun ständig unfreundlich zu ihm war (Brief Nr. 88, Anderson), und bei anderer Gelegenheit beschrieb er Salieri als den »ersten«, der »aus Haß gegen mich« handeln würde (Brief Nr. 175, Kastner). Seine mißtrauische Natur war manchmal auch dafür verantwortlich, daß er ohne besonderen Grund Mitmenschen für übelgesinnt hielt, wie zum Beispiel im Fall seines Schneiders Joseph Lind und des Boten von Fürst Esterházy, Anton Weber.

Für gewöhnlich beschäftigte Beethoven ein Hausmädchen – gelegentlich auch zwei –, doch das Dienstverhältnis war nie zufriedenstellend, und er entließ sie häufig schon nach kurzer Zeit. Eines dieser Mädchen, sie hieß Nanni, hatte besonders unter seiner Kritik zu leiden: Beethoven bedachte sie mit unterschiedlichen Gemeinheiten, wie »schreckliches Vieh«, das sich durch eine »außerordentliche Frechheit, Bosheit und Niedrigkeit« auszeichnete und dem »Mistvolk« angehörte (Briefe Nr. 826 u. 827, Kastner). Zu anderer Gelegenheit bezichtigte er seine Hausangestellten des Diebstahls und verdächtigte sie, sich Nachschlüssel besorgt zu haben. »Argwohn muß bey einem niedern Menschen um dich stets gehegt werden« (Solomon, 1990, Nr. 137). Dazu kam noch ihre angebliche Sittenlosigkeit: »Was die Dienstboten angeht, so ist nur eine Sprache überall über ihre Immoralität, welches allem übrigen Unglück allhier zuzuschreiben« (Brief Nr. 827, Kastner). Es war ihm äußerst peinlich, mit einer solchen Gesellschaftsschicht überhaupt verkehren zu müssen.

Eine Weile brachten ihn seine häuslichen Querelen fast so weit, Wien überhaupt zu verlassen, da sie ihn immer mehr bedrängten. Etwa 1817 wirkte sich seine Verzweiflung über diese Situation offensichtlich auch ganz entschieden auf seine Arbeit aus: Er komponierte in diesem Jahr nur wenig und schien über einen längeren Zeitraum unfähig, sich über seine alltäglichen Sorgen und Anliegen hinwegzusetzen. »Dich zu retten ist kein anderes Mittel als von hier, nur dadurch kannst du wieder so zu den Höhen deiner Kunst entschweben, wo du hier in Gemeinheit versinkst«; mit diesen Worten sprach er sich selbst im Frühjahr 1817 Mut zu (Solomon, 1990, Nr. 119). Eine andere Gelegenheit, bei der er Wien gerne verlassen hätte, war während der französischen Invasion im Jahre 1809: »Welch zerstörendes, wüstes Leben um mich her, nichts als Trommeln, Kanonen, Menschenelend in aller Art« (Brief Nr. 201, Kastner).

Im Gegensatz dazu betrachtete Beethoven den Aufenthalt auf dem Land als einen Zufluchtsort des Friedens und der Ruhe, worauf er sich immer freute. In dem eben zitierten Brief sprach er von den Freuden des Landlebens, die unentbehrlich für ihn wären (was man von dem Komponisten der *Pastorale* natürlich erwarten kann), und er verbrachte die meisten Sommermonate auf dem Land in der Umgebung von Wien (vgl. »Wohnorte und Reisen«, S. 139–54). Einen besonders überschwenglichen Kommentar über seine Liebe zum Landleben gab er 1810 in einem Brief an Therese Malfatti: »Wie froh bin ich, einmal in Gebüschen, Wäldern, unter Bäumen, Kräutern, Felsen wandeln zu können, kein Mensch kann das Land so lieben wie ich. Geben doch Wälder, Bäume, Felsen den Widerhall, den der Mensch sich wünscht« (Brief Nr. 245, Kastner). Manchmal jedoch bewirkte das Leben auf dem Land eher Lethargie als Aktivität, und auch schlechtes Wetter dort konnte seine Stimmung dämpfen. In der Stadt äußerte sich die Unzufriedenheit mit seiner Umgebung im häufigen Wechsel seiner Wohnungen (vgl. »Wohnorte und Reisen«, S. 137–54), aber auch auf dem Land empfand Beethoven sein Umfeld oft als weit von seiner Idealvorstellung entfernt. 1825 gestand er in einem Brief aus Baden: »Und wirklich ist es zu verwundern, wenn ich leidlich hier schreibe« (Brief Nr. 1306, Kastner).

Was seine Ernährung betrifft, unterschieden sich Beethovens Vorlieben nicht wesentlich von denen des durchschnittlichen Wiener Bürgers dieser Tage, mit Ausnahme einer ungewöhnlichen Vorliebe für Fisch. Er bevorzugte Süßwasserfische wie zum Beispiel Karpfen, Hecht und

Zander. Beethoven war jedoch in keiner Weise ein Gourmet. Seine Einstellung zum Essen scheint sich vielmehr darin manifestiert zu haben, daß schon allein die Quantität ein Festmahl auszeichnete, und für jene Zeitgenossen, die zu viele Gedanken auf das Essen verwendeten, empfand er nur Verachtung: »Der Mensch steht wenig über anderen Tieren, wenn der Eßtisch sein Hauptvergnügen bildet« (Kerst, Bd. 2, S. 61), so, behauptet man, habe Beethoven es ausgedrückt. Er trank gern starken Kaffee, schätzte aber auch gute Weine, vor allem die Sorten, die aus seiner Heimat vom Rhein und von der Mosel stammten und deshalb in Wien schwer zu bekommen waren. Gelegentlich gab er sich dem Genuß von Champagner hin; das allerdings konnte – wie er nach einer besonders feuchtfröhlichen Gesellschaft im September 1825 feststellte – darauf hinauslaufen, daß er sich in seiner Arbeit behindert fühlte (Brief Nr. 1337, Kastner).

Inwieweit sein persönliches Umfeld auf sein kompositorisches Schaffen Einfluß nahm, muß offenbleiben (vgl. Cooper, 1990, S. 42–58). Eine gewisse Beeinflussung ist aber nicht zu leugnen, wofür die Klaviersonate op. 81 a, *Das Lebewohl,* als eindeutiges Beispiel herangezogen werden kann. Sie wurde anläßlich der Abreise seines Freundes Erzherzog Rudolph aus Wien geschrieben und bringt dessen Abschied, Abwesenheit und Wiederkehr in einer musikalischen Gefühlsschilderung zum Ausdruck. Obwohl Beethoven eher zurückhaltend und reserviert auftrat, reagierte er doch in vieler Hinsicht sehr empfindlich auf die Menschen seiner Umgebung, aber auch auf die Umstände, in denen er lebte, und war selten zufrieden mit ihnen.

Andere Komponisten

Beethoven hatte ganz bestimmte Ansichten über die respektiven Verdienste der zahlreichen anderen Komponisten, mit deren Musik er sich auseinandersetzte. Und obwohl seine Zeitgenossen generell keineswegs einer Meinung mit ihm waren, so verwundert es doch, daß die Komponisten, die er am meisten schätzte, im großen und ganzen genau die Komponisten des 18. Jahrhunderts sind, die heute allgemein am meisten verehrt werden, nämlich Bach, Händel, Mozart und Haydn. Beethovens Favoriten sind auch noch die unseren.

In jungen Jahren hatte er nur selten Gelegenheit, Händels Musik zu hören, und Mozart war offensichtlich sein Lieblingskomponist. Tatsächlich unternahm Beethoven seine erste Reise nach Wien im Jahr 1787, um dort bei Mozart Unterricht zu nehmen, und noch lange danach fühlte Beethoven sich beinahe eingeschüchtert durch Mozarts Können. 1799 hörte er Mozarts c-Moll Klavierkonzert (KV 491) und beklagte sich bei Cramer: »Cramer! Cramer! Wir werden niemals im Stande sein, etwas Ähnliches zu machen!« (Thayer, 1967, S. 209). Von Mozarts Opern hatte es ihm vor allem *Die Zauberflöte* angetan, vielleicht, weil sie auf moralische Fragen Bezug nahm und Elemente des Heldentums aufgriff, die in seinen drei großen komischen Opern weitgehend fehlten. Ludwig Rellstab, der Beethoven 1825 besuchte, berichtete, daß er besonders die Handlung von zwei dieser drei Opern mit folgenden Worten verurteilte: »Opern wie ›Don Juan‹ und ›Figaro‹ könnte ich nicht komponieren. Dagegen habe ich einen Widerwillen –. Ich hätte solche Stoffe nicht wählen können; sie sind mir zu leichtfertig!« (Thayer, Bd. 4, S. 199). Das bedeutet jedoch nicht, daß Beethoven Mozarts Musik zu diesen Opern nicht den allergrößten Respekt entgegenbrachte, und erst als er sich mit Händels Musik vertraut gemacht hatte, verlor Mozart in seinen Augen die unangefochtene Vorrangstellung. Noch im Jahr 1826 schrieb Beethoven: »Allzeit habe ich mich zu den größten Verehrern Mozarts gerechnet, und werde es bis zum letzten Lebenshauche bleiben« (Brief Nr. 1378, Kastner).

Die Hinwendung zu Händels Musik vollzog sich nach und nach im letzten Jahrzehnt des 18. und in den ersten Jahren des 19. Jahrhunderts, nachdem Beethoven, wahrscheinlich durch Baron van Swieten, Händels Vokalmusik kennengelernt hatte. Nach Aussagen von Ries, dessen Kenntnisse in erster Linie auf der Bekanntschaft mit Beethoven in den Jahren 1801–05 basieren, schätzte Beethoven zunächst Mozart und Händel sehr, später dann auch Bach. Etwa zehn Jahre später jedoch galt seine Vorliebe eindeutig Händel. Nach Cipriani Potter, der 1817 mit Beethoven zusammentraf, hatte dieser Mozart früher für den besten Komponisten gehalten; als er dann aber Händels Musik kennengelernt hatte, räumte er ihm die Vorrangstellung ein. Dies wird durch eine Aussage Beethovens Schultz gegenüber bekräftigt: »Händel ist der größte Componist, der je gelebt hat.« ... »Ich würde mein Haupt entblößen und auf seinem Grabe niederknieen!« (Thayer, Bd. 4, S. 457/8). Und auf Stumpffs Frage nach dem größten Komponisten kam seine Antwort ohne Zögern: »Händel ... vor dem beuge ich meine Knie« (Thayer, Bd. 5, S. 126).

Nach Beethovens Einschätzung lag Bach nicht weit hinter Händel zurück. Einmal behauptete er, daß von den älteren Komponisten nur Händel und Bach Genie besaßen (Brief Nr. 900, Kastner), und an anderer Stelle wird Bach als der »Urvater der Harmonie« und sogar als »unsterblicher Gott der Harmonie« bezeichnet (Briefe Nr. 43 u. 47, Kastner). Etwas poetischer – wie Karl Freudenberg überlieferte – drückte er es einmal so aus: »Nicht Bach, sondern Meer sollte er heißen, wegen seines unendlichen unausschöpfbaren Reichtums von Toncombinationen und Harmonien« (Thayer, Bd. 5, S. 224). Auch Bachs Sohn Carl Philipp Emanuel stand bei ihm in hohem Ansehen, insbesondere seine Klavierwerke: »Doch müssen einige jedem wahren Künstler gewiß nicht allein zum hohen Genuß, sondern auch zum Studium dienen« (Brief Nr. 201, Kastner).

Beethovens Haltung gegenüber Haydn war zumindest am Anfang eher etwas zwiespältig. »Haydn kam selten ohne einige Seitenhiebe weg«, berichtet Ries (Wegeler, 1972, S. 84) und Beethoven mißbilligte die allzu bildlichen und oberflächlich erscheinenden Wortvertonungen, wie sie in Haydns *Schöpfung* und in den *Jahreszeiten* zu finden sind, »ohne daß Beethoven jedoch Haydns höhere Verdienste verkannt, wie er denn namentlich bei vielen Chören und anderen Sachen Haydn die verdienten Lobsprüche erteilte« (ebd.). Und nach Haydns Tod fand Beethoven nur lobende Worte für ihn. »Nicht entreiße Händel, Haydn, Mozart ihren Lorbeerkranz«, schrieb er 1812 (Brief Nr. 338, Kastner), und 1824 bezog er sich auf so große Komponisten wie Haydn, Mozart und Cherubini (Brief Nr. 1275, Anderson). Ebenso vermerkte er 1815 in seinem *Tagebuch:* »Haendel, Bach, Gluck, Mozart, Haydn's Portraite in meinem Zimmer – Sie können mir auf Duldung Anspruch machen helfen –« (Solomon, 1990, Nr. 43).

Dies ist fast der einzige explizite Ausdruck seiner Bewunderung für Gluck, Cherubini hingegen erwähnte er bei mehreren Gelegenheiten. Als dessen Opern 1802 zum ersten Mal in Wien gegeben wurden, war Beethoven zutiefst beeindruckt, Cherubinis Requiem liebte er mehr als das von Mozart. Als Potter Beethoven 1817 fragte, wer der größte lebende Komponist neben Beethoven selbst wäre, lautete seine Antwort: »Cherubini.« In einem Brief an Schlösser 1823 betonte Beethoven dies noch einmal, indem er schrieb, »daß ich übrigens für ihn vor allen unseren Zeitgenossen die höchste Achtung habe« (Brief Nr. 1101, Kastner). Und an Cherubini selbst richtete er im selben Jahr folgende Worte: »Im Geiste bin ich es oft genug [Cherubini nahe getreten], indem ich Ihre Werke über alle andere theatralische schätze« (Brief Nr. 1086, Kastner).

Auch über andere Komponisten sprach Beethoven sich gelegentlich lobend aus. Clementi wie auch C. Ph. E. Bach schätzte er wegen ihrer Klaviermusik; Spontini wie Cherubini bewunderte er für ihre Opern. In diesem Zusammenhang wird Beethoven folgende Äußerung zugeschrieben: »Spontini habe viel Gutes, den Theatereffekt und musikalischen Kriegslärm verstände er prächtig« (Thayer, Bd. 5, S. 224). Auch von Palestrinas Kirchenmusik hatte er eine sehr hohe Meinung, obwohl er wahrscheinlich nur wenige dieser Werke kannte. Für die Musik seiner jüngeren Zeitgenossen war Beethoven jedoch nicht sehr empfänglich. Es wurde behauptet, einige von Schuberts Werken hätten ihm gefallen, jedoch ist diese Aussage nicht sehr glaubwürdig. Was Meyerbeer anbetrifft, so stimmte Beethoven nicht mit Tomášek überein, der sowohl von Meyerbeer als Mensch wie auch als Musiker viel hielt. Rossini erachtete er für begabt, seine Musik aber für zu leichtfertig, wohingegen Spohrs Musik »zu dissonanzenreich« (ebd.) und zu chromatisch war, wie Freudenbergs Bericht überliefert. Beethovens oft zitierte Meinung über seinen einstigen Schüler Ries – »er ahmt mich zu sehr nach« (Kerst, Bd. 1, S. 56) – wurde angeblich Czerny gegenüber geäußert und kann durchaus ihre Berechtigung gehabt haben; dennoch aber mochte Beethoven einige von Ries' Stücken, vor allem die Klavierfantasie *Der Traum.* Er lobte zudem Webers *Freischütz* und Erzherzog Rudolphs vierzig Variationen über ein Thema, das Beethoven ihm vorgegeben hatte.

Wenn Beethoven jedoch bei einer Aufführung mit schlechter Musik konfrontiert wurde, neigte er dazu, laut loszulachen. Er verachtete Konzerte, die eine reine Zurschaustellung leeren Virtuosentums waren, was offensichtlich nicht selten auf die Aufführungen der in Wien gastierenden Pianisten zutraf, die ihre eigenen Kompositionen und Improvisationen zum besten gaben. In der Tat fanden nur wenige dieser Pianisten Beethovens Bewunderung; als erwähnenswerte Ausnahme galt Johann Baptist Cramer. Die übrigen waren seiner Verurteilung als reine Skalenspieler ausgesetzt, die die Klaviatur auf und ab spazierten und nichtssagende Musik spielten. Und wenn er schon schlechte Musik haßte, so führten schlechte Aufführungen manchmal bei ihm zu höchster Erregung, besonders im Falle des *Fidelio.* Nach einer Aufführung im Jahre 1806 schrieb er: »Mir vergeht alle Lust, weiter etwas zu schreiben, wenn ich's so hören soll« (Brief Nr. 119, Kastner). Als Potter 1817 Beethoven mitteilte, er hätte den *Fidelio* gehört, antwortete ihm Beethoven, daß Potter es nicht gehört haben könnte, da die Sänger unfähig wären, diese Oper zu singen. Und nachdem er 1822 das Thema der Ouvertüre zu *Fidelio* von einer Flötenuhr hörte, war sein sarkastischer Kommentar nur, diese würde besser spielen als das Orchester des Kärntnertortheaters.

Beethoven bevorzugte Musik, die anspruchsvoll, ernst und kunstvoll war, und mit fortgeschrittenen Jahren entwickelte sich seine Vorliebe für die ältere Musik – für Bach, Händel, Palestrina und sogar für den Gregorianischen Choral. Am meisten überrascht dabei vielleicht die Tatsache, daß er Händel Bach vorzog. Was Beethoven an Händel scheinbar besonders imponiert hat, war dessen Fähigkeit, ganze Sätze aus sehr einfachen Ideen aufzubauen – ein Talent, das Händel schon zu seinen Lebzeiten große Bewunderung eintrug. Beethoven imitierte diese Technik in vielen seiner eigenen Werke. Daß Beethoven jüngeren Komponisten nur geringe Beachtung entgegenbrachte, resultierte zum Teil daraus, daß in den ersten zwanzig Jahren des 19. Jahrhunderts so wenig wirklich große Musik geschrieben wurde (außer von Beethoven selbst). Hätte er noch weitere fünfzehn Jahre gelebt und wäre es ihm möglich gewesen, nicht nur die Werke Schuberts, sondern auch die Hauptwerke so großer Komponisten wie Schumann, Chopin, Mendelssohn, Bellini, Wagner, Liszt und Berlioz kennenzulernen, die alle in dieser Zeitspanne entstanden, ohne Zweifel wäre Beethoven dann auch aufgeschlossener der neuen Musik begegnet.

Über die eigene Person

Beethoven redete nur wenig über sich selbst, doch wenn er es tat, geschah dies in kritischer Selbsteinschätzung und mit überraschend großer Bescheidenheit für einen Menschen, der mit so außergewöhnlichen Gaben ausgestattet war. »Es ist ein eigenes Gefühl sich loben zu sehen, zu hören und dann dabei seine eigene Schwäche zu fühlen, wie ich« (Thayer, Bd. 2, S. 134). Er neigte dazu, sich selbst als einen Menschen zu sehen, der im Grunde nur gute und edle Absichten hatte, manchmal allerdings durch Fehler und Unzulänglichkeiten von diesem Weg abgebracht wurde, wobei er dann aber nur zu bereitwillig seine Schuld eingestand. Diese Verfehlungen veranlaßten ihn manchmal zum unvermittelten Abbruch von Freundschaften, wofür er sich dann aber wieder überschwenglich entschuldigen und seine Fehler unumwunden zugeben konnte (vgl. »Charakter und Wesensart« und »Persönliche Beziehungen«, S. 124–32).

Seines Jähzorns zum Beispiel war er sich sehr wohl bewußt: »Ich bin nicht schlimm – heißes Blut ist meine Bosheit – mein Verbrechen Jugend ... – wenn auch wilde Wallungen – mein Herz verklagen – mein Herz ist gut« (Brief Nr. 6, Kastner). Doch auch als seine Jugend nicht länger ein Entschuldigungsgrund war, blieb sein Temperament ähnlich hitzig: »Mein Aufbrausen [ist] nur ein Ausbruch von manchen unangenehmen vorhergegangenen Zufällen mit ihm gewesen ... Ich habe die Gabe, daß ich über eine Menge Sachen meine Empfindlichkeit verbergen und zurückhalten kann; werde ich aber auch einmal gereizt zu einer Zeit, wo ich empfänglicher für den Zorn bin, so platze ich auch stärker aus als jeder andere« (Brief Nr. 100, Kastner). Diese Selbstdarstellung stimmt mit den Zeugnissen überein, die seine Bekannten über ihn gaben.

Ebenso war Beethoven sich seiner Unordentlichkeit, seiner Nachlässigkeit und seiner ganz allgemeinen Schlampigkeit bewußt. In einem Brief an Zmeskall gab er zu, daß ihm generell jeglicher Sinn für Ordnung fehle, obwohl er dann wieder einschränkend bemerkte, jeder wäre doch in irgendeiner Weise unordentlich (Brief Nr. 87, Anderson). Wegeler gegenüber erwähnte er seine »unverzeihliche Nachlässigkeit« (Brief Nr. 52, Kastner), und an Hoffmeister richtete er die Worte: »Dabei ist es vielleicht das einzige Geniemäßige, was an mir ist, daß meine Sachen sich nicht immer in der besten Ordnung befinden und doch niemand imstande ist als ich selbst, da zu helfen« (Brief Nr. 46, Kastner). Wiederum werden diese Beobachtungen durch die Angaben seiner Zeitgenossen bestätigt.

Trotz seiner Fehler war Beethoven jedoch von seiner persönlichen geistigen Bildung und Herzensbildung überzeugt und faßte sich auch manchmal dahingehend in Worte. So schrieb er zum Beispiel 1801 in einem Brief an Wegeler: »Soviel will ich euch sagen, daß ihr mich nur recht groß wiedersehen werdet; nicht als Künstler sollt ihr mich größer, sondern auch als Mensch sollt ihr mich besser, vollkommener wissen« (Brief Nr. 52, Kastner). Als er nach Wien kam, wurde allgemein angenommen, er entstamme tatsächlich adligen Kreisen, da das Adelsprädikat »von« eine solche Herkunft in Österreich anzeigte. So interpretierte man natürlich das holländische »van« in Beethovens Namen in gleicher Weise, was jedoch falsch war. In dem Glauben, seine außergewöhnlichen Gaben berechtigten ihn, einen Platz in der Aristokratie einzunehmen (so wie andere Bürgerliche aufgrund ihrer Taten geadelt wurden), unternahm Beethoven nichts, dieser Annahme entgegenzuwirken. Es wurde sogar die Vermutung laut, Beethoven hätte die Vorspiegelung einer adligen Herkunft (»Adelsprätention« [Solomon, 1987, S.112]) geradezu bewußt vorangetrieben, indem er sich in die Idee verrannte, sein wahrer Vater wäre jemand Würdigerer und Erlauchterer gewesen als der mittelmäßige Tenorist und Alkoholiker aus Bonn (Solomon, 1987).

Zwangsläufig existierte aber ein gewisser Argwohn über die Glaubwürdigkeit seiner adligen Herkunft, und die Stunde der Wahrheit schlug 1818, während des Rechtsstreits um die Vormundschaft für seinen Neffen Karl. Durch einen Zufall gab Beethoven preis, daß er nicht aus adligem Hause stammte, und so mußte der Fall einer niedrigeren Instanz übergeben werden. Das machte ihn wütend, da er weiterhin daran festhielt, im Grunde durch seine Charaktereigenschaften geadelt zu sein. Die Anekdote, daß Beethoven, verlangte man von ihm einen Nachweis seiner adligen Herkunft, einfach auf seinen Kopf und sein Herz wies, ist vielleicht von zweifelhafter Echtheit, wäre jedoch charakteristisch für ihn. In einem kurzen Brief an Schindler schrieb er 1823: »Was das Edelsein betrifft, so glaube ich ihnen hinlänglich gezeigt zu haben, daß ich es mit Grundsätzen bin« (Brief Nr. 1122, Kastner). Keiner dieser Grundsätze würde freilich einen Gerichtshof überzeugen, und Beethoven fühlte sich gedemütigt, einer niedrigeren Instanz zugewiesen zu sein, die nur für »Wirte, Schuster und Schneider« (Solomon, 1987, S. 111) geeignet sei, während er selbst – und nach ihm sein Neffe – einer höheren Klasse angehörten.

Es waren nicht nur seine Begabungen, sondern auch seine Bemühungen, die Beethoven aus seiner Sicht dazu berechtigten, sich dieser höheren Klasse zugehörig zu fühlen. »Ich kann ihnen versichern, daß ich in einem kleinen unbedeutenden Ort gelebt und – fast alles, was ich sowohl dort als auch hier geworden bin, nur durch mich selbst geworden bin« (Brief Nr. 98, Kastner), schrieb er im Jahre 1804. Und nur seinen eigenen Anstrengungen ist es zuzuschreiben, daß er nun in der Lage war, schwierige und gelehrte Texte zu verstehen. »Es gibt keine Abhandlung, die sobald zu gelehrt für mich wäre; ohne auch im mindesten Anspruch auf eigentliche Gelehrsamkeit zu machen, habe ich mich doch bestrebt von Kindheit an, den Sinn der Besseren und Weisen jedes Zeitalters zu fassen« (Brief Nr. 209, Kastner). Seine rechnerischen Fähigkeiten jedoch waren äußerst beschränkt, was er auch bereitwillig zugab: »Ich [bin] wirklich ein schlechter Negoziant und Rechner« (Brief Nr. 43, Kastner). Viele einfache Berechnungen sind in seinen Handschriften überliefert und offenbaren mehr als einmal seine schlechte Arithmetik. In einem Fall wollte er die Summe von elf Halben errechnen. Da er aber nicht einmal fähig war, ganze Zahlen zu multiplizieren (geschweige denn Brüche), schrieb er die Zahl 1/2 elfmal untereinander, addierte die Zahlenreihe und notierte sein Ergebnis: 10 1/2 (vgl. Busch-Weise, S. 74; *Jugendtagebuch* Bl. 7 r).

Über seine körperliche Konstitution äußerte sich Beethoven selbst wenig, abgesehen von den zahlreichen und manchmal detaillierten Beschreibungen seiner verschiedenen Krankheiten (vgl. »Krankheiten, Taubheit und Tod«, S. 163 ff.). Da er sich offensichtlich seiner in mancher Hinsicht ziemlich robusten Natur nicht bewußt war, behauptete er manchmal, er wäre schon immer ein eher kränklicher Mensch mit einer Magen-Darm-Schwäche gewesen. Hingegen scheint es zutreffender, daß der Grund für viele seiner Unpäßlichkeiten in seinem Umfeld zu suchen war. Gelegentlich erwähnte er beiläufig auch andere Einzelheiten über sich selbst, beispielsweise die offensichtlich getroffene Anspielung, er sei mit einem Glückshäubchen geboren, oder schilderte seine durch mehrere Zeugenaussagen belegte Gewohnheit, den Blick nach oben zu wenden, während er durch die Straßen von Wien wanderte.
Er liebte die Gesellschaft anderer Menschen, obwohl er sich in manchen Situationen genötigt fühlte, jeglichen Kontakt zu seinen Mitmenschen abzubrechen, um seine Beschwerden zu verbergen. Dieses Verhalten konnte jedoch, vor allem in seinen jüngeren Jahren, nicht allein seiner Schwerhörigkeit zugeschrieben werden. »Und ich floh die Menschen, mußte Misanthrop scheinen und bin's doch so wenig« (Brief Nr. 56, Kastner), schrieb er 1801 und wiederholte diese Ansicht ein zweites Mal zu Beginn des Heiligenstädter Testaments. Falsche Gesellschaft reizte ihn überhaupt nicht, waren aber seine Freunde mit von der Partie, so bereitete ihm das Zusammensein mit ihnen großes Vergnügen: »Wie übel und trüb mir gestern war, kannst Du kaum glauben, als Ihr fort wart«, vertraute er seinem Neffen im August 1825 an (Brief Nr. 1330, Kastner), während er sich in Baden aufhielt, wo er »sich wieder allein mit diesem boshaften nimmer zu belehrenden Pöbel« (ebd.) fand. Wenn Beethoven manchmal reserviert und zurückhaltend wirkte, war das vielleicht mehr als Reaktion auf die Schwächen anderer anzusehen und nicht so sehr als sein eigener Fehler. Wahrscheinlich genoß er aufgrund seiner Schwerhörigkeit die Gesellschaft anderer Menschen noch mehr, als es ohne dieses Leiden der Fall gewesen wäre.

Über seine Musik

Beethovens Sichtweise seiner eigenen Kompositionen war geprägt von seiner Kunstauffassung der Musik als einer erhebenden Kraft. Er betrachtete es als seine Aufgabe als Künstler, die Menschheit durch seine Kunst einer göttlichen Ebene näher zu bringen (vgl. »Beethovens ethische und ästhetische Vorstellungen«, S. 170 ff.). Mehr als einmal verwendete er den Ausdruck »wahrer Künstler« und deutete damit an, daß er sich entweder schon als solcher betrachtete oder aber infolge seiner Anstrengungen dieses Ziel erreichen könne. »Der wahre Künstler hat keinen Stolz; leider sieht er, daß die Kunst keine Grenzen hat, er fühlt dunkel, wie weit er vom Ziele entfernt ist und indes er vielleicht von anderen bewundert wird, trauert er, noch nicht dahin gekommen zu sein, wohin ihn der bessere Genius nur wie eine Sonne vorleuchtet« (Brief

Nr. 338, Kastner). Die Ansicht, ein Künstler würde niemals Perfektion erreichen, bedingt unweigerlich zwei logische Folgerungen: Zum einen können die einzelnen Kompositionen stets verbessert werden, wobei es keine Rolle spielt, wie gut sie schon sind, und zum zweiten können neue Werke die früher entstandenen übertreffen, womit sich der Gedanke des Fortschritts auch in der Kunst manifestiert.

Beethoven war ein Befürworter beider Schlußfolgerungen. Seine Überzeugung, daß seine Kompositionen stets verbessert werden könnten, kommt in dem fast obsessiven Skizzieren und Revidieren zum Ausdruck, das häufig fast bis zum Zeitpunkt der Veröffentlichung eines Werkes (und gelegentlich auch noch danach) fortdauerte. Häufig sind seine autographen Partituren voll von unordentlichen Verbesserungen und Korrekturen – Zeugnisse seines Tastens nach dem künstlerischen Ziel –, und manchmal beinhalten nicht einmal diese seine letztendlich gültigen Gedanken: So überantwortete Beethoven die Partitur der Fünften Symphonie den Verlegern, um dann Monate später, nachdem er das Werk gehört hatte, dem Verlag eine Liste von Korrigenda und Verbesserungen zu übersenden mit den Worten: »Und man muß nicht so göttlich sein wollen, etwas hier oder da in seinen Schöpfungen zu verbessern« (Brief Nr. 183, Kastner). Ein anderes Werk, das in letzter Minute eine einschneidende Korrektur erfuhr, war der langsame Satz der »Hammerklaviersonate«, wo Beethoven zu Beginn ganz unvermutet einen zusätzlichen Takt einfügte, nachdem er bereits eine Kopie an Ferdinand Ries geschickt hatte. Er informierte Ries lediglich mit den Worten: »der erste Takt [muß] noch ... eingeschaltet werden« (Brief Nr. 887, Kastner). Von Zeit zu Zeit brachte er seinen Wunsch zum Ausdruck, frühere Werke in revidierter Fassung herauszugeben, da er sich immer mehr ihrer Schwächen bewußt wurde. Hätte er diesen Plan tatsächlich ausgeführt, wäre wahrscheinlich keiner seiner Kompositionen eine Veränderung erspart geblieben.

Tatsächlich äußerte er sich in späteren Jahren zunehmend geringschätzig und verächtlich über seine frühen Werke. Wie J. R. Schultz 1824 feststellte, konnte Beethoven es nicht ertragen, wenn man diese Werke lobte, vor allem nicht das immer schon beliebte Septett. »Ich möchte, daß es verbrannt würde« (Thayer, Bd. 3, S. 506): diese Aussage über das Septett ist anläßlich einer anderen Begebenheit überliefert. Bereits 1803 beklagte er die Veröffentlichung »so viele[r]: fatale[r] alte[r] Sachen« (Brief Nr. 85, Kastner), und 1809 kommt sein Widerwille gegen das frühe Sextett op. 71 in der im Grunde recht zurückhaltenden Kritik »man kann wirklich nichts anderes dazu sagen, daß es von einem Autor geschrieben ist, der wenigstens einige bessere Werke hervorgebracht« (Brief Nr. 206, Kastner) offen zum Ausdruck.

Insgesamt zog Beethoven seine späteren Kompositionen den früheren vor und fühlte sich dazu verpflichtet, ständig nach neuen Ideen zu suchen, die seine früheren übertreffen sollten. Die Kunst verlangt, niemals stillzustehen. Ähnlich äußerte er sich einmal gegenüber Holz,

und in einem Brief an den Erzherzog Rudolph schrieb er: »Allein Freiheit, Weitergehen ist in der Kunstwelt, wie in der ganzen großen Schöpfung, Zweck« (Brief Nr. 480, Kastner). Es wird behauptet, daß er um 1802 (das genaue Datum ist nicht bekannt) erklärt haben soll, mit allem, was er bis zu diesem Zeitpunkt geschrieben hatte, unzufrieden zu sein, und vorhatte, einen »neuen Pfad« zu beschreiten. Gelegentlich lenkte er selbst die Aufmerksamkeit auf die neuartigen Ideen in seinen Werken – vor allem bemerkenswert in den beiden Variationskompositionen op. 34 und op. 35 –, normalerweise aber überließ er es anderen, diese herauszufinden.
Künstlerischer Fortschritt vollzog sich für Beethoven jedoch nicht in gleichmäßiger Kontinuität. Nicht jede Komposition übertraf die unmittelbar vorangegangene – was Beethoven sehr wohl bewußt war –, und manchmal folgten einem großartigen Werk Kompositionen von geringerer Bedeutung, bevor der nächste entscheidende Schritt nach vorn getan werden konnte. Wenngleich er offensichtlich die *Eroica* und die Neunte für seine besten Symphonien hielt, bezeichnete er dennoch die Siebte als »eines der glücklichsten Produkte meiner schwachen Kräfte« (Brief Nr. 480, Kastner). Von seinen Klaviersonaten bevorzugte er die *Appassionata* bis zu dem Zeitpunkt, als er die »Hammerklaviersonate« fertiggestellt hatte, die er dann als sein größtes Werk dieser Gattung betrachtete; früher hatte er auch von der B-Dur-Sonate op. 22 eine sehr hohe Meinung. Zu weiteren Werken, mit denen er in besonderem Maße zufrieden war, zählte das Lied *Adelaide* (op. 46) und die Messe in C-Dur. Zur letztgenannten Komposition bemerkte Beethoven: »Jedoch glaube ich, daß ich den Text behandelt habe, wie er noch wenig behandelt worden.« (Brief Nr. 156, Kastner) und stellte fest, daß dieses Werk ihm »vorzüglich am Herzen liegt« (Brief Nr. 158, Kastner). Schließlich wurde diese Komposition jedoch von der großen Messe in D-Dur in den Schatten gestellt, die Beethoven als »das größte Werk, welches ich bisher geschrieben« (Brief Nr. 1019, Kastner) bezeichnete und über die er bemerkte: »Übrigens schmeichle ich mir, daß diese letzte Arbeit gewiß das ihr gebührende Aufsehen in der musikalischen Welt machen wird« (Brief Nr. 981, Kastner). Von seinen Streichquartetten gab er zwangsläufig den letzten den Vorzug. Als er aber gefragt wurde, welches der drei Galitzin gewidmeten Quartette (op. 127, op. 130 und 132) er für das größte hielt, lautete seine ausweichende Antwort, daß er jedes der Werke für einzigartig hielte. Später äußerte er, daß das cis-Moll Quartett op. 131 sein größtes Werk dieser Gattung war.
Im Gegensatz dazu liegen einige seiner Kompositionen auf einem deutlich niedrigeren Niveau. Das Zweite Klavierkonzert bezeichnete er als nicht eines seiner besten und verkaufte es folglich zum nur halben Preis. Ebenso gab er zu, daß die drei Ouvertüren *(Die Ruinen von Athen, Namensfeier* und *König Stephan),* die in London ohne Erfolg aufgeführt worden waren, nicht zu seinen besten und großartigsten Werken gehörten (Brief Nr. 664, Anderson).

Wenige Jahre später beklagte Beethoven, sich mit reiner Brotarbeit befassen zu müssen, um seinen Lebensunterhalt zu verdienen, obwohl er eigentlich große Opern, Oratorien und Kirchenmusik schreiben wollte. Er war sich also sehr wohl der Divergenz zwischen seinen hervorragendsten und seinen eher mittelmäßigen Werken bewußt. Bezeichnenderweise waren die Kompositionen, die er selbst für seine besten hielt, gewöhnlich dieselben, die auch heute noch höchstes Ansehen genießen: Das Zweite Klavierkonzert wird immer noch für sein schwächstes gehalten und das cis-Moll Quartett für *»primus inter pares«*, während der oben erwähnte Begriff der Brotarbeiten sich wahrscheinlich auf solche Werke wie die selten aufgeführten Variationen für Flöte und Klavier op. 105 und 107 bezog.
Was seine Kompositionstechniken und -methoden anbetraf, war Beethoven mit Auskünften sehr zurückhaltend. Er nahm selten Bezug auf seine Skizzen und machte nur wenige, im Grunde allgemeine Aussagen darüber, wie zum Beispiel, daß er sie alle im Blickfeld hatte, wenn er eine Komposition schrieb. Die einzige ausführlichere Beschreibung der ihm zugeschriebenen Kompositionsmethoden, über die Louis Schlösser berichtete und die mit den Worten »Ich trage meine Gedanken lange, oft sehr lange mit mir herum, ehe ich sie niederschreibe –« (Kerst, Bd. 2, S. 15) begann, war zweifellos eine Erfindung Schlössers (vgl. Solomon, 1980 b). Beethoven ließ jedoch erkennen, daß sogar in der reinen Instrumentalmusik der Initialgedanke von einer Begebenheit oder Idee aus dem außermusikalischen Bereich ausgelöst werden konnte. Den hierfür bekannten oder zumindest von anderen als solche geltend gemachten Beispielen sind folgende Kompositionen zuzurechnen: die Grabesszene aus *Romeo und Julia* (Quartett op. 18, Nr. 1, langsamer Satz, wobei diese Annahme durch Bemerkungen in den Skizzen unterstützt wird), ein galoppierendes Pferd (Sonate op. 31, Nr. 2, Finale) und der strahlende Himmel (Quartett op. 59, Nr. 2, langsamer Satz). Czerny berichtete jedoch, Beethoven sei nicht sehr mitteilsam gewesen, wenn es um diesen Punkt ging (mit gelegentlichen Ausnahmen) und er habe ohnehin die Meinung vertreten, daß die Zuhörer ihren Gefühlen sehr viel freieren Lauf lassen könnten, wenn ihnen nicht schon im voraus eine bestimmte Idee vorgegeben würde. Darüber hinaus vertrat Beethoven den Standpunkt, daß »jede Mahlerei, nachdem sie in der Instrumentalmusik zu weit getrieben verliehrt« (Thayer, Bd. 3, S. 98). So ist anzunehmen, daß Beethoven bei der Komposition seiner Instrumentalwerke nach rein musikalischen Prinzipien vorging und außermusikalische Überlegungen nur in wenigen Fällen hinzutraten. Und das trifft sogar auf die *Pastorale* zu, auf die sich diese Bemerkung bezogen hatte.

BARRY COOPER

Kapitel VIII

Biographisches und musikalisches Quellenmaterial

Briefe
Konversationshefte
Tagebücher und andere Dokumente
Das Heiligenstädter Testament
Skizzen
Beethovens Handschrift (Bilder 22–36)
Autographen
Überprüfte Abschriften und Kopisten
Erstdrucke und Verleger
Manuskriptpapier und Handschrift Beethovens

Biographisches und musikalisches Quellenmaterial

Briefe

»Ich schreibe lieber 10 000 Noten als einen Buchstaben« (Brief Nr. 980, Kastner), konstatierte Beethoven in einem Brief an Nikolaus Simrock vom 28. November 1820. Doch konnte jemand wie Beethoven, dessen Einkommen in entscheidendem Maße von einer erfolgreichen Verkaufspolitik seiner Kompositionen abhing, kaum umhin, eine umfangreiche und engagierte Korrespondenz mit Verlegern, Mäzenen und Musikern zu führen. Darüber hinaus muß man berücksichtigen, daß Beethoven aufgrund seiner verschiedenen Behinderungen – nicht nur seiner Schwerhörigkeit, sondern ebenso seiner Ungeschicklichkeit und der Unfähigkeit, auch nur die grundlegendsten Anforderungen des Alltags zu meistern – extrem abhängig von anderen Menschen war, mit denen er oft zwangsläufig durch Briefe Kontakt halten mußte. Der Widerstreit zwischen seiner Abneigung gegenüber dem Schreiben von Briefen und der Notwendigkeit, sich dieser Aufgabe zu stellen, beeinflußte zweifelsohne den Stil seiner Korrespondenz, der wohl kaum als elegant zu bezeichnen ist. Viele seiner Briefe belegen eine unbeholfene Ausdrucksweise, mangelhafte Orthographie, und auch ihre äußere Form läßt zu wünschen übrig, obwohl er manche Briefe noch einmal durchgelesen haben muß, bevor er sie absandte. Dies beweisen am Kopf oder am Fuß (oder hin und wieder sogar am Rand) einer Seite hinzugefügte Nachträge und zusätzliche Worte und Formulierungen, die dann an entsprechender Stelle in den Haupttext eingefügt wurden. Meist aber schrieb Beethoven offensichtlich in großer Eile und hatte eine nur annähernde Vorstellung von richtiger Interpunktion, eine Tatsache, die den Sinn seiner Texte oft schwer verständlich macht und gelegentlich zur völligen Unverständlichkeit führt.

Die genaue Anzahl der Briefe, die Beethoven schrieb, wird wohl nie ermittelt werden können. Der erste Versuch einer Gesamtausgabe der Briefe durch L. Nohl (1865) umfaßte insgesamt 411 Dokumente. Fast genau hundert Jahre später erschien Emily Andersons Kompilation in englischer Sprache mit über 1570 Einträgen. Dennoch aber tauchen mit einiger Regelmäßigkeit immer wieder bis dahin nicht erfaßte Briefe bei Auktionen auf. Der erste uns bekannte Brief datiert vom 15. September 1787, dann besteht eine Lücke bis 1792, und von diesem Zeitpunkt bis zum Jahr 1799 sind ebenfalls nur wenige Briefe bezeugt. Ab etwa 1809 erhöht sich die Anzahl der überlieferten Dokumente beträchtlich, die letzten Briefe wurden nur wenige Tage vor Beethovens Tod verfaßt. Der Aussagewert dieser hier angeführten statistischen Vergleiche wird jedoch bis zu einem gewissen Grad durch die jeweilige Definition des Begriffs »Brief« beeinträchtigt: Sind den Briefen zum Beispiel auch Quittungen und andere Dokumente, wie sie später in diesem Kapitel diskutiert werden, zuzurechnen, oder sollte man eine enger gefaßte Sichtweise wählen? Die Tatsache, daß die Briefe über die ganze Welt verstreut sind, erschwert darüber hinaus die Feststellung ihrer Gesamtzahl. Die umfangreichste und bedeutendste Sammlung ist die Sammlung H. C. Bodmer, die sich heute im Beethoven-Haus in Bonn befindet. Die Nationalbibliotheken in Berlin, London, Paris, Wien und verschiedenen anderen Städten besitzen ebenso wichtige Quellen. Ein großer Teil des Materials aber ist in privater Hand und somit der Forschung oftmals nicht zugänglich.

Die meisten seiner Briefe verfaßte Beethoven – und das ist nur natürlich – in deutscher Sprache und unterzeichnete sie eigenhändig; es existieren aber auch zahlreiche Ausnahmen. Briefe an ausländische Adressaten wurden häufig in der entsprechenden Fremdsprache (gewöhnlich Französisch, gelegentlich aber auch Italienisch oder Englisch), dann aber von fremder Hand geschrieben, Beethoven setzte lediglich seine Unterschrift darunter. Der Hauptanteil der Korrespondenz mit den Verlegern George Thomson und Robert Birchall wurde in dieser Weise geführt. Bei anderen Gelegenheiten versuchte sich Beethoven selbst in der Verwendung einer Fremdsprache, allerdings mit mangelhaftem Ergebnis, was aber kaum verwundert.

Wenn Beethoven zu krank war, um seine Korrespondenz selbst zu erledigen, mußte er die Hilfe eines Sekretärs in Anspruch nehmen. Diese Stellung bekleidete sein Neffe Karl, doch auch Schindler übernahm Schreibarbeiten und brachte die meisten Briefe aus dem Jahr 1827 zu Papier. In manchen Fällen wurde ein brieflicher Kontakt zwar im Namen Beethovens, dennoch aber in vollem Umfang von einer dritten Person geführt. Es existieren beispielsweise neunzehn Briefe, die Beethovens Bruder Carl an Breitkopf & Härtel schrieb. Sie datieren aus den Jahren 1802–05 und beziehen sich meist auf Angebote neuer Kompositionen von Beethoven, weshalb sie mit vollem Recht als Briefe Beethovens angesehen werden können; dennoch sind sie nicht in der Ausgabe von Anderson erfaßt. (Sie wurden in einem Anhang zum zweiten Band der Revision der Beethoven-Biographie Thayers [Thayer 1917–23] durch Hugo Riemann veröffentlicht; einige dieser Briefe hat Forbes in der folgenden Revision dieses Werkes in den Text eingearbeitet.)

Beethovens Briefe vermitteln nicht nur eine Menge faktischer Informationen über Leben und Schaffen des Komponisten, sie wirken auch wie ein Spiegel seines Charakters. Das bekannteste Briefzeugnis sind die berühmten Zeilen an die »Unsterbliche Geliebte«. Über alle begründeten Zweifel hinaus gilt es heute als gesichert, daß sie 1812 in Teplitz geschrieben wurden und an eine Frau gerichtet waren, die zu dieser Zeit in Karlsbad lebte. Die Frage nach der Identität dieser Frau hat wahrscheinlich mehr Mutmaßungen hervorgerufen als jeder andere Aspekt in Beethovens Leben und Wirken. Die von Maynard Solomon geäußerten Argumente, die dafür sprechen, daß Antonie Brentano die Empfängerin war, sind von allen je veröffentlichten Schlußfolgerungen am überzeugendsten. Doch auch sie konnten weiteren Spekulationen nicht vorbeugen. (Die Unsterblichkeit der Geliebten scheint auf diese Weise nach wie vor sichergestellt!)

Der Brief an die »Unsterbliche Geliebte« ist ein bemerkenswertes Dokument, das durch seine leidenschaftliche Sprache und seine verworrenen Gedanken Beethovens außergewöhnlichen emotionalen Zustand in dieser Zeit offenbart (vgl. Abb. 30). In seiner Aussagekraft übertrifft er alle anderen Liebesbriefe Beethovens, so auch diejenigen, die er an Josephine Deym schrieb. Die Briefe spiegeln aber auch ein anderes Gefühlsextrem wider, nämlich die heftige Wut, in die sich Beethoven steigern konnte: Der ungeschickte Kopist Ferdinand Wolanek erhielt eine verletzende Antwort auf einen Brief, in dem er die Beendigung seiner Kopistentätigkeit bezüglich der *Missa solemnis* ankündigen wollte. Beethoven strich Wolaneks Text durch und schrieb in großen Lettern die Worte »dummer, eingebildeter, eselhafter Kerl« darüber (vgl. Abb. 34), bevor er seine Antwort auf dem restlichen Blatt notierte (Brief Nr. 1272, Kastner, Faksimile in: Schmidt-Görg, 1970, S. 250). Belegt dieses Beispiel, auf welch verletzende Weise Beethoven seinem Ärger auf dem Papier Ausdruck verleihen konnte, so offenbaren andere Briefe die starken Reuegefühle, deren er fähig war.

Wenn Beethoven auch darauf hinwies, wie ermüdend er das Schreiben von Briefen empfand, und wenn er auch nur mangelhafte Kontrolle über das geschriebene Wort hatte, besteht jedoch kein Zweifel, daß es ihm großes Vergnügen bereitete, spielerisch mit der Sprache umzugehen. Aus vielen seiner Briefe spricht sein ungestümer Sinn für Humor und seine Vorliebe für schlechte Wortspiele und Doppeldeutigkeit. Er empfand Spaß an übertrieben höflichen und schwülstigen Eröffnungsfloskeln: Schindler wird tituliert als »Sehr bester Optimus, Optime!« und »Außerordentlich Bester« und bei anderer Gelegenheit als »Lumpenkerl von Samothrazien« und »Sehr bester L-k- [Lumpenkerl] von Epirus nicht weniger von Brundusium usw.« Bernard wird »Bernardus non Sanctus« (Briefe Nr. 1058, 1065, 1145, 1147 u. 1149, Kastner), und in gleicher Weise trieb er seine Spiele mit dem Namen Haslingers. Viele Briefe an Holz wären unverständlich, wenn der Leser nicht auch wüßte, daß »Holz« für »Wald« stehen kann. Andere Briefe beinhalten ernsthafte Mitteilungen oder Forderungen, die jedoch fast gänzlich im persönlichen Jargon – mit den für Beethoven typischen Ausdrücken und Scherzen – zwischen ihm und dem Empfänger abgefaßt sind. Es ist hier nicht möglich, mehr als eine Andeutung der Vielfalt des Humors, der aus Beethovens Briefen spricht, zu machen. Man kann allenfalls auf einige herrlich sarkastische Beispiele aus dem Jahr 1822 hinweisen, die seinen Bruder Johann betrafen, oder aber auf eine Äußerung in einem Brief an Steiner, die belegt, daß Beethoven – ebenso wie Mozart (ein weit besserer

Briefeschreiber) – zweideutigen Anspielungen nicht abgeneigt war: »Ich umarme den G-l- [Generalleutnant] von Herzen und wünsche ihm die R... eines H. . .« (Brief Nr. 596, Kastner) [Anderson enträtselt diese Abkürzungen im Brief Nr. 651 als »penis of a stallion«].

In einer Reihe von Briefen griff Beethoven nicht nur zum geschriebenen Wort, er äußerte sich auch in Form von Noten. So notierte er beispielsweise in einem Brief, den er am 18. März 1820 an Nikolaus Simrock schrieb, zwei Volkslieder mit Begleitung. Andere Briefe enthalten Kanons oder musikalische Bonmots (vgl. WoO 205 in Kinsky, 1955). Im Zusammenhang mit Beethovens Musik sind ferner einige Briefstellen von Interesse, die eine Vorstellung der ihm eigenen Kompositionsweise vermitteln: Am 13. November 1821 bemerkte er zum Beispiel in einem Brief an Adolf Martin Schlesinger: »jetzt aber wo wie es scheint meine Gesundheit besser ist, zeige ich wie sonst auch nur gewisse Ideen an, und bin ich mit dem Ganzen fertig im Kopf, so wird alles aber nur einmal aufgeschrieben« (Schofield/Wilson, 1939, S. 236).

Zu den aus musikalischer Sicht interessantesten zählen die Briefe, die Beethoven an seine Verleger schrieb. Sie vermitteln ein Bild von den Schwierigkeiten und Enttäuschungen, die sich häufig beim Kopieren und Notenstechen neuer Kompositionen ergaben. Beethovens Briefe an Steiner bezüglich der Veröffentlichung der Siebten Symphonie (1816) sind hierfür ein treffendes Beispiel. Ein anderer Brief an Steiner gibt auf interessante Weise Auskunft über die Notation der Violoncellopartie in Beethovens Manuskripten. Manchmal benutzte Beethoven die Briefe auch zur Übermittlung seiner Korrekturen, die noch in den Partituren vorgenommen werden mußten. Ferdinand Ries erhielt 1819 eine umfangreiche Liste von Korrekturen für die englische Ausgabe der »Hammerklaviersonate«, und in einem anschließenden Brief folgt der neu hinzugefügte erste Takt des langsamen Satzes dieser Sonate. Wieder andere Briefe geben über Kompositionen Auskunft, die Beethoven plante, aber nie zu Ende führte. So handelt es sich zum Beispiel bei dem in einem Brief vom 13. Mai 1816 an die Gräfin Erdödy erwähnten Trio wahrscheinlich um das Klaviertrio in f-Moll, für das Beethoven um diese Zeit Skizzen im Scheide-Skizzenbuch anfertigte.

Die Erwähnung geplanter Werke kann als geeignete Einführung in das Thema der Zuverlässigkeit von Beethovens Briefen und als kritische Annäherung daran dienen (vgl. im besonderen Tyson, 1977). Daß Beethoven seinen Verlegern gegenüber nicht immer ganz ehrlich war, ist eine bekannte Tatsache (vgl. »Erstdrucke und Verleger«, S. 2312). Er neigte auch dazu, in bezug auf den Fortschritt, den eine zur Veröffentlichung versprochene Komposition machte, zu übertreiben. Da das Zeugnis der Briefe für die Erstellung der Chronologie bestimmter Werke oft von entscheidender Bedeutung ist, müssen die entsprechenden Aussagen auf ihre Zuverlässigkeit hin überprüft werden. So ist zum Beispiel Beethovens Bemerkung in einem Brief vom 6. Juli 1822 an Peters, in dem er ein Streichquartett verspricht, »welches nicht ganz vollendet« (Brief Nr. 1022, Kastner), bemerkenswert fehl am Platz: Aus dem Jahr 1822 sind keinerlei Skizzen zu einem Streichquartett überliefert, und selbst wenn solche existiert hätten und sie heute verlorengegangen sind, können sie wohl kaum sehr umfangreich gewesen sein.

Nicht nur der Inhalt zahlreicher Briefe wirft noch so manche Frage auf, auch ihre Datierung muß unter Vorbehalt gesehen werden. In einer ganzen Reihe von Fällen täuschte sich Beethoven versehentlich in der Angabe des Datums: Ein Brief an die Gräfin Susanna Guicciardi (nicht in Anderson, vgl. Tyson, 1973 a), der mit großer Wahrscheinlichkeit aus dem Jahr 1802 stammt, wurde von Beethoven zum Beispiel auf 1782 datiert. Eine wesentlich größere Zahl von Briefen jedoch trägt überhaupt kein Datum. Diese beiden nachteiligen Umstände – ein inkorrektes oder völlig fehlendes Datum – werden manchmal dadurch kompensiert, daß der Empfänger den Brief mit dem Datum der Ankunft versah, woraus man nahezu genau den Zeitpunkt der Abfassung des Briefes rekonstruieren kann. Andernfalls muß man sich – soweit möglich – vom Inhalt der Briefe leiten lassen. In den ungünstigsten Fällen läßt auch der Inhalt keinerlei Schlüsse auf eine Datierung zu, in einigen anderen aber kann man eine zumindest einigermaßen stichhaltige Zeitangabe ermitteln. Leider bringen auch die Untersuchungen der Wasserzeichen, die sich bei der Erstellung einer Chronologie der Skizzen als so hilfreich erwiesen hatten, nur wenig Erfolg; auch das Studium der Handschrift Beethovens ist wenig aufschlußreich.

Datierungsprobleme und ebenso Unklarheiten in der Interpretation können manchmal dadurch gelöst werden, daß ein Brief nicht für sich allein, sondern im Zusammenhang mit anderen Quellen betrachtet wird. Für den Zeitraum von 1812–18 erweist sich Beethovens *Tagebuch* als nützliche Informationsquelle, und ab dem Jahr 1818 liefern die *Konversationshefte* (vgl. S. 198 ff.) einen vielgestaltigen Hintergrund, vor dem die Briefe betrachtet werden müssen. Anhand eines Beispiels soll verdeutlicht werden, wie Einträge in den Konversationsheften sowohl eine Hilfestellung für die Datierung eines Briefes geben als auch zur Verständlichkeit des Inhalts eines Briefes beitragen können. Ein Brief, den Beethoven an Steiner und Co. schrieb, soll dies belegen:

> »Ich ersuche den Geh'Bauer um einige Billette (zwei), da einige von meinen Freunden sich in diese Winkelmusik begeben wollen. Ihr habt vielleicht selbst dergleichen Abtrittskarten, so schickt mir eine oder zwei. ... Der Part gehört zu dem Chor, wozu der Bauer die Stimmen hat« (Brief Nr. 1005, Kastner).

In Andersons Ausgabe ist dieser Brief (Nr. 1066) mit »Wien, 1821« datiert. Das Wortspiel mit Gebauers Namen aus der Feder Beethovens taucht ebenso in einem der Konversationshefte auf, das etwa um den 10. April 1820 datiert werden kann (Köhler, Bd. 2, S. 52). Direkt darunter schrieb Franz Oliva: »Diesen *Chor* möchte ich doch hören; – Sie würden mir viel Vergnügen machen, wenn ich vielleicht ein *Billet* in die *Academie* bekommen könnte wo er gemacht wird –« (ebd.). Der »Chor« bezog sich wahrscheinlich auf *Meeresstille und glückliche Fahrt*, das in zwei von Gebauers Concerts Spirituels im April und Mai dieses Jahres aufgeführt wurde (Gebauer hatte Beethoven im März besucht, um mit ihm die Aufführungen seiner Kompositionen in diesen Konzerten zu besprechen, vgl. Köhler, Bd. 1, S. 342/43). Beethovens Brief an Steiner scheint mit großer Wahrscheinlichkeit als Antwort auf die von Oliva geäußerte Bitte um Konzertkarten geschrieben worden zu sein und läßt sich somit auf Anfang April 1820 zurückdatieren.

Neue Datierungen und Interpretationen stehen noch aus (es besteht kein Zweifel, daß weitere Übereinstimmungen zwischen den Briefen und Konversationsheften entdeckt werden), und das liegt vor allem darin begründet, daß zum gegenwärtigen Zeitpunkt die in englischer Sprache erschienene Ausgabe von Anderson die umfassendste wissenschaftliche Kompilation der Briefe darstellt. Abgesehen von ihrer vergleichsweisen Vollständigkeit ist ein weiteres Verdienst dieser Ausgabe in der Tatsache zu sehen, daß die Briefe, wo immer es möglich war, anhand der Originale neu übersetzt worden sind und an Stellen, an denen es notwendig schien, ein kurzer Kommentar hinzugefügt wurde. Auch der Aufbewahrungsort der Originaltexte wurde, sofern bekannt, angegeben. (In der Kastner-Ausgabe von 1910 waren die Aufbewahrungsorte angegeben, in der Überarbeitung, Kastner-Kapp, 1923, verzichtete man jedoch darauf. Die Ausgabe Kastner-Kapp stellt bis heute die umfassendste Sammlung der Briefe in deutscher Sprache dar. Doch weder Kastner noch Kastner-Kapp, noch eine der anderen anspruchsvolleren Ausgaben der Briefe ist mit einem Kommentar irgendwelcher Art versehen.) Im großen und ganzen sind die Übersetzungen von Anderson richtig, manchmal aber weichen sie entscheidend von Beethovens Texten ab. So schrieb Beethoven zum Beispiel am 20. September 1820 bezüglich der Sonaten op. 109–111 in einem Brief an Schlesinger: »die erste [Sonate] ist fast bis zur *Correctur* ganz fertig«, was Anderson übersetzt mit »The first is quite ready save for correcting the copy« (Brief Nr. 1033). Die Bezugnahme auf eine »Kopie« der Sonate op. 109 ist irreführend.

Dankenswerterweise befindet sich derzeit eine wissenschaftliche Ausgabe der Briefe durch ein internationales Forscherteam in Vorbereitung, die vom Beethoven-Haus in Bonn koordiniert wird. Ein Pilotband, der die Korrespondenz mit den Verlegern Schott beinhaltet, ist bereits erschienen. (Das Einführungskapitel enthält eine wertvolle Zusammenstellung der bisher veröffentlichten Briefausgaben und ermöglicht einen Einblick in die editorischen Prinzipien, die der neuen Ausgabe zugrunde liegen.) Mit dieser neuen Ausgabe wird das Ziel einer möglichst vollständigen und sorgfältigen Kompilation avisiert – sorgfältig und akkurat nicht nur in bezug auf den Text, sondern auch hinsichtlich der chronologischen Anordnung der Briefe. Zudem wird jeder Brief mit einem detaillierteren Kommentar als bisher versehen. Sehr begrüßenswert ist die Entscheidung, in die neue Ausgabe nicht nur die Briefe einzubeziehen, die Beethoven selbst versandt hat, sondern auch jene, die er erhalten hat. Dies mag ferner dazu beitragen, den Kontext, in den Beethovens eigene Briefe zu stellen sind, zu erweitern, und wird in manchen Fällen die Bedeutung bisher unverständlicher Textstellen klären.

Die an Beethoven adressierten Briefe können zudem Licht in andere Angelegenheiten bringen. So offenbarte zum Beispiel das nur einige Jahre zurückliegende Auftauchen einer Skizze zu einem Brief (vgl. Sotheby's, 9.–10. Mai 1985, Objekt 6) von Robert Birchall als Antwort auf einen vom 1. Oktober 1816 datierten Brief Beethovens, daß Birchall Beethovens Angebot eines Klaviertrios zurückwies. Wenn es sich bei diesem Trio um das oben erwähnte geplante Stück in f-Moll handelte, erklärt sich die Tatsache, daß

Beethoven den Plan nicht ausführte, vielleicht aus der Weigerung Birchalls, die Komposition zu erwerben.

NICHOLAS MARSTON

Die Konversationshefte

(Anmerkung: Als Quelle für alle unten angeführten Zitate aus den Konversationsheften gilt Köhler, 1968. Bandnummern und Seitenzahlen, die sich auf diese Ausgabe beziehen, werden in Klammern angegeben.)

Beethoven hatte zwar allen Grund, das Schicksal seiner beinahe völligen Taubheit zu beklagen, die Nachwelt aber muß eigentlich für sein Gebrechen dankbar sein. Wäre Beethovens Hörvermögen nicht so ernsthaft beeinträchtigt gewesen, hätten jene, die ihn nach 1818 kennenlernten, nicht in vielen Fällen auf die schriftliche Kommunikation zurückgreifen müssen. Zu diesem Zweck führte Beethoven Notizbücher mit sich. Die Konversationshefte, wie sie heute genannt werden, sind hochrechteckig im Format, haben gewöhnlich die Maße 18 × 12 cm und beinhalten eine unterschiedliche Anzahl eingebundener Blätter. Fast alle sind von enormer Bedeutung, sowohl für Beethovenforscher als auch für jeden, der sich für das alltägliche Leben im Wien der zwanziger Jahre des 18. Jahrhunderts interessiert.

In erster Linie haben die Konversationshefte biographische Bedeutsamkeit, und eines ihrer wertvollsten Charakteristika ist das Gefühl der Unmittelbarkeit, das sie dem Leser vermitteln. In der Regel sind Biographen in mehr oder weniger starkem Maße auf Erinnerungen und Anekdoten angewiesen, die, je mehr Zeit vergangen ist, auch immer weniger glaubwürdig werden. Die Konversationshefte hingegen »konservieren« die mit Beethoven in einigen der entscheidendsten Phasen seines letzten Lebensjahrzehnts geführten »Gespräche«. Es finden sich ausgedehnte Diskussionen über den Rechtsstreit um die Vormundschaft für seinen Neffen Karl, aber auch reichhaltiges Material über die Vorbereitungen und die Nachwirkungen des Konzerts vom 7. Mai 1824, in dem die Neunte Symphonie uraufgeführt wurde (Ignaz Schuppanzigh bemerkt über die Sänger: »sie singen es zum Erstemahl, sie wollen es anfangs ein bischen langsamer singen«; 6, 124), weiterhin faszinierende Gespräche aus den Jahren 1825 und 1826, in denen Beethoven die letzten Streichquartette komponierte und Karl seinen Selbstmordversuch unternahm. Der letzte Eintrag in einem Konversationsheft datiert vom 5. März 1827, nur drei Wochen vor Beethovens Tod.

Was sich in den Konversationsheften allerdings nicht in großem Umfang findet, ist Material, das über die eigentliche Kompositionsarbeit Beethovens Aufschluß gibt. Wie viele seiner Kollegen war Beethoven auf diesem Gebiet eher zurückhaltend. Jedoch halten die Konversationshefte auch bezüglich dieses Themas gelegentlich Überraschungen bereit, wie zum Beispiel die Bemerkung Franz Olivas, die er zwischen dem 22. und dem 24. April 1820 machte: »und benutzen Sie das kleine neue Stück zu einer Sonate für den *Schlesinger* etwa« (2, 87). Anhand von Beethovens Briefen und Skizzenbüchern läßt sich mit einiger Sicherheit feststellen, daß mit diesem »kleinen neuen Stück« der erste Satz der Klaviersonate in E-Dur op. 109 gemeint war. Folglich kann man aus Olivas Bemerkung schließen, daß dieser Satz als eine eigenständige Komposition konzipiert gewesen sein muß, was in Hinblick auf die ungewöhnliche Gestalt in der Art einer Fantasie von Interesse ist. Dieses Beispiel verdeutlicht wiederum, wie wichtig es ist, die Konversationshefte ebenso wie die Briefe (vgl. S. 194 ff.) im Zusammenhang mit anderen schriftlichen Quellen zu lesen, denn nur dann können neue Fakten entdeckt und Licht in bisher ungeklärte Angelegenheiten gebracht werden.

Wenn auch die schriftlichen Unterlagen eher dürftige Informationen über den Prozeß der Kompositionsarbeit enthalten (die außerdem zum großen Teil nicht authentisch sind, wie unten näher erläutert wird), so sind sie um so aufschlußreicher, was praktische Gesichtspunkte wie die ersten Aufführungen und den Verkauf neuer Werke anbelangt (im Falle der Neunten Symphonie wurden diese Punkte bereits angesprochen). Ebenso wird das alltägliche Musikleben in Wien geschildert und auf andere Komponisten und deren Werke Bezug genommen. Von Mozart ist des öfteren die Rede, der Besuch des elfjährigen Liszt im April 1823 findet Erwähnung (3, 168), und am 25. Oktober desselben Jahres suchte Weber Beethoven vor der Uraufführung seiner *Euryanthe* auf. Karl, der an der Premiere teilgenommen hatte, berichtete Beethoven, daß die Oper »voll entsetzlicher Dissonanzen« (4, 208) wäre, und äußert den Wunsch, »daß du [Beethoven] mit ihm ins Parterre ans Orchester gehn möchtest, um aus den Noten selbst den Unsinn wahrzunehmen« (ebd.).

Der größte Wert der Konversationshefte ist erstaunlicherweise im Bereich des Banalen anzusiedeln, näm-

Beethovens Handschrift

Bilder 22–36

lich in den Alltäglichkeiten, die sie enthalten, in den kleinen Sorgen, im Klatsch, in den Boshaftigkeiten und dem Humor – und all das in völlig unverfälschter Natürlichkeit. In dieser Hinsicht vermitteln die Konversationshefte ein Bild von Beethoven in einer völlig ungezwungenen Umgebung, woran keines der anderen Dokumente heranreichen kann. Nehmen wir zum Beispiel eine Unterhaltung zwischen Beethoven, Peters, Bernard und anderen, die Anfang Januar 1820 (1, 184) in einem Gasthaus stattfand, das Beethoven folgendermaßen beschrieb: »dies wirthshauß ist bloß für leckermäuler« (ebd., 180). Offensichtlich war es ein sehr kalter Winter, da Bernard sich bei Beethoven erkundigte, wie sich seine Unterkunft bei diesem unfreundlichen Wetter bewähren würde: »Wie führt sich Ihre Wohnung bey dieser Kälte auf« (ebd., 181). Kurz zuvor machte Peters einen in Anbetracht der rauhen Witterung zweckmäßigen Vorschlag: »Wollen Sie bey meiner Frau schlafen? Es ist so kalt« (ebd.)

Trotz ihrer Fülle an Informationen müssen die Konversationshefte mit gewisser Vorsicht behandelt werden. Von entscheidendem Nachteil ist, daß Eintragungen von Beethoven selbst in den Konversationsheften größtenteils nicht auftauchen – außer wenn er aus irgendeinem Grund nicht belauscht werden wollte, antwortete er mündlich auf die schriftlichen Kommentare seiner Freunde. Daher ist das Lesen eines Konversationsheftes dem Verfolgen eines Telefonats, bei dem man nur einen Gesprächspartner hören kann, nicht unähnlich. Man muß sich Beethovens Antworten auf der Basis der an ihn gerichteten Bemerkungen rekonstruieren. In manchen Fällen finden sich überzeugende Lösungen, in vielen anderen Situationen aber kann man Beethoven gleichermaßen einleuchtende, untereinander aber diametral entgegengesetzte Versionen in den Mund legen. Dennoch sind auch nicht selten eigenhändige Eintragungen Beethovens in den Konversationsheften zu finden. Genauso wie er die Hefte gelegentlich für schriftliche Unterhaltungen nutzte, verwendete er sie für seine persönlichen Notizen. Immer wieder tauchen Einkaufslisten auf (wobei es nicht überrascht, daß unter den einzelnen Posten häufig eben diese Hefte Erwähnung finden), ebenso gibt es ganze Seiten mit Abrechnungen, mit Skizzen für Briefe und andere Dokumente und mit Abschriften von Zeitungsannoncen. Diese enthalten oft Einzelheiten über neuerschienene Bücher und vermitteln so einen Einblick in Beethovens literarische Interessen. Auch eine Reihe von kurzen musikalischen Skizzen kann man in den Konversationsheften entdecken (vgl. zum Beispiel die Skizze zum »Freude«-Thema des letzten Satzes der Neunten Symphonie in 4, 299). Da die Konversationshefte in der Regel sehr zuverlässig datiert werden können (die aus Zeitungen übertragenen Abschnitte sind in diesem Zusammenhang besonders nützlich), ist es mit Hilfe der darin enthaltenen Skizzen manchmal möglich, den Zeitraum zu bestimmen, in dem entsprechende Aufzeichnungen in den Skizzenbüchern niedergeschrieben wurden.

Ganz offensichtlich legen die Konversationshefte nicht über jedes zwischen 1818 und 1827 an Beethoven gerichtete Wort Rechenschaft ab. Das ist schon allein darauf zurückzuführen, daß sich manche seiner Freunde (Erzherzog Rudolph zum Beispiel) rein mündlich verständlich machen konnten. Auch waren die Konversationshefte nicht das einzig mögliche Hilfsmittel für die schriftliche Verständigung mit dem Komponisten. Beethoven besaß eine Schiefertafel, die er nach Gebrauch wieder säubern konnte, und fraglos wurde im Notfall jedes nur erreichbare Stück Papier genutzt, wenn gerade kein Konversationsheft zur Hand war. Außerdem muß man davon ausgehen, daß nicht alle Konversationshefte erhalten geblieben und von den überkommenen einige nicht vollständig sind. Diese Punkte führen unweigerlich dahin, über die unheilvolle Rolle des Mannes nachzudenken, der die Konversationshefte nach Beethovens Tod als erster besessen hat: Anton Schindler.

Die genaue Zahl der Konversationshefte, die sich in Schindlers Besitz befanden, läßt sich nicht eindeutig festlegen. Thayer spricht von »ungefähr 400 an Zahl« (Thayer, Bd. 4, S. 152) und berichtet, daß Schindler für sich in Anspruch nahm, »daß er die Sammlung lange Zeit unberührt aufbewahrt habe; da er aber niemanden außer sich selbst gefunden habe, welcher irgendwelchen Wert auf dieselbe gelegt habe, so habe ihr Gewicht und ihre Masse ihn im Laufe seines ungeregelten Lebens dahin gebracht, daß er nach und nach diejenigen, welche ihm von geringerer oder gar keiner Wichtigkeit erschienen seien, vernichtet habe« (ebd.). 1846 verkaufte Schindler die verbliebenen Hefte an die Königliche Bibliothek (die heutige Deutsche Staatsbibliothek) in Berlin; es handelte sich nur noch um 137 Hefte und eine Anzahl loser Blätter. Und seit dieser Zeit ist Schindler immer wieder des schrecklichen Vandalismus angeklagt worden. In jüngerer Zeit aber kam die Vermutung zur Diskussion, Thayers Angabe »vierhundert« könnte aus einem Hörfehler resultiert haben, er also die Formulierung »viel über hundert« mißverstanden hätte. Entspräche dies der Wahrheit, hätte sich Schindler bei weitem nicht so

22 Romanze e-Moll, Hess 13, um 1786

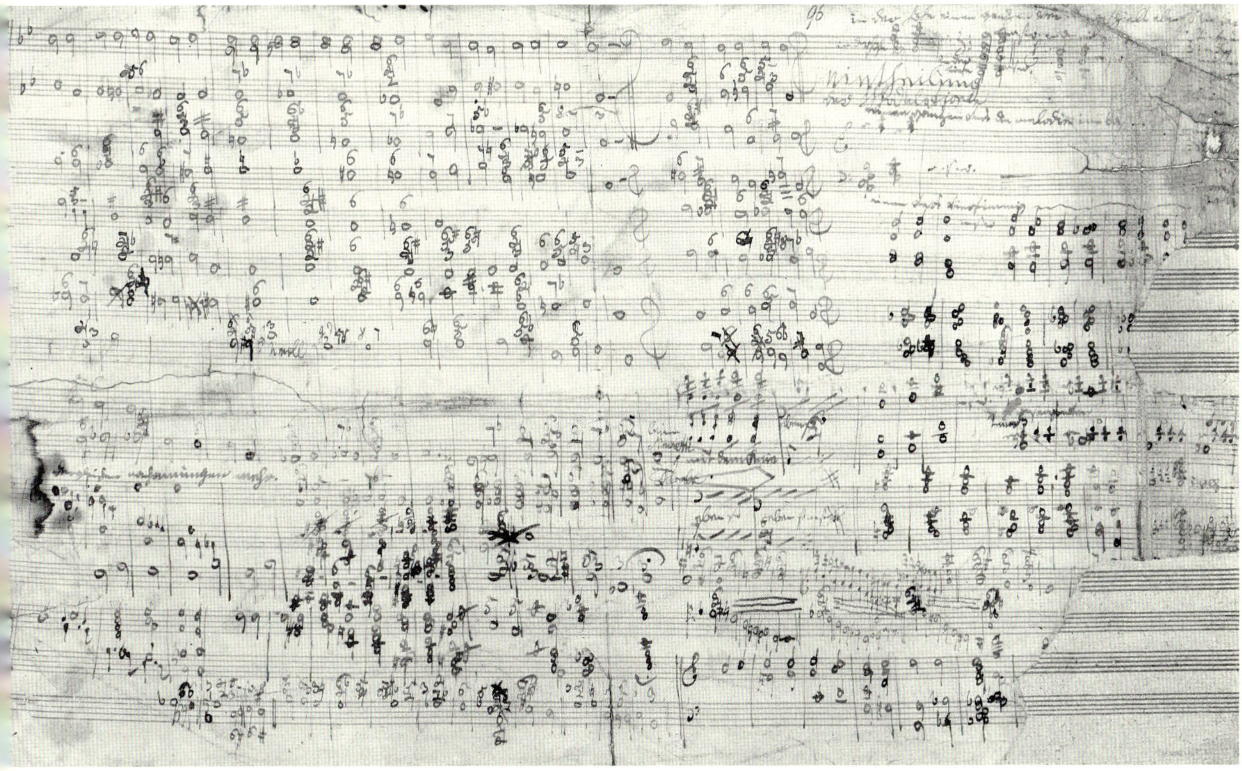

23 Harmonisierungen und Skizzen zu den Klageliedern des Jeremias, ca. 1791–92

24 Entwurf für eine unvollendete Symphonie in C-Dur, um 1795

25 »Mondscheinsonate«, Autograph, erste Seite des letzten Satzes, 1801

26 Das Heiligenstädter Testament, erste Seite, 6. Oktober 1802

für meine Brüder Carl und Beethowen

O ihr Menschen die ihr mich für Feindseelig störisch oder Misantropisch haltet oder erkläret, wie unrecht thut ihr mir, ihr wißt nicht die geheime ursache von dem, was euch so scheinet, mein Herz und mein Sinn waren von Kindheit an für das zarte gefühl des Wohlwollens, selbst große Handlungen zu verrichten dazu war ich immer aufgelegt, aber bedenket nur daß seit 6 jahren ein heilloser Zustand mich befallen, durch unvernünftige Ärzte verschlimmert, von jahr zu jahr in der Hofnung gebessert zu werden, betrogen, endlich zu dem überblick eines daurenden Übels (dessen Heilung vieleicht jahre dauern oder gar unmöglich ist) gezwungen, mit einem feuerigen Lebhaften Temperamente gebohren selbst empfänglich für die Zerstreuungen der Gesellschaft, muste ich früh mich absondern, einsam mein Leben zubringen, wollte ich auch zuweilen mich einmal über alles das hinaussezen, o wie hart wurde ich durch die verdoppelte trauvrige Erfahrung meines schlechten Gehör's dann zurückgestoßen, und doch wars mir noch nicht möglich den Menschen zu sagen: sprecht lauter, schreyt, denn ich bin Taub, ach wie wär es möglich daß ich dann die Schwäche eines Sinnes angeben sollte, der bey mir in einem vollkommenern Grade als bey andern seyn sollte, einen Sinn denn ich einst in der grösten Vollkommenheit besaß, in einer Vollkommenheit, wie ihn wenige von meinem Fache gewiß haben noch gehabt haben – o ich kann es nicht, drum verzeiht, wenn ihr mich da zurückweichen sehen werdet, wo ich mich gerne unter euch mischte, doppelt Wehe thut mir mein unglück, indem ich dabey verkannt werden muß, für mich darf Erholung in Menschlicher Gesellschaft, feinere unterredungen, wechselseitige Ergießungen nicht statt haben, ganz allein fast nur so viel als es die höchste Nothwendigkeit fodert, darf ich mich in gesellschaft einlassen, wie ein Verbannter muß ich leben, nahe ich mich einer Gesellschaft, so überfällt mich eine heiße Ängstlichkeit, indem ich befürchte in Gefahr gesezt zu werden, meinen Zustand merken zu laßen – so war es denn auch dieses halbe Jahr, was ich auf dem Lande zubrachte, von meinem vernünftigen Arzte aufgefordert, so viel als möglich mein Gehör zu schonen, kam er fast meiner jezigen natürlichen Disposizion entgegen, obschon, vom Triebe zur Gesellschaft manchmal hingerissen, ich mich dazu verleiten ließ, aber welche Demüthigung wenn jemand neben mir stund und von weitem eine Flöte hörte und ich nichts hörte, oder jemand den Hirten Singen hörte, und ich auch nichts hörte,

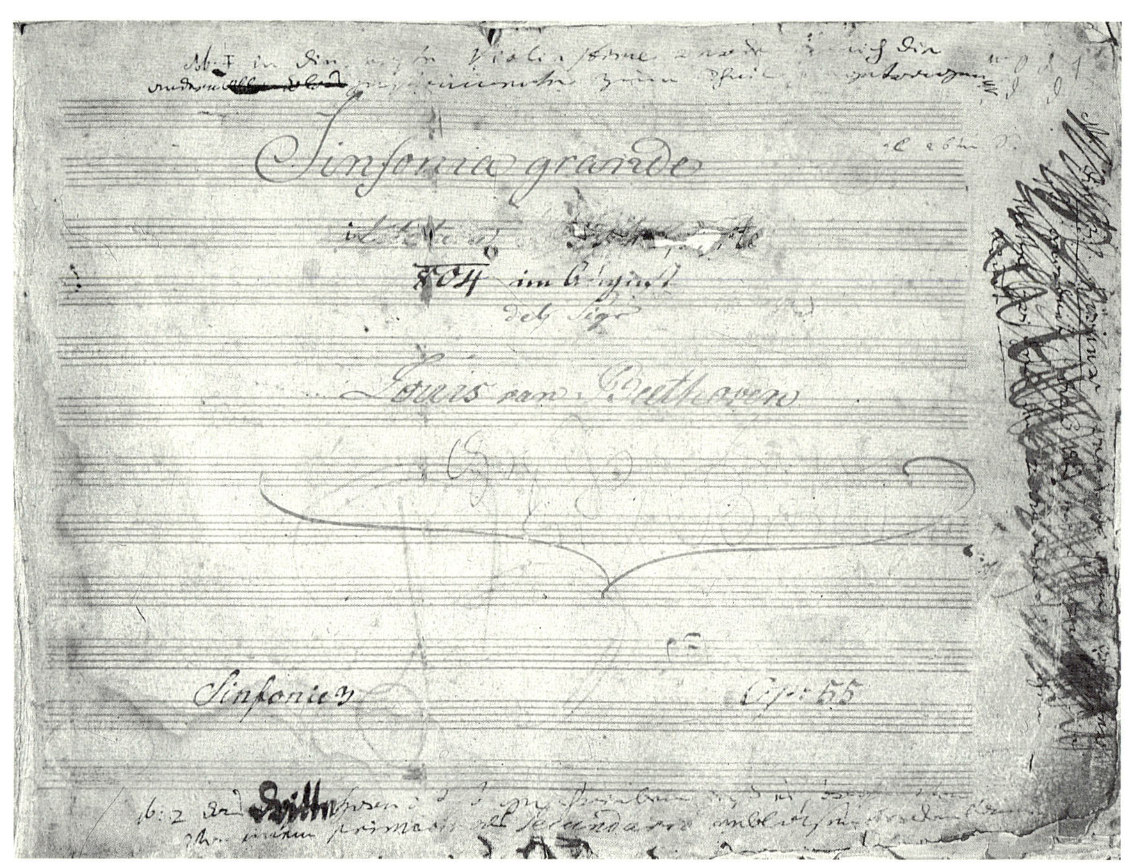

27

28

29

27 Dritte Symphonie, *Eroica,* Titelseite der Partiturabschrift vom Kopisten, mit Bemerkungen Beethovens, 1803–04

28 Sechste Symphonie, *Pastorale,* zweiter Satz, Coda (Autograph), 1808

29 Entwurf zu *Für Elise,* 1808–10, mit Anmerkungen aus dem Jahr 1822

30 Letzte Seite des Briefes an die »Unsterbliche Geliebte«, 7. Juli 1812

30

Kyrie
elei
pizz.

32

33

31 Letzte Seite des »Kyrie« aus der *Missa solemnis,* 1819–23
32 Entwurf für einen Zapfenstreich, mit Skizzen für die Neunte und Zehnte Symphonie, 1822
33 Entwurf zur Bagatelle in g-Moll, op. 126/Nr. 2, 1824

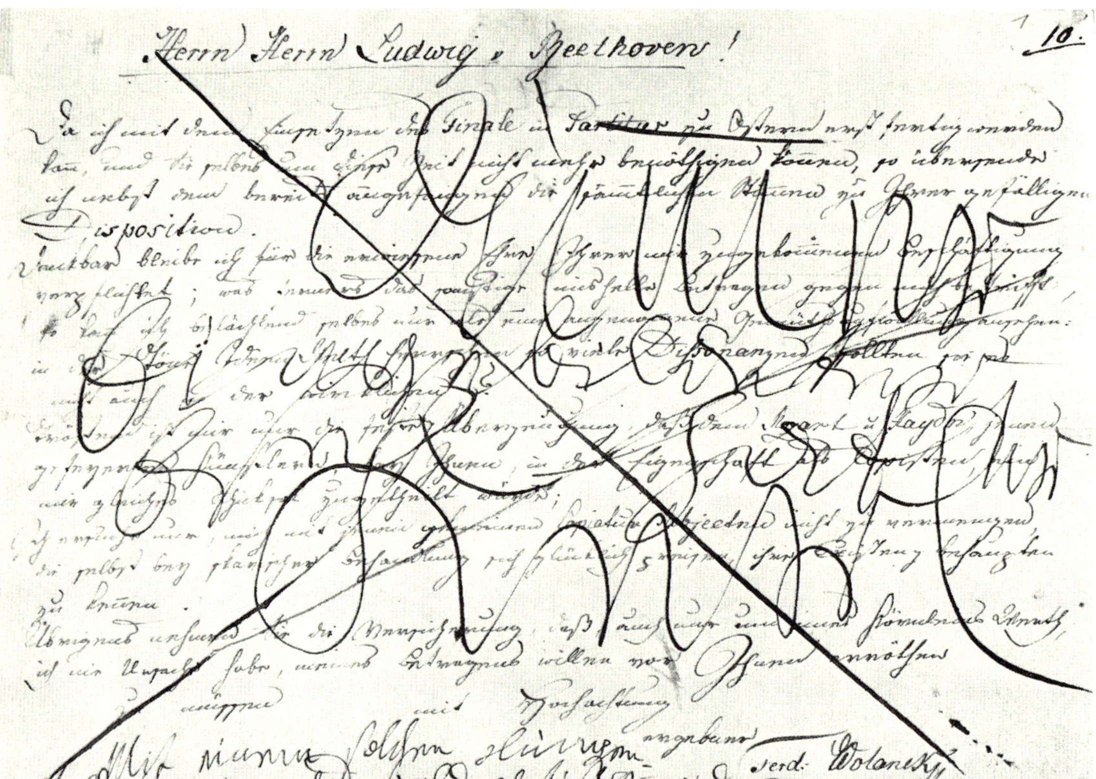

34 Brief von Ferdinand Wolanek, mit wütenden Anmerkungen Beethovens, 1825

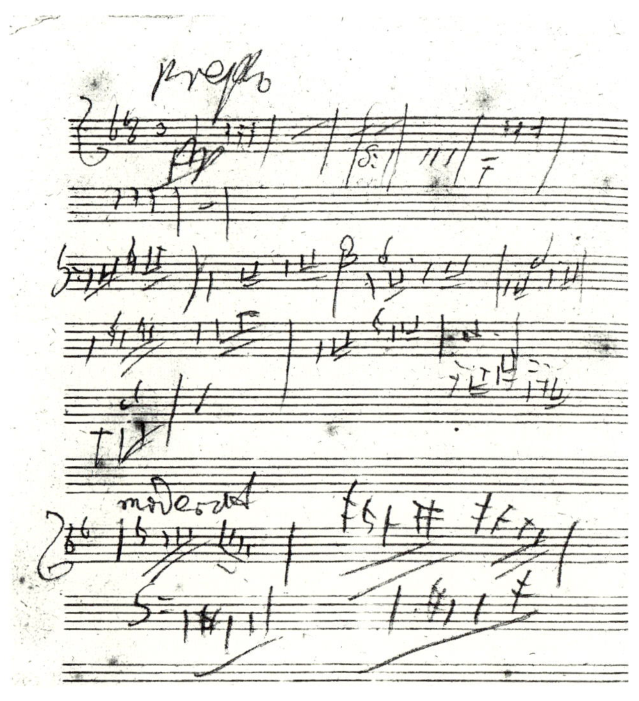

35 Letzte Seite aus dem letzten Skizzenbuch Beethovens, 1826–27

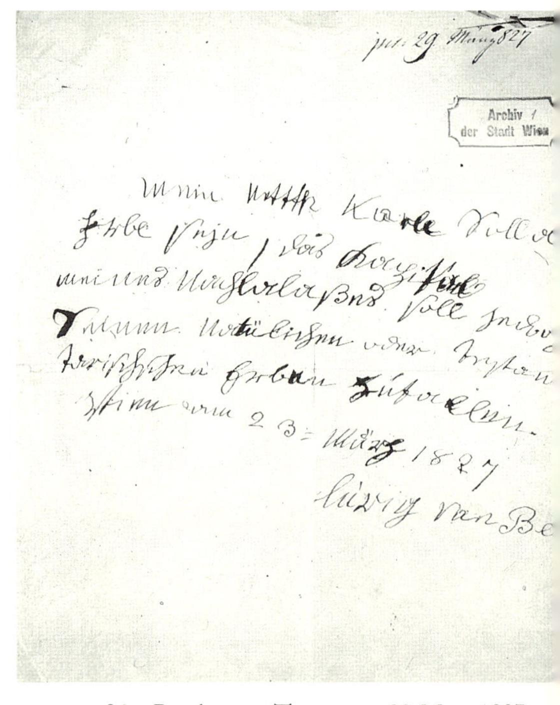
pr. 29 März 827

Mein Neffe Karl Soll
Erbe seyn, das Kapital
meines Nachlaßes soll Jedoch
seinen natürlichen oder testamentarischen Erben zufallen.
Wien am 23. März 1827
Luwig van Be

36 Beethovens Testament, 23. März 1827

niederträchtig verhalten, wie man bislang angenommen hatte, und infolgedessen wurde auch seine Aussage, überhaupt eines der Hefte vernichtet zu haben, angezweifelt.
Aber auch wenn Schindler von dem Vorwurf der Vernichtung vieler Materialien freigesprochen werden kann, trifft ihn dennoch die Schuld an der schlechten Verwaltung der Konversationshefte. Ob er nun komplette Hefte vernichtet hat oder nicht, jedenfalls scheint er Passagen, die seinem Empfinden nach dem Ruhm Beethovens in der Nachwelt geschadet hätten, ganz bewußt unterschlagen zu haben. In den siebziger Jahren unseres Jahrhunderts gelang es der Forschung, Schindler nachzuweisen, daß er außerdem eine beträchtliche Anzahl von Gesprächen zwischen ihm selbst und dem »Meister« erfunden hatte, die er lange nach Beethovens Tod in die Hefte einfügte. Diese falschen Eintragungen (zum Beispiel sind alle »Konversationen« zwischen Beethoven und Schindler aus den Jahren 1819 und 1820 gefälscht) sollten Schindlers Verhältnis zu Beethoven wesentlich vertrauter erscheinen lassen, als es tatsächlich war. Unglücklicherweise wurden gerade viele dieser Eintragungen aufgrund ihrer Enthüllungen über Beethovens Kompositionsweise und über seine Einstellung zu seiner eigenen Musik von Wissenschaftlern hochgeschätzt. In diesen Aufzeichnungen finden beispielsweise die vermeintlichen »zwei Prinzipien« (Thayer, Bd. 2, S. 96/7) Erwähnung, die anhand der Klaviersonaten op. 14 erörtert werden, sowie die Metronomangaben zur Siebten Symphonie. Neben den gefälschten Konversationen versah Schindler die Hefte zusätzlich mit Anmerkungen, in denen er einzelne Gesprächspartner benannte und bestimmte Unterredungen datierte. Diese Zusätze waren oft unrichtig, dennoch ist anzunehmen, daß sie nicht alle zur bewußten Täuschung eingefügt wurden.
Glücklicherweise konnte der Schaden, den Schindler angerichtet hatte, während der letzten fünfundzwanzig Jahre von der Forschung größtenteils wieder behoben werden, so daß heute alle gefälschten Textstellen identifiziert sind. Es wurden mehrere Versuche einer Publikation der Konversationshefte unternommen, 1924 von Nohl und 1941–43 von Schünemann, der drei Bände einer geplanten Ausgabe veröffentlichte. Doch erst in den frühen sechziger Jahren ergab sich die Möglichkeit, eine wirklich verläßliche und vollständige Edition vorzubereiten. Unter Leitung von Karl-Heinz Köhler arbeitet noch heute ein Team von Wissenschaftlern in der Deutschen Staatsbibliothek in Berlin an der beabsichtigten zehnbändigen Veröffentlichung, die nicht nur die in dieser Sammlung aufbewahrten Hefte berücksichtigt, sondern auch die relativ geringe Zahl der an anderen Orten konservierten Materialien, so zum Beispiel die im Beethoven-Haus in Bonn oder in privaten Sammlungen befindlichen Quellen. In jedem Band wird sowohl der präzise Wortlaut der Texte wiedergegeben als auch ein kritischer Apparat zur Verfügung gestellt. Als besonders nützlich erweisen sich die Anmerkungen, die nach Möglichkeit die jeweiligen »Sprecher« und die erwähnten Personen identifizieren und zahlreiche Details der Gespräche näher erläutern. In vielen Fällen läßt sich die Konversation dadurch mit einiger Genauigkeit datieren. Da die Datierungen des öfteren als spekulativ angesehen werden müssen, ist hier jedoch immer noch Vorsicht geboten. In den Bänden, die veröffentlicht wurden, nachdem man die von Schindler hinzugefügten gefälschten Einträge identifiziert hatte, sind die entsprechenden Textstellen mit einem Sternchen gekennzeichnet.
Die folgende Aufstellung gibt einen Überblick über den Inhalt der bisher erschienenen Bände, wobei zu beachten ist, daß die Konversationshefte nicht durchgängig erhalten sind. Nach dem März 1818 folgt zum Beispiel eine Lücke von einem Jahr, und aus der Zeit zwischen September 1820 und Juni 1822 ist überhaupt kein Material erhalten. Darüber hinaus unterscheiden sich die Hefte sehr in Größe und Umfang. Heft 9 (1, 319–65) umfaßt 94 Blätter, deckt dabei aber nur einen Zeitraum von knapp über einer Woche ab, während Heft 15 (2, 178–213) 73 Blätter enthält, aber einen Zeitraum von rund sechs Wochen erfaßt. Andere »Hefte« wiederum (so Heft 1 [1, 29–35]) kann man eigentlich nur als eine Ansammlung von wenigen Seiten bezeichnen.

Band 1
Heft 1–10
Februar–März 1818
März–Mai 1819
November 1819–März 1820

Band 2
Heft 11–22
April–September 1820
Juni, November 1822
Januar–Februar 1823

Band 3
Heft 23–37
Februar–Juli 1823

Band 4
Heft 38–48
August–Dezember 1823

Band 5
Heft 49–60
Dezember 1823–April 1824

Band 6
Heft 61–76
April–September 1824

Band 7
Heft 77–90
Oktober 1824–Juli 1825

Band 8
Heft 91–103
Juli–September 1825
November 1825–Februar 1826

Band 9
Heft 104–113
Februar–Juni 1826

NICHOLAS MARSTON

Tagebücher und andere Dokumente

Tagebücher

Soweit bekannt ist, hat Beethoven nie ein Tagebuch im eigentlichen Sinne geführt. Zumindest aber in zwei Abschnitten seines Lebens gebrauchte er ein Notizbuch, dessen Funktion der eines Tagebuchs sehr ähnlich war. Das frühere der beiden, das unter der Bezeichnung *Jugendtagebuch* bekannt ist und sich heute in der British Library in London befindet (Zweig MS 14, Übertragung und Kommentar in Busch-Weise, 1962), erstreckt sich über den Zeitraum von November 1792 bis Januar 1794 oder sogar noch etwas später. Beethovens persönliche Ausgaben nehmen den größten Teil darin ein, wobei zu Beginn des Buches die Aufwendungen für die Reise von Bonn nach Wien aufgelistet sind. Am Anfang finden sich Angaben über seine Reiseroute bis nach Würges – bis dort hatte er einen Begleiter – sowie Hinweise über die Gefahren einer so weiten Reise in der unruhigen Kriegszeit: »trinkGeld weil der Kerl unß mit Gefahr Prügel zu bekommen mitten durch die hessische Armee führte und wie der Teufel fuhr« (Busch-Weise, S.71). Die folgenden Seiten sind der ersten Zeit in Wien gewidmet, in der Beethoven Ausgaben wie »Stiefel. Schuhe. Klawierpult. Petschaft. Holz. schreib Pult...« (ebd., S.72), aber auch die Kosten für den Unterricht bei Haydn auflistete. Manchmal notierte er sich die wichtigsten monatlichen Lebenshaltungskosten wie zum Beispiel (vgl. »Volkswirtschaft«, S.81 ff. zur Erläuterung des Wertes der damals gebräuchlichen Währungseinheiten):

haußzins 14 Gldn
Klawier 6 Gldn 40x [Kreutzer]
heizen jedesmal 12x
essen mit dem wein 16 gld 1/2 gldn
(ebd., S.74)

Gelegentlich erwähnte Beethoven seine Bekannten namentlich, so etwa van Swieten, Schuppanzigh und Albrechtsberger, einmal schrieb er auch eine kurze Passage nieder, die in ihrer Art der Selbstermutigung an einige Textstellen des späteren *Tagebuchs* erinnert: »Muth, auch bej allen schwächen des Körpers, soll doch mein Geist Herrschen. 25 [23?] Jahr sie sind da, dieses Jahr muß den völligen Mann entscheiden – nichts muß übrig bleiben« (ebd., S.77). Vermutlich wurde dieser Satz am Neujahrstag 1794 geschrieben.
Beethovens *Tagebuch* aus den Jahren 1812–18 kann wesentlich mehr inhaltliches Gewicht vorweisen. Es ging zwar kurz nach seinem Tod verloren, ist uns aber in einer Abschrift, die schon zu diesem Zeitpunkt von Anton Gräffer angefertigt worden war, überliefert. Diese Abschrift galt ihrerseits eine Zeitlang als verloren (heute befindet sie sich im Stadtarchiv von Iserlohn), doch waren Kopien dieses Dokuments Thayer und anderen Biographen bekannt. Maynard Solomon veröffentlichte eine kommentierte Ausgabe von Gräffers Kopie (Solomon, 1990) und auch eine Übersetzung ins Englische (Solomon, 1982). Drei Blätter mit Material aus dem *Tagebuch* von Beethovens eigener Hand sind uns tatsächlich erhalten. Clemens Brenneis hat überzeugend nachgewiesen, daß zwei dieser Blätter ursprünglich zum *Tagebuch* selbst gehörten; das dritte aber unterscheidet sich von Gräffers Kopie und kann daher nicht dem Tagebuch zugerechnet werden (Brenneis, 1984, S.86–7).
Das *Tagebuch* enthält eine enorme Vielfalt an Notizen. So findet man prosaische Bemerkungen: »Schuhbürsten zum Abputzen, wenn Jemand kommt. –« (Solomon, 1990, Nr.19) neben persönlichen: »K[arl] betrachtest du als dein Kind« (ebd., Nr.80), musikalische

Überlegungen: »Den ersten besten Satz in Canons erfunden/ auf Harmonie gebaut« (ebd., Nr. 27) neben philosophischen: »alles Uibel ist geheimnißvoll und für sich allein nur größer« (ebd., Nr. 136) und religiösen: »o höre stets Unaussprechlicher [,] höre mich – Deinen unglücklichen unglücklichsten aller Sterblichen« (ebd., Nr. 160). Darüber hinaus finden sich zahlreiche Zitate aus literarischen Quellen, auch aus orientalischen religiösen Schriften (vgl. »Religion« und »Literatur«, S. 174–80).

Einige wenige der 171 Einträge können genau datiert werden, und ausgehend von diesen, lassen sich die übrigen zeitlich annähernd bestimmen. Insgesamt ermöglicht das *Tagebuch* einen außergewöhnlichen Einblick in Beethovens Gefühlswelt und sein aufgewühltes Seelenleben während sechs entscheidender Lebensjahre – der sechs Jahre, die auf die Briefe an die »Unsterbliche Geliebte« 1812 folgten und in denen Beethoven verhältnismäßig wenige Kompositionen fertigstellte, auch wenn er die Arbeit an zahlreichen Werken aufnahm. Zweimal bezieht sich Beethoven auf eine gewisse »A« (ebd., Nr. 1) und eine »T« (ebd., Nr. 104), was als Hinweis auf die »Unsterbliche Geliebte« selbst gedeutet wurde, wobei man annimmt, es habe sich dabei um Antonie (Toni) Brentano gehandelt. Das *Tagebuch* könnte also unter dem Gesichtspunkt begonnen worden sein, daß Beethoven sich vom Druck der Ereignisse des Jahres 1812 befreien wollte. Andere Eintragungen beweisen Beethovens Sorgen um seinen Neffen Karl, den er nach dem Tod seines Bruders, dem Vater Karls, an Kindes Statt annahm, sowie seine Entschlossenheit, große Wirkungen mit seiner Kunst hervorzurufen – wenn nötig, sogar um den Preis, Wien aus diesem Grund zu verlassen. Diese Gedanken äußerte Beethoven mit bemerkenswerter Offenheit und Integrität, die daraus resultierte, daß diese Eintragungen nicht in der Absicht geschrieben waren, sie anderen zugänglich zu machen. Zudem erlaubt das *Tagebuch* einen hervorragenden Überblick über die literarischen Interessen des Komponisten und einige anderweitig nicht erhältliche Einblicke in seine religiöse Gedankenwelt und seine Glaubensvorstellungen. Ohne dieses Dokument könnten wir Beethovens Verhalten in dieser kritischen Phase seines Lebens nicht annähernd nachempfinden.

Andere Dokumente

Neben dem Heiligenstädter Testament (vgl. S. 214 ff.) und den *Tagebüchern* ist noch eine Reihe anderer Beethovens Leben betreffender Dokumente erhalten. Bislang wurde kein Versuch unternommen, eine vollständige Ausgabe oder Zusammenstellung dieser Unterlagen – nach dem Vorbild von dokumentarischen Biographien verschiedener anderer Komponisten – zu veröffentlichen. Die Mehrzahl der wichtigsten Dokumente aber wurde von Thayer veröffentlicht (vgl. Thayer, 1917–23 und 1967). Sie schließen die Bestandsaufnahme von Beethovens Nachlaß und den Katalog der 1827 veranstalteten Versteigerung seiner musikalischen Hinterlassenschaften ein, des weiteren eine Reihe von Verträgen, zahlreiche Unterlagen, die sich auf die Vormundschaft für seinen Neffen beziehen, ein Stammbuch von 1792, handschriftliche Erinnerungen (unterschiedlicher Zuverlässigkeit) von Personen, die Beethoven kennengelernt hatten, Zeitungsannoncen und verschiedene unbedeutendere Schriftstücke von Beethovens eigener Hand oder solche, die unter anderen auch seine Schrift aufweisen, sowie Dokumente, die sich namentlich auf ihn beziehen.

Das bedeutendste unter all diesen Dokumenten ist der Auktionskatalog, von dem heute noch fünf Exemplare erhalten sind, außerdem eine Liste der jeweiligen Preise und der Käufer. Drei der fünf Kataloge waren im Besitz Anton Gräffers, des Auktionators beim Verkauf am 5. November 1827, zwei davon befinden sich heute im Stadt- und Landesarchiv Wien, der dritte im Beethoven-Haus in Bonn, wo auch eine Abschrift von der Hand Aloys Fuchs' liegt. Die fünfte Kopie hatte Haslinger angefertigt, wogegen die Liste der Preise und Käufer von Hotschevar (dem damaligen Vormund von Beethovens Neffen) erstellt worden war. Erst kürzlich wurde eine hervorragende Ausgabe der ersten beiden Abschnitte des Katalogs veröffentlicht (Johnson, 1985, S. 574–81), leider hat man es versäumt, die beim Verkauf erzielten Preise anzugeben. Schon wesentlich früher brachte Thayer eine vollständige, aber weniger zuverlässige Edition des Kataloges heraus (Repr. in: Thayer, 1967, S. 1062–70), die sowohl die Schätzpreise als auch die tatsächlich erzielten Verkaufspreise enthält, dafür aber die Namen der Käufer nicht erwähnt.

Der Katalog ist äußerst hilfreich für die Beurteilung des Wertes der Beethovenschen Manuskripte zum Zeitpunkt seines Todes und liefert zudem Informationen von unschätzbarer Bedeutung über die Geschichte der Skizzenbücher und -blätter. Diese insgesamt siebzig Einzelposten wurden während der ersten beiden Teilabschnitte der Auktion verkauft. Darunter befand sich eine Reihe vollständiger Skizzenbücher, von denen einige mit Sicherheit identifiziert werden konnten. Andere Posten sind nur ungenau beschrieben, zum Beispiel als Quartettskizzen, Messenskizzen oder einfach als »Notirungen«, wenn sie nicht so leicht zu bestimmen oder zu beschreiben waren. Die meisten Einzelstücke dieser beiden Sektionen der Versteigerung, auch die vollständigen Skizzenbücher, erzielten je einen Preis zwischen einem und drei Florin CM – eine Summe, die in etwa mit den Kosten einer Mahlzeit für zwei Personen in einem guten Gasthaus verglichen werden kann. Der dritte Abschnitt der Auktion umfaßte die Autographen bereits publizierter Stücke; die Mehrzahl der achtundsiebzig Einzelposten erzielte ähnliche Preise wie diejenigen der ersten beiden Sektionen, obwohl es hier einige Ausnahmen gab, vor allem das beliebte Septett, das für 18 Florin CM verkauft wurde. Die vierte Sektion beinhaltete unveröffentlichte Kompositionen, von denen einige ziemlich hohe Preise erreichten. Dabei fällt besonders der Verkauf des Fragments eines neuen Streichquintetts (WoO 62) auf, für das Diabelli 30 Florin, 30 Kreutzer CM bezahlte. Die verbleibenden drei Sektionen des Auktionskataloges bestanden im wesentlichen aus Instrumental- und Vokalstimmen einer ganzen Reihe von Kompositionen, aus veröffentlichten Werken und Büchern über Musik. Außerdem wurden ein Klavier und zwei Violinen verkauft.

Die Aufstellung von Beethovens Nachlaß ist dem Auktionskatalog inhaltlich sehr ähnlich und liegt ebenfalls nicht in einer zuverlässigen Ausgabe vor. Die von Thayer veröffentlichte Version basierte lediglich auf einer Kopie des Originals (vgl. Thayer, 1967, S. 1072–6). Diese Aufstellung erlaubt einen faszinierenden Einblick in Beethovens persönliche Habe, da sie detaillierte Angaben über die Möblierung aller seiner Zimmer, aber auch über seine Kleidung, seine Wertgegenstände (unter anderem ein goldenes Medaillon und eine silberne Uhr), seine Küchengeräte und seine Musikinstrumente liefert. Der Nachlaß bestätigt paradoxerweise sowohl Beethovens eigene Einschätzung, daß er sich in äußerster finanzieller Not befand, als auch die posthume Ansicht, daß das nicht der Fall war: Bevor Beethoven kurz vor seinem Tod jene 100 Pfund als Geschenk der Philharmonischen Gesellschaft in London erhalten hatte, waren seine flüssigen Geldreserven wahrscheinlich tatsächlich geringer als die Summe, die er seinen Gläubigern schuldete, und er sah keine Möglichkeit, diese Situation zu ändern. Zieht man allerdings den Wert seiner Besitztümer, insbesondere den der acht Aktien (von denen jede zum Zeitpunkt seines Todes 1063 Florin CM wert war), die er als Legat für seinen Neffen Karl beiseite gelegt hatte, in Betracht, ging es ihm besser als den meisten Wienern dieser Zeit.

Unter Beethovens Verträgen finden sich verschiedene mit seinen Verlegern, unter anderem mit Artaria, Traeg, Clementi, Breitkopf & Härtel, Steiner und Thomson (vgl. Anderson, 1961, S. 1417–25). Die wichtigste Vereinbarung jedoch wurde mit seinen drei Gönnern Fürst Kinsky, Fürst Lobkowitz und Erzherzog Rudolph geschlossen (Thayer, Bd. 3, S. 125) und wird im Museum der Stadt Wien aufbewahrt. Die drei Mäzene verpflichteten sich zu einer jährlichen Zahlung von 4000 Florin (vgl. »Beethovens Mäzene und seine Auftragswerke«, S. 116), bis er eine Anstellung gefunden hatte, die ihm mindestens ebensoviel Geld einbringen würde – ein Fall, der nie eintrat. Umgekehrt sollte Beethoven lediglich, in Wien »oder in einer anderen, in den Erbländern Sr. österreichisch-kaiserlichen Majestät liegenden Stadt« (Thayer, Bd. 3, S. 125) wohnen bleiben. Er war nicht einmal verpflichtet, überhaupt zu komponieren, obwohl man selbstverständlich davon ausging, daß er es tun würde. Der Zweck dieser Vereinbarung bestand darin, »Herrn Ludwig van Beethoven in den Stand zu setzen, daß die nothwendigen Bedürfnisse ihn in keine Verlegenheit bringen« (ebd.). Eine Kopie des Vertrages wurde ebenfalls von Thayer veröffentlicht, das Original aber gilt als verschollen.

Beethovens Rechtsstreit um die Vormundschaft für seinen Neffen Karl wird in vielen Dokumenten belegt (Thayer, Bd. 4, Anhang III, S. 542–68). Darunter befindet sich das längste nachgewiesene außermusikalische Dokument aus Beethovens Feder – ein Entwurf eines Schriftstückes an das Berufungsgericht, datiert vom 18. Februar 1820. Es beweist die enormen Anstrengungen, die er in dieser Sache unternahm, und zwar zu einer Zeit, als er eigentlich wegen des bevorstehenden Abgabetermins an der *Missa solemnis* hätte arbeiten müssen. Beethovens Unterlagen ergeben ein eindeutiges Bild des Falles aus seiner Sicht, wobei er es verstand, die Angelegenheit geschickt voranzutreiben, indem er sich beharrlich durch immer neue Übertreibungen, Anspielungen und Beschimpfungen gegen seine Schwägerin stellte. Völlig anders dagegen lesen sich die Protokolle des Landrechts, die in sachlich nüchterner Form die Unterredungen mit den drei betroffenen Personen wiedergeben (Thayer, Bd. 4, S. 182 u. Anhang III, S. 542–68).

Ein ziemlich ungewöhnliches Dokument, das Fischhof-Manuskript, befindet sich heute in der Deutschen Staatsbibliothek in Berlin. Es enthält von Joseph

Fischhof (1804–1857) angefertigte Abschriften verschiedener Schriftstücke, die irgendwie mit Beethoven zu tun haben. Diese wiederum stammen größtenteils aus einer von Anton Gräffer als Vorbereitung für eine geplante (aber nicht durchgeführte) Biographie des Komponisten angelegten Sammlung. Zu diesen Abschriften gehören auch das *Tagebuch* sowie Briefe an und von Beethoven. Der Wert des Fischhof-Manuskripts ist begrenzt, da von den meisten Dokumenten entweder die Originale oder frühere Kopien existieren. Es gibt allerdings auch einige wenige Textstellen, als deren einzige Quelle das Fischhof-Manuskript fungiert. Clemens Brenneis veröffentlichte 1984 eine detaillierte Beschreibung und eine Übertragung des gesamten Inhalts (mit Ausnahme des *Tagebuchs*).

Beethovens *Stammbuch* wurde von seinen Bonner Freunden in der Zeit vom 24. Oktober bis zum 1. November 1792 (unmittelbar vor seiner Abreise nach Wien) verwendet, um Abschiedsgrüße einzutragen. Die bedeutendsten der insgesamt fünfzehn Eintragungen stammen von Graf Waldstein und Mitgliedern der Familien Koch und Breuning (Kommentar und Übertragung: vgl. Nottebohm, 1872, S. 138–44). Obwohl überraschenderweise die Namen führender Musiker darin fehlen, vermittelt dieses Stammbuch doch eine Idee von Beethovens weitreichendem Freundeskreis und der Zuneigung und Bewunderung, die seine Freunde ihm entgegenbrachten.

Viele Bekannte Beethovens haben Aufzeichnungen über ihre Beziehung zu ihm hinterlassen, die meist nach (und in manchen Fällen vor) seinem Tod abgefaßt wurden. Neben Schindlers Biographie und den biographischen Notizen, die von Wegeler und Ries 1838 gemeinsam veröffentlicht wurden, zählt eine lange Reihe von Erinnerungen Carl Czernys (Czerny, 1970) zu den wichtigsten Quellen. Ferner existieren kürzere Darstellungen von Zeitgenossen wie Baron de Trémont, Seyfried, Schultz, Fischer und Treitschke. Einige Berichte wurden in Zeitschriften, so zum Beispiel in *The Harmonicon* veröffentlicht, andere lagen lange nur handschriftlich vor (wie etwa das Fischer-Manuskript), bis sie erst zu einem wesentlich späteren Zeitpunkt veröffentlicht wurden. Wenn die Quellen auch von sehr unterschiedlicher Zuverlässigkeit sind, ergeben sie doch ein lebhaftes Bild vieler Aspekte in Beethovens Leben und seiner sich stets verändernden Situation, wobei sie im allgemeinen in bezug auf seine Exzentrik und die Unordnung, die in seinen Wohnräumen herrschte, übereinstimmen.

Die Anzeigen in Zeitungen lassen sich hauptsächlich in zwei Kategorien unterteilen – in solche, die von Beethoven selbst abgefaßt und relativ persönlicher Natur waren, und in diejenigen, die seine Verleger plazierten. Beethoven gab zwölf Annoncen auf, von denen bis auf zwei alle in der *Wiener Zeitung* erschienen (Anderson, 1961, S. 1434–43). In einigen wurden bevorstehende Konzerte angekündigt oder den mitwirkenden Musikern öffentlich Dank ausgesprochen. Fast alle anderen sollten die Öffentlichkeit vor diversen unautorisierten und fehlerhaften Ausgaben oder Arrangements seiner Musik warnen. Wenn neue Werke veröffentlicht wurden, schalteten die Editoren in der Regel eine Anzeige darüber, gewöhnlich ebenfalls in der *Wiener Zeitung*. (Eine Ausnahme bildete Schott, der für neu herausgegebene Kompositionen in seiner eigenen Musikzeitschrift *Caecilia* warb.) Diesen Anzeigen kommt besondere Bedeutung zu, da sie die wichtigsten Beweisstücke für das genaue Veröffentlichungsdatum nahezu aller Werke Beethovens darstellen.

Manchmal erschienen auch Zeitungsartikel, die sich mit Beethoven oder seinen Werken auseinandersetzten. Zu den interessantesten gehören die zahlreichen Rezensionen, die in der Leipziger *Allgemeinen Musikalischen Zeitung* erschienen und sich auf Beethovens Konzerte oder seine neuen Kompositionen bezogen. Dabei brachte es E. T. A. Hoffmanns Besprechung der Fünften Symphonie zu besonderer Berühmtheit. Unter anderen Zeitungsberichten findet sich zum Beispiel eine Beschreibung des von Mälzel erst kürzlich erfundenen Chronometers (später Metronom genannt), veröffentlicht in einem Artikel der *Wiener Vaterländischen Blätter* vom 13. Oktober 1813 (vgl. »Aufführungspraxis zur Zeit Beethovens«, S. 340).

Unterlagen und Dokumente von geringerer Bedeutung sollen hier jedoch nicht unerwähnt bleiben. Darunter fallen eine Reihe von Korrekturaufstellungen, Preislisten, Quittungen, Empfehlungsschreiben, Seiten aus Beethovens Haushaltsbuch, sein Taufschein, die Anmerkungen und Unterstreichungen, die sich in seinen Büchern finden, Bemerkungen über ihn in der Korrespondenz und den Tagebüchern seiner Zeitgenossen sowie archivalische Unterlagen. All diese Zeugnisse und vergleichbares Material tragen dazu bei, unser Wissen über und unser Verständnis für den Komponisten zu vertiefen, und liefern darüber hinaus eine beinahe unerschöpfliche Fülle an Informationen von potentiellem Nutzen für künftige Beethoven-Biographen. Obwohl diese Dokumente bereits eingehend geprüft wurden, wird es noch viele Jahre dauern, ehe eine vollständige Zusammenstellung und eine Übertragung allen verfügbaren Materials vorliegt, wobei Entdeckungen weiterer Dokumente, vor allem in noch größtenteils unerschlossenen oder unzugänglichen Archiven, auch in der Zukunft nicht auszuschließen sind.

BARRY COOPER

Das Heiligenstädter Testament

Das bei weitem berühmteste Dokument aus Beethovens Feder ist das sogenannte Heiligenstädter Testament aus dem Jahr 1802, das in tiefer Verzweiflung, die Beethoven an den Rand des Suizids gebracht hatte, abgefaßt wurde. Es ist eine sehr bewegende, tiefempfundene und eindringliche Bitte um Verständnis und Zuneigung, gerichtet an seine Brüder, an die Menschen in seiner Umgebung und an die Welt ganz allgemein. Kurz nach seinem Tod wurde das Testament bei seinen anderen Papieren gefunden – wahrscheinlich von Schindler, der das Dokument an Rochlitz weitergab. Dann ging es durch die Hände der Verleger Artaria & Co und auch von Hotschevar (dem damaligen Vormund von Beethovens Neffen), später befand es sich im Besitz von Aloys Fuchs, von Jenny Lind und deren Ehemann Otto Goldschmidt, der es 1888 oder 1890 der Staats- und Universitätsbibliothek Hamburg zum Kauf anbot, wo es sich noch heute befindet.

Beethoven hat das Testament vor dem Hintergrund seiner beginnenden Hörprobleme etwa im Jahr 1797 abgefaßt. Eine Zeitlang erzählte er niemandem etwas über diese Schwierigkeiten, doch 1801 vertraute er sich schließlich zwei engen Freunden – Wegeler und Amenda – brieflich an (Briefe vom 29. Juni und vom 1. Juli). Weitere Personen könnten davon gewußt haben – obwohl der Text des Testaments darauf hindeutet, daß Beethovens Brüder zu diesem Zeitpunkt noch nicht im Bilde waren. Er konsultierte Ärzte, die ihm verschiedene Mittel verordneten, unter anderem Stärkungsmittel, Mandelöl, kalte Bäder, lauwarme Bäder und eine Ohrenspülung. Als aber keines der Mittel half, beschloß Beethoven endlich auf den Rat von Dr. Schmidt hin, sechs Monate in dem kleinen Dorf Heiligenstadt zu verbringen – weit weg vom Lärm und der Hektik der Stadt Wien, – in der Hoffnung, die Stille und Ruhe dort würde seinem Gehör guttun. Als die sechs Monate Anfang Oktober 1802 zu Ende gingen, zeichnete es sich immer deutlicher ab, daß auch diese Behandlung erfolglos war und er wohl weiterhin mit seiner Schwerhörigkeit leben mußte. Und damit schwand auch die letzte Hoffnung auf Heilung. Zu diesem Zeitpunkt, am 6. Oktober, schrieb Beethoven das Testament. Es wurde jedoch festgestellt, daß die klare äußere Form des Dokuments nicht für ein spontan verfaßtes Schriftstück spricht, sondern eher dafür, daß es sich um eine sorgfältig vorbereitete Reinschrift handelt (Solomon, 1977, S. 118; vgl. Abb. 26).

Da es sich um ein Dokument von großer Wichtigkeit handelt, soll es hier in voller Länge abgedruckt werden:

Für meine Brüder Carl und Beethoven.

O ihr Menschen die ihr mich für feindseelig störrisch oder misantropisch haltet oder erkläret, wie unrecht thut ihr mir, ihr wißt nicht die geheime Ursache von dem, was euch so scheinet, mein Herz und mein Sinn waren von Kindheit an für das zarte Gefühl des Wohlwollens, selbst große Handlungen zu verrichten dazu war ich immer aufgelegt, aber bedenket nur daß seit 6 jahren ein heilloser zustand mich befallen, durch unvernünftige Aerzte verschlimmert, von jahr zu jahr in der Hoffnung gebessert zu werden, betrogen, endlich zu dem Ueberblick eines **dauernden Uebels** (dessen Heilung vielleicht jahre dauern oder gar unmöglich ist) gezwungen, mit einem feurigen lebhaften Temperamente gebohren, selbst empfänglich für die Zerstreuungen der Gesellschaft, mußte ich früh mich absondern, einsam mein Leben zubringen, wollte ich auch zuweilen mich einmal über alles das hinaussezen, o wie hart wurde ich durch die verdoppelte traurige Erfahrung meines schlechten Gehörs dann zurückgestoßen, und doch war's mir noch nicht möglich den Menschen zu sagen: sprecht lauter, schreyt, denn ich bin taub, ach wie wär es möglich daß ich dann die Schwäche **eines Sinnes** zugeben sollte, der bey mir in einem vollkommeneren Grade als bey andern seyn sollte, einen Sinn den ich einst in der größten Vollkommenheit besaß, in einer Vollkommenheit, wie ihn wenige von meinem Fache gewiß haben noch gehabt haben - o ich kann es nicht, drum verzeiht, wenn ihr mich da zurückweichen sehen werdet, wo ich mich gerne unter euch mischte, doppelt wehe thut mir mein Unglück, indem ich dabey verkannt werden muß, für mich darf Erholung in menschlicher gesellschaft, feinere unterredungen, wechselseitige Ergießungen nicht statt haben, ganz allein fast nur soviel als es die höchste Nothwendigkeit fordert, darf ich mich in gesellschaft einlassen, wie ein Verbannter muß ich leben, nahe ich mich einer Gesellschaft, so überfällt mich eine heiße Aengstlichkeit indem ich befürchte in Gefahr gesetzt zu werden, meinen Zustand merken zu lassen - so war es denn auch dieses halbe jahr, was ich auf dem Lande zubrachte, von meinem vernünftigen Arzte aufgefordert, so viel als möglich mein Gehör zu schonen, kam er fast meiner jetzigen natürlichen diposizion entgegen, obschon, vom Tribe zur Gesellschaft manchmal hingerissen, ich mich dazu verleiten ließ, aber welche Demüthigung wenn jemand neben mir stund und von weitem eine Flöte hörte und **ich nichts** hörte oder jemand den **hirten singen hörte,** und ich auch nichts hörte, solche Ereignisse brachten mich nahe an Verzweiflung, es fehlte wenig, und ich endigte selbst mein Leben - nur sie **die Kunst,** sie hielt mich zurück, ach es dünkte mir unmöglich, die Welt eher zu verlassen, bis ich das alles hervorgebracht wozu ich mich aufgelegt fühlte, und so fristete ich dieses elende Leben - wahrhaft elend, einen so reizbaren Körper, daß eine etwas schnelle Veränderung mich aus dem besten Zustande in den schlechtesten versetzen kann - Geduld - so heißt es, sie muß ich nun zur Führerin wählen, ich habe es - dauernd hoffe ich soll mein Entschluß seyn auszuharren, bis es den unerbittlichen parzen gefällt, den Faden zu brechen, vielleicht geht's besser, vielleicht nicht, ich bin gefaßt - schon in meinem 28. jahr gezwungen Philosoph zu werden, es ist nicht leicht, für den Künstler schwerer als für irgend jemand - Gottheit du siehst herab auf mein inneres, du kennst es, du weißt, daß menschenliebe und neigung zum wohlthun drin hausen. O Menschen, wenn ihr einst dieses leset, so denkt, daß ihr mir Unrecht gethan, und der Unglückliche, er tröste sich, einen seines Gleichen zu finden, der trotz allen hindernissen der Natur, doch noch alles gethan, was in seinem Vermögen stand, um in die Reihe würdiger Künstler und Menschen aufgenommen zu werden - ihr meine Brüder Carl und   sobald ich tod bin und professor Schmid lebt noch, so bittet ihn in meinem Namen, daß er meine Krankheit beschreibe, und dieses hier geschriebene Blatt füget ihr dieser meiner Krankengeschichte bei, damit wenigstens so viel als möglich die Welt nach meinem Tode mit mir versöhnt werde - Zugleich erkläre ich euch beyde hier für die Erben des kleinen Vermögens, (wenn man es so nennen kann) von mir, theilt es redlich, und vertragt und helft euch einander, was ihr mir zuwider gethan, das wißt ihr, war euch schon längst verziehen, dir Bruder Carl danke ich noch ins besondere für deine in dieser leztern spätern Zeit mir bewiesene Anhänglichkeit. Mein Wunsch ist, daß euch ein besseres sorgenloseres Leben, als mir, werde, empfehlt euren Kindern **Tugend,** sie nur allein kann glücklich machen, nicht Geld, ich spreche aus Erfahrung, sie war es die mich selbst im Elende gehoben, ihr danke ich nebst meiner kunst, daß ich durch keinen selbstmord mein Leben endigte - Lebt wohl und liebt euch - allen Freunden danke ich, besonders **Fürst Lichnowski** und **Professor Schmidt** - die Instrumente von Fürst L. wünsche ich, daß sie doch mögen aufbewahrt werden bey einem von euch, doch entstehe deswegen kein Streit unter euch, sobald sie euch aber zu was nützlicherem dienen können, so verkauft sie nur, wie froh bin ich, wenn ich auch noch unter meinem Grabe euch nützen kann - so wär's geschehen - mit freude eil ich dem Tode entgegen - kommt er früher als ich gelegenheit gehabt habe, noch alle meine Kunst-Fähigkeiten zu entfalten, so wird er mir trotz meinem harten Schicksal doch noch zu frühe kommen, und ich würde ihn wohl später wünschen - doch auch dann bin ich zufrieden, befreit er mich nicht von einem endlosen leidenden Zustande? - komm wann du willst, ich gehe dir muthig entgegen - Lebt wohl und vergeßt mich nicht ganz im Tode, ich habe es um euch verdient, indem ich in meinem Leben oft an euch gedacht, euch glücklich zu machen, seyd es -

Ludwig von Beethoven
Heiglnstadt
am 6ten October   (Siegel.)
1802

Für meine Brüder Carl und   nach meinem Tode zu lesen und zu vollziehen - Heiglnstadt am 10ten Oktober 1802 so nehme ich denn Abschied von dir - und zwar traurig - ja die geliebte Hoffnung - die ich mit hieher nahm, wenigstens bis zu einem gewissen Punkt geheilet zu seyn - sie muß mich nun gänzlich verlassen, wie die Blätter des Herbstes herabfallen, gewelkt sind, so ist - auch sie für mich dürr geworden, fast wie ich hieher kam - gehe ich fort - selbst der hohe Muth - der mich oft in den schönen Sommertägen beseelte - er ist verschwunden - O Vorsehung - laß einmal einen reinen Tag **der Freude** mir erscheinen - so lange schon ist der wahren Freude inniger Widerhall mir fremd - o wann - o wann

> o Gottheit - kann ich im Tempel der Natur und der Menschen ihn wieder fühlen - Nie? nein - o es wäre zu hart.
> (Thayer, Bd. 2, 1910, S. 338-40)

Einige charakteristische Punkte in diesem Testament bedürfen einer besonderen Erläuterung. Zum ersten fällt auf, daß der Name von Beethovens Bruder Nikolaus Johann an allen drei Stellen, an denen er persönlich angesprochen wird, fehlt: Beethoven ließ jedesmal einfach eine Lücke, und diese Auslassung führte zu nicht enden wollenden Spekulationen über die Beziehung zwischen Beethoven und Johann in jener Zeit. Darüber hinaus ergab sich bei näherer Untersuchung des Dokuments eindeutig, daß ursprünglich beide Namen, sowohl der von Carl als auch von Johann, ausgelassen wurden und Carls Namen später sorgfältig eingesetzt wurde (Solomon, 1977, S. 120). Diese Beobachtung wirft jedoch weitere Fragen auf, statt sie zu klären. Lag der Grund für die Tatsache, daß Beethoven die Namen seiner Brüder ausließ, darin, daß er ihre Unabhängigkeit nicht akzeptieren konnte (Solomon, 1977), oder war vielleicht das besondere Verhältnis, das sie miteinander verband – vergleichbar etwa damit, daß Eltern von ihren Kindern selten mit ihrem Rufnamen angesprochen werden – dafür verantwortlich? Oder konnte er sich nur einfach nicht entscheiden, welchen von mehreren Taufnamen er im einzelnen Fall wählen sollte, den ersten, den zweiten oder gar beide?

Beethoven wendet sich jedoch nicht nur an seine Brüder, sondern auch an ein breiteres Publikum. Er bittet darum, das Dokument zu veröffentlichen, so daß »die Welt nach meinem Tode mit mir versöhnt werde«, und aus einigen Textpassagen, insbesondere aus der Einleitung, geht nicht klar hervor, ob sie nur an seine Brüder oder aber an alle Menschen gerichtet sind. An anderer Stelle wendet er sich an die Gottheit und die Vorsehung direkt, wobei die Form der Anrede an ein Gebet erinnert. Im Postskriptum findet sich die seltsame Anrede »dir« im Singular, die bei den Interpreten einige Verwirrung stiftete. Betrachtet man sie aber im Kontext, so scheint es offensichtlich, daß Beethoven damit Heiligenstadt selbst ansprechen wollte, unmittelbar bevor er diesen Ort verließ.

Beethovens Erwähnung einer Person, die neben ihm stand und einen fernen Flötenklang hörte, während er selbst nichts wahrnehmen konnte, wird von Ries näher erläutert: »Ich machte ihn nämlich auf einen Hirten aufmerksam, der auf einer Flöte, aus Fliederholz geschnitten, im Walde recht artig blies. Beethoven konnte eine halbe Stunde hindurch gar nichts hören, und wurde, obschon ich ihm wiederholt versicherte, auch ich höre nichts mehr, (was indeß nicht der Fall war,) außerordentlich still und finster« (Wegeler, 1972, S. 99). Es ist gut möglich, daß Beethoven und Ries sich auf dasselbe Ereignis bezogen, anderenfalls könnte die von Ries im Jahre 1838 veröffentlichte Aussage davon beeinflußt gewesen sein, daß er zu diesem Zeitpunkt das Heiligenstädter Testament bereits gekannt hat.

In manchen Passagen klingen Gedanken aus Beethovens anderen schriftlichen Zeugnissen an. Immer wieder verlieh er seiner Liebe zur Tugend Ausdruck, wobei er hin und wieder erwähnte, daß er sich diese Haltung in jungen Jahren aneignete. (Anscheinend hat seine Mutter ihn in der Kindheit nach den Prinzipien der Tugendhaftigkeit erzogen.) Öfter als nur dies eine Mal kamen seine suizidalen Tendenzen zum Ausdruck (auch wenn er ihnen glücklicherweise zu keinem Zeitpunkt bis zur letzten Konsequenz ausgeliefert war), und vielleicht vererbte er diese Neigung auf seinen Neffen, der 1826 einen Selbstmordversuch unternahm. Beethovens Behauptung, seine Kunst hätte ihn vor dem Suizid bewahrt, ist zweifellos glaubwürdig, da er während seines ganzen Lebens immer wieder die tiefe Ergebenheit, die er der Musik gegenüber empfand, formulierte. So nahm er, statt die Möglichkeit des Selbstmords ernsthaft in Betracht zu ziehen, Zuflucht vor dem Schicksal in Geduld und Resignation, wie er in einer Bemerkung an anderer Stelle deutlich machte: »Plutarch hat mich zu der Resignation geführt« (Brief Nr. 52, Kastner), schrieb er 1801, und eine ähnliche Haltung drückt auch die Vertonung des Gedichts *Resignation* (WoO 149) aus, die er – mit einigen Unterbrechungen – ab etwa 1813 an zu skizzieren begann und schließlich 1817 vollendete. In gleicher Weise thematisiert Schillers Ode *An die Freude*, vertont in der Neunten Symphonie, sein Flehen um einen Tag der reinen Freude. Aus dem Inhalt eines Briefs, den Ries 1803 schrieb, geht hervor, daß Beethoven den Text früher schon einmal vertont hatte, und so verwundert es nicht, daß bereits im Heiligenstädter Testament darauf Bezug genommen wird.

Die Gefühle, die für den Tonfall dieses Dokuments verantwortlich waren, hatten ohne Zweifel einen bedeutsamen Einfluß auf Beethovens kompositorisches Schaffen, die Auswirkungen jedoch sind schwer zu quantifizieren, und so hat dieses Thema bislang häufig für Verwirrung gesorgt. Thayer stellte die Behauptung auf, die brillante und stürmische Zweite Symphonie sei in der gleichen Zeit entstanden, in der das

Heiligenstädter Testament verfaßt wurde, obwohl diese Komposition in völligem Kontrast zu dem schriftlichen Dokument steht, wodurch zum Ausdruck käme, daß Beethovens persönliches Leben und sein Leben als Komponist nahezu unabhängig voneinander verliefen (Thayer, Bd. 2, S. 335 ff.). Thayers Ansicht wurde seither viele Male wiederholt, und sogar heute noch erzählt man den Besuchern des Beethoven-Gedenkhauses in Heiligenstadt, daß er dort die Zweite Symphonie geschrieben hätte. In Wirklichkeit aber waren die Entwürfe zur Zweiten Symphonie schon über einen Monat vor seinem Aufenthalt dort mehr oder weniger vollendet. Jegliche Arbeit an dieser Komposition in Heiligenstadt konnte folglich nur abschließenden Charakter gehabt und kaum die heitere Stimmung, die das ganze Werk bestimmt, evoziert haben. Die wichtigsten Kompositionen, die Beethoven während seines sechsmonatigen Aufenthalts in Heiligenstadt geschrieben hat, sind die drei Klaviersonaten op. 31. Aber auch diese Stücke lassen nur wenig von der verzweifelten Stimmung des Testaments erkennen (vielleicht mit Ausnahme mancher Passagen der zweiten Sonate) und scheinen eher den »hohen Muth« widerzuspiegeln, von dem Beethoven im Postskriptum spricht und der ihn »oft in den schönen Sommertägen beseelte«.

Dieser Mut kehrte bald zurück, nachdem Beethoven Heiligenstadt verlassen hatte; die entscheidendsten Nachwirkungen des Testaments machten sich in einer wiedererstarkenden Zielstrebigkeit bemerkbar. Man könnte fast denken, daß er durch die Niederschrift dieses Dokuments all seine Furcht und Ängste hinter sich gelassen hatte und nun in der Lage war, das Komponieren wiederaufzunehmen und fast ohne Unterbrechung und mit neuer Energie zu arbeiten. Und schon kurz darauf erschienen Werke, die neue Maßstäbe setzten, wobei natürlich die *Eroica*, aber auch die »Waldsteinsonate« und die »Kreutzersonate« besonders hervorzuheben sind. Noch bedeutsamer ist der Beginn seiner Arbeit an dem Oratorium *Christus am Ölberge*, nur wenige Monate – wahrscheinlich aber sogar nur ein paar Wochen – nachdem er das Heiligenstädter Testament verfaßt hatte. Das Oratorium greift viele Themen auf, so zum Beispiel die Frage nach dem Sinn des unverdienten Leidens, der Isolation und der weltumspannenden Liebe, die Beethoven auch im Testament zur Sprache gebracht hatte, und so liegt der Gedanke nahe, er hätte sich bewußt entschlossen, ein Werk zu schreiben, in dem seine persönlichen Gefühle und Erfahrungen in allgemeiner und umfassender Weise zum Tragen kämen. Das Heiligenstädter Testament kennzeichnet sowohl einen Wendepunkt in Beethovens Leben, zeigt aber auch den persönlichen Hintergrund auf, vor dem sein kompositorisches Werk entstand.

BARRY COOPER

Skizzen

Beethoven ist bei weitem nicht der einzige Komponist, zu dessen Werken eine Menge von Skizzen erhalten sind; doch fällt uns im Zusammenhang mit solchen Dokumenten sein Name als erster ein. Dafür gibt es wahrscheinlich mehrere Gründe. Diejenigen, die das Bild des romantischen Helden Beethoven bevorzugen, der heftige Kämpfe bestehen mußte, um seine gewaltigen Werke voranzutreiben und ein einigermaßen perfektes Abbild des Diktats seines inneren Genius auf Papier zu bannen, könnten in dem ungeordneten Erscheinungsbild der Skizzen ein willkommenes Beispiel der Vorstellung, daß die Kunst den Menschen repräsentiert, sehen. Um es nüchterner darzustellen: Man muß nur die unglaubliche Menge der erhaltenen Skizzen Beethovens berücksichtigen, um sich ihre Bedeutung zu vergegenwärtigen. Die zuverlässigste Untersuchung zur Datierung nennt dreiunddreißig Skizzenbücher, die er am Schreibtisch verwendete, und siebenunddreißig Skizzenbücher, die er in der Manteltasche auf seinen Spaziergängen mit sich führte (alle diese Bücher werden am Ende dieses Kapitels aufgeführt). Zählt man die losen Skizzenblätter und die Partiturskizzen dazu, beläuft sich die Gesamtzahl der Blätter auf mehrere tausend.

Zur reinen Quantität kommt in den Beethoven-Skizzen etwas hinzu, was man als »Qualität« bezeichnen sollte. Die Skizzenbücher enthalten nicht nur Entwürfe zu den Kompositionen, die Beethoven vollendete und veröffentlichte. Er scheint seine Skizzenbücher nicht gezielt nur dann zur Hand genommen zu haben, wenn er die ersten Ideen zu einer *Eroica* oder einer »Appassionata« in sich aufkeimen fühlte, sondern eher zwanghaft skizziert zu haben. Beethoven notierte selbst die banalsten Gedanken, die andere Komponisten nie für wert erachtet hätten, sie dem Papier anzuvertrauen. So stellen die Skizzenbücher eher eine Art von Kompositionstagebüchern dar als eine Reihe von Arbeitsbüchern, die an größere Projekte gebunden sind. Beethoven warf die vollen Skizzenbücher auch nicht weg, und der Hauptgrund dafür, daß so viele Skizzen erhalten geblieben sind, liegt darin, daß er sie selbst sehr sorgfältig aufbewahrte. Zudem gibt es Anhaltspunkte, daß er des öfteren ältere Aufzeichnungen noch einmal durchsah und manchmal Ideen, die er schon vor Jahren niedergeschrieben, dann aber fallengelassen hatte, erneut aufgriff und weiterentwickelte. Beispielsweise erscheint ein Fugenthema aus dem Scheide-Skizzenbuch von 1815–16 später wieder im Engelmann-Skizzenbuch von 1823, und zwar unter frühen Skizzen für die Neunte Symphonie.

Eine Unterscheidung in Skizzen*blätter* und Skizzen*bücher* wurde bereits oben vorgenommen, und obwohl aus allen Schaffensperioden in Beethovens Leben eine ganze Reihe von losen Blättern existieren (die »Hammerklaviersonate« scheint zum Beispiel gänzlich ohne die Zuhilfenahme eines Skizzenbuches entworfen worden zu sein), verdient jedoch ein umfangreiches Korpus solcher Skizzen spezielle Erwähnung. Es handelt sich um die losen Blätter und Bifolia, die Beethoven benutzte, bevor er 1798 gebundene Skizzenbücher verwendete. Es überrascht keineswegs, daß eine beträchtliche Anzahl dieser Blätter verlorengegangen zu sein scheint, obwohl immer noch rund zweihundert erhalten sind. Beethoven mußte schon zum Zeitpunkt seiner Ankunft in Wien 1792 eine erstaunliche Menge davon angesammelt haben. Heute verteilen sich die erhaltenen losen Skizzenblätter auf zwei große Sammlungen, benannt nach Kafka und Fischhof, zwei Sammlern des 19. Jahrhunderts. Die Kafka-Sammlung befindet sich im Britischen Museum in London, die Fischhof-Sammlung in der Staatsbibliothek Preußischer Kulturbesitz in Berlin. Dem Konzept nach gehören diese beiden Sammlungen jedoch zusammen. Die getrennte Aufbewahrung hat zur Folge, daß in manchen Fällen eine Skizze auf einem Blatt der Kafka-Sammlung beginnt und auf einem Blatt der Fischhof-Sammlung fortgeführt wird – oder umgekehrt. Darüber hinaus beinhalten diese losen Blätter auch technische Übungen, Autographe (zum Beispiel das Autograph von WoO 32 in der Kafka-Sammlung) und Abschriften von Werken anderer Komponisten sowie von Skizzen im eigentlichen Wortsinn (vgl. Abb. 22–24).

Eine ähnliche Vielfalt beweist auch der Inhalt der Skizzenbücher, obwohl man nicht annehmen darf, daß sie überwiegend etwas anderes enthalten als das, worauf ihre Bezeichnung schließen läßt. Zunächst gilt es jedoch, zwischen zwei Arten von Skizzenbüchern zu unterscheiden: die Skizzenbücher im Querformat, die Beethoven für die Entwürfe auf dem Schreibtisch, also nur in der Wohnung benutzte, daneben die Skizzenbücher im Hochformat (gewöhnlich wurden sie gefertigt, indem die querformatigen Blätter vertikal gefaltet wurden), die klein genug waren, um in Beethovens Manteltasche zu passen, wenn er ausging. Während die am Schreibtisch gefertigten Skizzen gewöhnlich mit Tinte geschrieben wurden, benutzte Beethoven für Eintragungen in die Skizzenbücher im Taschenformat meist einen Bleistift. Wann er begann, Skizzenbücher für unterwegs zu benutzen, ist nicht genau festzustellen; mit Ausnahme weniger Blätter für op. 113 aus dem Jahr 1811 (Artaria 205, Bündel 2) stammt das erste erhaltene Skizzenbuch für unterwegs, Mendelssohn 1, aus dem Jahr 1815.

Die Skizzen in den Büchern für den Schreibtisch lassen sich in mehrere Kategorien einteilen. Da gibt es kurze, oft bruchstückhafte Gedanken, die sich mit speziellen kompositorischen Problemen befassen: mit der letztlich gültigen Fassung eines Themas oder einer melodischen Linie (die Skizzen für das Lied *Sehnsucht* WoO 146 im Scheide-Skizzenbuch bilden hier ein gutes Beispiel), oder mit besonderen Problemen der Harmonik. Ebenso häufig finden sich längere, einstimmige Skizzen, die den Grundplan entweder für einen ganzen Satz oder nur für einen einzelnen Teil, zum Beispiel für die Exposition oder die Durchführung, festlegten. Diese Skizzen sind im Englischen unter der Bezeichnung »continuity draft« (Verlaufsskizzen) bekannt, ein Terminus, der offensichtlich ihre Hauptfunktion zum Ausdruck bringt, nämlich den Entwurf des Ablaufs einer langen Spanne von Musik und der Regelung der internen Proportionierung durch eine lückenlos fortlaufende Niederschrift des betreffenden Satzabschnitts oder Satzes in einstimmiger Notierungsform aufzuzeichnen. Gute Beispiele für Skizzen dieser Art finden sich in Nottebohms berühmten Untersuchungen zum Kessler- und *Eroica*-Skizzenbuch (Nottebohm, 1865 u. 1880). Eine dritte Kategorie von Skizzen sollte die Form eines Satzes, eines Teils eines Satzes oder aber einer ganzen Komposition festlegen. Gewöhnlich markieren diese Skizzen (eigentlich handelt es sich dabei um eine ganze Reihe von Aufzeichnungen) die wesentlichen Momente eines Satzumrisses oder stellen eine Folge von Satzanfängen für ein mehrsätziges Werk zur Verfügung. Anhand des zuletzt genannten Falls kann man des öfteren beobachten, daß Beethoven mit der Aufeinanderfolge einiger verschiedener Tonarten und Satztypen experimentierte, bevor er sich zu der letztlich gültigen Version entschloß. Die Skizzen dieser Art haben verschiedene Bezeichnungen erhalten: »Entwurfsskizze« (concept sketch), »Überblick-Skizze« (synopsis sketch) und auch »Skizze zur tonalen Disposition« (tonal overview), wobei die deutschen Bezeichnungen nur als Hilfsübersetzungen der in der englischen Forschung üblichen Fachtermini zu verstehen sind. Wie zu erwarten, finden sich solche Skizzen vor allem im Frühstadium der Arbeit an einer Komposition. Beethoven wollte sich damit zunächst einmal eine Idee des gesamten Werks verschaffen, bevor er sich daranmachte, das Stück im Detail auszuarbeiten.

Die Skizzenbücher enthalten aber nicht nur Skizzen für vollendete und veröffentlichte Werke, sondern ebenso Ideen zu nicht fertiggestellten Kompositionen, von denen einige schon ziemlich detailliert ausgearbeitet waren, bevor Beethoven sie fallenließ. Es existiert zum Beispiel eine große Anzahl von Entwürfen zu einem unvollendeten Klavierkonzert in D-Dur aus dem Jahr 1815 (Hess 15). Im Gegensatz zu diesen weit vorangeschrittenen Projekten, die Beethoven zumindest anfänglich fertigstellen wollte, gibt es noch zahlreiche flüchtige Skizzen zu momentanen Ideen: Gedanken, die ihm durch den Kopf schossen und die er aufschreiben mußte, auch wenn er gar nicht vorhatte, sie weiter auszuarbeiten. Es ist auch nicht ungewöhnlich, in den Skizzen hastig hingeworfene Notizen – Adressen, Teile von Briefen und Rechnungen – zu finden, die Beethoven auf das am schnellsten verfügbare Stück Papier kritzelte. In manchen Fällen nimmt das Skizzenbuch fast die Funktion eines Autographs ein und beinhaltet die endgültige Fassung von Teilen kompletter Werke: Man sollte deshalb nicht annehmen, daß der Weg zum vollendeten Werk ausschließlich über das Autograph führte.

Wie nicht anders zu erwarten, ist die Anzahl der lückenlos fortlaufenden Skizzen in einstimmiger Form in den kleinen Skizzenbüchern, die Beethoven bei seinen Spaziergängen mit sich trug (bedingt durch das Format und die Funktion als Bücher für unterwegs), wesentlich geringer als in den querformatigen Skizzenbüchern. Die Hauptaufgabe dieser Bücher scheint vielmehr darin bestanden zu haben, flüchtige Ideen einzufangen, die Beethoven dann zu Hause am Schreibtisch ausarbeiten konnte. So überrascht es auch nicht, daß die Entwürfe für eine Komposition oftmals parallel in den Skizzenbüchern und in den großen Büchern am Schreibtisch geführt wurden. In manchen Fällen ist die Übereinstimmung zwischen den beiden Skizzenbüchern so groß, daß man vom unmittelbaren Kopieren aus dem kleinformatigen in das querformatige große Skizzenbuch ausgehen muß.

Ergänzend zu den Skizzenbüchern für den Schreibtisch und den Büchern im Taschenformat gibt es eine dritte Kategorie von Skizzenmanuskripten, für die sich zahlreiche Beispiele in den Entwürfen zu den späten Streichquartetten finden. Während Beethoven in den Skizzenbüchern seine Ideen meist in einzeiliger Form niederschrieb, indem er die *Hauptstimme* notierte und manchmal die Begleitfiguration und andere Details verkürzt andeutete, wandte er sich in seinen letzten Lebensjahren verstärkt »Partiturskizzen« zu. Dies sind Skizzen in vollständiger Partitur, mit einer separaten Notenlinie für jedes Instrument (wobei jedoch nicht jede Stimme immer vollständig ausgeschrieben sein muß). Daß die Skizzen zu den letzten Streichquartetten den Hauptanteil der Partiturskizzen ausmachen, bezeugt die besonderen Texturprobleme, die diese Gattung für Beethoven aufwarf, aber auch sein wachsendes Interesse am Komponieren in Einzelstimmen. Die Verlaufsskizzen genügten nicht länger, um all die Schwierigkeiten und die Komplexität der Musik dieser Gattung zu erfassen, und so mußte Beethoven zwischen den Skizzenbüchern und der Reinschrift des Autographs eine weitere Skizzierungsstufe vornehmen.

Frühere Partiturskizzen existieren auch im Zusammenhang mit den Streichtrios und den Streichquartetten. Es wäre jedoch falsch, daraus den Schluß zu ziehen, daß Beethoven nur bei der Komposition von Kammermusik für Streichinstrumente diese spezielle Art der Skizzierung zur Hilfe nahm: Partiturskizzen für die Vokalstimmen zum Credo der *Missa solemnis* finden sich in Artaria 195. Darüber hinaus läßt sich keine klare Grenze ziehen zwischen Partiturskizzen und einer Art »Kompositionspartitur«, wie sie für das unvollendete Klavierkonzert und verschiedene andere Werke überliefert ist. Wahrscheinlich können weitere, vielleicht etwas spitzfindige, aber wertvolle Unterscheidungen zwischen den einzelnen Kategorien von Beethovens Skizzen erst getroffen werden, wenn mehr Material in Übertragungen vorliegen wird.

Dieser letzte Punkt führt zur Diskussion über den Verbleib der Beethoven-Skizzen nach dem Tod des Komponisten. Bei der Nachlaßauktion am 5. November 1827 hat Domenico Artaria fast zwei Drittel der Manuskripte mit Skizzen zu einem äußerst niedrigen Preis erworben. Er und die anderen Käufer schienen größtenteils die Skizzen als zwar musikalisch wertlos, vom kommerziellen Standpunkt aus aber für wertvoll eingeschätzt zu haben. Nach dem Kauf wurden die meisten Skizzenbücher teilweise oder völlig auseinandergenommen und in einzelnen Blättern oder kleinen Paketen an die Sammler der Autographe verkauft. Dies war der Anfang eines Prozesses, der die heutige Situation heraufbeschworen hat, in der die Skizzen über die ganze Welt verstreut sind. Nur zwei oder drei der querformatigen Skizzenbücher für den Schreibtisch existieren heute noch in der Form, wie sie Beethoven benutzt hat. Glücklicherweise wird der Großteil der Skizzen jetzt in bedeutenden öffentlichen Bibliotheken aufbewahrt (in Berlin, Bonn, Paris, Polen, London, Wien und an anderen Orten), viele aber befinden sich in privaten Sammlungen und sind somit unzugänglich. Und immer wieder tauchen verloren geglaubte oder bisher unbekannte Manuskripte bei Auktionen auf.

Der Schaden, den die Skizzenbücher im 19. Jahrhundert erlitten haben, wurde in den letzten Jahren, zumindest was ihre Konzeption anbetrifft, durch die Rekonstruktionsarbeiten von Alan Tyson, Douglas Johnson, Robert Winter und anderen (vgl. »Untersuchungen zu den Skizzen«, S. 386) wieder behoben. Immer noch aber gibt es Fälle wie diesen, daß das Skizzenbuch zur *Pastorale* zu zwei Drittel in London liegt, der verbleibende Rest zum Großteil in Berlin. Diesem Problem könnte bis zu einem gewissen Grad abgeholfen werden, wenn Faksimileausgaben aller rekonstruierten Skizzenbücher verfügbar wären. Frühere Ausgaben der Skizzenbücher, ob im Faksimile oder in Übertragungen, bezogen fehlende Blätter nicht mit ein, sogar auch dann nicht, wenn sie bereits identifiziert waren (wie zum Beispiel im Fall der Übertragung des Londoner Teils der Skizzen zur *Pastorale*). Die 1952 vom Beethoven-Haus in Bonn initiierte Edition (jedoch nur in der Übertragung) behielt diese zweifelhafte Tradition bei, bis auf Betreiben jüngerer und zumeist nicht deutscher Forscher eine Überprüfung der Ziele und der Techniken erfolgte.

Die Kritik betraf aber auch die Veröffentlichung der Skizzenbücher in Übertragungen. Es sollte betont werden, daß Beethovens Skizzenbücher Dokumente privater Natur waren, die nur dem Komponisten selbst verständlich sein mußten. In der Regel hielt er sich nicht damit auf, Schlüssel, Tonartvorzeichnung oder Taktarten zu notieren, und auch die Akzidentien wurden nicht mit durchgängiger Regelmäßigkeit gesetzt. Dazu kommt noch, daß auch die Tonhöhe mehrfach nur annähernd fixiert ist. Im allgemeinen sind die Skizzen in einer Art Telegrammstil geschrieben, bei dem wesentlich mehr angedeutet als klar ausgedrückt wird. Eine exakte Übertragung eines Skizzenbuchs resultiert deshalb gewöhnlich in einer Menge scheinbar unsinniger musikalischer Ideen. Eine Übertragung muß, um überhaupt von Nutzen zu sein, Beethovens Notizen interpretieren und sie nicht nur getreu reproduzieren: Auch wenn sie häufig ein abschreckendes Erscheinungsbild aufweisen, sind die meisten Seiten seiner Skizzen keineswegs unleserlich. Die frühen, vom Beethoven-Haus angeregten Übertragungen übernahmen die Vorlagen wörtlich; die Übertragungen des Wielhorsky-Skizzenbuchs und der Kafka-Sammlung bewiesen schon ein gesünderes musikalisches Grundverständnis, und ein neuer Standard wurde durch Sieghard Brandenburg mit seiner Edition des Kessler-Skizzenbuchs, einem der wenigen Bücher, die intakt überliefert sind, erreicht.

Schließlich soll darauf hingewiesen werden, daß das vorwiegend chaotische Erscheinungsbild der Skizzen (und Beethovens Unordentlichkeit fand vielleicht gerade hier ihren Höhepunkt) völlig im Widerspruch zu der peniblen Haltung steht, die Beethoven ihnen gegenüber an den Tag legte. Insgesamt läßt sich aus der Art und Weise, wie er die Arbeit mit den Skizzen handhabte – die Anschaffung (oder – vor allem in den letzten Lebensjahren – die eigene Anfertigung zu Hause) der Skizzenbücher, die Übertragung der Skizzen vom Skizzenbuch des einen in das Skizzenbuch des anderen Formats, ihre Ausarbeitung in Partiturskizzen und anschließend in die autographen Partituren sowie auch die sorgfältige Aufbewahrung des anwachsenden Stapels von Manuskripten –, eine genau bedachte, ja sogar kalkulierte Annäherung an Kompositionen erkennen. Auch wenn man Schindlers Beschreibung eines Vorgangs während der Komposition der *Missa solemnis* Glauben schenkt, als er Beethoven nämlich »über die Fuge zum Kredo singen, heulen, stampfen« (Kerst, Bd. 1, S. 258) hörte und Beethovens Aussehen so beschrieb, »als habe er soeben einen Kampf auf Tod und Leben mit der ganzen Schar der Kontrapunktisten, seinen immerwährenden Widersachern, gewonnen« (ebd.), sollte man sich jedoch von dieser so verlockenden romantischen Betrachtungsweise nicht den Blick für die viel privateren intellektuellen Kämpfe trüben lassen, die auf den Seiten der Skizzenbücher ausgetragen und gewonnen wurden.

Die letzten Seiten dieses Abschnitts beinhalten eine Aufstellung (S. 223 ff.) aller Skizzenbücher, sowohl der quer- als auch der hochformatigen, die in Johnson, 1985, als von Beethoven stammend identifiziert und rekonstruiert wurden. Der Name und der Aufbewahrungsort jedes Buchs wird zuerst genannt, darauf folgt die Angabe des ungefähren Zeitraums, in dem dieses Buch wahrscheinlich benutzt worden ist. Als nächstes werden die wichtigsten inhaltlichen Punkte aufgeführt, schließlich folgen Details über jeweils existierende Neuausgaben, sei es in Form einer Übertragung oder eines Faksimiles.

Einige in diesem Verzeichnis nicht berücksichtigte Informationen sollten jedoch nicht unerwähnt bleiben: Die Aufstellung liefert keine Angaben zum Umfang der Skizzenbücher (Mendelssohn 15 zum Beispiel enthält 173 Blätter, BH 110 dagegen nur zwei) und auch nicht über ihre Ausstattung, sie unterscheidet also nicht zwischen professionell und selbst gefertigten Büchern (selbst angefertigt ist zum Beispiel das Skizzenbuch zur Messe in C-Dur); sie gibt auch keinen detaillierten Aufschluß über aus den Büchern entfernte Blätter, noch befaßt sie sich (mit einer Ausnahme, die unten näher erläutert wird) mit den Bündeln von Blättern, die die Skizzen zu einem einzigen Werk (so wie die zur »Hammerklaviersonate«) oder zu einer Gruppe von Werken übermitteln, die aber weder ganze Skizzenbücher oder auch nur Teile eines Skizzenbuchs gewesen zu sein scheinen. Auch bleiben die Partiturskizzen zu den späten Streichquartetten ausgespart. Diesen ganzen Themenbereich behandelt Johnson, 1985. Es muß weiterhin betont werden, daß zusätzlich zu den hoch- und querformatigen Skizzenbüchern eine beträchtliche Anzahl von losen Blättern existiert, die vermutlich zu keinem Zeitpunkt Bestandteil eines Buches gewesen sind. Diese Blätter werden weder in Johnson, 1985, noch in der weiter unten folgenden Zusammenstellung erwähnt. Die umfassendste Darstellung dieser Skizzen findet sich in Schmidt, 1969, obwohl diese Veröffentlichung heute schon als veraltet bezeichnet werden muß, denn seither sind viele neue Blätter aufgetaucht, andere wiederum haben den Besitzer gewechselt. Zudem hat sich die Identifizierung ihres Inhalts durch Schmidt in zahlreichen Fällen als unzuverlässig herausgestellt. (Vgl. Albrecht, 1978, für eine zwischenzeitlich erschienene aktuelle Beschreibung der Blätter aus den amerikanischen Sammlungen sowie Schmidt, 1971, zur Sammlung im Beethoven-Haus in Bonn.)

Schließlich noch ein warnender Hinweis in bezug auf die Datierungen: Viele der weiter unten angegebenen Zeitabschnitte müssen mit Vorsicht behandelt und sollten auf keinen Fall als hieb- und stichfest angesehen werden. Die meisten sind aus Johnson, 1985, übernommen, in ein oder zwei Fällen aber wird eine alternative Schlußfolgerung angeboten (und auch als solche gekennzeichnet). Jeder, der sich ernsthaft mit den Skizzenbüchern auseinandersetzen will, sollte der Frage der Datierung gründlich nachgehen, um zu eigenen Schlußfolgerungen zu gelangen.

Die einzige Ausnahme in der Beschränkung dieser Zusammenstellung auf Skizzen*bücher* stellt das Einbeziehen der Kafka- und Fischhof-Sammlung dar, die den größten Teil der losen Blätter und Bifolia beinhalten, die Beethoven für seine Entwürfe verwendete, bevor er Skizzenbücher im eigentlichen Sinn benutzte. Sie hier zu übergehen, würde bedeuten, eine lange und wichtige Zeitspanne in Beethovens Schaffen gänzlich unberücksichtigt zu lassen.

Die folgende Auswahl vermittelt einen Eindruck von Beethovens Handschrift, indem Schriftproben – angefangen von seiner Jugendzeit bis zur letzten Woche seines Lebens – abgebildet werden. Die erste Seite des Autographs einer Romanze in e-Moll (Abb. 22, um 1786; Hess 13, vgl. S. 266), muß als eines der frühesten Zeugnisse seiner Handschrift angesehen werden. Abbildung 23 weist eine Vielfalt von Harmonisierungsmöglichkeiten auf, die Beethoven offensichtlich in Bonn während der Karwoche benutzte, um die Choralgesänge der *Klagelieder des Propheten Jeremias* zu begleiten. Diese Seite (sie datiert ungefähr aus dem Jahr 1791) bekräftigt Wegelers Darstellung, daß Beethoven versuchte, die Sänger zu verwirren, indem er ungewohnte Harmonisierungen verwendete, und ihm dies auch nur allzu gut gelang. Das Blatt ist in sehr schlechtem Zustand (die rechte obere Ecke wurde etwas ungeschickt restauriert) und war wahrscheinlich auch in den folgenden Jahren in Gebrauch: Die Hauptpartitur, die die oberen acht Notenzeilen umfaßt, ist mit einer anderen Tinte geschrieben als die Ergänzungen, die etwas zusammengepreßt am unteren Rand des Blattes zu finden sind. Die Handschrift ist reifer als die in Hess 13 (man beachte vor allem den weiterentwickelten Violinschlüssel, 15. System, Mitte).

Während der neunziger Jahre des 18. Jahrhunderts entwickelte sich Beethovens Handschrift ziemlich schnell. Abbildung 24 (vermutlich 1795) zeigt den Anfang der Partitur einer unvollendeten Symphonie in C-Dur (vgl. S. 334), in der die Streicher in den obersten Systemen, über den Holzbläsern, dem Blech und den Pauken, angeordnet sind. Der Violinschlüssel weist nun eine Form auf, die sowohl der zentralen Linie als auch des in Abbildung 23 erkennbaren Punktes entbehrt, und ein schlichter Taktstrich übernimmt die Zusammenbindung des Systems. Die das System übergreifende Gestalt des Violinschlüssels entwickelte sich um 1800 zu ihrer endgültigen Form und ist auf Abbildung 25, zu Beginn des Finales der »Mondscheinsonate« (1801), zu erkennen. Bemerkenswert ist hier Beethovens Verwendung der Worte »senza sordino«, um den Gebrauch des rechten Pedals (wieder aufgehoben durch die Bezeichnung »con sordino«) anzuzeigen; ab etwa 1804 benutzte er modernere Angaben für die Pedalvorschriften (vgl. S. 347).

Abbildung 26 zeigt die erste Seite des berühmten Heiligenstädter Testaments vom 6.–10. Oktober 1802, das Beethoven in der für ihn typischen »Kurrentschrift« abgefaßt hat (Übertragung S. 214 ff.). Die Überschrift weist eine eigenartige Lücke an der Stelle auf, an der eigentlich der Name von Beethovens jüngerem Bruder stehen sollte, obwohl der Leerraum eindeutig zu knapp bemessen ist, um darin die nötigen Worte »Johann van« in derselben Schriftgröße unterzubringen.

Das Autograph der *Eroica* ist verlorengegangen, eine Kopie mit Beethovens Anmerkungen aber ist erhalten. Die Titelseite (Abb. 27) bezeugt sehr lebensnah Beethovens Entrüstung über Napoleons Selbsternennung zum Kaiser (vgl. S. 258), da das Blatt an der Stelle, an der Napoleons Name gestanden hatte, eine starke Beschädigung aufweist. In den Marginalien finden sich – zum Teil ausradiert – Beethovens Instruktionen an einen Kopisten, und unmittelbar unter Beethovens Namen sind, mit sehr schwachem Bleistift notiert, die Worte »geschrieben auf Bonaparte« zu erkennen. Das Datum »August 1804« wurde weder von Beethoven selbst noch vom Kopisten hinzugefügt.

Abbildung 28 belegt die Vogelstimmen in der autographen Partitur des langsamen Satzes der *Pastorale* (1808): Die Streicher nehmen die drei oberen und die beiden untersten Notenlinien der Partitur in Anspruch, die verbleibenden Zeilen stehen den Holz- und Blechbläsern zur Verfügung. Am unteren Ende des Blattes ist Beethovens Anweisung an den Kopisten zu lesen: »NB: Schreiben Sie das wort Nachtigall, Wachtel, Kuckuck in die erste Flöte, in die erste Oboe, in die erste und zweite Clarinett grade wie hier in der Partitur.«

Das berühmte Klavierstück *Für Elise* wurde 1808 oder 1810 komponiert, doch 1822 erweiterte Beethoven den Rohentwurf, um eine mögliche Veröffentlichung vorzubereiten (Abb. 29). Der Unterschied zwischen dem vergleichsweise sauberen, mit Tinte geschriebenen Entwurf und den unordentlichen Bleistiftanmerkungen, typisch für seine letzten Lebensjahre, ist höchst augenfällig.

Die letzte Seite des berühmten Briefes an die »Unsterbliche Geliebte« (Abb. 30; vgl. auch S. 129), der am 6./7. Juli 1812 mit Bleistift verfaßt wurde, schließt mit den Worten: »welche Sehnsucht mit Tränen nach Dir – Dir – Dir – mein Leben – mein Alles, – leb' wohl – o liebe mich fort – verkenne nie das treueste Herz Deines Geliebten L./ ewig Dein/ ewig mein/ ewig uns« (Brief Nr. 55, Kastner).

Einige Autographen Beethovens wurden in großem Umfang abgeändert; die Partitur der *Missa solemnis* (1819–23) stellt eines der wichtigsten Beispiele hierfür dar. Abbildung 31 zeigt die letzten sieben Takte des Kyrie. Jeder Takt in fast jeder Stimme ist mit zusätzlichen Anmerkungen versehen, wodurch ein Gesamteindruck von unglaublicher Schlampigkeit entsteht. Die Skizzen sind im allgemeinen noch schwerer zu entziffern, manchmal sind sogar mehrere Werke auf einer einzigen Seite durcheinandergeworfen. Die freigelassenen Zwischenräume in der Partitur eines nicht vollendeten Militärmarsches oder eines Zapfenstreiches (Abb. 32) füllte Beethoven mit Skizzen für die Neunte und Zehnte Symphonie (Oktober 1822). Im Gegensatz zu den bisher vorgestellten sind manche Skizzen mit erstaunlicher Sorgfalt angefertigt. Der Beginn der Bagatelle op. 126 Nr. 2 (Abb. 33) ist zwar nur ein Rohentwurf – wie das Fehlen von Tempobezeichnung und Bindebögen belegt –, aber tatsächlich so gut leserlich, daß er sogar für eine Aufführung benutzt werden könnte.

Abbildung 34 belegt Beethovens ungehaltene Antwort auf Ferdinand Wolaneks Versuch, seine Qualitäten als Kopist zu verteidigen, die Beethoven vorausgehend kritisiert hatte (vgl. S. 195). Da Wolanek wahrscheinlich Seiten kopieren sollte, die im Aussehen dem Beispiel von Abbildung 31 gleichkamen, verwundert es wenig, daß er Fehler machte, und man kann sich kaum einer gewissen Sympathie für ihn erwehren.

Die letzte Seite mit Notenschrift, die Beethoven vor seinem Tod verfaßt hatte, findet sich in seinem letzten Skizzenbuch in Taschenformat (Abb. 35). Von den drei Fragmenten auf dieser Seite zeigt das mittlere eine Skizze für das Streichquintett, an dem Beethoven kurz vor seinem Tode arbeitete (vgl. S. 335); das obere könnte möglicherweise zu einem geplanten Scherzo derselben Komposition gehören und weist auffallende Ähnlichkeiten mit einer frühen Bagatelle auf. Die letzte Skizze scheint nicht mit irgendeiner uns bekannten Komposition in Zusammenhang zu stehen. Entgegen der Annahme mancher Wissenschaftler gibt es keinen Grund, auch nur eine dieser Skizzen mit der Zehnten Symphonie in Verbindung zu bringen.

Beethovens Letzter Wille (Abb. 36) datiert vom 23. März 1827 und ist das letzte schriftliche Dokument aus seiner Feder. Die Handschrift ist unregelmäßig und ungenau – das Wort »Neffe« schrieb er mit drei f, und sogar »Ludwig« ist nicht korrekt buchstabiert. Das Testament hat folgenden Wortlaut: »Mein Nefffe [sic.] Karl soll Alleinerbe sein, das Kapital meines Nachlasses soll jedoch seinen natürlichen oder testamentarischen Erben zufallen. Wien vom 23. März 1827, Luwig [sic.] van Beethoven«.

BARRY COOPER

Verzeichnis der Skizzenbücher

Lose Blätter und Bifolia:

(Kursiva zeigen an, daß das Material eine getreue Kopie oder ein Autograph – zusätzlich zu den eigentlichen Skizzen oder aber anstelle der Skizzen – enthält)

Kafka Sammlung (Lbl); ca. 1786–99
Opp. 1 Nr. *2*, 3; 5 Nr. 1, 2; 6; 7; 8; 9 Nr. 1; 10 Nr. 2, 3; 11; 13; 14 Nr. 1; 15; 16; *18 Nr. 5; 19;* 21; 37; 46; 49 Nr. *1, 2;* 52 Nr. *2*, 3; 65; 66; *71;* 75 Nr. 3; WoO 6; 8; 11; 13; 14; *32;* 43 *a*–b; 44 a–b; 53; *65;* 67; 71; 78; 88; 90; 92; *109; 117;* 118; *119;* 126; Symphonie in C-Dur
Faksimile und Übertragung, hrsg. v. Joseph Kerman, London 1970

Fischhof-Sammlung (B); ca. 1790–99
Opp. 1 Nr. 1–3; 2 Nr. 2, 3; 5 Nr. 1, 2; 7; 9 Nr. 1, 3; 10 Nr. 1–3; 12 Nr. 2, 3; 13; 14 Nr. 1; 15; 16; *19;* 20; 25; 37; 52 Nr. 2; 65; 75 Nr. 3; 81 b; 103; WoO 25; 28; 29; 40; 42; 43 a–b; 44 a; 52; 53; 71; 72; 91 Nr. 2; *116;* 117; 118; Hess 149; Symphonie in C-Dur, kontrapunktische Übungen
Übertragung und Kommentar von Douglas Johnson, 1980 a

Skizzenbücher für den Schreibtisch:

Grasnick 1 (Bds); Sommer oder Herbst 1798–Februar 1799
Opp. 18 Nr. 1, 3; 19; WoO 73

Grasnick 2 (B); Februar/März – Spätsommer 1799
Opp. 18 Nr. 1, 2, 5; WoO 75
Faksimile und Übertragung, hrsg. v. Wilhelm Virneisel, Bonn 1972–74

Autograph 19 e, fol. 12–31 (B); spätes Frühjahr und Sommer 1800
Opp. 17; 18 Nr. 1, 2, 6; 22; 23
Faksimile und Übertragung, hrsg. v. Richard Kramer, Bonn (erscheint in Kürze)

Landsberg 7 (B); Sommer/Herbst 1800 – März 1801
Opp. 23; 24; 26; 27 Nr. 1; 36; 43
Übertragung, hrsg. v. Karl Lothar Mikulicz, Leipzig 1927 (Reprint Hildesheim und New York 1972)

Sauer (versprengt); April–November 1801?
Opp. 27 Nr. 2; 28; 29; 33

Kessler (Wgm); ca. Dezember 1801–ca. Juni/Juli 1802
Opp. 30; 31 Nr. 1; 35; 36; WoO 92 a
Faksimile und Übertragung, hrsg. v. Sieghard Brandenburg, Bonn 1976–78

Wielhorsky (Mcm); Herbst 1802–Mai 1803
Opp. 31 Nr. 3; 34; 35; 47; 85; 116; WoO 93
Faksimile, Übertragung und Kommentar, hrsg. v. Nathan L. Fishman, Moskau 1962

Landsberg 6 oder Eroica (Kj); ca. Juni 1803–ca. April 1804
Opp. 45; 53; 55; 56; 85; *Vestas Feuer; Leonore*

Mendelssohn 15 (B); Mai 1804–Oktober 1805
Leonore; Opp. 32; 54; 56; 57
Erörterung der Chronologie in Albrecht 1989

Skizzenbuch zur Messe in C-Dur (Pn); ca. Juli–August 1807
Op. 86

Skizzenbuch von ca. September 1807–ca. Februar 1808 (versprengt)
Opp. 67; 69; 138

Skizzenbuch zur Pastorale (Lbl); ca. Januar–September 1808
Opp. 68; 70 Nr. 1, 2
Übertragung, hrsg. v. Dagmar Weise, Bonn 1961 (neue Faksimileausgabe und Übertragung, hrsg. v. Nicholas Marston, in Vorbereitung)

Grasnick 3 (Bds); ca. Anfang Dezember 1808–Anfang 1809
Opp. 73; 80
Übertragung, hrsg. v. Dagmar Weise, Bonn 1957

Landsberg 5 (Bds); ca. März–ca. Oktober 1809
Opp. 73; 74; 75; 76; 81 a; 115

Landsberg 11 (Kj); Winter 1809/10–Herbst 1810
Opp. 83; 84; 95; 97

Skizzenbuch von Ende 1810–Sommer 1811 (versprengt)
Opp. 95; 97; 113; 117

Petter (BNba); September 1811–Dezember 1812
Opp. 92; 93; 96; 113

Skizzenbuch zu *Meeresstille* (verstreut); März 1813–Anfang 1814
Opp. 95; 112; WoO 149
Dieses Skizzenbuch ist in Johnson, 1985, als das »Skizzenbuch von 1814–1815« identifiziert. Barry Cooper (1990, S. 217–8) aber vertritt die Ansicht, daß die dort vorgeschlagene Datierung (ca. Dezember 1814–ca. Februar 1815) zu spät angesetzt sei.

Landsberg 9, S. 17–68 (Bds); ca. Februar–März 1814
Fidelio
186

Dessauer (Wgm); ca. März–ca. September 1814
Fidelio; Opp. 90; 115; 118; WoO 95; 103

Mendelssohn 6 (Kj); ca. September 1814–ca. Februar 1815
Opp. 89; 136; Hess 15

Scheide (Universität Princeton); ca. März 1815–ca. Mai 1816
Opp. 98; 101; 102 Nr. 2; WoO 24; 145; 146; Hess 15

Autograph 11/1 (B); Juni–November 1816
Op. 101
Die Datierung bezieht sich nur auf die überlieferten Blätter; der verlorengegangene, später geschriebene Teil des Skizzenbuches könnte jedoch noch bis in das Jahr 1818 in Gebrauch gewesen sein.

Wittgenstein (BNba); April/Mai 1819–März/April 1820
Opp. 109; 120; 123
Faksimile und Übertragung, hrsg. v. Joseph Schmidt-Görg, Bonn 1968–72
Johnson, 1985, S. 258, gibt als Datierung der letzten Eintragung Mai/Juni 1820 an, was zu spät angesetzt scheint; vgl. auch Marston, 1986.

Artaria 195 (B); April 1820–Anfang 1821
Opp. 109; 119; 123

Artaria 197 (B); ca. März–Dezember 1821
Opp. 110, 111; 123

Artaria 201 (B); Dezember 1821–Oktober 1822? (dieses Buch könnte bis März 1823 in Gebrauch gewesen sein)
Opp. 111; 123; 124; WoO 98

Engelmann (BNba); ca. Februar/März 1823
Opp. 120; 125
Faksimile, Leipzig 1913

Landsberg 8/1 (Bds); ca. April 1823
Opp. 120; 125

Landsberg 8/2 (Bds); ca. Mai 1823–Juni 1824
Opp. 125; 126; 127

Autograph 11/2 (B); Herbst 1824–Januar 1825
Opp. 121 b; 122; 127; 132

De Roda (BNba); Mai–September 1825
Opp. 130; 132; 133

Kullak (B); Oktober/November 1825–November 1826
Opp. 130; 131; 133; 135

Skizzenbücher für unterwegs:

Artaria 205/2 (Bds); August–September 1811
Opp. 113

Mendelssohn 1 (Kj); ca. Februar–September/Oktober 1815
Opp. 102 Nr. 1, 2; 112; 115; Hess 15; Kanons

MS 78/103 (Pn); 1816
Op. 101/IV; WoO 147

Boldrini (verloren); Herbst 1817–April 1818
Op. 106/I–II

A 45 (Wgm); April–Juni/Juli 1818
Op. 106/III–IV

A 44 (Wgm); Hochsommer 1818
Op. 106/IV

BH 110 (BNba); spätes Frühjahr/Frühsommer 1819
Op. 123/I–III

Skizzenbuch im Taschenformat vom Sommer 1819

(Bds)
Op. 123/II–III

Skizzenbuch im Taschenformat vom Spätsommer 1819 (versprengt)
Op. 123/II–III

BH 107 (BNba); ca. November 1819–April 1820
Opp. 123/III; 109/I
Faksimile und Übertragung, hrsg. v. Joseph Schmidt-Görg, Bonn 1952–68

BH 108 (BNba); April–Juni 1820
Op. 123/III
Faksimile und Übertragung, hrsg. v. Joseph Schmidt-Görg, Bonn 1968–70

BH 109 (BNba); Herbst 1820 (wahrscheinlich bis 1821 in Gebrauch)
Op. 123/IV–V
Faksimile und Übertragung, hrsg. v. Joseph Schmidt-Görg, Bonn 1968–70

Grasnick 5 (Bds); Januar–August 1821?
Op. 123/V

Skizzenbuch im Taschenformat von ca. August–November 1821
(Pn)
Opp. 123/III, V; 110/II–III; WoO 182

Ms 51 (Pn); Dezember 1821–Januar/Februar 1822
Opp. 110/III; 111/I–II

Skizzenbuch im Taschenformat vom Februar/März 1822 (Pn und Bds)
Opp. 111/I–II; 123/V

Artaria 205/6 a (Bds); März–August 1822
Op. 123/V

Artaria 205/1 (Bds); Sepember 1822
Op. 124; WoO 98

Artaria 205/5 (Bds); April/Mai 1823
Op. 125/I–III

Rolland (BNba); ca. September 1823
Op. 125/III

Autograph 8/1 (Kj); Herbst 1823
Op. 125/III–IV

Autograph 8/2 (Kj); ca. Dezember 1823–ca. Februar 1824?
Op. 125/IV

Artaria 205/4 (Bds); ca. Februar–September 1824
Opp. 125/IV; 127/I–III

Grasnick 4 (Kj); Oktober–Dezember 1824
Opp. 127/III–IV; 121 b; Ouverture über B-A-C-H

Moskau (Mcm); Mai/Juni–Juli 1825
Opp. 132/III–V; 130/I
Faksimile mit Kommentar von M. Ivanov-Boretzky in *Musikalische Bildung*, Januar–März 1927, S. 9–91

Egerton 2795 (Lbl); Juli–August 1825
Op. 130/I–III, V

Autograph 9/5 (B); August–September 1825
Opp. 130/III–V; 133

Autograph 9/2 (B); September–Oktober 1825
Opp. 130/V; 133; WoO 194

Autograph 9/1 (B); Oktober–Anfang November 1825
Op. 133, Zehnte Symphonie; Ouverture über B-A-C-H

Autograph 9/1 a (B); November 1825–Anfang 1826
Opp. 133; 131/I–IV; WoO 195

BSk 22/Mh 96 (BNba); Februar–März 1826
Op. 131/I–IV

Autograph 9/3 (B); April/Mai 1826?
Op. 131/IV–V

Autograph 9/4 (B); spätes Frühjahr 1826
Op. 131/IV-VII

Autograph 10/1 (B); Frühsommer 1826
Op. 131/IV–VII

Artaria 205/3 (Bds); Ende Juni/Juli–August 1826?
Opp. 131/IV–VII; 135/I–III

Ms 62/66 (Pn); Herbst 1826
Opp. 135/II–IV; 130/VI

Autograph 10/2 (B); November 1826–März 1827?
Streichquintett in C-Dur (WoO 62)

Bibliothekssigel

B	Berlin, Staatsbibliothek Preußischer Kulturbesitz
Bds	Berlin, Deutsche Staatsbibliothek
BNba	Bonn, Beethoven-Archiv
Kj	Krakau, Biblioteka Jagiellońska
Lbl	London, British Library
Mcm	Moskau, Zentral-(Glinka-)Museum für Musikkultur
Pn	Paris, Bibliothèque Nationale
Wgm	Wien, Gesellschaft der Musikfreunde

NICHOLAS MARSTON

Autographen

Obwohl den meisten, wenn nicht überhaupt allen Werken Beethovens umfassende Skizzen vorausgingen, war es doch das Autograph, in dem das vollständige Werk zum ersten Mal zu Papier gebracht wurde, und so sind diese Quellen von fundamentaler Bedeutung für das Studium seiner Musik. Es war für Beethoven immer ein wichtiger Schritt, aus seiner »inneren Werkstatt«, der privaten Welt der mit vielen unüblichen Zeichen und unter Auslassung mancher Details entstandenen Skizzen, an das Licht der Öffentlichkeit herauszutreten, wo seine Partituren gelesen und abgeschrieben wurden. In der Regel unternahm Beethoven diesen Schritt erst, wenn er gedanklich (mit Hilfe seiner Entwürfe) bereits eine ziemlich klare Vorstellung davon entwickelt hatte, wie das Stück oder zumindest der Anfang der Komposition klingen sollte.
Man könnte daher annehmen, daß die Autographen aufgrund der vorbereitenden Skizzenarbeit nur wenige Änderungen enthielten und leicht zu lesen wären. Dies traf jedoch häufig nicht zu. Der Anfang, bestehend aus einer Titelzeile (eventuell sogar auf einem separaten Titelblatt), manchmal einem Datum und in der Regel einer Auflistung der Instrumente am linken Rand, ist gewöhnlich deutlich lesbar. Die folgenden ersten paar Seiten weisen normalerweise nur wenige Korrekturen auf, doch im Verlauf der Komposition häufen sich Abänderungen meistens. Die Ausstreichungen sind manchmal so dick, daß es sehr schwierig ist, die letztlich gültige Version zu erkennen – und sogar noch schwieriger, genaue Details der verworfenen Version zu identifizieren. Die Cello-Sonate op. 69 vermittelt ein ausgezeichnetes Beispiel dafür.
In manchen Partituren litt die Leserlichkeit so stark, daß ganze Seiten neu eingefügt werden mußten, entweder als Ersatz für oder als Supplement zu den originalen Seiten. Aufgrund ihres unterschiedlichen Papiers sind diese Seiten häufig als Ergänzungen zu identifizieren. In einigen Fällen wurden nicht nur einzelne Seiten, sondern ein ganzer Satz noch einmal von neuem ausgearbeitet, zum Beispiel das Finale der Klaviersonate op. 110 und der erste Satz von op. 111. So kann man hier von einem Rohentwurf oder einer Kompositionsskizze sprechen, die einer Reinschrift vorausging; doch diese Vorgehensweise entsprach nicht Beethovens üblicher Praxis. Gewöhnlich versuchte er, die Funktionen einer Kompositionsskizze und die einer Reinschrift in einem einzigen Manuskript zu verknüpfen. Er drückte es einmal so aus: »u. bin ich mit dem Ganzen fertig im Kopf, so wird alles aber nur einmal aufgeschrieben« (Schofield/Wilson, 1939, S. 237). Obwohl man aus dem Durcheinander in den Partituren schließen könnte, daß er mit der Niederschrift tatsächlich begann, lange bevor er »mit dem Ganzen fertig im Kopf« war, wurden jedoch die wesentlichen Grundzüge der Werke in diesem Stadium kaum noch verändert. Fast alle Änderungen betrafen unbeträchtliche Einzelheiten, wie die Ausarbeitung der Stimmen, die Instrumentierung und die Figurierungen.
Manchmal griff Beethoven im Zuge solcher Veränderungen auf seine Skizzenbücher zurück, um Details auszuarbeiten, und so kommt es vor, daß manche Skizzen später zu datieren sind als gewisse Stadien des Autographs. In anderen Fällen erscheinen die Skizzen in der Partitur selbst, gewöhnlich in freien Notenlinien am unteren Ende der Seite. In einigen Werken findet sich eine einzeilige kontinuierliche Skizzierung unter der entsprechenden Passage in der Partitur, die sich über mehrere aufeinanderfolgende Seiten hinziehen kann. Sie stellt eine stichwortartige Notierung dar, so etwas wie eine letzte Skizze vor der detaillierten Ausarbeitung der Partitur. Solche Skizzen und die Existenz zahlreicher aus den Autographen entfernter Seiten erschweren die Möglichkeit der Unterscheidung zwischen dem Konzept der »Skizzen« und »Autographen« erheblich (Lockwood, 1970 b).
Nach Fertigstellung eines Autographs übermittelte Beethoven es in der Regel an einen Kopisten, damit dieser eine Reinschrift für eine Aufführung und/oder eine Veröffentlichung erstellen sollte (vgl. »Überprüfte Abschriften und Kopisten«, S. 229 ff.). Gelegentlich war jedoch kein Kopist verfügbar, und so mußte Beethoven diese Aufgabe selbst übernehmen. Die Resul-

tate sind, und das überrascht vielleicht, tadellos – seine eigenhändig angefertigten Reinschriften der Kadenzen für seine Klavierkonzerte, die er wahrscheinlich 1809 für Erzherzog Rudolph geschrieben hat, sind so gut leserlich, daß es nur geringe Schwierigkeiten macht, direkt aus dem Faksimile zu musizieren (Hess, 1979). Nach der Veröffentlichung eines Werkes verlor Beethoven – laut Aussage von Ries – das Interesse am Autograph. »Beethoven legte gar keinen Werth auf seine eigenhändig geschriebene Sachen; sie lagen meistens, wenn sie einmal gestochen waren, im Nebenzimmer oder mitten im Zimmer mit anderen Musikstücken auf dem Boden. [...] Ich hätte dazumal sämmtliche Compositionen, die schon gestochen waren, in der Original-Handschrift wegnehmen können; auch würde er sie mir, wenn ich ihn darum gebeten hätte, wohl selbst unbedenklich gegeben haben« (Wegeler, 1872, S. 112/3). Zum Zeitpunkt seines Todes besaß Beethoven nicht mehr alle eigenhändig geschriebenen Partituren. Einige hatte er weggegeben, andere waren verlorengegangen. Der Großteil der verbliebenen Manuskripte wurde auf der Nachlaßauktion im November 1827 versteigert; viele von ihnen befinden sich heute in verschiedenen öffentlichen Bibliotheken. Die meisten frühen Partituren gingen verloren, währenddessen die meisten späteren erhalten sind. Es gibt jedoch einige bemerkenswerte Ausnahmen von dieser Regel (unter anderem das Autograph der »Mondscheinsonate« und der »Hammerklaviersonate«). Die umfangreichste Einzelsammlung befand sich in der Preußischen Staatsbibliothek. 1945 jedoch wurde diese Sammlung auf drei verschiedene Aufbewahrungsorte verteilt, nämlich nach Ostberlin, Westberlin und nach Krakau. Die in Krakau aufbewahrten Manuskripte kamen erst 1977 wieder ans Licht, und so gibt es bisher kein vollständiges Verzeichnis der derzeitigen Aufbewahrungsorte aller bekannten Beethoven-Autographen. So soll an dieser Stelle eine Übersicht aller mit einer Opuszahl versehenen Werke gegeben werden (die alle größeren Kompositionen einbezieht). Bei den wichtigen Sammlungen (B, Bds, BNba und Kj – vgl. Abkürzungen und Bibliothekssigel S. 228) ist die Signatur der Manuskripte angegeben. Des weiteren ist anzumerken, daß zu einigen Werken zusätzliches autographes Material existiert, das in dieser Aufstellung unerwähnt bleibt, wie zum Beispiel Instrumentalstimmen oder fragmentarische frühe Skizzen.

op. 3 Pn (unv.); Wc (nur IV)
op. 15 B, aut. 12; BNba, SBH 521–3 (Kadenzen)
op. 19 B, aut. 13; BNba, SBH 524–5 (Klavierstimme und Kadenz)
op. 20 Kj, Mend. 4
op. 24 Wn (nur I–III)
op. 26 Kj, Gras. 12. Faks. Bonn 1895
op. 27/2 BNba, SBH 526. Faks. Wien 1921 und Tokio 1970
op. 28 BNba, SBH 527
op. 29 Kj, Mend. 5
op. 30/1 B, aut. 19 d
op. 30/2 BNba, SBH 528
op. 30/3 Lbl. Faks. London 1980
op. 33 BNba, SBH 529
op. 34 BNba, SBH 530
op. 35 BNba, SBH 531
op. 37 Bds, aut. 14; Pn (Kadenz)
op. 40 BNba, SBH 533
op. 47 BNba, SBH 534 (unv.)
op. 48 BNba, SBH 535–6 (nur Nr. 5 und 6)
op. 50 Wc
op. 52/2 Wgm
op. 53 BNba, SBH 537. Faks. Bonn 1954
op. 57 Pn. Faks. Paris 1927 und Leipzig ca. 1970
op. 58 BNba, SBH 538–43 (nur Kadenzen)
op. 59/1 B, Mend. 10. Faks. London 1980
op. 59/2 B, aut. 21. Faks. London 1980
op. 59/3 BNba, SBH 544
op. 60 B, Mend. 12
op. 61 Wn; BNba (Kadenz für die Klavierversion). Faks. (der Partitur) Graz 1979
op. 62 BNba, SBH 548
op. 65 Pn (unv.)
op. 67 B, Mend. 8. Faks. Berlin 1942
op. 68 BNba, SBH 549
op. 69 Privatsammlung, USA (nur I). Faks. New York 1970
op. 70/1 NYpm
op. 70/2 B, Art. 175
op. 72 B (mehrere Mss., alle unv.); Bds, aut. 4 (nur Nr. 11). Faks. Leipzig 1976
BNba, SBH 550–52 (unv.)
op. 73 Bds, aut. 15
op. 74 Kj, Mend. 14
op. 75 BNba, SBH 553 (Nr. 2); Bds, Art. 173 (Nr. 5 und 6)
op. 77 BNba, SBH 554
op. 78 BNba, SBH 555. Faks. München 1923
op. 79 BNba, SBH 556
op. 80 BNba, SBH 557 (unv.)

op. 81 a Wgm (nur I)
op. 82/1 Pn
op. 82/4 BNba, SBH 558
op. 83 Pn
op. 84 B, Art. 177 (Nr. 1–6)
op. 85 B, Art. 179 (unv.)
op. 86 BNba, SBH 559 (nur I–II)
op. 87 Bds, Art. 151
op. 90 Privatsammlung, London
op. 91 Bds, aut. 22
op. 92 Kj, Mend. 9
op. 93 aut. 20 ist aufgeteilt zwischen B (I–II); Kj (III); Bds (IV)
op. 94 CA
op. 95 Wn
op. 96 NYpm. Faks. München 1976
op. 97 Kj, Mend. 3
op. 98 BNba, SBH 561. Faks. München 1970
op. 99 BNba, SBH 562
op. 101 Privatsammlung, BRD (Photokopie in BNba)
op. 102/1 B, aut. 18
op. 102/2 B, Art. 192
op. 103 B, Art. 132
op. 105 Lbl (unv.)
op. 107 BNba, SBH 563 (unv.); Lbl (unv.)
op. 108 Bds, aut. 29 II (unv.); NYpm (unv.); Lsc (unv.)
op. 109 Wc. Faks. New York 1965
op. 110 B, Art. 196; BNba, SBH 564 (nur Finale). Faks. (Art. 196) Stuttgart 1967
op. 111 Bds, Art. 198; BNba, SBH 565 (nur I). Faks. (Art. 198) München 1922 und Leipzig 1969
op. 113 Bds, aut. 16 (außer Nr. 5); Lbl (Nr. 5)
op. 114 Bds, aut. 16
op. 115 Wn
op. 117 Bds, aut. 65 (Ouverture); B, Art. 162 (außer Ouverture)
op. 119 B, Art. 199 (Nr. 1–6); Nr. 7–11 verteilt auf verschiedene Orte: eine Privatsammlung in Basel, BNba, SBH 566 und Pn
op. 120 Privatsammlung, BRD (Photokopie in BNba)
op. 121 a BNba, SBH 567
op. 121 b Wst
op. 122 Mbs
op. 123 B, aut. 1 (I); B, Art. 202 (III–VI). Faks. (Kyrie) Tutzing 1965
op. 124 Wst
op. 125 aufgeteilt zwischen B und Bds (Art. 204 und aut. 2). Faks. Leipzig 1924 und 1975
op. 126 BNba, SBH 571. Faks. Bonn 1984
op. 127 aufgeteilt zwischen Kj, Mend. 13 (I); Kj, Art. 207 (II); Smf (III); BNba, SBH 572 (IV)
op. 128 Lbl
op. 129 NYpm (als Depot)
op. 130 aufgeteilt zwischen Kj (I); Wc (II); Pn (III); Bm (IV); B, Art. 208 (V); B, aut. 19 c und Gras. 10 (VI)
op. 131 Kj, Art. 211 (außer IV); Bds, Mend. 19 (nur IV)
op. 132 B, Mend. 11
op. 133 Kj, Art. 215
op. 134 BNba, SBH 573 (unv.)
op. 135 aufgeteilt zwischen BNba, SBH 575 (I); Château de Mariemont, Belgien (III); B, aut. 19 b (IV)
op. 136 Bds, aut. 17
op. 137 Pn

Abkürzungen und Bibliothekssigel

Faks. Faksimile
unv. unvollständige Partitur
B Berlin, Staatsbibliothek Preußischer Kulturbesitz
Bds Berlin, Deutsche Staatsbibliothek
Bm Brünn, Ustav Dějin Hudby Moravského Musea, Hudebněhistorické Oddělení
BNba Bonn, Beethoven-Archiv
CA Cambridge, Mass., Harvard University Music Libraries
Kj Krakau, Biblioteka Jagiellońska
Lbl London, British Library, Reference Division
Lsc St. Petersburg, Gosudarstvennaja Publičnaja Biblioteka
Mbs München, Bayerische Staatsbibliothek
NYpm New York, Piermont Morgan Library
Pn Paris, Bibliothèque Nationale
Smf Stockholm, Stiftelsen Musikkulturens Främjande
Wc Washington, Library of Congress
Wgm Wien, Gesellschaft der Musikfreunde
Wn Wien, Nationalbibliothek, Musiksammlung
Wst Wien, Stadtbibliothek, Musiksammlung

BARRY COOPER

Überprüfte Abschriften und Kopisten

Zahlreiche Kompositionen Beethovens wurden vor ihrer Veröffentlichung von professionellen Kopisten abgeschrieben. Dies geschah entweder in Form einer Partitur – so daß die Editoren eine Abschrift bekamen, die besser zu lesen war als Beethovens eigenes Autograph – oder aber als Satz von Einzelstimmen, zur Vorbereitung für eine Aufführung. In der Regel überprüfte Beethoven die Kopien, ehe sie verwendet wurden, und verbesserte jeden Fehler für gewöhnlich mit seinem berühmten Rötel. Während er die Kopien durchsah, nahm er oft geringfügige Verbesserungen oder nähere Erläuterungen der Notation vor, wie zum Beispiel zusätzliche dynamische Zeichen oder Artikulationsangaben; gelegentlich veränderte er auch die Noten selbst. Viele dieser überprüften Abschriften sind erhalten (vgl. die weiter unten folgende Zusammenstellung) und von großer Bedeutung für die Ermittlung des korrekten Textes der entsprechenden Kompositionen. Im Unterschied zu den Skizzenbüchern und den Autographen liegt jedoch noch keine dieser überprüften Abschriften komplett in einer Faksimileausgabe vor; bislang wurden auch nur überraschend wenige Untersuchungen über die verschiedenen Änderungen, die am häufigsten anzutreffen sind, vorgenommen.

Was die Kopisten selbst anbetrifft, gibt es weder eine umfassende Darstellung ihrer Aktivitäten noch genauen Aufschluß über ihre Identität. Lediglich in einem einzigen Artikel von Alan Tyson (1970) erfahren wir Näheres darüber. Beethovens wichtigster Kopist war Wenzel Schlemmer (1760–1823), der offensichtlich mindestens schon seit 1799 Aufträge übernahm und bis kurz vor seinem Tod (am 6. August 1823) immer wieder für Beethoven arbeitete. Schlemmer war ein sehr sorgfältiger Kopist und äußerst befähigt, Beethovens schwer lesbare Handschrift zu entziffern. Ein Großteil der Beethovenschen Partituren wurde allerdings nicht eigenhändig von ihm abgeschrieben. Er beschäftigte einen Stab von Kopisten, die unter seiner Anleitung arbeiteten, und oftmals waren es eher seine Angestellten, die die Partituren anfertigten, nicht er selbst. Schlemmer selbst übernahm offensichtlich mehr organisatorische und beaufsichtigende Funktionen, half bei der Entzifferung schwieriger Passagen und überprüfte die Abschriften seiner Assistenten. Einer dieser Assistenten war Wenzel Rampl, der bereits seit 1809 als Kopist für Beethoven tätig war und nach Schlemmers Tod die Position des wichtigsten Kopisten übernahm. Er kopierte drei der späten Quartette und eine Partitur der Neunten Symphonie. Beethoven nahm nach Schlemmers Tod die Tätigkeit verschiedener Kopisten in Anspruch, unter anderen zählten dazu Peter Gläser, Ferdinand Wolanek, Paul Maschek, Mathias Wunderl und Karl Holz, keiner von diesen aber schien es mit Schlemmer aufnehmen zu können. Tyson unterscheidet drei weitere Kopisten, die alle mit Schlemmer in Verbindung standen, bis heute jedoch noch nicht namentlich bekannt sind und schlicht als die Kopisten C, D, und E bezeichnet werden (Schlemmer und Rampl waren A beziehungsweise B). Kopist C arbeitete in der Zeit von 1803–5 für Beethoven; zu seinen »Werken« zählt die berühmte Kopie der *Eroica,* in der die Worte »intitolata Bonaparte« so heftig durchgestrichen wurden. Kopist D fertigte etwa in den Jahren 1805–8 verschiedene wichtige Partituren an, und Kopist E assistierte um 1823. Für die Zeit danach werden vier weitere Kopisten, bezeichnet als F–I, von Tyson angeführt (Schmidt, 1971, S. XX). Doch bislang wurden nur wenige Manuskripte unter diesem Aspekt untersucht.

Überprüfte Abschriften der Werke Beethovens:

Werk	Aufbewahrungsort der Abschriften (unv. = unvollständige Kopie)	Kopist (wenn bekannt)
Opus		
9/1,3	Privatsammlung (Photokopie in BNba)	
18/1	BNba (frühe Fassung)	A
22	Bds	
39	Bds	
43	Wn (Nr. 4 und 5 fehlen)	F. X. Gebauer
47	München, Henle Verlag	teilw. A und C
48	Wgm	
51/2	B	
55	Wgm	C
56	1) B (unv.); 2) Lbl (Klavierpart)	1) D; 2) teilw. A
58	Wgm (unv.)	D
61	1) Lbl; 2) Wgm (Klavierpart)	1) D

Werk	**Aufbewahrungsort der Abschriften** (unv. = unvollständige Kopie)	**Kopist** (wenn bekannt)
Opus		
65	Wn	
67	1943 zerstört (unv. Photokopie in BNba)	D
68	Ljubljana, Universitätsbibliothek	größtent. D
72	1) B und Bds (unv.); 2) Bds; 3) BNba; 4) Prag, Nationaltheater; 5) Wgm (unv.); 6) B (Leon. Ouv. 2); 7) BNba (Leon. Ouv. 2)	1) teilw. C; 2) haupts. B; 3) teilw. B; 6) D
75	1) BNba (unv.); 2) Wgm (nur Nr. 4)	1) teilw. H
80	1) BNba (unv.); 2) Wgm (unv.)	1) H
81 b	BNba	
84	1) BNba; 2) Bds (unv.); 3) Fmi (nur Ouv.); 4) Mbs (Nr. 4)	1) B und H
85	1) B; 2) Lbl	1) A; 2) teilw. C
86	Eisenstadt, Esterházy-Archiv	teilw. D
91	Bds (unv.)	
92	1) BNba; 2) Wgm	1) A. Diabelli
93	Wgm (unv.)	
95	BNba	N. Zmeskall
102	1) BNba; 2) Harvard, Univ. Bibl. (nur Nr. 1); 3) Pn (nur Nr. 2, unv.)	1) B; 2) B;
104	B	A und B
108	1) B und Bds (unv.); 2) BNba	 2) B
109	Wgm	
110	Wgm	B
111	BNba	B

Werk	**Aufbewahrungsort der Abschriften** (unv. = unvollständige Kopie)	**Kopist** (wenn bekannt)
Opus		
112	BNba	B
113	1) BNba (unv.); 2) Lbl (Ouv., Leihgabe)	1) teilw. A; 2) B
115	Lbl (Leihgabe)	B
116	1) B; 2–4) BNba (3 Kopien)	1) B; 2) G; 3–4) B
117	1) Budapest, Nationalmuseum (unv.); 2) BNba (unv.); 3) Lbl (Ouv., Leihgabe)	 2) A; 3) B
118	B	B
119/1-6	Bds	
120	BNba	haupts. E, das übrige A
121 b	MZsch	
122	MZsch	
123	1–2) Wgm (2 Kopien); 3) MZsch; 4) BNba (unv.); 5) Pn; 6) Dresden, Sächs. Landesbibl.; 7) Frankfurt, Stadt- und Universitätsbibl.	1) haupts. B; 4) E
124	1) BNba; 2) MZsch; 3) Lbl (Leihgabe)	 3) teilw. B
125	1) Lbl (Leihgabe); 2) MZsch; 3) Bds; 4) Wgm; 5) Aachen, Bibl. des städt. Konzerthauses	 3) haupts. B
127	MZsch	
128	MZsch	
130	BNba	B
131	MZsch	B

Werk	Aufbewahrungsort der Abschriften (unv. = unvollständige Kopie)	Kopist (wenn bekannt)
Opus		
132	BNba	B
133	BNba	B
136	1) BNba; 2) Coburg, Sammlung der Veste	
138	BNba	
WoO		
2a	B	
3	Wgm	
4	B	
7	B	teilw. A
13	B	
18	1–2) Wgm (2 Kopien)	
19	1–2) Wgm (2 Kopien)	
92	Bds	
124	Wgm	
137	Bds	
139	Lbl	B
152–8	1) B (Auswahl); 2) Bds (Auswahl); 3) BNba (Auswahl); 4) Darmstadt, Hessische Landesbibl. (Auswahl)	

Bibliothekssigel

B	Berlin, Staatsbibliothek Preußischer Kulturbesitz
Bds	Berlin, Deutsche Staatsbibliothek
BNba	Bonn, Beethoven-Archiv
Fmi	Frankfurt, Musikwissenschaftliches Institut der Johann-Wolfgang-Goethe-Universität
Lbl	London, British Library, Reference Division
Mbs	München, Bayerische Staatsbibliothek
MZsch	Mainz, Musikverlag B. Schotts Söhne
Pn	Paris, Bibliothèque Nationale
Wgm	Wien, Gesellschaft der Musikfreunde
Wn	Wien, Nationalbibliothek, Musiksammlung

BARRY COOPER

Erstdrucke und Verleger

Zu Beethovens Lebzeiten wurden Komponisten vom Verleger normalerweise mit einer einmaligen Pauschalsumme für ein neues Werk abgefunden (vgl. S. 111). So blieb es dem Komponisten überlassen, seine Arbeiten an den erstbesten Verleger zu verkaufen, der in den geforderten Preis einwilligte, oder aber den Verleger zu suchen, der das beste Angebot machte. Folglich verhandelte Beethoven häufig mit mehreren Editoren gleichzeitig über ein einziges Werk. Wenn heute auch manche seiner Verhandlungen an Unsolidität zu grenzen scheinen (die *Missa solemnis* zum Beispiel versprach er mehr oder weniger mindestens fünf Verlegern), war eine solche Vorgehensweise in Anbetracht dieses Systems fast unvermeidlich, und viele Verleger verhielten, sich ihrerseits nicht besser. Beethoven schien kaum Schwierigkeiten gehabt zu haben, mindestens einen Verleger zu finden, der gewillt war, seine Werke, welchem Genre sie auch immer angehörten, zu drucken, oft waren sogar mehrere interessiert. 1801 schrieb er, möglicherweise leicht übertrieben: »Auch habe ich auf jede Sache sechs, sieben Verleger und noch mehr, wenn ich mir's angelegen sein lassen will« (Brief Nr. 52, Kastner) und 1822: »man reißt sich um die Werke von mir« (Brief Nr. 1023, Kastner). Die meisten Geschäfte mit seinen Herausgebern wickelte Beethoven direkt in Wien ab, wo auch die Mehrzahl seiner Kompositionen von Firmen wie dem Bureau des Arts et d'Industrie (oder dem Kunst- und Industrie Comtoir) von Domenico Artaria & Co., S. A. Steiner und Giovanni Cappi erstmals veröffentlicht wurden. Als er dann immer berühmter wurde, kamen auch aus anderen Städten Nachfragen für seine Kompositionen. (Es wäre Beethoven natürlich möglich gewesen, seine Werke unaufgefordert in allen Teilen Europas zum Verkauf anzubieten, doch er zog es vor zu warten, bis die Herausgeber selbst an ihn herantraten, so daß er daraus schließen konnte, wie weit sich sein Ansehen verbreitet hatte.) Einige Verleger wandten sich anfänglich nur an Beethoven, um sich zu erkundigen, welche Stücke er verfügbar hatte, so zum Beispiel Breitkopf & Härtel aus Leipzig in einem Brief von 1801, oder aber C. F. Peters aus Leipzig mit einem Schreiben aus dem Jahr 1822 und Schott's Söhne aus Mainz, 1824. Andere nahmen spezielle Werke in Kommission, wie etwa Nägeli aus Zürich (Klaviersonaten op. 31), Adolf Schlesinger aus Berlin (Klaviersonaten op. 109–111) und George Thomson aus Edinburgh (zahlreiche Vertonungen von Volksliedern). Wieder andere verhandelten mit Beethoven während ihrer Aufenthalte in Wien, so zum Beispiel 1807 Muzio Clementi und 1825 Moritz (Maurice) Schlesinger (der eine Zweigstelle der Firma seines Vaters Adolf in Paris gegründet hatte).

Die Erstdrucke enthalten oft viele Druckfehler. Manchmal wurden Beethovens Korrekturen aus den Druckfahnen auch nicht vollständig in die Erstausgabe eingearbeitet, und in verschiedenen Fällen erhielt er nicht einmal die Gelegenheit, vor der Veröffentlichung überhaupt noch Korrektur zu lesen. Einige seiner Briefe enthalten Aufstellungen der Errata kürzlich veröffentlichter Werke, da ja die Möglichkeit bestand, die Fehler auf den Druckplatten vor einer erneuten Drucklegung auszubessern (vgl. »Kopieren und Verlegen von Kompositionen«, S. 112 f.); die Verleger schenkten diesen Korrekturlisten jedoch kaum Beachtung. Gelegentlich war Beethoven sehr aufgebracht über all diese Fehler, und so schrieb er einmal an Breitkopf & Härtel: »Fehler – Fehler! Sie sind selbst ein einziger Fehler!« (Brief Nr. 272, Kastner). Einer seiner schlimmsten »Übeltäter« war Nägeli, dessen Edition von op. 31 Nr. 1–2 immerhin vier unechte Takte in der ersten Sonate enthielt. In wütender Reaktion sah sich Beethoven gezwungen, diese Ausgabe, zusammen mit einer Aufstellung von etwa achtzig Druckfehlern, an Simrock in Bonn zu schicken und ihn zu ersuchen, eine »Edition très correcte« (Thayer, Bd. 2, S. 356) herauszugeben. Die Kompositionen wurden demgemäß kurz darauf veröffentlicht. (Wenngleich sie nicht sehr überzeugend als »Editiou tres Correcte« bezeichnet wurden!) Die Annahme, Beethovens schlecht leserliche Handschrift könnte die Ursache zahlreicher Fehler in den Erstausgaben gewesen sein, ist naheliegend, er selbst aber berichtete diesbezüglich einmal: »Dieses bringt mich wieder auf die Bestätigung der von mir gemachten Erfahrung, daß nach meinen von meiner eigenen Handschrift geschriebenen Sachen am richtigsten gestochen wird« (Brief Nr. 201, Kastner). Demzufolge konnten also direkt nach seiner Handschrift korrektere Kopien angefertigt werden, als wenn nach einer Abschrift seines Autographs gestochen wurde, wo dann ja zweimal die Möglichkeit gegeben war, daß sich Fehler einschleichen konnten.

Trotz ihrer Mängel erweisen sich die Erstausgaben als wichtiges Quellenmaterial für Beethovens kompositorisches Werk. Manchmal enthalten sie Änderungen, die in letzter Minute vorgenommen und nie in die Autographen eingearbeitet wurden; und von einigen Werken – vor allem einer ganzen Reihe von Frühwerken – ist weder das Autograph noch die überprüfte Abschrift erhalten geblieben, so daß die gedruckte Ausgabe als einzige Quelle zur Verfügung steht. (Das gilt auch für wenige posthum veröffentlichte Werke – die Bagatelle *Für Elise*, 1867 zum ersten Mal publiziert – steht als berühmtes Beispiel dafür.) War eine Komposition einmal in den Druck gegangen, zog Beethoven das Stück nur in ganz seltenen Fällen wieder zurück, um es zu revidieren, auch wenn er eventuell Möglichkeiten sah, das Werk zu verbessern (*Fidelio* bildet hier eine bemerkenswerte Ausnahme). So stellt der veröffentlichte Notentext eine Art offizielle Version des Werkes dar, die jede frühere Fassung – sofern eine solche je existiert hat – ablöste.

Der letzte Teil dieses Abschnitts enthält eine Übersicht der Verleger von Erstausgaben, die noch zu Beethovens Lebenszeit oder unmittelbar nach seinem Tod herauskamen. Von den verbleibenden, posthum veröffentlichten Werken erschienen viele zum ersten Mal in der *Gesamtausgabe* (1862–88) oder im *Supplement zur Gesamtausgabe*, herausgegeben von Willi Hess (1959–71), während andere sporadisch im Verlauf des 19. und 20. Jahrhunderts publiziert wurden. Nur eine geringe Anzahl von Kompositionen (bestimmte Etüden, andere Versionen bekannter Werke, kurze Stücke aus den Skizzenbüchern, verlorene Werke etc.) sind bis heute noch nicht veröffentlicht.

Verleger auf dem Kontinent (Verlagsort Wien, wenn nicht anders angegeben)

Artaria & Co.: opp. 1–8, 12, 43 (Klavierbearbeitung), 46, 48, 51, 72 (Fassung von 1814), 87, 103–6. WoO 7, 8, 10, 11, 15, 40, 45, 68, 71, 73, 121–2, 138–9, 146
Artaria, M.: opp. 130, 133–4
Bossler, H. P. (Speyer): WoO 47–9, 107–8
Breitkopf & Härtel (Leipzig): opp. 29, 34–5, 67–71, 72 (Fassung von 1806), 73–80, 81a, 82–6. WoO 132, 136–7
Bureau des Arts et d'Industrie: opp. 14/1 (Fassung für Streichquartett), 28, 30, 32, 33, 36–8, 45, 49–50, 52–62. WoO 55, 57, 74, 78–80, 82, 129, 134
Cappi, G.: opp. 25–7
Cappi & Czerny: WoO 24
Cappi & Diabelli: op. 120
Eder, J.: opp. 10, 13. WoO 76
Gerold, C.: WoO 142
Götz (Mannheim): WoO 63
Gombart & Co. (Augsburg): WoO 140

Haslinger, T.: opp. 118, 137
Hoffmeister & Co. (Wien & Leipzig): opp. 19–22
Hoffmeister & Kühnel (Leipzig): opp. 39–42, 43 (nur Ouv.), 44, 65
Hoftheatermusikverlag: WoO 94
Löschenkohl, H.: op. 88
Maisch, L.: WoO 42
Mechetti, P.: op. 89. WoO 143
Mollo, T.: opp. 11, 14–18, 23–4. WoO 14, 46, 75, 133
Müller, C. F.: WoO 84–6
Nägeli, J. G. (Zürich): op. 31
Riedl, J.: WoO 165
Schlesinger, A. (Berlin): opp. 108–11. WoO 18, 60
Schlesinger, M. (Paris): opp. 132, 135
Schott (Mainz): opp. 121 b, 122–8, 131. WoO 65, 180, 187
Simrock, N. (Bonn): opp. 47, 81 b, 102, 107. WoO 41, 64, 66–7, 117, 126–7, 140, 145, 148
Steiner, S. A.: opp. 90–101, 112–17, 121 a. WoO 97
Starke, F.: op. 119/7–11
Strauss, A.: WoO 144, 185
Traeg, J.: opp. 9, 66. WoO 69–70, 72, 77, 83 (?), 123–4
Wallishausser, I. B.: WoO 147

Englische Verleger (Verlagsort London, wenn nicht anders angegeben)
Birchall, R.: opp. 47, 96, 97
Broderip & Wilkinson: WoO 125
Chappell & Co.: op. 121 a
Clementi & Co.: opp. 31/3, 59, 61 (Originalfassung und Bearbeitung als Klavierkonzert), 73–80, 81 a, 82, 110–11, 119. WoO 136–7, 139
Dale, J.: op. 33
Regent's Harmonic Institution: op. 106
Thomson, G. (Edinburgh): opp. 105, 107 (Auswahl), 108. WoO 152–7 (Auswahl)

Zu weiteren Verlegern, mit denen Beethoven – allerdings erfolglos – in Verhandlungen trat, zählen Carl Lissner (St. Petersburg), Antonio Pacini (Paris), Carl Friedrich Peters (Leipzig) und Heinrich Albert Probst (Leipzig).

BARRY COOPER

Manuskriptpapier und Handschrift Beethovens

Alle Kompositionen, die zu Beethovens Ruhm beigetragen haben, entstanden zunächst in Form von handschriftlichen Skizzen auf Manuskriptpapier. Da alle nachfolgenden Editionen, Aufführungen, Aufnahmen, Kommentare und Analysen letztlich auf diese Aufzeichnungen zurückgreifen, ist eine Untersuchung dieses Papiers und der Handschrift schon an sich von beträchtlichem Interesse; ebenso können aber aus dem Studium dieser Niederschriften gelegentlich auch neue Informationen über die Werke selbst gewonnen werden – vor allem was ihre Datierung anbetrifft.

Eine systematische Untersuchung des von Beethoven verwendeten Notenpapiers wird erst in der vergleichsweise jüngeren Zeit betrieben, beginnend mit ausgedehnten Forschungen in den sechziger Jahren unseres Jahrhunderts, die in den siebziger Jahren erheblich verfeinert wurden, in erster Linie im Zusammenhang mit den Skizzenbüchern. Zwei Charakteristika des für die Manuskripte verwendeten Papiers sind von eminenter Bedeutung: das Wasserzeichen und die Linierung. Zu Beethovens Lebzeiten wurde Papier immer noch zum größten Teil handgeschöpft, und dies gilt ausnahmslos für alles Papier, das er benutzte (obwohl in England die Industrielle Revolution es mit sich brachte, daß schon im frühen 19. Jahrhundert ein Großteil des Papiers maschinell gefertigt wurde). Gewöhnlich wurde es in großformatigen Bögen hergestellt, die, zweimal gefaltet und aufgeschnitten, vier Blatt Manuskriptpapier ergaben. Das Wasserzeichen wurde auf dem Originalbogen so positioniert, daß auf den später daraus entstehenden vier Blättern je ein Teil sichtbar war (vgl. Johnson, 1985, S. 46–8). Jede Form des Wasserzeichens (zum Beispiel drei Halbmonde oder eine Lilie) wurde in der Regel über einen langen Zeitraum hinweg verwendet, aber jede individuelle Variante war ihrerseits nur kurz in Gebrauch – möglicherweise zwischen sechs Monaten bis zu einem Jahr. Wenn Beethoven also einen neuen umfangreichen Stoß Papier erwarb, unterschied sich das Wasserzeichen wahrscheinlich von dem des davor gekauften Papiers.

Es wurde nachgewiesen, daß Beethoven gewöhnlich keine großen Mengen unbenutzten Papiers auf unbestimmte Zeit hortete, und so kann man davon ausgehen, daß der gesamte Papiervorrat mit ein und demselben Wasserzeichen innerhalb relativ kurzer Zeit aufgebraucht wurde. Diese Schlußfolgerung ist auf Kompositionen, die bereits anderweitig datiert werden können, anwendbar und kann auch zur relativ präzisen Datierung anderer Werke herangezogen werden – ob es sich dabei nun um Skizzen handelt oder um Autographe.

Frühere Arbeiten über die Wasserzeichen waren nicht sehr aufschlußreich, da sie oftmals die kaum merklichen Unterschiede in den Mustern der Wasserzeichen, die aber sehr verschiedene Datierungen anzeigen können, nicht in Betracht zogen (Schmidt-Görg, 1978). Die Untersuchungen von Douglas Johnson, Alan Tyson, Robert Winter und Sieghard Brandenburg haben diese Schwierigkeit ausgeräumt. Insgesamt wurden siebenundfünfzig verschiedene Wasserzeichen (oder vielmehr Wasserzeichenpaare, da in jedem Fall ein Paar von zusammengehörigen Zeichen verwendet wurde) in Beethovens Skizzenbüchern (1798–1826) unterschieden, wozu noch wenige andere hinzuzurechnen sind, die aber nur unregelmäßig auftauchen (Johnson, 1985, S. 644–63, bildet alle Zeichen ab). Ebenso identifizierte Johnson etwa fünfzig verschiedene Papiersorten unter all dem von Beethoven bis 1798 verwendeten Material (Skizzen und Autographen). Dieses läßt sich drei leicht voneinander zu unterscheidenden Gruppen zuordnen: Da gibt es zunächst das Papier, das er in Bonn benutzte (es stammte hauptsächlich aus Holland und aus der Schweiz), dann das in Wien verwendete (das in Norditalien hergestellt wurde) und schließlich das Papier, das Beethoven während seiner Reise nach Prag und Berlin 1796 in Gebrauch hatte und das aus Böhmen und aus Deutschland kam (vgl. Johnson, 1980 a). Nach etwa 1806 verwendete Beethoven meist Papier aus Österreich und Böhmen und weniger das in Norditalien produzierte Material.

Meistens war das für handschriftliche Zwecke genutzte Papier querformatig (die Breite übertraf die Höhe), die einzelnen Blätter hatten eine Größe von etwa 23 × 32 cm. Beethoven verwendete Papier, das zwischen acht und zwanzig Notenlinien hatte, allgemein bevorzugte er aber in den meisten Fällen sechzehn Zeilen. Der Hauptgrund für diese Wahl erklärt sich durch eine Eintragung in sein *Tagebuch:* »Das Notenpapier wird bey der Stadt Nürnberg gekauft [,] und das Buch kostet 2 Gulden von 10 bis 16 linien ist immer dasselbe gewiß« (Solomon, 1990, Nr. 157). Ein Skizzenbuch bestand wahrscheinlich aus 24 Bögen, das bedeutete 96 Blätter, und da für zehnzeiliges Notenpapier derselbe Preis verlangt wurde wie für Papier mit sechzehn Linien, war letzteres von größerem Wert.

Wie bei den Wasserzeichen kann man auch bei den Notenlinien verschiedene Varianten unterscheiden. Zu Beethovens Lebzeiten wurde die Linierung praktisch ausschließlich von einer Maschine vorgenommen und nicht von Hand oder durch Druck. Die Eintragung der Linien erfolgte – im Gegensatz zur Papierherstellung – meist am gleichen Ort, manchmal sogar erst in dem Geschäft, in dem das Papier schließlich auch verkauft wurde. Wie bei den Wasserzeichen arbeitete auch hier jede Maschine individuell mit kleinen Unterschieden und hinterließ folglich ihre eigene »Handschrift« auf dem Papier, gewöhnlich in Form von leichten, aber wiederholt auftretenden Unregelmäßigkeiten am Ende der Notenlinien. Wiederum hielten sich die einzelnen Varianten kaum länger als etwa ein Jahr, und so findet sich in dem von Beethoven verwendeten Papier eine große Vielfalt an Linierungen, die durch sorgfältige Messungen unterschieden werden können. In den meisten Fällen darf man davon ausgehen, daß ein neuer Stapel Papier ein neues Wasserzeichen und eine neue Art der Linierung aufwies; gelegentlich aber tritt ein einziges Wasserzeichenpaar in Verbindung mit mehr als nur einer Variante der Linierung auf, oder umgekehrt, eine Art der Linierung erscheint in Kombination mit mehr als einem Wasserzeichenpaar. So lassen sich gerade durch die Kombination von Wasserzeichen und Linierung präzisere Richtlinien im Hinblick auf die Datierung zeitlich bisher noch nicht fixierter Werke aufstellen, als es mit nur einer der beiden Kategorien gelingen könnte.

Neben ihrem unordentlichen Schriftbild weisen Beethovens generell schlecht lesbare Manuskripte noch andere spezielle Probleme auf. Oftmals war die Feder, die er benutzte, von unzureichender Qualität, und in verschiedenen Briefen bat er Zmeskall, ihn mit neuen zu versorgen. Oft verschmierten Tintenkleckse das Papier – und Beethoven ging nicht sehr methodisch vor bei der Benutzung von Sand (dem Vorgänger von Löschpapier), um sie zu beseitigen. Wie in seiner Zeit üblich, bediente sich Beethoven zweier verschiedener Schriftarten, der deutschen Kurrentschrift für die Texte seiner Muttersprache und der lateinischen Kursive für Französisch, Italienisch und Latein. Er pflegte eine ihm eigene Variante dieser Schrift und erschwerte somit die Aufgabe der Entzifferung. Frühe systematische Untersuchungen über seine Handschrift konzentrierten sich demzufolge auf die Schwierigkeiten der Enträtselung, und Max Ungers Übertragung

(1926) der von Beethoven verwendeten Form jedes Buchstabens des Alphabets – sowohl als Groß- als auch als Kleinbuchstaben – in die jeweilige kursive und lateinische Form ist von großem Nutzen für die nachfolgenden Generationen von Wissenschaftlern. Beethovens Notenschrift ist ebenso gekennzeichnet von persönlichen Eigenarten, so ähneln zum Beispiel seine Violinschlüssel einem umgekehrten »S«, und seine Viertelpausen sind manchmal schwer von Viertelnoten zu unterscheiden. Eine neuere Studie von Douglas Johnson verfeinerte Ungers Beobachtungen und endete darin, daß die Veränderungen der Handschrift – genauso wie die Wasserzeichen und die Linierung – der Festschreibung einer Chronologie dienen können (Johnson, 1980 a). Unger stellte fest, daß Beethovens frühe Schrift nicht mit dem später üblichen Muster übereinstimmte, während es Johnson gelang, mehrere Veränderungen in solchen Schriftelementen wie den Violinschlüsseln, den systemumfassenden Klammern und der Zahl 4 (in den Taktbezeichnungen) zwischen 1785 und 1800 zu dokumentieren. Von diesem Zeitpunkt an veränderte sich Beethovens Handschrift nur noch geringfügig und ist somit nicht mehr zuverlässig für die Bestimmung einer genauen Datierung.

Die Tinten, die Beethoven benutzte, weisen eine breite Palette an Farbnuancen – von Hellbraun bis hin zu Schwarz – auf und haben manchmal einen Stich ins Orange, Gelbe, Rote, Blaue, Graue oder ins Violette. Die Untersuchung dieser verschiedenen Tinten steckt immer noch in den Kinderschuhen (Cooper, 1987 b), vorbereitende Studien jedoch deuten darauf hin, daß eine einzige Tintensorte gewöhnlich über einen Zeitraum von einigen Wochen bis zu wenigen Monaten ausreichte und Beethoven manchmal mehr als eine Tinte gleichzeitig benutzte, obwohl er sie möglicherweise für verschiedene Zwecke verwendete (die eine Tinte beispielsweise für die Korrespondenz und eine andere für seine Skizzen). Weiterführende Untersuchungen zu diesem Thema, aber auch eine Verfeinerung der Studien zu den Papiersorten und den Wasserzeichen stehen demzufolge immer noch aus.

BARRY COOPER

Kapitel IX

Beethovens Musik: Ein Überblick

Die Stilperioden
Traditionelle Elemente in Beethovens Stil
Harmonik und Tonalität
Kontrapunkt
Orchestrierung
Neuerungen in der musikalischen Form

Beethovens Musik: Ein Überblick

Die Stilperioden

Die Bemühungen um eine Gliederung von Beethovens Musik in verschiedene »Schaffens-« oder »Stilperioden« sind so alt wie diese Musik selbst. Bei der Auswertung der Abhandlungen, in denen im Lauf der Zeit versucht wurde, die Phasen in Beethovens Entwicklung als Komponist zu beschreiben, stellte Maynard Solomon (1988, S. 116–25) fest, daß schon 1818 ein anonymer französischer Autor eine Einteilung in drei Perioden vorgeschlagen hatte. Innerhalb eines Vierteljahrhunderts nach Beethovens Tod lieferten Musikwissenschaftler und Beethoven-Biographen – unter ihnen F.-J. Fétis, Anton Schindler und Wilhelm von Lenz – rund ein halbes Dutzend Variationen zu diesem Thema. Die meisten frühen Unterteilungen basieren auf allgemeinen stilistischen Kriterien und gliedern die Kompositionen entweder nach Opuszahlen oder nach Entstehungsdaten. Einige verwendeten hierbei runde Zahlen, also zum Beispiel das Jahr 1800 als Grenze zwischen der frühen und der mittleren (Lenz) oder op. 100 für die zwischen der mittleren und der späten Schaffensperiode (Schindler) – eine Methode, die unserer gesteigerten Sensibilität für die stilistische Entwicklung Beethovens kaum gerecht zu werden vermag. Andere zogen die Grenze jeweils zwischen zwei Werken, zum Beispiel zwischen der »Waldsteinsonate« und der *Eroica* oder zwischen der Siebten und Achten Symphonie (Fétis).

Als man später, vor allem durch die biographischen Forschungen Thayers und Nottebohms Untersuchungen der Entwürfe, mehr über die Chronologie von Beethovens Leben und Werk wußte, versuchte man, eine Verbindung zwischen Stilperioden und bestimmten Ereignissen im Leben des Komponisten herzustellen, wobei man davon ausging, daß die musikalische Entwicklung Beethovens nicht von seiner Biographie zu trennen sei. Bei einem derartigen »Ereignis« konnte es sich um einen schlichten Ortswechsel handeln: So nahm man an, daß Beethovens Umzug nach Wien im Jahre 1792 wichtige Konsequenzen für seine künstlerischen Aussichten und somit auch für seine Aktivitäten als Komponist hatte. Finanzielle Umstände spielten ebenfalls eine Rolle: Beethovens Heranreifen zum Symphoniker beispielsweise fiel größtenteils in jene Schaffensperiode, in der Fürst Joseph von Lobkowitz zu

seinen wichtigsten Förderern zählte. Andere Interpreten sahen Stiländerungen in persönlichen Krisen begründet: Beethovens Wissen um die sich verschlimmernde Taubheit (wie er es im Heiligenstädter Testament vom Oktober 1802 zum Ausdruck brachte) etwa wurde für eine »neue Art« der Komposition verantwortlich gemacht.
Natürlich besteht weder Übereinstimmung darüber, welche Faktoren in Beethovens Leben entscheidenden Einfluß auf seine Musiksprache genommen haben (sofern dies überhaupt der Fall ist), noch ist man sich einig, welche Werke Meilensteine in ihrer Entwicklung darstellen. Dies läßt sich sehr gut anhand der verschiedenen Versuche einer Abgrenzung des »mittleren« vom »späten« Beethoven belegen. Manche wollen in der Phase schwerer Depression im Jahre 1813 nach der Geschichte mit der »Unsterblichen Geliebten« den Beginn der letzten Stilperiode erkennen: Die Verschlechterung von Beethovens körperlicher und seelischer Verfassung führte demnach zum Rückzug aus der Gesellschaft. Erste künstlerische Früchte dessen sind eine Reihe sehr »intimer« Sonaten wie op. 90 und op. 101 für Klavier, op. 102 für Violoncello und Klavier sowie der durchkomponierte Liederzyklus *An die ferne Geliebte.* Andere weisen auf die drastische Verschlechterung von Beethovens Gehör hin, die sich biographisch im Beginn der Konversationshefte im Jahr 1818 und in musikalischer Hinsicht in der Aufnahme der Arbeit an der gigantischen *Missa solemnis* Anfang 1819 niedergeschlagen hat. Dieser Argumentation zufolge ist die »Hammerklaviersonate« ein Werk der mittleren Periode, eine Art *Eroica* für das Klavier und die einzige Sonate nach 1802, die vier gewichtige, eigenständige Sätze umfaßt (wie es für die meisten früheren Sonaten charakteristisch ist). Einige Autoren, so Alexandre Oulibicheff, gehen noch weiter und beschränken die »späte« Periode auf die letzten drei Lebensjahre des Komponisten, nach seinen letzten öffentlichen Auftritten in den Konzerten im Mai 1824 (in denen die Neunte Symphonie und Teile der *Missa solemnis* uraufgeführt wurden). In dieser Zeit hat Beethoven sich fast ausschließlich mit dem Streichquartett befaßt und in einer Weise musikalisch experimentiert, die ohne Vorbild war (und man könnte sagen, einzigartig geblieben ist).
Die Dreiteilung in frühe, mittlere und späte Werke wird zwar von den meisten Autoren akzeptiert, sie hat aber auch ihre Kritiker. Liszt erkannte zwei Phasen: In der ersten habe Beethoven sich an frühere Komponisten angelehnt, in der zweiten dagegen hätten seine musikalischen Erfindungen gänzlich veränderte Ausdrucksmittel erfordert, was zu neuen Stilen und Formen geführt habe. Eine ähnliche These, die in einem unlängst erschienenen Buch vorgestellt wird (Broyles, 1987), spricht von zwei Entwicklungslinien, einem »symphonischen Stil« und einem »Sonatenstil«, die im späten 18. Jahrhundert dialektisch aufeinander bezogen sind, in den reiferen Werken Beethovens jedoch eher miteinander konkurrieren; nach dieser Auffassung bildet die *Eroica* den Höhepunkt der ersten Phase. Gleichzeitig markiert sie aber auch den

Beginn einer zweiten Phase, die nach den »heroischen« Werken von etwa 1803–8 die erste überlagert und in der zumeist als »spät« bezeichneten Schaffensperiode dominiert.

Eine andere Alternative zur Dreiteilung stellt die Aufgliederung einer oder mehrerer Perioden dar. Unter Bezug auf Beethovens Weigerung, auch nur einem seiner Jugendwerke eine Opuszahl zuteilen zu lassen, haben viele Autoren die frühen Werke nochmals in zwei Phasen unterteilt und sie als »Bonner Jahre« und »frühe Wiener Jahre« bezeichnet. Sie gestehen zwar zu, daß bestimmte Ausschnitte einzelner Werke auf den reiferen Beethoven hindeuten (zum Beispiel das Klavierquartett, WoO 36, und die Kantate auf den Tod Kaiser Josephs II.), weisen jedoch darauf hin, daß ihnen der kompositorische Schliff fehlt, um neben frühen Meisterwerken wie den Sonaten op. 2 oder der *Pathétique* oder auch der revidierten Fassung des Zweiten Klavierkonzerts bestehen zu können. Angesichts der Fülle biographischer Daten und Beethovens nie endender Suche nach neuen musikalischen Ideen und Ausdrucksmitteln kann es kaum überraschen, daß auch für die späteren Perioden Untergliederungen vorgeschlagen wurden. Der erste Teil der mittleren Periode wird heute häufig als »heroische Phase« (Tyson, 1969) bezeichnet, nach dem Titel der Dritten Symphonie und den Sujets, die fast zeitgleichen Werken wie dem Oratorium *Christus am Ölberge* und der Oper *Leonore/Fidelio* zugrunde liegen. Viele Autoren zählen dazu auch noch die Fünfte und Sechste Symphonie sowie die großen Konzerte, also alles, was Beethoven bis zu seinem Benefizkonzert am 22. Dezember 1808 geschrieben hat. Sie sehen mit einer Reihe intimerer Werke ab 1809 eine neue Phase eingeleitet: Die Fis-Dur-Sonate op. 98 kann als beispielhaft für einen eher introvertierten Stil gelten. Für den »späten« Beethoven gibt es, wie bereits angedeutet, eine große Auswahl an möglichen Unterteilungen.

Da die Gliederung in drei Stilperioden nun schon so lange besteht, ist es schwierig, davon abzuweichen. Sie liefert einen nützlichen Rahmen, um eine so vielseitige und komplizierte musikalische Entwicklung wie die Beethovens zu erklären. Besonders gut harmoniert diese Unterteilung mit den Streichquartetten. Die Unterschiede, was Vielfalt und musikalische Sprache angeht, zwischen op. 18 (1800), op. 59 (1806) und den drei »Galitzinquartetten« (op. 127, 132 und 130/133, 1824–6) sind zu offensichtlich, als daß man sie ignorieren könnte, auch wenn dies bedeutet, daß ein so problematisches Werk wie das *Quartetto serioso* op. 95 (1810) in der mittleren Periode Aufnahme finden muß. Bei den anderen großen Gattungen gibt es eher Schwierigkeiten mit den drei Perioden: entweder weil durch die große Anzahl von Werken die Kontinuität zu stark ist (wie bei den Klaviersonaten) oder weil die Entwicklung innerhalb des Genres nicht geradlinig verläuft (wie im Fall der Symphonien). Doch solange es Aufsätze in Programmheften oder für Plattenaufnahmen sowie reine Beethoven-Konzerte gibt, ist kaum anzunehmen, daß wir die Vorstellung unterschiedlicher Stilperioden aufgeben werden.

Traditionelle Elemente in Beethovens Stil

Die Musiksprache des späten 18. Jahrhunderts prägte die Entwicklung von Beethovens musikalischer Persönlichkeit, mit weitreichenden Konsequenzen nicht nur für seinen Kompositionsstil, sondern auch in bezug auf die Wahl der Gattungen. Es ist keine Übertreibung, zu behaupten, daß Beethoven sozusagen das Erbe einer voll ausgereiften Musiksprache antrat, vorwiegend derjenigen Mozarts und Haydns. Sie war präsent in Gestalt eines scheinbar unerschöpflichen Repertoires an Meisterwerken, von denen jedes entweder als Modell zur Nachahmung oder als Sprungbrett für die weitere Entwicklung dienen konnte. Beethovens Werk spiegelt beide Möglichkeiten wider.

In seiner Jugend stand Beethoven in hohem Maße unter dem Einfluß der Musik Mozarts. Kurfürst Maximilian Franz war ein großer Verehrer Mozarts und sorgte dafür, daß dessen neueste Werke seinen Musikern stets zur Verfügung standen. Mozarts Opern und Symphonien, seine Konzerte und die Kammermusik beeindruckten den jungen Beethoven sehr. Wie sich an einer großen Zahl seiner in Bonn komponierten Werke ablesen läßt, bewegte er sich in großen Schritten darauf zu, sich Mozarts Stil anzueignen. Zunehmend meisterte er dabei die Prinzipien der Sonatenkomposition, obwohl er nur wenig methodische Unterweisung in dieser Art von Komposition erhielt. Zumindest bis zum Jahr 1800 übte Mozarts Musik den größten Einfluß auf Beethoven aus.

Was Haydns Einfluß angeht, so liegen die Dinge weniger klar. Das ist zum einen darauf zurückzuführen, daß das Verständnis für den Komponisten Haydn heutzutage weniger gut entwickelt ist als für Mozart, zum andern darauf, daß die Beziehung zwischen Haydn und Beethoven von Mythen verschleiert wurde, denen man erst in jüngster Zeit auf den Grund zu kommen beginnt (Webster, 1984). Offenbar hat Beethoven von Haydn in erster Linie gelernt, sich bei der Erfindung von Themen und Motiven zu beschränken, diese aber phantasievoll zu entwickeln. Später, als er sich mit dem Problem der Einheit innerhalb einer Komposition abmühte, sollte dies von größter Bedeutung sein.

Beethovens sparsamer Umgang mit den Motiven ist nicht mit der sogenannten »Monothematik« Haydns zu verwechseln, bei der führende Themen eines Sonatenhauptsatzes trotz ihrer unterschiedlichen Tonarten auf eine gemeinsame Wurzel zurückzuführen sind. Beethoven hält sich im allgemeinen an Mozarts Dualismus, indem er für etwas, das wie ein neues Thema klingt, auch eine neue Tonart einführt. Mit anderen Worten: Bei der Planung der äußeren Form seiner Musik scheint er in bezug auf Exposition und Reprise der Themen zunächst Mozart gefolgt zu sein. Seine Durchführungsteile jedoch sind freier, das heißt von einem Satz zum anderen weniger vorhersehbar. Darin zeigen sie eher eine Verwandtschaft zur Kompositionstechnik Haydns.

Harmonik und Tonalität

Es ist schwierig, neue harmonische Effekte bei Beethoven einzeln herauszugreifen, ohne sie auf ihren Zusammenhang zu beziehen. Die berühmte Fortschreitung von C-Dur nach E-Dur im ersten Satz der »Waldsteinsonate« (1804) wurde zum Beispiel sehr richtig interpretiert als ein wichtiger Schritt Beethovens auf dem Weg, den »Rubikon zu überschreiten«, wie Tovey es ausdrückt. (Diese harmonische Fortschreitung war tatsächlich früher schon aufgetreten, nämlich in der Sonate G-Dur op. 31/Nr. 1.) Es ging nicht eigentlich darum, etwas anders zu machen, nur um anders zu sein: Die Modulation in die Dur-Mediante trägt dazu bei, eine völlig neue Beziehung zwischen dem Schluß der Exposition und der darauffolgenden Musik zu schaffen, und hat auch Konsequenzen für die gesamte tonale Anlage der Reprise und der Coda.

In bestimmten späteren Sätzen in der Sonatenhauptsatzform, etwa dem langsamen Satz des »Geistertrios« op. 70/Nr. 1 und dem Scherzo der Neunten Symphonie, finden wir eine noch »gewagtere« Modulation von d-Moll nach C-Dur. Sie legt mehr Gewicht auf den Bereich der zweiten Tonart – aufgrund der tonalen Abhängigkeit des d-Moll vom C-Dur – als der Supertonika (also einem Teil der Abfolge II-V-I in C-Dur). In der späten Periode bilden die »üblichen« Wege der Modulation in den Expositionen der Sonatensätze, nämlich I-V in Durtonarten und I-III in Molltonarten eher die Ausnahme als die Regel; und jede neue tonale Beziehung eröffnet eine Reihe neuer Möglichkeiten tonaler Entwicklung und damit auch der Formbildung.

Beethoven gab nicht eigentlich eine im wesentlichen klassische harmonische Sprache des 18. Jahrhunderts auf, sosehr er auch ihre tradierten Ausdrucksmittel verändert haben mag. Es ist jedoch des öfteren bemerkt worden, daß in seiner reiferen Musik die motivischen Beziehungen mit der Tonalität in einen gewissen Wettbewerb um die größere Wirkung bei der Formbildung zu treten beginnen. Das resultiert nicht nur daraus, daß die traditionellen Tonika-Dominant-Beziehungen vermieden werden (wie oben aufgezeigt), sondern auch daraus, daß die harmonischen Fortschreitungen nicht den Weg nehmen, der durch die überkommenen »Gesetze« der Tonalität vorgegeben war. Im letzten Satz der Achten Symphonie zum Beispiel hört man den F-Dur-Akkord der Takte 88–90 im Kontext als Subdominante von C-Dur. Normalerweise wäre ein Übergang von mehreren Takten erforderlich, um in die Ausgangstonart F-Dur zurückzukehren. Beethoven aber mißachtet die Regeln und schreitet zur Reprise des Hauptthemas fort, ohne eine harmonische »Erklärung« zu bieten. Im fünften Satz des Quartetts B-Dur op. 130 hat der Es-Dur-Akkord in Takt 49 die Funktion einer Dominante von As-Dur. Dennoch verwendet Beethoven diesen Akkord, um zum Anfang des Stückes zurückzuführen, ohne jede Modulation. Solche, wenn auch seltenen Beispiele zeigen, daß sich die Einstellung gegenüber der funktionalen Tonalität ändert und bereits Praktiken aus der Mitte des 19. Jahrhunderts vorweggenommen werden.

Ein anderer Weg, die harmonischen Regeln des 18. Jahrhunderts zu lockern, führt über die Verwendung von Terzverwandtschaften statt der Tonika-Dominant-Progression. Terzverwandtschaften treten im Werk Beethovens immer wieder auf, allerdings durchweg im Rahmen traditioneller tonaler Beziehungen. In einem außergewöhnlichen Abschnitt (Takt 89–108) des dritten Satzes des Es-Dur-Klaviertrios op. 70/Nr. 2 (1809) steht die Beziehung zwischen As-Dur und E-Dur im Mittelpunkt des harmonischen Geschehens. Durch die enharmonische Verwechslung (Gis statt As), die notwendig ist, um die Passage zu erfassen, erhält der Satz, zusammen mit den sich abwechselnden Moll- und Dur-Akkorden auf dem gleichen Grundton (As-Dur/gis-Moll), eine völlig andere harmonische Syntax – eine, die man eher mit den reifen Werken Schuberts verbindet.

Daß die Dur-Moll-Tonalität zugunsten einer archaischeren Modalität aufgegeben wird, ist eher selten. Nahezu alle diesbezüglichen Werke haben programmatische Ansätze oder stehen im Rahmen von Textvertonungen. Das »Et incarnatus« aus dem Credo der *Missa solemnis* (1819–23) ist in einer Art dorischem Modus geschrieben, der die Beziehung zwischen d-Moll und C-Dur in den Vordergrund rückt (ähnliches ist in anderem, nichtmodalem Kontext ebenfalls schon beobachtet worden). Der Sinn besteht darin, eine Art von »jenseitiger« Tonalität mit dem Grundton D bereitzustellen, als Kontrast zum folgenden D-Dur des »Et homo factus est« und dem d-Moll des »Crucifixus«. Dahlhaus (1987, S. 242) hat dies als »bestimmte Negation der Dur-Moll-Tonalität« beschrieben. Der dritte Satz des Quartetts a-Moll op. 132 »Heiliger Dankgesang« wird vom Komponisten als »in der lydischen Tonart« stehend bezeichnet; man kann jedoch die choralartigen Abschnitte des Satzes auch als C-Dur mit einer Tendenz zur Subdominante (statt zur Dominante) hören.

Im letzten Satz des F-Dur-Quartetts op. 135 (1826) wird eine neue Entwicklung deutlich: übermäßige Dreiklänge (Takt 1–4, 83–4, 243–6), die allerdings klar als alterierte diatonische Akkorde erkennbar sind (der Anfangsakkord C-E-As zum Beispiel ist ein Ersatz für C-E-G, der Dominante von F-Dur). An keiner Stelle in Beethovens Werk aber findet man Harmonien, die so »exotisch« sind, daß sie den Ganzton-Experimenten der Russen um die Mitte des 19. Jahrhunderts oder der Atonalität des späten Wagner oder Liszt vorgreifen würden.

Kontrapunkt

Schon früh lernte Beethoven durch seinen Lehrer Christian Gottlob Neefe die Präludien und Fugen aus Bachs *Wohltemperiertem Klavier* kennen. Von dieser Erfahrung rührt die Faszination her, die Fugen und andere, allgemeinere kontrapunktische Strukturen ein Leben lang auf ihn ausübten. Komplizierten Kontrapunkt zu schreiben fiel Beethoven nicht leicht. Die zahlreichen Übungen im Kontrapunkt, die er zu allen Zeiten seiner Laufbahn verfertigte (für seine Wiener Lehrer Haydn und

Johann Georg Albrechtsberger, für sich selbst und für seinen Schüler Erzherzog Rudolph), bezeugen die Schwierigkeiten, die er damit hatte. Ähnliche Folgerungen kann man den Entwürfen zu Fugen entnehmen, die viele der späteren Skizzenbücher beherrschen. Die »Et vitam venturi«-Fuge aus der *Missa solemnis* kostete ihn mehr Arbeit als das ganze restliche Credo. Die Skizzenbücher zeigen auch, daß Beethoven sich sein Leben lang mit dem Kontrapunkt früherer Komponisten beschäftigt hat, vor allem mit dem Bachs und Händels. Darüber hinaus enthalten sie Abschriften von Auszügen aus Werken wie *Gradus ad Parnassum* von Johann Joseph Fux und *Der vollkommene Capellmeister* von Johann Mattheson.

Allgemein wird behauptet, Beethovens später Stil sei von einer Rückkehr zur strengen kontrapunktischen Disziplin des Hochbarock geprägt. (Beispiele dafür sind die Fugen der »Hammerklaviersonate« und der Sonaten op. 110, das Scherzo der Neunten Symphonie und die späten Quartette sowie das Choralvorspiel des »Heiligen Dankgesangs« in op. 132.) Man darf aber nicht übersehen, daß kontrapunktisch gesetzte Stellen während seiner gesamten Laufbahn häufig auftreten. Es wurde darauf hingewiesen, daß Fugen bei Beethoven den Effekt haben, die Musik gewissermaßen einzuebnen (Kerman, 1983). Es entstehen dramatisch undifferenzierte Zeitabläufe zwischen dynamischeren Teilen eines Sonatenhauptsatzes, womit freilich nur in den seltensten Fällen die Absicht verfolgt wird, »gelehrt« zu wirken. Fugen können auch eingesetzt werden, um den Stil vergangener Zeiten darzustellen, wie in zahlreichen Abschnitten der *Missa solemnis* und in der Ouvertüre *Die Weihe des Hauses*, die ganz unverblümt Händel imitiert.

Orchestrierung

Seine Erste Symphonie vollendete Beethoven zwar erst mit neunundzwanzig Jahren, dennoch entfernte sich der Stil seines Orchestersatzes nicht weit von dem seiner Wiener Vorgänger und veränderte sich auch in den nächsten fünfundzwanzig Jahren nicht wesentlich, mit Ausnahme einiger berühmter Stellen und Effekte. Der Orchestersatz wird noch immer von den Streichern beherrscht, und auch wenn die Holzbläser schon in der Ersten Symphonie stärker hervorzutreten scheinen, kann dies doch vielleicht auf den Orchestersatz der späten Mozart-Klavierkonzerte zurückgeführt werden, die Beethoven sehr gut kannte. In ihnen tragen die Holzbläser zusammen genausoviel zum konzertanten Stil bei wie der Klaviersolist. Das Interesse am Violoncello als wichtiger Melodiestimme macht sich früh bemerkbar; auch hierfür gibt es, in der Tradition der Streichquartette, Vorbilder bei Mozart. Vielleicht ist der wichtigste neue Aspekt Beethovenscher Orchestrierung, daß er Themen für Instrumente erfindet, die an sich keine Melodien spielen können. Einige der bemerkenswertesten Stellen in Beethovens Orchesterliteratur werden von Instrumenten getragen, die bei Haydn und Mozart üblicherweise keine Solostellen erhielten; zum Beispiel von den

Hörnern (ab der *Eroica* in jeder Symphonie) und den Pauken (an exponierten Stellen in den letzten drei Symphonien). Natürlich ermöglichten es die Verbesserungen bei der Herstellung von Holzblasinstrumenten und in der Spieltechnik dem Symphoniker Beethoven, seine Orchesterpartien mit der Zeit anspruchsvoller und solistisch herausfordernder zu gestalten. Dies läßt sich an den berüchtigten virtuosen Passagen der Fagotte in der Vierten Symphonie und der Ouvertüre op. 124, dem Klarinettensolo im Trio der Achten Symphonie und dem exponierten vierten Horn im langsamen Satz der Neunten erkennen.

Neuerungen in der musikalischen Form

Bei dem Versuch, Beethovens Neuerungen in harmonischer, melodischer oder formaler Hinsicht aufzuzeigen, kann man bestenfalls neue Effekte in einer musikalischen Struktur beschreiben, mit der dieser Effekt untrennbar verbunden ist. Ob es sich um das klagende Oboensolo im ersten Satz der Fünften Symphonie handelt, um die Vogelstimmen in der *Pastorale* oder die Zitate aus den vorangegangenen Sätzen im Finale der Neunten – nicht durch die Effekte selber werden diese Werke progressiv, sondern dadurch, daß die Effekte zur Struktur des Werkes beitragen und ein fester Bestandteil des Gesamtentwurfs sind. Beethovens Musik wirkt fortschrittlich und nimmt zwischen etwa 1790 und 1826 eine außergewöhnliche Entwicklung. Was diesen Eindruck hervorruft, ist seine sich ständig verändernde Einstellung zu dem, was ein großangelegtes Werk ausmacht. Die Arbeit an der Form mehrsätziger Werke bildet ein Problem, dem er sich bei jedem umfangreichen Projekt erneut stellte. Die Lösungsmöglichkeiten dieses Problems sind abhängig von einem oder mehreren der folgenden Punkte: 1) dem absoluten Umfang der Sätze, 2) tonalen und/oder thematischen Verflechtungen der Sätze untereinander sowie 3) neuen Definitionen dessen, was einen Satz ausmacht und wie Werke aus unterschiedlich langen Teilen zusammengesetzt werden können.

Zu 1): Ungefähr um 1803 vollzieht sich in Beethovens Entwicklung ein Sprung nach vorn, vor allem dadurch, daß die ersten Sätze einer Sonatenform länger werden. Man ist nach den ersten beiden Symphonien und allen anderen Werken der ersten zehn Jahre in Wien nicht gefaßt auf das Allegro con brio der *Eroica.* Sein beeindruckender Umfang hat es zum Objekt zahlreicher Analysen gemacht (zur Literatur über die *Eroica* vgl. Lockwood, 1982). Die *Eroica* war Wegbereiterin für Werke von vergleichbarem Umfang für Klavier (die »Waldsteinsonate« 1803/4), für Klavier und Orchester (Viertes Klavierkonzert 1805/6) sowie für Streichquartett (op. 59/Nr. 1, 1806).
Es ist schwer zu beurteilen, was Beethoven bewogen haben mag, so enorm dimensionierte Sätze zu komponieren; die längsten Anfangssätze in der Musik des 18. Jahrhunderts finden sich in Mozarts späten Klavierkonzerten und in einigen seiner Streichquintette. Möglicherweise

lernte Beethoven aus beiden: aus den Quintetten die breitangelegte Phrasierung, aus den Konzerten die großzügig ausgearbeitete Thematik. Der verlängerten Exposition entsprach eine Ausweitung der Durchführung. Hier findet Beethoven eine eigenständige Lösung: Er schreibt nicht nur eine, sondern zwei Durchführungen und verbindet sie dann durch Übergänge mit weiterem musikalischem Material. Der erste Satz des F-Dur-Quartetts op. 59/Nr. 1 verdeutlicht dieses Verfahren: Kaum vierzig Takte nach der Exposition steuert die Musik (im Takt 152) allem Anschein nach auf die Tonika zu. Dann aber schwenkt sie in der harmonischen Gestaltung von der Ausgangstonart wieder weg und mündet in ein Fugato, das die Durchführung um zusätzliche neunzig Takte erweitert. Ähnliche zusammengesetzte Durchführungsteile findet man in der *Eroica* und in der »Waldsteinsonate«, der »Appassionata« und der »Hammerklaviersonate«.

Zwar haben die monumentalen Formen die folgenden Generationen stärker beeinflußt; die Sonatenformen zu verkleinern aber war ebenso eine Errungenschaft Beethovens, zu dessen späten Meisterwerken die Fis-Dur-Sonate op. 78, das *Quartetto serioso* f-Moll op. 95 und die Achte Symphonie gehören. Wie wir sehen werden, ist einer der interessantesten Aspekte der späten Kompositionen die Art und Weise, in der gewichtige Werke aus einer Anzahl sehr langer und sehr kurzer Sätze zusammengesetzt sind.

Zu 2): Von Anfang an strebte Beethoven ganz bewußt danach, daß die verschiedenen Teile eines mehrsätzigen Werkes zusammenpaßten. Der folgende Überblick kann von den zahlreichen Wegen, auf denen er dies erreichte, nur einige wenige skizzieren. Er scheint sich von vornherein darüber im klaren gewesen zu sein, daß viele Instrumentalwerke des 18. Jahrhunderts eine gewisse Einheit aufweisen, obwohl in ihnen eigenständig strukturierte Sätze aneinandergereiht sind. Ein besonders starker geistiger Zusammenhang besteht zwischen den Ecksätzen. Beethoven versuchte diese Beziehung noch präziser zu fassen, indem er Verbindungsglieder schuf. So betont er zum Beispiel in den Hauptthemen der beiden Ecksätze des Trios op. 1/Nr. 3 das Intervall C-Es. Im Schlußsatz von op. 1/Nr. 1 erinnert der Sprung g′-b″ an das Arpeggio zum b″ im ersten Satz. Subtiler noch klingt der zweite Satz der Klaviersonate op. 2/Nr. 3 durch den plötzlichen Harmoniewechsel und die Themenentwicklung an den ersten an. Diese Beispiele mögen blaß oder gar unbedeutend erscheinen, wenn man sie mit ähnlichen Verfahren in den späten Quartetten vergleicht: dem Spiel mit den Tönen B und A im ersten, dritten und letzten Satz von op. 130 (mit der *Großen Fuge*) und einem ähnlichen Vorgehen in op. 132, aber sie zeigen, daß der Komponist schon früh über diese Dinge nachgedacht hat.

Mit einer anderen Verbindungstechnik, dem Aneinanderhängen mehrerer Sätze, schafft Beethoven längere ununterbrochene musikalische Verläufe. Diese Technik erscheint zum ersten Mal im Jahr 1801 in den beiden Sonaten »quasi una fantasia«. In der ersten versteht man die merkwürdig geformten Sätze ohnehin kaum, wenn man sie für sich betrachtet; ihre Verbindung ergibt eine Sonate, die »größer ist als die Summe ihrer Teile«. In der zweiten, der »Mondscheinsonate«, geht die psychologische Wirkung noch tiefer. Hier ist der tiefste Ton (f') im Anfangsakkord des zweiten Satzes höher als die höchste Note im Schlußakkord des ersten (cis'). Der Übergang wirkt wie eine Wiedergeburt der Musik, der der Atem ausgegangen war. (Einen ähnlichen Effekt kann man zwischen dem langsamen Satz und dem Menuett der etwas früheren Sonate op. 10/Nr. 3 beobachten, obwohl Beethoven dies hier nicht durch eine *attacca*-Vorschrift bestätigt.

Beethoven verbindet in mehreren Werken den langsamen Satz mit dem Scherzo, indem er die Schlußkadenz bei einem unstabilen Klang (etwa einem verminderten Septakkord oder einem Dominantseptakkord) abbricht oder sie um eine solche Harmonie erweitert. Eines der frühesten Beispiele dafür findet man in der »Appassionata« (1805); zehn Jahre später ist dieses Verfahren fast zum Schema geworden. Beethoven verwendet es in der Violinsonate G-Dur op. 96, dem »Erzherzogtrio« op. 97 und der Cellosonate D-Dur op. 102/Nr. 2. Umgekehrt beginnt manches Finale im Piano und/oder in einer anderen Tonart als der Grundtonart, so daß es so wirkt, als wüchse es aus dem vorhergehenden langsamen Satz hervor: Beispiele hierfür sind unter anderem das Vierte Klavierkonzert und das Quartett B-Dur op. 130 (jeweils mit einem der beiden Finalsätze). Beethoven komponierte manchmal auch einen kurzen Übergang zwischen dem langsamen und dem letzten Satz (Violinkonzert 1806, Fünftes Klavierkonzert 1809).

In einem verwandten Verfahren wird der zweite Satz verkürzt, so daß er wie eine Einleitung zum letzten wirkt. So wird der Kontrast, für den der langsame Satz im klassischen Stil sorgen sollte, untergraben. Beethoven hat genau auf diese Art und Weise die »Waldsteinsonate« in einem späten Stadium der Komposition umgemodelt, indem er den ursprünglich umfangreichen langsamen Satz entfernte und durch eine »Introduzione«, eine knappe Einleitung von 28 Takten zum Rondo-Schlußsatz, ersetzte (der ursprüngliche Satz erschien später als eigenständiges Werk, als *Andante favori,* WoO 57). In späteren Sonaten wie op. 69 für Violoncello und Klavier und op. 101 für Klavier kann man oft kaum entscheiden, ob das kurze Stück unmittelbar vor dem letzten Satz eine Einleitung ist oder ein stark verkürzter langsamer Satz.

Viele der oben beschriebenen Techniken stehen in engem Zusammenhang mit einem Phänomen, das in Beethovens Musik zunehmend deutlich hervortritt: der Tendenz, zum letzten Satz hinzudrängen und das intellektuelle oder psychologische Gewicht vom Anfang (wo es bei Haydn und Mozart weit überwiegend liegt) zum Ende hin zu verlagern. Die Fünfte Symphonie liefert hierfür das vielleicht bekannteste Beispiel; ihr letzter Satz schließt mit einem strahlenden Ausbruch in C-Dur (mit zusätzlichen Bläsern), nachdem diese Tonart drei Sätze hindurch immer nur in kurzen Abschnitten zum Vorschein gekommen war, um die vorherrschende tragische Stimmung des c-Moll aufzulockern. Zum Äußersten getrieben ist diese Technik in der Neunten Symphonie. Die Kantate im letzten Satz feiert offenbar das Ende der ernsthaften orchestralen Symphonik, wie sie beispielhaft in den ersten drei Sätzen dargestellt wird. (Daher der spöttisch-selbstkritische Ausruf: »O Freunde, nicht diese Töne!«) Das Quartett op. 130 sollte mit der *Großen Fuge* am Schluß die gleiche Wirkung erzielen, aber Beethoven hat die Fuge durch einen viel konventionelleren Schlußsatz ersetzt. Vielleicht hatte er eingesehen, daß man eine größere Besetzung und nicht nur eine größere Länge benötigt hätte, um diesen Plan befriedigend umsetzen zu können.

Beethoven umging die Schwierigkeiten, die ein die vorhergehenden Sätze erdrückender Schlußsatz in sich birgt; dennoch gelang es ihm, die Bewegung der vorhergehenden Sätze auf den Schlußsatz hin auszurichten. In der As-Dur-Sonate op. 26, die den beiden Sonaten »quasi una fantasia« vorausgeht, beginnt er mit einem Variationssatz. Dadurch bleibt der dramatische Charakter des voll ausgebauten Sonatenhauptsatzes dem Finale vorbehalten. Ganz anders sind die Sätze im cis-Moll-Quartett op. 131 angeordnet. Sie führen zum Finale hin, einem Sonatenhauptsatz in der Grundtonart – die Planung dieser Sätze bildete einen großen Teil des schöpferischen Prozesses (vgl. Winter, 1979). Anderswo drängt Beethovens Musik auf den letzten Satz hin, entweder dadurch, daß dieser selber eine ungewöhnliche Form hat (*Eroica*, As-Dur-Sonate op. 110), oder weil das ganze Werk nur zwei Sätze umfaßt (die Klaviersonaten op. 54, 78 und 90 und vor allem die c-Moll-Sonate op. 111). In dieser Hinsicht stellt die Sechste Symphonie einen Sonderfall dar; ihre Dynamik folgt einer Kurve, die ihren Höhepunkt im vierten Satz (»Gewitter, Sturm«) erreicht und mit dem Schlußsatz (»Hirtengesang«) wieder abfällt.

3): Zum Schluß untersuchen wir, wie Beethoven verschiedenartige Abschnitte zu umfangreicheren Kompositionen zusammensetzt, eine Technik, die Gustav Mahler (1860–1911) und viele Komponisten des 20. Jahrhunderts stark beeinflußt hat. Einiges ist schon oben erwähnt worden, so etwa Teile, die zu kurz sind, um als Satz gezählt zu werden, oder zu melodisch, um als Einleitung zu gelten (op. 69, op. 101). Die meisten Beispiele für dieses Verfahren stammen jedoch aus Beethovens allerletzten Lebensjahren, in denen er sich unter anderem für Miniaturformen interessierte (wie die Bagatellen, die als op. 119/Nr. 7–11 publiziert wurden, und vor allem der Bagatellen-»Zyklus« op. 126 belegen). In mancher Hinsicht stellen diese Bagatellen einen Rückgriff auf das Divertimento des 18. Jahrhunderts dar, in dem gewichtigere Sätze neben Märschen und Tänzen stehen. In diesem Sinne könnte man ganz gut das B-Dur-Quartett op. 130 als Divertimento ansehen (jeweils mit einem der beiden Finalsätze). Allerdings steht dahinter eine äußerst »ernsthafte« Absicht. Die kurzen Sätze bieten zeitweise Erholung von den »intellektuellen“ Anforderungen der anderen Sätze. Außerdem ist in jedem dieser Werke die Anordnung des Materials unterschiedlich.

In der Klaviersonate As-Dur op. 110 (1821–2) übernimmt eine sechzehntaktige Melodie mit der Bezeichnung »arioso dolente« (oder »Klagender Gesang«) die Rolle des langsamen Satzes. Dem gehen sieben Takte Einleitung und »Rezitativ« voraus. Da dieses Material im Verhältnis zu den vorhergehenden Sätzen und der folgenden Schlußfuge nicht ausreicht, unterbricht Beethoven die Fuge nach 88 Takten, um das »arioso dolente« zu wiederholen; dieses Mal allerdings in einer aufgewühlteren Rhythmik: Auf diese Art und Weise sind der langsame Satz und der Schlußsatz einer Sonate in einem einzigen Satz verschmolzen, in dem ein vollendetes Gleichgewicht zwischen den beiden Bestandteilen herrscht.

Die ungewöhnlichste Zusammenstellung der Sätze bei den späten Quartetten findet sich in op. 131 (cis-Moll), das Beethoven in sieben numerierte Abschnitte einteilte. Die mittleren Sätze umfassen eine gewichtige Reihe von Variationen (Nr. 4) und ein Scherzo (Nr. 5), aber auch ein verbindendes Rezitativ (Nr. 3) und ein 28 Takte langes Adagio quasi un poco andante (Nr. 6), das wiederum zu kurz ist, um als langsamer Satz zu gelten, aber auch nicht vorbereitend genug klingt, um als Einleitung zum Schlußsatz bezeichnet zu werden. Sogar der zweite Abschnitt des Werkes, ein Allegro molto vivace von fast 200 Takten, wirkt wie ein Torso, nicht als vollgültiger Satz. Außerdem ist das Werk tonal so angelegt, daß nur der erste und der letzte Satz in der Grundtonart stehen:

Nr.	1	2	3	4	5	6	7
	cis	D	(b)	A	E	gis	cis

Da die eröffnende Fuge selber tonal instabil ist, ist es bei jedem der Sätze schwierig, ihn als eigenständige, unabhängige musikalische Aussage aufzufassen.

Beethoven bricht also in vielen seiner Werke mit Hilfe verschiedener Techniken mit der Vorstellung einzelner Sätze und macht das Werk als Ganzes zur Einheit seines künstlerischen Maßstabs. Das heißt, daß man als Zuhörer viel längere musikalische Abläufe im Zusammenhang aufnehmen muß: op. 131 ist zwar rein zeitlich gesehen nicht wesentlich länger als op. 18, aber es führt den Zuhörer auf eine lange und abwechslungsreiche Reise durch verschiedene Tonarten, Stimmungen und Satzstrukturen. Dies ist eine Eigenart, die sich an vielen der besten Werke Beethovens feststellen läßt; auch an denen, die eine eher konventionelle Struktur aufweisen. In der *Eroica*, der Fünften Symphonie und der *Pastorale*, in der »Hammerklaviersonate« und der späten E-Dur-Klaviersonate, um nur einige wenige herauszugreifen, wird es ganz offensichtlich: Es handelt sich um Werke, die mit musikalischen Mitteln Geschichten erzählen.

WILLIAM DRABKIN

Kapitel X

Das Werk

Das Werk

Numerisches Werkverzeichnis

Die nachfolgende Liste führt alle Werke Beethovens auf, nach Zahlen geordnet, mit einem Hinweis auf die Seite, auf der jedes Werk ausführlicher beschrieben wird. Die Aufstellung umfaßt drei Hauptteile: Opuszahlen, WoO und Hess. Die meisten Opuszahlen stammen von Beethoven selbst; es sind mehrere Briefe erhalten, in denen er verschiedenen Verlagen mitteilt, welche Opuszahlen bestimmten Werken zuzuordnen seien. Einige Werke waren jedoch zu manchen Zeiten unter einer anderen Opuszahl bekannt. So wurden zum Beispiel die Sonaten op. 31 1805 von Cappi als »op. 29« wiederaufgelegt – eine Zahl, die schon für ein Quintett verwendet worden war; die Pariser und Wiener Editionen der Bagatellen op. 119 wurden als »op. 112« veröffentlicht und erhielten ihre jetzige Nummer erst 1851. Unter den Werken, die erst posthum mit einer Opuszahl versehen wurden, sind op. 129 und 136 bis 138.

Beethoven hat viele seiner Werke zu gering geachtet, um ihnen eine Opuszahl zu geben. Sie sind von Kinsky 1955 als *Werke ohne Opuszahl (WoO)* bezeichnet worden. Zur selben Zeit war Willy Hess dabei, eine Liste all jener Werke zusammenzustellen, die nicht in der Gesamtausgabe (1862–65 und 1888) abgedruckt worden waren. Viele der Werke, die Kinsky als WoO aufgeführt hatte, waren darin enthalten, andere jedoch wurden erst später publiziert. Die Liste von Hess (vgl. Hess, 1957) umfaßte neben zahlreichen »WoOs« auch viele Werke, die noch nicht einmal eine WoO-Zahl hatten – vorwiegend Varianten, Fragmente und relativ unbedeutende Stücke. Die Werke, die über keine WoO-Zahl verfügen und dennoch bedeutend genug sind, werden hier unter ihrer Hess-Nummer aufgeführt. Die vorliegende Liste schließt auch einige kleinere Werke mit ein, die überhaupt keine Nummer haben. Darüber hinaus existieren einige unnumerierte, aber mehr oder weniger vollständige Werke (meist kurze Klavierstücke), die nicht aufgenommen wurden, da sie als zu skizzenhaft erscheinen. Viele von ihnen sind von Kerman (1970) publiziert worden, andere von Schmitz (1924) und drei von Cooper (1991); praktische Ausgaben von einundzwanzig Stücken aus Kerman (1970) finden sich bei Fecker (1972). Werke, bei denen die Autorschaft zweifelhaft ist und die Beethoven zugeschrieben werden, hat Kinsky in einem Anhang aufgeführt. Diejenigen unter ihnen, die mit einiger Wahrscheinlichkeit von Beethoven stammen, sind hier mit ihrer Anhang-Nummer aufgenommen. Andere Werke, deren Echtheit heute angezweifelt wird, die Kinsky aber noch als authentisch betrachtete, werden ebenfalls aufgeführt, und zwar mit einem Hinweis auf ihre Herkunft. Informationen über die handschriftlichen Quellen (Skizzen, Autographen und korrigierte Abschriften) der wichtigsten Werke finden Sie in Kapitel VIII.

Dem numerischen Verzeichnis folgen nach Gattungen geordnete Aufstellungen mit Kommentaren. Unter jeder Überschrift (oder Unterüberschrift) sind die Werke (nach heutigem Kenntnisstand) in chronologischer Reihenfolge aufgeführt, mit Ausnahme der Volksliedbearbeitungen, anderer Bearbeitungen und der Werke, die unter »Verschiedenes« zusammengefaßt sind; bei diesen erschien es sinnvoller, sie in numerischer Reihenfolge wiederzugeben. Die Anordnung der einzelnen Eintragungen ist – von kleinen Abweichungen bei den verschiedenen Gattungen abgesehen – fast gleich, im wesentlichen wie folgt:

Opuszahl
Titel (gegebenenfalls mit Textdichter), **Tonart.**
Überschrift der einzelnen Sätze (bei Abweichung vom Gesamtwerk Tonart).
Besetzung (unter Umständen mit Alternativen, wie zum Beispiel bei den Tänzen).
Entstehungszeit; Uraufführung (falls bekannt); Verlag (Verleger), wenn die Publikation zu Lebzeiten Beethovens oder kurz danach erfolgte.
Widmung und Bemerkungen (falls vorhanden).

Abkürzungen

A	Alt
Anh.	Anhang
Auff.	Aufführung
B	Baß (Vokal)
Bar	Bariton
Bt	Baßtrommel
Bsh	Bassetthorn
Ch	Chor
Engl. H	Englischhorn
Fg	Fagott
Fl	Flöte

Hess	Nummer bei Hess, 1957
Hn	Horn
Kb	Kontrabaß
Kfg	Kontrafagott
Kl	Klavier
Klar	Klarinette
kl. Tr.	Kleine Trommel
Mand	Mandoline
Ms	Manuskript
Ob	Oboe
Orch	Orchester
Org	Orgel
Ouv	Ouvertüre
Pikk	Pikkolo
Pk	Pauken
Pos	Posaune
Qnt	Quintett
Qt	Quartett
rev.	revidiert
S	Sopran
SATB	Sopran, Alt, Tenor, Baß
Schlgzg	Schlagzeug
Serp	Serpent
St	Singstimme(n)
Str	Streicher
T	Tenor
Tamb	Tamburin
Tp	Trompete
Tri	Triangel
Urauffg.	Uraufführung
Va	Viola
Vc	Violoncello
Vl	Violine
WoO	Werke ohne Opuszahl (vgl. Kinsky, 1955)
Zy	Zymbel

Opus	**Kurztitel**	**Seite**
1	Drei Klaviertrios	277
2	Drei Klaviersonaten	295
3	Streichtrio Es-Dur	286
4	Streichquintett Es-Dur	287
5	Zwei Sonaten für Klavier und Violoncello	278
6	Sonate für Klavier vierhändig	301
7	Klaviersonate Es-Dur	295
8	Serenade (Streichtrio) D-Dur	287
9	Drei Streichtrios	287
10	Drei Klaviersonaten	295
11	Klarinettentrio	274
12	Drei Violinsonaten	278
13	Klaviersonate *(Pathétique)*	295
14	Zwei Klaviersonaten	295
15	Erstes Klavierkonzert	265
16	Quintett für Bläser und Klavier	273
17	Hornsonate	274
18	Sechs Streichquartette	287
19	Zweites Klavierkonzert	265
20	Septett	274
21	Erste Symphonie	260
22	Klaviersonate B-Dur	295
23	Violinsonate a-Moll	278
24	Violinsonate F-Dur (»Frühlingssonate«)	278-9
25	Serenade (Flöte, Violine, Viola)	274
26	Klaviersonate As-Dur	295-6
27	Zwei Klaviersonaten (*quasi una fantasia;* Nr. 2: »Mondscheinsonate«)	296
28	Klaviersonate D-Dur (»Pastorale«)	296
29	Streichquintett C-Dur	287
30	Drei Violinsonaten	279
31	Drei Klaviersonaten	296
32	Lied *An die Hoffnung*	321
33	Sieben Bagatellen für Klavier	299
34	Klaviervariationen F-Dur	298
35	Klaviervariationen (*Prometheus* oder »Eroica«)	298
36	Zweite Symphonie	260
37	Drittes Klavierkonzert	265
38	Klaviertrio (Bearbeitung von op. 20)	330
39	Zwei Präludien für Klavier oder Orgel	299
40	Romanze G-Dur für Violine und Orchester	266
41	Serenade für Klavier und Flöte (Bearbeitung von op. 25)	330
42	Notturno für Klavier und Bratsche (Bearbeitung von op. 8)	331
43	Ballett *Die Geschöpfe des Prometheus*	305
44	Variationen Es-Dur für Klaviertrio	279
45	Drei Märsche für Klavier vierhändig	301
46	Lied *Adelaide*	319
47	Violinsonate A-Dur (»Kreutzer-sonate«)	279
48	Sechs Gellert-Lieder	320–1

Hess

92	*Bundeslied* (op. 122) mit Klavierbegleitung	331
93–5	»Freudvoll« (aus op. 84) mit Klavierbegleitung	331
97	*Wellingtons Sieg* (Klavierfassung von op. 91)	331
99	Marsch für Klavier (Bearbeitung von WoO 18)	332
107	*Grenadiermarsch*	333
108	*Wellingtons Sieg* (für Panharmonikon)	332
115	*Vestas Feuer* (unvollendete Oper)	334
118	Musik für *Die Weihe des Hauses* (Bearbeitung von op. 113)	332
133-4	Zwei Volksliedsätze	328-9
137	Lied *Ich wiege dich* (verschollen)	320
139	Lied *Minnesold* (verschollen)	320
143	Lied *An die Freude* (verschollen)	320
152–207	Volksliedsätze	329
208–32	Italienische mehrstimmige Gesänge	312
233–46	Übungen im Kontrapunkt	333
274–7	Vier Kanons	314-6
297	Adagio für drei Hörner	274
300–1	Zwei Kanons	315
–	Duo Es-Dur für Violine und Bratsche	286
–	Kanon *Bester Magistrat*	316
–	Lied *Meine Lebenszeit* (verschollen)	320
Anh. 3	Klaviertrio D-Dur	277
Anh. 4	Flötensonate B-Dur	273
Anh. 5	Zwei Klaviersonatinen	295
Anh. 6	Rondo B-Dur für Klavier	299

BARRY COOPER

Die Symphonien

Es ist fast unmöglich, die Bedeutung der neun vollendeten Symphonien Beethovens zu überschätzen, und zwar gilt dies sowohl in bezug auf sein übriges Werk als auch im Hinblick auf die folgende Musikgeschichte. Für viele Hörer sind die Symphonien der »eigentliche« Beethoven; und vielleicht ist die Fünfte ihrerseits die Quintessenz der Symphonien, auch wenn mit Schindlers Diktum, hier klopfe das Schicksal an die Tür, endlich aufgeräumt werden sollte. Sicher liegt es in der Natur von Beethovens kompositorischem Denken, daß er in dieser Gattung Außergewöhnliches zu leisten und sie von Grund auf zu verändern vermochte.

Die symphonische Meisterschaft fiel ihm dennoch nicht in den Schoß. Zu Beginn seiner Laufbahn war Beethoven nicht nur mit dem Mozartschen Erbe konfrontiert, sondern auch mit der immensen Produktivität seines Lehrers Haydn. Nachdem er schon während seiner Bonner Zeit einen Satz in c-Moll begonnen und wieder aufgegeben hatte, wandte er sich in den Jahren 1795–96 der Arbeit an einer C-Dur-Symphonie zu. Auch dieses Werk, das zweifellos von Haydns Symphonie Nr. 97 beeinflußt war, legte er beiseite; allerdings rettete er einiges Material daraus für seine Erste Symphonie (vgl. »Unvollendete und geplante Werke«, S. 334, und Johnson, 1980 a, S. 461–9). (Die »Jenaer Symphonie«, die man einige Zeit für ein frühes Werk Beethovens hielt, wurde schon vor dreißig Jahren als das Werk Friedrich Witts identifiziert; vgl. Landon, 1957.)

Die ersten beiden Symphonien als reine Nachahmungen abzutun wird ihnen nicht gerecht. Die Eröffnung der Ersten Symphonie in der »falschen« Tonart wird oft erwähnt und kommentiert, aber vielleicht ist sie für sich genommen weniger interessant als im Hinblick auf die Bedeutung, die sie für den Rest des Werkes hat. Die ersten Akkorde mit e'''-f''' ganz hoch in der Flöte stellen ein »Problem« dar, das bestehen bleibt, bis es in der Reprise des Schlußsatzes, wiederum von der Flöte, als f'''-e''' »gelöst« wird, jetzt in C-Dur, der »richtigen« Tonart. Dies ist ein frühes, dabei höchst aufschlußreiches Beispiel dafür, wie Beethoven seine Musik über lange Strecken hinweg konzipierte, ein Zug, der in seinen späteren Werken noch viel stärker ausgebildet erscheint: Man denke nur an das tonartlich entfernte Cis-Dur bald nach dem Anfang der *Eroica* oder an das Finale der Achten Symphonie – jedesmal wird das Cis durch spätere Ereignisse aufgegriffen und »erklärt«.

In der Zweiten Symphonie zeigen sich schon bemerkenswerte Fortschritte gegenüber der Ersten. Die langsame Einleitung ist viel gewichtiger und weist bereits auf die der Vierten und Siebten Symphonie hin, außerdem ist im Schlußsatz schon sehr deutlich die unaufhaltsam zum Schluß hindrängende Kraft spürbar, die für Beethoven so charakteristisch ist (man vergleiche damit wiederum den Schlußsatz der Siebten Symphonie). Zukunftsweisend auch die massive, durchführungsartige Coda im Finale: Mit ihr kündigt sich bereits die Coda im ersten Satz der *Eroica* an, und mit ihrem Gewicht bildet sie einen Anker nicht nur für den letzten Satz, sondern für das ganze Werk. Der Eindruck, von Anfang bis Ende auf einer »Reise« durch die Seelenlandschaft zu sein, der auf diese Weise hervorgerufen wird, wurde schließlich zu einem wesentlichen Charakteristikum der Beethovenschen Symphonik: Der *locus classicus* dafür dürfte die Fünfte Symphonie sein, in der die unmittelbar aufeinanderfolgenden beiden letzten Sätze und der Kontrast zwischen Moll und Dur der Reise fast eine spirituelle Dimension verleihen. In seiner berühmten Kritik des Werkes spricht E. T. A. Hoffmann von einem »strahlenden, blendenden Sonnenlicht, das plötzlich die tiefe Nacht erleuchtet« (Hoffmann, 1988, S. 38).

Es war jedoch die *Eroica,* mit der Beethoven ein für allemal das Wesen der Symphonie veränderte. Sie ist eines der ersten und zugleich charakteristischsten Werke der sogenannten »heroischen Phase« Beethovens (vgl. Tyson, 1969). Diese Phase ist durch die Entstehung von Werken von kompromißloser Art und riesigem Umfang gekennzeichnet, oftmals verbunden mit außermusikalischen Ideen. So ist die *Eroica* weitaus länger und vielschichtiger als jede Symphonie vor ihr. Insbesondere trifft dies auf den gigantischen ersten Satz zu, der reich an thematischem Material und tonartlich bemerkenswert breit angelegt ist (ein Thema, das aus dem eröffnenden Motiv entstanden sein mag, in seinem Charakter aber ganz neu ist, erscheint in der Durchführung in der weit entfernten Tonart e-Moll). Dennoch ist auch die *Eroica* in gewissem Sinne aus anderem abgeleitet: Einiges schuldet sie den Werken der nachrevolutionären französischen Komponisten; außerdem hatte Beethoven das Thema des Schlußsatzes bereits in nicht weniger als drei früheren Werken verwendet – in *Die Geschöpfe des Prometheus* op. 43, in der Nr. 7 aus den Zwölf Contretänzen WoO 14 und in den *Prometheus*-(oder »Eroica«-)Variationen op. 35.

Die Verbindung zwischen der *Eroica* und Napoleon ist wohlbekannt und von allen bedeutenderen Kommentatoren erörtert worden. Beethoven wollte die Symphonie ursprünglich Napoleon widmen – eine Verbeugung vor dessen republikanischen Idealen. Schließlich entschloß er sich sogar, dem Werk den Titel »Bonaparte« zu geben. Wie Ferdinand Ries mitteilt, war er der erste, der Beethoven berichtete, Napoleon habe sich zum Kaiser ernannt. Daraufhin sei Beethoven sehr zornig geworden, habe das Titelblatt der Symphonie entzweigerissen und auf den Boden geworfen (Wegeler, 1987, S. 68). Dieser Vorfall muß sich im Mai 1804 abgespielt haben. Laut Ries stand auf dem von Beethoven zerstörten Titelblatt ganz oben »Bonaparte« und unten »Luigi van Beethoven«. Wahrscheinlich gehörte es zu der heute verschollenen autographen Partitur. Ein anderes Titelblatt ist noch bei einer Partiturabschrift erhalten (vgl. Abb. 27). Darauf stand ursprünglich »Sinfonia grande/intitolata Bonaparte/del Sigr/Louis van Beethoven«. Das Blatt ist noch in einem Stück, aber die Worte »intitolata Bonaparte« sind so gründlich wegradiert worden, daß sich an der Stelle, wo der Name von Beethovens Held stand, Löcher befinden.

Die Beziehung zu Bonaparte endete freilich nicht an diesem Punkt: Auf die Titelseite der Partiturabschrift sind danach noch die Worte »geschrieben auf Bonaparte« unter Beethovens Namen gekritzelt worden, und in einem Brief an Breitkopf & Härtel vom 26. August 1804 (Brief Nr. 101, Kastner) – also nach den Ereignissen, die Ries geschildert hat – schreibt Beethoven: »Die Symphonie ist eigentlich betitelt Bonaparte . . .« Diesen beiden Quellen ist allerdings nicht zwangsläufig zu entnehmen, daß Beethoven den Entschluß gefaßt hatte, den ursprünglichen Titel wiedereinzusetzen; wahrscheinlicher ist, daß er sich in beiden Fällen in einem eher generellen Sinn auf die »Idee« des Werkes bezog. Diese war in der Tat viel allgemeiner auf dem Titelblatt der Erstausgabe ausgedrückt: »Sinfonia Eroica . . . per festeggiare il sovvenire di un grand Uomo« (. . . zur Feier des Andenkens eines großen Mannes).

Die äußere Form der Symphonie veränderte Beethoven im wesentlichen nicht. Die Symphonien waren als gewissermaßen »öffentliche« Werke weniger für die Art formaler Experimente geeignet, die für sein Schaffen in den eher intimeren Werkgattungen, wie der Klaviersonate und dem Streichquartett, zunehmend charakteristisch wurden. Er verwendet manchmal ein größeres Orchester als Haydn – beispielsweise verlangt er in der *Eroica* ein drittes Horn, und im Finalsatz der Fünften erweitert er das Orchester um Pikkolo, Kontrafagott und Posaunen –, aber in anderer Hinsicht hält er sich eng an die äußere Form der Werke des älteren Komponisten. Die beiden Symphonien, die erheblich von Haydns Modell abweichen, sind die *Pastorale* und die Neunte Symphonie.

Die *Pastorale* hat fünf statt der üblichen vier Sätze, und jeder Satz trägt eine beschreibende Überschrift (obwohl Beethoven über das Werk schreibt: »mehr Ausdruck der Empfindung als Malerei«). Die letzten drei Sätze folgen ohne Pause aufeinander. Der »Sturm-

Satz« in dem Beethoven Posaunen und Pikkoloflöte einsetzt, ist harmonisch sehr instabil. Er beginnt auf Des, der erniedrigten sechsten Stufe der Dur-Grundtonart, und durchwandert verschiedene tonale Bereiche, bevor er sich wieder auf der Dominante niederläßt, die den letzten Satz vorbereitet. Die tonale Instabilität des »Sturms« wird durch die Stabilität der anderen Sätze besonders hervorgehoben: Vor allem der erste Satz weist keinerlei harmonische Spannung auf, und die Symphonie als Ganzes schreitet wunderbar entspannt voran – ein Effekt, der daher rührt, daß die Subdominante im ganzen Satz vorherrscht. Der »Sturm« wirkt wie ein langer Einschub zwischen dem dritten und dem fünften Satz, und seine Funktion innerhalb der Symphonie als Ganzer ähnelt der einer Durchführung in einem Sonatensatz. Wenn man dies bemerkt, erkennt man, daß die Veränderung der äußeren Form der Symphonie schlicht eine Folge der veränderten inneren Dynamik ist.

Der auffälligste »äußere« Aspekt der Neunten Symphonie ist natürlich, daß im letzten Satz Chor und Solisten hinzutreten. Wie in der Fünften Symphonie scheint sich das ganze Werk auf den Schlußsatz hinzubewegen: Ganz deutlich wird das, wenn Beethoven am Anfang des Finales Fragmente der vorhergehenden Sätze wiederverwendet, nur um sie zugunsten des »Freude«-Themas fallenzulassen. Wie in der Fünften Symphonie gewinnt die Dur-Tonika letztlich die Oberhand über die Moll-Grundtonart, nachdem sie früher schon in der Reprise des ersten Satzes, im Trio des zweiten und sogar im dritten Satz erschienen war. Wenn man von der *Pastorale* behaupten könnte, Beethoven habe die Sonatensatzform auf das ganze Werk projiziert, so hat er es im Finalsatz der Neunten geschafft, die Dynamik einer ganzen klassischen Symphonie in einen Satz zusammenzuziehen. Den Teil mit dem Türkischen Marsch kann man als Scherzo hören, das dem eröffnenden Abschnitt folgt; das Andante maestoso steht anstelle eines langsamen Satzes, und der Schluß (ab 6/4-Takt, Allegro energico) führt in die Grundtonart zurück und verbindet erstmals das »Freude«- mit dem »Seid umschlungen«-Thema. Der Schlußsatz der Neunten bezieht sich aber auch noch auf andere formale Modelle: vielleicht am offensichtlichsten auf die Variationsform (die auch im dritten Satz verwendet wird), aber auch ganz deutlich auf die Prinzipien der Sonaten- und sogar der Konzertformen. In diesem riesenhaften Satz (der immer schon umstritten war) wird das Verschmelzen von Formen und Gattungen vorgeführt, das für Beethovens späte Periode so charakteristisch ist. Die erhaltenen Skizzen für eine Zehnte Symphonie sind zwar umfangreicher, als man bisher vermutet hatte (vgl. »Unvollendete und geplante Werke«, S. 335), es ist jedoch keineswegs klar, wie dieses Werk angelegt worden wäre. Daher bleibt die Neunte Symphonie der Zenit von Beethovens Schaffen als Symphoniker. Dieses in jeder Hinsicht einem Höhepunkt zustrebende Werk versucht, den öffentlichen Charakter der Gattung zu überhöhen. »Alle Menschen werden Brüder«, singt der Chor – ein Appell an eine universelle Öffentlichkeit, an die Menschheit.

Der Schlußsatz der *Eroica* und seine Verbindung zu drei früheren Werken wurden bereits erwähnt. Neuere Forschungen anhand der Skizzen haben gezeigt, daß der Zusammenhang zwischen der Symphonie und den *Prometheus*-Variationen für Klavier stärker ist, als man bisher angenommen hatte. Die zwei Werke haben nicht nur einiges an Themenmaterial gemeinsam, es scheint jetzt sogar erwiesen, daß die Variationen der Same waren, aus dem sowohl der erste als auch der letzte Satz der Symphonie erwuchsen. Die frühesten Entwürfe für die Symphonie stammen aus dem Jahre 1802 und folgen damit unmittelbar auf die letzten Skizzen zu den Variationen (vgl. Lockwood, 1981).

Die *Eroica* ist nicht die einzige Symphonie, zu der Beethoven vorbereitende Skizzen anfertigte, bevor er mit der eigentlichen Arbeit begann. Obwohl die Fünfte und die Sechste Symphonie erst in den Jahren 1807–08 komponiert wurden, enthält das sogenannte *Eroica*-Skizzenbuch von 1803–04 für beide Werke »Übersichtsentwürfe« (vgl. »Skizzen«, S. 218). Außerdem weiß man, daß der erste Satz der Achten Symphonie ursprünglich als Klavierkonzert konzipiert war (vgl. Brandenburg, 1990, S. 135–41). Wenn man jedoch die Ursprünge der Symphonien vergleicht, ist es wiederum die Neunte, die die anderen in den Schatten stellt. Beethoven hatte schon 1792 daran gedacht, Schillers *An die Freude* zu vertonen, allerdings als Lied und nicht als Schlußsatz einer Symphonie. Weitere Skizzen zu Schillers Gedicht findet man im Petterschen Skizzenbuch aus den Jahren 1811–12, in dem auch eine Symphonie d-Moll erwähnt wird. Skizzenmaterial, das sich direkt auf die Symphonie bezieht, wie wir sie heute kennen, gibt es bereits aus den Jahren 1815–16; das verschollene Boldrini-Skizzenbuch verzeichnet weitere Fortschritte im Jahr 1818. Die Existenz so vieler früher Ideen ändert freilich nichts daran, daß die ernsthafte, kontinuierliche Arbeit an dem Werk für die Jahre 1823–24 anzusehen ist.

Man darf nicht übersehen, daß von den ersten sechs

Symphonien zunächst nur die Orchesterstimmen veröffentlicht wurden. In dem bereits erwähnten Brief vom 26. August 1804 (Brief Nr. 101, Kastner) bat Beethoven darum, die *Eroica* als Partitur zu publizieren und nicht in Stimmen, was nicht geschah. Erst 1822 erschien eine Partitur, zusammen mit den Partituren der ersten beiden Symphonien. Die Fünfte und die Sechste Symphonie wurden erst im Jahre 1826 in dieser Form veröffentlicht. Die drei letzten Symphonien erschienen gleichzeitig als Partitur und in Stimmen; die Siebte und Achte waren so populär, daß Steiner gleichzeitig sogar verschiedene kammermusikalische Bearbeitungen publizierte. Tatsächlich gab es zu Lebzeiten Beethovens eine Menge instrumentaler Bearbeitungen aller Symphonien außer der Neunten, die sicher wesentlich zur Verbreitung dieser Werke beitrugen. Beethoven selber hat 1805 eine Bearbeitung seiner Zweiten Symphonie für Klaviertrio publiziert (vgl. »Bearbeitungen«, S. 330).

Beethovens Korrespondenz enthält reichliches Belegmaterial dafür, welch mühsames Geschäft es war, die Symphonien zu veröffentlichen. Auch heute noch liegt keine wissenschaftliche Edition der Symphonien vor, und es herrscht Unklarheit bezüglich elementarster Fragen. So hat es zum Beispiel lebhafte Diskussionen über die Form des dritten Satzes der Fünften Symphonie gegeben, insbesondere darüber, ob Beethoven eine konventionelle dreiteilige Form (ABA) beabsichtigte oder eine fünfteilige (ABABA), wie in dem entsprechenden Satz der Vierten Symphonie. Der gewichtigste Beitrag zu dieser Debatte stammt von Brandenburg, 1984 b, der behauptet, Beethoven habe nicht rechtzeitig bemerkt, daß der Satz in einer dreiteiligen statt in einer fünfteiligen Form publiziert worden war, so daß es zu spät war, den Fehler zu korrigieren. Brandenburg schließt daraus: »Wenn wir uns fragen, welches die ›endgültige Fassung‹ ist ..., muß die Antwort lauten: Es ist die dreiteilige. Jedoch ist die fünfteilige Fassung diejenige, die Beethovens künstlerischen Absichten entspricht« (S. 198). Im Zusammenhang mit neueren Untersuchungen des Manuskripts und gedruckter Quellen zur *Eroica* sind Fragen zu genau demselben Sachverhalt aufgetreten (vgl. Tusa, 1985).

In einigen Fällen gibt es Beweise dafür, daß Beethoven Änderungen an den Symphonien angebracht hat, die dadurch veranlaßt wurden, daß er Aufführungen gehört hatte. So schreibt er zum Beispiel am 4. März 1809 an Breitkopf & Härtel: »Sie erhalten morgen eine Anzeige von kleinen Verbesserungen, welche ich während der Aufführung von Symphonien machte; – als ich sie Ihnen gab, hatte ich noch keine davon gehört – und man muß nicht so göttlich sein wollen, etwas hier oder da in seinen Schöpfungen zu verbessern« (Brief Nr. 183, Kastner). In jüngster Zeit hat man entdeckt, daß Fürst Lobkowitz, dem das Werk gewidmet war, Beethoven Privatproben der *Eroica* finanzierte (vgl. Volek, 1986). Zweifellos wurde die Form der endgültigen Fassung dadurch mitbestimmt, daß Beethoven das Werk vorab hören konnte.

Der Einfluß der Beethovenschen Symphonien, vor allem der Neunten, auf die nachfolgenden Generationen war enorm. Beginnend mit Schubert, war jeder Symphoniker mit dem schier unerschöpflichen Erbe dieser neun Kompositionen konfrontiert und mußte sich damit auseinandersetzen. Der *in medias res*-Anfang der Neunten beeinflußte Bruckner stark, und Wagner betrachtete das ganze Werk als eine wichtige Station auf dem Weg von der wortlosen Instrumentalmusik zu seinem eigenen Konzept des Musiktheaters.

Op. 21
Erste Symphonie, C-Dur

Adagio molto (4/4), Allegro con brio (2/2) – Andante cantabile con moto (F-Dur, 3/8) – Menuetto: Allegro molto e vivace (3/4) – Finale: Adagio (2/4), Allegro molto e vivace (2/4)
2 Fl, 2 Ob, 2 Klar, 2 Fg, 2 Hn, 2 Tp, Pk, Str
1799–1800; Urauffg. 2. April 1800; veröffentlicht 1801 (Hoffmeister, Leipzig)
Baron van Swieten gewidmet

Op. 36
Zweite Symphonie, D-Dur

Adagio molto (3/4), Allegro con brio (4/4) – Larghetto (A-Dur, 3/8) – Scherzo: Allegro (3/4) – Allegro molto (2/2)
2 Fl, 2 Ob, 2 Klar, 2 Fg, 2 Hn, 2 Tp, Pk, Str
1801–02; Urauffg. 5. April 1803; veröffentlicht 1804 (Bureau des Arts et d'Industrie, Wien)
Fürst Lichnowsky gewidmet

Op. 55
Dritte Symphonie, *Eroica*, Es-Dur

Allegro con brio (3/4) Marcia funebre: Adagio assai (c-Moll, 2/4) – Scherzo: Allegro vivace (3/4) – Finale: Allegro molto (2/4)
2 Fl, 2 Ob, 2 Klar, 2 Fg, 3 Hn, 2 Tp, Pk, Str
1803; Urauffg. 7. April 1805; veröffentlicht 1806 (Bureau des Art et d'Industrie, Wien)

Fürst Lobkowitz gewidmet, ursprünglich war jedoch Napoleon Bonaparte als Widmungsträger vorgesehen.

Op. 60
Vierte Symphonie, B-Dur
Adagio, Allegro vivace (2/2) – Adagio (Es-Dur, 3/4) – Allegro vivace (3/4) – Allegro ma non troppo (2/4)
Fl, 2 Ob, 2 Klar, 2 Fg, 2 Hn, 2 Tp, Pk, Str
1806; Urauffg. März 1807; veröffentlicht 1808 (Bureau des Arts et d'Industrie, Wien)
Graf Oppersdorf gewidmet

Op. 67
Fünfte Symphonie, c-Moll
Allegro con brio (2/4) – Andante con moto (As-Dur, 3/8) – Allegro (3/4) – Allegro (C-Dur 4/4)
Pikk, 2 Fl, 2 Ob, 2 Klar, 2 Fg, 2 Hn, 2 Tp, 3 Pos, Pk, Str
1807–08; Urauffg. 22. Dez. 1808; veröffentlicht 1809 (Breitkopf & Härtel, Leipzig)
Fürst Lobkowitz und Graf Rasumovsky gewidmet

Op. 68
Sechste Symphonie, *Pastorale*, F-Dur
Allegro ma non troppo (»Erwachen heiterer Empfindungen bei der Ankunft auf dem Lande«, 2/4) – Andante molto moto (»Szene am Bach«, B-Dur, 12/8) – Allegro (»Lustiges Zusammensein der Landleute«, 3/4) – Allegro (»Gewitter, Sturm«, 4/4) – Allegretto (»Hirtengesang: Frohe und dankbare Gefühle nach dem Sturm«, 6/8)
Pikk, 2 Fl, 2 Ob, 2 Klar, 2 Fg, 2 Hn, 2 Tp, 2 Pos, Pk, Str
1808; Urauffg. 22. Dez. 1808; veröffentlicht 1809 (Breitkopf & Härtel, Leipzig)
Fürst Lobkowitz und Graf Rasumovsky gewidmet

Op. 92
Siebte Symphonie, A-Dur
Poco sostenuto (4/4), Vivace (6/8) Allegretto (a-Moll, 2/4) – Presto (F-Dur, 3/4) – Allegro con brio (2/4)
2 Fl, 2 Ob, 2 Klar, 2 Fg, 2 Hn, 2 Tp, Pk, Str
1811–12; Urauffg. 8. Dez. 1813; veröffentlicht 1816 (Steiner, Wien)
Graf Fries gew., Bearb. für Klavier (2- und 4händig) und für zwei Klaviere der Kaiserin von Rußland gewidmet

Op. 93
Achte Symphonie, F-Dur
Allegro vivace e con brio (3/4) – Allegretto scherzando (B-Dur, 2/4) – Tempo di Menuetto (3/4) – Allegro vivace (2/2)
2 Fl, 2 Ob, 2 Klar, 2 Fg, 2 Hn, 2 Tp, Pk, Str
1812; Urauffg. 27. Februar 1814; veröffentlicht 1817 (Steiner, Wien)
Keine Widmung. Schindlers Behauptung, der zweite Satz gehe auf einen Kanon für Mälzel (WoO 162) zurück, ist falsch.

Op. 91
Wellingtons Sieg
Vgl. »Konzerte und andere Orchesterwerke« (S. 267)

Op. 125
Neunte Symphonie, d-Moll
Allegro ma non troppo, un poco maestoso (2/4) – Molto vivace (3/4) – Adagio molto e cantabile (B-Dur, 4/4) – Presto (d-Moll/D-Dur, 3/4), Allegro assai (D-Dur, 4/4), Presto (d-Moll/D-Dur, 3/4, »O Freunde, nicht diese Töne!«), Allegro assai (D-Dur, 4/4, »Freude, schöner Götterfunken«), Allegro assai vivace: Alla marcia (B-Dur/D-Dur, 6/8, »Froh, wie die Sonnen fliegen«), Andante maestoso (G-Dur, 3/2, »Seid umschlungen, Millionen«), Allegro energico, sempre ben marcato (D-Dur, 6/4)
Pikk, 2 Fl, 2 Ob, 2 Klar, 2 Fg, Kfg, 4 Hn, 2 Tp, 3 Pos, Pk, Tri, Zy, Bt, Str, SATB Soli, SATB Chor
1823–24; Urauffg. 7. Mai 1824; veröffentlicht 1826 (Schott, Mainz)
König Friedrich Wilhelm III. von Preußen gewidmet. Es sind nur die wichtigsten tonalen und thematischen Bereiche des Schlußsatzes aufgeführt.

NICHOLAS MARSTON

Konzerte und andere Orchesterwerke

Es sind nicht viele Konzerte, die Beethoven vollendet hat: fünf Klavierkonzerte, ein Violinkonzert und das Tripelkonzert sowie die zwei Romanzen für Violine und Orchester; bei allen handelt es sich um verhältnismäßig frühe Werke. Von diesen Tatsachen sollte man sich jedoch nicht täuschen lassen. Wenn man die verschollenen und unvollendeten Werke sowie die Entwürfe für zahlreiche andere Werke für Solisten und Orchester hinzuzählt, wird deutlich, daß Beethovens Beschäftigung mit dieser Gattung von den Jahren um 1785 mit dem frühen Klavierkonzert Es-Dur bis 1815 reicht, als er die Arbeit am geplanten Sech-

sten Klavierkonzert abbrach (vgl. »Unvollendete und geplante Werke«, S. 334 f.).
Das Klavier war für Beethoven eines der wichtigsten Ausdrucksmittel, wie seine Vorliebe für Klavierkonzerte zeigt. Der zunehmenden Virtuosität seiner Kompositionen für dieses Instrument entspricht die Behandlung des Orchesters: Letzteres ist im Vergleich zu früheren Konzerten umfangreicher, seine Beiträge werden gewichtiger und die einzelnen Stimmen anspruchsvoller. Beim Violinkonzert sind die technischen Ansprüche an den Solisten so hoch, daß es zunächst als unspielbar galt.
Bei jedem Soloinstrument, für das er schrieb, scheint Beethoven gewissermaßen eine Lehre durchlaufen zu haben: Das frühe Violinkonzert C-Dur (WoO 5) und die zwei Romanzen waren eine Vorbereitung auf das D-Dur-Violinkonzert; in den ersten beiden Klavierkonzerten versuchte er, die formalen Probleme der Gattung zu meistern, dem Tripelkonzert gingen ausführliche Skizzen zu einer frühen Concertante in D-Dur voraus. Die klassische Orchesterbesetzung des Zweiten Klavierkonzerts – 1 Flöte, 2 Oboen, 2 Fagotte, 2 Hörner und Streicher – wird in den späteren Konzerten erweitert; im Dritten und Fünften Klavierkonzert sind es 2 Flöten, 2 Oboen, 2 Klarinetten, 2 Fagotte, 2 Hörner, 2 Trompeten, Pauken und Streicher.
In fast allen Werken Beethovens finden wir eine bis dahin unbekannte rastlose Energie. Das Hauptthema des Schlußsatzes im Zweiten Klavierkonzert zeigt, daß ihm dieses Element von vornherein wichtig war, obwohl die Skizzen belegen, daß Beethoven schwankte, ob er den Rhythmus in der synkopischen Form notieren sollte, in der wir ihn heute kennen, oder ob er den Taktstrich nach dem ersten Achtel setzen sollte. Den Höhepunkt dieser Entwicklung stellt wohl das Rondothema des Fünften Klavierkonzerts dar.
Es ist bereits viel darüber geschrieben worden, wie Beethoven das Mozartsche Erbe weiterentwickelte und dem Klavierkonzert durch Neuerungen einen eigenen Charakter verlieh. Der begrenzte Umfang dieser Darstellung erlaubt es nur, auf drei Aspekte näher einzugehen:

1) die Behandlung des ersten Soloeinsatzes;
2) die Einheit innerhalb der Sätze und der Sätze untereinander;
3) die tonale und harmonische Erweiterung.

1) Beethovens Anfangstuttis waren, vor allem ab dem Dritten Klavierkonzert, länger und symphonischer als bisher üblich. Es wurde daher notwendig, dem ersten Einsatz des Solisten ausreichend Gewicht zu geben. Beethoven erreichte dies auf verschiedenen Wegen. In den ersten beiden Klavierkonzerten endet die Orchesterexposition in einer recht bestimmten Kadenzierung. Das Klavier folgt mit einem neuen Thema einleitenden Charakters und der anschließenden gemeinsamen Exposition des Hauptthemas mit dem Orchester. Über das modulierende Anfangstutti des Dritten Klavierkonzerts ist schon lange und viel diskutiert worden. Davon abgesehen, ist der Solisteneinsatz wegen seiner besonderen Dramatik bemerkenswert, die ein Gegengewicht zu der Orchestereröffnung zu bilden vermag. Das Klavier setzt mit drei eindrucksvollen Tonleiterpassagen ein, die in eine vieroktavige Vorstellung des Hauptthemas hineinführen. Diese auffahrende Passage zieht sofort die Aufmerksamkeit des Zuhörers auf sich und etabliert die virtuose Rolle des Klavierparts. Die folgende unbegleitete Wiedergabe des Themas durch den Solisten hebt den Part weiter hervor. Außerdem wird die Tonleiterpassage noch zweimal an wichtigen Stellen im Satz eingesetzt (am Anfang der Durchführung und ganz am Schluß).
Im Vierten Klavierkonzert wird der Solist auf eine Weise eingeführt, die noch neuartiger ist. Das Klavier eröffnet den Satz solo. Es ist natürlich nicht das erste Mal, daß der Solist am Anfang des Konzerts beteiligt ist, aber es liegt doch ein anderes Konzept vor als in Mozarts Es-Dur-Klavierkonzert KV 271. Dort fungierte das Klavier als Erweiterung des Orchesters und wurde dann an der »richtigen« Stelle wieder eingeführt. Hier ist der Solopart eigenständiger, und das Klavier bleibt bis zum Ende der Orchesterexposition stumm. Das lange Schweigen erzeugt Spannung, wirkt somit positiv. Der Wiedereintritt des Solisten hat einen improvisatorischen Charakter, ähnlich wie später die Solisteneinsätze im Violinkonzert und im Fünften Klavierkonzert. Der Beginn der Solostimme der Violine in op. 61 wirkt virtuos, fast kadenzartig und führt dann zu einer ausgeschmückten Fassung des Hauptthemas. Auch im Fünften Klavierkonzert gibt es Neuerungen. Drei Orchesterakkorde eröffnen jeweils, wie ein Doppelpunkt, eine Reihe rhapsodischer Phrasen des Solisten. Dieser Anfang hat mehrere Funktionen: Er leitet nicht nur einen Satz ein, sondern eröffnet ein langes Werk, er legt die Grundtonart fest, der eine Anzahl weitreichender Modulationen folgen, und er läßt keinen Zweifel an der virtuosen Rolle des Solisten aufkommen. Seine Wiederkehr ist ebenfalls dramatisch: Er setzt schon vor dem Ende der Expo-

sition wieder ein. Auch die Präsentation des Themas in massiven Akkorden entspricht der Größe des Werks.

2) Die Beziehungen der Sätze untereinander (wie auch innerhalb eines Satzes) sind ein wichtiges Element im gesamten Schaffen Beethovens; die Konzerte bilden da keine Ausnahme. Ein ganz augenfälliges Verfahren besteht darin, die Sätze aneinanderzuhängen wie im Vierten und im Fünften Klavierkonzert, im Tripelkonzert und im Violinkonzert. Beethoven verwendet aber auch noch andere, subtilere, dabei nicht weniger effektvolle Techniken.
Im Ersten Klavierkonzert C-Dur ist der zweite Satz, der in der weitentfernten Tonart As-Dur steht, ein Beispiel dafür, wie breit Beethovens tonales Konzept angelegt ist. Drei Dinge verhindern, daß diese Tonart seltsam klingt: Der erste Satz endet auf dem Ton C (ohne Harmonietöne), der beiden Tonika-Dreiklängen angehört; die erste Note im Thema des langsamen Satzes ist wiederum das C, und der Ton As wurde schon in der Durchführung des ersten Satzes in einer ganz dramatischen Weise eingeführt. Außerdem ist bereits innerhalb des ersten Satzes eine Einheit erkennbar: Die Figur mit dem Oktavsprung am Anfang durchdringt alle Elemente der Exposition und damit den ganzen Satz. Das zweite Thema der Orchesterexposition bleibt zunächst unvollständig, bis es dann in der Soloexposition im Klavierpart vollständig erklingt.
Das Dritte Klavierkonzert zeigt in vielerlei Hinsicht erhebliche Fortschritte. Der erste Satz unternimmt den entschiedenen Versuch, zu einer noch konsistenteren Form zu gelangen. Die Orchesterexposition weist mit ihren drei Hauptthemen symphonische Proportionen auf; das zweite Thema erscheint in der parallelen Durtonart. Durch die Wiederkehr des ersten Themas in der Tonika am Schluß wird die Einheit des Abschnitts gewahrt. Das Orchestertutti nach der Soloexposition ist ungewöhnlich lang, weil es nicht nur das Voraufgegangene abrundet, sondern auch das Kommende vorbereitet. Weil es sich nicht auf speziell kadenzartiges Material bezieht, stellt es einen nahtlosen Übergang zwischen der Exposition und der Durchführung her. Im Vierten und im Fünften Klavierkonzert gehen die Abschnitte zunehmend ineinander über. Der langsame Satz des Tripelkonzerts übernimmt fast die Rolle einer Einleitung zum Schlußsatz (Polonaise Rondo). Der langsame Satz des Violinkonzerts ist insofern ganz ungewöhnlich, als er in der Tonart G-Dur bleibt, bis ganz zum Schluß, wo sich eine vorbereitende Dominante für den letzten Satz findet. Die herrlichen Themen können sich in der unveränderten Tonart in vollkommen freien Variationen entfalten, zuverlässig unterstützt von den Klangfarben des Orchesters und dem zarten, häufig sehr hoch liegenden Rankenwerk des Solisten.

3) Wie in allen seinen Werken läßt Beethoven auch auf diesem Gebiet große tonartliche Spannen zwischen den Sätzen zu. In den Konzerten ist die Tonart der mittleren Sätze mit der Tonika weniger nah verwandt als bisher üblich. Die Verwendung der Tonart As-Dur im langsamen Satz des Ersten Klavierkonzerts kam bereits zur Sprache. Ein ähnliches Verfahren taucht im Tripelkonzert und im Fünften Klavierkonzert wieder auf, wo die langsamen Sätze ebenfalls in der Tonart auf der erniedrigten unteren Mediante stehen. Beethoven bediente sich dieser tonalen Beziehung verhältnismäßig oft, was dafür spricht, daß er sie als Alternative zur Dominante betrachtete.
Eher überraschend ist die Verwendung der Tonart E-Dur für den langsamen Satz des Dritten Klavierkonzerts c-Moll. Sie hat einen dramatischen Effekt, da es sich um eine ausgesprochen entfernte Tonart handelt. Normalerweise bereitet Beethoven die Gegenüberstellung weitentfernter Tonarten auf irgendeine Weise vor. In diesem Fall jedoch wird das E-Dur erst im nachhinein begründet, nämlich im Schlußsatz. Der Schlußton As des langsamen Satzes, enharmonisch Gis, wird am Anfang des letzten Satzes stark hervorgehoben und kehrt später im Satz wieder (bei Takt 255), als unbegleitete Tonwiederholung über sechs Takte hinweg. Der Ton wird dann enharmonisch verwechselt, zum Gis, und als Terz zu E-Dur harmonisiert, der Tonart der folgenden Passage.
Die Tonartenspanne innerhalb einzelner Sätze wird ebenfalls erweitert, durch unerwartete Harmoniewechsel in kleinerem und größerem Maßstab. Ein Beispiel einer harmonischen Erweiterung in großem Maßstab findet man im ersten Satz des Fünften Klavierkonzerts. Dort moduliert die Soloexposition von Es-Dur nach B-Dur, und zwar über h-Moll und Ces-Dur (und bereitet damit den zweiten Satz vor). Die Dur-Moll-Ambivalenz, die man hier beobachten kann, war schon früher zutage getreten, nämlich im ersten und dritten Satz des Dritten Klavierkonzerts sowie im ersten Satz des Violinkonzerts.
Die Zahl kürzerer, aber ebenso effektvoller harmonischer Überraschungen ist groß. Einige wenige Beispiele mögen genügen, um zu demonstrieren, daß sie ein stilistisches Charakteristikum in Beethovens ge-

samtem Schaffen darstellen. Mit dem Zweiten Klavierkonzert (das zwar vor dem Ersten vollendet, aber etwas später veröffentlicht wurde und daher die höhere Opuszahl trägt) hatte Beethoven erhebliche Schwierigkeiten. Er begann es noch in seiner Bonner Zeit, nahm aber immer wieder Veränderungen daran vor (unter anderem tauschte er wahrscheinlich den gesamten letzten Satz aus, das Rondo für Klavier und Orchester, WoO 6), eine Praxis, die selbst nach der Uraufführung, ja bis zur Veröffentlichung des Werkes im Jahre 1801 andauerte. Küthen kommentiert dies mit den Worten: »Aus einem Proteus ist durch die Veröffentlichung ein Standbild geworden« (Küthen, 1977, S. 292).

Im Schlußsatz, dem Rondo, beginnt das letzte Ritornell nicht als Auflösung alles Vorangegangenen, sondern in G-Dur im Klavierpart, bis es dann, vom ganzen Orchester gespielt, in die Tonika B-Dur zurückfindet. Im Ersten Klavierkonzert C-Dur setzt das zweite Thema der Orchesterexposition in der entfernten Tonart Es-Dur ein (Takt 49). Um dies zu erreichen, ist der Dominantakkord am Ende des vorhergehenden Abschnitts »entleert«, wobei nur noch das G übrigbleibt. Dann wird die Funktion geändert: Es kommt ein b hinzu. Vielleicht geht es jetzt nach g-Moll? Nein, es wird im Baß ein Es eingeführt, womit Es-Dur festgelegt ist. Ein ähnliches Verfahren finden wir zu Beginn der Durchführung (Takt 257). Das G wird wiederum ohne weitere Akkordtöne stehengelassen und gleitet dann hinaus zum As. Man fragt sich nun, welche Rolle das As spielen wird. Zwei Takte später wird seine Bedeutung enthüllt: Es ist keine neue Tonika, sondern Bestandteil eines Dominantseptakkordes, der wiederum nach Es-Dur führt. Vielleicht das Bemerkenswerteste in diesem Satz ist die Verbindung zur Reprise (Takt 335–54): Über einem Orgelpunkt G in den Hörnern erklingen mysteriös anmutende Septakkordfortschreitungen im Klavier. Diese Akkorde werden nicht aufgelöst, sondern gleiten mehrmals einen Halbton abwärts, bis ein Septakkord auf B erreicht ist. Dieser endlich wird in einen Dominantseptakkord zu C-Dur verwandelt. Aber auch dann noch bleibt die Spannung erhalten, denn die Auflösung erfolgt erst nach weiteren vier Takten.

Ein anderes instruktives Beispiel ist der Schlußsatz des Violinkonzerts. Nach der Kadenz folgt eine ungewöhnlich lange Coda, vor allem bedingt durch eine unerwartete harmonische Wendung unmittelbar nach der Kadenz. Statt der Auflösung der Dominante A-Dur in die Tonika erscheint eine Modulation nach As-Dur, die eine lange und komplizierte Reihe von Harmonien erfordert, um wieder in die Tonika zurückzuführen. Erwähnt werden muß auch noch die Verbindung zum Schlußsatz im Fünften Klavierkonzert. Ihre dramatische Wirkung rührt nicht nur von der charakteristischen Halbtonrückung von der Tonika H-Dur nach B-Dur her, die sich zur Grundtonart des Werkes Es-Dur hin auflöst, sondern auch von dem darüberliegenden Motiv des Klaviers, das das Rondothema geheimnisvoll andeutet, ohne dessen Schwung vorwegzunehmen.

Von den beiden Ouvertüren, die in diesem Abschnitt aufgeführt sind, ist die zur *Namensfeier* unzweifelhaft eine Konzertouvertüre. Es ist ein ziemlich langweiliges Stück und wird selten gespielt. Die *Coriolanouvertüre* ist hier aufgenommen, obwohl sie als Vorspiel zu einem Theaterstück geschrieben wurde, denn es handelt sich um ein in sich abgeschlossenes Werk, das das Stück, das den Anlaß zu seiner Komposition lieferte, überlebt hat. Die Uraufführung fand tatsächlich im Rahmen eines Konzerts statt. E. T. A. Hoffmanns Kritik begann folgendermaßen: »Da nach der einmal üblichen und gewiß nicht zu verwerfenden Einrichtung im Theater jede Vorstellung mit Musik eröffnet wird, so sollte jedes wahrhaft bedeutende Schauspiel eine Ouvertüre haben, die das Gemüt gerade so, wie es der Charakter des Stücks erfordert, stimmte« (Hoffmann, 1988, S. 94). Beethovens *Coriolanouvertüre*, 1807 geschrieben, erreichte dieses Ziel ganz sicher. Collins Theaterstück handelt von einem irrational agierenden Helden, dessen unbeherrschter Zorn schließlich zu seinem Sturz führt. Die Musik hat einen gewalttätigen Charakter, ist offenbar unfähig, sich zu beruhigen, und bricht schließlich in sich zusammen. So wird das Publikum auf die folgenden tragischen Ereignisse vorbereitet.

Wellingtons Sieg oder Die Schlacht bei Vittoria (op. 91), wie das Werk korrekt heißt, war das Resultat einer Idee Mälzels, der meinte, Beethoven solle ein Opus für seine neueste Erfindung schreiben, das Panharmonikon, eine Art mechanisches Orchester. Wellington hatte gerade (1813) Napoleon besiegt, und Mälzel glaubte, daß ein Werk, das diesen Triumph darstellte, erfolgreich genug sein würde, um davon eine Reise nach England finanzieren zu können. Er entwarf einen Plan für das Stück, an den sich Beethoven auch hielt. Obwohl Mälzel später die Auffassung vertrat, mit einem »echten« Orchester wäre das Werk wirkungsvoller, gestattete er Beethoven, dem ursprünglichen Plan zu folgen. Die Bezeichnung Symphonie, die von der englischen Erstausgabe der Klavierfassung

(»Battle Symphony«, 1816) herrührt, ist zwar ganz und gar irreführend, trug aber sicher zur Popularität des Werkes bei. Obwohl sie eher berüchtigt als berühmt ist, warf die Komposition sofort immense Einnahmen für Beethoven ab, sowohl in Wien als auch in England. Es handelt sich um ein programmatisches Stück für großes Orchester mit einer Batterie von militärischen und türkischen Schlaginstrumenten, einschließlich Kanonen und Musketen. Der erste Abschnitt beginnt mit einem englischen Trompetensignal, an das sich ein patriotisches Lied, *Rule, Britannia,* anschließt. Es folgen ein französisches Trompetensignal und ein Marsch, dessen Melodie in England als *For he's ajolly good fellow* bekannt ist. Dann wird die Schlacht dargestellt. Der zweite Teil, die »Siegessymphonie«, beginnend und endend mit kriegerischer Musik, basiert weitgehend auf der englischen Nationalhymne, die fugenartig behandelt wird.

I. Konzerte

WoO 4
Klavierkonzert Es-Dur
Allegro moderato (4/4) – Larghetto (B-Dur, 3/4) – Rondo (2/4)
1784; posthum veröffentlicht
Nur die Klavierstimme mit Stichnoten für Orchester ist erhalten. Eine Rekonstruktion von Willy Hess wurde 1961 bei Alkor-Edition publiziert.

WoO 5
Violinkonzert C-Dur
Allegro con brio (4/4)
Vl solo; Fl, 2 Ob, 2 Fg, 2 Hn, Str
1790–92; posthum veröffentlicht
Gerhard von Breuning gewidmet. Nur die ersten 259 Takte einer autographen Partitur sind erhalten, in einer Form, die den Schluß zuläßt, daß einmal mehr dagewesen sein muß. Es sind drei Rekonstruktionsversuche unternommen worden, wovon der von Willy Hess (in Hess, 1959, Bd. 3) die meiste Anerkennung gefunden hat. Es existieren Skizzen aus den Jahren 1792/93 für eine Klavierkadenz G-Dur, die auf dem thematischen Material zu diesem Satz basieren.

Hess 12
Oboenkonzert F-Dur
Allegro moderato (2/2) – II (B-Dur, 2/2) – Rondo: Allegretto (3/4)
1790–93 (?)
Verschollen, laut Thayer noch 1865 im Besitz des Verlegers Diabelli

WoO 6
Rondo B-Dur für Klavier und Orchester
Allegro (6/8)
Kl solo; Fl, 2 Ob, 2 Fg, 2 Hn, Str
1793; 1829 posthum veröffentlicht (Diabelli, Wien), die Solostimme wurde von Czerny vervollständigt. Die Ausgabe von 1960 in Hess, 1959, Bd. 3, folgt der unvollständigen autographen Partitur noch genauer. Dieser Satz war vermutlich der ursprüngliche Schlußsatz zu op. 19.

Op. 19
Zweites Klavierkonzert B-Dur
Allegro con brio (4/4) – Adagio (Es-Dur, 3/4) – Rondo: Molto allegro (6/8)
Kl solo; Fl, 2 Ob, 2 Fg, 2 Hn, Str
ca. 1788–1801; veröffentlicht 1801 (Hoffmeister, Leipzig)
Carl Nicklas Edler von Nickelsberg gewidmet. Eigentlich früher als das Erste Klavierkonzert (op. 15) komponiert, das jedoch zuerst veröffentlicht wurde. Das Werk wurde über lange Zeit hinweg immer wieder überarbeitet und verändert. 1809 schrieb Beethoven eine Kadenz zum ersten Satz.

Op. 15
Erstes Klavierkonzert C-Dur
Allegro con brio (4/4) – Largo (As-Dur, 2/2) – Rondo: Allegro scherzando (2/4)
Kl solo; Fl, 2 Ob, 2 Klar, 2 Fg, 2 Hn, 2 Tp, Pk, Str
1795 (revidiert 1800); Urauffg. 1795; veröffentlicht 1801 (Mollo, Wien)
Prinzessin Barbara Odescalchi gewidmet. Nach der Uraufführung weitere Revisionen, bis das autographe Manuskript (1800) zur Veröffentlichung vorlag. Beethoven fertigte zahlreiche Skizzen zu den Kadenzen an. Zu den ersten drei Sätzen existieren Autographe, zwei stammen aus dem Jahr 1809 (eines davon ist unvollständig), das dritte ist etwas älter.

Op. 37
Drittes Klavierkonzert c-Moll
Allegro con brio (2/2) – Largo (E-Dur, 3/8) – Rondo: Allegro (2/4)
Kl solo; 2 Fl, 2 Ob, 2 Klar, 2 Fg, 2 Hn, 2 Tp, Pk, Str
1800–03; Urauffg. 5. April 1803; veröffentlicht 1804 (Bureau des Arts et d'Industrie, Wien)
Prinz Louis Ferdinand von Preußen gewidmet. Die

autographe Partitur mit einer unvollständigen Solostimme war nach dem Zweiten Weltkrieg verschollen, bis sie 1977 in Polen wiedergefunden wurde. Beethoven komponierte 1809 zum ersten Satz eine Kadenz.

Op. 56
Tripelkonzert C-Dur für Klavier, Violine und Violoncello
Allegro (4/4) – Largo (As-Dur, 3/8) – Rondo alla Polacca (3/4)
Kl, Vl, Vc soli; Fl, 2 Ob, 2 Klar, 2 Fg, 2 Hn, 2 Tp, Pk, Str
1804–05; Urauffg. 1808, veröffentlicht 1807 (Bureau des Arts et d'Industrie, Wien)
Erzherzog Rudolph gewidmet

Op. 58
Viertes Klavierkonzert G-Dur
Allegro moderato (4/4) – Andante con moto (e-Moll, 2/4) – Rondo: Vivace (2/4)
Kl solo; Fl, 2 Ob, 2 Klar, 2 Fg, 2 Hn, 2 Tp, Pk, Str
1804–06/07; Urauffg. 22. Dez. 1808; veröffentlicht 1808 (Bureau des Arts et d'Industrie, Wien)
Erzherzog Rudolph gewidmet. Von den drei Kadenzen zum ersten Satz ist eine unvollständig. Eine der drei Kadenzen zum letzten Satz ist nur fragmentarisch, eine weitere ist zwar unvollständig, ähnelt aber der in der Erstausgabe.

Op. 61
Violinkonzert D-Dur
Allegro ma non troppo (4/4) – Larghetto (G-Dur, 4/4) Rondo: Allegro (6/8)
Vl solo; Fl, 2 Ob, 2 Klar, 2 Fg, 2 Hn, 2 Tp, Pk, Str
1806; Urauffg. 23. Dez. 1806; veröffentlicht 1808 (Bureau des Arts et d'Industrie, Wien)
Stephan von Breuning gewidmet, obwohl die Inschrift auf der autographen Partitur auf Franz Clement lautet, den Solisten der Uraufführung. Die autographe Partitur ist nicht die endgültige Fassung. Die Wiener Erstausgabe basiert auf einer von Beethoven korrigierten Abschrift, und die englische Erstausgabe von Clementi beruht auf einem Stimmensatz, der aus dem Autographen kopiert wurde, wobei sich geringe Abweichungen ergeben. Beide Ausgaben zeigen, daß Beethoven die Solostimme erheblich überarbeitet hat, aber es gibt dazu keine Quellen. Zur Klavierfassung des Violinkonzerts vgl. »Bearbeitungen« (S. 331). Beethoven schrieb für diese Fassung vier Kadenzen, für die Violinfassung dagegen keine.

Op. 73
Fünftes Klavierkonzert Es-Dur
Allegro (4/4) – Adagio un poco moto (B-Dur, 4/4) – Rondo: Allegro (6/8)
Kl solo; 2 Fl, 2 Ob, 2 Klar, 2 Fg, 2 Hn, 2 Tp, Pk, Str
1809; Urauffg. 28. Nov. 1811; veröffentlicht 1810 (Clementi, London)
Erzherzog Rudolph gewidmet

WoO 58
Zwei Kadenzen
Mozarts Klavierkonzert d-Moll KV 466, erster und dritter Satz
1809 (?); posthum veröffentlicht
Für Beethovens Schüler Ferdinand Ries geschrieben

II. Andere Orchesterwerke

Hess 13
Romanze e-Moll für Flöte, Fagott, Klavier und Orchester
Romanze cantabile (2/2)
Fl, Fg, Kl soli; 2 Ob, Str
ca. 1786 (?); posthum veröffentlicht 1952, von Willy Hess ergänzt (Breitkopf & Härtel, Leipzig)
Die Herkunft des vollständigen Abschnitts in e-Moll sowie einer Seite eines *segue maggiore*-Teils läßt vermuten, daß das Werk Teil eines ursprünglich kompletten Autographs eines langsamen Satzes war. Dieser könnte seinerseits zu einem vollständigen Konzert gehört haben, dessen andere Teile heute verschollen sind.

Op. 50
Romanze F-Dur für Violine und Orchester
Adagio cantabile (4/4)
Vl solo; Fl, 2 Ob, 2 Fg, 2 Hn, Str
ca. 1795 (?); Urauffg. 1798 (?); veröffentlicht 1805 (Bureau des Arts et d'Industrie, Wien)

Op. 40
Romanze G-Dur für Violine und Orchester
Andante (4/4)
Vl solo; Fl, 2 Ob. 2 Fg, 2 Hn, Str
1800–02; verl. 1803 (Hoffmeister, Leipzig)

Op. 62
***Coriolanouvertüre*, c-Moll**
Allegro con brio (4/4)
2 Fl, 2 Ob, 2 Klar, 2 Fg, 2 Hn, 2 Tp, Pk, Str

1807; Urauffg. März 1807; veröffentlicht 1808 (Bureau des Arts et d'Industrie, Wien)
Heinrich Collin gewidmet, dem Autor der Tragödie, der die Ouvertüre vorausgeht

Op. 80
Chorfantasie
Vgl. »Chormusik« (S. 312 f.)

Op. 91
***Wellingtons Sieg oder Die Schlacht bei Vittoria,* Es-Dur**
Abschnitt 1: (Es-Dur, Fis-Dur, verschiedene Taktarten)
Abschnitt 2: Siegessymphonie (D-Dur, verschiedene Taktarten)
Pikk, 2 Fl, 2 Ob, 2 Klar, 2 Fg, 4 Hn, 4 Tp, 3 Pos, Pk, Schlgzg, Str
1813; Urauffg. 3. Dez. 1813; veröffentlicht 1816 (Steiner, Wien)
Dem Prinzregenten (später König George IV.) von England gewidmet
Ursprünglich für Mälzels Panharmonikon komponiert (vgl. Hess 108, S. 332).

Op. 115
***Namensfeierouvertüre,* C-Dur**
2 Fl, 2 Ob, 2 Klar, 2 Fg, 4 Hn, 2 Tp, Pk, Str
1814–15; Urauffg. 25. Dez. 1815; veröffentlicht 1825 (Steiner, Wien)
Fürst Radziwill gewidmet

WoO 3
***Gratulationsmenuett,* Es-Dur**
Tempo di Menuetto quasi Allegretto (3/4)
2 Fl, 2 Ob, 2 Klar, 2 Fg, 2 Hn, 2 Tp, Pk, Str
1822; Urauffg. 3. Nov. 1822; veröffentlicht 1832 (Artaria, Wien)
Vom Verleger Karl Holz gewidmet, war aber, als Teil eines Serenadenprogramms, ein Tribut an Karl Hensler.

Vgl. auch »Bühnenwerke« (S. 301 ff.)

ANNE-LOUISE COLDICOTT

Tänze und Märsche

Dieses Kapitel behandelt all jene Werke, die für die Begleitung von Gesellschaftstänzen und Märschen gedacht waren, das heißt alles, was mit körperlicher Bewegung zu tun hat. Ausgenommen sind die Ballettmusik für die Bühne (vgl. »Bühnenwerke«, S. 301 ff.) sowie jene Art von stilisierten Tänzen, die als absolute Musik konzipiert waren, seien es einzelne Stücke (zum Beispiel die Polonaise op. 89) oder Teile längerer Werke (zum Beispiel Menuette in Sonaten). Bei einigen Werken läßt sich freilich nicht klar entscheiden, ob sie zu den echten oder zu den stilisierten Tänzen gehören. In diesen Fällen werden Querverweise auf die jeweils andere Gruppe gegeben.
Die hier besprochenen Werke teilen sich in zwei verschiedene Kategorien: Tanzfolgen, die alle vor 1806 geschrieben wurden; und Stücke für Militärkapelle, sämtlich im Jahr 1809 oder danach komponiert. Die Tänze wurden – wahrscheinlich als Auftragskompositionen – für die Bälle geschrieben, die in Wien in den Wintermonaten regelmäßig stattfanden. Ein Beispiel hierfür ist der Ball der Gesellschaft der bildenden Künstler am 22. November 1795. Dieser Ball fand seit 1792 jährlich statt – in dem Jahr hatte Haydn 12 Menuette und 12 Deutsche Tänze dafür komponiert. Eine ähnliche Musik für das Jahr darauf stammt von Kozeluch, und 1794 komponierte Dittersdorf die Musik für den großen Saal, während Eybler die für den kleinen Saal schrieb. 1795 folgten auf diese herausragenden Komponisten Süßmayr (großer Saal) und der vierundzwanzigjährige Beethoven (kleiner Saal), der 12 Menuette (WoO 7) und 12 Deutsche Tänze (WoO 8) schrieb. Bei diesem festlichen Anlaß wurde ein Orchester eingesetzt, aber offenbar war es üblich, diese Tänze auch bei weniger üppig ausgestatteten Veranstaltungen spielen zu lassen; daher fertigten die Komponisten häufig drei Fassungen für diese Musik an: für Orchesterbesetzung, für zwei Violinen und Baß (normalerweise verstand man darunter ein Violoncello) und für Klavier allein. Es wäre daher nicht zutreffend, eine Fassung als die wichtigste oder als das Original zu bezeichnen; somit werden alle drei hier und nicht unter »Bearbeitungen« aufgeführt. Manchmal wurde nur die Klavierfassung veröffentlicht, und auch dann in der Regel nur in kleiner Auflage, so daß in einigen Fällen kein Exemplar der einen oder anderen Fassung erhalten geblieben ist.
Die Menuette stehen alle im $^3/_4$-Takt in gemäßigtem Tempo, aber Beethoven achtete darauf, aufeinander-

folgende Tänze möglichst abwechslungsreich zu gestalten, indem er sehr geschickt die Tonarten wählte – oft im Terzabstand – und von einem Tanz zum nächsten die Besetzung variierte. Dasselbe gilt für die Deutschen Tänze, die auch als Allemanden der Tedescas bekannt sind (man vergleiche die Tedesca im Streichquartett op. 130). Diese standen ebenfalls im $^3/_4$-Takt, waren aber etwas schneller. In zwei oder drei Tanzfolgen (WoO 8 und 13) komponierte Beethoven eine verlängerte Coda zum letzten Tanz, wobei er offenbar die Gelegenheit zu motivischer Arbeit nutzte. Die beiden Ländler-Tanzfolgen, ebenfalls im raschen $^3/_4$-Takt, stehen ganz in D-Dur (bis auf WoO 15/Nr. 4, das in d-Moll steht), und wieder schrieb Beethoven am Schluß der Serie eine verlängerte Coda. Die einheitliche Tonart läßt den Schluß zu, daß die Tänze ohne Pause nacheinander gespielt werden sollten.

Die Contretänze und Ecossaisen stehen im $^2/_4$-Takt, erstere meist mit einem Viertel Auftakt, letztere ohne. Die ganze Serie von Ecossaisen steht in Es-Dur, die Contretänze dagegen in unterschiedlichen Tonarten, wie die Menuette und die Deutschen Tänze. Der weitaus bekannteste unter den Tänzen ist der Contretanz WoO 14/Nr. 7, dessen Thema später in der *Eroica* verwendet wurde. Dieses Thema und das der Nr. 11 waren ursprünglich im Jahr 1801 für den Schluß des Balletts *Prometheus* geschrieben worden. Vielleicht hat der Erfolg des Balletts Beethoven dazu veranlaßt, diese beiden Contretänze in die gedruckte Sammlung von 1802 mit aufzunehmen.

Die Stücke für Militärkapellen bestehen aus einzelnen Sätzen, die für verschiedene Anlässe geschrieben wurden. In einigen Fällen ist die Herkunft ungewiß, zu manchen der Stücke besitzen wir aber doch einige Informationen. WoO 18 wurde 1809 für die Böhmische Landwehr geschrieben und im Jahr darauf zusammen mit WoO 19 und möglicherweise einigen anderen Stücken für Militärkapelle für eine Aufführung überarbeitet, die im Rahmen von Ritterspielen in Laxenburg anläßlich des Geburtstags der Kaiserin stattfand. Ein Brief Beethovens an Erzherzog Rudolph scheint hierauf Bezug zu nehmen: »ich merke es, Eure Kais. Hoheit wollen meine Wirkungen der Musik auch noch auf die Pferde versuchen lassen. Es sei, ich will sehen, ob dadurch die Reitenden einige geschickte Purzelbäume machen können« (Brief Nr. 462, Kastner). In allen Stücken sind Bläser (einschließlich Pikkolo und Blech) und »türkisches« Schlagzeug besetzt; WoO 24 hat eine besonders große Besetzung, unter anderem acht Trompeten und einen Serpent. Dieses Stück ist das längste und auch das beste von allen, mit einigen Modulationen in unerwartete Tonarten und mit einer Reprise in D-Dur, die durch eine Passage in der in diesem Zusammenhang durchaus ungewöhnlichen Tonart C-Dur eingeleitet wird.

Auf eine Anfrage hin bot Beethoven dem Verleger Peters im Jahr 1822 unter anderem einige Märsche und Zapfenstreiche an. Es hat sich herausgestellt, daß es sich hierbei um WoO 18–20 und 24 handelte. Er fertigte neue autographe Partituren von WoO 18–20 an, von denen jede mit »Zapfenstreich« überschrieben war. Sie wurden mit 1, 3 und 2 numeriert, und es wurde ihnen jeweils ein Trio hinzugefügt. Im September 1822 teilte Beethoven Peters mit: »jedoch sind unter den Märschen einige, zu welchen ich neue Trios bestimmt habe« (Brief Nr. 1038, Kastner). Die originale Partitur von WoO 24 aus dem Jahre 1816, das bereits ein Trio enthielt, bekam lediglich den Vermerk »Nr. 4«. Die vier Stücke wurden schließlich im Februar 1823 abgeschickt, aber Peters weigerte sich, sie zu veröffentlichen, mit der Begründung, sie seien von minderer Qualität. Zwar darf man die Märsche und die Tänze nicht mit Beethovens größten Meisterwerken vergleichen, aber sie sind doch alle sehr gut komponiert und in dem beschränkten Rahmen der Gattung in vielerlei Hinsicht äußerst phantasievoll.

WoO 9
Sechs Menuette: Es-Dur, G-Dur, C-Dur, F-Dur, D-Dur, G-Dur
2 Vl, Baß
Vor 1795?; posthum veröffentlicht

Von diesen Menuetten ist keine autographe Fassung bekannt, sie wurden zu Beethovens Lebzeiten auch nicht veröffentlicht. Daher kann ihre Echtheit nicht verbürgt werden. Aber Beethoven hatte einmal das einzige erhaltene Manuskript in seinen Händen, wie einer gekritzelten Bemerkung in seiner Handschrift auf der Stimme für die erste Geige (wahrscheinlich: »große Stümperei«) zu entnehmen ist (Kojima, 1978, S. 309). Möglicherweise haben einmal andere Fassungen für Orchester und für Klavier existiert.

WoO 81
Allemande A-Dur
Vgl. »Klavierwerke« (S. 299)

WoO 7
Zwölf Menuette: D-Dur, B-Dur, G-Dur, Es-Dur, C-Dur,

A-Dur, D-Dur, B-Dur, G-Dur, Es-Dur, C-Dur, F-Dur
a) Pikk, 2 Fl, 2 Ob, 2 Klar, 2 Fg, 2 Hn, 2 Tp, Pk, Str
b) 2 Vl, Baß
c) Kl
1795; c) veröffentlicht 1795 (Artaria, Wien), b) veröffentlicht 1802 (Mollo, Wien), a) posthum veröffentlicht

WoO 8
Zwölf Deutsche Tänze: C-Dur, A-Dur, F-Dur, B-Dur, Es-Dur, G-Dur, C-Dur, A-Dur, F-Dur, D-Dur, G-Dur, C-Dur
a) Pikk, 2 Fl, 2 Ob, 2 Klar, 2 Fg, 2 Hn, Posthorn, 2 Tp, Pk, Bt, Str
b) 2 Vl, Baß
c) Kl
1795; c) veröffentlicht 1795 (Artaria, Wien), b) veröffentlicht 1802 (Mollo?, Wien; es ist kein Exemplar bekannt), a) posthum veröffentlicht

WoO 10
Sechs Menuette: C-Dur, G-Dur, Es-Dur, B-Dur, D-Dur, C-Dur
a) Orch? (verschollen)
b) Kl
1795; b) veröffentlicht 1796 (Artaria, Wien)
Nur die Klavierfassung ist erhalten, aber es gibt Hinweise, daß wahrscheinlich eine Orchesterfassung existiert hat und möglicherweise auch eine Fassung für zwei Violinen und Baß.

WoO 42
Sechs Deutsche Tänze: F-Dur, D-Dur, F-Dur, A-Dur, D-Dur, G-Dur
Vl, Kl
1796; veröffentlicht 1814 (Maisch, Wien)
Eine Partiturabschrift mit der Aufschrift Prag, 1796, die in der Wiener Nationalbibliothek liegt, trägt eine Widmung an »die beiden Gräfinnen Thun«. Welche beiden Gräfinnen gemeint sind, ist unklar: Eine Gräfin Thun war mit dem Fürsten Lichnowsky verheiratet, eine ihrer beiden Schwestern war die Gemahlin des Grafen Rasumowsky, und ihre Mutter war eine Förderin Mozarts und Haydns.

WoO 11
Sieben Ländler: alle in D-Dur
Kl
1799; veröffentlicht 1799 (Artaria, Wien)
Eine Fassung für zwei Violinen und Baß existierte möglicherweise ebenfalls. Skizzen zu einer Coda für diese Tanzreihe sind auf ca. Februar 1799 datiert worden (vgl. Brandenburg, 1977, S. 131).

WoO 12
Zwölf Menuette (1799)
Unecht; von Beethovens Bruder Carl (vgl. Kojima, 1978)

WoO 13
Zwölf Deutsche Tänze: D-Dur, B-Dur, G-Dur, D-Dur, F-Dur, B-Dur, D-Dur, G-Dur, Es-Dur, C-Dur, A-Dur, D-Dur
a) Orch (verschollen)
b) Klavier
ca. 1792–97; posthum veröffentlicht
Einige der Tänze wurden schon 1792–93 skizziert; eine Abschrift der Klavierfassung von ca. 1800 ist erhalten.

WoO 14
Zwölf Contretänze: C-Dur, A-Dur, D-Dur, B-Dur, Es-Dur, C-Dur, Es-Dur, C-Dur, A-Dur, C-Dur, G-Dur, Es-Dur
a) Fl, 2 Ob, 2 Klar, 2 Fg, 2 Hn, Tamb, Str
b) 2 Vl, Baß
c) Kl
ca. 1791–1801; veröffentlicht 1802 (Mollo, Wien; alle drei Fassungen)
Skizzen zu den Nr. 8 und 12 hat man auf Bonner Papier von ca. 1791 gefunden; Nr. 3, 4 und 6 wurden wahrscheinlich 1795 komponiert; Nr. 2, 9 und 10 wurden Ende 1801 geschrieben; Nr. 7 und 11 stammen aus der Ballettmusik *Prometheus*, und das Thema von Nr. 7 wurde in der *Eroica* wiederverwendet. Die Erstausgabe der Klavierfassung umfaßt nur sechs Tänze – die Nr. 8, 7, 4, 10, 9 und 1; eine Abschrift enthält außerdem noch die Nr. 2, 5 und 12.

WoO 15
Sechs Ländler: D-Dur, D-Dur, D-Dur, d-Moll, D-Dur, D-Dur
a) 2 Vl, Baß
b) Kl
1802; veröffentlicht 1802 (Artaria, Wien; beide Fassungen)

WoO 82
Menuett Es-Dur
Vgl. »Klavierwerke« (S. 299)

WoO 16
Zwölf Ecossaisen
Orch
Unecht? 1807 avisiert, aber es ist kein Exemplar bekannt. Dasselbe gilt für eine Serie von Walzern, die gleichzeitig angekündigt worden waren. Sieben der Walzer sind fremde Bearbeitungen Beethovenscher Werke (einschließlich des Scherzo aus der Zweiten Symphonie), bei den anderen fünf handelt es sich vielleicht um Kompositionen des Bearbeiters. Ähnliches gilt wahrscheinlich für die Ecossaisen, deren erste eine fremde Bearbeitung eines Teils der Ersten Symphonie ist (Kojima, 1978).

WoO 83
Sechs Ecossaisen: alle Es-Dur
Kl
ca. 1806; veröffentlicht 1807 (Träg, Wien)
Möglicherweise gab es auch eine Orchesterfassung. Es ist keine frühe Quelle bekannt: Die *Gesamtausgabe* bezieht sich auf Nottebohms Kopie von Sonnleithners Transkription der Erstausgabe.

WoO 29
Marsch B-Dur
Vgl. »Kammermusik mit Bläsern« (S. 274)

WoO 18
Marsch F-Dur
Militärkapelle (Pikk, 2 Fl, 2 Klar, 2 Fg, Kfg, 2 Hn, 2 Tp, Schlgzg)
1809, rev. 1810; veröffentlicht 1818–19 (Schlesinger, Berlin)
Erzherzog Anton gewidmet. Beethoven fügte um 1822 ein Trio in B-Dur hinzu.

WoO 19
Marsch F-Dur
Militärkapelle (wie WoO 18)
Juni 1810; posthum veröffentlicht.
Erzherzog Anton gewidmet. Beethoven fügte um 1822 ein Trio in f-Moll hinzu.

WoO 20
Marsch C-Dur
Militärkapelle (Pikk, 2 Ob, 2 Klar, 2 Fg, Kfg, 2 Hn, 2 Tp, Schlgzg)
ca. 1810? posthum veröffentlicht
Beethoven fügte um 1822 ein Trio in F-Dur hinzu.

WoO 21
Polonaise D-Dur
Militärkapelle (Pikk, 2 Ob, 2 Klar, 2 Fg, Kfg, 2 Hn, Tp, Schlgzg).
1810; posthum veröffentlicht

WoO 22
Ecossaise D-Dur
Militärkapelle (wie WoO 21)
1810; posthum veröffentlicht

WoO 23
Ecossaise G-Dur
Militärkapelle
ca. 1810
Verschollen; man kennt nur eine Klavierfassung von Czerny.

WoO 24
Marsch D-Dur
Militärkapelle (2 Pikk, 2 Ob, 5 Klar, 2 Fg, Kfg, 6 Hn, 8 Tp, 2 Pos, Serp, Schlgzg)
Juni 1816, posthum veröffentlicht

WoO 17
Elf »Mödlinger Tänze«
Unecht. Schindler, dessen Informationen außerordentlich unzuverlässig sind, berichtet, Beethoven habe im Sommer 1819 in einem Wirtshaus bei Mödling eine Reihe von Walzern für eine ortsansässige Kapelle geschrieben. 1905 fand Hugo Riemann in Leipzig einen Stimmensatz für elf Tänze, die gut komponiert waren, und schloß daraus, daß es die sein müßten, die Schindler erwähnt hatte. Da die Tänze verschiedene Abweichungen von den authentischen Beethovenschen Tänzen aufweisen (sie haben zum Beispiel eine viel weniger befriedigende Tonartenfolge), kann man sie sowohl aus inneren wie aus äußeren Gründen als unecht bezeichnen.

WoO 3
Gratulationsmenuett
Vgl. »Konzerte und andere Orchesterwerke« (S. 267).

WoO 84–86
Zwei Walzer und Ecossaise für Klavier
Vgl. »Klavierwerke« (S. 300).

BARRY COOPER

Kammermusik mit Bläsern

Die Werke, die in diesem Abschnitt betrachtet werden, weisen in mancherlei Hinsicht eindrucksvolle Gegensätze auf: Während die meisten von ihnen Beethovens frühester Schaffensperiode angehören, stammen die zwei Gruppen von Volksliedvariationen aus der Zeit der »Hammerklaviersonate«; der erste Satz des Quintetts op. 16 läßt mit seinen 416 Takten das zehntaktige Adagio für drei Hörner, Hess 297, geradezu winzig erscheinen, und während einige Stücke so gut wie unbekannt sind, erfreut sich das Septett op. 20 bis heute durchgängiger Beliebtheit. Beethoven hat es nach 1801 praktisch aufgegeben, Kammermusik für Bläserensemble zu komponieren. Um 1803 bearbeitete er das Septett für Klaviertrio (op. 38) – ein Zeichen des Dankes und der Freundschaft für seinen Arzt Johann Adam Schmidt; und die Equali, WoO 30, waren eine Auftragsarbeit für eine Aufführung in der Linzer Kathedrale zu Allerheiligen 1812 (Beethoven hielt sich zu der Zeit in Linz auf). Aber auch viele Werke, die vor 1801 entstanden, waren Gelegenheitsarbeiten: Das Oktett op. 103 wurde für den Kurfürsten Maximilian Franz, Beethovens Arbeitgeber in Bonn, komponiert; in der Familie von Westerholt, für die Beethoven wahrscheinlich das Trio WoO 37 schrieb, spielte der Vater Fagott, ein Sohn Flöte, und die Tochter Maria Anna nahm bei Beethoven Klavierstunden. Die Komposition der Hornsonate op. 17 schließlich wurde durch den Besuch des Hornvirtuosen Johann Wenzel Stich (bekannt als Giovanni Punto) veranlaßt. Laut Ferdinand Ries entstand die Sonate nur einen Tag vor ihrer Uraufführung durch Punto und Beethoven; sie fand beim Publikum so großen Anklang, daß sie sofort wiederholt wurde.

Bei einigen der Bläserstücke ist eine genaue Datierung schwierig (manche Stücke können nicht einmal mit letzter Sicherheit Beethoven zugeschrieben werden); die ausführlichsten und wissenschaftlich fundiertesten Informationen über Quellen und Chronologie zu diesen und anderen frühen Werken sind Johnson, 1980 a, zu entnehmen. Verschiedene Werke, die schließlich getrennt veröffentlicht wurden, standen einmal miteinander in Zusammenhang. Im ersten Jahr seiner Studien bei Haydn in Wien, 1793, scheint sich Beethoven mehr damit beschäftigt zu haben, einige seiner Werke aus der Bonner Zeit zu überarbeiten, als sich an neue große Projekte zu wagen (Johnson, 1982, S. 1–2). Ein solches überarbeitetes Werk ist das Oktett op. 103. Als er die neue autographe Partitur herstellte, begann Beethoven als Finale zunächst das Rondino WoO 28 zu schreiben. Er überlegte es sich jedoch bald anders und ersetzte das Rondino durch den heutigen letzten Satz, der aber durchaus auch schon in der ursprünglichen Bonner Fassung enthalten gewesen sein könnte (Johnson, 1980 a, S. 404–5).

Das Oktett und das Rondino sind natürlich für die gleiche Besetzung geschrieben. Das trifft auch für das Trio op. 87 und die Variationen WoO 28 zu (beide für zwei Oboen und Englischhorn). Möglicherweise war WoO 28 ursprünglich als Schlußsatz für op. 87 gedacht (Johnson, 1973, S. 201, und 1980 a, S. 411). Sollte das der Fall sein, wäre es bemerkenswert, daß Beethoven in beiden Fällen ein geplantes »Andante« durch einen »Presto«-Schlußsatz ersetzt hätte.

Es ist nicht verwunderlich, daß Beethoven die Bläserkammermusik an einem so frühen Punkt seiner Laufbahn aufgab. Trotz Mozarts meisterhaften Serenaden und Divertimenti und des Quintetts für Klavier und Bläser KV 452 (von dem später noch die Rede sein wird) entsprach eine solche Besetzung nicht den Ansprüchen an »ernsthafte« Musik. Schon 1809 konnte es sich Beethoven erlauben, quasi entschuldigend an Breitkopf & Härtel zu schreiben: »Das Sextett [op. 71] ist von meinen früheren Sachen und noch dazu in einer Nacht geschrieben; man kann wirklich nichts dazu sagen, daß es von einem Autor geschrieben ist, der wenigstens einige bessere Werke hervorgebracht – doch für manche Menschen sind d. g. Werke die besten« (Brief Nr. 206, Kastner). Das Werk wurde sicher nicht in so kurzer Zeit fertiggestellt, aber es ist bezeichnend, daß Beethoven es auf diese Art und Weise abzuwerten versuchte. Angeblich war ihm die große Popularität seines Septetts später ein Dorn im Auge; was ihn freilich noch 1822 nicht daran hinderte, zu versuchen, die Variationen WoO 28 zu verkaufen.

Beethovens Kammermusik für Bläser ist gewiß nicht der beste oder wichtigste Teil seines Schaffens; es wäre aber unfair, sie ganz zu übergehen. Sie war für den jungen Komponisten wohl eine Einübung in die Behandlung der Bläserpartien in den Orchesterwerken. Es liegt schon eine gewisse Ironie darin, wenn ein Kritiker der Uraufführung der Ersten Symphonie und des Septetts am 2. April 1800 klagte: »nur waren die Blasinstrumente gar zu viel angewendet, so dass sie mehr Harmonie als ganze Orchestermusik war« (zitiert nach Thayer, 1922, Bd. 2, S. 172).

Noch wichtiger war, daß diese Kammermusikwerke ein Terrain bildeten, das es Beethoven gestattete, seinen persönlichen Stil zu entwickeln. Es ist oft festgestellt worden, daß er die Konfrontation mit der Symphonie und dem Streichquartett, jenen Gattungen also, die gemeinhin für ernsthafte Musik standen, aufschob, bis er seiner selbst ausreichend sicher war. Der anerkannte Meister auf diesem Gebiet, Haydn, war, im wörtlichen Sinn, zu nah. Die Bläserkammermusik wurde traditionsgemäß der »leichteren Muse« zugeordnet, und deren unumstrittener Meister, Mozart, war bereits 1791 tot. Das Oktett op. 103 stellt hinsichtlich der stilistischen Entwicklung einen gewissen Sonderfall dar: Nicht nur umfaßt die Zeit seiner Komposition den Wechsel von Bonn nach Wien, Beethoven hat es auch, 1795, als Streichquintett (op. 4) grundlegend umgearbeitet. Beim Vergleich der beiden Fassungen erhält man wertvolle Einblicke in Beethovens instrumentale Satztechnik und seinen Umgang mit den Beziehungen weitentfernter Tonarten untereinander.

Das interessanteste Werk für Bläserkammermusik ist wahrscheinlich das Quintett op. 16. Es ist für die gleiche Besetzung geschrieben wie Mozarts KV 452, ein Werk, das Beethoven mit an Sicherheit grenzender Wahrscheinlichkeit gekannt hat. Ein Vergleich der ersten Sätze fällt zugunsten von Mozart aus, der das thematische Material extrem sparsam verwendet, während Beethoven damit übermäßig verschwenderisch umgeht. Hier wie auch in anderen Werken aus der Mitte der 1790er Jahre versucht Beethoven sich symphonisch zu gebärden, wo das Medium gar nicht symphonisch ist. Op. 16 beginnt mit einer massiven langsamen Einleitung, viel gewichtiger als die in op. 20 und op. 71, und Beethoven bemüht sich, einige Querverbindungen zwischen der Einleitung und der Durchführung herzustellen. Die Durchführung selber ist zwar vom Harmonischen her nicht so weit gespannt wie manch andere, dafür aber organischer mit der Exposition verbunden, und die abrupte Rückung G–As in den aufsteigenden Tonleitern, mit denen sie beginnt, läßt manch späteres harmonisches Ereignis vorausahnen. Der langsame Satz von op. 16 ist vom Formalen und Harmonischen her ebenfalls interessanter als bei anderen Werken, vielleicht mit Ausnahme des Septetts.

Es dürfte kein Zufall sein, daß op. 16, in dem die Bläser mit Beethovens eigenem Instrument, dem Klavier, kombiniert werden, relativ »fortschrittlich« ist. Wenn man das Quintett jedoch mit etwa zur selben Zeit entstandenen Werken für andere Besetzungen vergleicht – vor allem mit den Sonaten für Klavier und Violoncello op. 5 und den Klaviersonaten op. 7 und 10 –, so wird deutlich, daß Beethoven seine besten Ergebnisse nicht unbedingt auf dem Feld der Bläserensembles erzielte.

Die beiden Serien von Variierten Themen für Klavier mit beliebiger Begleitung durch Flöte oder Violine waren das letzte Produkt einer langen und nicht durchweg glücklichen Beziehung zwischen Beethoven und dem schottischen Verleger George Thomson (vgl. Oldman, 1951), einem glühenden Verehrer des Volksliedes, der mehrere der führenden Komponisten dazu überredete, ausgewählte Lieder in technisch leichten Sätzen zu bearbeiten, meist mit der Begleitung eines Klaviertrios (vgl. »Volksliedbearbeitungen«, S. 324). Die Anregung für die Variationsreihen übermittelte Thomson in einem Brief vom Juni 1817. In einem weiteren Brief, datiert auf den 28. Dezember desselben Jahres, mahnte er Beethoven: »Sie müssen die Variationen in einem eingängigen, leichten und ein wenig brillanten Stil schreiben, damit möglichst viele unserer Damen sie spielen und genießen können« (Willetts, 1970, S. 21–2). Was Beethoven schließlich schickte, war zwar brillant, aber alles andere als leicht: Man fragt sich, wie viele Damen wohl den schwierigen Klavierpart von op. 107/Nr. 5 gespielt, geschweige denn genossen haben können.

Man könnte op. 105 und 107 angesichts der anderen späten Werke leicht als peripher abtun. Sie erschließen sich dem Verständnis jedoch besser, wenn man sie im Zusammenhang mit dem Kompositionsstil der anderen Werke sieht. Teilweise ist der Klaviersatz ganz ähnlich wie in den letzten Klaviersonaten. Außerdem zeigen diese Stücke Beethovens wachsendes Interesse an Variationstechniken; aus schlichten, teilweise wenig ansprechenden Themen baute er größere Formen, die oft sehr subtil sind und ein hohes Maß an Phantasie bezeugen. Zwei Beispiele mögen genügen. Die Schlußvariation von op. 107/Nr. 7 enthält eine Andante-Passage, die sich durch die untere Mediante und die parallele Durtonart bewegt, ehe die Tonika für eine thematische Reprise wieder erreicht wird. In der Coda werden die Dur- und die Molltonika an einer Stelle abrupt nebeneinandergestellt; sie schließt dann mit einer Kadenz, die in ihrer kontrastreichen Dynamik und mit ihren synkopischen Rhythmen typisch ist für den späten Beethoven. Als zweites Beispiel: In op. 107/Nr. 1 Es-Dur steht die dritte, eine »minore«-Variation in e-Moll statt in der üblichen Molltonart auf der Tonika. Die unvermittelte Art, in der Beethoven diese neue Tonart einführt und wieder verläßt, ist ebenfalls äußerst typisch für seinen späten Stil. In der folgenden Schlußvariation finden wir wieder einen abrupten Tonartenwechsel, dieses Mal in die Subdo-

minante, die die ansonsten streng gewahrte Struktur des Themas aufbricht.
Wie einige der Stücke für Bläserensemble zählen op. 105 und 107 nicht zu den bekanntesten Werken Beethovens. Während er der »leichten« Gattung der Bläserkammermusik womöglich schon früh entwuchs, scheint es ihn später gereizt zu haben, Werke zu schreiben, unter deren »volkstümlichem« Äußeren sich ein sehr persönlicher Inhalt verbarg. Im übrigen hatten diese Stücke vermutlich eine keineswegs zu vernachlässigende Auswirkung auf Beethovens letzte Meisterwerke für Klavier, nicht zuletzt auf die Diabelli-Variationen.

WoO 37
Trio G-Dur
Allegro (4/4) – Adagio (g-Moll, 2/4) – Thema andante con Variazioni (2/4)
Kl, Fl, Fg
1786; posthum veröffentlicht
Wahrscheinlich für die Familie von Westerholt-Gysenberg komponiert. Das Autograph schreibt ein »Clavicembalo« vor, nicht Klavier.

Anhang 4
Flötensonate B-Dur
[Allegro] (4/4) – Polonaise (3/4) – Largo (Es-Dur, 2/2) – [Thema mit Variationen: Allegretto] (3/4)
Kl, Fl
?1790–2; posthum veröffentlicht
Unecht? Eine Abschrift (nicht Beethovens Handschrift), betitelt »I Sonata … di Bethoe –«, wurde nach Beethovens Tod unter seinen Papieren gefunden.

WoO 26
Duo G-Dur
Allegro con brio (2/2) – Minuetto quasi Allegretto (3/4)
2 Fl
August 1792; posthum veröffentlicht
J. M. Degenhart gew. Das Autograph ist in einer anderen Handschrift datiert: »23. August, Mitternacht«.

Op. 103
Oktett Es-Dur
Allegro (2/2) – Andante (B-Dur, 6/8) – Menuetto (3/4) – Finale: Presto (2/2)
2 Ob, 2 Klar, 2 Hn, 2 Fg
Vor November 1792; posthum veröffentlicht
In Bonn geschrieben, 1793 in Wien überarbeitet. Später als Streichquintett (op. 4) neu geschrieben.

WoO 25
Rondo (Rondino) Es-Dur
Andante (2/4)
2 Ob, 2 Klar, 2 Hn, 2 Fg
1793; posthum veröffentlicht
Zeitweise als Schlußsatz für op. 103 vorgesehen.

Hess 19
Quintett Es-Dur
Erster Satz ([4/4]; Anfang fehlt) – Adagio mesto (2/4) – Menuetto Allegretto (3/4; unvollständig)
Ob, 3 Hn, Fg
?1793; posthum veröffentlicht

Op. 87
Trio C-Dur
Allegro (4/4) – Adagio cantabile (F-Dur, 3/4) – Menuetto: Allegro molto. Scherzo (3/4) – Finale: Presto (2/4)
2 Ob, Engl.H
?1795; veröffentlicht 1806 (Artaria, Wien)

WoO 28
Variationen über »Là ci darem la mano« aus *Don Giovanni* (Mozart), C-Dur (2/4)
2 Ob, Engl.H
?1795; Urauffg. 23. Dez. 1797; posthum veröffentlicht
Möglicherweise ursprünglich zu op. 87 gehörig (vgl. Johnson, 1973, S. 201).

Op. 81 b
Sextett Es-Dur
Allegro con brio (4/4) – Adagio (As-Dur, 2/4) – Rondo: Allegro (6/8)
2 Hn, 2 Vl, Va, Vc
?1795; veröffentlicht 1810 (Simrock, Bonn).

Op. 16
Quintett Es-Dur
Grave (4/4), Allegro ma non troppo (3/4) – Andante cantabile (B-Dur, 2/4) – Rondo: Allegro ma non troppo (6/8)
Kl, Ob, Klar, Hn, Fg
1796; Urauffg. 6. April 1797; veröffentlicht 1801 (Mollo, Wien)
Fürst Joseph Johann von Schwarzenberg gew.
Die Erstausgabe enthielt auch Stimmen für Violine, Viola und Violoncello anstelle der Bläser.

Op. 71
Sextett Es-Dur
Adagio (4/4), Allegro (3/4) – Adagio (B-Dur, 2/4) – Menuetto: Quasi Allegretto (3/4) – Rondo: Allegro (2/2)
2 Klar, 2 Hn, 2 Fg
?1796; Urauffg. April 1805; veröffentlicht 1810 (Breitkopf & Härtel, Leipzig)
Die ersten beiden Sätze wurden wahrscheinlich vor 1796 geschrieben.

Op. 11
Trio B-Dur
Allegro con brio (4/4) – Adagio (Es-Dur, 3/4) – Tema: »Pria ch'io l'impegno«: Allegretto (4/4)
Kl, Klar/Vl, Vc
1797 (–8?); veröffentlicht 1798 (Mollo, Wien)
Gräfin Maria Wilhelmine von Thun gewidmet

WoO 29
Marsch B-Dur (2/2)
2 Klar, 2 Hn, 2 Fg
1797–8; posthum veröffentlicht
Vgl. auch Hess 107 (S. 333).

Op. 20
Septett Es-Dur
Adagio (3/4) – Allegro con brio (2/2) – Adagio cantabile (As-Dur, 9/8) – Tempo di Menuetto (3/4) – Tema: Andante con Variazioni (B-Dur, 2/4) – Scherzo: Allegro molto e vivace (3/4) – Andante con moto alla Marcia (2/4), Presto (2/2)
Klar, Hn, Fg, Vl, Va, Vc, Kb
1799; Urauffg. 2. April 1800; veröffentlicht 1802 (Hoffmeister, Leipzig)
Kaiserin Maria Theresia gewidmet. Eine Privataufführung am 20. Dezember 1799 wird von Johnson, 1980a, S. 388, erwähnt. Das Thema des Menuetts ist der Klaviersonate G-Dur op. 49/Nr. 2 entnommen.

Op. 17
Sonate F-Dur
Allegro moderato (4/4) – Poco Adagio, quasi Andante (f-Moll, 2/4) – Rondo: Allegro moderato (2/2)
Kl, Hn
April 1800; Urauffg. 18. April 1800; veröffentlicht 1801 (Mollo, Wien)
Baronin Braun gewidmet

Op. 25
Serenade D-Dur
Entrata: Allegro (4/4) – Tempo ordinario d'un Menuetto (3/4) – Allegro molto (d-Moll, 3/8) – Andante con Variazioni (G-Dur, 2/4) – Allegro scherzando e vivace (3/4) – Adagio (2/4) – Allegro vivace e disinvolto (2/4)
Fl, Vl, Va
1801; veröffentlicht 1802 (Cappi, Wien).

WoO 30
Drei Equali
Nr. 1: Andante (d-Moll, 2/2)
Nr. 2: Poco Adagio (D-Dur, 2/2)
Nr. 3: Poco sostenuto (B-Dur, 3/2)
4 Pos
November 1812; posthum veröffentlicht
Auf Bestellung von Franz Xaver Glöggl geschrieben.

WoO 27
Drei Duos: C-Dur, F-Dur, B-Dur
Nr. 1: Allegro commodo (4/4) – Larghetto sostenuto (c-Moll, 3/4) – Rondo: Allegretto (4/4)
Nr. 2: Allegro affetuoso (4/4) – Aria: Larghetto (d-Moll, 3/4) – Rondo: Allegretto moderato (2/4)
Nr. 3: Allegro sostenuto (4/4) – Aria con Variazioni: Andantino con moto (2/4)
Kl, Fg
Kompositionsdatum unbekannt; veröffentlicht ?1810–5 (Paris).
Von Kinsky, 1955, für echt gehalten, bei Kerman, 1983, dagegen als »wahrscheinlich unecht« bezeichnet.

Hess 297
Adagio, As-Dur (4/4)
3 Hn
1815; posthum veröffentlicht
In einer Reihe von Beispielen zur Instrumentation aufgefunden; Überschrift: »Adagio f-Moll«.

Op. 105
Sechs Variierte Themen
Nr. 1: *The Cottage Maid* (G-Dur, 2/4)
Nr. 2: *Von edlem Geschlecht war Shinkin* (c-Moll, 4/4)
Nr. 3: *A Schüsserl und a Reindl* (C-Dur, 2/4)
Nr. 4: *The Last Rose of Summer* (Es-Dur, 3/4)
Nr. 5: *Chiling O'Guiry* (Es-Dur, 6/8)
Nr. 6: *Paddy Whack* (D-Dur, 6/8)
Kl, Fl/Vl (ad lib.)
Nr. 1–2, 4–6: 1818; Nr. 3: 1819; veröffentlicht 1819 (Preston, London; Thomson, Edinburgh; Artaria, Wien). Die frühere, englische Edition enthält auch op. 107/Nr. 2, 6 und 7.

Op. 107
Zehn Variierte Themen
Nr. 1: *I bin a Tiroler Bua* (Es-Dur, 3/4)
Nr. 2: *Bonny Laddie, Highland Laddie* (F-Dur, 2/4)
Nr. 3: *Volkslied aus Kleinrußland* (G-Dur, 2/4)
Nr. 4: *St. Patrick's Day* (F-Dur, 6/8)
Nr. 5: *A Madel, ja a Madel* (F-Dur, 3/4)
Nr. 6: *Peggy's Daughter* (Es-Dur, 6/8)
Nr. 7: *Schöne Minka* (a-Moll, 2/4)
Nr. 8: *O Mary, at thy Window be* (D-Dur, 2/4)
Nr. 9: *Oh, Thou art the Lad of my Heart* (Es-Dur, 6/8)
Nr. 10: *The Highland Watch* (g-Moll, 2/4)
Kl, Fl/Vl (ad lib.)
Nr. 1, 2, 4, 5, 8, 9, 10: 1818, Nr. 3, 6, 7: 1819; veröffentlicht 1819 (Preston, London; Thomson, Edinburgh); 1820 (Simrock, Bonn und Köln). Die Ausgabe von 1819 enthält nur Nr. 2, 6 und 7 (vgl. op. 105); die Ausgabe von 1820 ist vollständig.

Vgl. auch »Tänze und Märsche« (S. 267 ff.) und »Bearbeitungen« (S. 329 ff.).

NICHOLAS MARSTON

Kammermusik für Klavier und Streicher

Beethovens erste Kompositionen in dieser Besetzung waren die drei Klavierquartette WoO 36 im Jahre 1785. Man ist versucht zu sagen, Beethoven sei hier von Mozartschem Geist beseelt, und zwar ohne die Vermittlung von Haydn, denn jedes der drei Quartette ist nach dem Modell einer Mozartschen Violinsonate komponiert (Solomon, 1977, S. 47). Vielleicht das interessanteste der drei Werke ist das Es-Dur-Quartett. Dessen langsamer Einleitungssatz führt unmittelbar in ein Allegro con spirito hinein, das ganz ungewohnterweise in der Molltonika steht. Als Modell verwendete Beethoven hier Mozarts Sonate G-Dur KV 379. Ein ähnlicher Aufbau findet sich auch bei zwei der weiter unten besprochenen sehr viel reiferen Werke: In der »Kreutzersonate« geht eine langsame Dur-Einleitung dem Presto in der Molltonika voraus, bei der Sonate für Klavier und Violoncello op. 102/Nr. 1 bildet die Beziehung von Durtonika und paralleler Molltonart das tonale Grundgerüst.
Der unmittelbare Vergleich früher und später Werke soll auf die ungewöhnliche stilistische Entwicklung aufmerksam machen, die Beethovens Kammermusik für Klavier und Streicher durchläuft. WoO 36 war zunächst ein isoliert dastehendes Experiment: Nach seinem Umzug nach Wien gab Beethoven das Klavierquartett zugunsten des Klaviertrios auf. Das dritte der Trios op. 1 in c-Moll war eine der ersten in einer langen Reihe von dramatischen und turbulenten Kompositionen in dieser Tonart und gilt allgemein als das beste der drei. Lange Zeit schenkte man einem Bericht von Ferdinand Ries Glauben, wonach Haydn Beethoven von der Veröffentlichung abgeraten hat (vgl. Wegeler, 1987, S. 74), die neuere Forschung jedoch ist dieser Interpretation der vorliegenden Fakten entschieden entgegengetreten. Es ist nunmehr klar, daß die Aufführung der Trios, der Haydn beigewohnt hat, nach seiner Rückkehr aus London im August 1795 stattgefunden haben muß. Zu dem Zeitpunkt wäre es schon zu spät gewesen, von einer Veröffentlichung abzuraten (Johnson, 1980 a, S. 308–12). Die Trios op. 1 sind für die Gattung insofern untypisch, als sie vier statt drei Sätze aufweisen. Dieser Ausweitung des gesamten Werkes entspricht die Tendenz, die einzelnen Sätze zu erweitern und auszuarbeiten und dabei zu versuchen, der Musik symphonische Breite zu verleihen. Zumindest ein Autor hat die Ansicht geäußert, das Ergebnis lasse allzu deutlich Beethovens symphonischen Ehrgeiz erkennen, der an den Errungenschaften von Haydns Londoner Symphonien orientiert gewesen sei. Von diesen könnte die Nr. 95 in c-Moll einen entscheidenden Einfluß auf op. 1/Nr. 3 gehabt haben (Johnson, 1982, S. 18–23).
Der Versuch Beethovens, symphonische Kammermusik zu schreiben, blieb nicht auf op. 1 beschränkt. Die Sonaten für Klavier und Violoncello op. 5 enthalten beide in grandiosem Maßstab ausgearbeitete Sätze, mit gewichtigen langsamen Einleitungen, die in massive Sonatenhauptsatzformen überleiten. Die Violinsonaten op. 12 sind wegen ihrer »Gelehrsamkeit« und ihrer ungewöhnlichen Modulationen kritisiert worden; es fällt heute zwar schwer, dieser Kritik ohne weiteres zuzustimmen, aber man kann vielleicht immer noch die gewissermaßen übermäßige Anstrengung in manchen Wendungen spüren, so zum Beispiel in der plötzlichen Abweichung nach Es-Dur zehn Takte vor dem Ende des langsamen Satzes von op. 12/Nr. 3.
Vor allem den Werken der mittleren Periode Beethovens werden symphonische Qualitäten zugesprochen; das »Erzherzogtrio« dient oft als Beispiel dafür, wie Beethoven seinen reifen symphonischen Stil erfolgreich auf die Kammermusik übertrug. Sieghard Bran-

denburg hat neuerdings die These aufgestellt, das »Erzherzogtrio« wie auch die Violinsonate op. 96 seien um 1814–5 überarbeitet worden, bevor sie veröffentlicht wurden. Dies sollte ein Grund sein, diese Werke mehr als bisher für die Beurteilung von Beethovens spätem Stil heranzuziehen. In dieser Hinsicht ist es bedeutsam, daß in beiden Werken Variationssätze eine wichtige Rolle spielen: Das heitere Variationsthema im »Erzherzogtrio« ist in Stil und Struktur dem des letzten Satzes der Klaviersonate E-Dur op. 109 bemerkenswert ähnlich. Ebenfalls auffallend ist die Tendenz, die Grenzen zwischen den einzelnen Sätzen aufzuweichen. Dies gilt in noch stärkerem Maße für die Sonate für Klavier und Violoncello op. 102/Nr. 1, die im Grunde aus zwei Hälften besteht; jede umfaßt eine langsame Einleitung und einen darauf folgenden schnellen Satz. Das Allegro vivace, das man als den eigentlichen ersten Satz bezeichnen könnte, steht bemerkenswerterweise in der parallelen Molltonart. Die Wiederkehr der langsamen Einleitung vom Anfang vor dem letzten Satz ist eine Technik, die Beethoven auch in der Klaviersonate A-Dur op. 101 aus dem Jahr 1816 verwendet. In op. 101/Nr. 1 stellt dieses Verfahren lediglich eines von vielen ungewöhnlichen Merkmalen dar, die es voll und ganz gerechtfertigt erscheinen lassen, daß Beethoven in seiner autographen Partitur von einer »freien« Sonate spricht.

In op. 102/Nr. 2 ist es vielleicht die Schlußfuge, die einen am meisten fesselt. Die Skizzen zeigen, daß ihre Komposition Beethoven große Mühe bereitete; ja es scheint sogar, daß diese Anstrengung gewissermaßen Teil der ästhetischen Absicht des Satzes ist – als ob die Musik nicht leicht, ja nicht einmal attraktiv klingen sollte. Sowohl im unnachgiebigen Kontrapunkt als auch in ihrem Charakter weist die Fuge schon auf den Schlußsatz der »Hammerklaviersonate« und auf die *Große Fuge* hin.

Der Fuge in op. 102/Nr. 2 geht der einzige voll ausgewachsene langsame Satz voraus, der in Beethovens Sonaten für Klavier und Violoncello zu finden ist. Diese Tatsache mag dazu beitragen, Beethovens Leistungen auf diesem Gebiet angemessener zu würdigen. Die Sonaten für Klavier und Violoncello sind insofern wirklich »Originale«, als Beethoven über keinerlei Modelle verfügte, denen er hätte folgen können: Seine Sonaten op. 5 scheinen die ersten mit einer obligaten Klavierstimme zu sein (im Gegensatz zu den Sonaten mit Begleitung eines Basso-continuo-Tasteninstruments). Daß er zögerte, einen richtigen langen langsamen Satz zu schreiben, kann damit zusammenhängen, daß es sich um eine ungewöhnliche Gattung handelte und daß es schwierig ist, eine zufriedenstellende Balance zwischen dem Klavier mit seinem großen Tonumfang und einem solistisch vorwiegend in der mittleren Lage klingenden Instrument zu erreichen. Die Probleme, die sich daraus für die Komposition ergeben, kann man besonders gut aus dem autographen Manuskript des ersten Satzes von op. 69 ersehen (Lockwood, 1970 a): Beethoven änderte noch in diesem späten Stadium der Komposition die Verteilung des melodischen Materials zwischen den beiden Instrumenten erheblich.

Die beiden Sonaten op. 5 wurden für den Hof Friedrich Wilhelms II. in Berlin geschrieben. Der König selber war ein begeisterter Cellist, es muß jedoch sein Hofmusiker Jean-Louis Duport gewesen sein, der den Stil der beiden Sonaten Beethovens wesentlich mitgeformt hat. In der Tat hat Duport später einige Merkmale der Cellostimme in op. 5 in einem Lehrbuch für das Instrument festgehalten (Lockwood, 1978). Es gibt noch weitere Beispiele dafür, daß Beethovens Kompositionsstil von den aufführenden Musikern mit beeinflußt wurde. Zwei der Violinsonaten, nämlich die »Kreutzersonate« und op. 96, bilden in dieser Hinsicht ein kontrastreiches Paar. Die erstaunliche Länge und der virtuose Charakter der »Kreutzersonate« wurden größtenteils von den Fähigkeiten des Geigers George Polgreen Bridgetower, eines Mulatten, inspiriert (eine unvollständige autographe Partitur des Werkes trägt die Überschrift *Sonata mulattica*). Bridgetower hat berichtet, wie er, sehr zu Beethovens Vergnügen, eine Kadenz in Takt 9 des ersten Satzes improvisierte, um der des Klaviers in Takt 18 zu entsprechen. Auf der anderen Seite gibt es in op. 96 kaum Gelegenheiten zu brillieren, und Beethoven hat selber in einem Brief vom Dezember 1815 an Erzherzog Rudolph einen Grund dafür angegeben: »wir haben in unseren Finales gern rauschende Passagen, doch sagt dies R. nicht zu und – genierte mich doch etwas« (Brief Nr. 356, Kastner). Was er dem Erzherzog nicht verrät, ist, daß er einige Jahre zuvor erwogen hatte, genau dieses Thema des Schlußsatzes für die Sonate für Klavier und Violoncello op. 69 zu verwenden.

Wie man weiß, war der letzte Satz der »Kreutzersonate« ursprünglich für op. 30/Nr. 3 gedacht. Beethoven hat ihn dann aber durch eine Variationsreihe ersetzt. Die ersten beiden Sätze sind also in größter Eile zu dem schon vorhandenen letzten Satz hinzukomponiert worden. So erklärt sich nicht nur die extreme Länge des ersten Satzes, man hat darin auch die Ursache für den Schwerpunkt auf dem d-Moll sehen wollen, so als solle ein Gegengewicht zum Auftreten

dieser Tonart am Beginn der Coda im Schlußsatz geschaffen werden.
Schließlich gilt es noch zwei gängige Mißverständnisse aufzuklären. Mehrere Autoren haben behauptet, das »Erzherzogtrio« sei sehr schnell, binnen drei Wochen im März 1811, komponiert worden, unter Verwendung von Skizzen aus dem Vorjahr. Es stimmt, daß auf der autographen Partitur steht: »Trio am 3ten März 1811 ... Geendigt am 26ten März 1811«. Doch selbst wenn die Daten stimmen sollten, beziehen sie sich wahrscheinlich lediglich auf die Niederschrift des Autographs und nicht auf die gesamte für die Komposition aufgewendete Arbeitszeit; außerdem wurde das »Erzherzogtrio« vermutlich 1814–5 überarbeitet. Das bedeutet, daß wir für die Komposition des Werks, wie wir es kennen, nicht allein die Jahre 1810–1 ansetzen können.
In Berichten über die Klaviertrios ist außerdem immer wieder die Rede von einer angeblichen Verbindung zwischen dem langsamen Satz des sogenannten »Geistertrios« und Plänen für eine Oper *Macbeth.* Die einzige Grundlage hierfür bildet eine kurze Skizze in d-Moll mit der Überschrift »Macbett«, »Ende« auf dem oberen Rand einer Seite mit Skizzen für den Triosatz (vgl. Nottebohm, 1887, S. 225–7 zu der unbegründeten Behauptung, die Skizze könne nur für einen Hexenchor gedacht gewesen sein). Mit so spärlichem Beweismaterial läßt sich eine Verbindung weder beweisen noch widerlegen. Wichtiger aber vielleicht ist die Beobachtung, daß der ungewöhnliche Tonartenrahmen (d-Moll/C-Dur) in der ersten Hälfte des langsamen Satzes von op. 70/Nr. 1 viele Jahre später im Scherzo der Neunten Symphonie wieder auftauchen sollte; in dieser Hinsicht wenigstens hat der Triosatz eine Art »Geist« hervorgebracht.

Anh. 3
Klaviertrio D-Dur
Allegro (4/4) – Rondo: Allegretto (6/8)
Entstehungsdatum ungewiß; posthum veröffentlicht
Unecht? Der erste Satz ist unvollständig.

WoO 36
Drei Klavierquartette: Es-Dur, D-Dur, C-Dur
Nr. 1: Adagio assai (2/4), Allegro con spirito (es-Moll, 3/4) – Thema: Cantabile (2/4)
Nr. 2: Allegro moderato (4/4) – Andante con moto (fis-Moll, 3/4) – Rondo: Allegro (6/8)
Nr. 3: Allegro vivace (4/4) – Adagio con espressione (F-Dur, 3/4) – Rondo: Allegro (2/2)
Kl, Vl, Va, Vc
1785; posthum veröffentlicht.
Das Autograph nennt »clave[c]in« und »Basso« statt Klavier und Violoncello; die Reihenfolge ist C-Dur, Es-Dur und D-Dur. Material aus Nr. 3 wurde später in den Klaviersonaten op. 1/Nr. 1 und 3 verwendet. Das Thema des ersten Satzes von Nr. 2 entspricht einer Skizze für eine frühe unvollendete Symphonie c-Moll (Hess 298).

WoO 38
Klaviertrio Es-Dur
Allegro moderato (2/4) – Scherzo: Allegro ma non troppo (3/4) – Rondo: Allegretto (6/8)
?1791; posthum veröffentlicht
Das Kompositionsdatum ist Anton Gräffers Manuskriptkatalog Beethovenscher Werke entnommen; laut diesem Katalog war WoO 38 ursprünglich für op. 1 vorgesehen.

Hess 46
Violinsonate A-Dur
ca. 1790–92; posthum veröffentlicht
Fragmentarisch: Teile eines ersten Satzes (3/8) und ein Schlußsatz (4/4)

Hess 48
Allegretto Es-Dur (3/4)
Kl, Vl, Vc
ca. 1790–92; posthum veröffentlicht
Autograph bei der Kafka-Sammlung, fol. 129, zusammen mit dem Fragment eines Trio-Abschnitts: vgl. Kerman, 1970, Bd. 2, S. 177–82, 291.

WoO 40
Variationen F-Dur über »Se vuol ballare« aus *Die Hochzeit des Figaro* (Mozart)
Thema: Allegretto (3/4)
Kl, Vl
1792–93; veröffentlicht 1793 (Artaria, Wien)
Eleonore von Breuning gewidmet

WoO 41
Rondo G-Dur
Allegro (6/8)
Kl, Vl
1793–94; veröffentlicht 1808 (Simrock, Bonn)

Op. 1
Drei Klaviertrios: Es-Dur, G-Dur, c-Moll
Nr. 1: Allegro (4/4) – Adagio cantabile (As-Dur, 3/4)

– Scherzo: Allegro assai (3/4) – Finale: Presto (2/4)
Nr. 2: Adagio (3/4), Allegro vivace (2/4) – Largo con espressione (E-Dur, 6/8) – Scherzo: Allegro (3/4) – Finale: Presto (2/4)
Nr. 3: Allegro con brio (3/4) – Andante cantabile con variazioni (Es-Dur, 2/4)– Menuetto: Quasi Allegro (3/4) – Finale: Prestissimo (2/2)
1794–95 (Nr. 1 ist wahrscheinlich früher komponiert und zu diesem Zeitpunkt revidiert worden); veröffentlicht 1795 (Artaria, Wien)
Fürst Lichnowsky gewidmet. Nr. 3 wurde später zum Streichquintett op. 104 umgearbeitet (vgl. »Bearbeitungen«, S. 330).

WoO 42
Sechs Deutsche Tänze
Vgl. »Tänze und Märsche« (S. 269).

WoO 43 a
Sonatine c-Moll
Adagio (6/8)
Kl, Mand
1796; posthum veröffentlicht
Wahrscheinlich für die Gräfin Josephine de Clary komponiert.

WoO 43 b
Adagio Es-Dur (6/8)
Kl, Mand
1796; posthum veröffentlicht
Gräfin Josephine de Clary gewidmet; Hess 44 ist eine wenig abweichende Variante, überschrieben mit »Adagio ma non troppo«.

WoO 44 a
Sonatine C-Dur
Allegro (2/4)
Kl, Mand
1796; posthum veröffentlicht
Wahrscheinlich für Gräfin Josephine de Clary geschrieben.

WoO 44 b
Andante con Variazioni D-Dur (2/4)
Kl, Mand
1796; posthum veröffentlicht
Gräfin Josephine de Clary gewidmet

Op. 5
Zwei Sonaten für Klavier und Violoncello: F-Dur, g-Moll
Nr. 1: Adagio sostenuto (3/4), Allegro (4/4) – Allegro vivace (6/8)
Nr. 2: Adagio sostenuto e espressivo (4/4), Allegro molto più tosto presto (3/4) – Rondo: Allegro (G-Dur, 2/4)
1796; Urauffg. Mai oder Juni 1796; veröffentlicht 1797 (Artaria, Wien)
Friedrich Wilhelm II. von Preußen gew. Offenbar von Jean-Louis Duport aufgeführt und nicht von seinem Bruder Jean-Pierre (vgl. Lockwood, 1978).

WoO 45
Variationen G-Dur über »See the conqu'ring hero comes« aus *Judas Makkabäus* (Händel)
Thema: Allegretto (2/2)
Kl, Vc
1796; veröffentlicht 1797 (Artaria, Wien)
Fürstin Christiane Lichnowsky gewidmet

Op. 66
Variationen F-Dur über »Ein Mädchen oder Weibchen« aus der *Zauberflöte* (Mozart)
Thema: Allegretto (2/4)
Kl, Vc
?1796; veröffentlicht 1798 (Traeg, Wien).

Op. 12
Drei Violinsonaten: D-Dur, A-Dur, Es-Dur
Nr. 1: Allegro con brio (4/4) – Tema con Variazioni: Andante con moto (A-Dur, 2/4) – Rondo: Allegro (6/8)
Nr. 2: Allegro vivace (6/8) – Andante più tosto Allegretto (2/4) – Allegro piacèvole (3/4)
Nr. 3: Allegro con spirito (4/4) – Adagio con molta espressione (C-Dur, 3/4) – Rondo: Allegro molto (2/4)
1797–98; veröffentlicht 1799 (Artaria, Wien)
Antonio Salieri gew. Eine der Sonaten wurde wahrscheinlich am 29. März 1798 von Beethoven und Schuppanzigh aufgeführt.

Op. 23
Violinsonate a-Moll
Presto (6/8) – Andante scherzoso più Allegretto (A-Dur, 2/4) – Allegro molto (2/2)
1800; veröffentlicht 1801 (Mollo, Wien)
Graf Fries gew. Ursprünglich sollte die Sonate zusammen mit op. 24 erscheinen.

Op. 24
Violinsonate F-Dur (»Frühlingssonate«)

Allegro (4/4) – Adagio molto espressivo (B-Dur, 3/4) – Scherzo: Allegro molto (3/4) – Rondo: Allegro ma non troppo (2/2)
1800–01; veröffentlicht 1801 (Mollo, Wien)
Graf Fries gewidmet. Sollte ursprünglich zusammen mit op. 23 erscheinen.

WoO 46
Variationen Es-Dur über »Bei Männern, welche Liebe fühlen« aus der *Zauberflöte* (Mozart)
Thema: Andante (6/8)
Kl, Vc
1801; veröffentlicht 1802 (Mollo, Wien)
Graf Browne gewidmet

Op. 30
Drei Violinsonaten: A-Dur, c-Moll, G-Dur
Nr. 1: Allegro (3/4) – Adagio molto espressivo (D-Dur, 2/4) – Allegretto con Variazioni (4/4)
Nr. 2: Allegro con brio (4/4) – Adagio cantabile (As-Dur, 4/4) – Scherzo: Allegro (C-Dur, 3/4) – Finale: Allegro (2/2)
Nr. 3: Allegro assai (6/8) – Tempo di Menuetto ma molto moderato e grazioso (Es-Dur, 3/4) – Allegro vivace (2/4)
1801–02; veröffentlicht 1803 (Bureau des Arts et d'Industrie, Wien)
Zar Alexander I. von Rußland gewidmet. Vgl. auch op. 47 (unten).

Op. 44
Variationen Es-Dur über ein eigenes Thema für Klaviertrio
Thema: Andante (2/2)
Kompositionsdatum unbekannt; veröffentlicht 1804 (Hoffmeister, Leipzig)
1792 skizziert, möglicherweise als Schlußsatz zu op. 1/Nr. 1 (Johnson, 1980 a).

Op. 47
Violinsonate A-Dur (»Kreutzersonate«)
Adagio sostenuto (3/4), Presto (a-Moll, 2/2) – Andante con Variazioni (F-Dur, 2/4) – Presto (6/8)
1802–03; Urauffg. 24. Mai 1803; veröffentlicht 1805 (Simrock, Bonn und Birchall, London)
Rodolphe Kreutzer gewidmet – die erste Widmung lautete auf George P. Bridgetower, den Solisten der Uraufführung. Das Finale war ursprünglich als letzter Satz für op. 30/Nr. 1 gedacht. Vgl. Brandenburg, 1980.

Op. 121 a
Variationen G-Dur über »Ich bin der Schneider Kakadu« aus *Die Schwestern von Prag* (Müller)
Introduzione: Adagio assai (g-Moll, 4/4), Thema: Allegretto (2/4)
Kl, Vl, Vc
?1803; rev. 1816; veröffentlicht 1824 (Steiner, Wien, und Chappell, London)
Wahrscheinlich 1803 zur Veröffentlichung angeboten; das erhaltene Autograph stammt von ca. 1816–17. Vgl. Tyson, 1963 c.

Op. 69
Sonate für Klavier und Violoncello, A-Dur
Allegro ma non tanto (2/2) – Scherzo: Allegro molto (a-Moll, 3/4) – Adagio cantabile (E-Dur, 2/4), Allegro vivace (2/2)
1807–08; veröffentlicht 1809 (Breitkopf & Härtel, Leipzig)
Dem Freiherrn von Gleichenstein gewidmet

Op. 70
Zwei Klaviertrios: D-Dur (»Geistertrio«), Es-Dur
Nr. 1: Allegro vivace e con brio (3/4) – Largo assai e espressivo (d-Moll, 2/4) – Presto (4/4)
Nr. 2: Poco sostenuto (4/4), Allegro ma non troppo (6/8) – Allegretto (C-Dur, 2/4) – Allegretto ma non troppo (As-Dur, 3/4) – Finale: Allegro (2/4)
1808; veröffentlicht 1809 (Breitkopf & Härtel, Leipzig)
Gräfin Anna Maria Erdödy gewidmet. Beide Werke wurden vor Ende Dezember 1808 aufgeführt.

Op. 97
Klaviertrio B-Dur (»Erzherzogtrio«)
Allegro moderato (4/4) – Scherzo: Allegro (3/4) – Andante cantabile (D-Dur, 3/4) – Allegro moderato (2/4)
1810–11; Urauffg. 11. April 1814; veröffentlicht 1816 (Steiner, Wien, und Birchall, London)
Erzherzog Rudolph gewidmet. Das erhaltene Autograph stammt von 1814–15 und stellt wahrscheinlich eine Überarbeitung der ursprünglichen Fassung dar: vgl. Johnson, 1985, S. 198–9, 237; Brandenburg, 1983, S. 223–4.

Op. 96
Violinsonate G-Dur
Allegro moderato (3/4) – Adagio espressivo (Es-Dur, 2/4) – Scherzo: Allegro (g-Moll/G-Dur, 3/4) – Poco Allegretto (2/4)

1812; Urauffg. 29. Dezember 1812; veröffentlicht 1816 (Steiner, Wien, und Birchall, London)
Erzherzog Rudolph gewidmet, aber für Pierre Rode geschrieben. Der erste Satz wurde wahrscheinlich etwas früher als die anderen komponiert, das ganze Werk wahrscheinlich 1814–15 überarbeitet. Aus dieser Zeit stammt das erhaltene Autograph (Johnson, 1985, S. 214; Brandenburg, 1983, S. 223–4).

WoO 39
Allegretto B-Dur (6/8)
Kl, Vl, Vc
Juni 1812; posthum veröffentlicht
Maximiliane Brentano gewidmet

Op. 102
Zwei Sonaten für Klavier und Violoncello: C-Dur, D-Dur
Nr. 1: Andante (6/8), Allegro vivace (a-Moll, 2/2) – Adagio (4/4), Tempo d'Andante (6/8), Allegro vivace (2/4)
Nr. 2: Allegro con brio (4/4) – Adagio con molto sentimento d'affetto (d-Moll, 2/4) – Allegro, Allegro fugato (3/4)
1815; veröffentlicht 1817 (Simrock, Bonn)
Gräfin Erdödy gewidmet

Vgl. auch »Bearbeitungen« (S. 329 ff.)

NICHOLAS MARSTON

Kammermusik für Streicher

Die dominierende Stellung in Beethovens Kammermusik für Streicher nehmen natürlich die Streichquartette ein, und unter diesen wiederum, jedenfalls ist das die Ansicht vieler Zuhörer, die letzten fünf Quartette (op. 127, 130, 131, 132 und 135) sowie die *Große Fuge* op. 133. Dem muß hier Rechnung getragen werden, zumindest was die erste Bewertung angeht und wohl auch hinsichtlich der zweiten. Ein tieferes Eindringen erlaubt der beschränkte Raum nicht. Über die Streichquartette sind schon zahlreiche Bücher verfaßt worden, über ein einziges von ihnen sogar ein ganzer Band (Winter, 1982).
Daß Beethoven sich in seinen letzten beiden Lebensjahren fast ausschließlich auf die Streichquartette konzentriert hat, mag im nachhinein fast als eine Art Ausgleich dafür angesehen werden, daß er diese Gattung vor 1798 gemieden hat. Die frühen Skizzen zeigen, daß Beethoven sich an einer großen Bandbreite von Gattungen versuchte, einschließlich der Symphonie (vgl. S. 257), aber es scheint nichts für ein richtiges Streichquartett darunter zu sein. Beethovens Zurückhaltung in dieser Hinsicht läßt sich leicht erklären: Als er in Wien ankam, um bei Haydn Unterricht zu nehmen, hatte der Ältere schon eine Reihe brillanter Streichquartette veröffentlicht; als letztes war 1791 gerade op. 64 erschienen. Op. 71 und 74 wurden 1793 komponiert, Beethovens erstem Studienjahr bei Haydn, und op. 77 war fertig, bevor Beethoven daranging, sein op. 18 zu komponieren. Zusätzlich zu dem, was Haydn an Anregendem, in diesem Fall aber sicher auch Abschreckendem hervorbrachte, gab es noch das Erbe Mozarts, dem er sich zu stellen hatte. Es verwundert somit nicht, daß sich Beethoven zunächst anderem zuwandte.
Die Streichtrios sind daher eben gerade nicht als eine Art der Vorbereitung auf die Gattung des Streichquartetts zu betrachten: Beethoven wandte sich diesem Genre zu, um dem Streichquartett auszuweichen. Robert Simpson (1971, S. 243) bemerkt dazu: »Das Quartett selber kann man sich auch mit viel Phantasie keinesfalls als ein erweitertes Trio vorstellen, und ein richtiges Trio auch nicht als reduziertes Quartett.«
Schon im Trio Es-Dur op. 3 zeigt sich, daß Beethoven die Schwierigkeiten der Komposition für diese sehr schlanke Besetzung vollkommen gemeistert hatte und es sehr wohl verstand, die Satzstruktur abwechlungsreich zu gestalten, wobei er selten Kompromisse in bezug auf die Eigenheiten der drei beteiligten Stimmen schließen mußte. Wenn man Beethovens Werk mit Mozarts Divertimento Es-Dur KV 563 (1788 komponiert, 1792 publiziert) vergleicht, fällt die Bereitwilligkeit auf, mit der Beethoven den Streichersatz auf ein Duo reduziert, so etwa im ersten Satz, Takt 41–48, wo das zweite Thema von der Violine und dem Violoncello eingeführt wird.
Anzahl und Zusammenstellung der Sätze in op. 3 sowie in der Serenade op. 8 lassen für beide den Begriff Divertimento, den Mozart für sein KV 563 verwendet hatte, gerechtfertigt erscheinen. Dagegen haben die drei Trios op. 9 von den Symphonien Haydns aus dieser Zeit die Viersätzigkeit übernommen. Das symphonische Vorbild tritt in der langsamen Einleitung von op. 9/Nr. 1 noch deutlicher zutage. Wie oben bereits erwähnt, war Beethoven zwar noch nicht so weit, die Herausforderung durch Haydn als Symphoniker anzunehmen, aber er hat das, was er von Haydns symphonischem Stil gelernt hatte, auf andere Gattun-

gen übertragen: Die Klaviertrios op. 1 und die Sonaten op. 2 sind ebenfalls ganz untypisch als viersätzige Werke angelegt; anderswo finden sich auch symphonische langsame Einleitungen, so beispielsweise in den beiden Sonaten für Klavier und Violoncello und im Quintett op. 16.

Andere Spuren Haydns findet man in op. 9/Nr. 1 – den Beginn des ersten Satzes, der nicht in der Tonika steht, die Figur c''-d''-b'-a' in den Takten 3–4, aus der der Satz hörbar erwächst, und die überraschende Tonart des langsamen Satzes (E-Dur, die untere Mediante in Dur): Hat Beethoven hier an Haydns Quartett g-Moll op. 74/Nr. 3 gedacht? Wenn ja, dann hat er aber auch kräftig auf ein eigenes früheres Werk zurückgegriffen, nämlich auf das Klaviertrio op. 1/Nr. 2, in dem diese Merkmale von op. 9/Nr. 1 ebenso wie die anderen oben erwähnten gleichfalls zu finden sind.

Der Anklang an die Trios op. 1 ist auch bei op. 9/Nr. 3 unverkennbar. Dieses Werk steht wie sein Gegenstück in op. 1 in c-Moll und beginnt mit einer Themenaufstellung im Piano (auch da jedoch mag Haydn Pate gestanden haben; über Beethovens Aneignung Haydnscher Stilelemente in diesen und anderen Werken informiert am besten Johnson, 1982).

Wie sah Beethovens Vorbereitung auf die Komposition seiner ersten richtigen Streichquartette aus? Er hatte sich in den frühen 1790er Jahren an dem Menuett Hess 33 versucht. Die Fassung für Streichquartett scheint auf die für Klavier gefolgt zu sein (Hess, 1959, Bd. 6, S. 154), und es ist verführerisch, darüber zu spekulieren, ob dieses kleine Stück von Beethoven als Übung für die Streichquartett-Besetzung gedacht war. Daneben gibt es die Präludien und Fugen für Streichquartett (Hess 30–31), die er um 1795 als Übungen im Kontrapunkt für Albrechtsberger komponierte.

Es lohnt sich, an dieser Stelle kurz zu unterbrechen, um den Anteil kontrapunktischer Satztechnik an den Quartettkompositionen Beethovens zu untersuchen. Es muß nicht lange erklärt werden, wie wichtig es beim Komponieren für Quartettbesetzung ist, über eine gute Technik im Schreiben kontrapunktischer Strukturen zu verfügen, über die Fähigkeit, polyphon geführte Stimmen auf abwechslungsreiche Weise miteinander zu verbinden. Beethovens Quartette enthalten mehrere bedeutende Fugensätze – die wichtigsten durchgehenden Beispiele dafür sind der Schlußsatz von op. 5/Nr. 3, der erste Satz von op. 131 und natürlich die *Große Fuge*. Unter den späten Werken ist die für eine (von Tobias Haslinger begonnene) vollständige Ausgabe Beethovenscher Werke in Manuskripten komponierte Fuge für Streichquintett op. 137 zu erwähnen. Das fragmentarische Werk Präludium und Fuge Hess 40 war ein Vorläufer von op. 137 und auch des zweiten Satzes der Neunten Symphonie, in dem eine leicht veränderte Fassung des Fugenthemas von Hess 40 verwendet wird. Zur Vorbereitung auf Hess 40 bearbeitete Beethoven einen Teil der Fuge h-Moll aus dem ersten Teil von Bachs *Wohltemperiertem Klavier* für Streichquartett; bereits aus den Jahren 1801–02 stammt eine ähnliche Bearbeitung für Streichquintett, und zwar von der b-Moll-Fuge aus demselben Werk (bei den beiden Bach-Bearbeitungen handelt es sich um Hess 35 und 38, vgl. auch Hess, 1972, S. 54–63). Schließlich bezeugen die zahlreichen erhaltenen Partiturskizzen zu den späten Quartetten nachdrücklich, wie intensiv sich Beethoven mit den Problemen des Komponierens für vier Quartettstimmen beschäftigt hat.

Das Kopieren von Werken anderer Komponisten stellte eine weitere Methode dar, mit deren Hilfe Beethoven seine Kräfte stärkte, um die Gattung Streichquartett in Angriff nehmen zu können; das Ergebnis war op. 18. Besonders bemerkenswert ist, daß er Haydns Quartett op. 20/Nr. 1 und zwei von Mozarts »Haydn-Quartetten«, KV 387 und 464, während der Zeit kopierte, in der er die Arbeit an op. 18 aufnahm. (Es ist bekannt, daß Mozarts KV 464 für op. 18/Nr. 5 Modell stand.) Vielleicht ist es auch kein Zufall, daß Beethoven exakt seit der Zeit, in der er an op. 18 arbeitete, gebundene Skizzenbücher den Einzel- und Doppelblättern vorzog.

Daß Beethoven die Komposition seiner ersten Streichquartette nicht leichtfiel, weiß man schon seit langem aufgrund der Existenz zweier Fassungen des F-Dur-Quartetts op. 18/Nr. 1. Die erste Fassung komponierte Beethoven für seinen Freund Karl Amenda, dem er am 1. Juli 1801 schrieb: »Dein Quartett gib ja nicht weiter, weil ich es sehr umgeändert habe, indem ich erst jetzt recht Quartetten zu schreiben weiß, was Du schon sehen wirst, wenn Du sie erhalten wirst« (Brief Nr. 50, Kastner). Ein Vergleich der beiden Versionen zeigt in der Tat, wie gründlich Beethoven seine ursprüngliche Konzeption überarbeitete; er hat die Satzstruktur ausgedünnt, lange Wiederholungen gestrichen und die harmonische Richtung vieler Passagen geändert (vgl. Levy, 1982). Die Nr. 1 war jedoch nicht das einzige Quartett aus op. 18, das Beethoven einer derart gründlichen Revision unterzog: Eine frühere Fassung des G-Dur-Quartetts (der Nr. 2) aus dem Jahre 1799 wurde 1800 intensiv überarbeitet (vgl. Brandenburg, 1977). Möglich, wenn auch nicht so überzeugend zu belegen ist, daß es eine ähnliche frühe Fassung von Nr. 3 gegeben hat.

Brandenburgs Untersuchungen der Skizzen haben auch Klarheit über die Ursprünge des c-Moll-Quartetts gebracht. Es ist oft als stilistisch den anderen Quartetten aus op. 18 nicht ebenbürtig bezeichnet worden, und man nahm an, daß es früher komponiert wurde. Daß offenbar keine Skizzen vorhanden waren, wurde als Beweis dafür betrachtet, daß es nicht zur selben Zeit wie die anderen geschrieben wurde. Brandenburg konnte aber zeigen, daß es doch Skizzen dazu gibt (von Juni 1799), und er vertritt die Ansicht, daß eine frühere Entstehung des Werkes unwahrscheinlich ist.

Der langsame Satz ist ein Teil von op. 18/Nr. 2, der von Grund auf revidiert wurde. Beethoven wählte in der Fassung von 1799 eine Form nach dem Schema ABA'B'-Coda. Die A-Teile standen in der Tonika, die Anfänge der B-Teile in c-Moll beziehungsweise As-Dur. Die veröffentlichte Version sah dann jedoch ganz anders aus. Ihr Grundschema ist einfacher: ABA', wobei der A-Teil aus einer verzierten Melodie besteht, die bei ihrer Wiederholung noch üppiger ausgestattet wird. Der B-Teil steht dazu in starkem Kontrast: Er greift das Schlußmotiv des A-Teils auf und macht es zur Grundlage eines leichtfüßigen, tänzerischen Abschnitts in neuer Tonart, mit neuem Tempo und Metrum. Der A-Teil kehrt ebenso unvermittelt wieder, wie er verlassen wurde. Es fällt schwer, ein Vorbild zu diesem Satz zu finden (die Kontraste von Dur und Moll, von Adagio und Allegro im vierten Satz der Serenade op. 8 erscheinen weniger willkürlich, eher in den Zusammenhang eingebunden); allerdings ist es leicht, in späteren Kompositionen ähnliche Sätze zu finden. Dabei kommt es nicht so sehr auf das genaue formale Muster an als vielmehr auf das Prinzip eines dramatischen emotionalen Kontrasts. In einem Werk wie dem cis-Moll-Quartett op. 131 kann die unvermittelte Gegenüberstellung unterschiedlichster Stimmungen zwischen dem vierten, fünften oder sechsten Satz, so zusammengedrängt, wie sie sind, fast grotesk wirken.

Solche grotesken Effekte lassen sich auch in op. 18 finden. Durch nichts in dem gesamten Zyklus wird der Zuhörer auf den langsamen Satz vorbereitet, der mit »La Malinconia« überschrieben ist und dem letzten Satz des B-Dur-Quartetts op. 18/Nr. 6 vorangeht. Seine emotionale Kraft ist enorm (dabei hatte Beethoven eine Probe seiner Fähigkeiten in dieser Hinsicht bereits im langsamen Satz von op. 18/Nr. 1 gegeben, der offenbar von der Grabesszene in *Romeo und Julia* inspiriert wurde), das labyrinthische harmonische Schema außergewöhnlich. »La Malinconia« folgt unmittelbar auf ein Scherzo mit Trio, das nur deshalb kompliziert wirkt, weil sein Rhythmus zwischen dem notierten 3/4- und einem hörbaren 6/8-Takt schwankt. Das Allegretto nach »La Malinconia« ist wiederum sehr leichtgewichtig, offenbar eine andere Welt; dennoch dringt »La Malinconia« zweimal in diese andere Welt ein und – mit verheerender Wirkung – ein weiteres Mal kurz vor dem Ende des Quartetts. Wenn man auf die thematische Verwandtschaft zwischen »La Malinconia« und dem Allegretto pocht, hat man das Wesentliche verfehlt: Diese beiden Teile des Quartetts sollen sich gegenseitig abstoßen.

Die nächste Serie von Quartetten, die drei »Rasumovskyquartette« op. 59, sind unendlich weit von op. 18 entfernt: Sie gehören der »Post-*Eroica*-Periode« an und bezeugen in vielerlei Hinsicht die immense Vertiefung von Beethovens musikalischem Stil, den die Komposition der *Eroica* offenbar bewirkte. Einige Autoren haben op. 59/Nr. 1 bereits in den Rang einer *Eroica* für Streichquartett erhoben; offensichtlich wurden sie dazu durch die enorme Länge der einzelnen Sätze und durch den generell symphonischen, orchestralen Charakter des Werkes, der das Quartettmedium eigentlich schon fast sprengt, veranlaßt. Auch könnte man versucht sein, zu Beginn des e-Moll-Quartetts ein Echo des Anfangs der *Eroica* hören zu wollen: zwei einleitende Akkorde, denen eine Aufstellung des Themenkopfes folgt; das Thema schiebt sich durch den Tonikadreiklang hinauf in die Dominante und fällt wieder auf den Tonikagrundton zurück. Doch die Unterschiede sind gravierend: Hier ist nichts zu spüren von der großzügigen Weite der *Eroica* oder des ersten Satzes von op. 59/Nr. 1. Die Stimmung ist gespannt, nervös und das Material bemerkenswert dicht zusammengedrängt. Die unmittelbare Wiederholung des zweitaktigen Themenkopfes auf der Stufe des neapolitanischen Sextakkords (F) erinnert an den Anfang der »Appassionata« op. 57, die etwa ein Jahr früher (1804–05) komponiert wurde.

Bei dem langsamen Satz von op. 59/Nr. 2 in der Durtonika mit seinem choralartigen Anfang und dem *molto adagio* ahnt man den »Heiligen Dankgesang« von op. 132; die Ähnlichkeit der Überschrift mit der von »La Malinconia« (op. 59/Nr. 2: »Si tratta questo pezzo con molto di sentimento«, op. 18/Nr. 6: »Questo pezzo si deve trattare colla più gran delicatezza«) betont die tiefe Emotionalität, die Beethoven mit diesem Satz assoziierte, der ihm nach Auskunft seines Freundes und Schülers Carl Czerny einfiel, »als er einst den gestirnten Himmel betrachtete und an die Harmonie der Sphären dachte« (Thayer 1922, Bd. 2, S. 172). Man sollte in diesem Zusammenhang erwähnen, daß ihn viele Jahre später (1820) offenbar ähnliche Gedanken dazu veranlaßten, für das *Abendlied unterm gestirnten Himmel* WoO 150 die Tonart E-Dur zu wählen.

Daß Beethoven in zweien der »Rasumovskyquartette« russische Themen verwendet, ist eine Geste gegenüber dem russischen Adressaten der Widmung, Graf Rasumovsky. Im e-Moll-Quartett erscheint das russische Thema im Trio des dritten Satzes, wo es in unnachgiebiger, fast parodistischer Manier quasi fugiert behandelt wird. Dabei ist einiges an verzwicktem Kontrapunkt zu konstatieren – wenn nicht ein Vorgeschmack auf die *Große Fuge*, dann doch auf die Schlußfuge der Sonate für Klavier und Violoncello op. 102/Nr. 2. Dieselbe Idee findet an der entsprechenden Stelle des »Harfenquartetts« op. 74 Verwendung.

Die »Rasumovskyquartette« wurden rasch komponiert, wahrscheinlich zwischen April und November 1806 (Tyson, 1982 a, S. 107–9). Über ihre Aufführung heißt es in der *Allgemeinen Musikalischen Zeitung* (Leipzig) vom 18. März 1807 (= No. 25, Sp. 400): »Auch ziehen drey neue, sehr lange und schwierige Beethovensche Violinquartetten, dem russischen Botschafter Grafen Rasumovsky zugeeignet, die Aufmerksamkeit aller Kenner an sich. Sie sind tief gedacht und trefflich gearbeitet, aber nicht allgemeinfasslich – das 3te, aus C dur, etwa ausgenommen, welches durch Eigenthümlichkeit, Melodie und harmonische Kraft jeden gebildeten Musikfreund gewinnen muss.« Ein seltsames Urteil, das später gründlich revidiert werden sollte.

Seltsam deswegen, weil op. 59/Nr. 3 zwei der merkwürdigsten Sätze des ganzen Opus enthält, vielleicht sogar von Beethovens gesamtem Schaffen bis zu diesem Zeitpunkt. Was könnte weniger leicht verständlich gewesen sein als die langsame Einleitung, mit der das Quartett beginnt? Der erste heftige Einsatz auf dem verminderten Septakkord über fis, dem Ton, der im Quintenzirkel am weitesten vom Grundton entfernt ist, bildet lediglich den Anfang einer Reihe dissonanter Akkorde, die mehr durch die allmählich auseinanderstrebenden Außenstimmen, vor allem den stufenweise abwärts schreitenden Baß, zusammengehalten werden als durch irgendeine Art zielgerichteter harmonischer Fortschreitung. Es ertönen immer wieder verminderte Septakkordklänge (Takt 8–9, 15 und 22–24); in dem Moment, in dem das As dem G weicht (Takt 26–29), gibt es kaum noch einen Anhaltspunkt dafür, daß es sich hier endlich um die Dominante zur Grundtonart C-Dur handelt. Auch dann geht es nicht unbedingt geradeaus, denn die erste Violine eröffnet die Exposition mit zwei kadenzartigen Passagen, bevor man in Takt 43 das Gefühl bekommt, daß der Satz nun wirklich richtig »läuft«. Diese Stellen kehren am Anfang der Durchführung und der Reprise, jeweils mit subtilen Änderungen, wieder.

Das folgende Andante con moto ist ebenfalls ungewöhnlich. Die Solostellen der ersten Violine im vorhergehenden Satz werden hier durch das Violoncello beantwortet, oft im Pizzicato. Die besondere Behandlung dieses Instruments mit seinen häufigen tiefen orgelpunktartigen Tonwiederholungen und den vielfach chromatisch geführten melodischen Linien (vor allem betont: der Schritt Gis-F) trägt zu dem dumpfen, brütenden Charakter der Musik bei. Man hat als ganz plausible Erklärung vorgeschlagen, Beethoven habe hier die Stimmung der russischen Volksmusik imitieren wollen; fest steht, daß von den drei »Rasumovskyquartetten« das dritte das einzige ist, das keine echte russische Volksweise verwendet. Wie steht es nun mit der Form des Satzes? Von den ersten 60 Takten könnte man auf eine Sonatenhauptsatzform schließen; ein »zweites Thema« in der parallelen Molltonart erscheint, wie es sich gehört, bei Takt 42. Aber das »erste Thema« besteht aus zwei wiederholten Hälften plus einer Codetta: ein sehr stark in sich geschlossener Abschnitt, der für einen Sonatenhauptsatz ausgesprochen untypisch ist. Dieser ganze Teil (Takt 1–25) kehrt am Ende des Satzes wieder, aber erst, nachdem das angenommene zweite Thema zunächst in A-Dur und unmittelbar danach in Es-Dur wiederaufgetreten ist (Takt 101–122)!

Paradoxerweise hat dieser Satz bei modernen Kritikern wohl am wenigsten Anstoß erregt, während viele den Eindruck hatten, das darauffolgende Menuett sei eine von mehreren Schwächen des Werkes im Vergleich zu den beiden anderen »Rasumovskyquartetten«. Op. 59/Nr. 3 sei konventioneller, so heißt es (wer denkt bei der langsamen Einleitung nicht an Mozarts »Dissonanzenquartett« KV 465 oder bei dem fugierten Anfang des letzten Satzes an den Schlußsatz von KV 387); es wird behauptet, der Satz weise eine schwächere Technik auf; es werde älteres Material verwendet, außerdem gebe es Hinweise dafür, daß Beethoven wegen einiger Details unsicher gewesen sei, ja sogar dafür, daß er das Werk in ziemlicher Eile geschrieben habe. Vielleicht ist es das die Tradition ins Feld führende Argument, dem man am entschiedensten begegnen sollte. Die bloße Tatsache, daß sich Beethoven traditioneller Modelle bedient hat (wenn es denn so ist), reicht nicht aus, um das Werk zu verdammen. Wir müssen uns fragen, warum er so verfuhr und wie er diese Modelle verwendete. Jedenfalls wurde überzeugend nachgewiesen, daß die beiden anderen »Rasumovskyquartette« ebenso wie viele Werke Beethovens aus seiner mittleren Periode der Tradition ähnlich viel zu verdanken haben (Webster, 1980), und Beethovens allerletztes Quartett op. 135 ist, ganz ohne es dadurch abqualifizieren zu wollen, als des Komponisten »erfolgreichste Neubelebung des Stils von Mozart und Haydn« bezeichnet worden (Kerman, 1967, S. 354). Die traditionellen, rückverweisenden Elemente in op. 59/Nr. 3 sind also nicht einzigartig. Wir sollten auch die These sorgfältig prüfen, das »Dissonanzenquartett« habe für dieses Stück Modell gestanden: Modell in welchem Sinne? Der Komponist der *Eroica* dürfte sich im Jahre 1806 wohl kaum in derselben Weise auf Mozart gestützt haben wie bei der Komposition von op. 18/Nr. 5, als er KV 464 verwendete.

In einer Hinsicht kann man alle drei »Rasumovskyquartette“ als traditionell bezeichnen: Sie wurden zusammen unter einer einzigen Opuszahl publiziert. Mit dieser Tradition brach Beethoven bei seinen übrigen Quartettkompositionen. Das nächste Werk, das sogenannte »Harfenquartett«, hat vielleicht darunter gelitten, dem Vergleich mit seinem Nachfolger, dem *Quartetto serioso* f-Moll, standhalten zu müssen. Dieser Titel von op. 95 stammt aus Beethovens autographer Partitur und »hat leider bewirkt, daß der Eindruck entstand, man müsse seinen unmittelbaren Vorgänger ... nicht so ernst nehmen« (Griffiths, 1983, S. 92). Natürlich ist das »Harfenquartett«, diese Bezeichnung rührt von den Pizzicati im ersten Satz her, auf seine Art genauso ernsthaft wie jedes andere Beethoven-Quartett. Der Schlußsatz ist, als erster und einziger in Beethovens Quartetten, ein Thema mit Variationen. Die sechs Variationen sind ganz deutlich erkennbar in zwei unterschiedliche Gruppen eingeteilt, deren Elemente sich jeweils abwechseln. So sind die Variationen eins, drei und fünf laut und (außer Nr. 5) kontrapunktisch, Nr. 2, 4 und 6 sind leiser und behandeln das Thema auf eher lyrische Art. Die Einheit des Satzes wird jedoch auch noch durch andere Faktoren verstärkt; unter der eleganten, unprätentiösen Oberfläche verbirgt sich ein entschiedenes intellektuelles Interesse an den Möglichkeiten der Variationsform, die nichts ist, wenn sie nicht *serioso* ist (Marston, 1989).

Wie ernst Beethoven sein f-Moll-Quartett op. 95 nahm, zeigt nicht nur die Aufschrift auf dem Autographen, sondern auch, daß er die Herausgabe des Quartetts hinauszögerte und daß er sich merkwürdig zurückhaltend verhielt, was eine Aufführung dieses Werkes anging: »NB. Das Quartett ist für einen kleinen Kreis von Kennern bestimmt und darf niemals öffentlich aufgeführt werden«, warnte er Sir George Smart in einem Brief vom 11. Oktober 1816. Vielleicht war ihm das Außerordentliche dieser Komposition bewußt, und er ahnte, daß es stilistisch seiner Zeit voraus war. Neuere Kommentare haben es nicht versäumt, das Werk als Vorläufer der späten Quartette zu bezeichnen; zwar lassen sich proleptische Merkmale im nachhinein stets leichter entdecken, hier freilich sind sie außergewöhnlich deutlich.

Mit op. 95 und vor allem mit dessen erstem Satz assoziiert man vor allem eine Tendenz zur Verdichtung. Die Musik erweckt den Eindruck, erbarmungslos gestutzt worden zu sein, bis auf den eigentlichen Kern des musikalischen Materials. Die ersten fünf Takte sind dafür ein ebenso gutes Beispiel wie alle anderen, der Eindruck der Verdichtung stellt sich bereits bei einzelnen Tönen oder Notenpaaren ein: Im ersten Satz ruht ein ungeheures musikalisches Gewicht auf Des-C und C-Des. Ebenfalls bemerkenswert ist, daß Beethoven lange Überleitungen vermeidet: Die neue Tonart der zweiten Gruppe, Des-Dur, wird auf geradezu brutal unvermittelte Weise etabliert (Takt 18 bis 24).

Diese Verdichtung kann man auch im ersten Satz von Beethovens letztem Quartett (ebenfalls F-Dur) beobachten, obwohl die Stimmung eine ganz andere ist. Der ruhige, introvertierte Charakter des fugierten Abschnitts im zweiten Satz von op. 95 ähnelt durchaus dem des eröffnenden Satzes von op. 131. Auf einer eher technischen Ebene könnte man den Schluß des zweiten Satzes in op. 95 mit den Übergängen zwischen dem ersten und zweiten oder dem zweiten und dritten Satz von op. 131 vergleichen: Beethoven reduziert (in op. 95) das Material, bis nur noch die Oktave über D übrigbleibt. Diesen Ton benutzt er dann als Sprungbrett, um in den nächsten Satz zu gelangen. Dann gibt es noch die kurze Larghetto-Einleitung zum letzten Satz in op. 95: Der Anfang auf der Dominante läßt an Passagen denken wie das Adagio ma non troppo con affetto in der Klaviersonate A-Dur op. 101 (1816 komponiert, im selben Jahr, in dem op. 95 erschien). In beiden Fällen handelt es sich um eine hochexpressive, fast vokal anmutende Melodie. Die gesanglichen Qualitäten dieser Passagen werden in der Einleitung (Più allegro) zum Finale von op. 132 schließlich in ein instrumentales Rezitativ überführt. Kermann (1967, S. 183–4) sieht auch eine Parallele zwischen dem bemerkenswerten Allegro-Abschnitt in Dur, der op. 95 abschließt, und dem Presto ganz am Ende von op. 132. Jedenfalls trifft man einen Kontrast der Stimmungen wie im Finale von op. 95 in den letzten Quartetten immer wieder an.

Es wäre jedoch verkehrt, wollte man op. 95 lediglich als eine Art verfrühtes spätes Quartett ansehen. Die Elemente, die hier als »spät« beschrieben worden sind, treten durchaus auch schon anderswo auf. Was die dramatische Verdichtung betrifft, könnte man zum Beispiel einige Ähnlichkeiten zwischen op. 95 und op. 59/Nr. 2 finden (in beiden Werken spielt auch die erniedrigte zweite Stufe eine wichtige Rolle). Im übrigen waren bereits in op. 18/Nr. 6 wilde, ja groteske Kontraste zu konstatieren gewesen. Dennoch gibt es im Gesamteindruck von op. 95 etwas, das es einem schwermacht, nicht auf die Mitte der 1820er Jahre vorauszuschauen.

Schon im Juni 1822 sprach Beethoven wieder davon, Quartette komponieren zu wollen, und im November desselben Jahres erhielt er einen Auftrag von Fürst Nikolas Galitzin, aus dem schließlich die Streichquartette op. 127 Es-Dur, op. 132 a-Moll und op. 130 B-Dur hervorgingen. Beethoven hatte versprochen, das erste Quartett spätestens Mitte März 1823 fertigzustellen, er hatte dabei allerdings nicht mit der Arbeit gerechnet, die die Neunte Symphonie und die *Missa solemnis* noch in Anspruch nahmen: op. 127 wurde erst im Februar 1825 beendet.

Op. 127 hat vier Sätze, der langsame Satz in der Subdominante steht an zweiter Stelle (man vergleiche mit op. 74, ebenfalls in Es-Dur) und ist ein Thema mit Variationen; es gibt ein Scherzo mit einem Trio in der Molltonika und ein brillantes, melodiöses Finale. Das Schema könnte kaum unkomplizierter oder konventioneller sein. Skizzen zu dem Werk zeigen allerdings, daß Beethoven zeitweise ein sechssätziges Werk geplant hatte – ein Satz, der als »La gaieté« identifiziert wurde, sollte an zweiter Stelle stehen, und vor dem Schlußsatz war ein geheimnisvolles Adagio E-Dur vorgesehen (Brandenburg, 1983, S. 273–4). Etwas Ähnliches wie dieser Plan für op. 127 wurde im nächsten Quartett verwirklicht: In op. 132 steht ein Allegro ma non tanto in A-Dur zwischen dem ersten und dem langsamen Satz. Das Finale wird durch die bereits erwähnte Rezitativstelle eingeleitet. Es sind jedoch noch weitere Entwicklungen zu konstatieren: Op. 130 hat sechs Sätze in fünf verschiedenen Tonarten, während op. 131 sieben numerierte Abschnitte in den Tonarten cis-Moll, D-Dur (h-Moll), A-Dur, E-Dur, gis-Moll, und cis-Moll umfaßt.

Schon die Aufzählung dieser Grundelemente zeigt, daß diese Quartette sich radikal von allem unterscheiden, was vorher komponiert worden war, sei es von Beethoven oder von irgend jemand anderem. Wichtiger als die Anzahl der verschiedenen Sätze oder Tonarten ist jedoch die Folge der Formen und Stimmungen sowie die Gestalt, die diese dem Werk als Ganzem verleihen. Beethoven hatte schon lange mit Methoden experimentiert, durch die er den Gesamtfluß einer Komposition lenken konnte, und vor allem versuchte er, das Hauptgewicht vom Anfang weg ans Ende zu verlagern. Dies sieht man am deutlichsten an op. 131, das ganz überraschend mit einer langsamen Fuge beginnt, die den dramatischen Konflikt vermeidet. Dieser wird für den allerletzten Satz aufgehoben, in dem zum ersten Mal eine vollausgebaute Sonatenhauptsatzform erscheint.

Sich ausführlicher mit Merkmalen einzelner Sätze dieser Quartette zu beschäftigen (von denen einige schon in den Beschreibungen früherer Werke erwähnt wurden) liefe darauf hinaus, Züge zu behandeln, die Beethovens Spätstil insgesamt eigen sind (vgl. die allgemeine Besprechung des Stils, S. 238 ff.). Daher sollen hier einige Stichworte genügen. Hinzuweisen ist auf die vorrangige Beschäftigung mit der Fuge und der Variation (die *Große Fuge* »handelt« ebenso von Variation oder thematischer Veränderung wie von der Fuge), auf die Kombination und den Kontrast weit auseinanderklaffender Stimmungen (die ersten Sätze von op. 127 und op. 130 verwenden beide Material in kontrastierenden Tempi) sowie auf das niemals nachlassende Gespür für bemerkenswerte instrumentale Satzstrukturen: Man höre sich zum Beispiel einmal die 6/8-Adagio-Variation im vierten Satz von op. 131 an oder das Adagio molto espressivo im langsamen Satz von op. 127. Beethovens Einfallsreichtum, was die Verwendung der Register und die Aufteilung der Akkorde betrifft, ist in diesen Werken wahrhaft staunenswert.

Das Gehör, das diese Strukturen hervorbrachte, war schon längst fast völlig taub geworden; frühe Kritiker haben diese späten Quartette oft als unglückliche Verirrungen eines einstmals großen Komponisten aufgefaßt, mit dem es nun rasch abwärtsging. Musik wie diese zieht jedoch zwangsläufig extreme Wertungen nach sich. Der eben angeführten Meinung steht die heute weitgehend geteilte gegenüber, wonach die späten Beethovenschen Quartette als quasi-mystische Zusammenfassung seines Lebens, seiner Kunst und seiner Philosophie zu betrachten sind. So basieren alle Interpretationen auf der »schwierigen Entscheidung«: »Muß es sein? – Es muß sein!«, die über dem Schlußsatz von op. 135 steht. Definitiv läßt sich dazu lediglich sagen, daß dieser Vermerk von Beethovens scherzhafter Replik auf Ignaz Dembschers Wunsch herrührt, die Stimmen von op. 130 für eine Privataufführung ausleihen zu dürfen: Dembscher beklagte sich darüber, daß Beethoven darauf bestand, er solle dafür bezahlen, da er nicht für die Uraufführung subskribiert habe. Der »Heilige Dankgesang« aus op. 132 hat mit seiner doppelten Anrufung der Gottheit und der lydischen Tonart in ähnlicher Weise das Bild eines kranken, alternden Komponisten heraufbeschworen, der, weite Teile der Musikgeschichte durchmessend, auf einen »reineren« Stil zurückgreift, um dadurch eine Art religiöser Überzeugung ausdrücken zu können. Eine sachlichere Betrachtungsweise (Brandenburg, 1982) führt freilich zu dem Ergebnis, daß vieles von dem, was an diesem wunderbaren Satz archaisch anmutet, weniger einem unmittelbaren Umgang mit der Polyphonie des 16. Jahrhunderts geschuldet ist als vielmehr jener Art von Stilisierung dieser Musik, wie sie dem 18. und frühen 19. Jahrhundert eigen war.

Dann ist da noch das offensichtlich gemeinsame thematische Material von op. 131 (erster und letzter Satz), op. 132 (erster Satz) und *Großer Fuge.* Es ist kaum verwunderlich, daß durch diese und andere Ähnlichkeiten in der Thematik Versuche angeregt wurden, eine allen späten Quartetten zugrundeliegende einheitliche Struktur nachzuweisen. Zyniker könnten behaupten, daß man so gesehen auch das Streichtrio op. 9/Nr. 3 berücksichtigen müßte, da dessen erste Töne (C-H-As-G) eine transponierte Umkehrung desjenigen Motivs darstellen, das in Deryck Cookes ausführlicher Analyse (1963) eine so große Rolle spielt. Die Beziehungen zwischen den Quartetten auf der Ebene ihrer Entstehung sprechen allerdings sehr für die Betrachtungsweise Cookes; so findet sich in Skizzen zu op. 127 und 132 das Thema der *Großen Fuge,* das Alla danza tedesca sollte ursprünglich in op. 132 statt in op. 130 verwendet werden, und es war geplant, op. 131 mit dem langsamen Satz aus op. 135 zu beenden.

Die *Große Fuge* wurde als Schlußsatz zu op. 130 komponiert, dann aber durch einen Satz mit völlig anderem Charakter ersetzt. Bei dieser merkwürdigen Geschichte treffen Fragen der kompositorischen Absicht mit solchen der kritischen Wertung zusammen. Beethovens Verhalten wirkt einigermaßen ungewöhnlich: Er erklärte sich bereit, die Fuge, die gemeinsam mit dem Quartett schon gestochen und vor einem wenig begeisterten Publikum aufgeführt worden war, auszutauschen. Ließ er sich von der Aussicht auf einen zusätzlichen Verdienst überzeugen, den ihm die Komposition eines neuen Schlußsatzes und die getrennte Veröffentlichung der Fuge im Original und als Bearbeitung für Klavier vierhändig eingebracht hätte? Oder zweifelte er selber an der Eignung der *Großen Fuge* als Schlußsatz für op. 130? Sind beide Annahmen gleichermaßen befriedigend, oder ist eine plausibler als die andere? Das ist eine schwierige Entscheidung, die jeder Zuhörer jedesmal erneut selbst treffen muß. Auch die Wahl zwischen den einzelnen Quartetten fällt nicht leicht. Beethoven schätzte offensichtlich op. 131 am meisten; als er aber gefragt wurde, welches der drei »Galitzinquartette« das bedeutendste sei, antwortete er: »Jedes auf seine Weise!« – eine Feststellung, die durchaus in einem allgemeineren Sinn zu verstehen ist.

Duo Es-Dur (3/4)
Vl, Vc
Fragmentarisch; in Bonn komponiert, veröffentlicht in Kerman, 1970, Bd. 2, S. 129 (vgl. auch ebd., S. 287)

Hess 39
Streichquintett F-Dur
Verschollen; nur aus posthumen Schriften bekannt. Vgl. Staehelin, 1980, S. 304 Anm. 11.

Hess 33
Menuett As-Dur (3/4)
2 Vl, Va, Vc
1790–92; posthum veröffentlicht
Es gibt auch eine Klavierfassung, Hess 88 (vgl. »Bearbeitungen«, S. 331).

Op. 3
Streichtrio Es-Dur
Allegro con brio (4/4) – Andante (B-Dur, 3/8) – Menuetto: Allegretto (3/4) – Adagio (As-Dur, 2/4) – Menuetto: Moderato (3/4) – Finale: Allegro (2/4)
Vor 1794; veröffentlicht 1796 (Artaria, Wien)
Zum angegebenen Kompositionsdatum vgl. Thayer, 1967, S. 166–9. Das erhaltene Autograph stammt von 1795: Johnson, 1980a, S. 138–40. Hess 25 ist wahrscheinlich keine frühe Fassung des Schlußsatzes: vgl. Platen, 1965, S. VII. Es gibt auch eine unvollständige Bearbeitung für Klaviertrio (Hess 47).

Hess 29
Präludium und Fuge e-Moll (3/4 – [4/4])

2 Vl, Vc
1794–95; posthum veröffentlicht

Hess 30
Präludium und Fuge F-Dur (3/4 – 4/4)
2 Vl, Va, Vc
1794–95; posthum veröffentlicht

Hess 31
Präludium und Fuge C-Dur (3/8 – 4/4)
2 Vl, Va, Vc
1794; posthum veröffentlicht

Op. 4
Streichquintett Es-Dur
Allegro con brio (4/4) – Andante (B-Dur, 6/8) – Menuetto: Allegretto (3/4) – Finale: Presto (2/4)
2 Vl, 2 Va, Vc
1795; veröffentlicht 1796 (Artaria, Wien)
Bearbeitung des Oktetts op. 103. Vgl. vor allem Johnson, 1982, S. 2–13.

Op. 8
Serenade D-Dur
Marcia: Allegro (4/4) – Adagio (3/4) – Menuetto: Allegretto (3/4) – Adagio (d-Moll, 2/4), Scherzo: Allegro molto (2/4) – Allegretto alla Polacca (F-Dur, 3/4) – Thema con Variazioni: Andante quasi Allegretto (2/4) – Marcia: Allegro (4/4)
Vl, Va, Vc
1796–97; veröffentlicht 1797 (Artaria, Wien)

WoO 32
Duo Es-Dur
(Duett mit zwei obligaten Augengläsern)
([4/4]) – (C-Dur, 2/4) – Menuetto (3/4)
Va, Vc
1796–97; posthum veröffentlicht
Wahrscheinlich für Nikolaus Zmeskall komponiert. Der zweite (langsame) Satz ist fragmentarisch. Vgl. Kerman, 1970, Bd. 2, S. 78, 282.

Op. 9
Drei Streichtrios: G-Dur, D-Dur, c-Moll
Nr. 1: Adagio (4/4), Allegro con brio (2/2) – Adagio, ma non tanto, e cantabile (E-Dur, 3/4) – Scherzo: Allegro (3/4) – Presto (2/2)
Nr. 2: Allegretto (2/4) – Andante quasi Allegretto (d-Moll, 6/8) – Menuetto: Allegro (3/4) – Rondo: Allegro (2/2)
Nr. 3: Allegro con spirito (6/8) – Adagio con espressione (C-Dur, 4/4) – Scherzo: Allegro molto e vivace (6/8) – Finale: Presto (2/2)
1797–98; veröffentlicht 1798 (Artaria, Wien)
Graf Browne gewidmet. Hess 28 ist ein zweites Trio für das Scherzo von Nr. 1, das möglicherweise später aus der autographen Partitur entfernt wurde: Johnson, 1980a, S. 327–8.

Op. 18
Sechs Streichquartette: F-Dur, G-Dur, D-Dur, c-Moll, A-Dur, B-Dur
Nr. 1: Allegro con brio (3/4) – Adagio affettuoso ed appassionato (d-Moll, 9/8) – Scherzo: Allegro molto (3/4) – Allegro (2/4)
Nr. 2: Allegro (2/4) – Adagio cantabile (C-Dur, 3/4) – Scherzo: Allegro (3/4) – Allegro molto, quasi Presto (2/4)
Nr. 3: Allegro (2/2) – Andante con moto (B-Dur, 2/4) – Allegro (3/4) – Presto (6/8)
Nr. 4: Allegro ma non tanto (4/4) – Andante scherzoso quasi Allegretto (C-Dur, 3/8) – Menuetto: Allegretto (3/4) – Allegro (2/2)
Nr. 5: Allegro (6/8) – Menuetto (3/4) – Andante cantabile (D-Dur, 2/4) – Allegro (2/2)
Nr. 6: Allegro con brio (2/2) – Adagio ma non troppo (Es-Dur, 2/4) – Scherzo: Allegro (3/4) – Adagio: »La Malinconia« (2/4), Allegretto quasi Allegro (3/8)
1798–1800; veröffentlicht 1801 (Mollo, Wien)
Fürst Lobkowitz gewidmet. Laut Brandenburg, 1977, S. 130–43, sind die Quartette in folgender Reihenfolge komponiert worden: 3, 1, 2, 5, 4, 6. Hess 32 ist eine frühe Fassung von Nr. 1, die Karl Amenda gewidmet ist.

Op. 29
Streichquintett C-Dur
Allegro moderato (2/2) – Adagio molto espressivo (F-Dur, 3/4) Scherzo: Allegro (3/4) – Presto (6/8)
2 Vl, 2 Va, Vc
1801; veröffentlicht 1802 (Breitkopf & Härtel, Leipzig)
Graf Fried gewidmet

Op. 59
Drei Streichquartette: F-Dur, e-Moll, C-Dur (»Rasumovskyquartette«)
Nr. 1: Allegro (4/4) – Allegretto vivace e sempre scherzando (B-Dur, 3/8) – Adagio molto e mesto (f-Moll, 2/4) – Allegro (2/4)
Nr. 2: Allegro (6/8) – Molto adagio (E-Dur, 4/4) – Allegretto (3/4) – Finale: Presto (2/2)
Nr. 3: Introduzione: Andante con moto (3/4); Allegro

vivace (4/4) – Andante con moto quasi Allegretto (a-Moll, 6/8) – Menuetto grazioso (3/4) – Allegro molto (2/2)
1806; veröffentlicht 1808 (Bureau des Arts et d'Industrie, Wien)
Graf Rasumovsky gewidmet, obwohl Beethoven die Widmung für eine kurze Zeit zugunsten des Fürsten Lichnowsky änderte.

Op. 74
Streichquartett Es-Dur (»Harfenquartett«)
Poco Adagio (2/2), Allegro (4/4) – Adagio ma non troppo (As-Dur, 3/8) – Presto (c-Moll, 3/4) – Allegretto con Variazioni (2/4)
1809; veröffentlicht 1810 (Breitkopf & Härtel, Leipzig; Clementi, London)
Fürst Lobkowitz gewidmet

Op. 95
Streichquartett f-Moll *(Quartetto serioso)*
Allegro con brio (4/4) – Allegretto ma non troppo (D-Dur, 2/4) – Allegro assai vivace ma serioso (3/4) – Larghetto espressivo (2/4), Allegretto agitato (6/8)
1810–11; Urauffg. Mai 1814; veröffentlicht 1816 (Steiner, Wien)
Nikolaus Zmeskall gewidmet. Das Autograph, das auf Oktober 1810 datiert ist, stammt fast vollständig aus dem Jahr 1814. Möglicherweise ist das Quartett zu der Zeit überarbeitet worden, bevor es in Druck ging. Vgl. Brandenburg, 1983, S. 221–2; Johnson, 1985, S. 198, 206.

Op. 137
Fuge D-Dur
Allegretto (3/8)
2 Vl, 2 Va, Vc
November 1817; posthum veröffentlicht

Hess 40
Präludium und Fuge d-Moll (2/4 – 3/8)
2 Vl, 2 Va, Vc
1817; posthum veröffentlicht
Nur das Präludium ist vollständig; die Fuge bricht nach 4 Takten ab.

WoO 34
Duett A-Dur
2 Vl
April 1822; posthum veröffentlicht
Alexandre Boucher gewidmet

Op. 127
Streichquartett Es-Dur
Maestoso (2/4), Allegro (3/4) – Adagio, ma non troppo e molto cantabile (As-Dur, 12/8) – Scherzando vivace (3/4) – Finale (2/2)
1824–25; Urauffg. 6. März 1825; veröffentlicht 1826 (Schott, Mainz)
Fürst Nikolas Galitzin gewidmet

Op. 132
Streichquartett a-Moll
Assai sostenuto (2/2), Allegro (4/4) – Allegro ma non tanto (A-Dur, 3/4) – Molto adagio (»Heiliger Dankgesang eines Genesenen an die Gottheit, in der lydischen Tonart«, F-Dur, 4/4) – Alla Marcia, assai vivace (A-Dur, 4/4) – Più allegro (a-Moll, 4/4), Allegro appassionato (a-Moll/A-Dur, 3/4)
1825; Urauffg. 6. November 1825; veröffentlicht 1827 (Schlesinger, Paris)
Fürst Nikolas Galitzin gewidmet. Vgl. auch op. 130.

WoO 35
Duett A-Dur (2 Vl?)
Vgl. S. 316

Op. 130
Streichquartett B-Dur
Adagio ma non troppo (3/4), Allegro (4/4) – Presto (b-Moll, 2/2) – Andante con moto ma non troppo (Des-Dur, 4/4) – Alla danza tedesca: Allegro assai (G-Dur, 3/8) – Cavatina: Adagio molto espressivo (Es-Dur, 3/4) – Finale: Allegro (2/4)
1825–26; Urauffg. 21. März 1826 (mit op. 133 als Finale), 22. April 1827 (mit dem neuen Finale); veröffentlicht 1827 (Matthias Artaria, Wien)
Fürst Nikolas Galitzin gewidmet. Das Alla danza tedesca war ursprünglich für op. 132 vorgesehen; die Fassung mit op. 133 als Schlußsatz wurde am 9. Januar 1826 fertiggestellt, das neue Finale am 22. November 1826.

Op. 133
***Große Fuge* für Streichquartett B-Dur**
Overtura: Allegro (6/8), Allegro, Fuga (4/4)
1825–26; Urauffg. (als Schlußsatz von op. 130) 21. März 1826; veröffentlicht 1827 (Matthias Artaria, Wien)
Erzherzog Rudolph gewidmet

Op. 131
Streichquartett cis-Moll

Nr. 1: Adagio ma non troppo e molto espressivo (2/2)
Nr. 2: Allegro molto vivace (D-Dur, 6/8)
Nr. 3: Allegro moderato (h-Moll, 4/4)
Nr. 4: Andante ma non troppo e molto cantabile (A-Dur, 2/4)
Nr. 5: Presto (E-Dur, 2/2)
Nr. 6: Adagio quasi un poco andante (gis-Moll, 3/4)
Nr. 7: Allegro (2/2)
1825–26; veröffentlicht 1827 (Schott, Mainz)
Baron Joseph von Stutterheim gewidmet. Vgl. auch op. 135.

Op. 135
Streichquartett F-Dur
Allegretto (2/4) – Vivace (3/4) – Lento assai, cantante e tranquillo (Des-Dur, 6/8) – Grave ma non troppo tratto (f-Moll, 3/2), Allegro (2/2)
1826; Urauffg. 23. März 1828; veröffentlicht 1827 (Schlesinger, Paris)
Johann Wolfmayer gewidmet. Das Thema des dritten Satzes stand ursprünglich mit dem Schlußsatz von op. 131 in Verbindung: Winter, 1977, S. 124–5.

WoO 62
Streichquintett C-Dur
Vgl. »Unvollendete und geplante Werke« (S. 335).

Vgl. auch »Bearbeitungen« (S. 329–33).

NICHOLAS MARSTON

Klavierwerke

Beethovens Werke für Klavier solo sind ein zentraler Teil seines Schaffens; auf alle schöpferischen Perioden verteilt, finden sich unter ihnen nicht nur Sonaten, sondern auch Variationen und zahlreiche kürzere Werke. Bis zu einem gewissen Grad war Beethoven bei seinen künstlerischen Bemühungen von den Entwicklungen im Klavierbau abhängig. Er hätte die »Hammerklaviersonate« nicht für das Klavier komponieren können, für das er seine frühesten Werke geschrieben hatte; nichtsdestoweniger sprengen manche der letzten Werke von ihrer Konzeption her die Grenzen der ihm verfügbaren Instrumente.
Sein Lehrer Neefe machte Beethoven schon frühzeitig mit einer reichen Palette zeitgenössischer Kompositionsstile vertraut; die frühen Werke für Tasteninstrumente sind ganz offenbar von C. Ph. E. Bach, J. C. Bach, Dussek, Clementi, Haydn und Mozart beeinflußt. Ein anderer wichtiger Faktor in Beethovens Entwicklung war sein hervorragendes Können als Pianist. Vor und kurz nach seinem zwanzigsten Lebensjahr schrieb er eine bemerkenswerte Anzahl von Klavierwerken, die er freilich nicht für gut genug hielt, um mit einer Opuszahl veröffentlicht zu werden. Einige erschienen nach den drei Sonaten op. 2, ein Indiz dafür, welche Bedeutung Beethoven der Sonate beimaß.

Frühe Variationen

Die zehn Salieri-Variationen (WoO 73) von 1799 wie auch andere frühe Variationsreihen sind hauptsächlich von verzierenden Veränderungen der Melodie geprägt. Sie sind technisch anspruchsvoll, es gibt in den verschiedenen Tempovorschriften gewisse Kontraste, und die rhythmischen und harmonischen Elemente des Themas werden ausgewertet. Im Jahre 1802 schrieb Beethoven an den Verlag Breitkopf & Härtel mit Bezug auf die Variationsreihen op. 34 und 35: »Beide sind auf eine wirklich ganz neue Manier bearbeitet, jedes auf eine andere, verschiedene Art.« (Brief Nr. 65, Kastner) Tatsächlich stellen die beiden Kompositionen zwei unterschiedliche Manifestationen der Variationsform dar: die eine wirkt mehr wie eine Improvisation, die andere ist weniger frei, stärker ausgearbeitet. Die Sechs Variationen über ein eigenes Thema op. 34 wirken eher spontan und geben dem Pianisten reichlich Gelegenheit zu brillieren. Es entsteht der (vielleicht falsche) Eindruck, als habe Beethoven sie ursprünglich improvisiert und dann später aufgeschrieben. Damit ist keine Abwertung verbunden: Aus einem einfachen Thema erwachsen die Variationen in vollkommen organischer Steigerung, auf die einfachste Weise dadurch, daß sie zum Ende hin komplexer werden, auf einer anderen Ebene durch Kontraste in der Tonart, im Metrum und im Tempo. Die Technik der Variation hat den Weg der bloßen melodischen Verzierung bereits verlassen. In der zweiten Variation bildet das ursprüngliche Thema kaum mehr als einen Rahmen; das Interesse konzentriert sich auf den 6/8-Takt. Die vierte Variation entfernt sich noch weiter und ähnelt in ihrem Charakter vielleicht am meisten einer Improvisation. Die Coda beginnt als Fortsetzung der letzten Variation und führt erst dann zurück zur Wiederkehr des Themas. Zwei Takte lang bleibt dieses im Original, dann wird es weiter variiert. Die zunehmend virtuose Behandlung erzwingt eine langsamere Tempovorgabe. Eine Tril-

lerpassage landet schließlich auf einem hohen F, aus dem sich eine kadenzartige Wendung löst, bevor das Werk in einem friedlichen Schluß zur Ruhe kommt.
Die *Prometheus*-Variationen op. 35 sind zwischen dem soeben beschriebenen Werk und den Diabelli-Variationen angesiedelt. Art und Umfang der Skizzen weisen darauf hin, daß Beethoven dieses Werk mit jener Ernsthaftigkeit in Angriff nahm, die er sonst größeren Formen vorbehielt. Das Thema selber ist anfangs gar nicht zu hören. Ihm geht eine Einleitung voraus, in der der zugehörige Baß viermal wiederholt wird, wobei die Dichte der Satzstruktur jedesmal zunimmt. Damit ist der Weg für einen Plan bereitet, in dem das harmonische Schema das Übergewicht über das melodische Material erhält. Aus den Skizzen wird ersichtlich, daß Beethoven ursprünglich eine Anzahl von Variationen zum *Prometheus*-Thema (das er bereits in zwei früheren Werken verwendet hatte) entworfen hatte, und zwar ohne Rücksicht auf die Reihenfolge. Später wurden die Variationen, die wiederverwendet werden sollten, in Gruppen zusammengefaßt und mehrfach neu geordnet, gelegentlich auch umgearbeitet, damit sie in den neuen Zusammenhang hineinpaßten. Die letzte numerierte Variation ist ein Largo, das zum Finale hinführt. Dieses fängt an wie eine Fuge, ähnlich wie später in den Diabelli-Variationen. Die Fuge rückt das Baßthema wieder in den Vordergrund, aber die darauffolgenden zwei Variationen des Hauptthemas beseitigen jeden Zweifel darüber, welches Thema den Vorrang hat.

Die Sonaten

Die zweiunddreißig Klaviersonaten markieren nicht nur den Weg der Entwicklung des Komponisten Beethoven, sondern sie haben auch die Gattung von Grund auf verändert. Schon wegen der Anzahl der Werke muß im folgenden eine Auswahl getroffen werden, obwohl die Verfahrensweise jeweils so unterschiedlich ist, daß fast jede Sonate es wert wäre, gesondert besprochen zu werden. Am besten dürfte eine Aufteilung in drei Gruppen sein: op. 2–22 mit op. 49, op. 26–31 und op. 53–111.
Bei den Werken der ersten Gruppe wird das bewußte Streben des jungen Komponisten erkennbar, mit einer großen Gattung zurechtzukommen. Die meisten dieser Sonaten übernehmen nicht das von Haydn und Mozart aufgestellte Muster der Dreisätzigkeit, sondern umfassen vier Sätze. Fast alle wurden vor der Ersten Symphonie und vor den Streichquartetten fertiggestellt. Möglicherweise war diese Gattung für Beethoven nicht nur der wichtigste Ausdrucksträger, sondern fungierte auch als Prototyp für diese Formen. Ihre auffälligste Qualität ist die Spannweite des Ausdrucks, der dynamischen Effekte sowie der Behandlung von Tonalität und Harmonie.
Die ersten drei Sonaten, op. 2, wurden 1793–95 komponiert. Nr. 1 in f-Moll beginnt auf eine eindrucksvolle Weise; aus dem Schwung des eröffnenden Themas entfaltet sich eine kompakte, dramatische Sonatenhauptsatzform. Der langsame Satz von Nr. 2 in A-Dur fügt sich gut in den Zusammenhang eines Werkes ein, das in großem Maßstab angelegt ist. Die breit ausgehaltenen Anfangsakkorde mit dem pizzikatoähnlichen Baß ließen sich zur damaligen Zeit nur auf relativ neuen Klavieren ausführen. Die Brillanz der Sonate Nr. 3 C-Dur wird durch die kadenzartige Passage in der Coda des ersten Satzes unterstrichen; der Schlußsatz verleugnet nicht den Einfluß der Konzertform, der sich Beethoven bereits zu nähern begann.
Mit der Sonate Nr. 8 (der *Pathétique*) wird ein neuer Weg beschritten. Erstmals verwendet Beethoven eine langsame Einleitung. Dieses Grave ist mehr als nur ein Prolog; es führt eine neue Dimension des Ausdrucks ein, und es wird in den Satz integriert: Eine abgekürzte Fassung der Einleitung kehrt sowohl am Anfang der Durchführung als auch der Coda wieder. Das Intervall der verminderten Sept, deren Akkord das Grave charakterisiert, erscheint als melodisches Element am Schluß der Einleitung und wird erst im Anfang des Allegro aufgelöst, das sich in bruchlosem Übergang anschließt. Am Ende kehrt dieses Intervall fragend, zögernd wieder, um dann jedoch von den abschließenden stürmischen Takten des Allegro überrannt zu werden – es bleibt kein Zweifel, daß dieses die Lösung zu den bohrenden Fragen des Grave ist. Dem lyrischen Charakter, der im ganzen zweiten Satz beibehalten wird, entspricht die einfache Form des Rondo. Es steht in As-Dur, einer Tonart, die in Beethovens Klaviermusik Wärme ausstrahlt und deren Beziehung zur Tonika die Spannung weniger aufbaut als vielmehr auflöst.
In den Werken der nächsten Gruppe beginnt Beethoven, sich von der traditionellen Form wegzubewegen. Daß er die Sonatenstruktur als etwas eher Veränderliches betrachtete, war die Voraussetzung für die große Vielfalt der späteren Werke. In op. 26 eröffnete Beethoven die Sonate zum ersten Mal mit einem Variationssatz. Zwar hatte bereits Mozart seine Sonate A-Dur KV 331 in dieser Art begonnen, dabei aber offenbar keinen Versuch unternommen, an die Sona-

tentradition zu rühren. Beethovens Werk umfaßt vier Sätze, wobei das Scherzo an zweiter Stelle steht, um die langsamen Variationen von dem Trauermarsch zu trennen. Die neue Art des Ausdrucks, die den langsamen Satz auszeichnet, ließ ihn geeignet erscheinen, als Teil der Bühnenmusik zu *Leonore Prohaska* orchestriert zu werden. Er steht in as-Moll, einer Tonart, deren psychologische Kompliziertheit ihm eine besondere Intensität verleiht. Diese wird noch verstärkt durch die vielen enharmonischen Verwechslungen, durch die weit entfernte Tonarten erreicht werden. Der Rhythmus ist für das Hauptthema ebenso wichtig wie das melodische Element, und der große Umfang des Tasteninstrumentes wird effektvoll eingesetzt, um gedämpfte Trommelwirbel und Trompetensignale zu suggerieren.

Wenn sich Beethoven schon in op. 26 von der traditionellen Sonatenform zu entfernen scheint, so wird diese Tendenz in den nächsten beiden Sonaten noch deutlicher. Daß er sich dessen bewußt war, zeigte er, indem er op. 27/Nr. 1 und 2 jeweils als *Sonata quasi una fantasia* beschrieb. Die ersten Sätze beider Sonaten stehen nicht in der Sonatenhauptsatzform, sie wirken in gewisser Hinsicht wie improvisiert: In Nr. 1 wechseln sich langsame und schnelle Abschnitte ab; im berühmten Adagio sostenuto von Nr. 2, das dem Werk den Namen »Mondscheinsonate« eingetragen hat, werden eine einzige Stimmung und ein langsames Tempo durchgehalten. Die Schlußsätze haben die Form eines Sonatenrondos beziehungsweise eines Sonatenhauptsatzes. So sind die Spannung und die Dramatik, die wesentlich zur Sonate gehören, vom Anfang weg an das Ende der Werke verlegt worden. Op. 28 und die drei Sonaten op. 31 sind weniger experimentell, auch wenn der erste Satz von op. 32/Nr. 2 Largo- und Adagio-Passagen auf eine neue Weise integriert. Die »Waldsteinsonate« op. 53 weist eine bis dahin unbekannte Dimension sowohl in bezug auf die technischen Schwierigkeiten für den Pianisten als auch hinsichtlich des Umfangs der Sonate auf, der dem anderer Werke aus dieser Schaffensperiode durchaus vergleichbar ist. Allerdings dauert sie doch nicht ganz so lange, wie Beethoven zunächst geplant hatte, da er den ursprünglich vorgesehenen langsamen Satz, der heute als »Andante favori« (WoO 57) bekannt ist, durch die Introduzione, Adagio molto, ersetzte, die als langsame Einleitung zum Schlußsatz fungiert. Eindrucksvoll ist im ersten Satz die Gegenüberstellung der Tonarten C-Dur und E-Dur für das erste und zweite Thema. Sie wird überhöht durch die gegensätzliche Stimmung: Der rastlosen Achtelbewegung des ersten Themas stehen einfache Akkordfortschreitungen im zweiten Thema gegenüber. Der geheimnisvolle, bruchstückartige Anfang der Introduzione weist schon auf eine spätere Stilperiode hin. Erst am Schluß des neunten Taktes setzt das Thema in einer tiefen Lage ein – damit bekommen die bruchstückhaften Phrasen des Anfangs einen Sinn. Im letzten Satz werden dem ausgreifendem Rondothema zwei stürmische Mollteile als Kontrast gegenübergestellt. Die letzte Wiederkehr des Themas im triumphierenden Fortissimo ist der Höhepunkt des Werkes. Die Triller sind mehr als nur eine oberflächliche Verzierung, die Bewegung der Sechzehnteltriolen scheint das Tempo voranzutreiben. Plötzlich geht der Schwung verloren, die Musik versinkt im dreifachen Piano und in einer Pause. Diese dient jedoch nur zum Atemholen, bevor das Thema wiederkehrt, brillanter denn je, prestissimo.

In der »Appassionata« setzt sich die Tendenz, Grenzen zu verschieben, fort. Zu verzeichnen sind ein Lockern formaler Strukturen, die Erweiterung der Ausdrucksmöglichkeiten und der Technik. Die dreisätzige Folge ist nur äußerlich konventionell, und der Schlußsatz bildet keine Auflösung des Aufruhrs, der den Anfang bestimmt. Die tragische Grundstimmung wird bereits mit dem gedämpften Auftreten des ersten Themas intoniert. Obwohl es aus den Tönen des Tonikadreiklangs besteht, stellt es sich auf eine Weise dar, die man als romantisch bezeichnen könnte. Es beginnt pianissimo, in tiefer Lage, und die rhythmische Notierung drückt Spannung aus. Außerdem wird das Beharren auf der f-Moll-Tonika sehr bald durch eine Wiederholung in Ges-Dur untergraben. Die einheitliche Stimmung wird durch die enge Verwandtschaft des ersten und zweiten Themas verstärkt. Zeitweise hebt der langsame Satz das vorherrschende Gefühl der Verzweiflung auf. Die Tonart Des-Dur und eine schlichte tonale Fortschreitung tragen dazu bei, die Spannung zu vermindern, und erzeugen den Eindruck des Statischen. In der letzten Variation kehrt das Thema in seiner ursprünglichen Gestalt wieder, abgesehen davon, daß es im Register verschoben wird, und fällt dann, auf einem verminderten Septakkord, in sich zusammen. Dieser wird im Fortissimo wiederholt und führt direkt in den Schlußsatz hinein. Dabei wird ein reißender, nicht enden wollender Strom von Sechzehnteln entfesselt. Auch hier herrscht durchgängig dieselbe Stimmung. Ungewöhnlich ist, daß die Wiederholung des zweiten Teils vorgeschrieben ist. Dadurch erhöht sich die Spannung, denn die noch größere Kraft der Presto-Coda

wird eine Weile zurückgehalten. Es gibt keinen Ausweg aus der verzweifelten Stimmung, der Satz endet abrupt.
Beethoven kehrte erst nach einer Pause von vier Jahren zur Klaviersonate zurück; die eher intimen Sonaten op. 78 und 79 stehen im unmittelbaren Gegensatz zum Stil der vorhergehenden Werke. Die nächste Sonate, op. 81 a, *Das Lebewohl (Les Adieux)*, wurde anläßlich der Abreise Erzherzog Rudolphs aus Wien und seiner Rückkehr in den Jahren 1809–10 geschrieben und hat ebenfalls einen sehr persönlichen Charakter, wenn auch auf anderer Ebene. Weitere vier Jahre vergingen bis zur Komposition der Sonate op. 90 im Jahre 1814. Sie steht an der Grenze zu Beethovens Spätstil. Mit ihrer zweisätzigen Form – der erste Satz in Moll, der zweite in Dur – weist sie voraus auf die letzte Sonate.
Die letzten fünf Sonaten, über sieben Jahre verteilt, haben – wie die späten Streichquartette – eine geistige Qualität, die eine bloße Erörterung des Formalen verbietet. Sie werden zwar als Gruppe betrachtet, sind aber sehr verschieden. Wohl beginnen alle mit einem Sonatenhauptsatz, doch sie weisen eine breite Palette von Ausdrucksformen auf, die von der Kraft und dem flammenden Trotz der »Hammerklaviersonate« op. 106 über das verzweifelte Leiden in op. 111 bis zur Wärme von op. 110 und der Intimität von op. 101 reicht. Ein gemeinsames Merkmal all dieser Sonaten stellen fugierte Elemente dar, die in unterschiedlicher Intensität eingearbeitet sind – von den fugierten Stellen im letzten Satz von op. 101 und dem jeweils ersten Satz von op. 106 und 111 bis zu einer sehr viel strengeren Anwendung in den Schlußsätzen von op. 106 und 110. Für Albrechtsberger war die Fuge eine Vermittlerin ernster und religiöser Gedanken gewesen, ein notwendiges Mittel, um »den erhebendsten Eindruck in der Vokal- und Instrumentalmusik des klassischen Stils« hervorzubringen (Dickinson, 1955, S. 76).
Der letzte Satz von op. 110 ist eine von Beethovens eigenständigsten Konstruktionen. Er vereinigt die Funktionen von schnellen und langsamen Sätzen und löst dadurch vielleicht das Problem, das durch das Aufgeben der Viersätzigkeit entstand, einer Struktur, die Beethoven nur sehr zögernd fallenließ. In die einleitenden acht Takte, die dem ersten (langsamen) Arioso-Teil vorausgehen, schrieb Beethoven neun Tempovorschriften und zahlreiche andere Angaben hinein, um seine Absicht ganz klar verständlich zu machen. Er versuchte dabei, in einem im wesentlichen langsamen Tempo eine Spontaneität zu erzielen, die die Notenschrift nicht angemessen wiedergeben kann. Die Preisgabe intimer Gedankengänge im Arioso (»Klagender Gesang«) erzeugt eine Intensität, die sich in der darauffolgenden Fuge löst. Deren Fluß wird von dem wiederkehrenden Arioso unterbrochen, nunmehr in g-Moll, eingeführt mit den Worten »ermattet, klagend«. Zwar gebrochen, gewinnt es dennoch allmählich wieder an Vertrauen und bewegt sich ins Dur, um die Wiederkehr der Fuge in der Umkehrung vorzubereiten. Die Beschreibung lautet jetzt: »Nach und nach wieder auflebend«, und die Fuge fährt an der Stelle fort, an der sie unterbrochen worden war. Die Stimmen setzen nacheinander ein und spiegeln das Gefühl wiederkehrender Kraft. Durch das verlangsamte Grundtempo (meno allegro) entsteht paradoxerweise der Eindruck eines schnelleren Zeitmaßes, weil mehr Töne darin Platz finden. An der Stelle, an der die Durchführung beginnt (Takt 168), gibt es eine Entdeckung zu bestaunen: Das Thema erklingt kraftvoll, aber ohne Kontrapunkt. Hier hat Beethoven völlige Freiheit gewonnen, und das innerhalb der intellektuellsten aller Formen, der Fuge.
Op. 111 bietet eine Zusammenfassung von Beethovens spätem Stil. Es ist im wörtlichen wie im übertragenen Sinn ein Lebensalter von den Sonaten op. 2 entfernt. Worte können die Vielfalt der darin ausgedrückten Emotionen nicht wiedergeben: Spannung, Verzweiflung, Erhabenheit. Die beiden Sätze der Sonate stehen ebenso im Gegensatz zueinander, wie sie einander ergänzen – das genügt. Die tiefe Verzweiflung des in der Sonatenhauptsatzform stehenden c-Moll-Allegro kommt in der C-Dur-Arietta, einem weit ausschwingenden Variationssatz, zur Ruhe. Scheinbar ein langsamer Satz, umschließt er eine ganze Ausdruckswelt. Edwin Fischer (1959, S. 116) interpretiert diese beiden Sätze als Symbole zweier Welten. Den unbarmherzigen ersten Satz versteht er als Bild des harten Lebenskampfes, den zweiten als Darstellung des Jenseits, in dem Einzelheiten unwichtig geworden sind.
Die Wendung, die die langsame Einleitung eröffnet, schafft sofort jene Spannung, die den Satz beherrscht. Es ist nicht die trotzige »Heldenfigur« der früheren Werke, die sich hier ausdrückt; in der folgenden, still verzweifelten Reise durch entfernte Tonarten, die berührt werden, ohne jemals einen Ruhepunkt zu bilden, offenbart sich vielmehr das gequälte, verwirrte Fragen eines Introvertierten. Im Allegro kommt der rastlose Charakter des ersten Themas durch die verminderten Intervalle in der Einleitung und durch die Temposchwankungen zustande, die für die Spätwerke ty-

pisch sind. Die Verdichtung der Durchführung ist ebenfalls charakteristisch für den Spätstil, ebenso wie die Gelegenheit zu weiteren Veränderungen in der Reprise. Im Verlauf der Coda (Takt 130) löst sich die Kraft des Satzes. Eine stille Passage mit der wiederholten Fortschreitung IV–I führt zur endgültigen Auflösung der verminderten Septakkorde des Anfangs; es ist eine echte Versöhnung, der sanfte Dur-Schluß stimmt auf die Heiterkeit des Arietta-Themas ein.

Der zweite Satz umfaßt ein Thema, fünf Variationen und eine Coda. Er ist im 9/16-Takt geschrieben; die Notierung in diesem Sechzehntelmetrum bedingt ein langsames Tempo. In der Variation 1 wird das Metrum von dreimal drei Sechzehnteln pro Takt beibehalten, aber die Begleitung läßt die Bewegung rascher erscheinen. Die Variation 2 wirkt trotz der Vorschrift »l'istesso tempo« noch schneller; der Takt wird mit 6/16 angegeben, tatsächlich aber entstehen drei Gruppen zu je zwei Sechzehnteln. Auf ähnliche Weise wird in Variation 3 der Eindruck einer Tempokonsteigerung mit einem 12/32-Metrum (drei Gruppen zu je vier Zweiunddreißigsteln) hervorgerufen. Synkopische Betonungen und der Gebrauch des gesamten Umfangs der Klaviatur tragen zu einer Stimmungsänderung bei: Sie wirkt jetzt kraftvoll, ja fast überschwenglich. In der vierten Variation kehrt das 9/16-Metrum wieder, aber durch die Art der Begleitung und dadurch, daß die Harmonien des Themas auf dem unbetonten Taktteil erscheinen, entsteht ein Gefühl der Zeitlosigkeit. Die Wiederholungen sind hier ausgeschrieben und geben Gelegenheit zu weiteren Veränderungen. Die zwei »zusätzlichen« Abschnitte sind extrem leise und beschränken sich auf die oberen Lagen, wobei der letzte Abschnitt noch erweitert wird, so als ob Beethoven diese ekstatischen Höhen nur ungern wieder verlassen wollte. Die Tonalität stabilisiert sich zunehmend auf C-Dur, eine kadenzartige Stelle erwächst daraus, und vor der fünften Variation gibt es wieder eine Erweiterung. Das Thema gewinnt an Breite und Fülle, ohne an Einfachheit zu verlieren. Die Coda (Takt 161) spielt sich vorwiegend in den oberen Registern ab und wird von Trillern dominiert. Schließlich erstirbt der Satz auf den fallenden Intervallen, die das Thema bezeichnen.

Variationen über ein Thema von Diabelli

1819 hatte Anton Diabelli eine Reihe von Komponisten aufgefordert, Variationen zu einem von ihm komponierten Walzerthema zu schreiben, darunter auch Beethoven. Der lehnte die Idee angeblich zunächst ab und machte sich über das Thema lustig wegen eines »Schusterflecks« (ein Ausdruck, der die sequenzierte Wiederholung eines kleinen Musters bezeichnet). Wie man jedoch aus seinen Skizzen ersehen kann, entwarf Beethoven bis 1820 etwa 20 Variationen, einschließlich der massiven fugierten Nr. 32, und fügte 1823 noch weitere hinzu (Kinderman, 1987).

Wie Tovey es ausdrückte (1944 a, S. 124), ist Diabellis Thema »reich an musikalischen Tatsachen«. Es hat eine starke harmonische Struktur, und das Thema kann in verschiedene rhythmische und melodische Komponenten zerlegt werden. Von diesen Charakteristika ausgehend, erzielt Beethoven eine große Vielfalt, ohne jemals ganz den Kontakt mit dem Original zu verlieren; er bleibt dabei in einem Stil, der für seine späten Werke typisch ist: kontrapunktische Arbeit, Triller, intensive Entwicklung rhythmischer Figuren, langsame, meditative Abschnitte und geheimnisvoll klingende Stellen. Wie Kinderman schreibt: »Der Charakter der Abfolge [der Variationen] und der großen Form, die das Ganze umfaßt, erwächst aus dem Zusammenwirken der einzelnen Variationen und kann nur richtig ausgedrückt werden, wenn man den gesamten Aufbau der Variationen untersucht« (Kinderman, 1987, S. XIX). Daraus ergibt sich eine Reihe von Fragen: Wie verhinderte Beethoven, daß das an sich einfache Thema lediglich zum Präludium eines Werks dieser Größe und Intensität wurde? Woher nahm er die Anregung zu einer solchen Vielfalt? Wie gelang es ihm, die Elemente Einheit und Vielfalt über eine so große Zeitspanne hinweg auszubalancieren?

Zu Beethovens Strategie gehörte es, immer wieder zum Thema als Ausgangspunkt zurückzukehren, indem er Abschnitte komponierte, die das Thema weniger variieren als darstellen, wobei jeweils bestimmte Aspekte markant hervorgehoben werden. Die Dimension des Werkes erfordert eine gewisse Vorbereitung. Diese beginnt gleich nach der Vorstellung des Themas. Die Variation 1 (Alla Marcia) vermittelt den Eindruck, es sei Großes zu erwarten, aber es wird auch ein bestimmter Aspekt des Themas parodiert, nämlich das wiederholte G. Die harmonische Struktur bleibt im wesentlichen intakt, auch der Höhepunkt des Themas wird beibehalten, die Stimmung jedoch ist jetzt eine ganz andere. So wird der Abgrund zwischen dem Charakter des Themas und der Größe des Werks überbrückt. Dadurch ist einer Serie von Variationen der Weg geebnet, in denen verschiedene Elemente verändert werden: die melodische Linie (Var. 3, 4), die statische Harmonie des Anfangs (Var. 12), die Satzstruktur (Var. 6), das harmonische Gerüst (Var. 9) und der Rhythmus (Var. 13, 14). Variation 15 ist wiederum ein tragender »Pfeiler«, der den melodischen Umriß des Themas in der ursprünglichen Lage rekapituliert. Die »Übertreibung« liegt hier im harmonischen Gerüst, das als statisches Gebilde so weit geht, daß beide Hälften auf der Tonika enden. Diese Variation steht an einem psychologisch wichtigen Punkt, zwischen Variationen, die sich von dem ursprünglichen Thema um einiges entfernt haben. Variation 14 steht in einem recht großen Maßstab und unterscheidet sich im Ausdruck, im Metrum und im harmonischen Gerüst erheblich vom Thema. Die Variationen 16 und 17 sind verbunden und beeindrucken sowohl durch ihre Länge als auch durch ihren brillanten, technisch anspruchsvollen Stil.

Die Variation 25 bildet den letzten tragenden »Pfeiler«. Der Baßrhythmus vom Anfang des Themas rückt in die Oberstimme und schließt auch das wiederholte G der Melodie mit ein. Der triviale Charakter des Themas wird durch die schlichte Ausdrucksweise unterstrichen. Dennoch sind die Wiederaufnahme der Quart, die Variation des Basses von Takt 3 sowie die harmonische Struktur des Originals nicht zu verkennen. Es folgt eine Reihe weiterer Variationen, die enger miteinander verknüpft sind als die bisherigen. Nr. 26 und 27 verbindet die Ähnlichkeit ihrer Figurationen, die Nummern 29 bis 31 bilden eine lyrische, meditative Folge, die länger ist und stärker ausgearbeitet erscheint als alles bis dahin Gehörte. Der harmonische Grundriß der Variation 30 ist besonders breit gefächert, auch wenn die eindrucksvolle Fortschreitung von C-Dur nach Des-Dur schon in der vorhergehenden Variation angedeutet worden war. Nr. 31 lädt die Spannung noch mehr auf und führt direkt in die Fuge. Über die Bedeutung der Fuge in Beethovens Spätwerk ist schon viel gesagt worden; auch hier erscheint sie, wie anderswo, als logische Folge. Sie bricht plötzlich ab und weicht einer kadenzartigen Passage, an die sich ein Übergang in die Variation 33 anschließt. Diese letzte Variation erweckt den Eindruck, als seien die Zielstrebigkeit und die Energie der vorhergehenden Fuge verbraucht, aber ihre Sanftheit und ihre rhythmische Entspanntheit täuschen. Es ist die Apotheose all dessen, was vorausging, die sämtliche Elemente des Themas mit einer neuen Heiterkeit umfaßt. In ihrem transzendenten Charakter erinnert die lange Coda an die Stimmung im Schlußsatz der letzten Sonate.

Andere Werke

In den zahlreichen kürzeren Stücken, die Beethoven im Lauf der Zeit hervorgebracht hat, zeigt er sich als geschickter Miniaturist. Vor allem die Bagatellen geben einen Vorgeschmack auf das romantische Charakterstück. Einige Werke kamen zustande, weil sie als Sonatensätze verworfen wurden; andere, wie die Fantasie op. 77 aus dem Jahre 1809, demonstrieren Beethovens Vorliebe für die Improvisation und die Form der Variation.

Es gibt drei Bagatellenzyklen (op. 33, 119 und 126). Nur der letzte war von vornherein als Einheit geplant, wie die Notiz »Cyclus von Kleinigkeiten« in den Skizzen zeigt, doch bilden die ersten sechs Stücke in op. 119 ebenfalls eine Art Zyklus (Cooper, 1987 a), möglicherweise auch die letzten fünf. Der Titel »Bagatellen« bedeutet ja soviel wie »Kleinigkeiten«, aber man sollte diese Werke deshalb nicht geringschätzen. Sie zeichnen sich durch verschiedene, rasch hingeworfene Stimmungen aus; manchmal wenden sie sich einem besonderen kompositorischen Problem zu oder experimentieren mit einer bestimmten Technik. Die elf Stücke von op. 119 bedienen sich vorwiegend einfacher Formen, innerhalb dieser jedoch führt zum Beispiel die Nr. 6 rezitativartiges Komponieren ein, und die Nr. 7 konzentriert sich auf Triller. Die Bagatellen op. 126 sind etwas umfangreicher und greifen, was nicht verwunderlich ist, die Sprache der späten Sonaten auf. Das einheitliche Konzept zeigt sich teilweise im Tonartenplan: Nach zwei Stücken, die in G-Dur und g-Moll stehen, bewegt sich der Rest in großen Terzen abwärts. Sie bieten die Gelegenheit, in einem entspannteren Zusammenhang zu experimentieren, als es auf dem Gebiet der Sonate möglich ist, wo man stets das Ganze im Blick behalten muß.

I Sonaten – II Variationen – III Andere Stücke – IV Werke für Klavier vierhändig

I Sonaten

WoO 47
Drei Sonaten (»Kurfürstensonaten«): Es-Dur, f-Moll, D-Dur
Nr. 1: Allegro cantabile (4/4) – Andante (B-Dur, 2/4) – Rondo vivace (6/8)
Nr. 2: Larghetto maestoso (2/2)/Allegro assai (4/4) – Andante (As-Dur, 2/4) – Presto (2/4)

Nr. 3: Allegro (4/4) – Menuetto: Sostenuto (A-Dur, 3/4) – Scherzando: Allegro ma non troppo (2/4)
1783 (?); veröffentlicht 1783 (Bossler, Speyer)
Erzbischof Maximilian Friedrich gewidmet

WoO 50
Zwei Sätze einer Sonate F-Dur
I (4/4) – Allegretto (3/4)
ca. 1790–92; posthum veröffentlicht
Franz Wegeler gewidmet

Anh. 5
Zwei Sonatinen
G-Dur (Moderato, 4/4 – Romanze, 6/8); F-Dur (Allegro assai, 2/4 – Rondo: Allegro, 2/4)
ca. 1790–92? Wahrscheinlich nicht von Beethoven

Op. 2
Drei Sonaten (Nr. 1–3): f-Moll, A-Dur, C-Dur
Nr. 1: Allegro (2/2) – Adagio (F-Dur, 3/4) – Menuetto: Allegretto (3/4) – Prestissimo (2/2)
Nr. 2: Allegro vivace (2/4) – Largo appassionato (D-Dur, 3/4) – Scherzo: Allegretto (3/4) – Rondo: Grazioso (4/4)
Nr. 3: Allegro con brio (4/4) – Adagio (E-Dur, 2/4) – Scherzo: Allegro (3/4) – Allegro assai (6/8)
1793–95; veröffentlicht 1796 (Artaria, Wien)
Haydn gewidmet. Der zweite Satz von Nr. 1 enthält Material aus dem Klavierquartett WoO 36/Nr. 1; im zweiten Satz von Nr. 2 und im ersten Satz von Nr. 3 wurde Material aus dem Klavierquartett WoO 36/Nr. 3 verwendet.

Op. 49/Nr. 2
Sonate Nr. 20 G-Dur
Allegro ma non troppo (2/2) – Tempo di Menuetto (3/4)
1795–96; veröffentlicht 1805 (Bureau des Arts et d'Industrie, Wien)

Op. 49/Nr. 1
Sonate Nr. 19 g-Moll
Andante (2/4) – Rondo: Allegro (G-Dur, 6/8)
1797 (?); veröffentlicht 1805 (Bureau des Arts et d'Industrie, Wien)

Op. 7
Sonate Nr. 4 Es-Dur
Allegro molte e con brio (6/8) – Largo, con gran espressione (C-Dur, 3/4) – Allegro (3/4) – Rondo: Poco allegretto e grazioso (2/4)
1796–97; veröffentlicht 1797 (Artaria, Wien)
Gräfin Keglevics gewidmet

Op. 10
Drei Sonaten (Nr. 5–7): c-Moll, F-Dur, D-Dur
Nr. 1: Allegro molto e con brio (3/4) – Adagio molto (As-Dur, 2/4) – Finale: Prestissimo (2/2)
Nr. 2: Allegro (2/4) – Allegretto (f-Moll, 3/4) – Presto (2/4)
Nr. 3: Presto (4/4) – Largo e mesto (d-Moll, 6/8) – Menuetto: Allegro (3/4) – Rondo: Allegro (4/4)
1795–98; veröffentlicht 1798 (Eder, Wien)
Gräfin Browne gewidmet. Siehe auch unten WoO 52, WoO 53, und Hess 69.

WoO 51
Sonate C-Dur
Allegro (4/4) – Adagio (F-Dur, 3/4)
1791–98 (?); posthum veröffentlicht
Eleonore von Breuning gewidmet. Die Erstausgabe wurde von Ries ergänzt, da kleinere Teile des ersten Satzes und der ganze letzte Satz verschollen sind.

Op. 13
Sonate Nr. 8 *(Pathétique)* c-Moll
Grave (4/4)/Allegro di molto e con brio (2/2) – Adagio cantabile (As-Dur, 2/4) – Rondo: Allegro (2/2)
1797–98; 1799 veröffentlicht (Hoffmeister, Wien)
Fürst Lichnowsky gewidmet

Op. 14
Zwei Sonaten (Nr. 9–10): E-Dur, G-Dur
Nr. 1: Allegro (4/4) – Allegretto (e-Moll, 3/4) – Rondo: Allegro commodo (2/2)
Nr. 2: Allegro (2/4) – Andante (C-Dur, 4/4) – Scherzo: Allegro assai (3/8)
1798–99; veröffentlicht 1799 (Mollo, Wien)
Baronin Braun gewidmet. 1801–02 bearbeitete Beethoven die Nr. 1 für Streichquartett (vgl. »Bearbeitungen«, S. 331).

Op. 22
Sonate Nr. 11 B-Dur
Allegro con brio (4/4) – Adagio con molto espressione (Es-Dur, 9/8) – Menuetto (3/4) – Rondo: Allegretto (2/4)
1800; veröffentlicht 1802 (Hoffmeister, Leipzig)
Graf Browne gewidmet

Op. 26
Sonate Nr. 12 As-Dur

Andante con Variazioni (3/8) – Scherzo: Allegro molto (3/4) – Marcia Funebre sulla morte d'un Eroe: Maestoso andante (as-Moll, 4/4) – Allegro (2/4)
1800–01; veröffentlicht 1802 (Cappi, Wien)
Fürst Lichnowsky gewidmet; dritter Satz als Nr. 4 (Trauermarsch) für *Leonore Prohaska* (WoO 96) bearbeitet (vgl. »Bühnenwerke«, S. 308).

Op. 27
Zwei Sonaten (Nr. 13–14): Es-Dur, cis-Moll
Nr. 1, *Sonata quasi una fantasia:* Andante (2/2) – Allegro molto e vivace (c-Moll, 3/4) – Adagio con espressione (As-Dur, 3/4) – Allegro vivace (2/4)
Nr. 2, *Sonata quasi una fantasia* (»Mondscheinsonate«): Adagio sostenuto (2/2) – Allegretto (Des-Dur, 3/4) – Presto agitato (4/4)
1801; veröffentlicht 1802 (Cappi, Wien)
Nr. 1 der Fürstin von Liechtenstein gewidmet, Nr. 2 der Gräfin Guicciardi

Op. 28
Sonate Nr. 15 (»Pastorale«) D-Dur
Allegro (3/4) – Andante (d-Moll, 2/4) – Scherzo: Allegro vivace (3/4) – Rondo: Allegro ma non troppo (6/8)
1801; veröffentlicht 1802 (Bureau des Arts et d'Industrie, Wien)
Joseph von Sonnenfels gewidmet

Op. 31
Drei Sonaten (Nr. 16–18): G-Dur, d-Moll, Es-Dur
Nr. 1: Allegro vivace (2/4) – Adagio grazioso (C-Dur, 9/8) – Rondo: Allegretto (2/2)
Nr. 2: Largo/Allegro (2/2) – Adagio (B-Dur, 3/4) – Allegretto (3/8)
Nr. 3: Allegro (3/4) – Scherzo: Allegretto vivace (As-Dur, 2/4) – Menuetto: Moderato e grazioso (3/4) – Presto con fuoco (6/8)
1802; Nr. 1 und Nr. 2 1803 veröffentlicht, Nr. 3 1804 (Nägeli, Zürich)
Auftragskomposition für den Verleger

Op. 53
Sonate Nr. 21 (»Waldsteinsonate«) C-Dur
Allegro con brio (4/4) – Introduzione: Adagio molto (F-Dur, 6/8) – Rondo: Allegretto moderato (2/4)
1803–04; veröffentlicht 1805 (Bureau des Arts et d'Industrie, Wien)
Graf von Waldstein gewidmet, vgl. WoO 57 (S. 299)

Op. 54
Sonate Nr. 22 F-Dur
In tempo d'un Menuetto (3/4) – Allegretto (2/4)
1804; veröffentlicht 1806 (Bureau des Arts et d'Industrie, Wien)

Op. 57
Sonate Nr. 23 (»Appassionata«) f-Moll
Allegro assai (12/8) – Andante con moto (Des-Dur, 2/4) – Allegro ma non troppo (2/4)
1804–05; veröffentlicht 1807 (Bureau des Arts et d'Industrie, Wien)
Graf Brunsvik gewidmet

Op. 78
Sonate Nr. 24 Fis-Dur
Adagio cantabile (2/4)/Allegro ma non troppo (4/4) – Allegro vivace (2/4)
1809; veröffentlicht 1810 (Clementi, London)
Therese von Brunsvik gewidmet; Auftragskomposition für Clementi

Op. 79
Sonate Nr. 25 G-Dur
Presto alla tedesca (3/4) – Andante (g-Moll, 9/8) – Vivace (2/4)
1809; veröffentlicht 1810 (Clementi, London)
Auftragskomposition für Clementi

Op. 81 a
Sonate Nr. 26 (*Das Lebewohl, Abwesenheit und Wiedersehn* [»Les Adieux«]) Es-Dur
Das Lebewohl: Adagio (2/4)/Allegro (2/2) – Abwesenheit: Andante espressivo (c-Moll, 2/4) – Das Wiedersehn: Vivacissimamente (6/8)
1809–10; veröffentlicht 1811 (Breitkopf & Härtel, Leipzig)
Erzherzog Rudolph gewidmet

Op. 90
Sonate Nr. 27 e-Moll
Mit Lebhaftigkeit und durchaus mit Empfindung und Ausdruck (3/4) – Nicht zu geschwind und sehr singbar vorzutragen (E-Dur, 2/4)
1814; veröffentlicht 1815 (Steiner, Wien)
Graf Lichnowsky gewidmet

Op. 101
Sonate Nr. 28 A-Dur
Allegretto ma non troppo (6/8) – Vivace alla Marcia (F-Dur, 4/4) – Adagio ma non troppo, con affetto

(a-Moll, 2/4)/Tempo del primo pezzo (6/8)/Allegro (2/4)
1816; veröffentlicht 1817 (Steiner, Wien)
Dorothea von Ertmann gewidmet

Op. 106
Sonate Nr. 29 (»Hammerklaviersonate«) B-Dur
Allegro (2/2) – Scherzo: Assai vivace (3/4) – Adagio sostenuto (fis-Moll, 6/8) – Largo (F-Dur, 2/4)/Allegro risoluto (3/4)
1817–18; veröffentlicht 1819 (Artaria, Wien)
Erzherzog Rudolph gewidmet

Op. 109
Sonate Nr. 30 E-Dur
Vivace ma non troppo (2/4) – Prestissimo (e-Moll, 6/8) – Andante molto cantabile ed espressivo (3/4)
1820; veröffentlicht 1821 (Schlesinger, Berlin)
Maximiliane Brentano gewidmet; Auftragskomposition für den Verleger

Op. 110
Sonate Nr. 31 As-Dur
Moderato cantabile molto espressivo (3/4) – Allegro molto (f-Moll, 2/4) – Adagio ma non troppo (b-Moll, 4/4)/Rezitativo/Adagio ma non troppo (as-Moll, 12/16) – Fuga: Allegro ma non troppo (6/8)
1821–22; veröffentlicht 1822 (Schlesinger, Berlin)
Auftragskomposition für den Verleger

Op. 111
Sonate Nr. 32 c-Moll
Maestoso (4/4)/Allegro con brio ed appassionato – Arietta: Adagio molto semplice e cantabile (C-Dur, 9/16)
1821–22; veröffentlicht 1823 (Schlesinger, Berlin)
Erzherzog Rudolph gewidmet (englische Ausgabe Antonie Brentano gewidmet); Auftragskomposition für den Verleger

II Variationen

WoO 63
Neun Variationen über einen Marsch von Dressler, c-Moll
Maestoso (4/4)
1783; veröffentlicht 1783 (Götz, Mannheim)
Gräfin Wolff-Metternich gewidmet

WoO 65
Vierundzwanzig Variationen über Righinis Arietta *Venni amore*, D-Dur
Allegretto (2/4)
ca. 1790–91; veröffentlicht 1791 (Schott, Mainz)
Gräfin Hatzfeld gewidmet. Von diesen erstaunlich avancierten Variationen hatte man bisher angenommen, sie würden nur in einer revidierten Fassung von 1802 existieren, die neuerdings aufgefundene Originalausgabe aber zeigt, daß sie ihre endgültige Gestalt bereits 1791 bekamen (Brandenburg, 1984c).

WoO 66
Dreizehn Variationen über »Es war einmal ein alter Mann« aus Dittersdorfs *Das rote Käppchen*, A-Dur
Allegretto (2/4)
1792; veröffentlicht 1793 (Simrock, Bonn)

WoO 64
Sechs Variationen über ein Schweizer Lied, F-Dur (für Harfe oder Klavier)
Andante con moto (4/4)
ca. 1790–92; veröffentlicht 1798 (?) (Simrock, Bonn)

WoO 68
Zwölf Variationen über das »Menuett à la Vigano« aus Haibels Ballett *Le nozze disturbate*, C-Dur
Allegretto (4/4)
1795; veröffentlicht 1796 (Artaria, Wien)

WoO 69
Neun Variationen über »Quant è più bello« aus Paisiellos *La molinara*, C-Dur
Allegretto (2/4)
1795; veröffentlicht 1795 (Traeg, Wien)
Fürst Lichnowsky gewidmet

WoO 70
Sechs Variationen über »Nel cor più non mi sento« aus Paisiellos *La molinara*, G-Dur (6/8)
1795; veröffentlicht 1796 (Traeg, Wien)

WoO 72
Acht Variationen über »Une fièvre brûlante« aus Grétrys *Richard Cœur de Lion*, C-Dur
Allegretto (3/4)
1795 (?); veröffentlicht 1798 (Traeg, Wien)

WoO 71
Zwölf Variationen über einen Russischen Tanz aus Wranitzkys *Das Waldmädchen*, A-Dur

Allegretto (2/4)
1796–97; veröffentlicht 1797 (Artaria, Wien)
Gräfin Browne gewidmet

WoO 73
Zehn Variationen über »La stessa, la stessissima« aus Salieris *Falstaff*, B-Dur
Andante con moto (2/2)
1799; veröffentlicht 1799 (Artaria, Wien)
Gräfin Keglevics gewidmet

WoO 76
Sechs Variationen über »Tändeln und Scherzen« aus Süßmayrs *Soliman II.*, F-Dur
Andante quasi Allegretto (3/8)
1799; veröffentlicht 1799 (Eder, Wien)
Gräfin Browne gewidmet

WoO 75
Sieben Variationen über »Kind, willst du ruhig schlafen?« aus Winters *Das unterbrochene Opferfest*, F-Dur
Allegretto (2/4)
1799; veröffentlicht 1799 (Mollo, Wien)

WoO 77
Sechs Variationen über ein eigenes Thema, G-Dur
Andante quasi Allegretto (2/4)
1800; veröffentlicht 1800 (Traeg, Wien)

Op. 34
Sechs Variationen über ein eigenes Thema, F-Dur
Adagio (2/4)
1802; veröffentlicht 1803 (Breitkopf & Härtel, Leipzig)
Fürstin Odescalchi (geb. Keglevics) gewidmet

Op. 35
Fünfzehn Variationen und eine Fuge über ein eigenes Thema (*Prometheus*-Variationen), Es-Dur
Introduzione col Basso del tema: Allegretto vivace (2/4)
1802; veröffentlicht 1803 (Breitkopf & Härtel, Leipzig)
Fürst Lichnowsky gewidmet; Thema aus *Die Geschöpfe des Prometheus*, op. 43; auch im Contretanz Nr. 7 aus WoO 14 und in der *Eroica* verwendet. Allgemein sind sie als »Eroica-Variationen« bekannt, aber Beethoven beabsichtigte, ihnen einen auf *Prometheus* bezogenen Titel zu geben.

WoO 78
Sieben Variationen über *God Save The King*, C-Dur
(3/4)
1802–03; veröffentlicht 1804 (Bureau des Arts et d'Industrie, Wien)
Das Thema wird wiederverwendet in *Wellingtons Sieg*, op. 91 (vgl. S. 267).

WoO 79
Fünf Variationen über »Rule, Britannia« aus *Alfred* (Thomas Arne), D-Dur
Tempo moderato (2/4)
1803; veröffentlicht 1804 (Bureau des Arts et d'Industrie, Wien)
Thema wiederverwendet in *Wellingtons Sieg* op. 91 (vgl. S. 267)

WoO 80
Zweiunddreißig Variationen über ein eigenes Thema, c-Moll
Allegretto (3/4)
1806; veröffentlicht 1807 (Bureau des Arts et d'Industrie, Wien)

Op. 76
Sechs Variationen über ein eigenes Thema, D-Dur
Allegro risoluto (2/4)
1809; veröffentlicht 1810 (Breitkopf & Härtel, Leipzig)
Franz Oliva gewidmet; Thema wiederverwendet im Türkischen Marsch (Nr. 4) in *Die Ruinen von Athen*, op. 113

Op. 120
Dreiunddreißig Veränderungen über einen Walzer von Diabelli, C-Dur
Vivace (3/4)
1819 und 1823; veröffentlicht 1823 (Diabelli, Wien)
Antonie Brentano gewidmet

III Andere Stücke

WoO 48
Rondo C-Dur
Allegretto (3/8)
1783; veröffentlicht 1783 (Bossler, Speyer)

WoO 49
Rondo A-Dur

Allegretto (2/4)
1783 (?); veröffentlicht 1784 (Bossler, Speyer)

Op. 39
Zwei Präludien durch alle zwölf Durtonarten
Nr. 1: C-Dur (4/4)
Nr. 2: C-Dur (2/2)
1789 (?); veröffentlicht 1803 (Hoffmeister, Leipzig)

WoO 81
Allemande A-Dur (3/8)
ca. 1793; rev. 1822; posthum veröffentlicht

Op. 129
Rondo a capriccio (»Die Wut über den verlorenen Groschen«) G-Dur
Allegro vivace (2/4)
1795; posthum veröffentlicht
Unvollständig; durch einen nicht bekannten Herausgeber (wahrscheinlich Diabelli) ergänzt

Hess 64
Fuge C-Dur (4/4)
1795; posthum veröffentlicht

WoO 52
Presto c-Moll (3/4)
ca. 1795; rev. 1798 und 1822; posthum veröffentlicht
Ursprünglich für die Klaviersonate op. 10/Nr. 1 vorgesehen

Anh. 6
Rondo B-Dur (6/8)
ca. 1795–96? Wahrscheinlich unecht

Hess 69
Allegretto c-Moll (3/4)
ca. 1795–96; rev. 1822; posthum veröffentlicht
Vielleicht ursprünglich für die Klaviersonate op. 10/Nr. 1 vorgesehen

WoO 53
Allegretto c-Moll (3/4)
1796–97; posthum veröffentlicht
Vielleicht ursprünglich für die Klaviersonate op. 10/Nr. 1 vorgesehen

Op. 51/Nr. 1
Rondo C-Dur
Moderato e grazioso (2/4)
ca. 1796–97; veröffentlicht 1797 (Artaria, Wien)

Op. 51/Nr. 2
Rondo G-Dur
Andante cantabile e grazioso (2/4)
ca. 1798; veröffentlicht 1802 (Artaria, Wien)
Gräfin Henriette Lichnowsky gewidmet

Op. 33
Sieben Bagatellen
1. Es-Dur, Andante grazioso quasi Allegretto (6/8)
2. C-Dur, Scherzo: Allegro (3/4)
3. F-Dur, Allegretto (6/8)
4. A-Dur, Andante (2/4)
5. C-Dur, Allegro ma non troppo (3/4)
6. D-Dur, Allegretto quasi andante (3/4)
7. As-Dur, Presto (3/4)
1801–1802; veröffentlicht 1803 (Bureau des Arts et d'Industrie, Wien)

WoO 54
***Lustig-Traurig* C-Dur**
Lustig (3/8) – Traurig (c-Moll, 3/8)
1802 (?); posthum veröffentlicht

WoO 57
Andante (»Andante favori«) F-Dur
Andante grazioso con moto (3/8)
1803; veröffentlicht 1805 (Bureau des Arts et d'Industrie, Wien)
Ursprünglich als langsamer Satz für die Klaviersonate op. 53 vorgesehen. Laut Czerny entschied sich Beethoven für den Titel »Andante favori« (der sich erstmals in einer Neuauflage von 1807 findet), als sich das Werk wachsender Popularität erfreute.

WoO 56
Allegretto C-Dur (3/4)
1803; rev. 1822; posthum veröffentlicht

WoO 55
Präludium f-Moll (3/2)
ca. 1803; veröffentlicht 1805 (Bureau des Arts et d'Industrie, Wien)

WoO 82
Menuett Es-Dur
Moderato (3/4)
ca. 1803; veröffentlicht 1805 (Bureau des Arts et d'Industrie, Wien)

WoO 83
Sechs Ecossaisen
Vgl. »Tänze und Märsche« (S. 270)

Op. 77
Fantasia g-Moll
Allegro/Poco Adagio (4/4)
1809; veröffentlicht 1810 (Clementi, London)
Graf Brunsvik gewidmet; Auftragskomposition für Clementi

WoO 59
Bagatelle *Für Elise* a-Moll
Poco moto (3/8)
1808 oder 1810; posthum veröffentlicht
Das Autograph ist verschollen, mit »Elise« ist wahrscheinlich Therese Malfatti gemeint. Es gibt eine revidierte, aber nicht ganz vollständige Fassung von 1822 (Cooper, 1984 und 1991).

Op. 89
Polonaise C-Dur
Alla polacca, vivace (3/4)
1814; veröffentlicht 1815 (Mechetti, Wien)
Der Kaiserin von Rußland gewidmet

WoO 60
Bagatelle B-Dur
Ziemlich lebhaft (3/4)
1818; veröffentlicht 1824 (Schlesinger, Berlin)

Hess 65
Vgl. »Bearbeitungen« (S. 331)

WoO 61
Allegretto b-Moll (2/2)
1821; posthum veröffentlicht
Ferdinand Piringer gewidmet

Op. 119
Elf Bagatellen
1. g-Moll, Allegretto (3/4)
2. C-Dur, Andante con moto (2/4)
3. D-Dur, à l'Allemande (3/8)
4. A-Dur, Andante cantabile (4/4)
5. c-Moll, Risoluto (6/8)
6. G-Dur, Andante (3/4)
7. C-Dur, Allegro ma non troppo (3/4)
8. C-Dur, Moderato cantabile (3/4)
9. a-Moll, Vivace moderato (3/4)
10. A-Dur, Allegramente (2/4)
11. B-Dur, Andante ma non troppo (4/4)
1820–22; Nr. 7–11 veröffentlicht 1821 (Starke, Wien) im dritten Band von F. Starkes *Wiener Piano-Forte-Schule;* Nr. 1–11 veröffentlicht 1823 (Clementi, London)
Einige der Stücke wurden schon um 1794 begonnen.

Op. 126
Sechs Bagatellen
1. G-Dur, Andante con moto cantabile e compiacevole (3/4)
2. g-Moll, Allegro (2/4)
3. Es-Dur, Andante cantabile e grazioso (3/8)
4. b-Moll, Presto (2/2)
5. G-Dur, Quasi Allegretto (6/8)
6. Es-Dur, Presto (2/2)/Andante amabile e con moto (3/8)
1824; veröffentlicht 1825 (Schott, Mainz)

WoO 84
Walzer Es-Dur (3/4)
1824; veröffentlicht 1824 (Müller, Wien)
Vom Verleger Friedrich Demmer gewidmet

WoO 61 a
Allegretto quasi andante g-Moll (2/4)
1825; posthum veröffentlicht
Sarah Burney Page gewidmet

WoO 85
Walzer D-Dur (3/8)
1825; veröffentlicht 1825 (Müller, Wien)
Vom Verleger Herzogin Sophie von Österreich gewidmet

WoO 86
Ecossaise Es-Dur (2/4)
1825; veröffentlicht 1825 (Müller, Wien)
Vom Verleger Herzogin Sophie von Österreich gewidmet

Vgl. auch »Bearbeitungen« (S. 331 ff.)

IV Werke für Klavier vierhändig

WoO 67
Acht Variationen über ein Thema von Graf Waldstein, C-Dur
Andante con moto (4/4)
1792 (?); veröffentlicht 1794 (Simrock, Bonn)

Op. 6
Sonate D-Dur
Allegro molto (3/4) – Rondo: Moderato (4/4)
1796–97; veröffentlicht 1797 (Artaria, Wien)

WoO 74
Sechs Variationen über *Ich denke dein,* D-Dur
Andantino cantabile (2/2)
1799; rev. 1803; veröffentlicht 1805 (Bureau des Arts et d'Industrie, Wien)
Den Schwestern Therese von Brunsvik und Josephine Deym gewidmet; Beethoven schrieb das Thema auf die erste Strophe von Goethes Gedicht *Ich denke dein.*

Op. 45
Drei Märsche
1. C-Dur, Allegro ma non troppo (4/4)
2. Es-Dur, Vivace (2/4)
3. D-Dur, Vivace (2/2)
1803; veröffentlicht 1804 (Bureau des Arts et d'Industrie, Wien)
Fürstin Maria Esterházy gewidmet; Auftragskomposition für Graf Browne

Op. 134
Bearbeitung der Großen Fuge op. 133
Vgl. »Bearbeitungen« (S. 331)

ANNE-LOUISE COLDICOTT

Bühnenwerke

Prometheus

Die Geschöpfe des Prometheus war für Beethoven in zweierlei Hinsicht ein wichtiges Werk. Es war sein erstes größeres Bühnenwerk, bis dahin trat er als Komponist nur mit seiner Kammermusik, einer Symphonie und zwei Klavierkonzerten hervor. Das Ballett stand zu jener Zeit in Wien in hohem Ansehen; daher war es für Beethoven eine große Ehre, diesen Auftrag zu erhalten. Außerdem war das Sujet, geprägt von heroischen Taten, ganz nach Beethovens Sinn. Die allegorische Handlung, getragen von Göttern und einem Helden, dem legendären Prometheus, demonstriert, daß die Natur gut ist, die Möglichkeiten, die der Mensch besitzt, und die Erhabenheit seines Schicksals. Der feuerbringende Prometheus, ein höheres Wesen, erweckt zwei Statuen zum Leben und versucht sie dann durch Vermittlung von Kenntnissen zu zivilisieren. Zunächst scheint es, als würden seine Geschöpfe ein Leben auf eigene Faust beginnen, und er spielt mit dem Gedanken, sie zu zerstören. Bei Tagesanbruch hat er es sich anders überlegt, und er zeigt ihnen frisch gepflückte Blumen und Früchte. Die Geschöpfe lassen sich von der Schönheit der Natur bezähmen und folgen Prometheus zum Tempel des Apoll auf dem Berg Parnaß. Prometheus führt sie Apoll vor, der von Göttern und Halbgöttern umgeben ist, und bittet ihn, seinen Geschöpfen Vernunft und Gefühl zu geben. Auf Apolls Befehl hin erklingt Musik von Orpheus und Euterpe und weckt ihr Empfindungsvermögen (Nr. 5 und 6). Apoll bietet ihnen an, sie über Krieg und Frieden zu belehren (Nr. 8). Militärmusik kündet den Kriegsgott Mars mit seinem Gefolge an, danach kommt der Tod in Gestalt von Melpomene (der Muse der Tragödie), die den Geschöpfen dasselbe Schicksal wie den gefallenen Kriegern prophezeit. Sie klagt Prometheus dafür an, daß er die Geschöpfe zum Leben erweckt hat, und obwohl diese ihn zu schützen versuchen, tötet sie ihn. Bei Anbruch der Nacht rufen die Geschöpfe die Götter um Hilfe an. Die Erscheinung des Todes verschwindet in der Morgendämmerung, und ein junges Paar tritt auf. Die Geschöpfe heben Prometheus' Körper vom Boden hoch (Nr. 10), einige niedere Gottheiten gesellen sich dazu und bilden einen Hochzeitszug, während das Paar die Geschöpfe miteinander vereint. Auf ein Zeichen Apolls beginnt der Lobpreis der Taten des Prometheus, der schließlich seinen Platz zu Füßen der Götter erhält (Lawrence, 1950).

Das Ballett umfaßt eine Ouvertüre, eine Introduction und fünfzehn Nummern. Es wurde positiv aufgenommen und 1801 sechzehnmal, 1802 neunmal aufgeführt. Eine anonyme Besprechung in der *Zeitung für die elegante Welt* (19. Mai 1801) ist allerdings wenig wohlwollend. Sie kritisiert zunächst Viganòs Choreographie, um dann fortzufahren: »Auch die Musik entsprach der Erwartung nicht ganz, ohnerachtet sie nicht gemeine Vorzüge besitzt« (Zitiert nach Thayer 1922, Bd. 2, S. 237). Vielleicht hätte der Verfasser an dieser Stelle auf einige interessante Elemente in der Orchestrierung hinweisen können, etwa auf die effektvolle Darstellung eines Sturms in der Introduction, auf das Solocello und die Harfe in der Nr. 5 oder das Bassetthorn in der Nr. 14. »Dass er aber für ein Ballet zu gelehrt und mit zu wenig Rücksicht auf den Tanz schrieb, ist wohl keinem Zweifel unterworfen. Alles ist für ein Divertissement, was denn doch das Ballet eigentlich seyn soll, zu gross angelegt, und bey dem

Mangel an darzu passenden Situationen, hat es mehr Bruchstück als Ganzes bleiben müssen« (ebd.). Es stimmt, daß sich die Tänze nicht zu einer Einheit fügen; die Musik ist, mit Ausnahme der Ouvertüre, in Vergessenheit geraten, seit das Ballett nicht mehr aufgeführt wird. Das Thema der Schlußnummer jedoch hat überlebt: im siebten der Zwölf Contretänze (WoO 14), in den Klaviervariationen op. 35 und im vierten Satz der *Eroica*. Die Ouvertüre ist konventionell und hat, im Gegensatz zur späteren *Coriolanouvertüre*, wenig mit der dramatischen Handlung zu tun, die ihr folgt; dennoch ist sie ein gutes Beispiel für ihre Gattung im 18. Jahrhundert und, wenn auch in begrenztem Maße, weiterhin durchaus beliebt.

Fidelio

Im Jahre 1799 wurde sich Beethoven seiner beginnenden Taubheit bewußt. Die Einsicht in die Unausweichlichkeit dieses Schicksals und den Kampf, der sich daraus ergab, drückt er auf beredte Weise im Heiligenstädter Testament von 1802 aus. Darin ist seine tiefe Überzeugung festgehalten, daß wirklich erstrebenswerte Ziele nur durch große Anstrengungen zu erreichen sind (vgl. S. 214 ff.). Es kann sein, daß die Auseinandersetzung mit seiner Taubheit Beethoven veranlaßte, sich mit Heldenfiguren zu identifizieren. Jedenfalls ist es sicher kein Zufall, daß in den nächsten Jahren, die oft als seine »heroische Phase« bezeichnet werden, das Oratorium *Christus am Ölberge*, die frühe Fassung der Oper *Leonore/Fidelio*, die *Eroica* und die »Appassionata« entstanden. Alle vier Werke haben einen heroischen Charakter; die ersten beiden stellen ganz offenkundig den Sieg des Guten über das Böse dar, der (inneren und äußeren) Freiheit über die Unterdrückung.
Beethoven erhielt 1803 zunächst den Auftrag von dem Librettisten Schikaneder, dem damaligen Direktor des Theaters an der Wien, eine Oper *Vestas Feuer* zu schreiben. Er hatte erst zwei Szenen fertiggestellt, als er das Projekt verwarf (etwa im Dezember 1803) und sich statt dessen Sonnleithners deutscher Übersetzung von Bouillys *Léonore* zuwandte. Dieser Stoff war schon in einer französischen Fassung von Gaveaux vertont worden, und Paër komponierte damals gerade eine italienische Oper dazu. Im Lauf der Zeit entstanden schließlich drei verschiedene Versionen und vier Ouvertüren. Erst 1814 fand die Oper als *Fidelio* ihre endgültige Gestalt, mit einem revidierten Libretto von Treitschke.
Die Fassung von 1804–05 wurde dreimal aufgeführt, mit der Ouvertüre, die heutzutage als *Leonorenouvertüre* Nr. 2 bekannt ist. Sie kam nicht sehr gut an, daraufhin arbeitete Beethoven sie um. Er reduzierte die Zahl der Akte von drei auf zwei, wobei er die einzelnen Nummern drastisch zusammenstrich, und schrieb eine neue Ouvertüre, die *Leonorenouvertüre Nr. 3*. Der Grund für die Wiederaufnahme im Jahr 1814 ist auch darin zu sehen, daß sich Beethovens Musik allgemein wieder großer Beliebtheit erfreute. In der neuen Fassung wurde die Oper *Fidelio* begeistert aufgenommen. Teilweise kann man diesen Erfolg wohl auch mit dem soeben errungenen Sieg über Napoleon erklären.
Fidelio spielt im Gefängnis von Sevilla und in dessen Umgebung. Florestan (Tenor), ein Edelmann, ist von seinem politischen Rivalen Pizarro (Baß), dem Gouverneur des Gefängnisses, widerrechtlich eingekerkert worden. Leonore (Sopran), seine Gattin, glaubt den Berichten nicht, die behaupten, er sei schon lange tot, und hat beschlossen, ihn zu retten. Als Mann verkleidet, hat sie den Kerkermeister Rocco (Baß) überredet, sie als Gehilfen zu beschäftigen. Am Anfang des ersten Aktes erklärt der Pförtner Jaquino (Tenor) der Tochter Roccos, Marzelline (Sopran), seine Liebe. Diese aber hat sich in Fidelio verliebt. Diese Situation führt zu dem Quartett-Kanon »Mir ist so wunderbar«, in dem Marzelline Fidelios Interesse an ihr besingt, gleichzeitig Leonore ihr Mitleid ausdrückt über die fehlgeleitete Liebe Marzellines, Jaquino den Verlust Marzellines an einen Rivalen beklagt und Rocco seine Zustimmung zu der »Verbindung« ausdrückt. Leonore ist gezwungen, sich in die Situation zu fügen, und nützt sie zu ihrem Vorteil, indem sie sich bereit erklärt, Rocco bei der Betreuung der Gefangenen zu helfen. Er nimmt das Angebot dankbar an und will Pizarro um Erlaubnis bitten, verbietet Fidelio aber, sich einem bestimmten Gefangenen zu nähern, der dem Tode nahe ist. Pizarros Ankunft wird durch Militärmusik angekündigt. Dieser erfährt, daß der Minister Don Fernando (Bariton) zu einer Inspektion kommen wird, weil er gehört hat, einige der Gefangenen seien widerrechtlich eingekerkert worden. Pizarro erklärt, Florestan müsse getötet werden. Triumphierend besingt er seine unmittelbar bevorstehende Rache: »Ha, welch ein Augenblick!«, während der Chor der Wächter und Soldaten Bemerkungen über seine bösen Absichten macht. Pizarro versucht, ohne Erfolg, Rocco zu bestechen, damit er Florestan ermordet, und erklärt schließlich, er werde es selber tun. Leonore wird von Angst und Verzweiflung er-

griffen, aber in der bewegenden Arie »Komm, Hoffnung« beschwört sie ihre ewige Liebe zu Florestan, die ihr Kraft geben wird. Sie überredet Rocco, den Gefangenen einen Rundgang im Hof zu gewähren. Im Finale des ersten Aktes begrüßen die Gefangenen freudig die frische Luft und das Sonnenlicht (»O welche Lust«). Rocco teilt Fidelio mit, er solle ihm dabei helfen, das Grab für den Gefangenen auszuheben, der getötet werden soll, und begegnet Pizarros Zorn über den Ausgang der Gefangenen mit der Erklärung, dieser habe zu Ehren des Namenstags des Königs stattgefunden.

Florestan tritt zum ersten Mal im zweiten Akt auf. In dem Rezitativ »Gott! welch Dunkel hier« ergibt er sich in Gedanken dem Tod; in der folgenden Arie (»In des Lebens Frühlingstagen«) tröstet er sich damit, daß er immer seine Pflicht getan hat. In seinen Fieberphantasien erscheint ihm ein Engel in Gestalt von Leonore. Sie und Rocco treten ein, um in einer alten Zisterne ein Grab zu schaufeln. Erst jetzt erfährt Florestan von Rocco, wer ihn gefangengenommen hat, und vergeblich bittet er darum, seiner Gattin eine Nachricht senden zu dürfen.

Pizarro kommt, um Florestan zu töten. In dem Quartett »Er sterbe! Doch er soll erst wissen« entdeckt er sich Florestan, um seinen Triumph noch zu vergrößern. Indem sich Leonore zwischen die beiden wirft – »Töt' erst sein Weib!« –, gibt sie sich zu erkennen. Sie bedroht Pizarro mit einer Pistole, als ein Trompetensignal von draußen die Ankunft Don Fernandos ankündigt. Das Quartett endet damit, daß Leonore, Florestan und Rocco ihrer Freude und Erleichterung Ausdruck verleihen und Pizarro voll Wut und Furcht Flüche ausstößt. Allein gelassen, umarmen sich Leonore und Florestan in dem ekstatischen Duett »O namenlose Freude«. Für das Finale verlagert sich das Bühnengeschehen auf den Paradeplatz des Schlosses. Dort verkündet Don Fernando, daß er vom König geschickt worden sei, die Tyrannei zu beenden und Gerechtigkeit walten zu lassen. Zu seiner Verwunderung erkennt er in Florestan seinen totgeglaubten Freund wieder; von Rocco erfährt er, was geschehen ist. Pizarro wird abgeführt, und Leonore erhält einen Schlüssel, um ihren Gatten von den Ketten zu befreien. Am Ende stimmen das Volk und die Gefangenen mit allen Hauptpersonen außer Pizarro in einen Lobpreis auf die Gattenliebe und die Treue ein.

Fidelio hat nicht immer den Beifall gefunden, den die Oper verdient. Das mag eher auf das Sujet und bestimmte Notwendigkeiten der Inszenierung zurückzuführen sein als auf die Qualität der Musik. Im Vordergrund steht das menschliche Leiden; diese düstere Grundstimmung wird erst ganz zum Schluß gemildert. Die Oper endet mit einem einfachen Hymnus, was nach der Erlösung von Trauer, Leidenschaft und Anspannung durchaus überzeugend ist; jedoch stellt dies auch einen von mehreren Punkten dar, die manche Kritiker dazu veranlaßt haben, Beethoven vorzuwerfen, er sei nicht in der Lage gewesen, bei der Konzeption des Werks allein mit den Mitteln der Oper auszukommen. Der Hymnus steht in C-Dur, einer Tonart, die bei Beethoven häufig den Sieg der Hoffnung über die Verzweiflung symbolisiert. Während alle drei *Leonorenouvertüren* in dieser Tonart standen, steht die *Fidelioouvertüre* in E-Dur. Auf höherer Ebene ist dies freilich nur folgerichtig; denn es handelt sich hierbei um eine strahlende Tonart, wodurch auf die Arie Leonores »Komm, Hoffnung« vorausverwiesen wird. Tatsächlich tritt diese Tonart auch in den *Leonorenouvertüren* Nr. 2 und 3 in den Vordergrund, und zwar jeweils an der Stelle, an der auf Florestans wichtigste Arie angespielt wird. Merkwürdigerweise bezieht sich die *Fidelioouvertüre* nicht auf den musikalischen Gehalt des nachfolgenden Dramas, wie dies in den anderen drei Ouvertüren der Fall war. Die Schwierigkeiten, mit denen Beethoven bei der Oper zu kämpfen hatte, können teilweise darauf zurückgeführt werden, daß es ihm schwerfiel, das Ganze im Auge zu behalten, da ihn einzelne Stellen zu sehr beschäftigten. Zum Beispiel wurden Florestans Rezitativ und Arie zu Beginn des zweiten Aktes bei beiden Revisionen von Grund auf überarbeitet. Es mag sein, daß sie ihm deshalb besondere Mühe bereiteten, weil die darin ausgedrückten Emotionen seiner persönlichen Situation entsprachen – dem Gefühl, isoliert zu sein, und der Hoffnung auf Rettung durch eine liebende Gattin.

Vielleicht kann man die Oper am besten mit den Worten von Thomas Love Peacock zusammenfassen, der nach der Londoner Erstaufführung im *Examiner* (27. Mai 1832) schrieb:

> Fidelio vereint die tiefsinnigsten Harmonien mit Melodien, die die Seele ansprechen. Die Oper führt den wahrhaftigen musikalischen Ausdruck zu einer kaum faßbaren Höhe, und zwar den der stärksten Leidenschaften ebenso wie den der zartesten Empfindungen in allen Schattierungen und Kontrasten. Die Verspieltheit jugendlicher Hoffnungen, die heldenhafte, hingebungsvolle Liebe, die Wut des Tyrannen, die Verzweiflung des Gefangenen, die Sonnenstrahlen der Freiheit, die in die Finsternis

des Kerkers dringen – das sind in groben Umrissen die Empfindungen, die nacheinander in dieser Oper entwickelt sind; sie werden alle in der Musik dargestellt, nicht nur mit Wahrhaftigkeit im Ausdruck – das könnte man auch von anderen Werken sagen –, sondern mit einer Stärke und einer Realitätsnähe, durch die die Musik zu einer Sprache wird, zu einem Quell unbegrenzter Kraft, aus dem Gedanken als Klänge hervorgehen.

Wie steht es nun mit der *Leonorenouvertüre* Nr. 1 op. 138? Erstens ist die hohe Opuszahl irreführend: Zu ihr kam es, weil das Werk erst nach Beethovens Tod bei einer Versteigerung seines Nachlasses entdeckt wurde. Zweitens nahm man lange Zeit an, daß es der früheste Versuch war, weil sich das Werk keiner der drei Produktionsphasen zuordnen läßt. Als es 1838 von Haslinger erstmals veröffentlicht wurde, datierte dieser es auf das Jahr 1805. Mittlerweile hat allerdings Alan Tyson überzeugend nachgewiesen, daß es im Jahre 1807 komponiert wurde, wahrscheinlich für eine geplante Aufführung in Prag (Tyson, 1975, S. 292–334). Als diese nicht zustande kam, legte Beethoven die Oper beiseite, bis er 1814 die *Fidelioouvertüre* schrieb.

Egmont

Daß sich Beethoven von Goethes Tragödie *Egmont* inspirieren ließ, ist kaum verwunderlich. Mit dem Thema des Befreiungskampfes einer Nation konnte er sich im Jahre 1809 leicht identifizieren, und die Ideale, von denen das Drama geprägt ist, sind denen in *Fidelio* ähnlich, wenngleich die Geschichte anders ausgeht. Sie spielt im 16. Jahrhundert in Flandern, das damals unter spanischer Herrschaft stand. Graf Egmont, ein flämischer Edelmann, liebt Klärchen. Er strebt ein liberaleres Regiment für sein Volk an. Bei dem Versuch, zwischen dem tyrannischen Statthalter, dem Herzog von Alba, und den niederländischen Calvinisten zu vermitteln, zieht er sich trotz seines moderaten Standpunkts Albas Feindschaft zu. Er wird gefangengenommen und hingerichtet. Klärchen vergiftet sich, nachdem ihr Rettungsversuch fehlgeschlagen ist. Egmonts Tod ist Tragödie und Triumph zugleich – Triumph, weil sein Geist weiterlebt und sein Volk zum erfolgreichen Aufstand gegen seine Unterdrücker inspiriert.

Beethovens Ouvertüre ist bekannt und beliebt. Sie beginnt in der düsteren Tonart f-Moll, mit einer dramatischen langsamen Einleitung, die das zweite Thema vorausahnen läßt. Das den Konflikt darstellende aufgewühlte erste Thema im Allegro besteht aus einer absteigenden Phrase im Violoncello, die nicht zur Ruhe kommt, und einem kurzen Motiv in den hohen Streichern. Das zweite Thema ist als »Schicksalsfigur« beschrieben worden. Man könnte es ebensogut mit Egmont oder »Freiheit« gleichsetzen. In der Reprise wird seine rhythmische Gestalt noch kräftiger, und es wechselt sich mit einer eher stillen Passage ab, die sich mit der zeitweisen Niederlage im Freiheitskampf in Verbindung bringen läßt. Schließlich bricht das Thema in dramatischer Weise ab, eine Stelle, die meist mit Egmonts Hinrichtung assoziiert wird. Plötzlich wechselt die Tonart von Moll nach Dur zu einer lebhaften Coda, die den Sieg symbolisiert.

Die folgenden Nummern sind nicht so bekannt, da sie ohne das Theaterstück keinen Zusammenhang bilden. Nur die Siegessymphonie am Schluß greift Material aus der Ouvertüre wieder auf: die Musik in F-Dur aus der Coda. Besonders bemerkenswert ist die Nr. 7, in der Klärchens Tod dargestellt wird. Klärchen wird mit einer eindringlichen Oboenmelodie und einer chromatischen Figur in den Violinen charakterisiert, die von pulsierenden Vierteln begleitet wird. Die Musik bleibt sehr leise, bis zu einem Crescendo auf ein Sforzando hin, an der Stelle, an der Klärchen stirbt. Danach werden die absteigenden chromatischen Linien immer bruchstückhafter, und der Satz endet im *ppp* mit einem Pizzikato-Akkord.

Andere Bühnenwerke

Die Eröffnung eines neuen Theaters in Pest, die ursprünglich für 1811 vorgesehen war, aber auf 1812 verschoben wurde, sollte mit einer Reihe von Dramen gefeiert werden, die Themen aus der ungarischen Geschichte zum Inhalt hatten. Nachdem Collin die Einladung, diese Stücke zu schreiben, ausgeschlagen hatte, ging sie an Kotzebue. Dieser verfaßte *König Stephan* (oder *Ungarns erster Wohltäter*) als Prolog und *Die Ruinen von Athen* als Epilog. Beethoven, als der bedeutendste Komponist, wurde gebeten, zu diesen Stücken die Musik zu schreiben, und komponierte sie rasch im Sommer 1811. Die offensichtlich patriotisch gefärbten Theaterstücke, die dem Kaiser schmeicheln sollten, inspirierten Beethoven nicht sonderlich. *König Stephan*, op. 117, feiert zunächst den Titelhelden, um dann jedoch in eine Lobrede auf den Kaiser und seine Gemahlin überzugehen. *Die Ruinen von Athen*,

op. 113, verherrlicht Pest auf Kosten von Athen, das von den Türken überrannt worden war. Weder der Text noch die Musik bewegen sich auf höchstem Niveau. Die Musik – für Solisten, Chor und Orchester –, hat einen zeremoniellen Charakter und besteht aus einer Reihe von Nummern, die nach Art eines Singspiels von gesprochenem Dialog unterbrochen werden. Heute werden nur noch die Ouvertüren gelegentlich gespielt.
Mit *Die Weihe des Hauses* wurde das neuerbaute Theater in der Josefstadt in Wien im Jahre 1822 eröffnet. Dessen Direktor Karl Friedrich Hensler betraute Carl Meisl damit, den Text von *Die Ruinen von Athen* so umzuschreiben, daß er sich auf Wien statt auf Pest bezog, und Beethoven erhielt den Auftrag, die Musik den veränderten Gegebenheiten anzupassen. Er komponierte eine neue Ouvertüre (op. 124) und einen Chor mit Solosopran und Violine (WoO 98). Der überarbeitete Marsch (Nr. 6) wurde als eigenständiges Werk unter op. 114 bekannt. Beethovens Musik ist, wie die für op. 113 und 117, nicht seine beste; nur die Ouvertüre wird noch gelegentlich aufgeführt. Mit ihrer großen, langsamen Einleitung und einem fugierten Allegro ist sie ein Zeugnis dafür, wie hoch er Händel schätzte. Die Uraufführung leitete Beethoven vom Klavier aus. Obwohl dies in Anbetracht seiner Taubheit ein fast hoffnungsloses Unterfangen war, wurde er vom Publikum begeistert gefeiert, das dem großen Komponisten Tribut zollte.

WoO 1
Musik zu einem Ritterballett
Ballett
1. Marsch
2. Deutscher Gesang
3. Jagdlied
4. Romanze
5. Kriegslied
6. Trinklied
7. Deutscher Tanz
8. Coda

Pikk, 2 Klar, 2 Hn, 2 Tp, Pk, Str
1790–91; Urauffg. 6. März 1791; posthum veröffentlicht
Ursprünglich Graf Waldstein zugeschrieben

WoO 91
Zwei Arien: »O welch ein Leben«, F-Dur; »Soll ein Schuh nicht drücken?«, B-Dur
ST Soli; Fl, 2 Ob, 2 Fg, 2 Hn, Str
ca. 1795; Urauffg. ca. 1796; posthum veröffentlicht
Für Umlaufs Singspiel *Die schöne Schusterin* komponiert. Das Thema der Nr. 1 wird auch in dem Lied *Maigesang* op. 52/Nr. 4 verwendet.

Op. 43
Die Geschöpfe des Prometheus
Ballett
Ouvertüre, C-Dur (Adagio – Allegro molto con brio)
Introduction: La Tempesta
1. Poco adagio – Allegro con brio
2. Adagio – Allegro con brio
3. Allegro vivace
4. Maestoso – Andante
5. Adagio – Andante quasi Allegretto
6. Un poco Adagio – Allegro
7. Grave
8. Allegro con brio
9. Adagio
10. Pastorale
11. Andante
12. Solo di Gioja
13. Allegro
14. Solo della Cassentini
15. Solo di Vigano
16. Finale

2 Fl, 2 Ob, 2 Klar/Bsh, 2 Fg, 2 Hn, 2 Tp, Pk, Harfe, Str
1800–01; Urauffg. 28. März 1801; Klavierbearbeitung veröffentlicht 1801 (vgl. »Bearbeitungen«, S. 331), Ouvertüre veröffentlicht 1804 (Hoffmeister, Leipzig); vollständig posthum veröffentlicht
Fürstin Christiane Lichnowsky gewidmet. Auftragskomposition für den Hofballettmeister Salvatore Viganò.

Hess 115
Vestas Feuer
Vgl. »Unvollendete und geplante Werke« (S. 334)

Op. 72
(I) ***Leonore*** (Joseph von Sonnleithner)
Oper mit *Leonorenouvertüre* Nr. 2
Ouvertüre, C-Dur (Andante con moto – Allegro con brio)
I. Akt
1. Arie (Marzelline): »O, wär ich schon«
2. Duett (Marzelline, Jaquino): »Jetzt, Schätzchen, jetzt«
3. Terzett (Marzelline, Jaquino, Rocco): »Ein Mann ist bald genommen«

4. Quartett (Marzelline, Leonore, Jaquino, Rocco): »Mir ist so wunderbar«
5. Arie (Rocco): »Hat man nicht auch Gold«
6. Terzett (Marzelline, Leonore, Rocco): »Gut, Söhnchen, gut«

II. Akt
7. Marsch
8. Arie (Pizarro) mit Chor: »Ha, welch ein Augenblick«
9. Duett (Pizarro, Rocco): »Jetzt, Alter«
10. Duett (Marzelline, Leonore): »Um in der Ehe«
11. Rezitativ und Arie (Leonore): »Ach, brich noch nicht« – »Komm, Hoffnung«
12. Finale (Gefangene, Marzelline, Leonore, Pizarro, Rocco): »O welche Lust«

III. Akt
13. Introduktion, Rezitativ und Arie (Florestan): »Gott, welch Dunkel« – »In des Lebens Frühlingstagen«
14. Duett (Leonore, Rocco): »Nur hurtig fort«
15. Terzett (Leonore, Florestan, Rocco): »Euch werde Lohn«
16. Quartett (Leonore, Florestan, Pizarro, Rocco): »Er sterbe!«
17. Rezitativ und Duett (Leonore, Florestan): »Ich kann mich noch nicht fassen« – »O namenlose Freude«
18. Finale (Gefangene, Volk, Leonore, Marzelline, Florestan, Pizarro, Rocco, Don Fernando, Jaquino): »Zur Rache«
1804–05; Urauffg. 20. Nov. 1805; posthum veröffentlicht

(II) *Leonore*
Oper (revidiert von Stephan von Breuning) mit *Leonorenouvertüre* Nr. 3
Ouvertüre C-Dur (Adagio – Allegro)
I. Akt
1. Arie (Marzelline): »O wär ich schon«
2. Duett (Marzelline, Jaquino): »Jetzt, Schätzchen, jetzt«
3. Quartett (Leonore, Marzelline, Jaquino, Rocco): »Mir ist so wunderbar«
4. Terzett (Marzelline, Leonore, Rocco): »Gut, Söhnchen, gut«
5. Marsch
6. Arie (Pizarro) mit Chor: »Ha, welch ein Augenblick«
7. Duett (Pizarro, Rocco): »Jetzt, Alter«
8. Rezitativ und Arie (Leonore): »Ach, brich noch nicht« – »Komm, Hoffnung«
9. Duett (Marzelline, Leonore): »Um in der Ehe«
10. Terzett (Marzelline, Jaquino, Rocco): »Ein Mann ist bald genommen«
11. Finale (Gefangene, Marzelline, Leonore, Pizarro, Rocco): »O welche Lust«

II. Akt
12. Introduktion, Rezitativ und Arie (Florestan): »Gott! welch Dunkel« – »In des Lebens Frühlingstagen«
13. Duett (Leonore, Rocco): »Nur hurtig fort«
14. Terzett (Leonore, Florestan, Rocco): »Euch werde Lohn«
15. Quartett (Leonore, Florestan, Pizarro, Rocco): »Er sterbe!«
16. Rezitativ und Duett (Leonore, Florestan): »Ich kann mich noch nicht fassen« – »O namenlose Freude«
17. Finale (Gefangene, Volk, Leonore, Marzelline, Florestan, Pizarro, Rocco, Don Fernando, Jaquino): »Zur Rache«
1805–06; Urauffg. 29. März 1806; Klavierauszug (ohne Ouvertüre und die Finale) veröffentlicht 1810 (Breitkopf & Härtel, Leipzig), vollständiges Werk posthum veröffentlicht

(III) *Fidelio*
Oper (*Leonore* revidiert von Friedrich Treitschke) mit *Fidelioouvertüre*
Ouvertüre E-Dur (Allegro)
I. Akt
1. Duett (Marzelline, Jaquino): »Jetzt, Schätzchen, jetzt«
2. Arie (Marzelline): »O wär ich schon«
3. Quartett (Marzelline, Leonore, Jaquino, Rocco): »Mir ist so wunderbar«
4. Arie (Rocco): »Hat man nicht auch Gold«
5. Terzett (Marzelline, Leonore, Rocco): »Gut, Söhnchen, gut«
6. Marsch
7. Arie (Pizarro) mit Chor: »Ha, welch ein Augenblick«
8. Duett (Pizarro, Rocco): »Jetzt, Alter«
9. Rezitativ und Arie (Leonore): »Abscheulicher! Wo eilst du hin?« – »Komm, Hoffnung«
10. Finale (Gefangene, Marzelline, Leonore, Jaquino, Pizarro, Rocco): »O welche Lust«

II. Akt
11. Introduktion, Rezitativ und Arie (Florestan): »Gott! welch Dunkel« – »In des Lebens Frühlingstagen«
12. Melodram und Duett (Leonore, Rocco): »Wie kalt ist es« – »Nur hurtig fort«
13. Terzett (Leonore, Florestan, Rocco): »Euch werde Lohn«
14. Quartett (Leonore, Florestan, Pizarro, Rocco): »Er sterbe!«
15. Duett (Leonore, Florestan): »O namenlose Freude«
16. Finale (Gefangene, Volk, Leonore, Marzelline, Florestan, Pizarro, Rocco, Don Fernando): »Heil sei dem Tag«
SSTTBBB Soli, SATTBB Chor; Pikk, 2 Fl, 2 Ob, 2 Klar, 2 Fg, Kfg, 4 Hn, 2 Tp, 2 Pos (3 in *Leonore*), Pk, Str
1814; Urauffg. 23. Mai 1814 (Ouvertüre uraufgeführt am 26. Mai); veröffentlicht 1826 (Farrenc, Paris)
Ursprünglich vom Theater an der Wien in Auftrag gegeben

Op. 138
***Leonorenouvertüre* Nr. 1 C-Dur**
(Andante con moto – Allegro con brio)
2 Fl, 2 Ob, 2 Klar, 2 Fg, 4 Hn, 2 Tp, Pk, Str
1807; Urauffg. 7. Februar 1828; posthum veröffentlicht

Op. 62
Coriolanouvertüre
Vgl. »Konzerte und andere Orchesterwerke« (S. 266 f.)

Op. 84
Egmont (Johann Wolfgang von Goethe)
Ouvertüre und Bühnenmusik
Ouvertüre f-Moll (Sostenuto ma non troppo – Allegro)
1. Arie (Klärchen): »Die Trommel gerühret«
2. Zwischenakt I
3. Zwischenakt II
4. Arie (Klärchen): »Freudvoll und leidvoll«
5. Zwischenakt III
6. Zwischenakt IV
7. Musik, Klärchens Tod bezeichnend
8. Melodram (Egmont): »Süßer Schlaf!«
9. Siegessymphonie
S Solo, Männerstimme (gesprochen); 2 Fl/Pikk, 2 Ob, 2 Klar, 2 Fg, 4 Hn, 2 Tp, Pk, kl. Tr, Str
1809–10; Urauffg. 15. Juni 1810; Ouvertüre veröffentlicht 1810 (Breitkopf & Härtel, Leipzig), der Rest posthum veröffentlicht

Op. 113
Die Ruinen von Athen (August von Kotzebue)
Singspiel
Ouvertüre g-Moll/G-Dur (Andante con moto – Allegro ma non troppo)
1. Chor: »Tochter des mächtigen Zeus!«
2. Duett (Ein Grieche, eine Griechin): »Ohne Verschulden«
3. Chor (Derwische): »Du hast in deines Ärmels«
4. Marcia alla Turca
5. Musik hinter der Szene
6. Marsch, Chor und Rezitativ (Oberpriester): »Schmückt die Altäre« – »Mit reger Freude«
7. Chor und Arie (Oberpriester): »Wir tragen empfängliche Herzen« – »Will unser Genius«
8. Chor: »Heil unserm König«
SB Soli, SATB Chor; Pikk, 2 Fl, 2 Ob, 2 Klar, 2 Fg, Kfg, 4 Hn, 2 Tp, 3 Pos, Pk, Schlgzg, Str
1811; Urauffg. 10. Februar 1812; Ouvertüre veröffentlicht 1823 (Steiner, Wien), komplette Fassung posthum veröffentlicht
Komplette Fassung vom Verleger (Artaria) König Friedrich Wilhelm IV. von Preußen gewidmet
Auftragswerk für die Eröffnung des Ungarischen Theaters in Pest

Op. 117
König Stephan (August von Kotzebue)
Singspiel
Ouvertüre Es-Dur (Andante con moto – Presto)
1. Chor (Männer): »Ruhend von seinen Taten«
2. Chor (Männer): »Auf dunklem Irrweg«
3. Siegesmarsch
4. Chor (Frauen): »Wo die Unschuld«
5. Melodram (Stephan): »Du hast dein Vaterland«
6. Chor: »Eine neue strahlende Sonne«
7. Melodram (Stephan): »Ihr edlen Ungarn«
8. Marsch, Chor und Melodram (Stephan): »Heil unserm Könige« – »Ich schmücke ehrfurchtsvoll«
9. Chor: »Heil unsern Enkeln«
Frauen- und Männerstimmen (gesprochen), SSAATTBB Chor; Pikk, 2 Fl, 2 Ob, 2 Klar, 2 Fg, Kfg, 4 Hn, 2 Tp, 3 Pos, Pk, Str
1811; Urauffg. 10. Februar 1812; Ouvertüre veröffentlicht 1826 (Steiner, Wien); komplettes Werk posthum veröffentlicht
Auftragskomposition für die Eröffnung des Ungarischen Theaters in Pest

WoO 2
Zwei Orchesterstücke für *Tarpeja* (Tragödie von Christoph Kuffner)
Triumphmarsch (C-Dur, 4/4); Introduktion zum zweiten Akt (D-Dur, 4/4)
2 Fl, 2 Ob, 2 Klar, 2 Fg, 2/4 Hn, 2 Tp, Pk, Str
1813; Urauffg. 26. März 1813; posthum veröffentlicht
Das zweite Stück wurde möglicherweise für den zweiten Akt eines anderen Werkes komponiert.

WoO 96
Leonore Prohaska (Friedrich Duncker)
Bühnenmusik
1. Chor (Krieger): »Wir bauen und sterben«
2. Romanze (Sopran): »Es blüht eine Blume«
3. Melodram: »Du, dem sie gewunden«
4. Trauermarsch
S Solo, Sprechstimme, TTBB Chor; 2 Fl, 2 Klar, 2 Fg, 4 Hn, Pk, Harfe, Harmonika, Str
1815; posthum veröffentlicht
Für ein Theaterstück von Duncker geschrieben; Nr. 4 ist eine Bearbeitung des 3. Satzes der Klaviersonate op. 26.

WoO 94
»Germania«
Arie, B-Dur
B Solo, SATB Chor; 2 Fl, 2 Ob, 2 Klar, 2 Fg, 2 Hn, 2 Tp, Pk, Str
1814; Urauffg. 11. April 1814; Klavierauszug veröffentlicht 1814 (Hoftheater Musik-Verlage, Wien)
Komplette Fassung posthum veröffentlicht
Für Treitschkes Singspiel *Die gute Nachricht* komponiert.

WoO 97
»Es ist vollbracht«
Arie, D-Dur
B Solo, SATB Chor; 2 Fl, 2 Ob, 2 Klar, 2 Fg, 2 Hn, 2 Tp, 2 Pos, Pk, Str
1815; Urauffg. 15. Juli 1815; Klavierauszug veröffentlicht 1815 (Steiner, Wien), vollständige Fassung posthum veröffentlicht
Für Treitschkes Singspiel *Die Ehrenpforten* komponiert.

Op. 124
Ouvertüre: *Die Weihe des Hauses*, C-Dur
Maestoso e sostenuto – Allegro con brio
2 Fl, 2 Ob, 2 Klar, 2 Fg, 4 Hn, 2 Tp, 3 Pos, Pk, Str
1822; Urauffg. 3. Oktober 1822; veröffentlicht 1825 (Schott, Mainz)
Fürst Galitzin gewidmet; Auftragskomposition für die Eröffnung des Theaters in der Josefstadt in Wien.

WoO 98
Chor »Wo sich die Pulse« (Carl Meisl) **für *Die Weihe des Hauses***
S Solo, SATB Chor; 2 Fl, 2 Ob, 2 Klar, 2 Fg, 4 Hn, 2 Tp, Pk, Str
1822; Urauffg. 3. Oktober 1822; posthum veröffentlicht
Vgl. op. 124 (oben)

Op. 114
Marsch mit Chor für ***Die Weihe des Hauses***
SATB Chor; Pikk, 2 Fl, 2 Ob, 2 Klar, 2 Fg, 2 Hn, 2 Tp, 3 Pos, Pk, Str
1822 umgearbeitete Fassung der Nr. 6 aus *Die Ruinen von Athen*; Urauffg. 3. Oktober 1822; veröffentlicht 1826 (Steiner Wien)

Hess 118
Musik für *Die Weihe des Hauses*
Vgl. »Bearbeitungen« (S. 332)

ANNE-LOUISE COLDICOTT

Chormusik, Gesang mit Orchester, Kanons

Die in diesem Abschnitt aufgeführten Werke sind von sehr unterschiedlicher Art. Die Palette reicht von der monumentalen *Missa solemnis*, die Beethoven 1824 als »mein größtes Werk« (Brief Nr. 1191, Kastner) bezeichnete, bis zu unbedeutenden, aus einem aktuellen Anlaß heraus geschaffenen Kanons von vier Takten. Dazwischen liegen Werke recht unterschiedlicher Form und Gattung; viele von ihnen sind rasch komponierte Gelegenheitsarbeiten. Ausdrücklich ausgenommen sind alle Bühnenwerke (mit und ohne Chor) sowie bestimmte Lieder (auch Volkslieder) mit einem einfachen Refrain für Chor.

Größere Chorwerke

Die drei größeren Chorwerke sind das Oratorium *Christus am Ölberge*, die C-Dur-Messe und die Messe in D-Dur, die allgemein als *Missa solemnis* bekannt ist. Das Oratorium *Christus am Ölberge* wurde erst Ende 1802 (oder möglicherweise Anfang 1803) begonnen, kurz nach der Krise, die Beethoven in tiefe Verzweiflung gestürzt und ihn schließlich dazu gebracht hatte, das Heiligenstädter Testament zu verfassen (6. bis 10. Oktober 1802). Viele der im Heiligenstädter Testament geäußerten Gedanken finden sich im Oratorium ganz ähnlich wieder; vielleicht hat Beethoven diesen Text ganz bewußt gewählt, um den Ausdruck seines eigenen Leidens in einen umfassenderen Zusammenhang stellen zu können. Das Oratorium folgte ziemlich bald auf die beiden großen Oratorien Haydns – *Die Schöpfung* und *Die Jahreszeiten* (uraufgeführt 1798 beziehungsweise 1801) –, die sicher Beethovens Entschluß beeinflußt haben, ein solches Werk zu komponieren. *Christus am Ölberge* wurde am 5. April 1803 uraufgeführt und im darauffolgenden Jahr überarbeitet, aber erst 1811 veröffentlicht. Nach wie vor sind die Meinungen über das Oratorium durchaus geteilt. Während es im 19. Jahrhundert sehr beliebt war, haben sich neuere Autoren eher kritisch dazu geäußert. Die einen halten das Werk für qualitativ uneinheitlich, man ist sich aber nicht darüber einig, welches die schwächeren Stellen sind; andere sprechen von einem durchgängigen Niveau ohne herausragende Passagen. Im Gegensatz dazu steht das – wohl gerechtere – Urteil, es handele sich um ein sehr gutes Werk mit einigen meisterhaften Stellen. In der Arie des Seraphs zum Beispiel findet sich eine wunderbare Steigerung der Spannung: Nach einem sanften Anfang setzt etwa in der Mitte der Chor ein, es kommen Koloraturen für den Solisten hinzu, danach in dramatischer Weise die Posaunen, wobei das Tempo ein zweites Mal angezogen wird und das Werk zu einem angsteinflößenden Höhepunkt auf einem langgezogenen verminderten Septakkord gelangt (bei »Verdammung ist ihr Los«). Dieser und andere ausgezeichnete Einfälle sprechen dafür, daß es das Werk verdienen würde, sehr viel öfter aufgeführt zu werden.

Die C-Dur-Messe wurde 1807 von Fürst Esterházy in Auftrag gegeben, um den Namenstag seiner Gemahlin (8. September) zu feiern. Dieses Ereignis war schon in den vorangegangenen Jahren mehrfach mit neu bestellten Messen von Haydn festlich begangen worden. Beethoven hat, vielleicht um sich dem direkten Vergleich mit seinem Lehrmeister zu entziehen, den Text »behandelt ..., wie er noch wenig behandelt worden« (Brief Nr. 158, Kastner). Die Messe weist in der Tat einige sehr eigenständige Merkmale auf, unter anderem gleich zu Beginn, wenn der Baß des Chores unbegleitet einsetzt. Beethoven selber lag das Werk »vorzüglich am Herzen« (ebd.); Fürst Esterházy fand es, nachdem er der Uraufführung am 13. September 1807 beigewohnt hatte, »unerträglich lächerlich und abstoßend«. Das heutige Urteil fällt differenzierter aus: Zwar kann die C-Dur-Messe hinsichtlich ihrer Bedeutung mit der *Missa solemnis* nicht Schritt halten, aber sie hat sich einen festen Platz im Repertoire der Chormusik erobert und wird weithin geschätzt.

Die *Missa solemnis* ist ein in jeder Beziehung monumentales Werk und bildet neben Bachs Hoher Messe in h-Moll den alles überragenden Höhepunkt in der gesamten Geschichte dieser musikalischen Gattung. Sie kostete Beethoven mehr Zeit und Energie als jedes andere Werk, vielleicht mit Ausnahme des *Fidelio;* es vergingen fast vier Jahre vom Entwurf bis zur Vollendung. Die *Missa solemnis* wurde spätestens im April 1819 begonnen (Winter, 1984) und war ursprünglich für die Installation von Beethovens Freund und Schüler Erzherzog Rudolph als Erzbischof von Olmütz am 9. März 1820 gedacht. Beethoven hoffte noch bis Anfang 1820, die Messe rechtzeitig fertigstellen zu können, schließlich aber war er zu dem fraglichen Datum erst beim Credo angelangt. Dennoch arbeitete er in diesem Jahr weiterhin an der Messe, so daß sie im Herbst fast vollendet war. Danach befaßte er sich eher sporadisch damit. Spätestens im Mai 1822 hatte er eine Partitur angefertigt, aber er nahm weiterhin kleinere Änderungen vor, und erst am 19. März 1823 erhielt Rudolph von Beethoven ein Exemplar in Reinschrift. Währenddessen führte Beethoven mit verschiedenen Verlegern ausgedehnte Verhandlungen, zeitweise plante er, des starken Interesses wegen, sogar, zwei weitere Messen zu komponieren. Am Ende wurde das Werk für 1000 Gulden an Schott verkauft. Abschriften wurden auch (für jeweils 50 Gulden) an zehn Subskribenten veräußert: an den russischen Zaren, an die Könige von Preußen, Frankreich und Dänemark, den Kurfürsten von Sachsen, die Großherzöge von Hessen-Darmstadt und der Toskana, die Fürsten Galitzin und Radziwill sowie an den Cäcilien-Verein in Frankfurt.

Aus Beethovens (ebenso) ausführlichen wie eindringlichen Aufzeichnungen für die Messe in verschiedenen Skizzenbüchern erwuchs schließlich ein extrem komplexes Werk von außerordentlicher Subtilität, sowohl in motivischer, harmonischer und tonaler als auch in symbolischer Hinsicht. Dennoch ist es nicht nur eine intellektuelle Schöpfung: Die Messe wirkt stark emotional. Beethoven schrieb dazu, daß »es bei Bearbeitung dieser großen Messe meine Hauptabsicht war, sowohl bei den Singenden als bei den Zuhörenden religiöse Gefühle zu erwecken und dauernd zu machen« (Brief Nr. 1238, Kastner). Die Musik soll auch den Nichtgläubigen unmittelbar ansprechen, wie es in der Überschrift zum Kyrie ausgedrückt wird: »Vom Herzen – Möge es wieder – zu Herzen gehn!« Diese Unmittelbarkeit des Ausdrucks erreichte Beethoven dadurch, daß er einzelne Worte musikalisch außerordentlich lebhaft und intensiv gestaltete. Beim allerersten Wort stellen Chor und Orchester mit ihren vereinigten Stimmen das Bild des allmächtigen »Kyrie« (Herrn) dar, dem die einzelne Stimme des Betenden gegenübersteht, der um Gnade fleht. Im Credo werden Worte wie »omnipotens« und »descendit« mit den sich anbietenden musikalischen Mitteln bildhaft vertont, die an die Grenzen dessen führen, was musikalisch möglich ist. Andere unmittelbar ansprechende Stellen sind zum Beispiel das »sepultus est«, wobei das Bild eines tiefen Grabes suggeriert wird, der dramatische Kontrast zwischen Leben und Tod bei »vivos et mortuos«, die fast absurde Hervorhebung des Wortes »non« bei »cujus regni non erit finis«, die absichtlich falsche Betonung bei »peccatorum« und das Sichaufschwingen zu scheinbar unmöglichen Höhen, das die Auferstehung der Toten bei »resurrectionem mortuorum« darstellt. Weniger auffällig ist vielleicht die Art, wie Beethoven das kleine Wort »et« (und) behandelt. Unter den Tausenden von Meßvertonungen ist diese wohl die einzige, die aus den zahlreichen Wiederholungen dieses Wortes etwas Bedeutungsvolles und motivisch Wichtiges macht und damit auf den Nuancenreichtum im christlichen Glauben hinweist. Bemerkenswert ist auch die Wiedergabe des Heiligen Geistes im »Et incarnatus«: In der bildenden Kunst erscheint der Heilige Geist oft als Taube; Beethoven variiert diese Vorstellung, indem er die Flöte Vogelrufe spielen läßt.

Das Sanctus und das Benedictus sind in einem Stück komponiert, aber durch ein Präludium voneinander getrennt. In langen Chormessen war es üblich, daß zwischen dem Sanctus und dem Benedictus die Hostie geweiht und emporgehoben wurde, wobei die Wandlung stattfand, also das Gegenwärtigwerden Gottes in Brot und Wein. An dieser Stelle wurde meist auf der Orgel leise improvisiert (Kirkendale, 1970). Beethoven hat hier orgelartige Musik komponiert, die demselben Zweck dient; die Wandlung tritt dann gegen Ende des Präludiums ein, sie wird durch eine hohe Solovioline dargestellt, die sich wie ein Lichtstrahl gegen den dunklen Orchesterhintergrund abhebt und während des ganzen Benedictus zu hören ist.

Den letzten Abschnitt (»Dona nobis“) hat Beethoven überschrieben: »Bitte um äußeren und inneren Frieden«. Der Friede, während des größten Teils dieses Satzes durch die schwingende 6/8-Bewegung einer arkadischen Landschaft wiedergegeben, wird zweimal bedroht. Das erste Mal von außen: In einer kontrastierenden Passage wird die Bedrohung durch den Krieg von Trompeten und Pauken, mit militärischen Rhythmen und fremdartigen musikalischen Materialien dargestellt. Die zweite Gefahr für den Frieden ist der Verlust der inneren Ruhe. Dieser wird in einer noch erschreckenderen Episode zum Ausdruck gebracht, in der das Hauptmotiv des »Dona nobis« selbst verzerrt und auseinandergerissen erscheint. Erst nach verzweifelten Anrufungen, die dem »Lamm Gottes« gelten, wird der Friede wiederhergestellt.

Beethoven behielt viele der traditionell üblichen Merkmale der Meßkompositionen bei oder erweckte sie wieder zum Leben; allerdings wirkt die Gestalt seines Werkes dadurch völlig neu, daß er die Gattung mit frischer Kraft, Inspiration und Leidenschaft erfüllte. So ist die *Missa solemnis* als Ganzes vielleicht mehr als jedes andere musikalische Werk großartig deshalb zu nennen, weil sie sowohl in höchstem Maße von Kunstverstand durchdrungen und tief emotional empfunden ist und dabei den Hörer doch ganz unmittelbar anspricht.

Kleinere Chorwerke

Obgleich Beethovens übrige Chorwerke nicht an die Größe und die Bedeutung dieser drei wichtigsten heranreichen, gibt es darunter doch einige von hervorragender Qualität. Von den beiden frühen Kantaten auf den Tod Josephs II. und auf die Thronbesteigung Leopolds II. ist die erste die bedeutendere. Trotz seiner frühen Entstehungszeit (Frühjahr 1790) enthält dieses recht umfangreiche Werk bereits viele Merkmale, die für die Reifezeit Beethovens typisch sind. Eine noch längere Kantate, *Der glorreiche Augenblick*, wurde für den Wiener Kongreß geschrieben, um den Sieg über Napoleon zu feiern; der banale Text und die bombastische Musik haben allerdings dazu geführt, daß das Werk außerhalb des ursprünglichen Kontexts seine Wirkung verloren hat. Als um einiges erfolgreicher erwies sich die Chorfantasie, obwohl auch bei ihr Abstriche zu machen sind. Sie wurde im Dezember 1808 in großer Eile als Schlußstück für ein langes und gewichtiges Konzert komponiert und erhielt im folgenden Jahr noch einigen Schliff, als Beethoven sie überarbeitete, um die Veröffentlichung vorzubereiten. Der Gesamtentwurf ist höchst originell; die Chorfantasie vermittelt auf bemerkenswerte Weise das Gefühl eines Schreitens vom Dunkel ins Licht, vom Chaos zur Ordnung. Eine ganze Reihe von Details verwendete Beethoven später wieder, als er das Finale der Neunten Symphonie komponierte.

Von den anderen Chorwerken ist *Meeresstille und Glückliche Fahrt* hervorzuheben, weil es äußerst lebendige bildhafte Darstellungen enthält und weil die beiden Gedichte Goethes auf ebenso ausgezeichnete wie unterschiedliche Weise vertont sind. Der *Elegische Gesang* für vier Stimmen (möglicherweise solo, aber wie ein Chor behandelt), das *Opferlied* und das *Bundeslied* werden zwar selten aufgeführt, sind aber sehr gut komponiert. Die Begleitung ist bei allen dreien ungewöhnlich besetzt – ein Streichquartett (*Elegischer Gesang*), ein gemischtes Ensemble oder kleines Orchester (in beiden Fassungen des *Opferlieds*) und Bläsersextett (*Bundeslied*) –; sicher hat dies häufigere Aufführungen verhindert. Beethoven verlangt in seinen Chorwerken insgesamt den Singstimmen gelegentlich viel ab, vor allem in der *Missa solemnis* und in der Neunten Symphonie, trotzdem werden kaum höhere Ansprüche als an die Instrumente gestellt. Außerdem muß man bedenken, daß der Stimmton zu Beethovens Zeit generell etwas tiefer war als heute. Die Stimmen sollten also durch die extrem hohen Töne dieser beiden Werke nicht ganz so stark belastet werden, wie es heutzutage meist der Fall ist.

Sologesang mit Orchester

Die kleine Gruppe von Gesängen für Solostimme(n) und Orchester stammt vollständig aus Beethovens früher Periode. Nur zwei dieser Werke wurden zu seinen Lebzeiten veröffentlicht. Drei datieren noch aus seinen Bonner Jahren, obwohl eines davon, *Primo amore*, so umfangreich und eindrucksvoll ist, daß man lange Zeit meinte, es sei in den späten 1790er Jahren entstanden. Alle diese sieben Werke sind im italienischen Opernstil komponiert; fünf haben italienische Texte. Obwohl einige der Texte aus Opernlibretti stammen, waren Beethovens Vertonungen eher für konzertante Aufführungen gedacht als für die Bühne. Die letzten drei Werke der Gruppe sind offenbar auf dem Höhepunkt von Beethovens Studienjahren bei Salieri komponiert worden (diese Studien hatten mit den mehrstimmigen Liedern WoO 99 begonnen). Sie umfassen eine Sopranarie, ein Duett für Sopran und Tenor sowie ein Terzett für Sopran, Tenor und Baß (ein viertes Werk aus der gleichen Zeit, *Grazie agl'inganni*, wurde nicht vollendet). Es ist bezeichnend, daß Beethovens nächstes Vokalwerk, *Christus am Ölberge*, eine Arie, ein Duett und ein Terzett in genau derselben Kombination von Singstimmen enthält. Es gibt sogar melodische Ähnlichkeiten zwischen *Tremate, empi, tremate* (op. 116) und dem Terzett »In meinen Adern« des Oratoriums. Man kann also die drei italienischen Stücke als vorbereitende Übungen für die Komposition einer ganzen Oper oder eines Oratoriums ansehen.

Kanons

Beethoven lernte in seinen Studienjahren mit Albrechtsberger (1794–95) die Kunst der Kanonkomposition, aber erst ab 1813 interessierte er sich wirklich für diese Gattung. (Der sogenannte »Mälzel-Kanon«, WoO 162, den er angeblich 1812 geschrieben hat, um Mälzels Erfindung des Metronoms zu feiern, stammt nach neueren Forschungen aus den 1840er Jahren von Anton Schindler, der ihn Beethoven zugeschrieben haben soll [Howell, 1979; Goldschmidt, 1984].) Die meisten der Kanons wurden als kleine Geschenke oder als Erinnerungen für Freunde und Bekannte komponiert. Manche haben scherzhafte Texte, meist von Beethoven selber, gelegentlich enthalten sie ein Wortspiel auf den Namen des Empfängers. Ein Beispiel hierfür ist *Kühl, nicht lau*, ein Werk, das am 2. September 1825 während eines ausgelassenen Abends mit einem festlichen Essen entstand. Andere Texte sind eher philosophisch angehaucht, etwa *Ars longa, vita brevis*, zu dem es drei verschiedene Vertonungen gibt (WoO 170, 192 und 193), und *Wir irren allesamt, nur jeder irret anderst*, Beethovens letzte vollendete Komposition. Fast alle Kanons sind ganz kurze Stücke für zwei oder mehr gleiche Stimmen in strenger Imitation, gelegentlich gibt es eine nichtkanonische Begleitstimme. Einige sind als Rätselkanons komponiert, eine Gattung, in der der Komponist nur eine einzige Stimme schreibt und es dem Leser überläßt, herauszufinden, wo die andere(n) Stimme(n) einsetzen soll(en). Beethovens Freunde versuchten sich offensichtlich gerne an der Lösung dieser Rätsel. In manchen Fällen gibt es mehrere Lösungen, ja es ist sogar möglich, daß es auch eine oder zwei gibt, an die der Komponist gar nicht gedacht hatte. Deswegen kann man nie sicher sagen, für wie viele Stimmen diese Kanons ursprünglich vorgesehen waren.

In dem folgenden Verzeichnis ist der Textanfang, sofern er vom Titel abweicht, nach dem Autor und dem Titel angegeben.

I. Werke mit Chor

WoO 87
Kantate auf den Tod Kaiser Josephs II.
(Severin Anton Averdonk)
1. »Todt! Todt!« (Chor)
2. »Ein Ungeheuer« (Rezitativ) – »Da kam Joseph« (Arie)
3. »Da stiegen die Menschen« (Arie mit Chor)
4. »Er schläft« (Rezitativ) – »Hier schlummert« (Arie)
5. »Todt! Todt!« (Chor)

SATB Soli, SATB Chor; 2 Fl, 2 Ob, 2 Klar, 2 Fg, 2 Hn, Str
März 1790; posthum veröffentlicht

WoO 88
Kantate auf die Erhebung Leopolds II. zur Kaiserwürde
(Severin Anton Averdonk)
1. »Er schlummert« (Rezitativ mit Chor) – »Fließe, Wonnezähre« (Arie)
2. »Ihr staunt« (Rezitativ)
3. »Wie bebt mein Herz« (Rezitativ) – »Ihr, die Joseph ihren Vater« (Terzett)
4. »Heil« (Chor) – »Stürzet nieder, Millionen« (Chor)

SATB Soli, SATB Chor; 2 Fl, 2 Ob, 2 Klar, 2 Fg, 2 Hn, 2 Tp, Pk, Str
September–Oktober 1790; posthum veröffentlicht

WoO 99
Mehrstimmige italienische Gesänge
(meist Pietro Metastasio)
»Bei labbri«; »Chi mai di questo core«; »Fra tutte le pene« (3 Vertonungen); »Gia la notte« (2 Vertonungen); »Giura il nocchier« (2 Vertonungen); »Ma tu tremi«; »Nei campi" (2 Vertonungen); »O care selve«; »Per te d'amico«; »Quella cetra« (3 Vertonungen) »Scrivo in te«; »Silvio amante« 2, 3 und 4 unbegleitete Singstimmen
1801–02; posthum veröffentlicht
Von manchen der Lieder existieren frühere Fassungen; darüber hinaus gibt es einige mehrstimmige Lieder, die in WoO 99 fehlen (Hess 208–32).

WoO 100
Lob auf den Dicken: Musikalischer Scherz
(wahrscheinlich Beethoven)
»Schuppanzigh ist ein Lump«
TBB Soli, SATB (ohne Instrumente)
Ende 1801; posthum veröffentlicht
Eine kurze, scherzhafte Komposition für den Geiger Ignaz Schuppanzigh

WoO 101
Graf, Graf, liebster Graf: Musikalischer Scherz
(Beethoven)
»Graf, Graf, Graf«
SAA (ohne Instrumente)
Herbst 1802; posthum veröffentlicht
Eine kurze, scherzhafte Komposition für Beethovens Freund Nikolaus Zmeskall

Op. 85
Christus am Ölberge (Franz Xaver Huber)
1. Introduction (Orch) – »Jehovah, du mein Vater« (Rezitativ) – »Meine Seele ist erschüttert« (Arie)
2. »Erzittre, Erde« (Rezitativ) – »Preist des Erlösers Güte« (Arie mit Chor)
3. »Verkündet, Seraph« (Rezitativ) – »So ruhe denn« (Duett)
4. »Willkommen, Tod« (Rezitativ) – »Wir haben ihn gesehen« (Chor)
5. »Die mich zu fangen« (Rezitativ) – »Hier ist er« (Chor)
6. »Nicht ungestraft« (Rezitativ) – »In meinen Adern« (Terzett) – »Welten singen« (Chor) – »Preiset ihn« (Chor)

STB Soli, SATB Chor; 2 Fl, 2 Ob, 2 Klar, 2 Fg, 2 Hn, 2 Tp, 3 Pos, Pk, Str
Anfang 1803; rev. 1804; Urauffg. 5. April 1803; veröffentlicht 1811 (Breitkopf & Härtel, Leipzig)

Op. 86
Messe C-Dur
1. Kyrie
2. Gloria
3. Credo
4. Sanctus – Osanna
5. Benedictus – Osanna
6. Agnus Dei – Dona

SATB Soli, SATB Chor; 2 Fl, 2 Ob, 2 Klar, 2 Fg, 2 Hn, 2 Tp, Pk, Str, Orgel
Sommer 1807; Urauffg. 13. September 1807; veröffentlicht 1812 (Breitkopf & Härtel, Leipzig)
Fürst Kinsky gewidmet

Op. 80
Chorfantasie (Christof Kuffner?)
»Schmeichelnd hold«

SSATTB Soli, SATB Chor; Kl solo, 2 Fl, 2 Ob, 2 Klar, 2 Fg, 2 Hn, 2 Tp, Pk, Str
Dezember 1808; rev. 1809; Urauffg. 22. Dezember 1808; veröffentlicht 1811 (Breitkopf & Härtel, Leipzig)
König Max Joseph von Bayern gewidmet

WoO 102
Abschiedsgesang (Joseph von Seyfried)
»Die Stunde schlägt«
TBB (ohne Instrumente)
Mai 1814; posthum veröffentlicht
Für Leopold Weiss komponiert

WoO 103
Un lieto brindisi: Cantata campestre
(Clemente Bondi)
»Johannisfeier begehn wir heute«
STTB; Kl
Juni 1814; Urauffg. 24. Juni 1814; posthum veröffentlicht
Für Giovanni Malfatti komponiert, ursprünglich zu einem italienischen Text. Die erhaltene Quelle hat nur einen deutschen Text, aber Harry Goldschmidt hat eine Fassung mit dem ursprünglichen italienischen Text rekonstruiert (Goldschmidt, 1971).

Op. 118
Elegischer Gesang (Ignaz Franz von Castelli?)
»Sanft wie du lebtest"
SATB (Soli?); Streichquartett
Juli 1814; Urauffg. (?) 5. August 1814; veröffentlicht 1826 (Haslinger, Wien)
Baron Pasqualati gew., für den dritten Todestag seiner Gattin komponiert

WoO 95
Chor auf die verbündeten Fürsten (Karl Bernard)
»Ihr weisen Gründer«
SATB Chor; 2 Fl, 2 Ob, 2 Klar, 2 Fg, 2 Hn, 2 Tp, Pk Str
September 1814; posthum veröffentlicht

Op. 136
Der glorreiche Augenblick (Aloys Weissenbach)
1. »Europa steht« (Chor)
2. »O seht sie nah« (Rezitativ) – »Vienna« (Chor)
3. »O Himmel« (Rezitativ) – »Alle die Herrscher« (Arie mit Chor)
4. »Das Auge schaut« (Rezitativ) – »Dem die erste Zähre« (Arie mit Chor)
5. »Der den Bund« (Rezitativ) – »In meinen Mauern« (Quartett)
6. »Es treten hervor« (Chor)
SSTB Soli, SSATB Chor; Pikk, 2 Fl, 2 Ob, 2 Klar, 2 Fg, 4 Hn, 2 Tp, 3 Pos, Pk, Schlgzg, Str
Herbst 1814; Urauffg. 29. November 1814; posthum veröffentlicht

Op. 112
Meeresstille und Glückliche Fahrt
(Johann Wolfgang von Goethe)
»Tiefe Stille herrscht im Wasser« – »Die Nebel zerreißen«
SATB Chor; 2 Fl, 2 Ob, 2 Klar, 2 Fg, 4 Hn, 2 Tp, Pk, Str
1814–15; Urauffg. 25. Dezember 1815; veröffentlicht 1822 (Steiner, Wien)
Goethe gewidmet

WoO 104
Gesang der Mönche (Friedrich von Schiller)
»Rasch tritt der Tod den Menschen an«
TTB (ohne Instrumente)
Mai 1817; posthum veröffentlicht

WoO 105
Hochzeitslied (Anton Joseph Stein)
»Auf, Freunde, singt dem Gott«
Solostimme, Chor, Kl
Januar 1819; posthum veröffentlicht
Für die Hochzeit von Leopold Schmerling und Anna Giannatasio del Rio (6. Februar 1819) geschrieben. Es gibt zwei Fassungen. Eine steht in C-Dur, für Solostimme und einstimmigen Chor (wahrscheinlich alles Männerstimmen), mit Klavierbegleitung. Die andere, vermutlich spätere Fassung steht in A-Dur und ist mit einer Solo-Männerstimme, SATB-Chor und Klavier besetzt. Welche Fassung bei der Hochzeit aufgeführt wurde, ist nicht bekannt.

Op. 123
***Missa solemnis* D-Dur**
1. Kyrie
2. Gloria
3. Credo
4. Sanctus – Osanna – Praeludium – Benedictus
5. Agnus Dei – Dona
SATB Soli, SATB Chor; 2 Fl, 2 Ob, 2 Klar, 2 Fg, Kfg, 4 Hn, 2 Tp, 3 Pos, Pk, Str, Orgel
1819–23; Urauffg. 18. April 1824, St. Petersburg; veröffentlicht 1827 (Schott, Mainz)

Erzherzog Rudolph gewidmet; ursprünglich für seine Amtseinführung als Erzbischof von Olmütz am 9. März 1820 vorgesehen, die Messe wurde jedoch nicht rechtzeitig fertig.

Op. 121 b
Opferlied (Friedrich von Matthison)
»Die Flamme lodert«
1822; rev. 1824; Urauffg. 23. Dezember 1822; veröffentlicht 1825 (Schott, Mainz)
Es gibt von diesem Werk zwei Fassungen (außerdem noch zwei weitere frühere Vertonungen – vgl. WoO 126, S. 319)
Die Fassung von 1822 hat die Besetzung SAT Soli, SATB Chor; 2 Klar, Hn, Str (ohne Vl). Die Fassung von 1824 ist für S Solo, SATB Chor; 2 Klar, 2 Fg, 2 Hn, Str. Es gibt auch eine Klavierbegleitung dazu (vgl. Hess 91, S. 331).

WoO 106
Geburtstagskantate für den Fürsten Lobkowitz
(Beethoven?)
»Es lebe unser teurer Fürst«
S Solo, SATB Chor; Kl
April 1823; posthum veröffentlicht

Op. 122
Bundeslied (Johann Wolfgang von Goethe)
»In allen guten Stunden«
SA Soli, SAA Chor; 2 Klar, 2 Hn, 2 Fg
1823–24; veröffentlicht 1825 (Schott, Mainz)
Es gibt dazu auch eine Klavierbegleitung (vgl. Hess 92, S. 331).

Op. 125
Neunte Symphonie
Vgl. »Symphonien« (S. 261)

Vgl. auch »Bühnenwerke« und »Lieder«

II. Sologesang mit Orchester

WoO 92
Primo amore (Textdichter unbekannt)
S Solo; Fl, 2 Ob, 2 Fg, 2 Hn, Str
ca. 1790–92; posthum veröffentlicht

WoO 89
Prüfung des Küssens (Textdichter unbekannt)
»Meine weise Mutter spricht«
B Solo; Fl, 2 Ob, 2 Hn, Str.
ca. 1790–92; posthum veröffentlicht

WoO 90
Mit Mädeln sich vertragen
(Johann Wolfgang von Goethe)
B Solo; 2 Ob, 2 Hn, Str
ca. 1791–92; posthum veröffentlicht

Op. 65
Ah! perfido
(Text teilweise von Pietro Metastasio, ansonsten Textdichter nicht bekannt)
S Solo; Fl, 2 Klar, 2 Fg, 2 Hn, Str
Anfang 1796; veröffentlicht 1805 (Hoffmeister & Kühnel, Leipzig)

WoO 92 a
No, non turbarti (Pietro Metastasio)
S Solo; Streichorchester
Anfang 1802; posthum veröffentlicht

Op. 116
Tremate, empi, tremate (Bettoni)
STB Soli; 2 Fl, 2 Klar, 2 Fg, 2 Hn, 2 Tp, Pk, Str
1802; rev. 1814?; veröffentlicht 1826 (Steiner, Wien)

WoO 93
Nei giorni tuoi felici (Pietro Metastasio)
ST Soli; 2 Fl, 2 Ob, 2 Fg, 2 Hn, Str
Ende 1802; posthum veröffentlicht

III. Kanons

WoO 159
Im Arm der Liebe (3 St)
ca. 1795; posthum veröffentlicht

WoO 160
Zwei Kanons ohne Text: G-Dur, C-Dur (4 St, 3 St)
ca. 1797; posthum veröffentlicht

Hess 276
Herr Graf, ich komme zu fragen (3 St)
ca. 1797?; posthum veröffentlicht

Hess 229
Languisco e moro (2 St)
Anfang 1803; posthum veröffentlicht

Hess 274
Kanon G-Dur, ohne Text (2 St)
Anfang 1803; posthum veröffentlicht

Hess 275
Kanon As-Dur, ohne Text (2 St)
ca. Nov. 1803; posthum veröffentlicht

WoO 161
Ewig dein (3 St)
ca.1811?; posthum veröffentlicht

WoO 162
Ta ta ta (4 St)
Unecht; von Anton Schindler

WoO 163
Kurz ist der Schmerz (3 St; Text von Friedrich von Schiller)
November 1813 (für Johann Friedrich Naue); posthum veröffentlicht

WoO 164
Freundschaft ist die Quelle (3 St)
September 1814; posthum veröffentlicht

WoO 165
Glück zum neuen Jahr (4 St)
Januar 1815 (für Baron Pasqualati); veröffentlicht 1816 (Riedl, Wien)

WoO 166
Kurz ist der Schmerz (3 St)
März 1815 (für Louis Spohr); posthum veröffentlicht

WoO 167
Brauchle, Linke (3 St)
ca. 1815 (wahrscheinlich für Joseph Brauchle und Joseph Linke); posthum veröffentlicht

WoO 168
Zwei Kanons: *Das Schweigen* (Rätselkanon);
Das Reden (3 St)
Januar 1816 (für Charles Neate); posthum veröffentlicht

WoO 169
Ich küsse Sie (Rätselkanon)
Januar 1816 (für Anna Milder-Hauptmann); posthum veröffentlicht

WoO 170
Ars longa, vita brevis (2 St)
April 1816 (für Johann Nepomuk Hummel); posthum veröffentlicht

WoO 171
Glück fehl' dir vor allem (4 St)
1817 (für Anna Giannatasio del Rio); posthum veröffentlicht

WoO 172
Ich bitt' dich (3 St)
ca. 1818? (für Vincent Hauschka); posthum veröffentlicht

WoO 173
Hol' euch der Teufel (Rätselkanon)
Sommer 1819 (für Sigmund Anton Steiner); posthum veröffentlicht

WoO 174
Glaube und hoffe (4 St; kein strenger Kanon)
September 1819 (für Moritz Schlesinger); posthum veröffentlicht

WoO 176
Glück zum neuen Jahr (3 St)
Dezember 1819 (für Gräfin Erdödy); posthum veröffentlicht

WoO 179
Alles Gute (4 St)
Dezember 1819 (für Erzherzog Rudolph); posthum veröffentlicht

WoO 175
Sankt Petrus war ein Fels (Rätselkanon)
ca. Januar 1820 (für Karl Peters und Karl Bernard); posthum veröffentlicht

Hess 300
Liebe mich, werter Weissenbach (2 St?)
ca. Januar 1820 (für Aloys Weissenbach?); posthum veröffentlicht

Hess 301
Wähner . . . es ist kein Wahn (2 St?)
ca. Januar 1820 (für Friedrich Wähner?); posthum veröffentlicht

WoO 177
Bester Magistrat (4 St plus Baß)
ca. 1820; posthum veröffentlicht

WoO 178
Signor Abate (3 St)
ca. 1820; (für Abbé Stadler?); posthum veröffentlicht

WoO 180
Hoffmann, sei ja kein Hofmann (2 St)
März 1820; veröffentlicht 1825 (Schott, Mainz)

WoO 181
Drei Kanons: *Gedenket heute* (4 St);
Gehabt euch (3 St); ***Tugend ist*** (3 St)
ca. 1820; posthum veröffentlicht

WoO 182
O Tobias (3 St)
September 1821 (für Tobias Haslinger), posthum veröffentlicht

WoO 183
Bester Herr Graf (4 St)
Februar 1823 (für Graf Lichnowsky); posthum veröffentlicht

WoO 184
Falstafferel, lass' dich sehen (5 St)
April 1823 (für Ignaz Schuppanzigh); posthum veröffentlicht

WoO 185
Edel sei der Mensch (6 St): **Zwei Fassungen in E-Dur und Es-Dur**
ca. Mai 1823 (Es-Dur-Fassung für Louis Schlösser); E-Dur-Fassung veröffentlicht 1823 (Strauss, Wien)

WoO 186
Te solo adoro (2 St)
Juni 1824 (für Carlo Soliva; es gibt noch zwei weitere Vertonungen dieses Textes: Hess 263–4); posthum veröffentlicht

WoO 187
Schwenke dich ohne Schwänke (4 St)
November 1824 (für Carl Schwencke); veröffentlicht 1825 (Schott, Mainz)

WoO 188
Gott ist eine feste Burg (2 St)
Januar 1825; posthum veröffentlicht

WoO 189
Doktor, sperrt das Tor (4 St)
Mai 1825 (für Anton Braunhofer); posthum veröffentlicht

WoO 190
Ich war hier, Doktor (2 St)
Juni 1825 (für Anton Braunhofer); posthum veröffentlicht

WoO 35
Kanon ohne Text, A-Dur (2 St, Violinen?)
August 1825 (für Otto de Boer); posthum veröffentlicht

WoO 191
Kühl, nicht lau (3 St)
September 1825 (für Friedrich Kuhlau); posthum veröffentlicht

WoO 192
Ars longa, vita brevis (Rätselkanon)
September 1825 (für Sir George Smart); posthum veröffentlicht

WoO 193
Ars longa, vita brevis (Rätselkanon)
ca. 1825?; posthum veröffentlicht

WoO 194
Si non per portas (Rätselkanon)
September 1825 (für Moritz Schlesinger); posthum veröffentlicht

WoO 195
Freu' dich des Lebens (2 St)
Dezember 1825 (für Theodor Molt); posthum veröffentlicht

WoO 196
Es muß sein (4 St)
April 1826 (für Ignaz Dembscher); posthum veröffentlicht

–
Bester Magistrat (3 St)
ca. April 1826 (im Kullak-Skizzenbuch); unveröffentlicht

WoO 197
Da ist das Werk (5 St)
September 1826 (für Karl Holz); posthum veröffentlicht

Hess 277
Esel aller Esel (3 St)
ca. September 1826; posthum veröffentlicht

WoO 198
Wir irren allesamt (Rätselkanon)
Dezember 1826 (für Karl Holz); posthum veröffentlicht

BARRY COOPER

Lieder

Von Schubert wird oft behauptet, er habe das romantische deutsche Lied geschaffen; doch diese Ehre gebührt eigentlich Beethoven. Er hat auf diesem Gebiet einen Stil entwickelt, der seine romantischen Nachfolger nachhaltig beeinflußte. Was die Chronologie betrifft, so hat Beethoven fast all seine Lieder komponiert, ehe Schubert überhaupt anfing, welche zu schreiben. Man kann sagen, daß Beethoven alle wichtigen Liedformen verwendet hat, deren sich seine Nachfolger bedienten – vom einfachen Strophenlied bis hin zu ausgearbeiteten, durchkomponierten Werken. In dieser Vielfalt unterscheidet er sich von fast all seinen unmittelbaren Vorgängern. Diese bevorzugten im allgemeinen einfache, volkstümliche Liedsätze, in denen dem Klavier eine ganz untergeordnete Rolle zufiel und oft sogar die Singstimme in der rechten Hand mitgespielt wurde.

Beethoven wählte seine Texte sehr sorgfältig aus, sowohl hinsichtlich der Qualität der Dichtung als auch in bezug auf den Inhalt. Deutlich erkennbar ist seine Vorliebe für die Gedichte Goethes, von dem er mehr Texte vertonte als von jedem anderen Dichter. Daneben erfreuten sich auch Werke von Matthisson, Bürger und Reissig seiner Gunst, was bei letzterem zumindest teilweise daran lag, daß Beethoven mit ihm befreundet war. Schiller vertonte er kaum (außer in der Neunten Symphonie); Beethoven bewunderte seine Dichtung zwar sehr, fand es ihrer Erhabenheit wegen aber ausgesprochen schwer, Musik dazu zu schreiben; in dieser Hinsicht tat er sich mit Goethe viel leichter. Die meisten Liedertexte Beethovens sind deutsch, er verwendete jedoch auch einige italienische (vor allem von Metastasio) sowie zwei französische Texte und eine englische Vorlage.

Inhaltlich unterscheiden sie sich sehr, aber es sind nur wenige Gedichte dabei, die Gelegenheit zu üppiger Wortmalerei geben, wie es in so vielen der bekanntesten Lieder von Schubert der Fall ist. Tatsächlich hat Beethoven einmal geäußert, bildliche Darstellung sei eher etwas für Maler und Dichter; es war also wohl Absicht, daß er solche Texte mied. Einige Texte wählte er vermutlich wegen ihres Bezugs zu seiner eigenen Lebenssituation. *An die Hoffnung*, op. 32, wurde für Josephine Deym komponiert, als Beethoven Hoffnungen auf eine Verbindung mit ihr hegte. *An die ferne Geliebte* ist möglicherweise geschrieben worden, weil seine eigene Geliebte (die sogenannte »Unsterbliche Geliebte«) zu der Zeit in großer Entfernung von ihm lebte (vielleicht sind die Gedichte zu diesem Thema auf Beethovens Anfrage hin von Jeitteles verfaßt worden). *Resignation* (1817) scheint einiges von der Verzweiflung und der Hilflosigkeit auszudrücken, die Beethoven zu verschiedenen Zeiten seines Lebens verspürte, unter anderem auch in dem Jahr der Komposition dieses Liedes. Dennoch sollte man sich vor allzu vielen Spekulationen in dieser Hinsicht hüten; in keinem einzigen Fall wissen wir Genaueres über die dahinterstehenden Motive.

Man kann die Lieder ihrer Form nach in drei Kategorien einteilen: strophisch komponierte Lieder, Lieder mit variierter Strophenform und durchkomponierte Lieder. Es gibt auch ein paar Grenzfälle (in denen beispielsweise die Veränderungen in den verschiedenen Strophen sehr gering sind) sowie einige wenige Lieder mit einer einzigen Strophe. Insgesamt ist die Zahl der strophischen und der durchkomponierten Lieder fast gleich, während die der variierten Strophenlieder deutlich niedriger liegt. Man könnte vielleicht erwarten, daß Beethoven eine Entwicklung vom einfachen Strophenlied in den frühen Jahren über die variierte Strophenform bis hin zu durchkomponierten Liedern in der späteren Zeit durchlaufen hätte, aber eine solche Tendenz ist nicht erkennbar. Vor 1800 bilden die Strophenlieder weitaus die Mehrheit, danach jedoch sind die drei Kategorien annähernd gleichgewichtig vertreten. Selbst einige der letzten Lieder stehen in einer einfachen Strophenform (zum Beispiel *Ruf vom Berge* und *So oder so*).

Die Musik zu Beethovens Strophenliedern ist neutral genug, um den unterschiedlichen Inhalt der Verse tragen zu können, dennoch fängt sie die Stimmung des gesamten Gedichts ein. Ein ausgezeichnetes Beispiel dafür ist *An die Hoffnung* (op. 32). Dort wird der Gedanke, daß die Hoffnung die trauernde Seele sacht emporhebt und tröstet, durch aufwärts strebende gebrochene Akkorde und sanfte Akkordklänge in der Klavierstimme dargestellt, während der Gegensatz zwischen dem Gram und der nahenden Hoffnung an der entsprechenden Stelle jeweils durch einen dramatischen Tonartenwechsel angezeigt wird.

In den variierten Strophenliedern bringt Beethoven von Strophe zu Strophe kleine Änderungen in der Singstimme oder der Begleitung an. Dabei sind der Grad und die Art der Veränderung in jedem Lied verschieden. Diese Form bietet viel öfter die Gelegenheit, einzelne Worte bildhaft zu behandeln, behält aber immer noch einen Anklang an die traditionellen volkstümlichen Liedsätze. Eines der schönsten Beispiele hierfür ist *Abendlied unterm gestirnten Himmel;* die Änderungen in den jeweiligen Strophen sind minimal, halten aber feinste Nuancen des Textes fest. Der Dichter betrachtet die schimmernden Sterne, aus denen ihn die Ahnung anweht, daß seine Bahn als Erdenpilger bald vollendet sein und er im Himmel den Lohn seiner Leiden ernten wird (wieder ein Thema mit biographischem Hintergrund für Beethoven).

Diese Gedanken spiegeln sich auf vollkommene Weise in der Klavierbegleitung wider; diese endet auf einem sehr breit gefächerten Akkord, der gewissermaßen den Gegensatz von Erde und Himmel zusammenfaßt. Dieses Lied ist Beethovens letzte echte Liedkomposition. In der nachstehenden Übersicht sind zwar noch zwei spätere Lieder aufgeführt; aber *Der Kuß* wurde schon 1798 ausführlich skizziert, und *Der edle Mensch* ist nur ein kurzes »Albumblatt« von elf Takten, eher mit Beethovens Kanons vergleichbar als mit den echten Liedern.

Unter den durchkomponierten Liedsätzen, die noch reichere Möglichkeiten bieten, einzelne Worte ausdrucksvoll zu gestalten, finden sich einige von Beethovens schönsten Liedern. Ein bemerkenswertes frühes Beispiel ist *Adelaide,* eine Komposition, die Beethoven großes Vergnügen bereitete. Die musikalische Struktur ist hier ganz vom Textaufbau losgelöst; das Tonartenschema ähnelt dem einer Sonatenhauptsatzform: Der erste Abschnitt moduliert in die Dominante, der mittlere Abschnitt wandert durch verschiedene entferntere Tonarten, und der letzte Teil bleibt im wesentlichen in der Tonika. Ein weiteres Beispiel aus dieser Periode ist das Liederpaar *Seufzer eines Ungeliebten* und *Gegenliebe.* Es ist als Rezitativ mit nachfolgender zweigeteilter Arie angelegt, in der die gegensätzlichen Empfindungen der beiden Lieder durch den Kontrast von c-Moll und C-Dur widergespiegelt werden. Von den vier Vertonungen von Goethes *Nur wer die Sehnsucht kennt* ist nur die vierte durchkomponiert, und diese kann man mit guten Gründen auch als die gelungenste bezeichnen. Sie übernimmt die besten Details der vorausgegangenen drei Vertonungen, kommt dem Sinn der Worte noch näher und folgt dem natürlichen Sprachrhythmus der beiden Strophen in einer Weise, wie sie in einer einfachen strophischen Vertonung unmöglich wäre.

Den richtigen Sprachrhythmus zu finden war für Beethoven stets von größter Bedeutung; seine vorbereitenden Skizzen für Lieder zeigen häufig, daß er viele verschiedene Rhythmen für die ersten Worte ausprobierte, während die letzten Änderungen an der vollendeten Fassung manchmal kleine Verbesserungen am Rhythmus der Singstimme betreffen. Seine intensive Beschäftigung mit der Betonung einzelner Wörter führte gelegentlich zu ungewöhnlichen Ergebnissen. Ein bemerkenswertes Beispiel hierfür ist der Anfang der zweiten Vertonung von *An die Hoffnung* (op. 94), wo die Musik schon fast rezitativartig wirkt, dabei sehr chromatisch und in harmonischer Hinsicht zukunftsweisend.

Die meisten von Beethovens Liedern sind als Einzelwerke komponiert worden, aber es gibt auch zwei Liedgruppen. Die frühere der beiden besteht aus den Gellertliedern (op. 48), von denen man bis vor kurzem annahm, sie seien 1803 komponiert worden; heute weiß man, daß sie schon im März 1802 vollendet wurden. Alle sechs Gedichte stammen von demselben Autor und haben einen religiösen Inhalt. Insofern weisen sie einen Zusammenhang auf, und es ließe sich von einem Zyklus sprechen, zumal das letzte Lied viel länger ist als alle anderen, sich somit gut als Abschluß eignet. Musikalisch gesehen, existiert jedoch keine Verbindung und keine Gesamtstruktur; auch in der Tonartenfolge läßt sich kein Schema erkennen. Daher sollte man diese sechs Lieder vielleicht am besten als eine Folge oder Suite von gegensätzlichen bagatellartigen Sätzen betrachten, die nur locker zusammenhängen; in gewissem Sinne ähneln sie den Bagatellen op. 33, die etwa gleichzeitig entstanden sind.

Die zweite Gruppe von Liedern bildet eindeutig einen Zyklus mit einer gemeinsamen Überschrift: *An die ferne Geliebte.* Tatsächlich wird dieses Werk gelegentlich als der erste Liederzyklus überhaupt bezeichnet. Ob man diese Charakterisierung gelten läßt, hängt davon ab, wie man einen Liederzyklus definiert, aber es ist sicher das erste Mal, daß ein bedeutender Komponist eine Reihe von Sololiedern mit Klavierbegleitung als zusammenhängende Einheit konzipiert hat – wie es im 19. Jahrhundert dann weitverbreitete Praxis wurde. Mehrere Merkmale tragen zur musikalischen Einheit des Werkes bei: Das letzte Lied steht in derselben Tonart wie das erste (Es-Dur), das Thema des ersten kehrt am Ende wieder und verstärkt damit die zyklische Wirkung, und es gibt zwischen den einzelnen Liedern eher Verbindungsglieder (meist in Form eines Klavier-Zwischenspiels) als deutliche Einschnitte. Die einzelnen Lieder selbst haben allerdings fast kunstlos volkstümliche Melodien, so daß das Werk als Ganzes eine vollkommene Mischung aus vordergründiger Einfachheit und großer musikalischer Subtilität bildet.

Obwohl Beethovens Lieder heutzutage relativ selten aufgeführt werden, sind viele von ihnen von höchster Qualität. Sie besitzen im allgemeinen zwar nicht den natürlichen Charme und den Fluß der Schubertschen Melodien, aber das liegt zum Teil daran, daß Beethoven stets versuchte, alles zu vermeiden, was zu selbstverständlich oder zu einfach klang. Statt dessen enthalten diese Lieder manche verdeckten Schönheiten und Raffinessen, die sich erst nach mehrmaligem Hören offenbaren. Auch wenn sie einerseits von Beethovens eigenen Instrumentalwerken und andererseits von Schuberts gewaltiger Liederproduktion überschattet werden, verdienen die Lieder daher mehr Aufmerksamkeit, als ihnen in der Regel zuteil wird.

In dem folgenden Verzeichnis ist der Liedanfang, sofern er vom Titel abweicht, nach dem Titel und dem Textdichter angegeben. Fast alle Lieder sind mit einer Singstimme und Klavier besetzt.

WoO 107
Schilderung eines Mädchens (Textdichter unbekannt)
»Schildern, willst du Freund«
1783 (?); veröffentlicht 1783 (H. P. Bossler, Speyer)

WoO 108
An einen Säugling (J. von Döhring)
»Noch weißt du nicht, weß Kind du bist«
1784 (?); veröffentlicht 1784 (H. P. Bossler, Speyer)

WoO 113
Klage (Ludwig Hölty)
»Dein Silber schien durch Eichengrün«
ca. 1790; posthum veröffentlicht

WoO 110
Elegie auf den Tod eines Pudels (Textdichter unbekannt)
»Stirb immerhin«
ca. 1790?; posthum veröffentlicht

WoO 111
Punschlied (Textdichter unbekannt)
»Wer nicht, wenn warm« (mit einstimmigem Chor)
ca. 1791; posthum veröffentlicht

WoO 109
Trinklied (Textdichter unbekannt)
»Erhebt das Glas« (mit einstimmigem Chor)
ca. 1792; posthum veröffentlicht

WoO 112
An Laura (Friedrich von Matthisson)
»Freud' umblühe dich«
ca. 1792; posthum veröffentlicht

WoO 114
Selbstgespräch (J. W. L. Gleim)
»Ich, der mit flatterndem Sinn«
ca. 1792; posthum veröffentlicht

WoO 115
An Minna (Textdichter unbekannt)
»Nur bei dir, an deinem Herzen«
ca. 1792; posthum veröffentlicht

WoO 117
Der freie Mann (G. K. Pfeffel)
»Wer ist ein freier Mann?« (mit einstimmigem Chor)
1792; rev. 1794; veröffentlicht 1808 (Simrock, Bonn)

WoO 116
Que le temps me dure (Jean-Jacques Rousseau)
ca. Anfang 1794; posthum veröffentlicht
Es gibt von diesem Lied zwei Fassungen, eine in c-Moll und eine in C-Dur, beide sind unvollendet.

WoO 119
O care selve (Pietro Metastasio) (mit einstimmigem Chor)
ca. 1794; posthum veröffentlicht

WoO 126
Opferlied (Friedrich von Matthisson)
»Die Flamme lodert«
1794–95; rev. 1801–02; veröffentlicht 1808 (Simrock, Bonn)
Vgl. auch op. 121 b mit zwei späteren Vertonungen desselben Textes (S. 314)

WoO 118
Seufzer eines Ungeliebten; Gegenliebe (Gottfried August Bürger)
»Hast du nicht Liebe zugemessen«; »Wüßt ich, daß du mich lieb"
1794–95; posthum veröffentlicht
Die Melodie von *Gegenliebe* wurde später in der Chorfantasie op. 80 wiederverwendet.

Op. 46
Adelaide (Friedrich von Matthisson)
»Einsam wandelt dein Freund«
ca. 1794–95; veröffentlicht 1797 (Artaria, Wien)
Matthisson gewidmet

Hess 137
Ich wiege dich in meinem Arm (Textdichter unbekannt)
ca. 1795?; verschollen
Dieses anderweitig nicht bekannte Lied wird in einer Preisliste Beethovens von 1822 erwähnt, die er zusammenstellte, um eine mögliche Veröffentlichung vorzubereiten (Tyson, 1984 a; als Titel ist bei Hess fälschlicherweise *Schwinge dich in meinen Dom* verzeichnet). Das angegebene Datum ist lediglich eine Vermutung.

WoO 123
Zärtliche Liebe (Karl Friedrich Herrosee)
»Ich liebe dich«
ca. 1795; veröffentlicht 1803 (Traeg, Wien)

WoO 124
La partenza (Pietro Metastasio)
»Ecco quel fiero istante“
ca. 1795–96; veröffentlicht 1803 (zusammen mit WoO 123; Traeg, Wien)

WoO 121
Abschiedsgesang an Wiens Bürger (von Friedelberg)
»Keine Klage soll erschallen«
1796; veröffentlicht 1796 (Artaria, Wien)
Major von Kövesdy gewidmet

WoO 122
Kriegslied der Österreicher (von Friedelberg)
»Ein großes deutsches Volk« (mit Unisono-Chor)
1797; veröffentlicht 1797 (Artaria, Wien)

Hess 139
Minnesold von Bürger, in Tönen an Amenda ausbezahlt (Bürger?)
ca. 1798?; verschollen
Das Autograph eines Liedes mit diesem Titel ist seit 1852 verschwunden (vgl. Hess, 1957).

WoO 127
Neue Liebe, neues Leben (Johann Wolfgang von Goethe)
»Herz, mein Herz«
1798–99; veröffentlicht 1808 (Simrock, Bonn)
Vgl. op. 75/Nr. 2 als weitere Vertonung desselben Textes.

WoO 125
La tiranna (William Wennington)
»Ah grief to think«
1798–99; veröffentlicht 1799 (Broderip & Wilkinson, London)
Mrs. Tschoffen gew. (von Wennington). Dies war offenbar Beethovens erster Versuch, einen englischen Text zu vertonen (vgl. Tyson, 1971 a).

WoO 128
Plaisir d'aimer (Textdichter unbekannt)
1798–99; posthum veröffentlicht

–
Meine Lebenszeit verstreicht
(Christian Fürchtegott Gellert)
g-Moll
ca. 1798–1803?; verschollen
Dieses anderweitig nicht bekannte Lied wird in einer Preisliste Beethovens von 1822 erwähnt, die er zusammenstellte, um eine mögliche Veröffentlichung vorzubereiten (siehe oben Hess 137). In op. 48 gibt es eine Vertonung des Textes in fis-Moll, aber es existieren noch Skizzen für andere Vertonungen in d-Moll und e-Moll aus den Jahren 1798 und 1803; es kann sein, daß einige dieser Skizzen in der verlorenen Vertonung weiterentwickelt worden waren (Tyson, 1984 a).

Hess 143
An die Freude (Friedrich von Schiller)
»Freude, schöner Götterfunken«
ca. 1798–99; verschollen
Diese frühe Vertonung von Schillers berühmtem Gedicht *An die Freude* wird 1803 von Ferdinand Ries erwähnt. Es gibt aus dem Jahre 1793 einen Hinweis darauf, daß Beethoven vorhatte, den Text zu vertonen, und es sind zwei kurze Skizzen von 1798 erhalten. Von dem vollendeten Lied fehlt jede Spur.

WoO 74
Ich denke dein (Johann Wolfgang von Goethe)
Lied mit Variationen für Klavier vierhändig: vgl. »Klavierwerke« (S. 301)

WoO 120
Man strebt, die Flamme zu verhehlen (Textdichter unbekannt)
ca. 1802; posthum veröffentlicht
Für Frau von Weissenthurn komponiert

Op. 48
Sechs Lieder (Christian Fürchtegott Gellert)
1. *Bitten* (»Gott, deine Güte reicht so weit«)
2. *Die Liebe des Nächsten* (»So jemand spricht«)

3. *Vom Tode* (»Meine Lebenszeit verstreicht«)
4. *Die Ehre Gottes aus der Natur* (»Die Himmel rühmen«)
5. *Gottes Macht und Vorsehung* (»Gott ist mein Lied«)
6. *Bußlied* (»An dir allein«)

ca. 1801–Anfang 1802; veröffentlicht 1803 (Artaria, Wien)
Graf Browne gewidmet

WoO 129
Der Wachtelschlag (S.F. Sauter)
»Ach, mir schallt's dorten«
1803; veröffentlicht 1804 (Bureau des Arts et d'Industrie, Wien)
Für Graf Browne komponiert

Op. 88
Das Glück der Freundschaft
(Textdichter unbekannt)
»Der lebt ein Leben wonniglich«
1803; veröffentlicht 1803 (Löschenkohl, Wien)

Op. 52
Acht Lieder
1. *Urians Reise um die Welt* (Matthias Claudius, »Wenn jemand eine Reise tut«)
2. *Feuerfarb* (Sophie Mereau, »Ich weiß eine Farbe«)
3. *Das Liedchen von der Ruhe* (Wilhelm Ueltzen, »Im Arm der Liebe«)
4. *Maigesang* (Johann Wolfgang von Goethe, »Wie herrlich leuchtet«)
5. *Mollys Abschied* (Gottfried August Bürger, »Lebe wohl, du Mann«)
6. *Die Liebe* (Gotthold Ephraim Lessing, »Ohne Liebe lebe«)
7. *Marmotte* (Goethe, »Ich komme schon«)
8. *Das Blümchen Wunderhold* (Bürger, »Es blüht ein Blümchen«)

Zusammengestellt 1803–05; veröffentlicht 1805 (Bureau des Arts et d'Industrie, Wien)
Die meisten dieser Lieder, wenn nicht alle, wurden in den 1790er Jahren komponiert, manche sogar noch, bevor Beethoven Bonn verließ; sie wurden aber wahrscheinlich kurz vor der Veröffentlichung überarbeitet.

Op. 32
An die Hoffnung (Christoph August Tiedge)
»Die du so gern«
Ende 1804–Anfang 1805; veröffentlicht 1805 (Bureau des Arts et d'Industrie, Wien)
Für Josephine Deym-Brunsvic komponiert. Vgl. auch S. 322, op. 94 (1813–15), eine weitere Vertonung des Textes.

WoO 132
Als die Geliebte sich trennen wollte (Stephan von Breuning, nach einem französischen Text von Hoffmann)
»Der Hoffnung letzter Schimmer sinkt dahin«
1806; veröffentlicht 1809 (*Allgemeine Musikalische Zeitung*, Leipzig)
Auch unter dem Titel *Empfindungen bei Lydiens Untreue* veröffentlicht

WoO 133
In questa tomba oscura (Guiseppe Carpani)
1806–07; veröffentlicht 1808 (Mollo, Wien)
Als Beitrag zu einer Sammlung mit dreiundsechzig Vertonungen von Carpanis Text aus der Hand von insgesamt sechsundvierzig Komponisten geschrieben. Die Sammlung wurde (von Mollo) Fürst Lobkowitz gewidmet.

WoO 134
Sehnsucht (Johann Wolfgang von Goethe)
»Nur wer die Sehnsucht kennt« (vier Vertonungen)
Ende 1807–Anfang 1808; die erste Vertonung wurde 1808 veröffentlicht (Geistinger, Wien), alle vier 1810 (Bureau des Arts et d'Industrie, Wien)
Das Autograph (Faksimile; Bonn, 1986) trägt die merkwürdige Inschrift: »Nb. Ich hatte nicht Zeit genug, um ein Gutes hervorzubringen, daher Mehrere Versuche«.

WoO 136
Andenken (Friedrich von Matthisson)
»Ich denke dein«
1809; veröffentlicht 1810 (Breitkopf & Härtel, Leipzig; Clementi, London)

WoO 137
Lied aus der Ferne (Christian Ludwig Reissig)
»Als mir noch die Thräne«
1809; veröffentlicht 1810 (Breitkopf & Härtel, Leipzig; Clementi, London)

WoO 138
Der Jüngling in der Fremde (Christian Ludwig Reissig)
»Der Frühling entblühet«
1809; veröffentlicht 1810 (Artaria, Wien)
Erzherzog Rudolph gewidmet (von Reissig). Die Mu-

sik war ursprünglich für den Text von WoO 137 komponiert worden (siehe oben).

WoO 139
Der Liebende (Christian Ludwig Reissig)
»Welch ein wunderbares Leben«
1809; veröffentlicht 1810 (Artaria, Wien; Clementi, London)
Erzherzog Rudolph gewidmet (von Reissig)

Op. 75
Sechs Lieder
1. *Mignon* (Johann Wolfgang von Goethe, »Kennst du das Land«)
2. *Neue Liebe, neues Leben* (Goethe, »Herz, mein Herz«)
3. *Aus Goethes Faust* (Goethe, »Es war einmal ein König«, mit einstimmigem Chor)
4. *Gretels Warnung* (Gerhard Anton von Halem, »Mit Liebesblick und Spiel«)
5. *An den fernen Geliebten* (Christian Ludwig Reissig, »Einst wohnten süße Ruh«)
6. *Der Zufriedene* (Reissig, »Zwar schuf das Glück«)

1809; veröffentlicht 1810 (Breitkopf & Härtel, Leipzig; Clementi, London)
Fürstin Kinsky gewidmet. Der Text der Nr. 2 ist auch in WoO 127 vertont (siehe oben). Nr. 3 ursprünglich ca. 1792–93 entworfen

Op. 82
Vier Arietten und ein Duett (für S, T)
1. *Hoffnung* (Textdichter unbekannt, »Dimmi, ben mio«)
2. *Liebes-Klage* (Pietro Metastasio, »T'intendo, si, mio cor«)
3. *L'amante impatiente* – arietta buffa (Metastasio, »Che fa il mio bene«)
4. *L'amante impatiente* – arietta assai seriosa (Metastasio, »Che fa il mio bene«)
5. *Lebens-Genuß* (Metastasio, »Odi l'aura che dolce sospira«)

1809 (?); veröffentlicht 1811 (Breitkopf & Härtel, Leipzig; Clementi, London)
Die deutsche Erstausgabe enthält auch deutsche Übersetzungen von Christian Schreiber.

Op. 83
Drei Lieder (Johann Wolfgang von Goethe)
1. *Wonne der Wehmut* (»Trocknet nicht«)
2. *Sehnsucht* (»Was zieht mir das Herz«)
3. *Mit einem gemalten Band* (»Kleine Blumen«)

1810; veröffentlicht 1811 (Breitkopf & Härtel, Leipzig)
Fürstin Kinsky gewidmet

WoO 140
An die Geliebte (Johann Ludwig Stoll)
»O daß ich dir vom stillen Auge«
Dezember 1811; rev. 1814; zweite Fassung veröffentlicht 1814 (in der Zeitschrift *Friedensblätter*, Wien), erste Fassung veröffentlicht ca. 1826 (Gombart, Augsburg)
Die erste Fassung ist mit Gitarre oder Klavier besetzt.

WoO 141
Der Gesang der Nachtigall
(Johann Gottfried Herder)
»Höre, die Nachtigall singt«
Mai 1813; posthum veröffentlicht

WoO 142
Der Bardengeist (Franz Rudolph Hermann)
»Dort auf dem hohen Felsen«
November 1813; veröffentlicht 1813 (*Musen-Almanach für das Jahr 1814*, Wien)

Op. 94
An die Hoffnung (Christoph August Tiedge)
»Ob ein Gott sei«
1813–15; veröffentlicht 1816 (Steiner, Wien)
Eine frühere Vertonung des größten Teils von diesem Text ist op. 32 (1804–05), vgl. S. 321.

WoO 143
Des Kriegers Abschied (Christian Ludwig Reissig)
»Ich zieh' ins Feld«
Ende 1814; veröffentlicht 1815 (Mechetti, Wien)
Caroline Bernath gewidmet (von Reissig)

WoO 144
Merkenstein (Johann Baptist Rupprecht)
1814; veröffentlicht 1815 (in dem Almanach *Selam*, Wien)
Vgl. auch die weitere Vertonung (nächster Eintrag)

Op. 100
Merkenstein (Johann Baptist Rupprecht)
Für zwei Singstimmen (S, A)
1814; veröffentlicht 1816 (Steiner, Wien)
Dem Grafen Dietrichstein gewidmet (von Rupprecht). Vgl. auch vorstehende Vertonung.

WoO 135
Die laute Klage (Johann Gottfried Herder)
»Turteltaube, du klagest so laut«
ca. 1815 (?); posthum veröffentlicht

WoO 145
Das Geheimnis (Ignaz von Wessenberg)
»Wo blüht das Blümchen«
1815; veröffentlicht 1916 (in der *Modenzeitung*, Wien)

WoO 146
Sehnsucht (Christian Ludwig Reissig)
»Die stille Nacht umdunkelt«
Anfang 1816; veröffentlicht 1816 (Artaria, Wien)

Op. 98
An die ferne Geliebte (Liederzyklus; Alois Jeitteles)
1. »Auf dem Hügel sitz ich spähend«
2. »Wo die Berge so blau«
3. »Leichte Segler in den Höhen«
4. »Diese Wolken in den Höhen«
5. »Es kehret der Maien«
6. »Nimm sie hin denn diese Lieder«
April 1816; veröffentlicht 1816 (Steiner, Wien)
Fürst Lobkowitz gewidmet

Op. 99
Der Mann von Wort (Friedrich August Kleinschmid)
»Du sagtest, Freund«
ca. Mai 1816; veröffentlicht 1816 (Steiner, Wien)

WoO 147
Ruf vom Berge (Friedrich Treitschke)
»Wenn ich ein Vöglein wär'«
Dezember 1816; veröffentlicht 1817 (*Gedichte von Friedrich Treitschke*, Wien)

WoO 148
So oder so (Carl Lappe)
»Nord oder Süd«
Anfang 1817; veröffentlicht 1817 (*Modenzeitung*, Wien)

WoO 149
Resignation (Paul von Haugwitz)
»Lisch aus, mein Licht«
Anfang 1817 (manche Skizzen gehen bis etwa 1814 zurück); veröffentlicht 1818 (*Modenzeitung*, Wien)

WoO 200
O Hoffnung (Beethoven?)
Anfang 1818; veröffentlicht 1819 (Steiner, Wien)
Als Thema für Erzherzog Rudolph komponiert, der darüber vierzig Variationen schrieb.

WoO 130
Gedenke mein (Textdichter unbekannt)
ca. 1819–20 (ursprünglich 1804-05? entworfen); posthum veröffentlicht

WoO 150
Abendlied unterm gestirnten Himmel (Heinrich Goeble)
»Wenn die Sonne niedersinket«
März 1820; veröffentlicht 1820 (*Modenzeitung*, Wien)

Op. 128
Der Kuß (Christian Felix Weiße)
»Ich war bei Chloen ganz allein«
November–Dezember 1822 (1798 skizziert); veröffentlicht 1825 (Schott, Mainz)

WoO 151
Der edle Mensch sei hülfreich und gut (Johann Wolfgang von Goethe)
Januar 1823; posthum veröffentlicht
Für Baronesse Cäcilie von Eskeles komponiert

BARRY COOPER

Volksliedbearbeitungen

Beethovens Volksliedbearbeitungen gehören zu seinen am wenigsten geschätzten Werken. In allgemeinen Abhandlungen über sein Œuvre wird ihnen meist nur ein Absatz gewidmet, manchmal nicht mehr als ein halber Satz. Es herrscht keine Einigkeit darüber, wie viele Volksliedbearbeitungen es überhaupt gibt (in verschiedenen Publikationen werden weit auseinanderliegende Zahlen genannt), und das System ihrer Numerierung, das in den wichtigsten Nachschlagewerken verwendet wird, läßt sehr zu wünschen übrig (gleichwohl wird es auch hier benutzt). In der untenstehenden Liste sind Bearbeitungen von 169 verschiedenen Melodien aufgeführt, wenn man WoO 156/6 und 157/9 einzeln zählt (die beiden Melodien ähneln sich sehr, und der Text ist identisch). Zehn Melodien haben eine zweite, ganz neue Bearbeitung von Beethoven erfahren, aus Gründen, die im folgenden noch zu erklären sein werden. Somit erhöht sich die Gesamtzahl auf 179. Zusätzlich sind zu manchen Melodien Varianten oder aufgegebene Entwürfe bekannt (zum Beispiel WoO 155/Nr. 7 und 14), die aber hier nicht mitgerechnet werden. Fast alle Bearbeitungen sind mit einer im Violinschlüssel notierten Singstimme besetzt (dabei kann es sich um einen Sopran oder einen Tenor handeln), mit Begleitung sowie Einleitung und Nachspiel für Klavier, Violine und Violoncello. Die Streicherstimmen sind ad libitum gedacht (obwohl das in den Ausgaben meist nicht klar ersichtlich ist), manchmal kommt eine zweite oder dritte Singstimme hinzu oder auch ein Chor.

Der Edinburgher Verleger George Thomson trat erstmals im Jahre 1809 mit der Bitte um Volksliedbearbeitungen an Beethoven heran (früher schon hatte Haydn einige für ihn angefertigt). Im November desselben Jahres bereits fing Beethoven an, sich mit einer Gruppe von dreiundvierzig Melodien zu beschäftigen, die Thomson ihm geschickt hatte. Die Arbeit wurde durch die Bühnenmusik zu *Egmont* unterbrochen, aber bis zum Juli 1810 waren die dreiundvierzig Lieder fertig, dazu zehn weitere Melodien. Diese dreiundfünfzig Lieder wurden noch im selben Monat abgeschickt, im Februar 1812 noch einmal neun. Thomson erkannte zwar allen zweiundsechzig Bearbeitungen »das Gütesiegel der Phantasie, des Könnens und des guten Geschmacks« zu, führte aber Klage darüber, daß bei neun von ihnen die Begleitstimmen zu schwierig seien, und bat Beethoven, sie zu vereinfachen. Beethoven war über dieses Ansinnen sehr verärgert und weigerte sich, irgend etwas zu verändern. Er warf Thomson vor, dieser habe sich zuvor nicht präzise genug zu diesem Thema geäußert. Dessenungeachtet lieferte er für die neun Melodien gänzlich neue Bearbeitungen, deren Zuordnung aus der folgenden Aufstellung ersichtlich wird:

Nr. unter den 62 Liedern	erste Bearbeitung	*ersetzt durch*
4	Hess 206	WoO 155/20
28	WoO 152/5	Hess 192
37	Hess 196	WoO 153/12
43	Hess 203	Op. 108/20
44	Hess 197	WoO 153/15
52	Hess 194	WoO 153/5
57	WoO 152/25	WoO 154/2
60	WoO 152/22	WoO 154/7
61	Hess 198	WoO 154/9

Die neuen Bearbeitungen, die die beanstandeten ersetzen sollten, wurden im Februar 1813 zusammen mit einundzwanzig weiteren Liedern abgeschickt. Unter diesen waren auch zwei verschiedene Bearbeitungen einer Melodie (WoO 153/11 und Hess 195). Für die Zeit danach liegen die Dinge weniger klar: Die nächste, fünfzehn Lieder umfassende Gruppe ist in zwei Manuskripten Beethovens auf Mai 1815 datiert, jedoch schrieb Thomson auf die Kopie, die er erhielt, »1814« – offensichtlich fälschlicherweise. Verschiedenen Quellen kann man entnehmen, daß bis November 1818 118 Lieder abgeschickt wurden, 1819 und 1820 kamen noch einige dazu. Anfänglich waren alle Lieder britischer Herkunft, 1816 jedoch begann Beethoven, auch Lieder vom europäischen Festland zu bearbeiten. Allgemein wird behauptet, dies sei auf seine eigene Initiative zurückzuführen, aber die erste Erwähnung dieser Bearbeitungen im Briefwechsel Beethoven/Thomson findet sich in einem Brief Thomsons vom 1. Januar 1816 (Willetts, 1970, S. 21). Beethoven reagierte darauf mit einer Sendung, die siebenundzwanzig Bearbeitungen kontinentaleuropäischer Lieder enthielt. Thomson bewunderte zwar die herrliche Sizilianische Melodie (WoO 157/4), veröffentlichte aber keines dieser Lieder – offenbar auf Grund von Problemen, die mit der Sprache und der Übersetzung zu tun hatten.

Insgesamt verlegte Thomson 125 Bearbeitungen britischer Volkslieder von Beethoven, er ließ allerdings 25 weitere weg, einschließlich aller zehn Duplikate. Gelegentlich wird behauptet, Beethoven habe für die Bearbeitungen insgesamt 550 englische Pfund erhalten; in Wahrheit bekam er dafür sehr viel weniger. Bis 1814 waren es für jede Bearbeitung nur drei Dukaten (oder etwas weniger), danach vier. Auch wenn er für jede der 177 Bearbeitungen (zwei davon, Hess 133–4, waren eher trivialer Art und nicht für Thomson bestimmt) je vier Dukaten bekommen hätte, wären es zusammen kaum 350 englische Pfund gewesen.

Es herrscht weitgehend die Ansicht, Thomson habe sämtliche Texte erst nachträglich Beethovens Bearbeitungen hinzugefügt. Bei der ersten Gruppe von dreiundfünfzig Liedern trifft dies auch zu, aber Beethoven monierte, er benötige die Texte, um gute Bearbeitungen anfertigen zu können. 1812 drohte er sogar aufzuhören, falls er keine Texte erhalte. Thomson erklärte, er werde neue Dichtungen zu den alten Melodien in Auftrag geben, wenn die Bearbeitungen fertig seien. Das traf aber wohl nicht durchweg zu; es scheint, daß er ab 1813 einige Texte mitschickte: Nach diesem Zeitpunkt taucht eine ganze Reihe von Titeln in Beethovens Manuskripten auf, und in einigen Fällen findet sich eine kurze Inhaltsangabe. Allerdings wurde der Text, den Beethoven erhielt, nicht immer beibehalten: Das Manuskript zu WoO 156/4 ist überschrieben »My daddie is a canker'd Carle or Low down in the broom«, aber Thomson veröffentlichte es mit einem neuen Text – »The Lavrock shuns the palace gay« –, und erst noch später erhielt der Satz seinen heutigen Text.

Es gibt auch in den Bearbeitungen selber Belege dafür, daß Beethoven den Inhalt vieler Lieder kannte. *Faithfu' Johnie* (op. 108/20) ist ein Dialog, bestehend aus der Frage einer Frau und der Antwort ihres Geliebten. Beethoven trennt die beiden Hälften durch eine Pause und ein Zwischenspiel von zwei Takten, während in einer früheren Bearbeitung (Hess 203) die Musik ohne Einschnitt weitergegangen war. In *O Swiftly Glides the Bonnie Boat* (op. 108/19) wird das Dahingleiten des Bootes durch Sechzehnteltonleitern in der Einleitung veranschaulicht; die Begleitung in *The Elfin Fairies* (WoO 154/1) ist außerordentlich leicht und flüchtig und entspricht somit in idealer Weise dem Text.

Viele Melodien lassen sich in das Dur-Moll-System einordnen; diejenigen, die davon abweichen, kann man im wesentlichen mit vier Begriffen charakterisieren: Pentatonik, doppelte Tonika, Modi und »nichttonale« Schlüsse. Rein pentatonisch sind nur wenige Melodien, denn die, die es ursprünglich einmal waren, sind im 19. Jahrhundert meist modifiziert worden. So werden in *Dim, Dim is my Eye* (op. 108/6) der Pentatonik fremde Töne durch Verzierungen in die Melodie eingebracht. In *Auld Lang Syne* (WoO 156/11) ist die Pentatonik an einer Stelle vermutlich durch einen Schreibfehler durchbrochen worden. Die modalen Melodien, von denen viele zwei Grundtöne haben (das heißt, ein Ton fungiert in bestimmten Takten als Tonika, in den folgenden ist es ein anderer, meist der nächsttiefere, wie in *Highlander's Lament*, WoO 157/9), sind natürlich in jedem Fall schwer zu harmonisieren. Beethoven war solchen modalen Anklängen gegenüber viel sensibler als die meisten seiner Zeitgenossen. Er verzichtete zwar auf die quasi-altertümlichen Harmonien, die später von manchen englischen Komponisten eingesetzt wurden, aber er vermied in seinen Bearbeitungen modaler Lieder ebenso die starke Dominante-Tonika-Fortschreitung seiner Zeitgenossen. In *Sunset* (op. 108/2) geht er bei dem Versuch, die Tonalität abzuschwächen, so weit, daß er den Schluß der Melodie mit einer VII[b]-I-Kadenzierung harmonisiert. In den Melodien, die nicht tonal enden, in denen also der Schlußton dem erwarteten Grundton ausweicht, harmonisiert Beethoven eher konventionell, indem er den offenen Schluß in der Coda in die Tonika auflöst, so zum Beispiel in *Bonnie Laddie* (op. 108/7).

In all seinen Bearbeitungen gibt sich Beethoven erhebliche Mühe, das Erwartungsgemäße zu vermeiden und etwas Überraschendes, dabei Wirkungsvolles zu schaffen. In den Einleitungen und den Nachspielen beweist er oft eine große Geschicklichkeit darin, aus der Melodie heraus ein charakteristisches Motiv zu entwickeln; so ist beispielsweise in *Could this Ill World* (op. 108/16) die rhythmische Figur des »Scotch snap«, die bei dem entscheidenden Wort »woman« steht, äußerst passend am Anfang der Einleitung entwickelt. Auch im Harmonischen riskierte es Beethoven, lieber etwas primitiv oder umständlich zu wirken – oder er führte kleine chromatische Wendungen ein –, als daß er der Konvention verfallen wäre. Thomsons Urteil über die Volksliedbearbeitungen, die er auf dem Deckblatt eines großen Sammelbandes notierte, besitzt in vollem Umfang Gültigkeit: Eigenständig und schön sind diese Bearbeitungen des unnachahmlichen Genies Beethoven (vgl. Bartlitz, 1970, S. 67).

Werkverzeichnis-Nr.
Sammeltitel
(Verleger und Datum der Erstausgabe)

Lied-Nr.; *Titel des Liedes* (Textdichter oder Herkunft); Singstimmen; Datum der Vollendung

Alle Bearbeitungen sind mit einer Klavierbegleitung besetzt sowie mit ad-libitum-Stimmen für Violine und Violoncello; Ausnahmen bilden WoO 158/3, Nr. 4, und Hess 133 bis 4, bei denen keine Streicherstimmen besetzt sind.

Op. 108
25 Schottische Lieder
(George Thomson, Edinburgh: 1818)

1. *Music, Love and Wine* (Smyth); S, SSA Chor; Februar 1817
2. *Sunset* (Scott); S; Februar 1818
3. *Oh Sweet were the Hours* (Smyth); S; Februar 1817
4. *The Maid of Isla* (Scott); S; Februar 1817
5. *The Sweetest Lad was Jamie* (Smyth); S; Mai 1815
6. *Dim, Dim is my Eye* (Smyth); S; Mai 1815
7. *Bonny Laddie, Highland Laddie* (Hogg); S; Mai 1815
8. *The Lovely Lass of Inverness* (Burns); S; Mai 1816
9. *Behold my Love how Green* (Burns); SA; Februar 1817
10. *Sympathy* (Smyth); S; Mai 1815
11. *Oh Thou art the Lad* (Smyth); S; Oktober 1815
12. *Oh Had my Fate* (Byron); S; 1816
13. *Come Fill, Fill my Good Fellow* (Smyth); S, SAB Chor; Februar 1817

14. *O How can I be Blithe* (Burns); S; 1816
15. *O Cruel was my Father* (Ballantyne); S; 1816
16. *Could this Ill World* (Hogg); S; 1816
17. *O Mary at the Window be* (Burns); S; Februar 1817
18. *Enchantress, Farewell* (Scott); S; Februar 1818
19. *O Swiftly Glides the Bonnie Boat* (Baillie); SS, SATB Chor; Mai 1815
20. *Faithfu' Johnie* (Grant); S; Februar 1813. Siehe auch unten Hess 203.
21. *Jeanie's Distress* (Smyth); S; Februar 1817
22. *The Highland Watch* (Hogg); S, STB Chor; Anfang 1817
23. *The Shepherd's Song* (Baillie); S; Februar 1818
24. *Again my Lyre* (Smyth); S; Mai 1815
25. *Sally in our Alley* (Carey); S; Anfang 1817

Die übliche Numerierung folgt der deutschen Erstausgabe (Schlesinger, Berlin: 1822), die (von Schlesinger) Fürst Radziwill gewidmet ist. Die Schottische Ausgabe veröffentlichte die Lieder in einer anderen Reihenfolge, mit fünf von Haydn dazwischen.

WoO 152
25 Irische Lieder
(George Thomson, Edinburgh: 1814)

1. *The Return to Ulster* (Scott); S; Juli 1810
2. *Sweet Power of Song* (Baillie); SA; Juli 1810
3. *Once more I Hail thee* (Burns); S; Juli 1810
4. *The Morning Air* (Baillie); S; Juli 1810
5. *On the Massacre of Glencoe* (Scott); S; Juli 1810. Siehe auch unten Hess 192.
6. *What shall I do* (Anon); SA; Juli 1810
7. *His Boat Comes* (Baillie); S; Juli 1810
8. *Come Draw we Round* (Baillie); S; Juli 1810
9. *The Soldier's Dream* (Campell); S; Juli 1810
10. *The Deserter* (Curran), S, SA Chor; Februar 1812
11. *Thou Emblem of Faith* (Curran); S; Februar 1812
12. *English Bulls* (Anon); S; Juli 1810
13. *Musing on the Roaring Ocean* (Burns); S; Februar 1812
14. *Dermot and Shelah* (Toms); S; Juli 1810
15. *Let Brain-spinning Swains* (Boswell); S; Juli 1810
16. *Hide not thy Anguish* (Smyth); S; Juli 1810
17. *In Vain to this Desert* (Grant und Burns); SA; Juli 1810
18. *They Bid me Slight* (Smyth); ST; Juli 1810
19. *Wife, Children and Friends* (Spencer); ST; Februar 1812
20. *Farewell Bliss* (Grant und Burns); SA; Juli 1810
21. *Morning a Cruel Turmoiler is* (Boswell); S; Februar 1812
22. *From Garyone* (Toms); S; Februar 1812. Siehe auch unten WoO 154/Nr. 7.
23. *A Wand'ring Gypsy* (Wolcot); S; Juli 1810
24. *The Traugh Welcome* (Anon); S; Februar 1812
25. *Oh Harp of Erin* (Thomson); S; Februar 1812. Siehe auch unten WoO 154/Nr. 2.

Diese Gruppe von Liedern wurde im März 1814 zunächst zusammen mit WoO 153/Nr. 1–4 (von dem sie seitdem immer getrennt aufgeführt wird) sowie einer Bearbeitung von Haydn publiziert.

WoO 153
20 Irische Lieder
(George Thomson, Edinburgh: 1814 [Nr. 1–4], 1816 [Nr. 5–20])

1. *When Eve's last Rays* (Thomson); SA; Juli 1810
2. *No Riches from his Scanty Store* (Williams); S; Juli 1810
3. *The British Light Dragoons* (Scott); S; Juli 1810
4. *Since Greybeards Inform us* (Toms); S; Juli 1810
5. *I Dream'd I Lay* (Burns); SA; Februar 1813. Siehe auch unten Hess 194.
6. *Sad and Luckless* (Smyth); S; Mai 1815
7. *O Soothe me, my Lyre* (Smyth); S; Februar 1813
8. *Norah af Balamagairy* (Boswell); S, STB Chor; Februar 1813
9. *The Kiss, dear Maid* (Byron); S; Februar 1813
10. *Oh Thou Hapless Soldier* (Smyth); SA; Juli 1810
11. *When Far from the Home* (Thomson); S; Februar 1813. Siehe auch unten Hess 195.
12. *I'll Praise the Saints* (Smyth); S; Februar 1813. Siehe auch unten Hess 196.
13. *'Tis Sunshine at Last* (Smyth); S (oder ST); Oktober 1815
14. *Paddy O'Rafferty* (Boswell); S; Juli 1810
15. *'Tis but in Vain* (Smyth); S; Februar 1813. Siehe auch unten Hess 197.
16. *O Might I but my Patrick Love* (Smyth); S; Februar 1813
17. *Come, Darby dear* (Smyth); S; Februar 1813
18. *No More, my Mary* (Smyth); S; Februar 1813
19. *Judy, Lovely, Matchless Creature* (Boswell); S; Februar 1813
20. *Thy Ship must Sail* (Smyth); S; Februar 1813

Diese Gruppe von Liedern ist nachträglich zusammengestellt worden, aus den vier Liedern, die zusammen mit WoO 152 von Thomson im Jahre 1814 publiziert wurden, sowie sechzehn Liedern, die aus Thomsons 1816 erschienenem 2. Band willkürlich ausgewählt wurden.

WoO 154
12 Irische Lieder
(George Thomson, Edinburgh: 1816 [ohne Nr. 2 und 7])

1. *The Elfin Fairies* (Thomson); S; Februar 1813
2. *Oh Harp of Erin* (Thomson); S; Februar 1813. Siehe oben WoO 152/Nr. 25
3. *The Farewell Song* (Smyth); S; Februar 1813
4. *The Pulse of an Irishman* (Boswell); S; Februar 1813
5. *Oh Who, my Dear Dermot* (Smyth); S; Februar 1813
6. *Put Round the Bright Wine* (Smyth); S; Februar 1813
7. *From Garyone* (Toms); S; Februar 1813. Siehe oben WoO 152/Nr. 22.
8. *Save me from the Grave and Wise* (Smyth); S, STB Chor; Februar 1813
9. *Oh Would I Were* (Smyth); ST; Februar 1813. Siehe auch unten Hess 198.
10. *The Hero may Perish* (Smyth); SA; Februar 1813
11. *The Soldier in a Foreign Land* (Baillie); ST; Februar 1813
12. *He Promised me at Parting* (Smyth); ST; Februar 1813

Ebenso wie WoO 153 ist dies ein künstliches Gebilde: Die Lieder wurden 1855 von Artaria & Co. (Wien) zusammengestellt, mit neuen Texten von Thomas Moore. Die Sammlung besteht aus zehn der verbliebenen vierzehn Lieder aus Thomsons 2. Band sowie aus zwei Bearbeitungen, die Thomson nicht veröffentlicht hat.

WoO 155
26 Walisische Lieder
(George Thomson, Edinburgh; 1817)

1. *Sion, the Song of Evan* (Grant); SA; Juli 1810
2. *The Monks of Bangor's March* (Scott), SA; Juli 1810
3. *The Cottage Maid* (Smyth); S; Juli 1810
4. *Love without Hope* (Richardson); S; Juli 1810
5. *The Golden Robe* (Hunter); S; Juli 1810
6. *The Fair Maid of Mona* (Smyth); S; Juli 1810
7. *Oh Let the Night* (Smyth); S; Juli 1810
8. *Farewell, thou Noisy Town* (Smyth); S; Juli 1810
9. *To the Aeolian Harp* (Hunter); S; Juli 1810
10. *Ned Pugh's Farewell* (Hunter); S; Juli 1810
11. *Merch Megan* (Hunter); S; Juli 1810
12. *Waken Lords and Ladies Gay* (Scott); S; Juli 1810
13. *Helpless woman* (Burns); S; Juli 1810
14. *The Dream* (David ap Gwillim [Gwilym]); SS; Juli 1810
15. *When Mortals all to Rest Retire* (Smyth); S; Februar 1813
16. *The Damsels of Cardigan* (Jones); S; Juli 1810
17. *The Dairy House* (Hunter); S; Juli 1810
18. *Sweet Richard* (Opie); S; Juli 1810
19. *The Vale of Clwyd* (Opie); S; Juli 1810
20. *To the Blackbird* (David ap Gwillim [Gwilym]); S; Februar 1813. Siehe unten auch Hess 206.
21. *Cupid's Kindness* (Smyth); S; Juli 1810
22. *Constancy* (Burns); SS; Juli 1810
23. *The Old Strain* (Smyth); S; Juli 1810
24. *Three Hundred Pounds* (Litwyd); S; Juli 1810
25. *The Parting Kiss* (Smyth); S; Mai 1815
26. *Good Night* (Spencer); S; Juli 1810

Diese Lieder wurden 1817, zusammen mit vier Bearbeitungen von Haydn dazwischen, als Sammlung von dreißig walisischen Melodien publiziert.

WoO 156
12 Schottische Lieder
(George Thomson, Edinburgh: 1822 [Nr. 1], 1824–25 [Nr. 2–4, 8, 9, 12], 1839 [Nr. 5, 6], 1841 [Nr. 7, 10, 11])

1. *The Banner of Buccleuch* (Scott); STB; nicht datiert
2. *Duncan Gray* (Burns); STB; Herbst 1818
3. *Up! Quit thy Bower* (Baillie); SSB; nicht datiert
4. *Ye Shepherds of this Pleasant Vale* (Hamilton); STB; Herbst 1818
5. *Cease your Funning* (Gay); S; Anfang 1817
6. *Highland Harry* (Burns); S; Mai 1815
7. *Polly Stewart* (Burns); S; Herbst 1818
8. *Womankin d* (Smyth); STB; Herbst 1818
9. *Lochnagar* (Byron); STB; Herbst 1818
10. *Glencoe* (Scott); STB; nicht datiert
11. *Auld Lang Syne* (Burns); STB, STB Chor; Herbst 1818
12. *The Quaker's Wife* (Hunter); STB; Herbst 1818

Diese Sammlung, nachträglich zusammengestellt, umfaßt nahezu alle schottischen Lieder Beethovens, die nicht als op. 108 veröffentlicht wurden; die Nr. 5 allerdings ist nicht schottisch, sondern stammt aus *The Beggar's Opera.*

WoO 157
12 verschiedene Volkslieder
(George Thomson, Edinburgh: 1816 [Nr. 2, 6, 8, 11], 1822 [Nr. 3], 1824–25 [Nr. 5], 1839 [Nr. 1])

1. *God Save the King* (England); S, STB Chor; Anfang 1817
2. *The Soldier* (Irland; Smyth); S; Mai 1815
3. *O Charlie is my Darling* (Schottland); SAB; Anfang 1819
4. *O Sanctissima* (Sizilien); SSB; Februar 1817
5. *The Miller of Dee* (England); STB; nicht datiert
6. *A Health to the Brave* (Irland; Dovaston); SA; Mai 1815
7. *Robin Adair* (Irland); STB; Oktober 1815
8. *By the Side of the Shannon* (Irland; Smyth); S; Mai 1815
9. *Highlander's Lament* (Schottland; Burns); S, STB Chor; 1820
10. *Sir Johnie Cope* (Schottland); S; Februar 1817
11. *The Wandering Minstrel* (Irland; Smyth); S, STB Chor; Mai 1815
12. *La Gondoletta* (Venedig); S; 1816

Diese Sammlung von Liedern wurde erstmals 1860 für eine deutsche Ausgabe von Peters aus Manuskripten, die sich damals in Berlin befanden, zusammengestellt. Die vier irischen Lieder (Nr. 2, 6, 8 und 11) bilden in den handgeschriebenen Quellen ein Gruppe; die anderen dagegen wurden zu verschiedenen Zeiten geschrieben.

WoO 158/1
23 kontinentaleuropäische Lieder
(posthum veröffentlicht)

1. *Ridder Stig tjener* (Dänemark); S, SATB Chor; Februar 1817
2. *Horch auf, mein Liebchen* (Deutschland); S; 1816
3. *Wegen meiner bleib d'Fräula* (Deutschland); S; 1816
4. *Wann i in der Früh* (Tirol); S; 1816
5. *I bin a Tiroler Bua* (Tirol); S; 1816
6. *A Madel, ja a Madel* (Tirol); S; 1816
7. *Wer solche Buema* (Tirol); S; 1817?
8. *Ih mag di nit* (Tirol); S; 1817?
9. *Oj upiłem się w karczmie* (Polen); S; 1816
10. *Poszła baba po popiół* (Polen); S; 1816
11. *Yo no quiero embarcarme* (Spanien); S; 1816
12. *Seus lindos olhos* (Portugal); SA; 1816
13. *Im Walde sind viele Mücklein* (Rußland); S; 1816
14. *Ach Bächlein* (Rußland); S; 1816
15. *Unsere Mädchen* (Rußland); S; 1816
16. *Schöne Minka* (ukrainisch-kosakisch); S; 1816
17. *Lilla Carl* (Schweden); S; 1817?
18. *An ä Bergli bin i gesässe* (Schweiz); SA; 1816
19. *Bolero a solo: Una paloma blanca* (Spanien); S; 1816
20. *Bolero a due: Como la mariposa* (Spanien); SA; 1816
21. *La tiranna se embarca* (Spanien); S; 1816
22. *Edes kinos emlekezet* (Ungarn); S; 1817?
23. *Da brava, Catina* (Venedig); S; 1816

Eine frühere, geringfügig abweichende Fassung von Nr. 19 ist ebenfalls bekannt (Hess 207, dort aber fälschlich als frühere Fassung von Nr. 20 beschrieben). Die vier undatierten Lieder wurden wahrscheinlich kurz nach Nr. 1 geschrieben – offensichtlich in der Reihenfolge 17, 7, 22, 8.

WoO 158/2
7 Britische Volkslieder
(posthum veröffentlicht)

1. *Adieu my Lov'd Harp* (Irland); S; Februar 1813?
2. *Castle O'Neill* (Irland); STBar oder STBarB; Februar 1813
3. *O Was not I a Weary Wight* (Schottland); S; Februar 1817
4. *Red Gleams the Sun* (Schottland); S; Februar 1817
5. *Erin! oh Erin!* (Schottland/Irland); S; Mai 1815.

Die Melodie war offenbar sowohl in Schottland als auch in Irland bekannt.

6. *O Mary ye's be Clad in Silk* (Schottland); S; Mai 1815
7. *Lament for Owen Roe O'Neill* (Irland); S; Juli 1810

WoO 158/3
6 verschiedene Volkslieder
(posthum veröffentlicht)

1. *When my Hero in Court Appears* (Gay); S; Anfang 1817
2. *Non, non, Colette* (Rousseau); S; Anfang 1817
3. *Mark Yonder Pomp* (Burns); S; 1820
4. *Bonnie Wee Thing* (Burns); SSB; 1820?
5. *From thee, Eliza I must Go* (Burns); STB; Herbst 1818
6. (Kein Text, kein Titel; Schottland); S; Juli 1810

Hess 133
Das liebe Kätzchen (Österreich)
S; März 1820

Hess 134
Der Knabe auf dem Berge (Österreich)
S; März 1820

Hess 168
(Kein Text, kein Titel; Frankreich)
S; Anfang 1817

Hess 192
On the Massacre of Glencoe (Scott)
S; Februar 1813. Als Ersatz für WoO 152/Nr. 5 (siehe oben) vorgesehen

Hess 194
I Dream'd I Lay (Burns)
SA; Juli 1810
Durch WoO 153/Nr. 5 (siehe oben) ersetzt

Hess 195
When Far from the Home (Thomson)
S; Februar 1813
Eine Alternative zu der Bearbeitung, die oben unter WoO 153/Nr. 11 aufgeführt ist

Hess 196
I'll Praise the Saints (Smyth)
S; Juli 1810
Durch WoO 153/Nr. 12 (siehe oben) ersetzt

Hess 197
'Tis but in Vain (Smyth)
S; Juli 1810
Durch WoO 153/Nr. 15 (siehe oben) ersetzt

Hess 198
Oh Would I Were (Smyth)
ST; Februar 1812
Durch WoO154/Nr. 9 (siehe oben) ersetzt

Hess 203
Faithfu' Johnie (Grant)
S; Juli 1810
Durch op. 108/Nr. 20 (siehe oben) ersetzt

Hess 206
To the Blackbird (David ap Gwillim [Gwilym])
S; Juli 1810
Durch WoO 155/Nr. 20 (siehe oben) ersetzt

BARRY COOPER

Bearbeitungen eigener Werke; Verschiedenes

Zu Beethovens Lebzeiten sind viele seiner Werke als Bearbeitungen erschienen, eine damals weithin anerkannte Methode, beliebte Kompositionen einem größeren Publikum zugänglich zu machen. Die meisten Bearbeitungen stammen nicht von Beethoven selber; dies war kein Betätigungsfeld, das ihn sonderlich interessiert hätte. Im Jahr 1802 veröffentlichte er eine »Anzeige«, die sich gegen Bearbeitungen seiner Ersten Symphonie und des Septetts richtete: »Das Übersetzen überhaupt ist eine Sache, wogegen sich heutzutage (in unserem fruchtbaren Zeitalter – der Übersetzungen) ein Autor nur umsonst sträuben würde; aber man kann wenigstens mit Recht fordern, daß die Verleger es auf dem Titelblatte anzeigen, damit die Ehre des Autors nicht geschmälert und das Publikum nicht hintergangen werde« (Brief Nr. 66, Kastner). Gegen gute Bearbeitungen hatte er freilich nichts einzuwenden. Ries behauptete, er habe oft Bearbeitungen angefertigt, die Beethoven korrigiert habe und die dann unter Beethovens Namen verkauft worden seien. Die Bearbeitungen der Serenaden op. 8 und op. 25 sind Beispiele für die Arbeiten von Franz Kleinheinz. Beethoven schrieb dazu 1803 seinen Verlegern: »Die Übersetzungen sind nicht von mir, doch sind sie von mir durchgesehen und stellenweise ganz verbessert worden; also kommt mir ja nicht, daß Ihr da schreibt, daß ich's übersetzt habe, weil Ihr sonst lügt und ich auch gar nicht die Zeit dazu zu finden wüßte« (Brief Nr. 84, Kastner).

Beethovens Bearbeitungen der Klaviersonate op. 14/Nr. 1, des Violinkonzerts und der *Großen Fuge* kamen jeweils auf bestimmte Anfragen hin zustande. Nottebohm hat diesbezüglich die Vermutung geäußert, die Sonate sei möglicherweise ursprünglich für Streichquartett konzipiert gewesen. Dieser Frage ist Broyles (1970) ausführlich nachgegangen. Er kam zu dem Schluß, daß die These aufgrund der Skizzen nicht aufrechterhalten werden kann. Beethoven selber schrieb dazu: »Ich habe eine einzige Sonate von mir in ein Quartett von Geigeninstrumenten verwandelt, worum man mich so sehr bat und ich weiß gewiß, das macht mir nicht so leicht ein anderer nach« (Brief Nr. 61, Kastner). In demselben Brief an Breitkopf & Härtel äußert er seine Ansichten über Bearbeitungen von Klaviersonaten: »Die unnatürliche Wut, die man hat, sogar Klaviersachen auf Geigeninstrumente überpflanzen zu wollen, Instrumente, die so einander in allen entgegengesetzt sind, möchte wohl aufhören können. Ich behaupte fest, nur Mozart könne sich selbst vom Klavier auf andere Instrumente übersetzen« (ebd.).

Clementi hatte die Klavierfassung des Violinkonzerts op. 61 in Auftrag gegeben. Es überrascht, daß Beethoven bereit war, die Aufgabe zu übernehmen, aber möglicherweise ist dem so etwas wie ein Präzedenzfall vorausgegangen: Es gibt eine Klavierkadenz in G-Dur, die zu dem erhaltenen Fragment des frühen Violinkonzerts C-Dur, WoO 5, eine thematische Verwandtschaft aufweist. Das könnte bedeuten, daß Beethoven schon 1790–92 erwogen hatte, ein Werk für Klavier umzuschreiben, das für Violine entworfen worden war. Beethoven veränderte die Solostimme von op. 61 nur sehr wenig; die linke Hand spielt eine weitgehend begleitende Rolle, außerdem schrieb er dazu eigene Kadenzen.

Die Bearbeitung der *Großen Fuge* für Klavier zu vier Händen entstand als eine Folge der Reaktionen auf das Streichquartett B-Dur op. 130 mit der Fuge als dem ursprünglichen Schlußsatz. Als nach einer Klavierbearbeitung der Fuge gefragt wurde, erteilte Beethoven Anton Halm die Genehmigung, eine solche anzufertigen; er war jedoch mit dem Ergebnis nicht zufrieden und machte sich daraufhin selbst ans Werk.

Das Quintett für Klavier und Bläser op. 16 wurde gleichzeitig mit der Bearbeitung für Klavierquartett (mit Streichern) publiziert. Im Jahre 1817 war es dann ein äußerer Anlaß, der Beethoven dazu brachte, das Klaviertrio op. 1/Nr. 3 umzuarbeiten, das er schon vor mehr als zwanzig Jahren vollendet hatte. Ein unbekannter Komponist namens Kaufmann überreichte ihm eine Bearbeitung für Streichquintett. Obwohl Beethoven einiges daran auszusetzen fand, beschloß er, sie als Grundlage für eine eigene Fassung zu verwenden. Kaufmanns Bearbeitung hielt sich im wesentlichen eng an die Vorlage und war eher phantasielos. Beethoven verbesserte und belebte sie, indem er Klangfarben und die Stimmführung änderte und Angaben zur Dynamik und Phrasierung hinzufügte. Erstaunlicherweise ließ er einige mittelmäßige Passagen unangetastet, und an Stellen, an denen Kaufmann neues melodisches Material eingearbeitet hatte, behielt er dieses bei und baute sogar darauf auf. Auf der Abschrift des Kopisten notierte er: »Bearbeitetes terzett zu einem 3 stimmigen quintett vom Hr. Gutwillen [Kaufmann] u. aus dem schein von 5 stimmen zu wirklichen 5 stimmen ans Tags licht gebracht, wie auch aus grösster Miserabilität zu einigem Ansehn erhoben von Hr. Wohlwollen [Beethoven selbst]. – 1817 am 14ten august« (Zitiert nach Tyson, 1973b, S. 159).

Bei der Musik zu *Die Weihe des Hauses* handelt es sich weniger um eine Bearbeitung als vielmehr um hastig zusammengestellte und modifizierte Stücke aus der Musik zu *Die Ruinen von Athen* mit einer neuen Ouvertüre und einem neuen Chor.

Unter »Vermischtes« sind eine Orgelfuge, Stücke für Flötenuhr, musikalische Scherze und Sprüche in Beethovens Briefen sowie die Übungen, die er für Albrechtsberger und Haydn anfertigte, aufgeführt. Die Orgelfuge wurde möglicherweise für einen bestimmten Anlaß komponiert, nämlich für Beethovens Bewerbung um die Stelle des zweiten Hoforganisten in Bonn; die Stücke für Flötenuhr wurden wahrscheinlich für Graf Deym geschrieben, der eine Sammlung von mechanischen Musikinstrumenten besaß.

I Bearbeitungen

Op. 16
Klavierquartett Es-Dur
Bearbeitung des Quintetts für Klavier und Bläser (vgl. S. 273)
1796; veröffentlicht März 1801 (Mollo, Wien)
Fürst Schwarzenberg gewidmet

Op. 36
Klaviertrio
Bearbeitung der Zweiten Symphonie D-Dur (vgl. S. 260)
1805; veröffentlicht 1805 (Bureau des Arts et d'Industrie, Wien)

Op. 38
Trio Es-Dur für Klavier, Klarinette (oder Violine) und Violoncello
Bearbeitung des Septetts op. 20 (vgl. S. 274)
1802–03; veröffentlicht 1805 (Bureau des Arts et d'Industrie, Wien)
J. A. Schmidt gewidmet; Titel der Erstausgabe: »Grand Trio pour le Pianoforte avec l'accompagnement de la Clarinette ou Violon et Violoncelle concertante«

Op. 41
Serenade D-Dur für Flöte/Violine und Klavier
Bearbeitung der Serenade op. 25 (vgl. S. 274)
1803; veröffentlicht Dezember 1803 (Hoffmeister & Kühnel, Leipzig)

Von F. X. Kleinheinz bearbeitet, von Beethoven korrigiert und autorisiert

Op. 42
Notturno D-Dur für Klavier und Bratsche
Bearbeitung der Serenade op. 8 (vgl. S. 287)
1803; veröffentlicht 1804 (Hoffmeister & Kühnel, Leipzig)
Von F. X. Kleinheinz bearbeitet, von Beethoven korrigiert und autorisiert

Op. 61
Klavierkonzert D-Dur
Bearbeitung des Violinkonzerts (vgl. S. 266)
1807; veröffentlicht 1808 (Bureau des Arts et d'Industrie, Wien)
Julie von Breuning gewidmet; Beethoven komponierte neue Kadenzen für den ersten und dritten Satz.

Op. 63
Trio Es-Dur für Klavier, Violine und Violoncello
Bearbeitung des Streichquintetts op. 4 (vgl. S. 287)
Veröffentlicht 1806 (Artaria, Wien)
Bearbeiter nicht bekannt, möglicherweise ohne Wissen Beethovens bearbeitet

Op. 64
Sonate Es-Dur für Klavier und Violoncello
Bearbeitung des Streichtrios op. 3 (vgl. S. 286)
Veröffentlicht 1807 (Artaria, Wien)
Bearbeiter nicht bekannt, möglicherweise ohne Wissen Beethovens bearbeitet

Op. 104
Streichquintett c-Moll
Bearbeitung des Klaviertrios op. 1/Nr. 3 (vgl. S. 277)
1817; Urauffg. 10. Dezember 1818; veröffentlicht 1819 (Artaria, Wien)
Bearbeitung von Kaufmann, von Beethoven korrigiert

Op. 134
***Große Fuge* B-Dur für Klavier zu vier Händen**
Bearbeitung des Streichquartetts op. 133 (vgl. S. 288)
1826; veröffentlicht 1827 (Artaria, Wien)
Erzherzog Rudolph gewidmet

Hess 34
Streichquartett F-Dur
Bearbeitung der Klaviersonate E-Dur op. 14/Nr. 1 (vgl. S. 295)
1801–02; veröffentlicht Mai 1802 (Bureau des Arts et d'Industrie, Wien)
Baronin Braun gew.

Hess 65
Konzertsatz C-Dur
Klavierbearbeitung der Coda des letzten Satzes des Dritten Klavierkonzerts op. 37 (vgl. S. 265)
1820–21; veröffentlicht 1821 (Starke, Wien)

Hess 87
Klavierfassung des Marsches B-Dur für sechs Bläser, WoO 29 (vgl. S. 274)
1797–98; posthum veröffentlicht

Hess 88
Klavierfassung des Menuetts As-Dur für Streichquartett, Hess 33 (vgl. S. 286)
1790–92; posthum veröffentlicht

Hess 89
Klavierfassung des *Ritterballetts*, WoO 1
(vgl. S. 305)
posthum veröffentlicht

Hess 90
Klavierfassung von *Die Geschöpfe des Prometheus* op. 43 (vgl. S. 305)
1801; veröffentlicht 1801 (Artaria Wien)
Fürstin Christiane Lichnowsky gewidmet

Hess 91
***Opferlied* op. 121 b** (vgl. S. 314)
Fassung für Sopran, Chor und Klavier
Veröffentlicht 1825 (Schott, Mainz)

Hess 92
***Bundeslied* op. 122** (vgl. S. 314)
Fassung für zwei Solisten und Klavier
Veröffentlicht 1825 (Schott, Mainz)

Hess 93–5
Vereinfachte Fassung und zwei Klavierbearbeitungen von Klärchens Lied, der Nr. 4 aus *Egmont* op. 84 (vgl. S. 307)
1810; posthum veröffentlicht

Hess 97
Klavierfassung von *Wellingtons Sieg* op. 91
(vgl. S. 267)
1816; veröffentlicht 1816 (Steiner, Wien)

Hess 99
Klavierfassung des Militärmarsches F-Dur, WoO 18 (vgl. S. 270)
1809; posthum veröffentlicht

Hess 100–102
Klavierfassungen von WoO 8, 7 und 14 (vgl. S. 268–9)

Hess 108
Originalfassung von *Wellingtons Sieg* op. 91 für Mälzels Panharmonikon, zweiter Teil (»Siegessymphonie«) (vgl. S. 267)
1813; posthum veröffentlicht

Hess 118
Vollständige Musik zu *Die Weihe des Hauses*, modifiziert übernommen aus: *Die Ruinen von Athen* op. 113 (vgl. S. 307)
Ouvertüre: vgl. op. 124 (S. 308)
Nr. 1: op. 113/Nr. 1 mit neuem Text
Nr. 2–4: wie op. 113/Nr. 2–4
Nr. 5: vgl. WoO 98 (S. 308)
Nr. 6: vgl. op. 114 (S. 308)
Nr. 7: op. 113/Nr. 5, Text gekürzt
Nr. 8–9: op. 113/Nr. 7–8, Text geändert
1822; posthum veröffentlicht

II Verschiedenes (Keines dieser Werke wurde zu Lebzeiten Beethovens veröffentlicht.)

WoO 31
Fuge für Orgel, D-Dur
1783

WoO 33
5 Stücke für Flötenuhr
Nr. 1: F-Dur; 1799
Nr. 2: G-Dur; 1799–1800
Nr. 3: G-Dur; 1799 (?)
Nr. 4: C-Dur; 1794 (?)
Nr. 5: C-Dur; 1794 (?)

WoO 199
Ich bin der Herr von zu (musikalischer Scherz)
1814
Erzherzog Rudolph zugedacht

WoO 201
Ich bin bereit! Amen (musikalischer Scherz)
1818
In einem Brief an Vincenz Hauschka (Brief Nr. 738, Kalischer)

WoO 202
Das Schöne zu dem Guten (Motto)
1823; für Marie Pachler-Koschak

WoO 203
Das Schöne zu dem Guten (Motto/Rätselkanon)
1825; in einem Brief an Rellstab (Brief Nr. 1285, Kastner)

WoO 204
Holz, Holz geigt die Quartette so
(musikalischer Scherz)
In einem Konversationsheft vom September 1825

WoO 205
Musikalische Scherze in den Briefen

(a) *Baron, Baron*
In einem Brief an Zmeskall, 1798 (Brief Nr. 18, Kastner)

(b) *Allein, allein, allein*
An Graf Lichnowsky, 1814 (Brief Nr. 460, Kastner)

(c) *O Adjutant*
An Haslinger, 1817 (Brief Nr. 698, Kastner)

(d) *Wo? Wo?*
An Nanette Streicher, 1817 (Brief Nr. 753 oder 754, Kastner)

(e) *Erfüllung, Erfüllung*
An Erzherzog Rudolph, 1819 (Brief Nr. 882, Kastner)

(f) *Scheut euch nicht*
An Treitschke, ca. 1822? (Brief Nr. 669, Kastner)

(g) *Tobias!*
An Haslinger, 1824 (Brief Nr. 1047, Kalischer)

(h) *Tobias Tobias*
An Haslinger, 1825 (Brief Nr. 1048, Kalischer)

(i) *Bester Tobias*
An Haslinger, 1826 (Brief Nr. 1437, Kastner)

(k) *Erster aller Tobiasse*
An Haslinger, 1826 (Brief Nr. 1438, Kastner)

Ach Tobias (musikalischer Scherz)
An Haslinger, 1825 (Brief Nr. 1457, Anderson; ein Faksimile des Originals ist abgedruckt in: *Sovetskaja Muzika*, Mai 1953, S. 76–8)
Unter WoO 205 bei Kinsky, 1955, nicht aufgeführt

Hess 36
Streichquartettfassung der Fuge aus der Ouvertüre zu Händels *Solomon*
ca. 1798

Hess 38
Streichquintettfassung der Fuge b-Moll aus dem ersten Band des *Wohltemperierten Klaviers* von Joh. Seb. Bach
1802–02

Hess 107
***Grenadiermarsch* für Flötenuhr, F-Dur**
Besteht aus einem Marsch von zwanzig Takten von Haydn, einem Übergang und einer Bearbeitung des Marsches WoO 29 (vgl. S. 274)

Hess 233–46
Übungen mit Haydn und Albrechtsberger
1793–95
Hess 233: ca. 300 einfache Übungen im Kontrapunkt zu *cantus firmi*
Hess 234: ca. 125 Übungen (strenger Kontrapunkt)
Hess 235: 26 Übungen (frei)
Hess 236: 18 einfache zweistimmige Fugen (streng)
Hess 237: 7 einfache dreistimmige Fugen (streng)
Hess 238: 9 einfache vierstimmige Fugen (streng)
Hess 239: 3 Choralfugen
Hess 240: 4 zweistimmige Übungen im doppelten Kontrapunkt
Hess 241: 21 Übungen im doppelten Kontrapunkt
Hess 242: 6 Übungen im doppelten Kontrapunkt
Hess 243: 5 vierstimmige Fugen im doppelten Kontrapunkt
Hess 244: 2 vierstimmige Tripelfugen
Hess 245: Fragment einer Fuge d-Moll für Streichquartett
Hess 246: Doppelfuge F-Dur für vierstimmigen Chor
Diese Übungen wurden weder in der *Gesamtausgabe* noch von Hess, 1959, publiziert; viele finden sich bei Nottebohm, 1873.

ANNE-LOUISE COLDICOTT

Unvollendete und geplante Werke

Es wird im allgemeinen nicht bedacht, daß, wenn man jede kleine Notiz Beethovenscher Musik für sich nimmt, sehr viel mehr unvollendete Kompositionen existieren als vollendete. Allein in der Kafka-Sammlung von Skizzenblättern zum Beispiel befinden sich etwa sechshundert Fragmente, die man als Einfälle für verschiedene Werke zählen könnte; und um nur eine einzige Gattung herauszugreifen: Gustav Nottebohm schätzte, daß Beethoven insgesamt mindestens fünfzig Symphonien begonnen hat (Nottebohm, 1887, S. 13). Aus verschiedenen Gründen ist es unmöglich, eine umfassende Liste dieser unvollendeten Werke herzustellen, von denen die meisten nie über eine Skizze von einigen Takten hinauskamen. Oft stimmt so eine Skizze in einigen Elementen mit einem vollendeten Werk überein, kann also in einem gewissen Sinn auch als Entwurf für letzteres betrachtet werden. Zum Beispiel hat ein unvollendeter Satz für eine um 1798 geplante Sonate c-Moll (Kafka-Sammlung, f. 117 r) mehrere Merkmale mit dem ersten Satz der *Pathétique* gemeinsam, die sehr bald danach komponiert wurde, so daß sich nicht genau feststellen läßt, ob Beethoven diesen Entwurf nun verworfen hat oder nicht. Umgekehrt weisen manche Skizzen, die eindeutig für ein Werk gedacht waren, das dann vollendet wurde, keinerlei Gemeinsamkeiten mit der endgültigen Fassung eben dieses Werks auf; ein solcher Fall ist des öfteren dann gegeben, wenn Beethoven sich entschloß, einen Satz zu komponieren, der von dem ursprünglich geplanten gänzlich abwich. Zum Beispiel hatte er mehrere ganz unterschiedliche Einfälle für den Schlußsatz des Quartetts op. 130, von denen man jeden auch als einen unvollendeten Quartettsatz betrachten könnte statt als Entwurf zu op. 130. Manche abgebrochenen Skizzen sind so kurz – kaum länger als zwei oder drei Akkorde –, daß sie Stellen in mehreren Werken ähneln, ohne jedoch mit irgendeinem von ihnen in Verbindung zu stehen.
Ein weiteres Problem sind verschollene oder teilweise verlorengegangene Werke. Manchmal ist von einer Komposition, von der man weiß, daß sie fertiggestellt worden ist, nur ein Fragment erhalten, wie etwa bei einem frühen Violinkonzert (WoO 5) und bei einem Oboenkonzert (Hess 12). Von anderen Werken existieren unvollständige Partituren, die ganz den Eindruck machen, als wären sie einmal vollständig gewesen, so im Fall einer Romanze e-Moll (Hess 13). Oder es gibt einen Hinweis, aus dem man schließen kann,

daß ein Werk beendet wurde, wie die (nie bestätigte) Behauptung von Ries (1803) bezüglich einer Vertonung von Schillers *An die Freude*. Bei keinem dieser Werke läßt sich erweisen, ob es wirklich fertiggestellt wurde. Ebenso wie es einige vollendete Werke gibt, die bekanntermaßen verloren sind (woraus abgeleitet werden kann, daß dies auch noch auf andere zutrifft), gilt es im übrigen als sicher, daß auf den heute nicht mehr vorhandenen Skizzenblättern viele von Beethoven später verworfene Einfälle notiert gewesen sein müssen.

Größere Werke

Die unvollendeten Werke lassen sich in mehrere Kategorien einteilen. Die wichtigste umfaßt die bedeutenderen Kompositionen großen Umfangs, zu denen erhebliches Skizzenmaterial erhalten ist. Beethoven hat kein *opus maior* in fast vollendetem Zustand hinterlassen, wie zum Beispiel Mahlers Zehnte Symphonie oder Bergs *Lulu*, in einigen Fällen aber war doch schon erhebliche Arbeit geleistet worden, bevor Beethoven diese Werke entweder verwarf oder sein Tod die Fertigstellung verhinderte. Im folgenden seien die bedeutendsten aufgezählt:

1795–96 Symphonie C-Dur
1802 Tripelkonzert D-Dur
1803 Oper *Vestas Feuer* (Hess 115)
1815 Klavierkonzert Nr. 6 D-Dur (Hess 15)
1816 Klaviertrio f-Moll
1817 Streichquintett d-Moll (Hess 40)
1823–24 Messe cis-Moll
1822–25 Ouvertüre über B–A–C–H
1822–25 Symphonie Nr. 10 Es-Dur
1826–27 Streichquintett C-Dur (WoO 62)

Die C-Dur-Symphonie wurde in den Jahren 1795–96 ausführlich skizziert – tatsächlich sind dazu mehr Entwürfe erhalten als für die meisten vollendeten Werke Beethovens vor 1800. Die Skizzen sowie auch ein kurzes Partiturfragment beziehen sich vorwiegend auf den ersten Satz; zu möglichen weiteren Sätzen sind nur einige kurze Einfälle festgehalten. Der erste Satz umfaßt eine langsame Einleitung von immerhin ungefähr dreißig Takten oder etwas mehr, die teils im $^3/_4$-Takt, teils im $^2/_2$-Takt notiert ist, und ein Allegro mit einem Thema, von dem schließlich eine modifizierte Fassung im letzten Satz der Ersten Symphonie verwendet werden sollte. Dort wirkt das Thema sehr viel direkter und geschlossener, wie es für Schlußsätze typisch ist. In der unvollendeten Symphonie hingegen endet es eher offen und wird in den meisten Skizzen auch fast unmittelbar nach der Aufstellung entwickelt. Warum Beethoven das Werk nach derart intensiven Vorarbeiten verwarf, bleibt unklar: Vielleicht wollte er es bei seiner Reise nach Prag und Berlin im Jahre 1796 benutzen und war damit schlicht nicht rechtzeitig fertig geworden; vielleicht war er auch mit einigen der grundlegenden Ideen nicht mehr zufrieden und entwickelte ein besseres Konzept für eine neue Symphonie in derselben Tonart.

Ähnlich wurde auch das Tripelkonzert D-Dur von einem in C-Dur (op. 56) verdrängt. Beide Konzerte sind mit Violine, Violoncello und Klavier besetzt. Das D-Dur-Konzert wurde Anfang 1802 skizziert, vielleicht für eine geplante Aufführung im Frühling desselben Jahres. Dieser Konzerttermin wurde jedoch vom Theaterdirektor gestrichen, und Beethoven wandte sich anderen Werken zu. Er blieb aber offenkundig bei seiner Absicht, ein Tripelkonzert zu komponieren, denn ein solches Werk wird in einem Brief seines Bruders Carl an Breitkopf & Härtel vom 14. Oktober 1803 erwähnt – einige Monate vor den frühesten Entwürfen zu op. 56. Wie bei der C-Dur-Symphonie beziehen sich die meisten Skizzen – wie auch ein weitgehend leeres, 126 Takte umfassendes Partiturfragment – auf Teile des ersten Satzes, zu den folgenden Sätzen sind nur kurze Einfälle notiert (Kramer, 1977).

Im Jahre 1803 erhielt Beethoven den Auftrag, eine Oper zu schreiben, und er arbeitete während eines halben Jahres immer wieder mit Unterbrechungen an *Vestas Feuer* (nach einem Libretto von Emanuel Schikaneder). In dieser Zeit fertigte er mehr als zwanzig Seiten füllende Skizzen an und erstellte von der ersten Szene mit 275 Takten eine Partitur, die nur in den Instrumentalstimmen nicht ganz vollständig ist (vgl. Hess, 1959, Bd. 13, S. 143–68). Die Qualität des Librettos und die Weigerung Schikaneders, Verbesserungen daran vorzunehmen, ließen ihn jedoch mehr und mehr verzweifeln: »... stellen sie sich ein Römisches Sujet vor (Wovon ich weder Plan noch sonst etwas erfahren konnte), und die sprache und Versen, wie unsere hiesigen Aepfel = weiber« (vgl. Beethoven-Jahrbuch 3 [1959], S. 32). So wandte er sich schließlich *Leonore* zu.

Zwischen 1813 und 1817 entwarf Beethoven Skizzen zu einer großen Zahl von Werken, die niemals vollendet wurden. Bei den meisten von ihnen kam er nie über einige Takte hinaus, in drei Fällen jedoch machte er zunächst gute Fortschritte. Beim ersten handelt es sich um ein Sechstes Klavierkonzert (1815; vgl. Cook, 1989). Die Partitur, in voller Besetzung ausgeschrieben, beginnt recht zuversichtlich, im weiteren Verlauf aber enthält sie immer mehr Lücken und versickert schließlich etwa auf halbem Wege durch die Soloexposition. Die erhaltenen Skizzen deuten an, wie es hätte weitergehen können, doch genauere Einzelheiten lassen sich nur erraten. Eine neuere Ergänzung des Fragments zum ganzen Satz durch Nicholas Cook wurde zwar aufgeführt, nicht aber veröffentlicht. Vielleicht hielt Beethoven das Werk für nicht originell genug, denn es ähnelt in der Tonart, im Metrum und in bezug auf einige andere Merkmale dem Violinkonzert.

Im folgenden Jahr entwarf er ein Klaviertrio f-Moll, das er aber ebenfalls nach etwa der Hälfte des ersten Satzes aufgab. 1817 begann er ein Streichquintett d-Moll; der Anfang mit einer langsamen Einleitung oder einem Präludium ist vollständig, doch die folgende Fuge, deren Thema dem Scherzo der Neunten Symphonie ähnelt, kam über allererste Anfänge nicht hinaus.

In den 1820er Jahren schmiedete Beethoven grandiose Pläne für viele Werke großen Umfangs, von denen die meisten nicht realisiert wurden. Von einigen dieser nicht vollendeten Kompositionen sind jedoch ausreichend genaue Entwürfe vorhanden, um zumindest eine vage Vorstellung davon zu gewinnen, was beabsichtigt war. Die *Missa solemnis* wollten so viele Verleger haben, daß sich Beethoven entschloß, zwei weitere Messen zu schreiben. Die erste sollte in cis-Moll stehen; es existieren aber nur sehr wenige Skizzen – vorwiegend für das »Dona nobis«. Beethoven plante auch eine Ouvertüre über B–A–C–H – sehr fugiert, mit drei Posaunen – eine Reverenz an die Musik Bachs. Zwischen 1822 und 1825 wurden verschiedene Skizzen angefertigt, was aber schließlich dabei herauskam, war lediglich ein kurzer Kanon über B–A–C–H (WoO 191) im September 1825 sowie die *Große Fuge* (op. 133), die in der Zeit von September bis Dezember 1825 entstand; das Thema der letzteren schließt eine Umkehrung von B–A–C–H ein, die Fuge ist sehr dicht kontrapunktisch komponiert und steht in derselben Tonart wie die geplante Ouvertüre, die offenbar nach Vollendung der *Großen Fuge* aufgegeben wurde.

Die Skizzen für eine Zehnte Symphonie erstrecken sich über fast denselben Zeitraum wie die für die Ouvertüre, jedoch hatte Beethoven unzweifelhaft vor, die Symphonie zu vollenden, wie er noch acht Tage vor seinem Tod bestätigte. Durch neuere Forschungen (Brandenburg, 1984 a; Cooper, 1985) ist es gelungen, etwa 350 Takte an Skizzenmaterial zu dem Werk zu identifizieren – hauptsächlich zum ersten Satz; diese Skizzen passen ziemlich genau zu der Beschreibung des Werks durch Karl Holz, der gehört haben will, wie Beethoven es auf dem Klavier spielte. Der Satz sprengt den Rahmen des Üblichen: Er beginnt mit einem sanften, lyrischen Andante in Es-Dur, dem ein stürmisches Allegro in c-Moll und eine Wiederkehr des Andante-Themas folgen. Eine Rekonstruktion aufgrund der erhaltenen Skizzen ist von Barry Cooper versucht worden; die Uraufführung fand im Oktober 1988 statt (vgl. Cooper, 1988; die Partitur ist bei Universal Edition, London, erschienen).

Das Werk, an dem Beethoven bis unmittelbar vor seinem Tod komponierte, war jedoch ein Streichquintett C-Dur, das der Verleger Diabelli in Auftrag gegeben hatte. Nach Beethovens Tod erstand Diabelli eine Partitur oder auch einen Partiturentwurf des ersten Satzes und veröffentlichte zwei Bearbeitungen davon – eine für Klavier solo und eine für Klavier zu vier Händen. Danach zerstörte er offenbar das Original. Man hat versucht, die Quintettfassung aus diesen beiden Bearbeitungen zu rekonstruieren. Außerdem gibt es einige Skizzen zu diesem Satz in Beethovens letztem Skizzenbuch im Taschenformat. Nach diesen Skizzen folgen noch einige Entwürfe für einen weiteren Satz in C-Dur – wahrscheinlich der zweite Satz; dem könnte man entnehmen, daß der erste Satz fertig oder fast fertig war. Wie das letzte Streichquartett klingt das Werk sehr klassisch (Staehelin, 1980). Der erste Satz ist überraschenderweise eine kurze Polonaise in einer zweiteiligen Form mit Wiederholungen. Bisher ist kein Versuch gemacht worden, Beethovens Vorstellungen für den zweiten Satz zu rekonstruieren.

Andere größere Werke hat Beethoven zwar geplant, aber kaum oder gar nicht begonnen – vor allem gilt dies für seine letzten Lebensjahre. Darunter sind viele Ideen für Opern. Zu *Macbeth* (mit einem Text von Collin) gibt es einige kurze Skizzen aus dem Jahre 1808, und noch 1811 wurde dieses Projekt in Erwägung gezogen. 1808 stellte Beethoven Überlegungen zu *Bradamante* an (ebenfalls von Collin); 1811 verlieh er seiner Begeisterung für einen französischen Text Ausdruck – *Les Ruines de Babylon* –, den Treitschke überarbeiten sollte. Im folgenden Jahr war Karl Theodor Körners *Ulysses Wiederkehr* im Gespräch, und 1815 wurden zwei Libretti diskutiert: Amendas *Bacchus* und Treitschkes *Romulus und Remus*. Einige Skizzen zu Opern aus der Zeit um Dezember 1815 beziehen sich vermutlich auf eines der beiden Opernlibretti – wahrscheinlich auf das letztere, von dem Beethoven versicherte, es wäre vertont worden, wenn die Theaterdirektoren ihm ein etwas höheres Honorar dafür geboten hätten. 1823 wurde Grillparzer gefragt, ob er für Beethoven ein Libretto schreiben könne. Er offerierte zwei Stoffe: *Die schöne Melusine* und *Drahomira.* Die Konversationshefte enthalten interessante Äußerungen dazu, wobei *Melusine* wohl eher in Frage kam, doch hat man keine entsprechenden Skizzen gefunden. Inzwischen, ebenfalls noch im Jahre 1823, hatte Beethoven angedeutet, daß Goethes *Faust* dasjenige Werk sei, zu dem er am liebsten in dieser oder jener Gattung etwas komponieren würde. Es bleibt unklar, ob er dabei mehr an eine Oper oder an eine Bühnenmusik zu Goethes Theaterstück dachte.

In Beethovens letzten zehn Lebensjahren wurden auch Überlegungen zu mehreren geistlichen Werken angestellt. In Diskussionen mit Grillparzer wird ein Oratorium *Judith* erwähnt. Eine Zeitlang war geplant, daß Beethoven Bernards Text *Der Sieg des Kreuzes* für die Gesellschaft der Musikfreunde vertonen sollte; eine kurze Skizze dazu ist erhalten. 1826 richtete sich Beethovens Aufmerksamkeit – durch Händels Vorbild angeregt – auf *Saul,* und Kuffner bereitete einen Text vor. Holz berichtet von einigen musikalischen Ideen Beethovens zu diesem Thema, aber es sind keine Skizzen bekannt. Außerdem hatte Beethoven vor, drei zusätzliche Sätze zur *Missa solemnis* zu schreiben und ein komplettes Requiem zu komponieren, aber auch hierzu ist nichts gefunden worden.

Kleinere Werke

Bei den unvollendeten kürzeren Werken Beethovens handelt es sich hauptsächlich um Klavierstücke und Lieder (vgl. Nottebohm, 1887; S. 573–80; Schmidt, 1969, S. 125–8). Das Spektrum reicht von nahezu abgeschlossenen Kompositionen bis zu solchen, bei denen nur das Anfangsmotiv skizziert ist. Am bekanntesten ist das Klavierstück, das unter der Bezeichnung »Die Wut über den verlorenen Groschen« firmiert. Es besitzt zwar eine Opuszahl (op. 129), wurde aber nicht vollendet; Diabelli verlegte es posthum im Januar 1828 – vermutlich war er auch für die Fertigstellung verantwortlich. Einige Bagatellen, die 1822 für eine Sammlung geplant gewesen waren, hat Beethoven fast abgeschlossen hinterlassen, ebenso einige frühe Klavierstücke aus der Kafka-Skizzensammlung. Eine ganze Reihe der letzteren wurden von Adolf Fecker zusammen mit Ergänzungen publiziert (1972). Ein Werk, das Fecker nicht aufnahm, ist ein interessantes längeres Stück in D-Dur, das wahrscheinlich 1793 entworfen und 1795 revidiert wurde (Kerman, 1970, Bd. 2, S. 110–25). Es ähnelt einem Menuett mit einem Moll-Trio (allerdings ist jeder Abschnitt durchkomponiert), dem eine erweiterte Fassung des ersten Teils folgt; dieser wiederum führt zu einem langsamen Satz in G-Dur hin. Vielleicht handelt es sich um einen frühen Versuch zu einer *Sonata quasi una fantasia.*

Unter den unvollendeten Liedern finden sich manche Texte, die später von Schubert vertont und in dieser Fassung sehr berühmt wurden. Dazu zählen: *Erlkönig* (WoO 131), 1794 und 1796 skizziert und, von Reinhold Becker fertiggestellt, 1897 veröffentlicht; *Rastlose Liebe* (Hess 149), ein Lied, das bei einigen der Skizzen zu *Erlkönig* aus dem Jahr 1796 entdeckt wurde; *Heidenröslein* (Hess 150), dessen Entwürfe unter anderem über die Jahre 1796, 1818 und 1822 verteilt sind; und schließlich *Gretchen am Spinnrade,* um 1793 skizziert. Der Grad der Ausarbeitung ist auch hier sehr unterschiedlich; neben fast vollständigen melodischen Linien, wie in *Traute Henriette* (Hess 151; mit Ergänzungen von Adolf Erler 1949 publiziert), gibt es Lieder, bei denen nur ein bis zwei Phrasen vertont sind.

Vielleicht ist es hauptsächlich auf Zeitmangel zurückzuführen, daß Beethoven so viele Werke nicht vollendet hat. Die bloße Zahl seiner Einfälle hätte es jedem Komponisten unmöglich gemacht, sie sämtlich zu fertigen Werken weiterzuentwickeln, um so mehr mußte dies für jemanden gelten, der so viel Energie darauf verwendete, seine Ideen auszuarbeiten. Auch wenn manche der unvollendeten Stücke verhältnismäßig langweilig und wenig inspiriert sind, so unterscheidet sie dies nicht von den frühen Entwürfen zu einigen seiner größten Meisterwerke.

Andererseits wirkt eine Reihe von Einfällen, die nicht weiterentwickelt wurden (vor allem trifft dies auf die frühen, wenig umfangreichen zu, die möglicherweise aus Improvisationen stammen), noch außergewöhnlicher als die vollendeten Werke der selben Stilperiode.

BARRY COOPER

Kapitel XI

Aufführungspraxis zur Zeit Beethovens

Aufführungspraxis zur Zeit Beethovens

Informationen zur Aufführungspraxis der Beethovenzeit sind nicht nur für den Historiker interessant, sondern auch für den ausführenden Musiker von heute, um die Intentionen des Komponisten realisieren zu können (vgl. »Interpretationen von Beethovens Musik«, S. 359 ff.). Das Thema umfaßt die Bedingungen, unter denen Aufführungen stattfanden (Ort, Programm), die Größe und Besetzung der Orchester, die vorhandenen Instrumente sowie Hinweise auf vorherrschende Stimmungen, auf Konventionen bezüglich Tempo, Verzierungen, Artikulation, Notation und so weiter. Diese Fragestellung mündet schon sehr bald in diejenige, die sich mit den Intentionen des Komponisten beschäftigt. Letztere hat Randall Dipert in drei Kategorien eingeteilt: Intentionen auf niederer, mittlerer und höherer Ebene (Dipert, 1980, S. 206). Die erste Kategorie bezieht sich auf die Instrumententypen und die Spieltechnik. Hierzu liegt umfangreiches, gut zugängliches Quellen- und Studienmaterial vor. Auf der zweiten Ebene geht es um die Klangvorstellungen des Komponisten. Diese sind schwerer zu erfassen, weil wir kaum wissen können, was ein Komponist in seiner Vorstellung hörte und wie er das Instrumentarium und die ausführenden Musiker seiner Zeit einschätzte. Auf der höheren, dritten Ebene befassen wir uns mit der beabsichtigten Wirkung auf den Zuhörer: im technischen Sinne also mit der Wahrnehmung tonaler und formaler Beziehungen; im ästhetischen Sinne mit der Fähigkeit der Musik, zu inspirieren, zu unterhalten, Emotionen auszulösen und so weiter. Um der Musik gerecht zu werden, ist es von entscheidender Bedeutung, vor allem diesen Absichten nachzugehen; sie sind freilich nicht nur die wichtigsten, sondern auch die am schwierigsten zu untersuchenden: Auch wenn man die Intentionen der ersten Kategorie sehr sorgfältig studiert, kann man in diesem Punkt versagen; umgekehrt ist es möglich, daß man auf dem Gebiet der dritten Kategorie nur reüssiert, wenn man Teile der niedrigeren mißachtet.

Die vorliegende Darstellung wendet sich an den Historiker, den Zuhörer und den ausführenden Musiker und soll eine Grundlage für eingehendere Untersuchungen bieten. Die Umstände, unter denen Aufführrungen stattfanden, und ähnliches interessieren vorwiegend den Historiker; Einzelheiten etwa über historische Tasteninstrumente und deren Potential hinsichtlich Lautstärke, Balance, Artikulation und Pedal gehen hauptsächlich den Pianisten an. Dem Zuhörer ermöglicht die Kenntnis verschiedener Aspekte im Umfeld eines Werkes, dessen ästhetische Qualitäten bewußter wahrzunehmen. Allgemeine Fragen der Stimmung, des Tempos, der Ausdrucksbezeichnungen und der Artikulation werden zuerst behandelt. Ein zweiter Abschnitt befaßt sich mit der Orchester- und der Instrumentalmusik, wobei auch Fragen der Orchesterleitung sowie Kadenzen und Improvisation berührt werden. Die Klaviermusik wird gesondert besprochen, gemäß ihrem Anteil an Beethovens Gesamtwerk und der Menge des verfügbaren Materials. Am Schluß steht eine Zusammenfassung zum Thema Verzierungen.

Stimmton, Tempo und Artikulation

Ende des 18. und zu Beginn des 19. Jahrhunderts gab es unterschiedlich hohe Stimmtöne. Die Spanne kann man einem Bericht Wegelers über eine Probe von Beethovens Erstem Klavierkonzert in Wien Mitte der 1790er Jahre entnehmen: Das Klavier war um einen Halbton tiefer gestimmt als die Bläser. Um hier Abhilfe zu schaffen, transponierte Beethoven den Solopart um einen Halbton hinauf. Die Stimmung richtete sich nach dem Anlaß (weltlich oder geistlich) und dem Ort. Obwohl der Stimmton bis zu einer kleinen Terz differierte, scheint das *aß* meistens etwas tiefer gewesen zu sein als der sogenannte Kammerton *aß* = 440 Hz, wie wir ihn heute kennen. Im Verlauf der ersten Hälfte des 19. Jahrhunderts tendierte die Stimmung nach oben.

Für das Tempo verwendete die Klassik weitgehend italienische Bezeichnungen, in geringerem Maße in Verbindung mit Taktangaben und Notenwerten. Während Haydn und Mozart sich mit einer ziemlich beschränkten Auswahl an Ausdrücken zufriedengaben, benutzte Beethoven ein großes Spektrum von Tempobezeichnungen sowie zunehmend beschreibende Ausdrücke, um Charakter und Stimmung festzulegen, wobei er sich dem annäherte, was wir heute unter Ausdrucksbezeichnungen verstehen (siehe unten).

Es ist notwendig, klarzustellen, was mit den häufigsten Bezeichnungen wie zum Beispiel *allegro* gemeint war. Quantz gebrauchte im 18. Jahrhundert, vor der Erfindung des Metronoms, den menschlichen Puls von 80 Schlägen pro Minute als Richtwert. Er gliederte die Tempi in schnelle und langsame auf, mit je zwei Unterteilungen in beiden Kategorien. Das schnellste Tempo in der »sehr schnellen« Unterabteilung wurde mit - *allegro assai* bezeichnet und auf 𝅗𝅥 = 80 geschätzt; *allegretto* war das rascheste Tempo in der »mittelmäßig schnellen« Gruppe, mit ♩ = 80. Die langsame Kategorie wurde auf die halbe Geschwindigkeit geschätzt, - *adagio cantabile* auf annähernd 𝅗𝅥 = 40 und *adagio assai* auf ♩ = 40.

Quantz plazierte *allegro* und *vivace* in die mittlere schnelle Kategorie und gab ihr Tempo mit 𝅗𝅥 = 120 an. Das System von Marpurg war zwar insofern fortschrittlicher, als es drei Kategorien unterschied (schnell, gemäßigt und langsam, jeweils mit Unterteilungen), aber dennoch weniger erfolgreich, weil darin Quantz' Meßmethode nicht berücksichtigt wurde und somit die Genauigkeit zu wünschen übrigließ.

Die klassische Interpretation der Tempi erwuchs aus diesen Prinzipien; die Schriften von Türk und Koch sind hier sehr aufschlußreich. Türk führt aus, daß ein Allegro im frühen 19. Jahrhundert ein gutes Stück schneller war als noch fünfzig Jahre zuvor und daß die Regel, wonach das Tempo durch den kleinsten Notenwert bestimmt wurde, an Einfluß verlor. Dennoch spielte sie weiterhin eine Rolle, weil Tempowechsel innerhalb eines Satzes durchaus üblich waren und diese auf den Notenwerten bestimmter Stellen basierten. Sowohl Mozart als auch Beethoven sollen Berichten zufolge Allegro rascher als ihre Vorgänger genommen haben, und die Neigung, schnelle Sätze noch schneller zu nehmen, hat sich fortgesetzt. Rothschild nennt als Beispiel die *Eroica*: Eine Aufführung unter Beethovens Leitung dauerte »eine volle Stunde«; Müller-Reuters *Lexicon der deutschen Konzertliteratur* von 1921 gibt als Aufführungszeit 52 Minuten, manche neueren Aufnahmen beanspruchen lediglich 46 Minuten (Rothschild, 1961, S. 9).

Beethoven war begeistert von der Erfindung Mälzels, dem Metronom (genauer gesagt: von dessen Vorgänger, dem Chronometer). Die *Wiener Vaterländischen Blätter* vom 13. Oktober 1813 berichten: »Herr Beethoven ergreift diese Erfindung als ein willkommenes Mittel, seinen genialen Compositionen aller Orten die Ausführung in dem ihnen zugedachten Zeitmass, das er so häufig verfehlt bedauert, zu verschaffen« (zitiert nach Thayer, 1923, Bd. 3, S. 347). 1817 ließ Beethoven (bei Steiner) ein Pamphlet erscheinen, das Metronomangaben für seine ersten acht Symphonien und für das Septett op. 20 enthielt; ein weiteres mit den Angaben für seine bis dato komponierten Streichquartette (op. 18, 59, 74 und 95) folgte bald darauf. Ebenso versah er die Klaviersonate op. 106, *Meeresstille* (op. 112), das *Opferlied* (op. 121 b) und die Neunte Symphonie mit Metronomzahlen. Häufig bekundete er Schott gegenüber seine Absicht, entsprechende Vorschriften für die *Missa solemnis* zu schicken, freilich ohne dieses Vorhaben je auszuführen. Beethovens Bereitschaft, wichtige Werke mit Metronomzahlen auszustatten, belegt, wie Kolisch (1943, S. 174) erklärt, daß das Tempo einen wesentlichen Teil der musikalischen Konzeption ausmacht. Eine Bestätigung hierfür findet sich auch in einem Brief Beethovens an Schott von 1826: »Die Metronomisierung folgt nächstens. Warten Sie ja darauf. In unserem Jahrhundert ist dergleichen sicher nötig; auch habe ich Briefe von Berlin, daß die erste Symphonie mit enthusiastischem Beifall vor sich gegangen ist, welches ich großenteils der Metronomisierung zuschreibe. Wir können beihnahe keine tempi ordinarii mehr haben, indem man sich nach den Ideen des freien Genius richten muß« (Brief Nr. 1447, Kastner).

Trotz alledem sind Beethovens Tempoangaben nicht durchweg ernst genommen worden, was sich zum Teil auf eine angebliche Äußerung von ihm Schindler gegenüber zurückführen läßt: »Gar kein Metronom! Wer richtiges Gefühl hat, braucht ihn nicht, und wer das nicht hat, dem nützt er doch nichts, der lauft doch mit dem ganzen Orchester davon!« (zitiert nach Schindler, 1988, S. 503). Dieser Bemerkung sollte man jedoch keine allzu große Bedeutung beimessen, denn es ist nicht auszuschließen, daß es sich bei ihr um eine von Schindlers zahlreichen Erfindungen handelt. Der am häufigsten zu hörende Einwand gegen die Metronomangaben lautet, die vorgeschriebenen Tempi seien zu schnell. Doch steht Beethoven damit keineswegs allein; laut Willy Hess läuft die Musik in der Vorstellung sehr viel rascher ab als in Wirklichkeit, so daß das, was der Komponist im stillen Kämmerlein vorschreibt, nicht den Realitäten einer Aufführung entspricht (Hess, 1988, S. 17). Zu einem ähnlichen Ergebnis kommt Peter Stadlen bei seinen Untersuchungen zu scheinbar problematischen Metronomangaben (1982, S. 54). Weitaus die meisten Tempi sind eher rasch; unter Einbeziehung zahlreicher Aspekte gelangt er jedoch zu dem Schluß, daß sich die überwiegende Mehrzahl von ihnen im Bereich des Möglichen bewegt. Noch annehmbarer erscheinen sie, wenn man von einer flexiblen Handhabung ausgeht, durch die sie gemäßigt werden. Newman schreibt zu diesem Punkt: »Wie das Tempo selbst spiegelt die Flexibilität den vorherrschenden rhythmischen Charakter, wenn auch mehr in kleineren Zusammenhängen. Ebenso beeinflussen Änderungen im harmonischen Rhythmus, in der Satzstruktur, der Artikulation, Verzierung und rhythmischen Fortschreitung die Art der Flexibilität« (Newman, 1988, S. 110). Sowohl in der Musik Beethovens als auch in zeitgenössischen Berichten finden sich reichlich Hinweise darauf, daß Beethoven ein strenges Grundtempo bevorzugte, dabei aber ein gewisses Maß an Flexibilität zuließ. Argumente dieser Art sind gegen die allzu große Texttreue so mancher modernen »authentischen« Aufführung ins Feld zu führen.

Die zusätzlichen Angaben, die Beethoven machte, ermöglichten es ihm, den zugestandenen Spielraum anzuzeigen und eine präzisere Umsetzung seiner kompositorischen Absichten als bisher üblich zu verlangen, indem sehr ausgefeilte Temposchwankungen festgelegt wurden. Es ist schon an anderer Stelle auf das Finale der Klaviersonate op. 110 hingewiesen worden, in dem auf kleinstem Raum häufige Tempoanpassungen vorgeschrieben sind (vgl. »Klavierwerke«, S. 292). Die Angaben in den späteren Werken erscheinen tendenziell wortreicher: Der dritte Satz des Streichquartetts op. 130 ist mit »Andante con moto ma non troppo« überschrieben, darunter in Klammern »poco scherzando«; ähnlich beim langsamen Satz der »Hammerklaviersonate«, über dem sowohl »Adagio sostenuto« (= 80) als auch »appassionato e con molto sentimento« steht. In dem Bestreben, sich möglichst präzise zu fassen, führt Beethoven auch neue Begriffe ein; so im Streichquartett op. 131 »Andante moderato e lusinghiero«. Solche akribischen Angaben tragen zu einer erhöhten Intensität der Aufführung bei. Die Bezeichnungen zu Tempo und Stimmung gehen Hand in Hand mit vermehrten Vorschriften, die Dynamik, Artikulation und Phrasierung betreffen.

Fragen der Betonung, der Artikulation und der Phrasierung können hier nur gestreift werden. In der Tradition des *style galant* und der Frühklassik gab es ein schematisches Betonungssystem, wobei je nach der vorgeschriebenen Taktart verschieden starke Akzente auf den Takt verteilt waren. Bei Haydn und Mozart, vor allem aber bei Beethoven ändert sich dies insofern, als die melodische Betonung in den Vordergrund rückt. Die Artikulation der Klavier- und Streichinstrumente ist bereits gründlich erforscht. Es soll hier genügen, darauf hinzuweisen, daß die »normale« Artikulation bis Anfang des 19. Jahrhunderts etwa zwischen *legato* und *staccato* liegt. Beethoven hat in seinem Klavierspiel das stärkere Legato von Clementi übernommen. Eine ähnliche Entwicklung finden wir bei den Streichinstrumenten mit der Einführung des modernen Tourte-Bogens. Bindebögen deuten zur Zeit Beethovens eher auf eine Legato-Spielweise hin als auf die Art der Phrasierung.

Orchesterwerke und Kammermusik

Das Programm für ein typisches Orchesterkonzert an der Wende zum 19. Jahrhundert könnte etwa folgendermaßen ausgesehen haben: eine Ouvertüre, ein Instrumentalkonzert, eine Symphonie, Opernarien und -szenen sowie möglicherweise Improvisationen des Solisten des Instrumentalkonzerts (vgl. »Beethovens musikalische Umwelt«, S. 103 ff.). Die Konzerte fanden meist in Theatern statt; eigene Konzertsäle gab es erst später. Beethoven nahm nicht immer Opernausschnitte ins Programm auf, zuweilen aber nutzte er die Gelegenheit, Sätze aus geistlichen Werken mit Chor vorzustellen. Das Gloria und das Sanctus der C-Dur-Messe wurden in einem Konzert im Dezember 1808 aufgeführt, das Kyrie, Credo und Agnus Dei der *Missa solemnis* erklangen zusammen mit einer Ouvertüre und der »Neunten« (es handelte sich um deren Uraufführung) in einem Konzert im Mai 1824. Beethoven brach also schon früh mit der Tradition, sich bei der Darbietung geistlicher Musik weitgehend auf Kirchen zu beschränken, und näherte sich insofern der heutigen Praxis an. Tatsächlich wurde die *Missa solemnis* erst 1835 in Preßburg in liturgischem Zusammenhang aufgeführt.

Zur Zeit Beethovens waren sowohl die öffentlichen als auch die halb privaten Aufführungen weit weniger perfektioniert als heutzutage. Aus zeitgenössischen Berichten wird ersichtlich, daß nach modernen Maßstäben viel zuwenig geprobt wurde und daß die Veranstaltungen unter äußeren Bedingungen stattfanden, die alles andere als ideal waren. Johann Friedrich Reichardts Tagebuch aus dem Jahr 1808 stellt eine wertvolle Informationsquelle für verschiedene Aspekte der Aufführung dar. Reichardt war bei einem Konzert im Theater an der Wien am 22. Dezember 1808 anwesend, in dem Beethovens Fünfte und Sechste Symphonie sowie Teile der C-Dur-Messe, des Vierten Klavierkonzerts und der Fantasie für Klavier, Chor und Orchester aufgeführt wurden. Offenbar war es nicht möglich gewesen, eine Gesamtprobe aller Werke zu organisieren, und so kam es zu manchem Mißgeschick. Die Darbietung der Chorfantasie fiel so katastrophal aus, daß man ein zweites Mal beginnen mußte. Bei einem anderen Konzert mit Werken von Romberg, Paër und Beethoven war das Publikum in drei kleine Räume eingepfercht, die sich als völlig ungeeignet für Beethovens *Coriolanouvertüre* erwiesen; man war ganz betäubt von dem Lärm der Trompeten, Pauken und Bläser aller Art. Im selben Winter besuchte Reichardt die Konzerte mit Schuppanzighs Streichquartett und machte einige interessante Beobachtungen, vor allem zu Schuppanzighs Spielweise.

Dieses Quartett war im ganzen recht gut zusammengesetzt, ... Herr Schuppanzigh selbst hat eine eigene, pikante Manier, die sehr wohl zu den humoristischen Quartetts von Haydn, Mozart und Beethoven paßt; ... Er trägt die größten Schwierigkeiten deutlich vor, wiewohl nicht immer mit vollkommener Reinheit, ...; er akzentuiert auch sehr richtig und bedeutend. Auch sein Cantabile ist oft recht singend und rührend. Er führt seine wohlgewählten, in den Sinn des Komponisten recht gut eingehenden Nebenmänner auch gut an, nur störte er mich oft durch die hier allgemein eingeführte, verwünschte Art, mit dem Fuße Takt zu schlagen, selbst wo es gar nicht nottut, oft nur aus leidiger Gewohnheit, oft auch nur, um das Forte zu verstärken (J. F. Reichardt, Vertraute Briefe, hrsg. v. G. Gugitz, 1. Bd., München 1915, S. 164).

Größe und Besetzung der Beethovenschen Orchester waren sehr unterschiedlich. Bis 1840 gab es in Wien kein offizielles festes Orchester, außer den Theaterorchestern, die sicher den Grundstock für die auf den jeweiligen Bühnen stattfindenden Konzerte bildeten. Im Jahr 1808 bestand das Orchester im Theater an der Wien aus 12 Geigen, 4 Bratschen, 3 Violoncelli, 3 Kontrabässen, je zwei Flöten, Oboen, Klarinetten, Fagotten, Hörnern und Trompeten sowie aus Pauken – insgesamt handelte es sich um 35 Spieler. Im Jahr 1815 jedoch setzte sich die Streichergruppe des Redoutensaals aus 36 Geigen, 14 Bratschen, 12 Violoncelli und 17 Kontrabässen zusammen. Das Privatorchester für ein Konzert im Haus des Fürsten Schwarzenberg im Jahr 1792 bestand aus 6/6/4/3/3 und einfach besetzten Bläsern, aber in der Saison 1807/8 wurden die ersten vier Symphonien Beethovens im Festsaal der Universität mit einer viel größeren Streichergruppe aufgeführt (13/12/7/6/4), allerdings immer noch mit einfach besetzten Bläsern. Mit der Zeit wurden große Orchesterbesetzungen zunehmend üblich; im Jahr 1817 führte die Tonkünstler-Societät *Christus am Ölberge* in einer Besetzung von 20/20/8/7/7 und doppelt oder dreifach besetzten Holzbläsern auf, und 1824 erklang die Neunte Symphonie mit 24 Geigen, 10 Bratschen, 12 Violoncelli sowie 12 Kontrabässen.

Klangfarbe und -balance der Orchester entsprachen nicht dem heute Gewohnten. Insgesamt waren die Bläser voluminöser und tragfähiger als die Streicher, die Oboen waren lauter und durchdringender, die Fagotte lebhafter; nur die aus Holz gefertigten Flöten klangen leiser als die heutigen Instrumente. Letzteres gilt auch für die Streichinstrumente, einerseits aufgrund der Darmsaiten und andererseits wegen der anderen Art der Artikulation, bedingt durch die zeitgenössischen Bögen.

Wie die Leitung des Orchesters funktionierte, ist für diese Übergangsphase nur schwer auszumachen, da es keine festen Regeln gab. Es wird berichtet, Beethoven habe das Orchester dirigiert, aber auch, daß er Orchester- und Chorwerke vom Klavier aus leitete. Im letzteren Fall ging es wohl hauptsächlich darum, das Tempo zu halten und die Singstimmen zu führen. Der Hauptdirigent (entweder der Konzertmeister mit dem Violinbogen oder ein Dirigent mit Stab) wird dann das Tempo und die Interpretation vorgegeben haben. Das Dirigieren mit einem Stab wurde zwar mehr und mehr üblich, war aber noch einige Zeit keineswegs die Regel. Dies geht daraus hervor, daß die ersten sechs Symphonien Beethovens zunächst ohne Partitur publiziert wurden. Ein so komplexes Werk wie die Neunte Symphonie hingegen hätte ohne einen Dirigenten nicht befriedigend aufgeführt werden können.

Beethoven spielte und leitete die Uraufführungen seiner ersten vier Klavierkonzerte. Er wird die *tutti*-Stellen mitgespielt und Kadenzen improvisiert haben, die uns nicht überliefert sind. Seine Einstellung zu den Kadenzen änderte sich: In den frühen Jahren waren die genaue Form und der Charakter weniger wichtig für das Konzert als Ganzes. Erst etwa 1809 entschloß er sich, einige Kadenzen zu den ersten vier Klavierkonzerten aufzuschreiben und damit die traditionelle Freiheit des Interpreten einzuschränken. Im dritten Satz des Vierten Klavierkonzerts äußerte er sich präziser als bis dahin mit der Bemerkung: »La Cadenza sia corta« (die Kadenz soll kurz sein). Im Konzert »dit l'Empereur« ist nichts dem Zufall überlassen. Die Kadenz zum ersten Satz (ganz unkonventionell an den Beginn gesetzt) ist auskomponiert, und an der Stelle, an der man sie traditionellerweise gespielt hätte, schrieb Beethoven: »no si fa una cadenza« (keine Kadenz).

Improvisation war weder auf Kadenzen noch auf Konzerte beschränkt. Vor allem in der Klaviermusik war es üblich, melodische Linien in der Aufführung zu verzieren; auch Verleger fühlten sich gelegentlich zu derlei Ergänzungen bemüßigt. Im allgemeinen mißbilligte Beethoven jedoch solche Hinzufügungen und drückte dies Ries gegenüber auch deutlich aus (Wegeler, 1987, S. 106–7), ebenso in einem Brief an Czerny (Brief Nr. 567, Kastner). In der Kammermusik war es gebräuchlich, kurze Pausen mit kleinen Kadenzen auszufüllen. Wenn in einem Bericht über eine Aufführung des Quintetts für Klavier und Bläser op. 16 im Jahre 1797 mitgeteilt wird, Beethoven habe als Mitwirkender eine ungewöhnlich lange Kadenz eingefügt, so zeigt dies, wie sehr ein solches Verfahren den Rahmen des Üblichen sprengte.

Klavierwerke

Wenn von Beethovens Klavieren die Rede ist, so handelt es sich nicht um Instrumente derselben Art, sondern um eine ganze, sich entwickelnde Tradition mit erheblichen Diskrepanzen, sowohl was die diversen Klaviere von damals betrifft als auch in bezug auf die heutigen Instrumente. Solch große Unterschiede trifft man bei fast keinem anderen Instrument an. Der moderne Flügel hat schon aufgrund seiner Konstruktion – ein gußeiserner Rahmen, in den dicke Stahlsaiten eingespannt sind, die von großen Filzhämmern angeschlagen werden – eine völlig andere Klangqualität als die Klaviere des frühen 19. Jahrhunderts. Sie hatten einen Holzrahmen, leichtere Saiten und kleine, mit Leder bezogene Hämmer. Dies führte zu einem härteren Anschlag, der Ton verklang schneller, und es entstanden mehr Obertöne; die hohen und tiefen Lagen unterschieden sich im Klang viel stärker voneinander, auch die Balance war ganz anders. Bei den heutigen Instrumenten klingt der Baß um einiges voller und im Verhältnis zu den oberen Tonlagen erheblich kräftiger. Die voneinander abweichende Klangqualität der frühen Instrumente ist durch zwei verschiedene Arten der Klaviermechanik bedingt. Die Wiener Mechanik, die von österreichischen und deutschen Manufakturen gebaut wurde, hatte einen leichteren Anschlag und brachte einen klaren, sanften Ton hervor; die englische Mechanik, die die französischen und englischen Hersteller verwendeten, war schwerer und produzierte einen kräftigeren Klang. Angesichts der Berichte über Beethovens kraftvolles Spiel mag es verwundern, daß er offenbar die Wiener Mechanik bevorzugte. Zwar forderte er gelegentlich größeren Widerstand, aber mit der schwereren Mechanik der Instrumente von Erard und Broadwood, die er 1803 beziehungsweise 1818 erhielt, war er nie ganz zufrieden; er blieb den Produkten der Familie Stein/Streicher sein Leben lang treu.
Wohl war die Erweiterung des Tonumfangs zu Anfang des 19. Jahrhunderts ein wichtiger Aspekt bei der Entwicklung des Klaviers, Fragen der Aufführungspraxis werden davon jedoch nicht berührt. Es geht hier um den Klang, den die Instrumente hergaben, und um die Art, wie Beethovens persönliche Spieltechnik diesen hervorbrachte. Seine Virtuosität kam bereits in einem früheren Abschnitt zur Sprache (vgl. S. 158 f.). Die meisten Kommentare beziehen sich auf sein Legato-Spiel, auf den kantablen Klang. Czerny äußerte sich hierzu folgendermaßen: »Beethovens Vortrag des Adagio und des Legato im gebundenen Styl übte auf jeden Zuhörer einen beinahe zauberhaften Eindruck, und ist, so viel ich weiss, noch von Niemandem übertroffen worden« (zitiert nach Thayer, 1922, Bd. 2, S. 562–3). Aber offenbar erzielte Beethoven diesen Klang mehr trotz der ihm zur Verfügung stehenden Instrumente als durch sie. 1796 schrieb er an Streicher: »es ist gewiss, die Art das **Klavier** zu spielen, ist noch die unkultivirteste von allen Instrumenten bisher, man glaubt oft nur eine Harfe zu hören, und ich freue mich lieber,

dass sie von den wenigen sind, die einsehen und fühlen, dass man auf dem Klavier auch singen könne, sobald man nur fühlen kan ...« (vgl. O.G.Sonneck, Hrsg., *Beethoven Letters in America*, New York o.J. [1927], S.183). Diese Bemerkungen über den Klang der frühen Instrumente sind sehr aufschlußreich, dennoch war wohl Beethovens spezielle Technik ein wichtiger Faktor. Die Art seines Spiels und die »völlig neuen und gewagten« Töne (Junker, zitiert nach Thayer, 1967, S.104 bis 5) hoben sich deutlich von Mozarts Klavierspiel ab. Beethoven lobte es zwar, fand es aber doch auch »gehackt«. Diese Technik entsprang dem Cembalospiel und war damals gang und gäbe. Zwei Aspekte von Beethovens Klavierspiel trugen zu seinem kantablen Stil bei: der Anschlag (die Methode der Klanggestaltung und der Fingersatz) und der Gebrauch des Haltepedals. Generell hat Beethovens Pedalgebrauch dem Klavierspiel neue Ausdrucksmöglichkeiten eröffnet.
Berichte über Beethovens Klaviertechnik lassen den Schluß zu, daß er mit runden Fingern und gleitenden Bewegungen spielte, wobei die Finger stets die Tasten berührten. Alles deutet auf einen Stil hin, der im wesentlichen *legato* war. Weitere Hinweise darauf finden wir in seinen Werken, in denen er ungewöhnlich viele Fingersätze angab. Viele davon sollen schwierige Stellen erleichtern, andere aber zeigen, daß ein Legato-Effekt angestrebt wurde: Der Daumen wird häufiger verwendet als bisher üblich, oft sogar auf den schwarzen Tasten; er wird oft rasch unter den anderen Fingern hindurchgeführt (Daumenuntersatz), um die Hand ohne Ruck in eine neue Lage zu bringen; zuweilen gleitet ein Finger von einer Taste zur anderen.
Beethoven wird in seiner Jugend verschiedene Vorrichtungen kennengelernt haben, die jeweils mit Händen, Knien und Füßen zu betätigen waren und den Klang des Klaviers veränderten. Mit ihnen ließen sich die Dämpfer anheben – dadurch wurde der Klang gehalten, manchmal sogar getrennt für die beiden Hälften der Klaviatur –, die Mechanik konnte seitlich verschoben werden, wodurch ein *una corda*- beziehungsweise *due corde*-Effekt erreicht wurde. Außerdem war es möglich, den Klang zu dämpfen, indem man Filz zwischen die Saiten und die Hämmer schob, oder es ließen sich besondere Effekte beispielsweise mit Hilfe eines Lautenzuges oder Schlagzeugs erzielen. Von all diesen Hilfsmitteln verwendete Beethoven lediglich zwei, nämlich das, mit dem die Dämpfer angehoben werden konnten, und das, mit der die Mechanik verschoben wurde.
Seit Anfang des 19.Jahrhunderts wurden diese Vorrichtungen normalerweise mit Pedalen betätigt. Vor etwa 1802, als man noch häufig einen Mechanismus mit Kniehebel benutzte, um die Dämpfer zu heben, verlangte Beethoven dafür »senza sordino« und »con sordino«, wenn sie wieder heruntergelassen werden sollten (vgl. Abb.25). Das letzte größere Werk, in dem diese Vorschrift steht, ist das Dritte Klavierkonzert. Danach schrieb er »Ped.«, wenn die Dämpfer durch Drücken des Pedals gehoben, und »O«, wenn sie wieder losgelassen werden sollten. Pedal-

vorschriften tauchen in Beethovens Werken nicht durchgehend auf, aber an den Stellen, an denen er offensichtlich einen bestimmten Effekt anstrebte, sind sie sorgfältig vermerkt. Über sein Spiel berichtet Czerny: »Der Gebrauch des Pedals war bey ihm sehr häufig, weit mehr, als man in seinen Werken angezeigt findet« (Czerny, 1963, S.22). Man kann also annehmen, daß die Verwendung des Haltepedals oft als selbstverständlich vorausgesetzt wurde.

Manche Vorschriften für das Haltepedal muten heutzutage rätselhaft an. Eines der auffälligsten Beispiele hierfür ist der Anfang des langsamen Satzes im Dritten Klavierkonzert. Hier soll das Pedal einige Takte lang gehalten werden, über mehrere Harmoniewechsel hinweg. Noch merkwürdiger stellt sich die Situation in der »Mondscheinsonate« dar, wo dem Pianisten vorgeschrieben wird, den ganzen ersten Satz sehr delikat und ohne Dämpfer zu spielen. Schon 1840 erklärte Czerny in bezug auf das Dritte Klavierkonzert: »Beethoven, (der dieses *Concert* 1803 öffentlich spielte,) liess das *Pedal* durch das ganze Thema fortdauern, was auf den damaligen schwachklingenden *Clavieren* sehr wohl anging, besonders, wenn auch das Verschiebungspedal dazu genommen war. Aber jetzt, wo der Ton weit kräftiger geworden, würden wir rathen, das Dämpfungspedal bei jedem bedeutenderen Harmoniewechsel immer wieder von Neuem zu nehmen, jedoch so, dass im Klange keine Lücke merkbar sei. Denn das ganze Thema muss wie eine ferne, heilige und überirdische Harmonie klingen« (ebd., S.101–2). Die Vorschrift zur »Mondscheinsonate« läßt sich auf einem modernen Flügel kaum realisieren; Newman meint allerdings, da diese Direktive auch auf den frühen Klavieren zu einem Verschwimmen der Harmonien führt, müsse Beethoven einen solchen Effekt angelegentlich beabsichtigt haben (Newman, 1988, S.245–9).

Von den Pedalvorschriften Beethovens beziehen sich nur zwei Prozent auf die Verschiebung der Mechanik, das *una corda*-Pedal. Sie treten erstmals im Vierten Klavierkonzert auf und dann erst wieder in den letzten fünf Sonaten. Die verwendeten Bezeichnungen lauten »una corda«, »tre corde« und »tutte le corde«. Der langsame Satz des Konzerts soll *una corda* gespielt werden; an einer Stelle heißt es allerdings »due e poi tre corde«, und etwas später »due poi una corda«. Das bedeutet, die Mechanik muß von einer Saite auf zwei und dann auf drei Saiten umgestellt werden können und umgekehrt. Das ist auf einigen dreichörig besaiteten Instrumenten jener Zeit möglich. Es ließ sich damit eine weitere Abstufung der Lautstärke und der Klangfarbe zwischen *una corda* und *tre corde* erreichen, die auf den modernen Klavieren nicht mehr realisierbar ist. Auch andere Effekte gehen auf den heutigen Instrumenten verloren. Das Resultat eines Legato-Fingersatzes und der Pedalanwendung auf einem modernen Klavier weicht von dem Klang der Instrumente des 19.Jahrhunderts erheblich ab. Wer auf einem modernen Flügel spielt, muß einen Kompromiß schließen zwischen dem Klang, den man sich für das 19.Jahrhundert vorzustellen hat, und den

Möglichkeiten des Instruments, das ihm zur Verfügung steht. Die Äußerung Beethovens 1826 Holz gegenüber spricht dafür, daß er auf dem Klavier immer einen Klang angestrebt hat, den er nie erreichen konnte: »Es ist und bleibt ein ungenügendes Instrument« (Thayer, Bd. 5, S. 326).

Verzierungen

Ein weiterer Aspekt der Aufführungspraxis, der hier erwähnt werden muß, sind die Verzierungen. Dies betrifft alle Werke Beethovens, insbesondere aber die Klaviermusik. Mehrere ausführliche Studien zu diesem Thema liegen bereits vor (zum Beispiel Kullak, 1973, Badura-Skoda, 1980, und Newman, 1988), dennoch bleibt noch genügend Raum für Diskussionen und Vermutungen.

Verzierungen, vor allem Triller, waren eine sehr verbreitete Erscheinung. Sie erweiterten die Möglichkeiten sowohl in technischer Hinsicht als auch im Bereich des Ausdrucks, in den späteren Werken wurden sie nachgerade zu einem festen Bestandteil der Musik. Beethoven verwendete dafür entweder die üblichen Zeichen oder schrieb sie aus (das ist am unproblematischsten), oder aber sie werden in der Aufführung improvisiert. Bei der letzten Kategorie hat man die meisten Spekulationen darüber angestellt, wie häufig Verzierungen wohl waren und wie sie klangen, die größten Schwierigkeiten bei der Aufführung macht jedoch die erste Gruppe. Zusätzlich kompliziert wird die Sache durch den Umstand, daß Beethoven während einer Übergangszeit komponierte. Bezüglich der Triller erheben sich gleich mehrere Fragen, und zwar hinsichtlich der Anfangsnote, des Verlaufs und des Schlusses. In Beethovens frühen Jahren begannen Triller normalerweise auf der oberen Note, gegen Ende seines Lebens wurde es üblich, auf der (geschriebenen) Hauptnote anzufangen. An der einzigen Stelle, an der sich eine Erklärung Beethovens zu seinem Trillerzeichen findet (im letzten Satz der »Waldsteinsonate« von 1803–4), hat er den Beginn umgeändert und von der Hauptnote auf die obere Nebennote verlegt. Die wenigsten Probleme bietet der »Schneller«, ein kurzer Triller mit drei bis sechs Noten, wobei die kürzeste Fassung einem Pralltriller oder Mordent ähnelt. Zusätzlich führte Beethoven doppelte und dreifache Triller ein sowie eine eigene Art von Triller, bei der eine Hand sowohl eine melodische Linie als auch einen Triller ausführt. Der Doppelschlag beginnt auf der oberen Nebennote, wenn er direkt über einer Note steht. Triller wurden auch dann oft mit einem Nachschlag ausgeführt, wenn dieser nicht notiert war; unklar ist wiederum, wie verbreitet diese Praxis war.

Das Problem der Vorschriften für Verzierungen läßt sich vielleicht am besten mit einem Vergleich illustrieren, mit der unterschiedlichen Notierung vokaler und instrumentaler Musik. Das instrumentale Rezitativ zu Anfang des letzten Satzes der Neunten Symphonie ist so notiert, wie es gespielt werden sollte, im Gegensatz zum folgenden gesungenen Rezitativ, das es imitiert; hier wird vom Sänger, wie damals üblich, am Schluß der Phrase eine lange Appogiatura erwartet. Man muß also nicht nur wissen, was Beethoven geschrieben hat, sondern auch verstehen, wie seine Zeitgenossen seine Notation aufgefaßt haben, wenn man ein genaues Bild davon gewinnen will, wie seine Musik zu seinen Lebzeiten aufgeführt wurde. Trotz intensiver Forschungen sind wir von diesem Ziel noch weit entfernt; nach wie vor bestehen zu einigen der oben aufgeworfenen Fragen höchst unterschiedliche Ansichten.

ANNE-LOUISE COLDICOTT

Kapitel XII

Rezeption

Äußerungen von Zeitgenossen
Im Urteil der Nachwelt – der »romantische Held«
Interpretationen von Beethovens Musik
Denkmäler und Gedenkstätten
Beethovens Stellung in der Musikgeschichte

Rezeption

Äußerungen von Zeitgenossen

Das Genie Beethovens war bereits zu seinen Lebzeiten weithin anerkannt: Aus Schriften seiner Zeitgenossen gewinnt man einen Eindruck davon, wie seine Musik von der breiten Öffentlichkeit aufgenommen wurde, wie sie auf gebildete Menschen wirkte, die nicht vom Fach waren, und wie die Berufsmusiker zu ihr standen. Wichtige Quellen sind außerdem die Biographien von Wegeler, Ries, Schindler und Thayer. *Beethoven: Impressions of Contemporaries* (Sonneck, 1967) enthält Auszüge aus den Schriften seiner Musikerkollegen und anderer herausragender Zeitgenossen, von Literaten wie Goethe, Bettina von Arnim oder Clemens Brentano, von Reisenden und Geschichtsschreibern wie Russell und Schulz. Unmittelbarer noch sind die kurzen Zeitungsberichte sowie die ausführlicheren Kritiken und längeren Aufsätze in speziellen Musikzeitschriften. Bisher ist freilich noch nicht der Versuch gemacht worden, diese Artikel alle zusammenzustellen.

Das 1986 publizierte Werk von Robin Wallace *Beethoven's Critics* bietet eine Übersicht der wichtigsten deutschen Kritikerstimmen; allerdings sind nur sehr wenige Quellen reproduziert, so daß die Auszüge bei Schindler und Thayer in dieser Hinsicht nach wie vor das am leichtesten zugängliche Material darstellen. In England erfreute sich Beethovens Musik großer Beliebtheit; in *The Quarterly Musical Magazine and Review* sowie *The Harmonicon* erschien eine Reihe von Artikeln, die jedoch sehr schlecht dokumentiert sind. In Frankreich verbreitete sich Beethovens Musik erst nach seinem Tod in größerem Maße; durch Wallace, Schindler und Schrade (1942) besitzen wir einiges an Informationen über die ersten Reaktionen.

Vor allem junge Leute waren von Beethovens frühen Werken sofort beeindruckt. Moscheles erinnerte sich an die Wirkung, die diese Musik in ihm hervorrief, als er sie trotz der Warnungen seines Lehrers als junger Student hörte; Czerny schrieb: »Er wurde immer als ein ausserordentliches Wesen angestaunt und geachtet, und seine Grösse auch von jenen geahnet, die ihn nicht verstanden« (zitiert nach Thayer, 1923, Bd. 3, S. 76). Dies trifft sicher auf jene Kritiker zu, die zwar darüber klagten, wie schwierig seine Musik sei, ungeachtet dessen aber Beethovens Phantasie und sein technisches Können anerkannten. In Besprechungen der Leipziger *Allgemeinen Musikalischen Zeitung (AMZ)* ist schon früh die Rede von »Härten« der Modulationen (zitiert nach Thayer, 1922, Bd. 2, S. 279), ebenso wie von einer »nicht gewöhnlichen harmonischen Kenntnis und Liebe zum ernsten Satz« (ebd., S. 280). Die Violinsonaten op. 12 wurden mit den Worten kommentiert: »Gelehrt, gelehrt und immer fort gelehrt und keine Natur, kein Gesang!« (ebd., S. 281)

Allmählich jedoch wuchs eine neue Generation von Kritikern heran, die den Neuerungen besser gerüstet gegenüberstand. Im Jahre 1802 schrieb einer von ihnen in der *Allgemeinen Musikalischen Zeitung* (Leipzig) vom 30. Juni 1802 (= No. 40, Sp. 651) über die Klaviersonaten op. 26 und 27: »weniger Gebildeten, oder auch denen, die an Musik nichts, als ein leichtes Amüsement haben wollen, würden auch diese Werke vergebens angepriesen werden.« Zu dieser Zeit hatten die Klaviersonaten und die Kammermusik bereits großen Anklang gefunden. Wie aber stand es mit der Reaktion auf die Orchesterwerke? Laut Wegeler wurden bedeutendere Kompositionen normalerweise vor einem aufnahmebereiten, aus Musikern und Musikliebhabern bestehenden Publikum uraufgeführt. Anscheinend waren weder die Kritiker noch die breitere Öffentlichkeit von den großen Orchesterwerken restlos begeistert, aber Berichte aus so weit auseinanderliegenden Städten wie Leipzig, Berlin, Mannheim und Prag zeigen doch, daß es vielerorts zu Aufführungen kam. Ins Kreuzfeuer der Kritik gerieten nur *Christus am Ölberge,* das Tripelkonzert und *Fidelio.* Die *AMZ* (Leipzig) vom 2. Januar 1805 (= No. 14, Sp. 216) hatte an der Zweiten Symphonie nicht nur deren Länge auszusetzen, doch der Bericht endet mit der Feststellung: »aber alles das wird durch den gewaltigen Feuergeist, der in diesem kolossalen Produkt wehet, durch den Reichthum an neuen Ideen und die fast durchaus originelle Behandlung derselben, so wie auch durch die Tiefe der Kunstgelehrsamkeit, so weit überwogen, dass man dem Werke das Horoskop stellen kann, es werde bleiben und mit immer neuem Vergnügen gehört werden, wenn tausend eben jetzt gefeyerte Modesachen längst zu Grabe getragen sind.«

Die meisten Reaktionen rief die *Eroica* hervor. Der Korrespondent des *Freimüthigen* teilte mit, das Publikum habe sie als viel zu lang und zu schwierig empfunden. Czerny erinnerte sich, daß während der Uraufführung jemand ausrief: »Ich gäb' noch einen Kreuzer, wenn's nur aufhört« (zitiert nach Thayer, 1922, Bd. 2, S. 459). Laut Schindler wurde die Symphonie im Prager Konservatorium mit dem Verdikt »moralisch korrumpierend« belegt. Die *AMZ* (Leipzig) vom 13. Februar 1805 (= No. 20, Sp. 321) bezeichnete sie als »eine sehr weit ausgeführte, kühne und wilde Phantasie«, schreibt jedoch: »aber bey dieser Arbeit muß er [Rezensent] doch gestehen, des Grellen und Bizarren allzuviel zu finden ...«

In der *AMZ* trat auch E. T. A. Hoffmann als Kritiker auf den Plan, und zwar im Jahre 1808 mit einer Besprechung der Fünften Symphonie. Hoffmann, ein einflußreicher Vertreter der deutschen Romantik, trug viel dazu bei, ein Beethoven-Bild zu etablieren, wie es für das 19. Jahrhundert prägend werden sollte: Es stellte den Komponisten als mit magischen Kräften begabten Helden dar. Hoffmann kreierte geradezu ein neues Genre der Musikkritik, indem er allgemeine Bemerkungen über Beethoven und zur Ästhetik mit analytischen Betrachtungen verband, all dies in einer poetischen Sprache. Die folgende Passage ist ein typisches Beispiel hierfür:

> So öffnet uns auch Beethovens Instrumentalmusik das Reich des Ungeheueren und Unermeßlichen. Glühende Strahlen schießen durch dieses Reiches tiefe Nacht, und wir werden Riesenschatten gewahr, die auf- und abwogen, enger und enger uns einschließen (Hoffmann, 1988, S. 24).

Ebenso gut vermochte er zu beschreiben, *wie* bestimmte Effekte erzielt wurden:

> Das erste Allegro, 2/4-Takt, c-moll, fängt mit dem nur aus zwei Takten bestehenden Hauptgedanken, der in der Folge, mannigfach gestaltet, immer wieder durchblickt, an. Im zweiten Takt eine Fermate; dann eine Wiederholung jenes Gedankens einen Ton tiefer und wieder eine Fermate; beide Male nur Saiteninstrumente und Klarinetten. Noch ist nicht einmal die Tonart entschieden; der Zuhörer vermutet Es-Dur. Die zweite Violine fängt wieder den Hauptgedanken an, im zweiten Takt entscheidet nun der Grundton C, den Violoncelle und Fagotte anschlagen, die Tonart c-Moll (ebd., S. 26).

Über die Zeit um 1814 schrieb Schindler: »Der Ausgang der zweiten Periode hat uns den Tondichter auf einer Stufe des Ruhmes erblicken lassen, die wohl als eine der erhabensten bezeichnet werden darf, die je von einem Musiker im Verlaufe seines Kunststrebens erreicht worden« (Schindler, 1988, S. 249). In späteren Jahren gewann Beethoven den Eindruck, das Wiener Publikum sei ihm nicht mehr gewogen. Bei ernst zu nehmenden Kritikern war davon freilich nichts zu spüren. Amadeus Wendt zum Beispiel, der bei der *AMZ* die Nachfolge E. T. A. Hoffmanns angetreten hatte, fand Beethovens Werke zwar in formaler Hinsicht schwierig, erkannte aber dennoch ihren Erfindungsreichtum und die in ihnen anzutreffende Meisterschaft an. In einem Essay mit dem Titel »Beethovens musikalischer Charakter« erklärte er: »Denn das ist das wahrhafte Kennzeichen großer Werke, daß sie, wiederholt genossen, immer mehr befriedigen« (ebd., S. 234).

Einige Werke Beethovens erfreuten sich weiterhin uneingeschränkter Wertschätzung, und dies in einem Maße, daß Cipriani Potter 1818 schrieb: »Man hört sie mit einer Aufmerksamkeit und Freude, die seine wahren Freunde und Verehrer kaum vorausahnen hätten können ... es ist wohltuend, den Eifer zu erleben, mit dem die Uneingeweihten danach streben, zu verstehen, was man unter dem klassischen Kompositionsstil versteht.« Im Jahre 1821 befand John Russell: »Beethoven ist in Wien der am meisten gefeierte lebende Komponist, und in mancherlei Hinsicht der herausragendste seiner Zeit« (zitiert nach Sonneck, 1967, S. 108, 114).

Dennoch fühlte sich Beethoven auch 1824 noch vom Wiener Publikum mißverstanden (viele zogen Rossini vor), und zwar so sehr, daß er erwog, seine beiden letzten Werke, die *Missa solemnis* und die Neunte Symphonie, außerhalb Wiens uraufführen zu lassen. Seine Freunde und Verehrer schrieben ihm, um ihm zu versichern, welch großes Ansehen er genieße, und flehten ihn an, Wien diese Meisterwerke nicht vorzuenthalten. Sie erreichten, daß im Mai 1824 die Symphonie und drei Sätze aus der Messe in Wien aufgeführt wurden. In der Kritik der *AMZ* heißt es, das Publikum sei tief bewegt und der Beifall enthusiastisch gewesen. Für die Neunte Symphonie galt dies ansonsten freilich kaum. Man verstand weder das Hinzutreten der Singstimmen im letzten Satz noch den Gehalt des Ganzen. In England wurde das Werk erstmals 1825 aufgeführt; während sich die früheren Symphonien dort großer Beliebtheit erfreuten, kam die Neunte nicht gut an. Man könne darin keine Formgebung erkennen, so die Kritik, und es war die Rede von »lautstarker Extravaganz«.

Beethovens späten Werken wurde in der *AMZ* deutlich weniger Aufmerksamkeit geschenkt, aber zwei verhältnismäßig neue Blätter, eine Berliner Zeitschrift gleichen Namens und die *Cäcilia* in Mainz, hielten seiner Musik die Treue. A. B. Marx, einer der wenigen Kritiker, die dem Chorfinale der Neunten Symphonie wohlwollend gegenüberstanden, versuchte, das Werk seinen Lesern nahezubringen, und schrieb in der Berliner *AMZ* vom 22. November 1826 (= Dritter Jahrgang, No. 47, S. 375):

> Unendlich, wie in der landschaftlichen und sonst aussermenschlichen Natur, sind in der Instrumentenwelt die Gestaltungen und Kombinationen. Jetzt streift das Naturleben an menschlichen Ausdruck und Gesang und man ist versucht, menschliche Bedeutung und Gesangsprache herauszuhören; jetzt löset sich das Gestaltete in sein Element, den einfachen Klang, auf; und die einfachste, verlorne Form bildet sich daran wieder in vielfacher Zusammenstellung zu einem großen bedeutsamen Ganzen, wie Blatt an Blatt uns den Baum darstellt (zitiert nach Wallace, 1986, S. 56).

Die erste vollständige Aufführung der Messe wurde von Fürst Galitzin in St. Petersburg organisiert. Er schrieb darüber an Beethoven: »Die Wirkung dieser Musik auf das Publikum kann man nicht beschreiben. Ich glaube nicht zu übertreiben, wenn ich für meinen Teil behaupte, noch niemals etwas so Erhabenes gehört zu haben ... man kann sagen, daß Ihr Genius den Jahrhunderten vorgreift« (zitiert nach Thayer, 1967, S. 925).

Die späten Streichquartette wurden, was eigentlich erstaunlich ist, rasch vom Publikum angenommen und geschätzt, nach anfänglichen Schwierigkeiten mit dem ersten, op. 127 (diese gingen vor allem darauf zurück, daß es zu wenig geprobt worden war und daher weder von den Ausführenden noch vom Publikum richtig erfaßt wurde). Als größter Stolperstein erwies sich die Schlußfuge zu op. 130. Beethoven ließ sich schließlich dazu überreden, sie zu ersetzen und gesondert, als *Große Fuge*, zu veröffentlichen. Mehr Probleme gab es mit den Kritikern. Ihnen fiel es schwer, sich mit den formalen Strukturen, den beispiellos langen Sätzen und der neuen Art von Dissonanzbehandlung anzufreunden.

Während Beethovens Musik in England bereitwillig aufgenommen wurde, interessierte man sich in Frankreich viel weniger dafür. Zu seinen Lebzeiten waren lediglich die frühen Symphonien, einige Trios und Quartette sowie das Septett besser bekannt, und das »typisch Deutsche«, das man in diesen Werken entdeckte, führte anfänglich zu feindseligen Reaktionen. Nach einer Aufführung der ersten beiden Symphonien im Jahre 1811 schrieb Cambini in den *Tablettes de Polymnie:* »Der Komponist Beethoven, oftmals bizarr und barock, brilliert zuweilen mit außerordentlicher Schönheit. Manchmal erhebt er sich mit der Majestät eines Adlers zum Fluge, dann wiederum kriecht er auf grotesken Pfaden. Eben noch rührt er mit einer süßen Melancholie an die Tiefen der Seele, und schon zerreißt er dieselbe mit einem Haufen barbarischer Akkorde. Er scheint Tauben und Krokodile zugleich zu beherbergen« (zitiert nach Schrade, 1942, S. 3). Die Aufführung der *Eroica* wurde abgebrochen, nachdem das Publikum in Lachen ausgebrochen war, weil es sie zu lang und zu ernsthaft fand. Erst 1820 wurde wieder eine Symphonie in Paris aufgeführt – die Fünfte, die freundlich aufgenommen wurde. Die anderen folgten und trafen nunmehr auf eine begeisterte Zuhörerschaft. Bei der Klaviermusik verlief die Entwicklung eher umgekehrt; seit 1815 wurde sie im Conservatoire in Paris gefördert – zu einer Zeit, da sie in Deutschland weniger bekannt war.

Bei den Musikern unter Beethovens Zeitgenossen findet sich eine ähnliche Bandbreite der Reaktionen wie bei den Kritikern und beim größeren Publikum. Manche lehnten seine Musik geradeheraus ab, weil sie sie nicht verstanden, andere wiederum äußerten tiefe Bewunderung. Auch hier waren es die späten Werke, die die meisten Schwierigkeiten bereiteten.

ANNE-LOUISE COLDICOTT

Im Urteil der Nachwelt – der »romantische Held«

Das Zeitalter der Romantik tendierte dazu, Künstler als Heldenfiguren zu betrachten. Beethoven kann in dieser Hinsicht geradezu als Musterbeispiel dienen. Noch vor seinem Tod wurde an der »Beethoven-Legende« gestrickt, an der seine Lebensgeschichte und Beschreibungen seines Erscheinungsbildes einen ebenso gewichtigen Anteil hatten wie seine Musik. Die Schriften Bettina von Arnims übten dabei einen besonders starken Einfluß aus. Sie schrieb Beethovens Musik Qualitäten zu, die der Mystifikation Vorschub leisteten. Arnold Schmitz (1927) sprach in diesem Sinne später von Beethoven als einem Kind der Natur, einem Revolutionär, einem Zauberer und schließlich als einem religiösen Führer und Propheten. Manche oder auch alle diese Begriffe finden sich bei einer ganzen Reihe von Kommentatoren; in nicht wenigen Fällen trat dabei die Musik zugunsten der Darstellung Beethovens als typisch romantischer Figur in den Hintergrund.

Unter denen, die das Werk nicht aus den Augen verloren, waren E.T.A. Hoffmann, obwohl auch er den Gedanken der Magie in Beethovens Musik aufgriff, Schumann, der Beethovens in Kompositionen umgesetzte moralische Wertvorstellungen mit dem Kampf Davids gegen die Philister verglich, und Liszt, der an Wilhelm von Lenz schrieb: »Für uns Musiker ist Beethovens Werk gleich der Wolken- und Feuersäule, die die Israeliten durch die Wüste führte – Wolkensäule, um uns am Tage zu führen, – Feuersäule, um uns die Nacht zu erhellen, auf daß wir Tag und Nacht wandern. Seine Dunkelheit und sein Licht schreiben uns in gleicher Weise den Weg vor, dem wir folgen müssen ...« (vgl. E. Reuss, *Franz Liszt in seinen Briefen,* Stuttgart 1911, S. 34). Nachdem Wagner im Jahre 1828 die Siebte Symphonie gehört hatte, reagierte er auf typisch romantische Weise, ausgelöst sowohl durch die Musik selber als auch durch den Gesamteindruck, den er empfangen hatte: »Die Wirkung hiervon auf mich war unbeschreiblich. Dazu kam der Eindruck, den Beethovens Physiognomie nach den damals verbreiteten Lithographien auf mich machte ... In mir entstand bald ein Bild erhabenster überirdischer Originalität« (Wagner, 1969, S. 37). Mit seinen öffentlichen Äußerungen und mit seinen Schriften trug Wagner viel zu dem Beethoven-Bild des 19. Jahrhunderts bei. Er glaubte an die Zauberkraft von Beethovens »innerer Welt«, die besonders in den religiösen Qualitäten der späten Quartette hervortrete. In seiner Schrift *Das Kunstwerk der Zukunft* (1849) erklärte er, Beethoven habe es in der Fünften Symphonie vermocht, »den Ausdruck seiner Musik bis fast zum moralischen Entschlusse zu steigern« (Wagner, 1883, S. 100); weiterhin schrieb er: »Die letzte Symphonie ist die Erlösung [der Musik] aus ihrem eigenen Elemente heraus zur allgemeinsamen Kunst« (ebd., S. 103–4).

Zuweilen scheint es, als seien die Künstler – nicht nur – der Romantik über die Musik selber hinweggegangen und als hätten sie die geläufigen Ansichten über Beethoven lediglich als Sprungbrett für ihre eigenen Vorstellungen benutzt. Das gilt vor allem für die bildende Kunst (vgl. »Denkmäler und Gedenkstätten«, S. 364 ff.) und die Literatur. Es wurden Gedichte über den berühmten Komponisten verfaßt, so zum Beispiel *Wanderszene* (1844) von Franz Grillparzer, und bis in die zweite Hälfte des 19. Jahrhunderts hinein erschienen immer wieder Theaterstücke über Beethoven.

In Frankreich etablierte sich die Musik Beethovens erst nach 1828, nachdem seine Symphonien von François Antoine Habeneck erfolgreich aufgeführt worden waren. Luigi Cherubini und François-Joseph Fétis, der konservative Historiker und Kritiker, stellten sich weiterhin dagegen, aber sie gehörten inzwischen einer Minderheit an. In vorderster Front der Befürworter stand Hector Berlioz. Seine Kritiken, in denen er ein detailliertes Bild des Komponisten Beethoven entwarf, gerieten oft zu einer Art von poetischen Phantasien. So beschrieb er das Streichquartett op. 131 als »eine himmlische Inspiration, die eine materielle Form angenommen hat« (zitiert nach Newman, 1983, S. 362). Das religiöse Element der Musik Beethovens wurde von Alfred Comte de Vigny, Alphonse de Lamartine und Victor Hugo hervorgehoben, die sich von der Vorstellung des Unendlichen angezogen fühlten und eine Wahlverwandtschaft mit Beethovens Gedankenwelt zu erkennen glaubten. Dies führte zu einer Entwicklung, die gegen Ende des 19. Jahrhunderts Beethoven quasi als Erlöser und als Schöpfer eines neuen moralischen Universums erscheinen ließ.

Den Höhepunkt dieser Art des Umgangs mit Beethovens Musik in Frankreich stellt Romain Rolland dar. Um die Jahrhundertwende, zu einer Zeit, als so viele Aufführungen stattfanden wie nie zuvor und zahlreiche einschlägige Gemälde und Skulpturen geschaffen wurden, beschrieb Rolland den Komponisten in seiner Beethoven-Biographie als Inbegriff von Freiheit und Heldentum. In seinem Romanzyklus *Jean-Christophe* (1904–12; deutsch: *Johann Christof*) ähnelt zwar der äußere Lebenslauf des Protagonisten dem Beethovens nur bis zu einem gewissen Grad; dessen Inneres hingegen ist in starkem Maße geprägt von Beethovens Kampf gegen Widerstände und von der Treue zu seiner Kunst.

Das Zusammentreffen antideutscher Gefühle mit dem Aufkommen einer neuen Sachlichkeit und Vernunftbetontheit nach dem Ersten Weltkrieg setzte dem Beethoven-Kult in Frankreich ein abruptes Ende. Claude Debussy vor allem war es, der für Ernüchterung sorgte, nicht hinsichtlich der Musik selbst, wohl aber bezüglich der Wortfülle, die von jener ausgelöst worden war. Er schrieb, der literarische Wert Beethovens betrage »keine zwei Cent«, die Musik aber habe er »mit feurigem Stolz« geliebt (Newman, 1983, S. 379).

England war immer schon für das romantische Bild Beethovens wenig empfänglich gewesen. Seine Musik hatte hier bereits früh Anerkennung gefunden, und daran änderte sich auch nichts. Eine der wenigen Ausnahmen bildet John Lawrence Lambe mit seinem Schauspiel *Beethoven Deaf* von 1911. In den USA, insbesondere in Neuengland, war der »Mystizismus« weit stärker verbreitet, dokumentiert durch Nordlings Theaterstück *The Moonlight Sonata* aus dem Jahr 1911. Auch anderswo zeigte sich in literarischen Werken sowohl der Abgrund zwischen Wirklichkeit und Dichtung als auch das Ausmaß der Inspiration, die von Beethoven ausgehen konnte. 1872 erschien von dem italienischen Dramatiker Pietro Cossa das Theaterstück *Beethoven* und 1891 Leo Tolstois *Kreutzersonate*, die beide nur andeutungsweise Zusammenhänge mit dem Komponisten aufweisen.

Im 19. Jahrhundert ließen sich nicht nur die Romantiker von Beetho-

vens Musik anregen, sondern diese übte auch einen ganz unmittelbaren Einfluß auf andere Komponisten aus (vgl. »Beethovens Stellung in der Musikgeschichte«, S. 366 ff.). Die allgemeine Wertschätzung Beethovens drückt sich nicht zuletzt in der (1888 fertiggestellten) *Gesamtausgabe* bei Breitkopf & Härtel aus, die eine erkleckliche Anzahl kritischer und wissenschaftlicher Arbeiten nach sich zog. Als wichtigste sind zu nennen die Biographie von Thayer (vgl. S. 373 f.) und Nottebohms Untersuchungen zu den Skizzen (vgl. S. 385 ff.).
Das romantische Beethoven-Bild entstand unter dem Einfluß seiner Musik und seiner Persönlichkeit auf eine Umgebung, die dafür empfänglich war. Im 20. Jahrhundert veränderte sich die Einstellung: Der Mythos hat sich verflüchtigt, geblieben ist die Beliebtheit von Beethovens Musik als solcher; zugenommen, und zwar in jeder Hinsicht, hat die Forschung.

ANNE-LOUISE COLDICOTT

Interpretationen von Beethovens Musik

Die Veränderungen des musikalischen Geschmacks spiegeln sich in den unterschiedlichen Interpretationen wider, die Beethovens Werk seit dem Tod des Komponisten gefunden hat. Carl Czerny trug in den dreißiger und vierziger Jahren des 19. Jahrhunderts viel dazu bei, ein kontinuierliches Interesse an Beethovens Klaviermusik zu wecken. Zwar wich er selbst bei seinen Aufführungen sehr wohl vom Text ab, indem er nach oben oktavierte, Verzierungen und Pedal hinzufügte, in seinen Schriften jedoch (die zum Teil auf seinen Unterricht bei Beethoven Bezug nehmen) empfahl er das Gegenteil: »Beim Vortrag aller seiner Werke (und überhaupt bei allen klassischen Autoren) darf der Spieler sich durchaus keine Änderung der Composition, keinen Zusatz, keine Abkürzung erlauben« (Czerny, 1963, S. 26).
Als Dirigent und Klaviervirtuose wurde Liszt zu einem einflußreichen Förderer der Beethovenschen Musik; er transkribierte die neun Symphonien für Klavier und führte die Sonaten häufig auf. Zeitgenössischen Berichten zufolge gestattete er sich in seinen frühen Jahren einige Freiheiten (allerdings offenbar weniger als andere), indem er den Satz ergänzte, um seine Virtuosität zur Schau zu stellen oder auch um einen volleren Klang zu erzielen. Ein Beobachter schrieb dazu: »ja selbst für den Fall, daß man ihm nachweisen könnte, Beethoven habe dies oder jenes anders gewollt als Liszt es spielt, so bleibt doch das energische Feuer und die Begeisterung, womit er seine Auffassung durchsetzt, immer etwas viel Höheres und Gewaltigeres, als der vielleicht getreue, aber meist kalt überlegte Vortrag derselben Werke, wie wir ihn bei vielen anderen Clavierspielern finden« (*Neue Zeitschrift für Musik,* hrsg. v. Dr. R. Schumann, 16ter Band, Nr. 19, Leipzig 1842, S. 75). Berlioz berichtete über zwei gegensätzliche Aufführungen der »Mondscheinsonate«: In der früheren hatte Liszt Triller, Tremoli und leidenschaftliche Akkorde im ersten Satz hinzugefügt und das Tempo angezogen

und verzögert; einige Jahre später »klang ... diese edle Elegie auf, die der Spieler einst in so befremdender Weise entstellt hatte, erhob sich in ihrer ganzen erhabenen Einfachheit; nicht eine Note, nicht eine Betonung wurde nun den Noten und Akzenten hinzugefügt, die der Komponist gewollt hat« (Prod'homme, 1948, S. 129). Liszts Ausgabe der Sonaten von 1857 verrät – mit Ausnahme der letzten drei Werke – erstaunlich wenig über seine Art der Interpretation. Besser überliefert sind seine Vorstellungen in der Edition von Sigmund Lebert und Hans Guido von Bülow (1871). Letzterer war ein Schüler Liszts und von daher mit dessen Absichten vertraut. Der große Mangel dieser Ausgabe ist, daß offensichtlich schwierige Passagen vereinfacht wiedergegeben sind: durch andere Verteilung der Töne, umgeschriebene Rhythmen und neue Fingersätze. Ziemlich fragwürdig muten auch die absichtlichen Tempoänderungen an; die programmatischen Bezeichnungen sind ganz offensichtlich romantischer Provenienz. Dennoch handelt es sich um eine sehr sorgfältige Edition und darüber hinaus um eine wertvolle Quelle für das ihr zugrundeliegende Musikverständnis.
Die Interpretation des Klaviervirtuosen Ferrucio Busoni (1866–1924) läßt sich wohl am besten einschätzen, wenn man seinen eigenen Kommentar zu Beethovens Werken, enthalten in einem Brief aus dem Jahre 1902, liest: »Indem ich die Werke Beethovens einer verstaubten Tradition entreiße, versuche ich, sie in ihrer Ursprünglichkeit wieder erstehen zu lassen; sie müssen so klingen, wie in jenem Augenblick, als sie – erstmals dem Kopf und der Feder des Komponisten entsprungen – den Menschen seiner Zeit gegenübertraten. Unter ihren Zeitgenossen galt die *Pathétique* als eine geradezu revolutionäre Sonate: Auch für uns sollte sie so klingen. Und nie wird es gelingen, die *Appassionata,* den Höhepunkt leidenschaftlichen musikalischen Ausdrucks zu ihrer Zeit, mit einer solchen genügend hingebungsvollen leidenschaftlichen Erregung zum Erklingen zu bringen« (zitiert nach Dent, 1933, S. 110).
Arthur Schnabel (1882–1951) war zu seiner Zeit gewissermaßen der Inbegriff des Pianisten, bekannt als integrer und gewissenhafter Musiker. Er galt als Beethoven-Spezialist, teils aufgrund seiner Aufführungen der späten Werke, die in seiner Interpretation geradezu visionäre Qualität erlangten, teils wegen einer 1935 erschienenen Ausgabe der Sonaten und der Diabelli-Variationen. In dieser finden sich Schnabels eigene Fingersätze, Pedalvermerke und Phrasierungsbögen. Sie hält sich sehr eng an Beethoven, vor allem, was das Pedal betrifft, aber man hat bemängelt, sie sei zu detailliert und es lasse sich nicht exakt erkennen, welche Bezeichnungen von Beethoven stammen und welche von Schnabel. Besonders interessant sind Schnabels Ansichten über den modernen Konzertflügel und die Behandlung des Pedals. Seiner Meinung nach wollte Beethoven mit seinen Pedalangaben auf den Instrumenten seiner Zeit genau die Wirkung erzielen, die man heute damit auf modernen Instrumenten erreicht. Das alte Fortepiano unterscheidet sich vom heutigen Konzertflügel nur durch seine beschränkteren Aus-

führungsmöglichkeiten. Auf den neuen Instrumenten hingegen sind auch alle früheren Spielweisen zu erreichen. Beethovens verhältnismäßig spärliche Pedalvorschriften dienen einzig dazu, dem durchschnittlichen Spieler den Pedalgebrauch auch dort anzuzeigen, wo dieser ihn für einen »Verstoß« gehalten hätte. Schnabel besteht darauf, daß Beethovens Pedalvorschriften unter allen Umständen eingehalten werden müssen, da es auf sie als einen untrennbaren Bestandteil der musikalischen Wirkung ankomme; sie nicht zu beachten, bedeutet eine Veränderung von Beethovens Musik.

Wilhelm Kempff (1895–1991) ist ebenfalls als großer Beethoven-Interpret bekannt. Seine beiden Aufnahmezyklen der Sonaten und die Aufnahmen der Klavierkonzerte mit Leo Blech sind mit ihrem kantablen Klang und den klaren Strukturen nach wie vor unerreicht. Eine ganz ähnliche Linie verfolgt in neuerer Zeit Alfred Brendel (*1931). Ohne den früheren Editionen von Bülow und Schnabel den Respekt zu versagen, hält er sie heutzutage doch für antiquiert und bevorzugt die Schenkersche Urtextausgabe. Bei ihm verbindet sich ein ausgesprochen intellektuelles Musikverständnis mit einem wachen Stilempfinden. Er bevorzugt den modernen Konzertflügel, da dessen Tonvolumen seiner Ansicht nach den Orchestern, den Konzertsälen und vor allem dem Gehör der Gegenwart am ehesten entspricht. Andere bemerkenswerte Aufnahmen sind unter anderem mit Rudolf Serkin, Emil Gilels, Claudio Arrau, Daniel Barenboim und Wladimir Ashkenazy entstanden.

Während der letzten zwanzig Jahre hat eine Reihe von Interpreten der Beethovenschen Klaviermusik historische Fortepianos benutzt. Mit diesen lassen sich unterschiedliche Klangfarben erzielen, es gibt gewichtige Argumente für sie aus Sicht der Begleitinstrumente (Klangbalance), und außerdem ist da der psychologische Faktor, daß sie durch die Musik bis an die Grenzen ihrer Möglichkeiten ausgereizt werden. Paul Badura-Skoda verwendete einen Graf-Flügel für seine exzellente Sonatenaufnahme, und Jörg Demus spielt sowohl auf einem Instrument von Streicher als auch auf einem Graf-Fortepiano. Es gibt zwei Aufnahmen der Klavierkonzerte mit historischem Flügel, begleitet von Orchestern mit historischen Instrumenten: eine mit dem Pianisten Melvyn Tan und Roger Norrington als Dirigent der London Classical Players, die zweite mit Steven Lubin, Christopher Hogwood und der Academy of Ancient Music. Diese Art, an die Musik heranzugehen, hat den Werken, die sich schon längst als unerschöpflich erwiesen haben, zweifellos noch zusätzliche Perspektiven eröffnet und damit die Möglichkeiten erweitert.

Das Violinkonzert wurde zunächst eher stiefmütterlich behandelt, fand aber dennoch seinen festen Platz im Konzertrepertoire, nachdem der junge Joseph Joachim (1831–1907) es 1844 in London aufgeführt hatte. Er komponierte zwei Kadenzen für das Konzert; allerdings werden heutzutage meist die Kadenzen von Fritz Kreisler (1875–1962) gespielt. Kreislers Aufnahme des Violinkonzerts – wohl immer noch unübertroffen – ist auf Schallplatte erhältlich. Zino Francescatti beschrieb die

Kadenz des ersten Satzes als »drei Minuten voller Wunder, Verwirrung, Erstaunen, Überraschung und Gefühl«, die gesamte Aufführung von 1912 bezeichnete er als »die großartigste musikalische Erinnerung meines Lebens« (zitiert nach Lochner, 1951, S.367).

Im 20. Jahrhundert haben einige imposante Aufführungen und Aufnahmen der vollständigen Zyklen der Streichquartette stattgefunden. Besonders hervorzuheben sind die des Busch-Quartetts, des Ungarischen Quartetts und des Amadeus-Quartetts. Die Aufnahme des Busch-Quartetts weist einige Intonationstrübungen auf, was den Eindruck der bei aller Leidenschaftlichkeit luziden Wiedergabe freilich nicht zu mindern vermag. Das Ungarische Quartett setzte mit seiner Perfektion neue Maßstäbe und wurde erst von dem technisch brillanten Amadeus-Quartett mit seinem homogenen Klang und seinem sensiblen, geschliffenen Interpretationsstil übertroffen. Weitere bemerkenswerte Aufnahmen der Streichquartett-Zyklen stammen vom Lindsay-Quartett, dem Alban-Berg-Quartett und dem Quartetto Italiano.

Beethovens Symphonien waren schon immer eine unwiderstehliche Herausforderung für Dirigenten und haben manch denkwürdige Aufführung erlebt. In der Mitte des 19. Jahrhunderts wurden die großen Streicherbesetzungen, die gegen Ende von Beethovens Leben in Aktion traten, zur Norm, zum ausgehenden Jahrhundert hin war dann noch einmal eine Vergrößerung der Orchester zu verzeichnen. Wagner, einer der leidenschaftlichsten Verehrer Beethovens, hat sich, was überraschen mag, als Dirigent erhebliche Freiheiten erlaubt. Er veränderte die Instrumentierung sowie Dynamik und Tempi – ganz ähnlich wie die Pianisten der Romantik in ihren Ausgaben der Klaviermusik. Innerhalb eines Allegrosatzes beispielsweise charakterisierte Wagner die verschiedenen Themen durch Tempovariationen und verwendete Ritardandi als Mittel zur Hervorhebung. In der Neunten Symphonie änderte er den Klang, indem er einigen Holzbläserstellen Blechbläser hinzufügte. Mahler, der in derselben Tradition stand, hatte noch weniger Skrupel, Beethovens Intentionen zuwiderzuhandeln. Von der *Missa solemnis* sagte er, wenn irgendein Werk frei interpretiert werden müsse, dann dieses, und eine entsprechende Haltung nahm er auch den Symphonien gegenüber ein. Offenbar ließ er in der *Eroica* dem ersten Thema eine lang ausgehaltene Pause vorangehen. Seine Eingriffe in die Fünfte Symphonie stehen in krassem Gegensatz zur heutigen Auffassung: Im ersten Satz verstärkte er das »Klopfmotiv« mit Pauken; im Scherzo verlangte er am Anfang gestopfte Hörner, und im Finale verdoppelte er oft die Fagottstimmen mit Hörnern und machte die Holzbläsergruppe mit einem zusätzlichen Pikkolo und einer Es-Klarinette durchdringender. Bei einer Aufführung der Neunten Symphonie von 1895 waren die Bläser doppelt besetzt, gelegentlich durch Posaunen ergänzt, und für den Trioteil im Scherzo wurde eine neue Hornstimme geschrieben. Mahler experimentierte sogar mit der Aufstellung einiger Bläser am Rande des Podiums zu Anfang des Alla-marcia-Abschnitts im Schlußsatz, um solchermaßen ein gewaltiges Crescendo zu erreichen. Eine Aufführung im Jahre 1901 fand ein geteiltes Echo: Der Großteil des Publikums spendete begeistert Beifall, ein Kritiker jedoch nannte sie »eine Transkription Beethovens«.

Wilhelm Furtwängler (1886–1954) war einer der letzten Dirigenten der romantischen Schule. Seine Aufnahmen dokumentieren die Fähigkeit, den Werken eine Einheit zu geben. Er bringt dies zuwege, indem er über der Präzision im Detail die Klarheit des Ganzen nicht aus den Augen verliert. Der einigermaßen improvisatorische Charakter seiner Interpretation führte allerdings auch zu Kritik, die sich gegen allzu große rhythmische Freiheiten richtete. Otto Klemperer (1885–1973) gilt als einer der maßgeblichen Beethoven-Interpreten. Zu Anfang seiner Karriere war es noch durchaus üblich, »Retuschen« an der Partitur vorzunehmen. Er widersetzte sich dieser Praxis, abgesehen von einigen Verdoppelungen bei den Holzbläsern und Hörnern, die eine bessere Balance garantieren sollten – ein auch heute gängiges Verfahren, wenn die Streicher groß besetzt sind. In späteren Jahren war er berüchtigt wegen seiner außergewöhnlich langsamen Tempi, davor allerdings war sein nachgerade architektonischer Zugriff Garant für grandiose Dimensionen und immense Kraft. Die Aufführungen mit Karajan in den 1960er Jahren setzten im Orchesterspiel, das er den Berliner Philharmonikern abverlangte, neue Maßstäbe. Die darin zutage tretende Energie, Brillanz und Hingabe machen sie zu herausragenden musikalischen Ereignissen.

In den 80er Jahren wurde zunehmend Wert auf historische Genauigkeit gelegt. In der Orchestermusik manifestierte sich dieses Bestreben in kleineren Besetzungen und, noch grundlegender, in der Verwendung zeitgenössischer Instrumente. In Großbritannien gibt es bisher drei derartige Aufnahmen der Symphonien: von der Hanover Band (ohne Dirigent), den London Cassical Players unter Roger Norrington und der Academy of Ancient Music unter Christopher Hogwood. Einer der interessantesten Aspekte dabei ist die Tempofrage. Aus Respekt vor Beethovens Metronomangaben sind die Tempi dieser Aufführungen im allgemeinen schneller, als wir es gewohnt sind, und zudem – offenkundig in Übereinstimmung mit der Aufführungspraxis der Beethovenzeit – viel weniger flexibel, teilweise sogar ein wenig starr. Die drei Fassungen unterscheiden sich erheblich in bezug auf die Größe des Orchesters, die Instrumententypen sowie den Grad der Kontrolle, die der Dirigent ausübt, und das Anspruchsniveau, das er vorgibt. Alle weisen eine erfrischende Transparenz der Satzstrukturen auf und vermitteln ein Gefühl der Freude. Im besten Fall stellen solche Aufführungen freilich, wie Richard Taruskin über Norringtons Version der Neunten Symphonie schrieb, »eher eine Neuformulierung als eine Wiederherstellung der Texttreue« dar (Taruskin, 1989, S. 240–56).

ANNE-LOUISE COLDICOTT

Denkmäler und Gedenkstätten

Bereits zu seinen Lebzeiten war Beethoven für die bildenden Künstler ein geradezu modisches Sujet. Nach seinem Tod traten vor allem die Bildhauer mit Beethoven-Büsten und -Köpfen hervor, so beispielsweise Johannes Schilling und Antoinette Bourdelle mit Werken, die heute im Beethoven-Haus stehen. Johann Peter Lyser, der zuvor schon lebensnahe Skizzen des gehenden Beethoven angefertigt hatte, ließ sich zu einem anspruchsvollen Kupferstich im klassischen Stil inspirieren. In der Mitte ist die Krönung Beethovens dargestellt, kleinere Tafeln darum herum beziehen sich auf bestimmte Werke. Klassisch-allegorische Szenen waren typisch für das 19. Jahrhundert; in ihnen spiegelt sich der Prozeß der Stilisierung Beethovens zum Mythos. Eine quasi offizielle Form der Anerkennung des Komponisten bestand darin, Statuen in Auftrag zu geben, die auf öffentlichen Plätzen aufgestellt wurden.

Pläne, die erforderlichen Geldmittel für ein Denkmal in Bonn aufzutreiben, kursierten bereits seit einigen Jahren, als endlich der nötige Anstoß von außen durch Franz Liszt erfolgte. 1840 wurde ein Wettbewerb für eine Bronzestatue ausgeschrieben. Der Gewinner war Ernst Julius Hähnel aus Dresden, dessen Werk am 12. August 1845 auf dem Münsterplatz enthüllt wurde (vgl. Abb. 21). Die Feierlichkeiten wurden von einem festlichen Konzert mit Beethovens Musik gekrönt, zu dem prominente Virtuosen aus ganz Europa eingeladen waren. Liszt selber trat sowohl als Solist wie auch als Dirigent auf und schrieb eine Festkantate. Es gibt einen recht amüsanten Bericht über dieses Ereignis von Sir George Smart, einem englischen Musiker, den Percy Young 1976 veröffentlicht hat. Die Statue Beethovens, in einen Umhang gehüllt, aufrecht, geradeaus starrend, einen Federhalter in der einen Hand, ein Notizbuch in der anderen, steht auf einem Podest, an dessen vier Ecken musizierende Frauen abgebildet sind, die aus der klassischen Mythologie zu stammen scheinen.

Das erste öffentliche Denkmal in Österreich war eine überlebensgroße Bronzebüste in Heiligenstadt im Jahre 1863. Einige Zeit später, 1902, wurde dort eine »gehende« Marmorstatue von Robert Weigl aufgestellt. Wien ließ sich mit der Ehrung Beethovens Zeit, doch gründete die Gesellschaft der Musikfreunde 1871 ein Komitee, um die Errichtung eines Denkmals zu organisieren. Kaspar Clemens Zumbusch (bereits berühmt wegen seiner Büste Ludwigs II. und einer Statue von Maria Theresia) wurde als Bildhauer ausgewählt. 1877 fand ein Galakonzert statt, um Geld zu sammeln, wobei Liszt wiederum eine tragende Rolle spielte. Das Denkmal wurde im Mai 1880 auf dem Beethovenplatz enthüllt, in Anwesenheit von Caroline (der Witwe von Beethovens Neffen Karl) und ihrer vier Töchter. Es besteht aus einer gewaltigen sitzenden Bronzefigur auf einem riesigen, sieben Meter hohen Granitpodest, das von zwölf kleineren Figuren sowie Engeln und Putten umgeben ist. Beethoven ist hier, trotz seiner sitzenden Haltung, in ehrfurchtgebietender Weise abgebildet: kraftvoll, tief in Gedanken versunken und voller Spannung. Er trägt zeitgenössische Kleidung, der

Gesamtentwurf ist im Gegensatz zum Bonner Denkmal nicht allegorisch. Der Komponist erscheint eher als menschlicher Heros, nicht als göttliche Figur. Die *Wiener Allgemeine Zeitung* sprach von einem Helden, der zwar der Menschheit angehöre, aber vom Himmel gekommen und wieder dorthin zurückgekehrt sei.
Beethovens Geburtshaus ist eine andere Art von Gedenkstätte. 1870 wurde am Haus in der Bonngasse (ehemals Rheingasse 934) eine Gedenktafel angebracht. 1889, als das Haus verkauft werden sollte, erging ein Spendenaufruf, um es restaurieren und ein Beethoven-Museum darin unterbringen zu können. Später wurde nebenan das Beethoven-Archiv eingerichtet, das große Manuskriptsammlungen beherbergt und zu einer wichtigen Forschungsstätte geworden ist. Viele der Häuser, in denen Beethoven gelebt oder zeitweise gewohnt hat, sind inzwischen mit Gedenktafeln gekennzeichnet worden.
1902 fand in Wien eine spektakuläre Beethoven-Ausstellung statt, mit dem Marmordenkmal von Max Klinger im Zentrum. Die Herstellung dieses Monuments – eines der bemerkenswertesten seiner Art – hatte siebzehn Jahre in Anspruch genommen. Eine Reihe von Materialien wurde dafür verwendet: verschiedenfarbiger Marmor, Elfenbein, Edelsteine, Gold und polierte Bronze. Die Figur Beethovens ist bis zur Taille nackt, schmucklos und von unbestimmbarem Alter. Das Gesicht, das die meiste Kraft ausstrahlt, ist nach der Gipsmaske von Richard Klein gestaltet. Die Figur sitzt auf einem Thron mit fünf Engelsköpfen auf der Rückseite und verweist somit auf ein inthronisiertes, unsterbliches Genie. Das Denkmal steht heute im Gewandhaus in Leipzig. Gustav Klimt schuf, im Bestreben, mehrere Kunstformen zu vereinen, einen Rahmen für die Statue in Form eines Frieses. Es handelt sich dabei um eine komplexe und ziemlich geheimnisvolle Darstellung von Szenen, die Kompositionen Beethovens repräsentieren. Auch hier wurden verschiedene Materialien verwendet: Stuck, Mosaiksteine, Metall, Glas, Wasser- und Ölfarben. Das musikalische Element dieses »Gesamtkunstwerks« bildete Mahlers Bearbeitung der Neunten Symphonie mit Blechblasorchestern und riesigen Chören. Damit war der Höhepunkt des romantischen Beethoven-Kults erreicht.
Die sich im 20. Jahrhundert vollziehende Entmystifizierung schmälerte Beethovens Ansehen nicht. Die spezifische Qualität seiner Musik trat vielmehr um so deutlicher hervor, je mehr sich die bedeutendsten Theoretiker damit beschäftigten. Abgesehen von der Eröffnung der Beethovenhalle 1959 in Bonn, die von S. Wolske entworfen wurde, ist Beethoven weitgehend durch wissenschaftliche Tagungen geehrt worden. Die wichtigsten fanden im Jahr 1970 zu seinem 200. Geburtstag und 1977 zum 150. Todestag statt. Ein Beethoven-Zentrum ist auch in San José, Kalifornien, errichtet worden.
Beethovens Ruhm ist so groß, daß weltweit Briefmarken zu seinem Gedenken herausgegeben wurden. Auf ihnen sind Abbildungen seines Kopfes zu sehen oder der Stätten, die mit ihm in Verbindung stehen,

aber auch Partituren und Instrumente, die eine Beziehung zu seiner Musik aufweisen (Brilliant, 1988). Eine ziemlich ungewöhnliche Ehrung bestand darin, daß 1977 die amerikanischen Raumfähren Voyager 1 und 2 Auszüge seiner Werke auf einer vergoldeten Kupferschallplatte ins All mitnahmen. Die Platte, die dazu dienen sollte, gegebenenfalls mit anderen Zivilisationen Kontakt aufzunehmen, enthält Musik aus verschiedenen Kulturen. Beethoven ist mit dem ersten Satz seiner Fünften Symphonie und der Cavatina aus dem Streichquartett op. 130 vertreten.

ANNE-LOUISE COLDICOTT

Beethovens Stellung in der Musikgeschichte

Beethoven hat in der Musikgeschichte eine unangefochtene zentrale Position inne. Für viele ist er ganz einfach der größte Komponist überhaupt, und schon zu seinen Lebzeiten sahen einige in ihm den herausragenden Exponenten seiner Kunst, der Persönlichkeiten wie Shakespeare und Michelangelo an die Seite zu stellen sei (Solomon, 1982, Nr. 79). Auch diejenigen, die ihm nicht den allerersten Platz einräumen, stimmen fast durchweg darin überein, daß er zumindest zu den bedeutendsten Komponisten zu zählen ist.

Diese zentrale Stellung Beethovens rührt jedoch nicht nur von der außergewöhnlichen Qualität seiner Musik her. Aus der Sicht der Gegenwart scheint er ziemlich genau in der Mitte dessen zu stehen, was nach landläufigem Verständnis die Musikgeschichte ausmacht – zwischen jenen Komponisten, deren Œuvre und Aufführungspraktiken größtenteils von Musikhistorikern wiederentdeckt und von Spezialisten für »alte Musik« wiederbelebt werden mußten, und den späteren, deren Werke seit ihrer Entstehungszeit zum Repertoire gehören und zu denen in mancher Beziehung noch eine gewisse Verbindung besteht (die Instrumente und Orchesterbesetzungen heute unterscheiden sich nicht allzusehr von denen, für die sie komponiert haben).

Unter einem spezifischeren Gesichtspunkt betrachtet, steht Beethoven ebenfalls an einem Wendepunkt: Seine Musik blickt sowohl auf seine Vorgänger zurück als auch auf seine Nachfolger voraus, und zwar in einem Maße, wie dies bei keinem anderen Komponisten der Fall ist (nur Josquin des Prez, der große Meister der Renaissance, könnte vielleicht für sich in Anspruch nehmen, ebenso starke Verbindungen zu den Stilperioden vor und nach ihm zu besitzen und, wie Beethoven, beiden anzugehören). Die Beziehungen Beethovens zu älteren Komponisten kamen bereits zur Sprache (vgl. »Einflüsse auf Beethovens Stil«, S. 94 bis 105). Er ließ sich von allen bedeutenderen Komponisten des 18. Jahrhunderts anregen, außer von denen, deren Musik zu seiner Zeit so unmodern geworden war, daß man sie kaum noch kannte (etwa Vivaldi und Couperin). Umgekehrt ist zu sagen, daß sich von den wichtigeren Komponisten der nächsten hundert Jahre kaum einer seiner direkten

Einwirkung zu entziehen vermochte und sicherlich keiner völlig unbeeinflußt blieb.

Die Großartigkeit der Neunten Symphonie war der unmittelbare Anlaß für Mendelssohns *Lobgesang* in seiner Zweiten Symphonie. Wagner fand durch die Notwendigkeit, im letzten Satz der Neunten Singstimmen hinzutreten zu lassen, seine Meinung bestätigt, daß die Vokalmusik der Instrumentalmusik überlegen sei; die raschen Modulationen im Menuett der Ersten Symphonie eröffneten ihm bisher ungeahnte Möglichkeiten der Tonalität. Für Brahms (dessen Erste Symphonie dreisterweise als »Beethovens Zehnte« bezeichnet wurde), Bruckner und andere waren Beethovens Symphonien ein Modell für reine Instrumentalmusik auf höchstem Niveau, während Mahler die kosmische Weite der Neunten als Ausgangspunkt für seine eigenen Symphonien betrachtete. Andere Komponisten wurden an weiteren Stellen von Beethovens Œuvre fündig. Werke wie die *Pastorale* und die gewissermaßen programmatischen Ouvertüren (insbesondere die *Leonorenouvertüre* Nr. 3, die *Coriolanouvertüre* und die *Egmontouvertüre*) trugen mit ihren poetisch-romantischen Qualitäten zur Entstehung der symphonischen Dichtungen von Hector Berlioz, Robert Schumann, Peter Tschaikowsky und anderen bei. Schumann zitierte in seiner C-Dur-Fantasie (op. 17) sogar ein Thema aus Beethovens *An die ferne Geliebte.* Im Gegensatz hierzu übte die konzentrierte Form der späten Bagatellen auf Anton Webern eine starke Anziehungskraft aus, was dazu führte, daß er seine eigenen Bagatellen und andere, ähnlich verdichtete Werke schuf.

Paradoxerweise ist die einzige Gruppe von Komponisten, mit der Beethoven nur sehr wenig verbindet, die seiner Zeitgenossen. Die Entwicklung der Musik im ersten Viertel des 19. Jahrhunderts versteht man in der Tat möglicherweise am ehesten, wenn man Beethoven gänzlich ignoriert (manche Werke Schuberts scheinen auf geradezu natürliche Weise aus der späten Musik Mozarts hervorzugehen, unter völliger Umgehung Beethovens). Es lag jedoch nicht allein an Beethoven, daß er der Musik seiner Zeitgenossen distanziert gegenüberstand, ihr angeblich sogar mit Verachtung begegnete. In den ersten beiden Dezennien des 19. Jahrhunderts war, musikalisch gesehen, ein gewisser Stillstand eingetreten. Aus dieser Periode gibt es kaum Werke, die Bestand haben sollten. Nur wenige Komponisten versuchten sich an wirklich anspruchsvollen Projekten, und noch weniger erreichten ihr Ziel. Im heutigen Konzertrepertoire findet sich lediglich eine Handvoll Werke aus jener Zeit, abgesehen von denjenigen Beethovens. Um so bedauerlicher ist es, daß man so wenig über sein Verhältnis zu Schubert weiß. Was Beethoven von Schuberts Musik kannte und schätzte und zu welchem Zeitpunkt, wird sich vielleicht nie vollständig klären lassen.

Beethoven bildet das wichtigste Verbindungsglied zwischen der klassischen und der romantischen Epoche. Die Diskussionen darüber, ob er mehr der einen oder der anderen angehört, werden wohl nie aufhören. In bezug auf sein Repertoire und was die Gattungen anlangt, sieht man in ihm wohl am richtigsten den Höhepunkt der Klassik, denn jene Formen, die er in seinen großen Werken verwendete, waren bereits von Haydn und Mozart etabliert worden – die viersätzige Symphonie, das dreisätzige Klavierkonzert, das Streichquartett und die Klaviersonate. In dem wichtigsten musikbibliographischen Nachschlagewerk, dem *Répertoire international de la littérature musicale,* in dem man sich schon aus praktischen Gründen für die eine oder die andere Kategorie entscheiden mußte, wird Beethoven daher der klassischen Epoche zugeordnet (Schubert hingegen, der nur ein Jahr später starb, ist als Romantiker klassifiziert).

Was freilich die schwerer zu fassenden Aspekte von Beethovens Musik angeht, so ist die Verbindung zu den Romantikern viel enger. Seit E. T. A. Hoffmann wurde er von dieser Gruppe als der erste, ja geradezu archetypische Romantiker verehrt (vgl. »Im Urteil der Nachwelt«, S. 356 ff.). Die grandiosen Gesten, die heldenhaften Kämpfe, das subjektive Empfinden, die überdimensionalen Strukturen und das Streben nach dem Erhabenen ließen seine Musik als Verkörperung des romantischen Geistes erscheinen. Abweichungen und Widersprüche in bezug auf die klassischen Formideen bewogen die Romantiker, in Beethoven denjenigen zu sehen, der die Musik von den Konventionen des 18. Jahrhunderts befreit hatte. Man betrachtete ihn (und das könnte man noch immer tun) als den Mann, der in der Musik eine Revolution ausgelöst hatte, die derjenigen auf dem politischen Sektor, der Französischen Revolution, an Radikalität in nichts nachstand. Noch mehr dem romantischen Ideal entsprach Beethovens Leben als einsamer Komponist, der, fast taub und von allerlei Mißgeschick heimgesucht, den musikalischen Fortschritt gegen alle möglichen Widerstände durchzusetzen bemüht war. Er komponierte eher für die Nachwelt, als daß er um den Beifall wohlhabender Gönner oder des breiten Publikums gebuhlt hätte. Solche Vorstellungen mögen in manchem eine grobe Vereinfachung eines äußerst komplizierten Systems von Beziehungen darstellen; dennoch enthalten sie genügend Wahrheit, um Beethoven in den Rang einer in mehr als einer Hinsicht einzigartigen Persönlichkeit zu versetzen.

So war er zwar in vielem ein Kind seiner Zeit, das die überlieferten Formen und Gattungen erweiterte und mit dem Geist, der ihn umgab, erfüllte, dennoch ist er an keine bestimmte Epoche gebunden. Seine Musik beeinflußt noch heute den Gang der Kompositionsgeschichte – manche lebenden Komponisten haben ihr Ideen oder sogar Material entliehen. Darüber hinaus sind ihre ungeheure intellektuelle Kraft und ihr Erfindungsreichtum nahezu unerschöpflich, wie von vielen Wissenschaftlern demonstriert wird, die nach wie vor überall in seinem Œuvre versteckte Feinheiten entdecken. Die Musik Beethovens umfaßt die gesamte Skala menschlicher Emotionen, und das in solcher Intensität, daß sie wohl zu allen Zeiten beim Publikum Resonanz finden wird.

BARRY COOPER

Kapitel XIII

Beethoven-Literatur

Biographien und Biographen
Werkausgaben
Analysen
Untersuchungen zu den Skizzen
Bibliographien, Kataloge und Register

Beethoven-Literatur

Biographien und Biographen

Die Anfänge

Die Geschichte der Beethoven-Biographie beginnt bereits in den letzten zehn Lebensjahren des Komponisten. 1820 bat der Schriftsteller Friedrich Wähner, der mit ihm bekannt war, Beethoven um eine autobiographische Skizze. Er wollte sie für einen Artikel über den Komponisten im Brockhaus-Lexikon verwenden, um die falschen Angaben zu seinem Leben korrigieren zu können. Beethoven schlug Wähners Bitte ab, dennoch beschäftigte ihn in den Jahren vor seinem Tod der Gedanke, der Nachwelt ein möglichst »unverfälschtes« Bild seines Lebens hinterlassen zu wollen. Schließlich überredete ihn Karl Holz dazu, ihm diese Aufgabe zu übertragen. Obwohl er sich das Plazet des Komponisten gesichert hatte, scheint Holz freilich nie eine eigene Beethoven-Biographie in Angriff genommen zu haben.

Kurz nach Beethovens Tod jedoch wurden von Bekannten und Freunden des Komponisten in Wien zwei konkurrierende biographische Projekte initiiert. Das eine stand unter der Ägide von Anton Gräffer, einem Angestellten des Artaria-Verlags; unterstützt wurde er in dieser Sache von Jakob Hotschevar – der nach dem frühen Tod Stephan von Breunings im Juni 1827 Vormund von Beethovens Neffen geworden war –, möglicherweise auch von Holz. Gräffer kopierte und sammelte Materialien, von denen er glaubte, sie könnten für eine offizielle Biographie des großen Komponisten von Nutzen sein. Das Vorhaben wurde im September 1827 öffentlich als patriotischer Akt angekündigt (»da er [Beethoven] 35 Jahre ununterbrochen in Wien lebte«; zitiert nach Brenneis, 1984, S. 35), und man hoffte, die Biographie zum ersten Todestag Beethovens im März des darauffolgenden Jahres fertig zu haben. Mittlerweile erschien in Prag eine außerordentlich fehlerhafte Biographie von J. A. Schlosser. Anfang 1828 wurde Gräffers Vorhaben mangels Interesse fallengelassen.

Gräffer gab sein Material an einen Jugendfreund, Ferdinand Simon Gassner (1798–1851), weiter. Holz, der in den späten 1820er Jahren mit Anton Schindler um Beethovens Aufmerksamkeit konkurriert hatte, hoffte ebenfalls, daß Gassner eine Biographie schreiben würde, deren »Daten nicht aus fingirten oder gestohlenen Conversationsbüchern« entnommen waren (zitiert nach Brenneis, 1979, S. 102; hier wird Schindler zum ersten Mal vorgeworfen, die Manuskripte mißbraucht zu haben). Aber auch Gassner nutzte Gräffers Materialsammlung nicht. Seine Witwe lieh sie einem späteren Beethoven-Biographen, Ludwig Nohl.

Neben Stephan von Breuning stand Anton Schindler dem Komponisten in den letzten vier Monaten seiner Krankheit am nächsten. Einen Monat nach Breunings Tod schrieb Schindler an Breunings Schwager Franz Wegeler in Koblenz, Beethoven habe auf dem Sterbelager Breuning und ihn selbst autorisiert, seine Biographie zu verfassen; Wegeler könne ja sicher einiges zu Beethovens Jugend in Bonn beisteuern, und seine Mitarbeit sei – aufgrund von Breunings Tod – nun dringender denn je.
Anfangs erwies sich Wegeler als ausgesprochen hilfsbereit und stattete Schindler mit ausführlichen Aufzeichnungen zu Beethovens Jugend, mit Briefen und anderen Dokumenten aus. Dennoch wollte das Vorhaben nicht so recht gedeihen, zumal Schindler, wegen der Rivalitäten mit Holz, in die Materialsammlung für die »Wiener« Biographie keine Einsicht nehmen durfte. Wegelers Ungeduld wuchs, als Schindler 1831 eine Stelle als Musiker in Münster und 1835 eine solche in Aachen antrat und sich somit immer weiter von wichtigen Dokumenten und persönlichen Kontakten entfernte. Er schlug vor, Ferdinand Ries in das Projekt einzubeziehen. Ries war ein Schüler und Verehrer Beethovens, der ihm während der »mittleren« Periode nahegestanden hatte, die sowohl für Wegeler als auch für Schindler eher eine Grauzone darstellte. Wegeler hatte ihn schon früher herangezogen, um Dokumente und andere nützliche »Beethoveniana« beizubringen, aber Ries scheute sich, selber einen Beitrag für die Biographie zu verfassen; er behauptete, nicht über die nötigen literarischen Fertigkeiten zu verfügen. Zunächst arbeitete er mit Schindler zusammen, doch persönliche Differenzen führten 1836 schließlich dazu, daß das Vorhaben aufgegeben werden mußte (vgl. Tyson, 1984b).
Am Ende entschloß sich Ries, mit Wegeler zu kooperieren. Die beiden Männer verbrachten die zweite Hälfte des Jahres 1837 damit, ihrer Materialsammlung Form zu verleihen. Ries starb im Januar 1838 im Alter von dreiundfünfzig Jahren, so daß Wegeler die Aufgabe zufiel, letzte Hand an die *Biographischen Notizen über Ludwig van Beethoven* zu legen. Das Buch erschien 1838. Sieben Jahre später fügte Wegeler ihm einen *Nachtrag* hinzu, mit kommentierten Briefen Beethovens an ihn selbst und an seine Frau Eleonore (die Schwester Breunings) sowie mit Informationen über die Beethoven-Familie, die aus amtlichen Unterlagen stammten. Der erweiterte Text wurde 1906 mit Anmerkungen von Alfred Kalischer wiederaufgelegt.

Offensichtlich waren die *Notizen* von Anfang an nicht als vollständige Lebensgeschichte geplant, sondern lediglich als eine Sammlung sorgfältig aufgezeichneter Eindrücke, Anekdoten und Dokumente, die späteren Biographien dienlich sein sollte. Ungeachtet kleinerer Ungenauigkeiten ist weithin umstrittig, daß sie das authentischste Bild Beethovens auf der Höhe seiner Schaffenskraft vermitteln. Es war Ries, der das mittlerweile so vertraute Porträt des launischen, unbeherrschten Beethoven zeichnete, der in seiner Kunst vollkommen aufgeht, dabei aber ein herzensguter Mensch ist. Ebenso stellt Ries die Quelle für eine Reihe wohlbekannter und glaubwürdiger Anekdoten dar, beispielsweise die, wie Beethoven die Titelseite der *Eroica* zerriß oder wie das dritte Horn im ersten Satz dieses Werkes »vier Takte zu früh« einsetzte.

Möglicherweise durch das Erscheinen der *Notizen* seiner ehemaligen Mitarbeiter angetrieben, veröffentlichte Schindler im Jahr 1840 die erste Fassung seiner Beethoven-Biographie. Im Gegensatz zu Wegeler und Ries, die sich um eine ausgewogene Darstellung bemühten, neigte Schindler stark zur Idealisierung, in die er auch seine eigene Beziehung zu dem Komponisten einbezog. Diese dürfte keineswegs so eng gewesen sein, wie er sie schildert. Schindler behauptet, er habe Beethoven erstmals 1813 getroffen; viel wahrscheinlicher ist, daß er ihn erst 1822 kennenlernte, als er seine geplante Juristenlaufbahn bereits aufgegeben hatte, um sich ganz der Musik widmen zu können. Nach einem Streit über die Akademien (Benefizkonzerte) im Mai 1824 (Beethoven warf Schindler Betrug bei der Abrechnung der Eintrittskarten vor) sprachen die beiden Männer nicht mehr miteinander und kamen sich erst im letzten Lebensjahr Beethovens wieder näher. Schindler stand also mit Beethoven nur einige Jahre in engem Kontakt; weil aber in diese Zeitabschnitte die Komposition von Teilen der *Missa solemnis,* einiger der letzten Quartette und vor allem der Neunten Symphonie fällt, ist ihnen besondere Bedeutung zuzumessen. Schindler war ein regelmäßiger Besucher des todkranken Beethoven. Das heißt, daß ihm viele Dokumente Beethovens leicht zugänglich waren; heute noch verdächtigt man ihn, die Konversationshefte und andere Manuskripte gestohlen zu haben, die er kurz nach Vollendung seiner Biographie der Königlichen Bibliothek in Berlin gegen eine erkleckliche Summe sowie weitere großzügige jährliche Zahlungen verkaufte.
Schindlers Buch ist eine wichtige Informationsquelle über den Komponisten und basiert auf umfangreichem Material, das anderen frühen Biographen nicht zur Verfügung stand. Aber weil ihm schon zu Beethovens Lebzeiten Unehrlichkeit vorgeworfen wurde und er sich nach Beethovens Tod ganz offensichtlich unkorrekt verhalten hat – mit am schwersten wiegen dabei die bekannten Fälschungen in den Konversationsheften, wobei er Gespräche zwischen Beethoven und sich selber erfand (vgl. »Konversationshefte«, S. 200 u. 209) –, muß jede seiner Aussagen anhand von anderen Quellen überprüft werden. Ein Beispiel:

Seine Behauptung, er habe Beethoven empfohlen, für die Ouvertüre op. 124 einen fugierten Aufbau statt einer Sonatenform zu wählen, wird durch zwei verschiedene Entwicklungsstränge in dem entsprechenden Skizzenbuch (Artaria 201) gestützt – Nottebohm übernahm daher diese Aussage; da aber diese Begebenheit in einem der gefälschten Gespräche stark ausgewalzt wird, muß man heute selbst an ihrer Echtheit zweifeln. Schindlers *Biographie* wurde 1841 von Ignaz Moscheles ins Englische übersetzt. Vier Jahre später erschien eine zweite Auflage mit einem zusätzlichen Kapitel über die Rezeption Beethovens in Frankreich. Eine gründlich revidierte Fassung des Buches kam 1860 heraus– sie wurde als dritte Auflage bezeichnet, war aber eigentlich eine ganz neue Biographie.
Schindlers Biographie traf mit ihrem ehrfurchtsvollen Grundton den Geschmack der Romantik. Zeitgenössische Forscher wie Wilhelm von Lenz und Adolph Bernhard Marx wurden stark von ihr beeinflußt. Als die dritte Auflage 1966 erstmals ins Englische übersetzt wurde, galt sie noch immer als Klassiker.

Thayer

Alexander Wheelock Thayers mehrbändiges Werk *Ludwig van Beethovens Leben* ist oft mit Philipp Spittas *J. S. Bach*, Otto Jahns *W. A. Mozart* und Carl Ferdinand Pohls *Joseph Haydn* verglichen worden; allerdings wurde es erst in der späteren, von Hermann Deiters und Hugo Riemann vervollständigten und redigierten Fassung zu einer ausgewachsenen Untersuchung von Leben und Werk Beethovens.
Der gebürtige Amerikaner Thayer, der (wie Schindler) eine juristische Ausbildung durchlaufen hatte, begann seine Studien über Beethoven zunächst mit dem Ziel, eine zuverlässige Übersetzung der Schindler-Biographie zu erstellen. Als er allerdings Schindlers Text mit den *Notizen* von Wegeler und Ries verglich, stieß er auf Widersprüche zwischen den zwei Werken.
Bei seinen Forschungen, die sich über ein halbes Jahrhundert hinzogen, versuchte Thayer, die Probleme zu lösen, die diese Diskrepanzen aufwarfen. 1849 trat er die erste seiner zahlreichen Reisen nach Europa an, um Material für eine neue Beethoven-Biographie zu sammeln: Berichte auf dem höfischen Leben, Briefe, Tagebücher, Erinnerungen von Beethovens Bekannten, die Konversationshefte, die Materialsammlung von Gräffer und andere Dokumente. Thayer war auch der erste Forscher, der die musikalischen Skizzenbücher benutzte, um eine Chronologie von Beethovens Kompositionen zu erstellen. In diesem Bereich wurde er allerdings rasch von Gustav Nottebohm überholt, dessen Kompetenz auf diesem Gebiet er bereitwillig anerkannte und auf die er sich auch häufig stützte.
Bereit zu einem frühen Zeitpunkt beabsichtigte Thayer, seine Biogra-

phie auf deutsch erscheinen zu lassen. Für diese Aufgabe sicherte er sich die Hilfe von Hermann Deiters, der in Zusammenarbeit mit ihm die ersten drei Bände herausgab und übersetzte, wobei Beethovens Leben bis 1816 erfaßt wurde. Seine sich zunehmend verschlechternde Gesundheit hinderte Thayer daran, das Projekt abzuschließen. Nach seinem Tod im Jahre 1897 gingen die Unterlagen an Deiters, der bis 1907 die Vorbereitungen für einen vierten Band beendet hatte. Deiters starb im gleichen Jahr, so daß Hugo Riemann die Aufgabe zufiel, diesen Band sowie den fünften druckfertig zu machen. Riemann gab auch die zuvor erschienenen Bände neu heraus. Die endgültige Fassung der Biographie von Thayer, Deiters und Riemann wurde schließlich 1917 fertiggestellt.

Mittlerweile widmete sich der amerikanische Kritiker Henry Krehbiel der Neuausgabe von Thayers Biographie für die Beethoven Association of New York; sie erschien 1921. Krehbiel verfügte über Thayers Aufzeichnungen zu Beethovens letzten zehn Lebensjahren und brauchte sich nicht an die autorisierte deutsche Fassung zu halten. Daher wählte er für die Beschreibung der letzten Jahre seinen eigenen Weg, spielte beispielsweise die Schwierigkeiten Beethovens mit seinem Neffen herunter. Für die erste englische Ausgabe kürzte Krehbiel auch den von Thayer vorgelegten Quellenteil stark.
So bestand weiterhin Bedarf an einer objektiven Darstellung der letzten zehn Lebensjahre Beethovens. Nach Krehbiels Tod (1923) wurden die reichhaltigen Aufzeichnungen Thayers von einer Hand zur anderen weitergereicht. Als Elliot Forbes in den 1950er Jahren eine Neuausgabe in Angriff nahm, galten sie als verschollen. Forbes profitierte jedoch von den jüngsten Beethoven-Forschungen, so daß seine Fassung von Thayers Werk den neuesten Stand wiedergab, dabei die Zusätze gegenüber Thayers ursprünglichem Text deutlich kennzeichnete und dem Geist des Unternehmens entsprach, das »dem *Menschen* Beethoven« gewidmet war. Noch heute ist Thayer/Forbes ein unentbehrliches Standardwerk.

Spätere biographische Untersuchungen

Ein bedeutendes biographisches Projekt, an dem gleichzeitig mit dem Thayers gearbeitet wurde, ist Ludwig Nohls dreibändiges Werk *Beethovens Leben* (1864–77). Nohl ging zwar längst nicht so akribisch vor wie Thayer, hatte aber Zugang zu Dokumenten, die diesem nicht zu Gesicht gekommen waren. So ist seine Arbeit bei all ihren Mängeln von dokumentarischem Wert. Insbesondere beschäftigt sich Nohls Werk sehr viel stärker mit der Musik; es ist die erste Biographie, die bei deren Erörterung regelmäßig die Skizzenbücher einbezieht, vor allem geschieht dies in Band 3 sowie in einem separaten Buch, *Beethoven, Liszt, Wagner* (1874).

Nach Thayer konzentrierten sich die biographischen Forschungen auf bestimmte Themenbereiche. So befaßten sich zum Beispiel unzählige Publikationen mit dem Brief an die »Unsterbliche Geliebte«. Beliebt waren auch Veröffentlichungen mit gesammelten Erinnerungen von Beethovens Zeitgenossen, von denen einige im 19.Jahrhundert als Musiker einige Berühmtheit erlangt hatten. Zu den umfangreichsten Werken zu einem bestimmten Thema gehört die Arbeit von Ludwig Schiedermair über Beethovens Jugend (1925). Er berichtet ausführlich über das höfische Leben in Bonn unter den Kurfürsten Maximilian Friedrich und Maximilian Franz sowie über die musikalische Umgebung, in der sich Beethovens außergewöhnliches musikalisches Talent entwickeln konnte. Als erster untersuchte er detailliert den Einfluß Mozarts auf den jungen Beethoven. Schiedermair wurde 1927 zum Leiter des neugegründeten Beethoven-Archivs in Bonn ernannt und war zuständig für eine Sammlung von Mikrofilmen, Photokopien sowie Originaldokumenten (Schenkungen oder käuflich erworben), die die Forschung erleichtern sollte. Ein späterer Direktor des Beethoven-Hauses, Joseph Schmidt-Görg, verfolgte die Herkunft der Familie Beethoven bis ins Flandern der Renaissance zurück (1964).

Neuere Forschungen

Den weitaus wichtigsten Beitrag zur modernen biographisch ausgerichteten Beethoven-Forschung stellt das Werk von Maynard Solomon dar. Seine erste Großtat bestand darin, eine erdrückende Menge von Belegen zu sammeln, die auf Antonie Brentano als »Unsterbliche Geliebte« hindeuten. Die meisten Forscher schließen sich heute dieser Meinung an. Weiterhin untersuchte Solomon die Beziehung Beethovens zu seinem Neffen Karl aufs gründlichste und konnte zahlreiche diesbezügliche Aussagen und Deutungen richtigstellen. Ebenso ging er dem Verhältnis Beethovens zu seiner Schwägerin Johanna nach. Ein weiteres Kerngebiet von Solomons Forschungen betrifft Beethovens eigene Unsicherheit hinsichtlich seines Geburtsdatums und, damit zusammenhängend, seiner Herkunft.
Ein erheblicher Teil von Solomons Arbeiten ging in eine voluminöse Biographie ein, die 1977 erschien. Solomon fuhr fort, Beethovens Psyche und ihre Auswirkungen auf dessen Kunst zu erforschen; eine weitere Reihe von Aufsätzen wurde in dem Band *Beethoven Essays* (1988) zusammengefaßt, der gewissermaßen die Fortsetzung der Biographie darstellt. In einem Aufsatz über Beethovens latente Gefühle seinem (als Kind, 1769, verstorbenen) älteren Bruder Ludwig Maria gegenüber, den Solomon eigens für diesen Band verfaßte, deckt er Zusammenhänge auf, die in bezug auf Beethovens Ängste von Bedeutung sind: zwischen seiner ungewissen Herkunft, seiner Bindung an Karl und einigen wichtigen, nie vollends geklärten Passagen in Dokumenten wie dem Heili-

genstädter Testament. Dieser Essay bildet gleichsam die Quintessenz dessen, was Solomon zur Biographie Beethovens beigesteuert hat.
Nach dem Erscheinen von Solomons Biographie hat, was die Erforschung von Beethovens Leben angeht, so etwas wie eine Säuberungsaktion stattgefunden. In den 70er und 80er Jahren wurden, statt neue Interpretationen anzubieten, ehrgeizige Projekte initiiert, die es sich zum Ziel gesetzt haben, die Primärquellen in einer wissenschaftlich einwandfreien Form größeren Kreisen zugänglich zu machen. Wie Solomon (1987, S. 11) bemerkte: »Die eigentliche Beethoven-Forschung stützt sich auf zeitgenössische Dokumente, auf Briefe, Tagebücher, Konversationshefte, gerichtliche und kirchliche Unterlagen, Autographen und Skizzen, Notendrucke, Rezensionen, Konzertprogramme und ähnliches Material.« Unter anderem publizierte Solomon das *Tagebuch* von 1812–18, die Deutsche Staatsbibliothek ediert die Konversationshefte (demnächst vollständig), und das Beethoven-Haus bereitet eine Ausgabe der Korrespondenz Beethovens vor. Weitere wichtige Forschungen betreffen die Geschichte bedeutender Sammlungen von Quellenmaterial, etwa die Unterlagen von Joseph Fischhof (Brenneis, 1984) und Ludwig Nohls Sammlung von Beethoveniana (Staehelin, 1983).
Was die musikalischen Dokumente angeht, so bestand die wichtigste Publikation der 80er Jahre in der vollständigen Auflistung, Beschreibung, Chronologie und Rekonstruktion der Skizzenbücher Beethovens (Johnson, 1985). Diese und andere Arbeiten zu den Entwürfen haben dazu beigetragen, daß die Geschichte von Beethovens schöpferischem Leben präziser als je zuvor nachgezeichnet werden kann (vgl. »Untersuchungen zu den Skizzen«, S. 385 ff.). Ihr Platz ist daher zweifellos unter den Publikationen zu Beethovens Biographie.

WILLIAM DRABKIN

Näher als das alles liegt mir die Herausgabe meiner sämtlichen Werke sehr am Herzen, da ich selbe in meinen Lebzeiten besorgen möchte (Brief Nr. 1019, Kastner).

Werkausgaben

Das schrieb Beethoven am 5. Juni 1822 an Carl Friedrich Peters. Der Gedanke, eine vollständige Ausgabe seiner Werke zu veröffentlichen, hatte ihn schon lange beschäftigt, und ein entsprechender Vorschlag war von ihm bereits mehreren Verlegern unterbreitet worden: 1810 Breitkopf & Härtel (Brief vom 21. Sommermonat 1810; Nr. 255, Kastner) sowie Simrock in den Jahren 1817 (Brief vom 15. 2., Nr. 711, Kastner) und 1820 (Briefe vom 10. 2., 23. 7., 5. 8. und 30. 8.; Nr. 953, 978, 980 und 981, Kastner). Auch war der Appell an Peters nicht der letzte seiner Art, denn 1825 griff Beethoven den Gedanken in einem Brief an den Schott-Verlag wieder auf (22. 1.; Brief Nr. 1269, Kastner), der zu

jener Zeit mit der Publikation der *Missa solemnis* und der Neunten Symphonie beschäftigt war.
Beethovens Wunsch nach einer Gesamtausgabe seiner Werke noch zu seinen Lebzeiten rührte größtenteils daher, daß er einen möglichst genauen Text anstrebte – trotz seiner oft nur widerwillig und berüchtigtermaßen schlampig vorgenommenen Korrekturen –, aber auch finanzielle Gründe spielten eine Rolle. Ungeachtet aller Anstrengungen Beethovens wurde der Plan jedoch nie ausgeführt. Offenbar hatten die Verleger weniger Interesse an korrekten Editionen von Werken, die bereits verfügbar waren, wenn auch in fehlerhaften, vom Komponisten nicht durchgesehenen Ausgaben, als vielmehr daran, neue Werke aus Beethovens Feder zu verkaufen. Vermutlich versuchte Beethoven, diesem Umstand Rechnung zu tragen, als er schließlich erwog, als Anreiz für eine Gesamtausgabe in jeder Gattung ein neues Werk zu komponieren. Diesen Köder bot er zuerst Simrock im Jahre 1820 an (Brief Nr. 980, Kastner), auch in den späteren Anfragen bei Peters und Schott ist das Angebot enthalten. Tatsächlich hat sich Beethovens Traum noch immer nicht erfüllt. Im folgenden soll die Geschichte verschiedener Versuche skizziert werden, eine Gesamtausgabe zu erstellen, und es wird auch von den Schwierigkeiten die Rede sein, die ein solches Unterfangen mit sich bringt.
Kurz nach Beethovens Tod wurde die Arbeit an zwei Editionen aufgenommen, die aber beide unvollständig blieben. Die frühere, von Tobias Haslinger, basierte auf der handschriftlichen Ausgabe, die Haslinger bereits um 1817 begonnen und für die Beethoven die Fuge für Streichquintett op. 137 komponiert hatte. (Die zweiundsechzig Bände dieser ebenfalls unvollständigen Edition stehen heute im Archiv der Gesellschaft der Musikfreunde in Wien.) Haslingers posthume Ausgabe erschien ca. 1828–45; eine ausführliche Würdigung und ein Inhaltsverzeichnis finden sich bei Deutsch, 1930–31. Um 1834 begann Ignaz Moscheles mit der Herausgabe einer zweiten, ebenfalls auf Vollständigkeit angelegten Edition; ca. 1858 veröffentlichte er auch eine neue Ausgabe der Klaviersonaten (vgl. Tyson, 1964).
Schließlich war es der Verlag Breitkopf&Härtel, der als erster etwas verwirklichte, was annähernd den Vorstellungen Beethovens entsprach: die *Gesamtausgabe* (hier abgekürzt *GA*), die 1862–65 unter dem Titel *Ludwig van Beethovens Werke: vollständige kritisch durchgesehene überall berechtigte Ausgabe* erschien. Diese Edition enthält 263 Werke, die in vierundzwanzig »Serien« angeordnet sind. Weitere sechsundvierzig Kompositionen, von denen viele von Nottebohm entdeckt worden waren, erschienen 1888 in einem Ergänzungsband. Unter diesen neu veröffentlichten Werken waren auch die beiden Kantaten von 1790, WoO 87 und 88.
Die Edition der *GA* war nicht allein für die Beethoven-Forschung, sondern für die Musikwissenschaft des 19. Jahrhunderts generell ein wichtiges Ereignis. Doch schon zu Anfang dieses Jahrhunderts gab es

Gelehrte, die auf Mängel hinwiesen. Friedrich Spiro verlangte in einem Referat für den Vierten Kongreß der International Music Society 1911 in London eine Revision der *GA* mit der Begründung, sie sei in der vorliegenden Form zu wenig kritisch. Der gedruckte Text wies zahlreiche Ungenauigkeiten auf, die verbesserungsbedürftig waren; es fehlten Informationen über noch erhaltene Manuskripte und frühe Editionen sowie über einige Stellen, an denen die *GA* vom Autographen des Komponisten abwich. In einer verbesserten Ausgabe mußten die Entstehungszeiten und das Datum der jeweiligen Uraufführung sowie ähnliche Erläuterungen aufgenommen und Beethovens Originaltitel und Widmungen zu jedem Werk angegeben werden. Kurzum, Spiros Forderungskatalog umfaßte vieles von dem, was für eine moderne kritische Ausgabe als unentbehrlich gilt.

War die *GA* schon nicht *kritisch* genug, so vermochte sie in bezug auf die *Vollständigkeit* noch weniger zu überzeugen. Spiro vermerkte, daß mehrere Werke nicht einmal in dem Ergänzungsband von 1888 enthalten waren (unter anderen op. 134, Beethovens Bearbeitung der *Großen Fuge* für Klavier zu vier Händen). Eine vollständige Ausgabe – so Spiro – müsse danach streben, jede Note, die der Komponist geschrieben habe, aufzunehmen; vollendete Werke wie unvollendete, ja sogar solche, die nicht wesentlich über das Stadium der Skizzen hinausgewachsen seien. Möglicherweise war es diese Forderung, die Willy Hess veranlaßte, viele Jahre mit der Vorbereitung eines Katalogs derjenigen Werke zu verbringen, die in der *GA* fehlten. Als der Katalog schließlich erschien (Hess, 1957), enthielt er in seinem Hauptteil nicht weniger als 335 Stücke, darüber hinaus noch Angaben zu weiteren sechsundsechzig zweifelhaften und fälschlicherweise Beethoven zugeschriebenen Kompositionen (man bedenke: Die *GA* umfaßte ursprünglich lediglich 263 Werke!). In den vierzehn Bänden *Supplemente zur Gesamtausgabe* (1959–71) fuhr Hess fort, die Versäumnisse von Breitkopf&Härtel zu beheben.

Wie Spiro scheint auch Hess die Ansicht vertreten zu haben, daß eine »vollständige« Ausgabe jede vom Komponisten geschriebene Note enthalten sollte. Insofern befürwortete er, frühe oder alternative Fassungen der bereits erschienenen Werke (auch Teile davon) in die Edition aufzunehmen. In Band 4 der *Supplemente* findet sich zum Beispiel eine verkürzte Version des Schlusses des ersten Satzes der Achten Symphonie; Band 6 bringt die erste Fassung der Streichquartetts F-Dur op. 18/Nr. 1.

Hess war der Meinung, daß auch die unvollendeten Werke publiziert werden sollten; seinen Anstrengungen ist es zu verdanken, daß Fragmente wie die Violinsonate Hess 46 nunmehr für das Studium zugänglich sind. Allerdings wirft ein so weitgefaßter Werkbegriff wie der von Spiro und Hess die Frage auf, wo die Grenze zu ziehen ist. Es erscheint durchaus sinnvoll, Fragmente zu veröffentlichen, die der Komponist möglicherweise zu vollenden und zu publizieren beabsichtigt hatte, jedoch ist es zweifelhaft, ob man musikalische Passagen zum »Werk« erklären kann, die im wesentlichen Arbeitsskizzen oder Studien sind. Einen solchen Fall stellt beispielsweise das Adagio für drei Hörner, Hess 297, dar. Hess pickte es aus einer Sammlung von losen Skizzenblättern heraus, die vor allem Studien zum Kontrapunkt und zur Instrumentierung enthielten. Er selbst räumte ein, daß es weitestgehend als Studie zu betrachten ist (im Gegensatz zu einem Werk, das veröffentlicht oder aufgeführt werden sollte), trat aber dafür ein, es aufgrund seiner Vollständigkeit in die Ausgabe aufzunehmen.

Die *NEUE AUSGABE* (abgekürzt *NA*), deren erster Band 1961 erschien, machte es notwendig, in dieser Hinsicht eine klare Entscheidung zu treffen. Wie die geplanten Gesamtausgaben der Briefe und Skizzenbücher wurde die *NA* vom Beethoven-Haus unter seinem damaligen Leiter Joseph Schmidt-Görg initiiert. In dem Vorwort, das in jedem Band der *NA* abgedruckt ist, sind die Grundsätze der Herausgeber bezüglich alternativer Fassungen festgehalten: Diese Versionen werden nur dann veröffentlicht, wenn sie von besonderem Interesse sind und wenn Vollständigkeit gegeben ist. Die zweite Bedingung stimmt mit dem allgemeineren Grundsatz überein, lediglich die Werke in die *NA* aufzunehmen, die Beethoven abgeschlossen hat. Dieses Prinzip wird jedoch nicht streng durchgehalten: Hess 40, eine Introduktion und Teile einer Fuge in d-Moll für Streichquintett, ist in der *NA* enthalten, mit der Begründung, die Introduktion sei »weitgehend in sich abgeschlossen«, obwohl sie harmonisch offen endet und daher so, wie sie dasteht, nicht aufgeführt werden kann. Andererseits wurde das fragmentarische Violinkonzert WoO 5 nicht aufgenommen. Es scheint bezeichnend, daß im allgemeinen Vorwort Werke, die im Katalog von Hess stehen, nicht erwähnt werden. Ob die *NA* in bezug auf die Definition des Werkbegriffs mit Hess konkurrieren wird, bleibt abzuwarten, denn die Ausgabe ist bei weitem noch nicht abgeschlossen. Von den großen Gattungen sind bisher (1990) nur die Klavierkonzerte bis zur Nr. 3, das Tripelkonzert und das Violinkonzert, die Klaviersonaten bis op. 57 und die Streichquartette bis op. 95 erschienen, von den Symphonien noch keine einzige.

Das langsame Voranschreiten der *NA* ist sicher auch darauf zurückzuführen, daß der Textkritik deutlich mehr Beachtung geschenkt wird. Nicht nur haben sich die Methoden verbessert, es gibt auch sehr viel mehr Quellen, die eingesehen werden müssen, bevor man von einer wirklich »kritischen« Edition sprechen kann. Völlig zu Recht wird heute auch verlangt, daß ein Herausgeber die verwendeten Quellen korrekt angibt, so daß der Benutzer der Ausgabe imstande ist, die schließlich getroffene Entscheidung nachzuvollziehen und zu bewerten. Zu diesem Zweck wurde für jeden Band der *NA* ein eigener *kritischer Bericht* angekündigt. Bisher ist allerdings erst ein einziger solcher Bericht erschienen (für die Klavierkonzerte 1–3), so daß man die Mehrheit der Notentexte der *NA* so nehmen muß, wie sie dastehen. Offenbar sollen die Berichte in Zukunft mit der Ausgabe zusammen gebunden werden. Bis dahin läßt sich zu diesem Problemkomplex einiges den Besprechungen der bisher erschienenen Bände entnehmen. Eine allgemeinere Untersuchung zu Fragen der Textkritik bei Beethoven findet sich bei Unverricht, 1960.

Dieser Abschnitt hat sich bisher mit der Geschichte der vollständigen Ausgaben Beethovenscher Werke befaßt; nun wollen wir uns noch einigen speziellen Editionen zuwenden. Der große Wert, den man heute auf Textgenauigkeit legt und der im Zusammenhang mit der *NA* bereits zur Sprache kam, erklärt auch die Beliebtheit der sogenannten *Urtext*-Ausgaben. Diese versuchen mit einem Minimum an Eingriffen seitens des Herausgebers die Absichten des Komponisten möglichst exakt wiederzugeben. Frühere Editoren waren mitnichten bereit gewesen, sich derart im Hintergrund zu halten. Beethovens Klaviersonaten sind aufgrund ihrer zentralen Bedeutung auch für Musikliebhaber und Klavierstudenten in vielen Ausgaben erschienen, die mehr als nur den genauen Text bereitstellen wollen. Die noch heute beliebte Edition von Harold Craxton und Donald Tovey, die erstmals 1931 publiziert wurde, enthält Phrasierungen des Herausgebers, Fingersätze sowie Toveys erhellende (und oft amüsante) Vorschläge zur Ausführung. Hugo Riemanns Ausgabe tendiert zum Analytischen und präsentiert eine eigene, von ihm erfundene Notationsart, die den Aufbau der Phrasen verdeutlichen soll. Auch von berühmten Pianisten wie Schnabel und von Bülow gibt es Editionen der Klaviersonaten.

Aspekte der Textgenauigkeit, der Aufführungspraxis und der Analyse finden die meiste Beachtung in Schenkers *Erläuterungsausgaben* von vier späten Sonaten: op. 101 und op. 109–11, erschienen zwischen 1913 und 1921. Diese Editionen waren (wie Schenkers spätere vollständige Ausgabe der Klaviersonaten) zukunftsweisend, was die Verwendung von Originalquellen angeht. (Man sollte also Schenkers Behauptung, er sei der wahre Begründer der Disziplin der Untersuchungen am Autographen, nicht leichtfertig abtun; vgl. Schenker, 1979, S. 7.) Jeder Band enthält Schenkers Version des jeweiligen Werks sowie eine ausführliche Analyse, eine Erörterung von Textfragen und Hinweise zur Aufführungspraxis, nicht zu vergessen Schenkers Abrechnung mit den meisten früheren Editoren. Der Inhalt der *Erläuterungsausgaben* entspricht in vielerlei Hinsicht dem der modernen Norton Critical Scores, unter denen sich auch eine Ausgabe der Fünften Symphonie mit den textkritischen Erläuterungen Schenkers befindet.

Unter den Studien zur frühen Textgeschichte von Beethovens Musik ragen die Arbeiten von Alan Tyson heraus, vor allem sein Bericht über die authentischen englischen Editionen (Tyson, 1963 a). Schließlich muß auch die wachsende Zahl von Faksimileausgaben Beethovenscher Autographen erwähnt werden. Dieser Trend spiegelt das zunehmende Interesse an einem unverfälschten Text des Komponisten. Es liegt eine gewisse Ironie in der Tatsache, daß diese Dokumente, die in Beethovens

Augen lediglich eine Vorstufe zu einer akkuraten gedruckten Ausgabe waren, heute veröffentlicht werden, doch besteht kein Zweifel daran, daß die Faksimiles wichtige Aspekte der Textkritik auf eine unmittelbare, wirkungsvolle Weise zu beleuchten imstande sind.

NICHOLAS MARSTON

Analysen

In der folgenden Übersicht soll versucht werden, eine Vorstellung von der enormen Bandbreite der analytischen Studien zu Beethovens Musik zu vermitteln, die dem interessierten Leser zugänglich sind (Wenk, 1987, ist ein nützlicher Wegweiser zu den seit 1940 verfaßten Analysen). Vom ausgehenden 20. Jahrhundert her betrachtet, nimmt Beethoven in der Musikgeschichte eine so zentrale Position ein, daß seine Kompositionen in jeder Darstellung der Musiksprache der sogenannten Wiener Klassik ausführlich behandelt werden. Lediglich zwei hervorragende Beispiele sollen hier stellvertretend genannt werden: Charles Rosen, *The Classical Style: Haydn, Mozart, Beethoven* (1971, rev. 1976), und Leonard Ratner, *Classic Music: Expression, Form, and Style* (1979). Aus Platzgründen können hier auch nur einige der Zeitschriften erwähnt werden, in denen in den letzten Jahren zahlreiche faszinierende Analysen Beethovenscher Werke veröffentlicht worden sind: *Music Analysis, Music Theory Spectrum, Journal of Music Theory, The Music Forum.* Die drei Bände *Beethoven Studies,* die Alan Tyson herausgegeben hat, enthalten ebenfalls wichtige neue Untersuchungen.

Wenn schon die schiere Zahl der Analysen zu Beethovens Musik den Überblick erschwert, so gilt dies nicht minder für den Begriff »Analyse« selbst. Ian Bent (1987, S. 1) hat den Terminus wie folgt definiert: Analyse sei »die Auflösung einer musikalischen Struktur in relativ einfachere Bestandteile und die Untersuchung der Funktion dieser Elemente innerhalb dieser Struktur«. Ein gutes Beispiel für diese Verfahrensweise ist Jonathan Dunsbys Aufsatz über das Klavierstück WoO 60 (Dunsby, 1984) – auch wenn es dem Nichtspezialisten so scheinen mag, daß die »Elemente« sehr viel weniger einfach sind als die Komposition, der sie entnommen sind. Zwei andere Aspekte von Dunsbys Studie können ebenfalls als repräsentativ für moderne Analysen angesehen werden: die eingehende Beschäftigung mit einem einzigen (nicht unbedingt langen oder besonders bekannten) Werk sowie die Annahme, daß die Analyse ihren Sinn in sich selber hat und nicht so sehr ein Mittel zu einem anderen Zweck ist.

Beim Vergleich mit älteren Untersuchungen zu Beethovens Musik wird deutlich, daß diese beiden Merkmale verhältnismäßig neue Entwicklungen darstellen. Die Analyse musikalischer Werke als Selbstzweck ist im wesentlichen eine Tendenz des 20. Jahrhunderts. Auf die Gefahr hin, zu sehr zu vereinfachen, mag es sinnvoll sein, die Schriften des 19. Jahrhunderts in zwei Kategorien einzuteilen, die jeweils ein Ziel verfolgten, das außerhalb der Analyse selber lag: erstens die Analyse, die eine Hilfe oder auch eine Voraussetzung für das Erkennen einer außermusikalischen Idee darstellte, und zweitens die Analyse Beethovenscher Musik als Mittel im Kompositionsunterricht.

Das vielleicht berühmteste Beispiel für die erste Kategorie ist E. T. A. Hoffmanns bekannte Besprechung der Fünften Symphonie, die erstmals 1810 in der *Allgemeinen Musikalischen Zeitung* erschien. Hoffmanns Hauptabsicht bestand darin, aufzuzeigen, mit welcher Kraft Beethovens Musik die Vision einer anderen Welt heraufzubeschwören vermag, »das Reich des Ungeheuren und Unermeßlichen« (Hoffmann, 1988, S. 24). Die ganze Symphonie erwecke »jene unendliche Sehnsucht, die das Wesen der Romantik ist« (ebd., S. 25). Bei dem Versuch, zu erklären, mit welchen musikalischen Mitteln dieses Gefühl erzeugt wird, schreckte Hoffmann nicht vor ausgiebigen musikalischen Zitaten und einer ganzen Menge technischer Beschreibungen zurück, die man durchaus als »Analyse« bezeichnen könnte, auch wenn diese nach heutigen Maßstäben ziemlich oberflächlich erscheint: »Das erste Allegro, 2/4-Takt, c-moll, fängt mit dem nur aus zwei Takten bestehenden Hauptgedanken, der in der Folge, mannigfach gestaltet, immer wieder durchblickt, an« (ebd., S. 24).

Bemerkenswerterweise verwendet Hoffmann selbst den Begriff »Analyse« weder in dieser Besprechung noch in der des Klaviertrios op. 70. Er war Kritiker, und so lassen sich seine Ausführungen wohl am ehesten als Kritiken bezeichnen, ein Terminus, der die meisten wichtigeren Schriften aus dem 19. Jahrhundert zu Beethovens Musik angemessen charakterisiert; so die *Etude critique des Symphonies de Beethoven* von Berlioz, zunächst, 1837–38, als Serie erschienen und später (1862) in *A travers chants* wieder abgedruckt, George Groves *Beethoven and His Nine Symphonies* (1896) oder Ernst von Elterleins *Beethoven's Clavier-Sonaten* (1856). Letzteres ist ein schlimmes Beispiel jener Art von »Analyse«, die für ein Laienpublikum bestimmt war. Man vergleiche zum Beispiel den Beginn der Beschreibung der »Hammerklavier-Sonate«: »Erster Satz, B dur, 4/4 Tact, Allegro. Er ist auf zwei Hauptthemen gebaut: das erste offenbart männliche Kühnheit, Kraft, Entschlossenheit, Großsinnigkeit, Stolz, das zweite weibliche Milde, Anmuth, Zartheit« (Elterlein, 1856, S. 100).

Ein sehr produktiver Autor des 19. Jahrhunderts war Adolph Bernhard Marx. Sein Hauptbeitrag zu Beethoven ist in dem Buch *Ludwig van Beethoven: Leben und Schaffen* (1859) enthalten. Wie Hoffmann lag auch ihm daran, die dem Werk zugrundeliegende »Idee« zu erläutern (bei Wallace, 1986, findet sich ein interessanter Vergleich der Besprechungen der Fünften Symphonie von Hoffmann, Marx und Berlioz). Er scheint freilich ein noch wacheres Gehör für subtile motivische Zusammenhänge gehabt zu haben – beispielsweise entdeckte er eine Verbindung zwischen den Motiven der ersten Violinen zu Beginn des Poco Adagio und des Allegro im ersten Satz des Streichquartetts op. 74.

Auch in seinem Traktat *Die Lehre von der musikalischen Komposition, praktisch-theoretisch* (1837–47) greift er häufig auf Beethovens Musik zurück. Noch exzessiver allerdings wird von dieser Gebrauch gemacht in den Abhandlungen von Carl Czerny (*Schule der praktischen Tonsetzung,* 1849–50) und Johann Christian Lobe (*Lehrbuch der musikalischen Komposition,* 1850); bei letzterer gilt dies vor allem für Band 1. Czerny gab vollständige Kompositionen wieder, um verschiedene musikalische Formen und ihre harmonischen Charakteristika zu illustrieren. Lobe bediente sich demgegenüber einer weitaus feineren analytischen Technik, die unter anderem – bei zwei Sätzen aus den Quartetten op. 18 – die Konstruktion eines »Hauptmelodiefadens« (vgl. Bent, 1984 und 1987) einschloß, um die verschiedenen formalen Funktionen aufzuzeigen. Er führte auch motivische Analysen durch, indem er die wichtigsten melodischen Elemente isolierte, aus denen der erste Satz von op. 18/Nr. 2 aufgebaut ist.

»Mit das Gespenstischste, was je komponiert worden ist.« Diese Formulierung könnte von Hoffmann stammen, doch die Beschreibung der Wiederkehr des Scherzos nach dem Trio in der Fünften Symphonie steht in dem unvollendeten Buch *Beethoven* von Donald Tovey (1944, S. 17). Tovey war einer der bedeutendsten Musikschriftsteller der ersten Hälfte dieses Jahrhunderts, auch wenn seine analytischen Leistungen im Vergleich zu denen seines Zeitgenossen Schenker eher mager ausfallen. Seine *Essays in Musical Analysis* (1935–39) sind eigentlich Notizen für Konzertprogramme, dennoch enthalten sie viele interessante Beobachtungen. Unter den in den *Essays* besprochenen Werken Beethovens befinden sich alle Symphonien, die Klavierkonzerte (mit Ausnahme von Nr. 2), die *Missa solemnis* und die Diabelli-Variationen. Das analytischste Werk Toveys ist *A Companion to Beethoven's Pianoforte Sonatas (Bar-to-Bar-Analysis)* von 1931, ein noch immer nützliches Begleitbuch, das zusammen mit der Ausgabe der Sonaten von Tovey/Craxton erschien (vgl. »Werkausgaben«, S. 380).

Tovey beschäftigte sich in erster Linie mit der musikalischen Oberfläche, also mit jenen Aspekten, die auch ein »unbedarfter« Zuhörer sofort zu bemerken imstande ist; in bezug auf Zusammenhänge über weitere Strecken hinweg und hinsichtlich versteckter Beziehungen war er eher mißtrauisch. Insofern unterschied sich sein Ansatz grundsätzlich von dem Heinrich Schenkers. Dessen Werk stellt unter den vielen analytischen Schriften zu Beethovens Musik, die bisher publiziert wurden, sowohl was die Quantität als auch was die Qualität angeht, noch immer die eindrucksvollste Leistung dar (eine vollständige Liste aller Beethoven-Analysen Schenkers findet sich bei Laskowsky, 1978). Schenker gelangte nach und nach zu der Überzeugung, daß jedes musikalische Meisterwerk die »Auskomponierung« eines einfachen diatonischen »Ursatzes« ist. Es lohnt sich, seine ausführlichen Analysen zur Neunten, Fünften und Dritten Symphonie (1912, 1925 und 1930) eingehend zu studieren, desgleichen die *Erläuterungsausgaben* der Klaviersonaten op. 101 und op. 109–111 (1913–21) sowie die vielen Beispiele Beethovenscher Musik, die er in seinem letzten Werk, *Der freie Satz* (1935), untersucht.

Zumindest in der Bewertung der Bedeutung von harmonischen und tonalen Aspekten im Verhältnis zu den melodischen beziehungsweise thematischen waren sich Tovey und Schenker weitgehend einig. Rudolph Reti hingegen vertrat die Ansicht, daß die Motive und ihre Veränderungen die eigentliche Grundlage musikalischer Einheit und Entwicklung bilden. Diese Überzeugung äußerte er erstmals in *The Thematic Process in Music* (1951). Die Analyse des »thematischen Grundplans« der Neunten Symphonie zu Beginn dieses Buches kommt zu dem Schluß, daß »das ganze Werk von einer einzigen thematischen Idee durchdrungen ist« (S. 30). Eine zweite Abhandlung, *Thematic Patterns in Sonatas of Beethoven* (1967), wurde nach Retis Tod von Deryck Cooke für die Drucklegung vorbereitet. Cooke hatte Retis Ideen bereits in seinem provokanten Aufsatz *The Unity of Beethoven's Late Quartets* (1963) aufgegriffen und weiterentwickelt.

Was andere Methoden und Schwerpunkte der Analysen von Beethovens Musik anlangt, so verdienen Hugo Riemanns Untersuchungen der Phrasenstruktur der Streichquartette (1903) und der Klaviersonaten (1918–19) besondere Erwähnung, und sei es nur, weil sie diesem sonst kaum beachteten Aspekt so viel Bedeutung beimessen.

So verschieden die Techniken der Analyse Beethovenscher Musik auch immer sein mögen, eins haben sie gemeinsam (wie übrigens mit den meisten musikalischen Analysen): Es geht ihnen vorrangig darum, die Einheit des Werkes oder der Werke aufzuzeigen, die sie untersuchen. Schenkers und Retis diesbezügliche Absichten brauchen nicht weiter belegt zu werden, aber man sollte vielleicht erwähnen, daß auch die Autoren des 19. Jahrhunderts, von denen oben die Rede war, diesen Aspekt von Beethovens Musik erkannten. So enthält zum Beispiel nach Czerny bereits das erste Tutti des Dritten Klavierkonzerts alle musikalischen Ideen und Abschnitte, auf denen dann der ganze Satz beruht. Hugh Macdonalds 1980 publizierter Essay über die Fantasia op. 77 stellt einen ziemlich isolierten, aber nichtsdestoweniger kraftvollen Angriff auf den gegenwärtig zu konstatierenden Hang zu Einheit und Zusammenhang dar.

Letztlich kann man davon ausgehen, daß es, solange die Analyse von Musikwerken als sinnvolle Betätigung gilt, weiterhin Wissenschaftler geben wird, die Beethovens Musik analysieren. Es scheint, daß selbst die bekanntesten Werke – die Fünfte Symphonie ist hierfür ein Musterbeispiel – einen unerschöpflichen Reichtum an musikalischen Beziehungen aufweisen, die, nach Maßgabe der verwendeten analytischen Technik, entweder enthüllt werden oder aber verborgen bleiben. Es erheben sich zwar immer wieder warnende Stimmen, so die von Joseph Kerman (1985) und Leo Treitler (1982), die auf die selbstgesetzten Grenzen der meisten musikalischen Analysen hinweisen; dennoch wird, ebenso wie Beethoven seine Entmythisierung überlebt hat (Kerman, 1983), seine Musik eine in den Augen mancher Skeptiker überflüssige »Mystifizierung« nicht nur unbeschadet überstehen, sondern diese wird auch in Zukunft Bestandteil des Phänomens Beethoven sein.

NICHOLAS MARSTON

Untersuchungen zu den Skizzen

In den zwei Jahrzehnten seit 1970, als man den 200. Geburtstag des Komponisten feierte, haben von allen Zweigen der Beethoven-Forschung die Studien zu den Skizzen die raschesten Fortschritte gemacht. Bei diesen Vorstößen lassen sich drei Hauptrichtungen unterscheiden: die Rekonstruktion der Skizzenbücher, ihre Veröffentlichung in Form von Faksimiles oder Transkriptionen und die Analyse ihres Inhalts, um neue Erkenntnisse zur Chronologie und Struktur der Musik Beethovens zu gewinnen. All diese Erfolge wären jedoch undenkbar ohne die Grundlagen, die der erste große Skizzenforscher, Gustav Nottebohm (1817–82), vor über hundert Jahren geschaffen hat.

Die wichtigsten Veröffentlichungen Nottebohms sind allgemein bekannt: ausführliche Untersuchungen zu den Kesslerschen Skizzenbüchern und zu denen zur *Eroica,* die 1865 beziehungsweise 1880 erschienen; außerdem eine große Anzahl kürzerer Aufsätze, die zunächst in der Zeitschrift *Musikalisches Wochenblatt* publiziert und später in zwei Sammelbänden zusammengefaßt wurden: *Beethoveniana* (1872) und *Zweite Beethoveniana* (posthum 1887 veröffentlicht). Im Laufe seiner Forschungen für all diese Publikationen wurde Nottebohm mit fast sämtlichen erhaltenen Skizzenbüchern bestens vertraut. Es war ihm auch bewußt, daß die meisten Skizzenbücher nach Beethovens Tod beschädigt worden waren (vgl. »Skizzen«, S. 220). Daß er für seine ausführlichen Erörterungen die Kesslerschen und die *Eroica*-Skizzenbücher auswählte, lag sicher zum großen Teil daran, daß diese offenbar mehr oder weniger intakt geblieben waren. Er erkannte also das Risiko, das man einging, wenn man versuchte, die Entwicklung einer Komposition zurückzuverfolgen, deren Quellen unvollständig oder nicht einwandfrei waren.

Nottebohm war sich demnach über den Zusammenhang im klaren, der zwischen dem Erhaltungszustand eines Skizzenbuchs und den musikalischen Erkenntnissen besteht, die daraus gewonnen werden können. Zweifellos hätte er die subtilen Methoden begrüßt, mit deren Hilfe man sich in letzter Zeit bemüht, die Echtheit und Vollständigkeit der vielen auseinandergenommenen Skizzenbücher zu testen beziehungsweise diese wiederherzustellen. Allerdings gab er sich in seinen eigenen Schriften mit ausgesprochen spärlichen Beschreibungen der äußeren Merkmale der Skizzenbücher zufrieden, auch wenn er in den meisten Fällen die Stellen notierte, an denen Blätter herausgerissen worden waren, und versuchte, deren Anzahl zu schätzen. Die vielen transkribierten Auszüge aus den Skizzenbüchern lassen ebenfalls nicht selten editorische Genauigkeit vermissen: Oft ist die exakte Fundstelle innerhalb des Buches nicht angegeben, Zusätze, Auslassungen und Verbesserungen wurden vielfach stillschweigend angebracht. Um jedoch Nottebohm gegenüber fair zu sein, muß man bedenken, daß seine Hauptabsicht darin bestand, für jedes Buch eine allgemeine Beschreibung zu liefern, Schlußfolgerungen über die Entstehungsgeschichte der darin enthaltenen Werke zu ziehen und auf die jeweils vorhandenen Skizzen zu unvollendet gebliebenen Werken hinzuweisen. Bis zu einem gewissen Grade war hierfür die Art gründlicher Beschreibung überflüssig, die heutzutage mit Recht gefordert wird. Außerdem sind Nottebohms Berichte in manchen Fällen bei all ihrer Ungenauigkeit immer noch von unschätzbarem Wert; so stammt beispielsweise alles, was wir über das verschollene Boldrini-Taschenskizzenbuch zur »Hammerklaviersonate« wissen, aus Nottebohms Beschreibung.

Nottebohms Werk stand lange Zeit in so hohem Ansehen, daß es von den folgenden Forschergenerationen kaum angefochten wurde. Paul Mies' Versuch, Beethovens melodischen Stil aufgrund eines Vergleichs der Skizzen mit den Endfassungen zu analysieren, beruht vollständig auf Nottebohms Ausgabe der Skizzenbücher, die zum Zeitpunkt des Erscheinens von Mies' Buch, 1925, bereits rund 50 Jahre alt war. Schenker stützte sich in seinen *Erläuterungsausgaben* der späten Sonaten und in seinem Buch über die Neunte Symphonie (vgl. »Analysen«, S. 383 f.) in hohem Maße auf Nottebohms Transkriptionen. Er war allerdings auch einer der wenigen, die Nottebohms Arbeiten teilweise ergänzten. Die Publikation einer Ausgabe des Skizzenbuchs Landsberg 7 im Jahre 1927 durch Karl Mikulicz, die mit der damals ziemlich utopischen Forderung nach einer Gesamtausgabe der Skizzenbücher in Faksimile und in Transkriptionen einherging, war zu Beginn dieses Jahrhunderts vielleicht *das* Ereignis auf diesem Sektor.

Einige der darauf folgenden Schritte bei der Veröffentlichung der Skizzenbücher kamen bereits in einem anderen Kapitel zur Sprache (vgl. »Skizzen«, S. 220 f.). Die Erforschung der Skizzen ist jedoch, ebenso wie die fast aller anderen damit zusammenhängenden Bereiche, durch die Bemühungen um eine Rekonstruktion der Skizzenbücher in den frühen 1970er Jahren auf ganz neue Grundlagen gestellt worden. An der Spitze dieser Bestrebungen standen Alan Tyson und Douglas Johnson. Sorgfältige Untersuchungen der Wasserzeichen, der Notenlinien, Tintenkleckse und anderer äußerer Merkmale ermöglichten es, mit ziemlicher Genauigkeit nicht nur festzustellen, wo und in welcher Anzahl Blätter aus den Skizzenbüchern entfernt worden waren, sondern darüber hinaus auch, diese Blätter ausfindig zu machen und sie wieder richtig einzuordnen. Ein abschließender Bericht über diese Rekonstruktionsversuche und ihre Ergebnisse findet sich in *The Beethoven Sketchbooks* (Johnson, 1985). Man sollte allerdings nicht vergessen, daß die losen Blätter, die ursprünglich nicht zu einem Skizzenbuch gehörten, im allgemeinen nicht erfaßt sind. Die Rekonstruktion des Originalzustands der Skizzenbücher zog in manchen Fällen eine Revision ihrer inneren Chronologie und ihres Inhalts nach sich, die wiederum neue Erkenntnisse hinsichtlich der Datierung einzelner Werke ermöglichte. Auf diesem Gebiet haben sowohl Tyson als auch Sieghard Brandenburg eine Reihe wichtiger Untersuchungen beigesteuert.

Wie wir gesehen haben, war sich Nottebohm der Risiken bewußt, mit denen jeder rechnen muß, der sich daranmacht, eine unvollständige Serie von Skizzen zu einem Werk zu untersuchen. Nottebohm begriff aber auch, daß alle Skizzen, so komplett sie auch sein mögen, insofern unvollständig bleiben, als sie nicht all das festhalten können, was im Kopf des Komponisten vorgegangen ist – dies gilt selbst für die Arbeit an dem einfachsten Stück. Am wenigsten geben sie die eigentlichen Entscheidungsprozesse wieder: »Die Skizzen offenbaren nicht das Gesetz, von dem sich Beethoven beim Schaffen leiten liess ... Gewiß, zum Verständnis eines Kunstwerkes sind sie überflüssig, aber nicht zum Verständnis des Künstlers.« (Nottebohm, 1887, S. VIII–IX). In einem berühmten, 1978 erschienenen Aufsatz beschäftigte sich Douglas Johnson mit dem Fortgang der Untersuchungen zu den Skizzen seit Nottebohm und erklärte, er teile Nottebohms Standpunkt: Demzufolge haben die Studien zu den Skizzen bei der Analyse keine Rolle zu spielen; sie liefern lediglich biographische Informationen.

Johnsons Aufsatz geriet sofort ins Kreuzfeuer der Kritik. Dennoch müßten wohl die meisten Wissenschaftler einräumen, daß, legt man Johnsons strenge Definition einer Analyse zugrunde, in einer solchen Arbeit kein Platz ist für die Untersuchungen von Skizzen. Trotzdem erscheinen weiterhin Abhandlungen, die sich auf die Skizzen zu einzelnen Werken konzentrieren, so daß man annehmen kann, daß es eine, wenn auch schwierig zu definierende Position gibt, die sich zwischen radikalem Verwerfen und vollständigem Akzeptieren der Skizzen als Grundlagen der Analyse bewegt. Sicher hängt hierbei viel davon ab, welche Ansprüche der einzelne an eine Analyse stellt und welche Ziele er damit verfolgt. Zweifellos vermag eine Untersuchung der Beziehung zwischen einem fertigen Werk und seiner Entstehungsgeschichte zumindest einige neue Blickwinkel zu eröffnen, wenn auch nicht immer definitive Antworten zu liefern. Vorläufig läßt sich lediglich festhalten, daß Johnson mit seiner Attacke bisher ziemlich isoliert geblieben ist.

So gesehen, steht es recht gut um die Zukunft der Erforschung von Beethovens Skizzen. Alle erhaltenen Skizzenbücher sind mittlerweile rekonstruiert worden (nicht völlig, aber doch weitgehend überzeugend), was der Analyse ihres Inhalts erhebliche Rückendeckung verschafft. Zur Zeit besteht das größte Hindernis darin, daß die meisten Quellen nach wie vor noch nicht publiziert und somit nicht allgemein zugänglich sind. Die Qualität der Ausgaben und der Faksimiles ist enorm gewachsen, doch insbesondere die Bände der *Skizzenausgabe* des Beethoven-Hauses in Bonn müßten rascher erscheinen, wenn die mühselige Arbeit der Rekonstruktion nicht weitgehend vergeblich bleiben soll. Zugegebenermaßen dokumentieren die Skizzen nur einen Teil des gesamten schöpferischen Prozesses, und man muß sich davor hüten, ihnen mehr Bedeutung zuzumessen, als ihnen zusteht; dennoch würden wohl nur wenige auf die faszinierenden Fragen und Antworten verzichten wollen, die sich aus diesen Quellen stets und in vielerlei Hinsicht ergeben.

NICHOLAS MARSTON

Bibliographien, Kataloge und Register

Ähnlich den Wörterbüchern sind Werke wie die, die hier besprochen werden sollen, in dem Moment, in dem sie erscheinen, unweigerlich schon wieder veraltet. Vollständigkeit und absolute Genauigkeit bleiben in diesem Genre eine bloße Wunschvorstellung. Es ist nachgerade undenkbar, daß irgendeine Bibliographie der Schriften zu Beethoven – auch wenn sie regelmäßig auf den letzten Stand gebracht würde – jeden Aufsatz, jede Kritik, ja auch nur jedes neu erscheinende Buch erfassen könnte. Allerdings ist Vollständigkeit nur eines von mehreren erstrebenswerten Zielen: Eine Bibliographie muß, wenn sie der Forschung von Nutzen sein soll, auch sorgfältig geordnet sein.

Stellt man dies in Rechnung, so sind wahrscheinlich die am Ende jeder Ausgabe des *Beethoven-Jahrbuchs* enthaltenen Listen mit dem Titel »Beethoven-Schrifttum« die besten Bibliographien zu Beethoven. Die neueste von ihnen ist in acht Hauptabschnitte unterteilt, von denen einige wiederum bis zu fünf oder sechs Sektionen beinhalten. Insgesamt sind 623 Titel in zahlreichen Sprachen aufgeführt. Andererseits umfaßt die Liste den Zeitraum 1973–75, obwohl das *Jahrbuch* (mit den Jahreszahlen »1978/81«) erst 1983 erschien. Somit sind diese Bibliographien, zumal sie weiterhin nur unregelmäßig erscheinen, als Übersichten über die neueste Forschung weitgehend nutzlos, ungeachtet ihres unbestreitbaren Werts als Kompaß in der schier endlosen Menge der Beethoven-Literatur. Donald MacArdles *Beethoven Abstracts* (posthum 1973 veröffentlicht) verdienen es, unter den Spezialbibliographien hervorgehoben zu werden. Dieses Werk berücksichtigt nur die in Zeitschriften erschienenen Schriften und enthält neben Hinweisen kurze Beschreibungen einer riesigen Anzahl von Aufsätzen. *The Music Index* hat den Vorteil, daß hier relativ frühzeitig über die neuesten Publikationen informiert wird, wobei allerdings über die reine Beethoven-Literatur hinaus Schriften zur Musik im allgemeinen aufgenommen sind.

Eine sorgfältig gearbeitete Bibliographie der Literatur zu einem großen Komponisten bildet ein wichtiges Hilfsmittel, ein allgemein zugänglicher thematischer Katalog seiner Werke aber ist gänzlich unverzichtbar. Dieser muß unbedingt so vollständig und genau sein wie nur irgend möglich. Der erste derartige Katalog von Beethovens Werken wurde 1851 anonym von Breitkopf & Härtel publiziert. Er enthielt die 138 Werke mit einer Opuszahl ebenso wie die Kompositionen, die ohne eine solche erschienen waren, allerdings nicht in der heute üblichen Reihenfolge. Neben Hinweisen auf einige Werke, deren Echtheit angezweifelt wurde, beinhaltete der Katalog eine kurze Bibliographie. 1868 erschien eine zweite, erweiterte Auflage. Damals war die *Gesamtausgabe* der Werke Beethovens bereits komplett (vgl. »Werkausgaben«, S. 377 f.). Auch Thayer veröffentlichte einen Katalog (1865), doch es war wohl die von Nottebohm betreute Ausgabe von 1868, die den Grundstein zu Kinskys großem Werk legte, das fast ein Jahrhundert später erschien. Der Katalog von 1851 hatte von jedem Werk lediglich den Anfang wiedergegeben und einige spärliche Angaben zu den Verlegern gemacht. Nottebohm fügte dem einen kurzen Kommentar hinzu, der, soweit bekannt, die Entstehungszeit, das Datum der Uraufführung und der Erstausgabe sowie Informationen über erhaltene Autographen und Partiturabschriften, Erstausgaben, Bearbeitungen und so weiter enthielt. Eine Neuauflage von Nottebohms Katalog im Jahre 1925 umfaßte auch Emerich Kastners Bibliographie *Bibliotheca Beethoveniana,* die von Theodor von Frimmel erweitert worden war.

Dreißig Jahre später erschien Georg Kinskys monumentaler Katalog. Er ist, von Hans Halm vervollständigt und herausgegeben, nach wie vor das Standardwerk auf diesem Gebiet (Kinsky, 1955). Es war unvermeidlich, daß im Laufe der Zeit einige Fehler entdeckt und kleinere Verbesserungen erforderlich wurden. Beispielsweise kann die »Jenaer Symphonie«, die bei den Werken auftaucht, deren Echtheit zweifelhaft war (Kinsky, Anhang 1), mittlerweile eliminiert werden. Als Übergangslösung bis zu einer vollständigen Revision ist 1978, gemeinsam mit einer Sammlung von bibliographischen Studien zu verschiedenen Themenbereichen, eine Liste von Addenda und Corrigenda erschienen (Dorfmüller, 1978). Auf Willy Hess' Katalog der nicht in der *Gesamtausgabe* enthaltenen Werke wurde bereits unter »Werkausgaben« (S. 378) eingegangen. Im Gegensatz zu Kinsky, der ausschließlich Beethovens vollendete Werke dokumentieren wollte, folgte Giovanni Biamonti mit seinem 1968 publizierten *Catalogo cronologico e tematico* Willy Hess' weiter gefaßtem Werkbegriff. Er nahm sowohl vollendete als auch unvollendete Werke auf, einschließlich der Skizzen und sogar einiger Vorhaben Beethovens, zu denen keine Musik erhalten, sondern von denen lediglich bekannt ist, daß Beethoven an ihnen gearbeitet oder daß er sie geplant hat. Weiterhin zeichnet sich der Katalog von Kinsky dadurch aus, daß in ihm die Werke chronologisch angeordnet sind, also nicht nach der Opus- oder der WoO-Zahl, und daß er zudem kurze Besprechungen der bedeutenderen Kompositionen Beethovens enthält.

Ein Bereich bei Kinsky, der dringend der Revision bedarf, sind die Informationen zu Skizzen und autographen Manuskripten. Man kann sagen, daß die Katalogisierung der Manuskripte Beethovens 1827 mit dem (handgeschriebenen) Nachlaß-Katalog von Anton Gräffer begann. Später, 1844, katalogisierte Gräffer die Artaria-Sammlung, die bis zum

Ende des Jahrhunderts noch zweimal aufgelistet wurde (1890 von Guido Adler, 1893 von August Artaria). Wie Douglas Johnson gezeigt hat (vgl. Johnson, 1973 und 1985, insbesondere Kapitel 1), sind diese und andere Kataloge des 19. Jahrhunderts (wie zum Beispiel die der Landsberg- und der Grasnick-Sammlung) insofern wichtig, als sie die Wege der Manuskripte nachzeichnen, bis diese schließlich dort ankamen, wo man sie heute findet.

In diesem Jahrhundert sind schöne Kataloge zu einigen privaten Sammlungen erschienen. In diesem Zusammenhang ist der Katalog Kinskys von 1953 zur Koch-Sammlung besonders erwähnenswert, da die Sammlung, die einige außerordentlich wichtige Stücke zu Beethoven enthielt, nunmehr verstreut ist. Was die bedeutenderen öffentlichen Archive betrifft, so ist die Sammlung im Beethoven-Haus (Autographen, Skizzen und Briefe) mit Schmidt, 1971, gut bedient. Auch die Sammlung von Beethoven-Manuskripten in der Staatsbibliothek Preußischer Kulturbesitz wurde sehr sorgfältig katalogisiert (vgl. Klein, 1975), die ungemein bedeutende Sammlung in der Deutschen Staatsbibliothek dagegen – in Bartlitz, 1970 – nur äußerst spärlich.

Trotz dieser Kataloge von einzelnen Sammlungen ist eine umfassende Liste der Skizzen nach wie vor ein Desiderat. Hans Schmidts bekannter Katalog (Schmidt, 1969) ist zwar immer noch nützlich, aber der Inhalt mancher Manuskripte ist falsch identifiziert (oder überhaupt nicht), und es fehlen die bibliographischen Informationen zu den verschiedenen Papierarten und Wasserzeichen, die heutzutage üblicherweise verlangt werden. Johnson, 1985, kann als Katalog der rekonstruierten Skizzenbücher verwendet werden, zu der großen Anzahl von losen Skizzenblättern hingegen, die offenbar nicht zu solchen Büchern gehörten, gibt es allerdings noch kein vergleichbares Nachschlagewerk. Nützlich wäre außerdem eine vollständige Liste der autographen Manuskripte Beethovens mit Angaben zu den von ihm verwendeten Papierarten und -strukturen.

Die vorstehende Bestandsaufnahme sollte deutlich machen, daß die Beethoven-Bibliographie – im Sinne einer bibliographischen Übersicht über die Quellen zu Beethovens Werken – noch weiterer Zuwendung bedarf. Es existiert eine große Menge an Informationen, jedoch nur in zahlreichen verschiedenen Schriften. Es gibt eine Reihe ausgezeichneter Spezialuntersuchungen (beispielsweise Tysons Bibliographie der authentischen englischen Werkausgaben Beethovens von 1963); wirklich nötig aber wäre ein zentrales, allgemein anerkanntes Nachschlagewerk. Eine naheliegende Lösung bestünde in einem vollständig revidierten thematischen Katalog. So ließen sich etwa Angaben zur Struktur der Autographen mit hineinnehmen, und Kinsky/Halms Daten bezüglich der Entstehungszeiten könnten mittels der neuesten Erkenntnisse über die Skizzen korrigiert werden (obwohl ausführliche bibliographische Informationen hier wohl kaum praktikabel wären). Ebenso müßten die Briefbelege mit Hilfe der neueren Funde in Zusammenhang mit der neuen Briefausgabe (vgl. S. 391) revidiert und erweitert werden. Auch dann kann man naturgemäß kein perfektes Ergebnis erwarten, aber es wäre ein wichtiger Schritt vorwärts und ein Dienst an der Beethoven-Forschung.

NICHOLAS MARSTON

Anhang

Auswahlbibliographie
Abbildungsverzeichnis
Die Autoren der Beiträge

Auswahlbibliographie

Es gibt über Beethoven wohl mehr Literatur als über jeden anderen Komponisten mit Ausnahme Richard Wagners. Wenngleich ein großer Teil des älteren Materials seit langem nicht mehr aktuell ist, war für die nachfolgende Bibliographie deshalb dennoch eine sorgfältige Auswahl erforderlich. Für eine ausführlichere Übersicht, vor allem über die neuere Literatur, sei auf Albrecht, ?1992, verwiesen. Die ältere periodische Literatur wird systematisch von Mac Ardle, 1973, erfaßt. Eine vollständige, jedoch nur bestimmte Jahre beinhaltende Liste findet sich im *Beethoven-Jahrbuch.* Im Beethoven Center in San José, Kalifornien, plant man mittlerweile den Aufbau einer Datenbank, die eine allumfassende Beethoven-Bibliographie, einschließlich aller Artikel, Partituren und Einspielungen, liefern wird.
Die Angaben erfolgen alphabetisch, nach Autorennamen geordnet. Gibt es von einem Verfasser mehrere Veröffentlichungen, so werden diese chronologisch (Veröffentlichungsdatum) wiedergegeben. Sind schließlich von einem Autor im selben Jahr mehrere Publikationen erschienen, wird dies durch die Anfügung eines Buchstabens (alphabetisch) an die Jahresangabe, mitgeteilt in eckigen Klammern, gekennzeichnet (zum Beispiel: 1970a, 1970b). Der Name des Autors dient in Verbindung mit dem Jahr der Veröffentlichung als Kurztitel (zum Beispiel: Tyson, 1982, beziehungsweise [= Tyson, 1982b]).

Ausgaben

Ludwig van Beethovens Werke: Vollständige kritisch durchgesehene überall berechtigte Ausgabe, 25 Bde., Leipzig 1862–5, 1888. [Zu einem Supplement (14 Bde.) vgl. unten: Hess, 1959.]

Ludwig van Beethoven: Werke: Neue Ausgabe sämtlicher Werke, München und Duisburg 1961–.

Faksimileausgaben der Skizzenbücher und autographer Partituren sind auf den Seiten 223 ff. beziehungsweisen 227 f. geführt (vgl. auch Hess, 1979, und Lühning, 1986). Eine Faksimilewiedergabe der Erstausgaben der 32 Klaviersonaten enthält Jeffery, 1989. Briefausgaben Beethovens sind unter dem Namen des jeweiligen Herausgebers zu finden (engl. Ausgabe v. E. Anderson; dt. Ausgaben v. A. Kalischer beziehungsweise E. Kastner). Einige andere wichtige Ausgaben werden unter dem Namen des Herausgebers unten aufgeführt.

Periodika

Es folgen die wesentlichen speziell Beethoven gewidmeten Periodika:

Beethovenjahrbuch, hrsg. v. Theodor Frimmel, 2 Bde., München und Leipzig 1908–9.

Neues Beethoven-Jahrbuch, hrsg. v. Adolf Sandberger, 10 Bde., o. O. 1924–42.

Beethoven-Jahrbuch, hrsg. v. Joseph Schmidt-Görg u. a., Bonn 1953–.

The Beethoven Newsletter, hrsg. v. William Meredith, San José 1986–.

Das Beethoven-Haus, Bonn, gibt mehrere Publikationsreihen heraus. Reihe 1–3: Skizzenbücher, *Beethoven-Jahrbuch,* Handschriftenfaksimiles; Reihe 4: Buchveröffentlichungen zu speziellen, Beethoven betreffenden Themen (manche von ihnen sind in der untenstehenden Bibliographie enthalten). Zu nennen ist außerdem, neben einigen Einzelveröffentlichungen, eine Reihe mit kurzen »Jahresgaben«. Andere kleinere Reihen von Studien zu Beethoven sind zum Beispiel: Goldschmidt, 1979, 1984, 1988, und Tyson, 1973c, 1977b, 1982b. Artikel, die aus Periodika beziehungsweise Beethoven-Symposien oder Kongreßberichten stammen, werden (unten) in der Regel nur dann einzeln aufgeführt, wenn sie im Haupttext zitiert sind.

Bücher und Aufsätze

Abraham, G. (Hrsg.): The Age of Beethoven 1790 bis 1830 (The New Oxford History of Music, 8), London 1982.

Adler, G.: Beethovens Charakter, Regensburg 1927.

Albrecht, O. E.: Beethoven Autographs in the United States, in: Dorfmüller, 1978, S. 1–11.

Albrecht, T.: Beethoven's *Leonore:* A New Compositional Chronology, in: The Journal of Musicology, 7(1989), S. 165–90.

–: Ludwig van Beethoven: A Guide to Research, New York ?1992.

Anderson, E. (Hrsg. u. Übers.): The Letters of Beethoven, 3 Bde., London 1961.

– (Hrsg. u. Übers.): The Letters of Mozart and his Family, 3. Aufl., London 1985.

Arnold, D., u. Fortune, N. (Hrsg.): The Beethoven Companion, London 1971.

Asow, H. M. von (Hrsg.): Ludwig van Beethoven: Heiligenstädter Testament, Neuaufl., Wien 1975.

Badura-Skoda, P.: Eine wichtige Quelle zu Beethovens 4. Klavierkonzert, in: Österreichische Musikzeitschrift, 13 (1958), S. 418–26.

– (Hrsg.): Über den richtigen Vortrag der sämtlichen Beethovenschen Klavierwerke, Wien 1963.

Badura-Skoda, P., u. Demus, J.: Die Klaviersonaten Ludwig van Beethovens, Wiesbaden 1970.

Badura-Skoda, E.: Performance Conventions in Beethoven's Early Works, in: Winter, 1980, S. 52–76.

Bankl, H., u. Jesserer, H.: Die Krankheiten Ludwig van Beethovens, Wien 1987.

Barea, I.: Vienna, New York 1966.

Barford, P.: The Piano Music – II, in: Arnold, 1971, S. 126–93.

Bartlitz, E.: Die Beethoven-Sammlung in der Musikabteilung der Deutschen Staatsbibliothek: Verzeichnis, Berlin 1970.

Beahrs, V. O.: Beethoven, Bonaparte, and the Republican Ideal – Exploring Alternative Perspectives, in: The Beethoven Newsletter, 4(1989), S. 25, 34–40.

Becking, G.: Studien zu Beethovens Personalstil: Das Scherzothema, Leipzig 1921.

Beethoven-Haus Bonn [S. Brandenburg u. a.] (Hrsg.): Ludwig van Beethoven: Der Briefwechsel mit dem Verlag Schott, München 1985.

Bekker, P.: Beethoven, München 1911.

Bent, I.: The Compositional Process in Music Theory 1713–1850, in: Music Analysis, 3(1984), S. 29–55.

–, u. Drabkin, W.: Analysis (The New Grove Handbooks in Music), London 1987.

Bente, M. (Hrsg.): Musik-Edition, Interpretation: Gedenkschrift Günter Henle, München 1980.

Biamonti, G.: Catalogo cronologico e tematico delle opere di Beethoven, Turin 1968.

Biba, O.: Concert Life in Beethoven's Vienna, in: Winter, 1980, S. 77–93.

Blume, F.: Classic and Romantic Music: A Comprehensive Survey, übers. von H. Norton, New York 1970, London 1972 [dt.: Blume, F.: Art. »Klassik« u. »Romantik« in: Blume, F. (Hrsg.): Die Musik in Geschichte und Gegenwart, Bd. 7 u. 11, Kassel 1958 u. 1963].

–: Epochen der Musikgeschichte, Kassel 1974

Bockholdt, R.: Ludwig van Beethoven – VI. Symphonie F-Dur, op. 68 (Pastorale), München 1981.

Böhme, G.: Medizinische Proträts berühmter Komponisten, 1. Bd., 2. Aufl., Stuttgart u. New York 1981.

Boettcher, H.: Beethoven als Liederkomponist, Augsburg 1928 [Repr. 1974].

Brandenburg, S.: The First Version of Beethovens G major String Quartet op. 18 no. 2, in: Music&Letters, 58(1977), S. 127–52.

–: Ein Skizzenbuch Beethovens aus dem Jahre 1812: Zur Chronologie des Petterschen Skizzenbuches, in: Goldschmidt, 1979, S. 117–48.

–: Zur Textgeschichte von Beethovens Violinsonate Opus 47, in: Bente, 1980, S. 111–24.

–: The Historical Background to the *Heiliger Dankgesang* in Beethoven's A minor Quartet Op. 132, in: Tyson, 1982 b, S. 161–91.

–: Die Quellen zur Entstehungsgeschichte von Beethovens Streichquartett Es-dur Op. 127, in: Beethoven-Jahrbuch, 10(1978–81), Bonn 1983, S. 221–76.

–: Die Skizzen zur Neunten Symphonie, in: Goldschmidt, 1984, S. 88–129. [= Brandenburg, 1984 a]

–: Once Again: On the Question of the Repeat of the Scherzo and Trio in Beethoven's Fifth Symphony, in: Lockwood, 1984, S. 146–98. [= Brandenburg, 1984 b]

–, u. Staehelin, M.: Die »erste Fassung« von Beethovens Righini-Variationen, in: Festschrift Albi Rosenthal, hrsg. v. R. Elvers, Tutzing 1984, S. 43–66. [= Brandenburg, 1984 c]

–, u. Loos, H. (Hrsg.): Beiträge zu Beethovens Kammermusik: Symposion Bonn 1984, München 1987.

–, u. Gutiérrez-Denhoff, M. (Hrsg.): Beethoven und Böhmen: Beiträge zu Biographie und Wirkungsgeschichte Beethovens, Bonn 1988.

Brenneis, C.: Das Fischhof-Manuskript: Zur Frühgeschichte der Beethoven-Biographik, in: Goldschmidt, 1979, S. 90–116.

–: SDas Fischhof-Manuskript in der Deutschen Staatsbibliothek, in: Goldschmidt, 1984, S. 27–87.

Breuning, G. von: Aus dem Schwarzspanierhause,

Erinnerungen an Ludwig van Beethoven aus meiner Jugendzeit, Wien 1874, 2.Aufl., hrsg. v. A.C.Kalischer, Berlin 1907 [Repr. Hildesheim 1970].

Brilliant, R.: Beethoven on Stamps, in: The Beethoven Newsletter, 3(1988), S.12–3.

Brion, M.: Daily Life in the Vienna of Mozart and Schubert, übers. v. J.Stewart, New York 1962 [franz. Orig.: Brion, M.: La vie quotidienne à Vienne à l'époque de Mozart et de Schubert, Paris 1960].

Brosche, G. (Hrsg.): Katalog der Sammlung Anthony van Hoboken in der Musiksammlung der Österreichischen Nationalbibliothek, Bd.2–3, Tutzing 1983 u. 1984.

Broyles, M.E.: Beethoven's Sonata op.14 no.1 – Originally for Strings?, in: Journal of the American Musicological Society, 23 (1970), S.405–19.

–: Beethoven: The Emergence and Evolution of Beethoven's Heroic Style, New York 1987.

Burke, E.: Vom Erhabenen und Schönen, hrsg. v.W.v.Strube, übers. v. F.Bassenge, Hamburg 1980.

Busch-Weise, D. von: Beethovens Jugendtagebuch, in: Studien zur Musikwissenschaft, 25(1962), S.68 bis 88.

Carse, A.: The Orchestra from Beethoven to Berlioz, Cambridge 1948.

Churgin, B.: A New Edition of Beethoven's Fourth Symphony: Editorial Report, in: Israel Studies in Musicology, 1(1978), S.11–53.

–: Beethoven and Mozart's Requiem: A New Connection, in: The Journal of Musicology, 5(1987), S.457–77.

Comini, A.: The Changing Image of Beethoven, New York 1987.

Cone, E.T.: Beethoven's Experiments in Composition: The Late Bagatelles, in: Tyson, 1977b, S.84 bis 105.

Cook, N.: Beethoven's Unfinished Piano Concerto: a Case of Double Vision?, in: Journal of the American Musicological Society, 42(1989), S.338–74.

Cooke, D.: The Unity of Beethoven's Late Quartets, in: The Music Review, 24(1963), S.30–49.

Cooper, B.: Beethoven's Revisions to *Für Elise*, in: The Musical Times, 125(1984), S.561–3.

–: Newly Identified Sketches for Beethoven's Tenth Symphony, in: Music&Letters, 66(1985), S.9–18.

–: Beethoven's Portfolio of Bagatelles, in: Journal of the Royal Musical Association, 112(1987), S.208 bis 28. [=Cooper, 1987a]

–: The Ink in Beethoven's »Kafka« Sketch Miscellany, in: Music & Letters, 68(1987), S.315–32. [=Cooper, 1987b]

–: The Composition of »Und spür' ich« in Beethoven's *Fidelio*, in: The Music Review, 47(1987), S.231–7. [=Cooper, 1987c]

–: The First Movement of Beethoven's Tenth Symphony: A Realization, in: The Beethoven Newsletter, 3(1988), S.25–31.

–: Beethoven and the Creative Process, Oxford 1990.

– (Hrsg.): Beethoven: Three Bagatelles, London 1991. Cooper, M.: Beethoven: The Last Decade, Oxford 1970.

Crankshaw, E. (Hrsg.): Artur Schnabel: My Life and Music, London 1961.

Crofton, I., u. Fraser, D.: A Dictionary of Musical Quotations, Sydney 1985.

Csampai, A., u. Holland, D. (Hrsg.): Ludwig van Beethoven. Fidelio, Hamburg 1981.

Czerny, C.: School of Practical Composition, London ?1849 [dt.: Czerny, C.: Schule der praktischen Tonsetzung, ?1849–50.]

–: Über den richtigen Vortrag der sämtlichen Beethoven'schen Klavierwerke. Czerny's »Erinnerungen an Beethoven« sowie das 2. und 3.Kap. d. IV. Bd. d. »Vollständigen theoretisch-practischen Pianoforte-Schule op.500«, hrsg. u. komm. v. P.Badura-Skoda, Wien 1963.

–: Erinnerungen aus meinem Leben, hrsg. v. W.Kolneder, Strasbourg u. Baden-Baden 1968.

–: On the Proper Performance of all Beethoven's Works for the Piano, hrsg. v. P.Badura-Skoda, Wien 1970.

Dahlhaus, C., u.a. (Hrsg.): Bericht über den Internationalen Musikwissenschaftlichen Kongreß Bonn 1970, Kassel 1971.

–: Ludwig van Beethoven. 4.Symphonie B-Dur, München 1979.

–: Ludwig van Beethoven und seine Zeit, Laaber 1987.

–: Nineteenth-Century Music, übers. v. J.Bradford Robinson, Berkeley 1989 [dt.: Dahlhaus, C.: Die Musik des 19.Jahrhunderts, Wiesbaden u. Laaber 1980 (=Neues Handbuch der Musikwissenschaft, 6)].

De la Grange, H.: Mahler, London 1974.

Dent, E.J.: Ferrucio Busoni, London 1933.

De Roda, C.: Un quaderno di autographi di Beethoven del 1825, in: Rivista musicale italiana, 12(1905), S.63–108, 592–622, 734–67.

Deutsch, O.E.: Beethovens gesammelte Werke: des Meisters Plan und Haslingers Ausgabe, in: Zeitschrift für Musikwissenschaft, 13(1930–1), S. 60 bis 79.

Dickinson, A. E. F.: Beethoven's Early Fugal Style, in: The Musical Times, 96(1955), S. 76–9.

Dipert, R.: The Composers Intentions: an Examination of their Relevance for Performance, in: The Musical Quarterly, 66(1980), S. 205–18.

Dorfmüller, K. (Hrsg.): Beiträge zur Beethoven-Bibliographie, München 1978.

Dorfmüller, K., Hell, H., u. Münster, R.: Ludwig van Beethoven, 1770–1827. Ausstellung in der Bayer. Staatsbibliothek, München 1977.

Drabkin, W.: Some Relationships between the Autographs of Beethoven's Sonata in C minor, Opus 111, in: Current Musicology, 13(1972), S. 38–47.

–: Beethoven's Sketches and the Thematic Process, in: Proceedings of the Royal Musical Association, 105(1978–9), S. 25–36.

–: Beethoven Studies 3, hrsg. v. A. Tyson, Cambridge 1982 [Besprechung], in: 19th-Century Music, 7(1983), S. 163–9.

–: Beethoven and the Open String, in: Music Analysis, 4(1985), S. 15–28. [= Drabkin, 1985 a]

–: Building a Music Library, 1: The Beethoven Piano Sonatas, in: The Musical Times, 126(1985), S. 416 bis 20. [= Drabkin, 1985 b]

Dunsby, J.: A Bagatelle on Beethoven's WoO 60, in: Music Analysis, 3(1984), S. 57–68.

Eggebrecht, H. H.: Zur Geschichte der Beethoven-Rezeption, Mainz 1972.

Elvers, R., u. Klein, H. (Hrsg.): Ludwig van Beethoven. Autographe aus der Musikabteilung der Staatsbibliothek, Berlin 1970.

Enss, E.: Beethoven als Bearbeiter eigener Werke, Taunusstein 1988.

Fecker, A. (Hrsg.): Ludwig van Beethoven: Unbekannte Klavierstücke, Wolfenbüttel u. Zürich 1972.

–: Die Entstehung von Beethovens Musik zu Goethes Trauerspiel *Egmont*. Eine Abhandlung über die Skizzen, Hamburg 1978.

Feder, G.: Stilelemente Haydns in Beethovens Werken, in: Dahlhaus, 1971, S. 65–70.

Finscher, L. (Hrsg.): Ludwig van Beethoven, Darmstadt 1983.

Fischer, E.: Beethoven's Pianoforte Sonatas, übers. v. S. Godman, London 1959 [dt.: Fischer, E.: Ludwig van Beethovens Klaviersonaten. Ein Begleiter für Studierende und Liebhaber, Wiesbaden 1956 (Neuausgabe: 1966)].

Fischer, K. von: Die Beziehungen von Form und Motiv in Beethovens Instrumentalwerken, Straßburg u. Zürich 1948 [2. Aufl. 1972].

–: Essays in Musicology, New York 1989.

Fiske, R.: Beethoven's *Missa Solemnis*, New York 1979.

Floros, C.: Beethovens *Eroica* und *Prometheus*-Musik, Wilhelmshaven 1978.

Forbes, E. (Hrsg.): Ludwig van Beethoven: Symphony no. 5 in C minor, New York 1971.

Forte, A.: The Compositional Matrix, New York 1961.

Fortune, N.: The Chamber Music with Piano, in: Arnold, 1971, S. 197-240.

Franken, F. H.: Die Krankheiten großer Komponisten, hrsg. v. Schaal, R., 1. Bd., Wilhelmshaven 1986.

Frimmel, T.: Beethoven-Handbuch, 2 Bde., Leipzig 1926.

Funk, A.: Vienna's Musical Sites and Landmarks, Wien 1927.

Geck, M., u. Schleuning, P.: »Geschrieben auf Bonaparte«: Beethovens »Eroica« – Revolution, Reaktion, Rezeption, Hamburg 1989.

Georgiades, Thr.: Nennen und Erklingen, Göttingen 1985.

Goldman, A., u. Sprinchorn, E. (Hrsg.): Wagner on Music and Drama, übers. v. W. A. Ellis, London 1970 [dt.: Wagner, R.: Dichtungen und Schriften, Bd. 7, hrsg. v. D. Borchmeyer, Frankfurt a. M. 1983].

Goldschmidt, H.: Un lieto brindisi: Cantata campestre, in: Beethoven-Jahrbuch, 8(1971–2), Bonn 1975, S. 157–205.

–: Um die Unsterbliche Geliebte: Eine Bestandsaufnahme, Leipzig 1977.

–, Köhler, K.-H., u. Niemann, K. (Hrsg.): Bericht über den Internationalen Beethoven-Kongreß 20. bis 23. März 1977 in Berlin, Leipzig 1978.

– (Hrsg.): Zu Beethoven: Aufsätze und Annotationen, Berlin 1979.

– (Hrsg.): Zu Beethoven 2: Aufsätze und Dokumente, Berlin 1984.

– (Hrsg.): Zu Beethoven 3: Aufsätze und Dokumente, Berlin 1988.

Gossett, P.: Beethoven's Sixth Symphony: Sketches for the First Movement, in: Journal of the American Musicological Society, 27(1974), S. 248–84.

Griffiths, P.: The String Quartet, London 1983.

Grove, G.: Beethoven and His Nine Symphonies, London 1896.

Grundmann, H., u. Mies, P.: Studien zum Klavierspiel Beethovens und seiner Zeitgenossen, Bonn 1966.

Gülke, P.: Zur Neuausgabe der Sinfonie Nr. 5 von

Ludwig van Beethoven: Werk und Edition, Leipzig 1978.

Halm, A.: Von zwei Kulturen der Musik, München 1913.

–: Beethoven, Berlin 1927.

Hanson, A. M.: Incomes and Outgoings in the Vienna of Beethoven and Schubert, in: Music&Letters, 64(1983), S. 173–82.

–: Musical Life in Biedermeier Vienna, Cambridge 1985.

Helm, T.: Beethovens Streichquartette, Leipzig 1910 [Repr. 1971].

Hertzmann, E.: The Newly Discovered Autograph of Beethoven's Rondo a capriccioso, Op. 129, in: The Musical Quarterly, 32(1946), S. 171–95.

Hess, W.: Beethovens Oper *Fidelio* und ihre drei Fassungen, Zürich 1953.

–: Verzeichnis der nicht in der Gesamtausgabe veröffentlichten Werke Ludwig van Beethovens, Wiesbaden 1957.

– (Hrsg.): Ludwig van Beethoven: Supplement zur Gesamtausgabe, 14 Bde., Wiesbaden 1959–71.

–: Beethovens Bühnenwerke, Göttingen 1962.

–: Beethoven-Studien, Bonn 1972.

– (Hrsg.): Ludwig van Beethoven, sämtliche Kadenzen: The Complete Cadenzas [Faksimileausgabe], Zürich 1979.

–: The Right Tempo: Beethoven and the Metronome, in: The Beethoven Newsletter, 3(1988), S. 16–7.

Hoboken, A. van: Joseph Haydn. Thematisch-bibliographisches Werkverzeichnis, 3 Bde., Mainz 1957–78.

Hoffmann, E. T. A.: Gesammelte Werke in Einzelausgaben, Bd. 9, Schriften zur Musik, Berlin u. Weimar 1988

Hopkins, A.: The Nine Symphonies of Beethoven, London 1980.

Hopkinson, C., u. Oldman, C. B.: Thomson's Collections of National Songs, with Special Reference to the Contributions of Haydn and Beethoven, in: Edinburgh Bibliographical Society Transactions, 2(1938–45), S. 1–64; Addenda und Corrigenda, 3(1948–55), S. 121–4.

Howell, S.: Beethoven's Maelzel Canon: Another Schindler Forgery?, in: The Musical Times, 120(1979), S. 987–90.

Hübsch, L.: Ludwig van Beethoven – Die Rasumowsky-Quartette op. 59 Nr. 1 F-dur, Nr. 2 e-moll, Nr. 3 C-dur, München 1983.

Hürlimann, M. (Hrsg.): Besuch bei Beethoven, 2. Aufl., Zürich 1985.

Hutchings, A. J. B.: A Companion to Mozart's Piano Concertos, London 1948.

Jander, O.: Exploring Sulzer's *Allgemeine Theorie* as a Source used by Beethoven, in: The Beethoven Newsletter, 2(1987), S. 1–7.

Jeffery, B. (Hrsg.): Ludwig van Beethoven: The 32 Piano Sonatas in Reprints of the First and Early Editions, London 1989.

Jens, W.: Roccos Erzählung, Stuttgart 1985.

Johnson, D.: Beethoven's Sketches for the Scherzo of the Quartet Op. 18 No. 6, in: Journal of the American Musicological Society, 23(1970), S. 385–404.

–: The Artaria Collection of Beethoven Manuscripts: A New Source, in: Tyson, 1973 c, S. 174–236.

–: Beethoven Scholars and Beethoven's Sketches, in: The 19th-Century Music, 2(1978), S. 3–17; vgl. auch ebd., 3(1979), S. 270–9.

–: Beethoven's Early Sketches in the ›Fischhof Miscellany‹: Berlin Autograph 28, 2 Bde., Ann Arbour 1980. [=Johnson, 1980 a]

–: Music for Prague and Berlin: Beethoven's Concert Tour of 1796, in: Winter, 1980, S. 24–40. [=Johnson, 1980 b]

–: 1794–1795: Decisive Years in Beethoven's Early Development, in: Tyson, 1982 b, S. 1–28.

–, Tyson, A., u. Winter, R.: The Beethoven Sketchbooks: History, Reconstruction, Inventory, hrsg. v. D. Johnson, Oxford 1985.

Jonas, O.: Bemerkungen zu Beethovens op. 96, in: Acta Musicologica, 37(1965), S. 87–9.

Kagan, S.: Archduke Rudolph, Beethoven's Patron, Pupil, and Friend: His Life and Music, Stuyvesant 1988.

Kaiser, J.: Beethovens 32 Klaviersonaten und ihre Interpreten, 3. Aufl., Frankfurt a. M. 1986.

Kalischer, A. (Hrsg.): Beethovens saemtliche Briefe. Kritische Ausgabe mit Erläuterungen, 5 Bde., Berlin u. Leipzig 1906–8.

Karbusicky, V.: Beethovens Brief »An die unsterbliche Geliebte«, Wiesbaden 1977.

Karthaus, W.: Das Ereignis Beethoven, Berlin 1968.

Kastner, E. (Hrsg.): Ludwig van Beethovens sämtliche Briefe, Leipzig 1910, überarb. v. J. Kapp, 1923 [Repr. Tutzing 1975].

Kendall, A.: Beethoven und seine Welt, Wien 1981.

Kerman, J.: Beethoven Sketchbooks in the British Museum, in: Proceedings of the Royal Musical Association, 93(1966–7), S. 77–96.

–: The Beethoven Quartets, Oxford 1967.

– (Hrsg.): Ludwig van Beethoven: Autograph Mis-

cellany from circa 1786 to 1799, 2 Bde., London 1970.
–: Tovey's Beethoven, in: Tyson, 1977 b, S. 172-91.
–, u. Tyson, A.: The New Grove Beethoven, London 1983.
–: Musicology, London 1985.
Kerst F. (Hrsg.): Die Erinnerungen an Beethoven, 2 Bde., Stuttgart 1913.
–: Beethoven, the Man and the Artist, as Revealed on his Own Words, übers. v. H. E. Krehbiel, Repr. New York 1964 [dt.: Kerst, F. (Hrsg.): Beethoven im eigenen Wort, Berlin u. Leipzig 1904. (2. durchges. u. verm. Aufl. Berlin u. Leipzig 1905)].
Kinderman, W.: Beethoven's Symbol for the Deity in the *Missa Solemnis* and the Ninth Symphony, in: 19th-Century Music, 9(1985), S. 102–18.
–: Beethoven's Diabelli Variations, Oxford 1987.
Kinsky, G.: Manuskripte, Briefe, Dokumente von Scarlatti bis Stravinsky: Katalog der Musikautographen-Sammlung Louis Koch, Stuttgart 1953.
–: Das Werk Beethovens: Thematisch-bibliographisches Verzeichnis seiner sämtlichen vollendeten Kompositionen, vervollst. u. hrsg. v. H. Halm, München 1955.
Kirkendale, W.: New Roads to Old Ideas in Beethoven's *Missa Solemnis,* in: The Musical Quarterly, 56(1970), S. 665–701 [Wiederabdruck in Lang, 1971; dt.: Kirkendale, W.: Beethovens Missa Solemnis und die Rhetorische Tradition, in: Finscher 1983, S. 52–97].
Klein, H.-G.: Ludwig van Beethoven: Autographe und Abschriften, Berlin 1975.
Klein, R.: Beethoven-Stätten in Österreich, Wien 1970.
– (Hrsg.): Beethoven-Kolloquium 1977: Dokumentation und Aufführungspraxis, Kassel 1978.
Knight, F.: Beethoven and the Age of Revolution, London 1973.
Köhler, K.-H., u. a.: Ludwig van Beethovens Konversationshefte, 10 Bde., Leipzig 1968–.
Kojima, S.-A.: Die Solovioline-Fassungen und -Varianten von Beethovens Violinkonzert op. 61. Ihre Entstehung und Bedeutung, in: Beethoven-Jahrbuch, 7(1971–2), Bonn 1975, S. 97–145.
–: Zweifelhafte Authentizität einiger Beethoven zugeschriebener Orchestertänze, in: Goldschmidt, 1978, S. 307–22.
Kolisch, R.: Tempo and Character in Beethoven's Music, in: The Musical Quarterly, 29(1943), S. 169–87, 291–312.
Konold, W. (Hrsg.): Ludwig van Beethoven: Violin-Konzert D-Dur, op. 61, Werkmonographie mit Partitur, Mainz 1986.
– (Hrsg.): Ludwig van Beethoven: 5. Sinfonie c-Moll, op. 67, 4. Aufl., München 1989.
Kramer, R.: The Sketches for Beethoven's Violin Sonatas, Op. 30 [Ph. D. diss., Princeton University, 1974].
–: Notes to Beethoven's Education, in: Journal of the American Musicological Society, 28(1975), S. 72 bis 101.
–: An Unfinished Concertante of 1802, in: Tyson, 1977 b, S. 33–65.
–: »Das Organische der Fuge«: On the Autograph of Beethoven's String Quartet in F major, Opus 59 No. 1, in: Wolff, 1980, S. 223–65.
Kropfinger, K.: Wagner und Beethoven, Regensburg 1975.
Küthen, H.-W., Probleme der Chronologie in den Skizzen und Autographen zu Beethovens Klavierkonzert Op. 19, in: Beethoven-Jahrbuch 9(1973–7), Bonn 1977, S. 263–92
–: Klavierkonzerte I: Kritischer Bericht (Neue Ausgabe, III/2), München 1984.
Kullak, F.: Der Vortrag in der Musik am Ende des 19. Jahrhunderts, Leipzig 1898.
–: Beethoven's Piano Playing, übers. v. T. Baker, New York 1973.
Kunze, S. (Hrsg.): Ludwig van Beethoven. Seine Werke im Spiegel seiner Zeit, Laaber 1987.
La Mara (Pseud. für M. Lipsius): Beethoven und die Brunsviks, Leipzig 1920.
Landon, H. C. R., u. Mitchell, D. (Hrsg.): The Mozart Companion, London 1956.
Landon, H. C. R.: The *Jena* Symphony, in: The Music Review, 18(1957), S. 109–13.
–: Das kleine Haydnbuch, Salzburg 1967.
–: Essays on the Viennese classical style. Gluck, Haydn, Mozart, Beethoven, London 1970.
–: Beethoven: A Documentary Study, London 1970 [gekürzte Ausg. 1974].
–: Beethoven: Sein Leben und seine Zeit in zeitgenössischen Bildern und Texten, Zürich 1974.
–: Haydn: Chronicle and Works: Haydn at Esterhaza 1766–1790, London 1978.
–: Joseph Haydn: Sein Leben in Bildern und Dokumenten, übers. v. F. Schrapfeneder, Wien u. München 1981.
– (Hrsg.): Das Mozart-Kompendium. Sein Leben – seine Musik, München 1991.
Landon, C., u. Weinmann, A.: Beethovens Sonate op. 111: Eigenhändiges Korrekturexemplar der

Wiener Ausgabe von Cappi&Diabelli. Eine neu aufgefundene Quelle, in: Fontes artis musicae, 26(1979), S. 281–94.

Lang, P.H. (Hrsg.): The Creative World of Beethoven, New York 1971 [Repr. aus: The Musical Quarterly, 56(1970), S. 515–793, hier S. 13–291].

Larsen, J.P., u. Feder, G.: The New Grove Haydn, London 1982.

Laskowsky, L.: Heinrich Schenker: An Annotated Index to his Analyses of Musical Works, New York 1978.

Lawrence, R.: Ballets and Ballet Music, New York 1950.

Le Huray, P., u. Day, J.: Music and Aesthetics in the Eighteenth and Early-Nineteenth Centuries, Cambridge 1981.

Leicher-Olbrich, A.: Untersuchungen zu Originalausgaben Beethovenscher Klavierwerke, Wiesbaden 1976.

Leitzmann, A.: Ludwig van Beethoven. Berichte der Zeitgenossen, Briefe und persönliche Aufzeichnungen, 2 Bde., Leipzig 1921 [Neuausgabe 1952].

Lenz, W. von: Beethoven et ses trois styles, 2 Bde., St. Petersburg 1852–3 [Neuausgabe, hrsg. v. M.D. Calvocoressi, Paris ca. 1905].

–: Beethoven. Eine Kunststudie, 5 Bde., Hamburg 1855–60 [Repr., hrsg. v. A. Kalischer, 2. Aufl., Berlin 1920].

–: Beethoven. Eine Biographie, 2. Aufl., Leipzig 1879.

Lester, J.: Revisions in the Autograph of the *Missa Solemnis Kyrie*, in: Journal of the American Musicological Society, 23(1970), S. 420–38.

Levy, J.M.: Beethoven's Compositional Choices: The Two Versions of Opus 18, No. 1, First Movement, Philadelphia 1982.

Ley, S.: Beethoven. Sein Leben in Selbstzeugnissen, Briefen und Berichten, Berlin 1939 [Neuausgabe Berlin u. Stuttgart 1970].

Lochner, L.: Fritz Kreisler, New York 1951 [dt.: Lochner, L.P.: Fritz Kreisler, übers. v. H.R. Nack, Wien 1957].

Lockwood, L.: The Autograph of the First Movement of Beethoven's Sonata for Violoncello and Pianoforte, Opus 69, in: The Music Forum, 2(1970), S. 1–109. [= Lockwood, 1970 a]

–: On Beethoven's Sketches and Autographs: Some Problems of Definition and Interpretation, in: Acta Musicologica, 42(1970), S. 32–47. [= Lockwood, 1970 b]

–: Beethoven's Early Works for Violoncello and Contemporary Violoncello Technique, in: Klein, 1978, S. 174–82.

–: Beethoven's Earliest Sketches for the *Eroica* Symphony, in: The Musical Quarterly, 67(1981), S. 457–78.

–: »Eroica« Perspectives: Strategy and Design in the First Movement, in: Tyson, 1982 b, S. 85–105.

–, u. Benjamin, P. (Hrsg.): Beethoven Essays: Studies in Honour of Elliot Forbes, Cambridge, Mass., 1984.

London, S.J.: Beethoven, Case Report of a Titan's Last Crisis, in: Archives of Internal Medicine, 113(1964), S. 442–8.

Lühning, H.: Beethoven. »Nur wer die Sehnsucht kennt« WoO 134 (mit Faksimile-Edition), hrsg. v. S. Brandenburg, Bonn 1986.

MacArdle, D.: Beethoven and George Thomson, in: Music&Letters, 37(1956), S. 27–49.

–: Beethoven and the Czernys, in: Monthly Musical Record, 88(1958), S. 124–35.

–: Beethoven and Grillparzer, in: Music&Letters, 40(1959), S. 44–55.

–: Beethoven and Handel, in: Music&Letters, 41(1960), S. 33–7.

–: Beethoven and Ferdinand Ries, in: Music&Letters, 46(1965), S. 23–34.

–: Beethoven and Karl Holz, in: Die Musikforschung, 20(1967), S. 19–29.

–: Beethoven Abstracts, Detroit 1973.

Macdonald, H.: Fantasy and Order in Beethoven's Phantasie Op. 77, in: Modern Musical Scholarship. hrsg. v. E. Olleson, Stocksfield 1980, S. 141–50.

Mamatey, V.S.: Rise of the Habsburg Empire 1526 bis 1815, New York 1971.

Markevitch, I.: Die Sinfonien von Ludwig van Beethoven, 3 Bde., Leipzig 1983.

Marmorek, E.: On Listening to Beethoven's Last Piano Sonata, in: The Beethoven Newsletter, 3(1988), S. 14–15.

Marston, N.: The Origins of Beethoven's Op. 109: Further Thoughts, in: The Musical Times, 127(1986), S. 199–201.

–: Schenker and Forte Reconsidered: Beethoven's Sketches for the Piano Sonata in E, Op. 109, in: 19th-Century Music, 10(1986–7), S. 24–42.

–: Analysing Variations: The Final Movement of Beethoven's String Quartet, Op. 74, in: Music Analysis, 8(1989), S. 303–24.

–: Beethoven's »Anti-Organicism«? The Origins of the Slow Movement of the Ninth Symphony, in: Studies in the History of Music 3: The Compositional Process, New York ?1991.

Marx, A.B.: Ludwig van Beethoven: Leben und Schaffen, 2 Bde., Berlin 1859 [Repr. in 1 Bd.: Hildesheim 1979; 6. Aufl. m. Berücksichtigung d. neuesten Forschungen durchges. u. verm. v. G. Behncke, 2. Bd., Berlin 1908].

Matthews, D.: Beethoven's Piano Sonatas, London 1967.

–: Beethoven, London 1985.

Meredith, W.: The Origins of Beethoven's Op. 109, in: The Musical Times, 126(1985), S. 713–6.

–: Beethoven's Creativity, in: The Beethoven Newsletter, 1(1986), S. 25–8, 37, 39–44. [= Meredith, 1986 a]

–: The Cavatina in Space, in: The Beethoven Newsletter, 1(1986), S. 29–30. [= Meredith, 1986 b]

Mersmann, H.: Beethoven. Die Synthese der Stile, Berlin o.J.

Metzger, H.K., u. Riehn, R. (Hrsg.): Beethoven. Das Problem der Interpretation (Musik-Konzepte, 8), 2. überarb. Aufl., München 1985.

Meyer, G.E.: Untersuchungen zur Sonatensatzform bei Ludwig van Beethoven, München 1985.

Mies, P.: Die Bedeutung der Skizzen Beethovens zur Erkenntnis seines Stiles, Leipzig 1925 [übers. v. D.L. Mackinnon: Beethoven's Sketches, New York 1929 (Repr. 1974)].

–: Textkritische Untersuchungen bei Beethoven, Bonn 1957.

–: Die Krise der Konzertkadenz bei Beethoven, Bonn 1970.

–: Das Konzert im 19. Jahrhundert. Studien zu Formen und Kadenzen, Bonn 1972.

Misch, L.: Die Faktoren der Einheit in der Mehrsätzigkeit der Werke Beethovens, München und Duisburg 1958.

–: Neue Beethoven-Studien und andere Themen, München und Duisburg 1967.

Mitchell, W.J.: Beethoven's La Malinconia from the String Quartet, Opus 18, No. 6, in: The Music Forum, 3(1973), S. 269–80.

Moore, J.: Beethoven and Musical Economics [Ph.D. diss., University of Urbana, Illinois, 1987].

Morrow, M.S.: Concert Life in Haydns Vienna, New York 1987.

Münster, A.: Studien zu Beethovens Diabelli-Variationen, München 1982.

Nef, K.: Beethovens geschichtliche Stellung, Stuttgart 1927.

–: Die neun Sinfonien Beethovens, Leipzig 1928 [Repr. 1970].

Nettl, P.: Beethoven Encyclopedia, New York 1956, London 1957.

–: Beethoven und seine Zeit, Frankfurt a.M. 1958.

Newman, E.: The Unconscious Beethoven, London 1927 [überarb. 2. Aufl. 1969].

Newman, W.S.: Liszt's Interpreting of Beethoven's Piano Sonatas, in: The Musical Quarterly, 58(1972), S. 185–209.

–: Beethoven's Fingerings as Interpretative Clues, in: The Journal of Musicology, 1(1982), S. 171–97.

–: The Beethoven Mystique in Romantic Art, Literature and Music, in: The Musical Quarterly, 69(1983), S. 345-87.

–: Beethoven on Beethoven: Playing His Piano Music His Way, New York 1988.

Nohl, L.: Beethovens Leben, 3 Bde., Wien 1864, Leipzig 1867 u. 1877 [2. v. P. Sakolowski neubearb. Aufl., Berlin 1909–].

–: Beethoven, Liszt, Wagner, Wien 1874.

Nottebohm, G.: Ein Skizzenbuch von Beethoven, Leipzig 1865 [Repr. New York 1970].

–: Beethoveniana, Leipzig 1872 [Repr. New York 1970].

–: Beethoven's Studien, Leipzig und Winterthur 1873 [Repr. 1971].

–: Ein Skizzenbuch von Beethoven aus dem Jahre 1803, Leipzig 1880 [Repr. New York 1970].

–: Zweite Beethoveniana, Leipzig 1887 [Repr. New York 1970].

–: 2 Skizzenbücher von Beethoven aus den Jahren 1801–1803. Beschrieben und in Auszügen dargestellt von G. Nottebohm. Neue Ausg. mit Vorw. v. Paul Mies, Leipzig 1924 [Repr. 1970].

Obelkevich, M.R.: The Growth of a Musical Idea – Beethoven's Op. 96, in: Current Musicology, 11(1971), S. 91–114.

Oldman, C.B.: Beethoven's *Variations on National Themes:* Their Composition and First Publication, in: The Music Review, 12(1951), S. 45–51.

Pahlen, K. (Hrsg.): Ludwig van Beethoven, Fidelio, München 1988.

Peake, L.E.: The Antecedents of Beethoven's Liederkreis, in: Music&Letters, 63(1982), S. 242–60.

Petzoldt, R.: Ludwig van Beethoven, Leipzig 1967.

Plantinga, L.: Muzio Clementi: His Life and Music, London 1977.

–: When did Beethoven Compose his Third Piano Concerto?, in: The Journal of Musicology, 7(1989), S. 275–307.

Platen, E. (Hrsg.): Streichtrios and Streichduo (Neue Ausgabe, VI/6), München 1965.

Polheim, K. K. (Hrsg.): Zwischen Goethe und Beethoven, Bonn 1982.

Prod'homme, J.-G.: Die Klaviersonaten Beethovens, Wiesbaden 1948 [frz. Orig.: Paris 1937].

Radcliffe, P.: Beethoven's String Quartets, London 1965.

Ramm, A.: Germany 1789–1919: A Political History, London 1967.

Ratner, L.: Classic Music: Expression, Form, and Style, New York 1979.

Ratz, E.: Formenlehre, 3. Aufl., Wien 1973.

Reich, W. (Hrsg.): Beethoven. Seine geistige Persönlichkeit im eigenen Wort, 5. Aufl., Zürich 1989.

Reti, R.: The Thematic Process in Music, New York 1951.

–: Thematic Patterns in Sonatas of Beethoven, London 1967.

Reynolds, C.: Ends and Means in the Second Finale to Beethoven's Op. 30, no. 1, in: Lockwood, 1984, S. 127–45.

Rexroth, Dieter: Beethoven. Monographie, München 1988.

– (Hrsg.): Ludwig van Beethoven: Sinfonie Nr. 9, d-Moll, op. 125, München 1988.

Riezler, W.: Beethoven, 12. Aufl., Zürich 1983.

Ringer, A. L.: Clementi and the *Eroica,* in: The Musical Quarterly, 47(1961), S. 454–68.

–: Beethoven and the London Pianoforte School, in: The Musical Quarterly, 56(1970), S. 742–58 [Repr. in: Lang, 1971].

Rivera, B. V.: Rhythmic Organisation in Beethoven's Seventh Symphony: A Study of Cancelled Measures in the Autograph, in: 19th-Century Music, 6(1982–3), S. 241–51.

Rolland, R.: Les grandes époques créatrices, Paris 1928–57 (1. Bd. übersetzt von E. Newman: Beethoven the Creator, London 1929 [2. Aufl. New York 1964]; 2. Bd. –: Goethe and Beethoven, 1931).

–: Ludwig van Beethoven, übers. v. L. Langnese-Hug, Zürich 1918.

–: Goethe und Beethoven, übers. v. A. Kippenberg, Zürich u. Leipzig 1928 [Neuaufl. 1986].

–: Dank an Beethoven. Eine Rede, übers. v. K. Leonhard, Esslingen 1951.

Rosen, C.: The Classical Style: Haydn, Mozart, Beethoven, überarb. Aufl., London 1976 [dt.: Rosen, C.: Der klassische Stil, übers. v. T. M. Marshall, München u. Kassel 1983].

Rothschild, F.: Musical Performance in the Times of Mozart and Beethoven, London 1961 [dt.: Rothschild, F.: Vergessene Traditionen in der Musik. Zur Aufführungspraxis von Bach bis Beethoven, übers. u. überarb. v. Autor, Zürich 1964].

Rushton, J.: Classical Music: A Concise History from Gluck to Beethoven, London 1986.

Russell, J.: A Tour in Germany, and some of the Southern Provinces of the Austrian Empire, in 1820, 1821, 1822, Edinburgh 1828.

Sadie, S. (Hrsg.): The New Grove Dictionary of Music and Musicians, 20 Bde., London 1986.

Sandberger, A.: Ausgewählte Aufsätze zur Musikgeschichte II: Studien und Kritiken zu Beethoven und zur Beethovenliteratur, München 1924.

Sauer, W.: Beethoven und das Wesen der Musik, Tutzing 1958.

Schaefer, H., Forner, J., u. Siegmund-Schultze, W. (Hrsg.): Konzertführer. Ludwig van Beethoven, Mainz 1988.

Schenk, E. (Hrsg.): Beethoven Symposion Wien 1970, Wien 1971.

Schenker, H.: Beethovens Neunte Sinfonie, Wien 1912 [Repr. 1969].

–: Die letzten Sonaten von Beethoven: kritische Ausgabe mit Einführung und Erläuterung, Wien 1913–21.

–: Beethovens Fünfte Sinfonie, Wien 1925 [Repr. 1969].

–: Der freie Satz, Wien 1935, überarb. v. O. Jonas, 1956 [übers. v. E. Oster: Free Composition, 2 Bde., New York u. London 1979].

Schering, A.: Beethoven und die Dichtung, Berlin 1936 [Repr. Hildesheim 1973].

–: Humor, Heldentum, Tragik bei Beethoven, hrsg. v. H. Osthoff, Strasbourg u. Kehl 1955.

Schiedermair, L.: Der junge Beethoven, Leipzig 1925 [3. durchges. Aufl. Bonn 1951].

–: Die Gestaltung weltanschaulicher Ideen in der Vokalmusik Beethovens, Bonn u. Leipzig 1934.

Schindler, A.: Biographie von Ludwig van Beethoven, Münster 1840 [2. Aufl. m. 2 Nachtr. verm. Ausgabe, Münster 1845; 3. Aufl., neu bearb. u. verm., Münster 1860; 5. Aufl. neu hrsg. v. Fritz Volbach, Münster 1927; Neuauflage der obigen 3. Aufl. (Münster 1860): 4. durchgesehene (Neu-)Auflage, hrsg. v. E. Klemm, Leipzig 1988]. [Engl. Ausgaben: Moscheles, I. (Hrsg.): The Life of Beethoven, London 1841; 2. Aufl. m. erg. Kap. »Beethoven in Paris«, Münster 1845; 3. Aufl., 2 Bde., Münster 1860. Mac Ardle, D. W. (Hrsg.): Beethoven as I Knew Him [C. S. Jolly], London 1966.]

Schleuning, P.: Beethoven in alter Deutung: Der

»neue Weg« mit der »Sinfonia eroica«, in: Archiv für Musikwissenschaft, 44(1987), S. 165–94.

Schmidt, H.: Verzeichnis der Skizzen Beethovens, in: Beethoven-Jahrbuch, 6(1965–8), Bonn 1969, S. 7–128.

–: Die Beethovenhandschriften des Beethovenhauses in Bonn, in: Beethoven-Jahrbuch, 7(1969–70), Bonn 1971, S. VII–XXIV, 1–443; Addenda und Corrigenda in: Beethoven-Jahrbuch, 8(1971–2), Bonn 1975, S. 207–20.

Schmidt-Görg, J.: Beethoven: Die Geschichte seiner Familie, Bonn 1964.

–, u. Schmidt, H. (Hrsg.): Ludwig van Beethoven, Bonn u. Hamburg 1970.

– (Hrsg.): Des Bonner Bäckermeisters Gottfried Fischer Aufzeichnungen über Beethovens Jugend, Bonn u. München 1971.

–: Die Wasserzeichen in Beethovens Notenpapieren, in: Dorfmüller, 1978, S. 167–95.

Schmitt, U.: Revolution im Konzertsaal, Mainz 1990.

Schmitz, A.: Beethovens »Zwei Prinzipe«. Ihre Bedeutung für Themen- und Satzbau, Berlin u. Bonn 1923.

–: Unbekannte Skizzen und Entwürfe, Bonn 1924.

–: Beethoven, Bonn 1927.

–: Das romantische Beethovenbild, Berlin und Bonn 1927 [Repr. Darmstadt 1978].

– (Hrsg.): Beethoven und die Gegenwart. Festschrift des Beethovenhauses Bonn, Berlin u. Bonn 1937.

Schneider, H.: Ludwig van Beethoven: 8. Sinfonie F-Dur, op. 93, Mainz 1989.

Schofield, B., u. Wilson, D.: Some new discovered Beethoven Letters, in: Music&Letters, 20(1939), S. 236–8.

Schrade, L.: Beethoven in France, New Haven 1942 [dt.: Beethoven in Frankreich. Das Wachsen einer Idee, übers. v. E. Schrade u. P. Leonards, Bern 1980].

Schuler, M.: Zwei unbekannte »Fidelio«-Partiturabschriften aus dem Jahre 1814, in: Archiv für Musikwissenschaft, 39(1982), S. 151–67.

Schürmann, K.: Beethoven Texte, Münster 1980.

Schwarz, B.: Beethoven and the French Violin School, in: The Musical Quarterly, 44(1958), S. 431–47.

Seidel, W. (Hrsg.): Ludwig van Beethoven – I. Symphonie C-Dur, op. 21, München 1979.

Senner, W. M.: The Reception of Beethoven's Musical Compositions by His Contemporaries, in: The Beethoven Newsletter, 1(1986), S. 7–9.

Seyfried, I. Ritter von (Hrsg.): Ludwig van Beethovens Studien im Generalbasse, Contrapunkte und in der Compositionslehre, Wien 1832 [2. verb. Auflage Leipzig 1853].

Simpson, R.: The Chamber Music for Strings, in: Arnold, 1971, S. 241–78.

Smolle, K.: Wohnstätten Ludwig van Beethovens von 1792 bis zu seinem Tod, Bonn 1970.

Solomon, M.: Beethoven, New York 1977 [dt.: Beethoven. Biographie, übers. v. Ulrike v. Puttkamer, Frankfurt a. M. 1987].

–: Beethoven und Schiller, in: Winter, 1980, S. 162–75 [überarb. Fassung in: Solomon, 1988]. [= Solomon, 1980 a]

–: On Beethoven's Creative Process: a Two-Part Invention, in: Music&Letters, 61(1980), S. 272–83 [überarb. Fassung in: Solomon, 1988]. [= Solomon, 1980 b]

–: Beethoven's Tagebuch of 1812–1818, in: Tyson, 1982 b, S. 193–288 [überarb. Fassung in: Solomon, 1988; vgl. auch: Solomon, 1990].

–: Beethoven: the Quest for Faith, in: Beethoven-Jahrbuch, 10(1978–81), Bonn 1983, S. 101–19 [überarb. Fassung in: Solomon, 1988].

–: Beethoven Essays, Cambridge, Mass., 1988.

Solomon, M.: Beethovens Tagebuch, hrsg. v. S. Brandenburg, Mainz 1990.

Sonneck, O. G. (Hrsg.): Beethoven: Impressions of Contemporaries, New York 1926 [Repr. 1967].

Sorsby, M.: Beethoven's Deafness, in: Journal of Laryngology and Otology, 45(1930), S. 529–44.

Stadlen, P.: Schindler's Beethoven Forgeries, in: The Musical Times, 118(1977), S. 549–52.

–: Beethoven und das Metronom, in: Musikkonzepte, 8(1979), S. 12–33.

–: Schindler and the Conversation Books, in: Soundings, 7(1978), S. 2–18.

–: Beethoven and the Metronome, in: Soundings, 9(1982), S. 38–73.

Staehelin, M.: Another Approach to Beethoven's last String-Quartet Œuvre: The Unfinished String Quintet of 1826/27, in: Wolff, 1980, S. 302–23.

–: Die Beethoven-Materialien im Nachlaß von Ludwig Nohl, in: Beethoven-Jahrbuch, 10(1978–81), Bonn 1983, S. 201–19.

Sterba, E. u. R.: Beethoven and his Nephew, New York 1954 [dt.: Sterba, E. u. R.: Ludwig van Beethoven und sein Neffe. Tragödie eines Genies. Eine psychoanalytische Studie, München 1964].

Sternfeld, F. W.: Goethe and Beethoven, in: Dahlhaus, 1971, S. 587–90.

Stowell, R.: Violin Technique and Performance Practice in the Late 18th and Early 19th Centuries, Cambridge 1985.

Strunk, O.: Source Readings in Music History, New York 1950.

Suder, J. (Hrsg.): Ludwig van Beethoven: Sinfonie Nr. 1, C-Dur, op. 21, München 1988.

Taruskin, R.: Performers and Instruments, in: 19th-Century Music, 12 (1989), S. 240–56.

Tellenbach, M.-E.: Beethoven und seine »Unsterbliche Geliebte« Josephine Brunswick, Zürich 1983.

Thayer, A. W.: Ludwig van Beethovens Leben, 3 Bde., Berlin 1866–79 [Bd. 1 überarb. v. H. Deiters, Berlin 1901; überarb. v. H. Riemann, Leipzig 1917. Bd. 2–3 überarb. v. H. Riemann, Leipzig 1910–1. Bd. 4–5 fortges. u. vervollst. v. H. Deiters u. H. Riemann, überarb. v. H. Riemann, Leipzig 1907–8. Bd. 2–5 neu hrsg. Leipzig 1922–3 (Repr. d. Ausg. Leipzig 1908: Hildesheim 1970–1972)]. [Engl. Ausg. hrsg. u. überarb. v. H. Krehbiel, New York 1921; überarb. v. E. Forbes: Thayer's Life of Beethoven, Princeton 1964 (2. Aufl. 1967).]

Thomas-San-Galli, W. A.: Ludwig van Beethoven, München 1913.

Timbrell, C.: Notes on the Sources of Beethoven's Op. 111, in: Music&Letters, 58(1977), S. 204–15.

Tovey, D. F.: A Companion to Beethoven's Pianoforte Sonatas, London 1931.

–: Essays in Musical Analysis, 6 Bde., London 1935–9.

–: Essays in Musical Analysis: Chamber Music, hrsg. v. H. J. Foss, London 1944. [= Tovey, 1944 a]

–: Beethoven, London 1944. [= Tovey, 1944 b]

Treitler, L.: »To Worship that Celestial Sound«: Motives for Analysis, in: Journal of Musicology, 1(1982), S. 153–70.

Truscott, H.: The Piano Music – I, in: Arnold, 1971, S. 68–125.

Tusa, M. C.: Die authentischen Quellen der »Eroica«, in: Archiv für Musikwissenschaft, 42(1985), S. 121 bis 50.

Tyson, A.: Beethoven in Steiner's Shop, in: The Music Review, 23(1962), S. 119–27.

–: The Authentic English Editions of Beethoven, London 1963. [= Tyson, 1963 a]

–: The First Edition of Beethoven's Op. 119 Bagatelles, in: The Musical Quarterly, 49(1963), S. 331–8. [= Tyson, 1963 b]

–: Beethoven's *Kakadu* Variations and their English History, in: The Musical Times, 104(1963), S. 108 bis 10. [= Tyson, 1963 c]

–: Moscheles and his »Complete Edition« of Beethoven, in: The Music Review, 25(1964), S. 136–41.

–: The Textual Problems of Beethoven's Violin Concerto, in: The Musical Quarterly, 53(1967), S. 482–502.

–: Beethoven's Heroic Phase, in: The Musical Times, 110(1969), S. 139–41.

–: Notes on Five of Beethoven's Copyists, in: Journal of the American Musicological Society, 23(1970), S. 439–71.

–: Stages in the Composition of Beethoven's Piano Trio Op. 70, No. 1, in: Proceedings of the Royal Musical Association, 97(1970–1), S. 1–19.

–: Beethoven's English Canzonetta, in: The Musical Times, 112(1971), S. 122–5. [= Tyson, 1971 a]

–: Steps to Publication – and Beyond, in: Arnold, 1971, S. 459–89. [= Tyson. 1971 b]

–: Beethoven to the Countess Susanna Guicciardi: A New Letter, in: Tyson, 1973 c, S. 1–17. [= Tyson, 1973 a]

–: The Authors of the Op. 104 String Quintet, in: Tyson, 1973 c, S. 158–73. [= Tyson, 1973 b]

– (Hrsg.): Beethoven Studies [Bd. 1], New York 1973, London 1974. [= Tyson, 1973 c]

–: The Problem of Beethoven's »First« *Leonore* Overture, in: Journal of the American Musicological Society, 28(1975), S. 292–334.

–: Prolegomena to a Future Edition of Beethoven's Letters, in: Tyson, 1977 b, S. 1–19. [= Tyson 1977 a]

– (Hrsg.): Beethoven Studies 2, London 1977. [= Tyson, 1977 b]

–: Yet Another »Leonore« Overture?, in: Music&Letters, 58(1977), S. 192–204. [= Tyson, 1977 c]

–: The »Razumovsky« Quartets: Some Aspects of the Sources, in: Tyson, 1982 b, S. 107–40. [= Tyson, 1982 a]

– (Hrsg.): Beethoven Studies 3, Cambridge 1982. [= Tyson, 1982 b].

–: A Beethoven Price List of 1822, in: Lockwood, 1984, S. 53–65. [= Tyson, 1984 a]

–: Ferdinand Ries (1784–1838): the History of his Contribution to Beethoven Biography, in: 19th-Century Music, 7(1984), S. 209–21. [= Tyson, 1984 b]

Uhde, J.: Beethovens Klaviermusik, 3 Bde., 2. Aufl., Stuttgart 1980.

Unger, M.: Beethovens Handschrift, Bonn 1926.

–: Die Beethovenhandschriften der Pariser Konservatoriumsbibliothek, in: Neues Beethoven-Jahrbuch, 6(1935), S. 87–123.

–: From Beethoven's Workshop, in: The Musical Quarterly, 24(1938), S. 323–40.

Unverricht, H.: Die Eigenschriften und die Original-

ausgaben von Werken Beethovens in ihrer Bedeutung für die moderne Textkritik, Basel 1960.
(Hrsg.): Ludwig van Beethoven: Sinfonie Nr. 6, F-Dur, op. 68, München 1988.

Volek, T., u. Macek, J.: Beethoven's Rehearsals at the Lobkowitz's, in: The Musical Times, 127(1986), S. 75–80.

Wade, R.: Beethoven's Eroica Sketchbook, in: Fontes artis musicae, 24(1977), S. 254–89.

Wagner, R.: Gesammelte Schriften und Dichtungen, Bd. 10, Leipzig 1883.

–: Mein Leben, München 1969.

Wallace, R.: Beethoven's Critics: Aesthetic Dilemmas and Resolutions during the Composer's Lifetime, Cambridge 1986.

–: Background and Expression in the First Movement of Beethoven's Op. 132, in: The Journal of Musicology, 7(1989), S. 3–20.

Walz, M.: Kontrastierende Werkpaare in Beethovens Symphonien, in: Archiv für Musikwissenschaft, 46(1989), S. 271–93.

Watson, J. A.: Beethoven's Debt to Mozart, in: Music and Letters, 18(1937), S. 248–58.

Webster, J.: Traditional Elements in Beethoven's Middle-Period String Quartets, in: Winter, 1980, S. 94–133.

–: The Falling-Out between Haydn and Beethoven: the Evidence of the Sources, in: Lockwood, 1984, S. 3–45.

Wegeler, F. G., u. Ries, F.: Biographische Notizen über Ludwig van Beethoven, Koblenz 1838 [2. Aufl. (mit einem »Nachtrag« v. Wegeler), Koblenz 1845. Überarb. v. A. Kalischer, Berlin 1906. Übers. v. F. Noonan: Remembering Beethoven, Arlington 1987. Repr. d. Ausg. Koblenz 1838 u. 1845: Hildesheim 1972].

Wendel, T.: Beethoven Recordings on the Fortepiano, in: The Beethoven Newsletter, 1(1986), S. 10–12.

Wenk, A.: Analyses of Nineteenth- and Twentieth-Century Music: 1940–1985, Boston 1987.

Wessling, B. W.: Beethoven, 5. Aufl., München 1985.

Westphal, K.: Vom Einfall zur Symphonie: Einblick in Beethovens Schaffensweise, Berlin 1965.

Wheeler, K. M. (Hrsg.): German Aesthetics and Literary Criticism: The Romantic Ironists and Goethe, Cambridge 1984.

Willetts, P. J.: Beethoven and England: An Account of Sources in the British Museum, London 1970.

Winter, R.: Plans for the Structure of the String Quartet in C sharp minor, Op. 131, in: Tyson, 1977 b, S. 106–37.

–, u. Carr, B. (Hrsg.): Beethoven, Performers, and Critics: The International Beethoven Congress Detroit 1977, Detroit 1980.

–: Compositional Origins of Beethoven's Opus 131, Ann Arbor 1982.

–: Reconstructing Riddles: The Sources for Beethoven's *Missa Solemnis,* in: Lockwood, 1984, S. 217–50.

Wolff, C. (Hrsg.): The String Quartets of Haydn, Mozart, and Beethoven: Studies of the Autograph Manuscripts (Isham Library Papers, 3), Cambridge, Mass., 1980.

Würz, A., u. Schimkat, R. (Hrsg.): Ludwig van Beethoven in Briefen und Lebensdokumenten, Stuttgart 1982.

Young, P. M.: Beethoven: A Victorian Tribute, London 1976.

Zenck, M.: Die Bach-Rezeption des späten Beethoven, Stuttgart 1986.

Zickenheiner, O.: Untersuchungen zur Credo-Fuge der Missa Solemnis von Ludwig van Beethoven, München 1984.

Zobeley, F.: Ludwig van Beethoven, Hamburg 1965.

Abbildungsverzeichnis

Frontispiz: Joseph Willibrord Mähler, Beethoven, Ölgemälde, 1815. Gesellschaft der Musikfreunde, Wien.

1 Joseph Willibrord Mähler, Beethoven, Ölgemälde, 1804 oder 1805. Historisches Museum der Stadt Wien.

2 Johann Neidl, Beethoven, Kupferstich nach einem Gemälde von Gandolph Ernst Stainhauser von Treuberg, ca. 1801. Beethoven-Haus, Bonn.

3 Christian Hornemann, Beethoven, Miniatur auf Elfenbein, 1803. Sammlung Dr. H. C. Bodmer. Beethoven-Haus, Bonn.

4 Isidor Neugass, Beethoven, Ölgemälde, um 1806. Privatsammlung.

5 Franz Klein, Bronzebüste Beethovens nach der Gipsmaske von 1812. Beethoven-Haus, Bonn.

6 Blasius Höfel, Beethoven, Kupferstich nach einer Bleistiftzeichnung von Louis Létronne, 1814. Gesellschaft der Musikfreunde, Wien.

7 Joseph Willibrord Mähler, Beethoven, Ölgemälde, 1815. Gesellschaft der Musikfreunde, Wien.

8 Johann Christoph Heckel, Beethoven, Ölgemälde, 1815. Library of Congress, Washington.
9 Ferdinand Schimon, Beethoven, Ölgemälde, 1818 oder 1819. Beethoven-Haus, Bonn.
10 Joseph Karl Stieler, Beethoven, Ölgemälde, 1819 bis 20. Privatsammlung.
11 Joseph Daniel Böhm, Beethoven, Zeichnung (Entwurf für eine Silbergravur), ca. 1819–20. Beethoven-Haus, Bonn.
12 Joseph Daniel Böhm, Beethoven, Zeichnung (Entwurf für eine Silbergravur), ca. 1819–20. Beethoven-Haus, Bonn.
13 Johann Nepomuk Hoechle, Beethoven, kolorierte Federzeichnung, um 1823. Original verschollen. Photo mit freundlicher Genehmigung von H. C. Robbins Landon.
14 Joseph Weidner, Beethoven, kolorierte Bleistiftzeichnung, um 1820? Sammlung Dr. H. C. Bodmer. Beethoven-Haus, Bonn.
15 Johann Peter Theodor Lyser, Beethoven, Bleistiftzeichnung, um 1823. Gesellschaft der Musikfreunde, Wien.
16 Johann Peter Theodor Lyser, Beethoven, Zeichnung, veröffentlicht in der Zeitschrift *Cäcilia*, Hamburg, 1833. Beethoven-Haus, Bonn.
17 Ferdinand Waldmüller, Beethoven, Ölgemälde, 1823. Original zerstört. Photo mit freundlicher Genehmigung von H. C. Robbins Landon.
18 Joseph Eduard Teltscher, Beethoven im Koma, Zeichnung, 1827. Privatsammlung, Dauerleihgabe in der British Library, London. Leihgabe 95.I.
19 Joseph Eduard Teltscher, Beethoven im Koma, Zeichnung, 1827. Privatsammlung, Dauerleihgabe in der British Library, London. Leihgabe 95.I.
20 Joseph Danhauser, Beethoven auf dem Sterbelager, Lithographie nach einer eigenen Zeichnung, 1827. Gesellschaft der Musikfreunde, Wien.
21 Beethoven-Denkmal, Statue, Bonn 1845. Presse- und Werbeamt der Stadt Bonn, Photo F. Schulz.
22 Romanze e-Moll, Hess 13, um 1786. Mit freundlicher Genehmigung der British Library, London. Add. 29801, f. 74 v.
23 Harmonisierungen und Skizzen zu den Klageliedern des Jeremias, ca. 1791–2. Mit freundlicher Genehmigung der British Library, London. Add. 29801, f. 96 r.
24 Entwurf für eine unvollendete Symphonie in C-Dur, um 1795. Mit freundlicher Genehmigung der British Library, London. Add. 29801, f. 71 v.
25 »Mondscheinsonate«, op. 27/Nr. 2, Autograph, erste Seite des letzten Satzes, 1801. Beethoven-Haus, Bonn. SBH 526, S. 11.
26 Das Heiligenstädter Testament, S. 1. 6. Oktober 1802. Staats- und Universitätsbibliothek Hamburg.
27 Dritte Symphonie, *Eroica*, op. 55, Titelseite der Partiturabschrift vom Kopisten, mit Bemerkungen Beethovens, 1803–4. Gesellschaft der Musikfreunde, Wien. XIII 6154 (A20).
28 Sechste Symphonie, *Pastorale*, op. 68, Takt 129 bis 131 des zweiten Satzes, im Autograph, 1808. Beethoven-Haus, Bonn. SBH 549, S. 45.
29 Entwurf zu *Für Elise*, WoO 59, 1808–10, mit zusätzlichen Bemerkungen von 1822. Beethoven-Haus, Bonn. BH 116 (SBH 634), S. 1.
30 Letzte Seite des Briefes an die »Unsterbliche Geliebte«, 7. Juli 1812. Staatsbibliothek Preußischer Kulturbesitz, Berlin, Musikabteilung. Ep. autograph. Beethoven 127, S. 10.
31 Letzte Seite des »Kyrie« aus der *Missa solemnis*, op. 123, 1819–23. Staatsbibliothek Preußischer Kulturbesitz, Berlin, Musikabteilung. Ms. autograph. Beethoven 1, f. 25 r.
32 Entwurf für einen Zapfenstreich, mit Skizzen für die Neunte und Zehnte Symphonie, 1822. Beethoven-Haus, Bonn. BSk 20 (SBH 673), f. 1 r.
33 Entwurf zur Bagatelle g-Moll, op. 126/Nr. 2. Bibliothèque Nationale, Paris. Beethoven ms. 74, f. 1 r.
34 Brief von Ferdinand Wolanek, mit Bemerkungen Beethovens, 1825. Beethoven-Haus, Bonn. SBH 465, f. 1 r.
35 Letzte Seite aus dem letzten Skizzenbuch Beethovens, 1826–7. Staatsbibliothek Preußischer Kulturbesitz, Berlin, Musikabteilung. Ms. autograph. Beethoven 10/2, f. 6 v.
36 Beethovens Testament, 23. März 1827. Stadt- und Landesarchiv Wien.

Die Autoren der Beiträge

Dr. Barry Cooper ist Senior Lecturer für Musik an der Universität Manchester. Bis 1990 war er an der Universität Aberdeen tätig. Er hat viele Aufsätze und Kritiken über Beethoven und zu anderen Themengebieten verfaßt, die unter anderem in *Music & Letters*, *The Musical Times* und *The Beethoven Newsletter* publiziert wurden. Sein kürzlich erschienenes Buch *Beetho-*

ven and the Creative Process fand großen Anklang. Er identifizierte einige Skizzen zu einer geplanten Zehnten Symphonie Beethovens und rekonstruierte mit deren Hilfe den ersten Satz (1988), eine Arbeit, die international große Beachtung fand. Das Werk wurde von drei verschiedenen Gesellschaften auf Schallplatte aufgezeichnet und in vielen Ländern aufgeführt. Außerdem hat Dr. Cooper Bücher über englische Barockmusik für Tasteninstrumente und über Musiktheorie im Großbritannien des 17. und 18. Jahrhunderts veröffentlicht.

Dr. Anne-Louise Coldicott war Dozentin für Musik an der Universität Salford. Ihre Dissertation schrieb sie über die Quellen zu Beethovens Konzerten. Eine Publikation zu diesem Thema ist in Vorbereitung. Neben ihren Forschungsarbeiten zu Beethoven erteilt sie Violinunterricht, konzertiert und arbeitet für einen Verlag.

Dr. Nicholas Marston ist Dozent für Musik an der Universität Exeter. Seine Forschungsergebnisse zu Beethovens Skizzen und den kompositorischen Prozessen sind in einer Reihe von Aufsätzen und Besprechungen niedergelegt, die in *Music Analysis, 19th Century Music* und anderen Periodika veröffentlicht wurden. Seine Dissertation über Beethovens Klaviersonate E-Dur op. 109 wird demnächst im Druck erscheinen, ebenso seine Ausgabe des Skizzenbuchs zur *Pastorale*.

Dr. William Drabkin schloß 1977 seine Dissertation über die Skizzen zu Beethovens Klaviersonate op. 111 an der Universität Princeton ab und ist seitdem Dozent an der Universität Southampton. Zu seinen Publikationen zählen ein Buch über die *Missa solemnis*, Aufsätze zum kompositorischen Prozeß bei Beethoven und zu anderen Themenbereichen der klassischen Musik, Abhandlungen über Heinrich Schenker und analytische Studien zu italienischen Opern. Er ist Mitherausgeber von *Music Analysis* und des neuen *Beethoven Forum*.

Werkregister

Bühnenwerke

Chormusik, Gesang mit Orchester, Kanons

Konzerte und andere Orchesterwerke

Kammermusik mit Bläsern

Kammermusik für Klavier und Streicher

Klavierwerke

Kammermusik für Streicher

Lieder

Die Symphonien

Tänze und Märsche

Unvollendete und geplante Werke

Bearbeitung eigener Werke; Verschiedenes

Volksliedbearbeitungen

Personenregister

A

B

N

O

P

Q

R

U

V

W

Y

Z

Ortsregister

Sachregister